2021

中国企业集团财务公司年鉴

ZHONGGUO QIYE JITUAN
CAIWU GONGSI NIANJIAN

中国财务公司协会　编

中国金融出版社

责任编辑：张 铁
责任校对：潘 洁
责任印制：程 颖

图书在版编目（CIP）数据

中国企业集团财务公司年鉴.2021/中国财务公司协会编.—北京：中国金融出版社，2021.12
ISBN 978－7－5220－1416－6

Ⅰ.①中… Ⅱ.①中… Ⅲ.①企业集团—金融公司—中国—2021—年鉴 Ⅳ.①F279.244－54

中国版本图书馆 CIP 数据核字（2021）第 240865 号

中国企业集团财务公司年鉴.2021
ZHONGGUO QIYE JITUAN CAIWU GONGSI NIANJIAN.2021

出版
发行 中国金融出版社

社址 北京市丰台区益泽路 2 号
市场开发部 （010）66024766，63805472，63439533（传真）
网上书店 www.cfph.cn
（010）66024766，63372837（传真）
读者服务部 （010）66070833，62568380
邮编 100071
经销 新华书店
印刷 河北松源印刷有限公司
尺寸 210 毫米×279 毫米
印张 28.75
插页 22
字数 728 千
版次 2021 年 12 月第 1 版
印次 2021 年 12 月第 1 次印刷
定价 398.00 元
ISBN 978－7－5220－1416－6
如出现印装错误本社负责调换 联系电话（010）63263947

《中国企业集团财务公司年鉴》编辑委员会

施建锋　姜建平　洪志斌　胥勋畅　姚　炜　姚淑瑜　秦　伟　秦　琰

袁楚云　耿跃华　聂俊刚　夏　宇　顾曰滇　钱文海　倪云山　徐小萍

徐亚莉　徐光超　徐　旸　徐　舍　徐　春　徐振声　殷召峰　奚晓颖

高　欣　郭如东　郭学军　郭　涌　唐　莹　唐　捷　陶　毅　黄天珊

黄美智　黄　震　曹　巍　龚静艳　盛胜利　崔　鸥　崔炳雷　崔　程

梁开卷　梁庆云　梁　荣　彭　科　葛志文　董立满　董　洁　董绪章

蒋奕斌　蒋　斌　蒋　燕　韩旭斌　韩　冰　韩　军　韩　巍　覃　虹

程　刚　程志明　程　忠　曾中全　曾坚军　曾健飞　谢美玲　虞　斌

蔡才河　裴建光　管见礼　樊明海

《中国企业集团财务公司年鉴》编辑部

陆毅飞　陈文军　陈光龙　陈　阳　陈丽娜　陈其喆　陈学武　陈　浩
陈　雯　陈　锐　陈　焱　陈　鹏　陈　瑶　陈曜华　邵　蔚　武羽豪
武　丽　武丽霞　武聪灵　范思爽　林如冰　林　盈　罗忠勇　罗晓枫
罗　慧　季　钰　季　麟　金昊阳　金　玲　金峰逸　周民宗　周　茜
周　洁　周　莉　周　惠　宗承超　孟庆娟　孟岗超　赵亚蕾　赵延飞
赵宇星　赵　妍　赵　威　赵　龚　赵峻毅　郝梦元　胡艳华　侯　媚
俞国华　施海瑛　施　暄　姜　勇　洪　潇　胥　鹏　秦晓坦　袁　媛
聂添一　倪晓燕　徐　玲　徐　寰　高佳文　高　珊　高　颖　高　静
郭文珺　郭文惠　郭亚文　郭振华　席　樱　唐要斌　唐　璐　涂　华
黄书寒　黄　华　黄　芳　黄剑楠　黄美善　黄振太　曹　阳　曹　雪
曹巍巍　康建波　康　漪　梁雪梅　董玉倩　董　洁　董　敏　董鸿翔
韩宇萌　韩美琴　程　玲　程　璐　舒　晨　鲁一鸣　曾文忠　曾伟男
曾家和　温家东　谢　安　谢　放　缑华雨　詹景超　潘　红　潘　丽
潘建荣　薄　冲　魏宇浩

编辑说明

一、本卷主要收录2020年度财务公司行业发展情况、各财务公司的经营管理状况、文件与规章名录以及行业和机构统计数据等内容。

二、本卷“2020年企业集团财务公司行业情况”部分的内容由中国财务公司协会提供；“机构概览”“统计资料”及“附录”部分的内容由各财务公司提供；“文件与规章名录”“大事记”部分的内容由中国财务公司协会收集整理。

三、本卷各财务公司是按照财务公司名称汉语拼音字母顺序进行排列；“文件与规章名录”部分是按照各发文机关公布的日期进行排列，机构名录按照财务公司获得监管部门开业批准时间顺序进行排列。

四、本卷“机构概览”部分收录中国境内的依《企业集团财务公司管理办法》设立的正常经营的企业集团财务公司情况。新华联控股集团财务有限责任公司、重庆力帆财务有限公司、渤海钢铁集团财务有限公司、深圳市有色金属财务有限公司、国电财务有限公司、宝塔石化集团财务有限公司、上海华信国际集团财务有限责任公司、吉林森林工业集团财务有限责任公司、亿利集团财务有限公司未提供相关资料。

五、本卷各部分的行业整体数据因统计机构和统计口径不同，会出现不一致，请使用时注意甄别；“统计资料”篇中由于四舍五入，总计数据与分项、不同表格的数据也可能存在误差。在统计表格中，“空格”表示该项统计指标数据不详；“—”表示无该项数据。

六、本卷照片部分除“共谋发展”之外，其他按事件发生时间进行排序。

七、本卷“附录”部分的行业受表彰情况收录了财务公司的“集体荣誉”“部门荣誉”及“个人荣誉”，部分公司提供的资料未能采用，敬请谅解。

八、本卷在编纂过程中得到有关领导的关心和指导，得到全国各财务公司的大力支持，参加组稿的财务公司248家。各位组稿编辑、编写人员为本卷年鉴的出版付出了辛勤的劳动，各财务公司的其他工作人员也给予了大力协助，在此一并表示衷心的感谢！

九、本卷在编纂过程中难免存在错漏之处，敬请广大读者批评指正。

《中国企业集团财务公司年鉴》编辑部

二〇二一年六月

目　　录

机构概览

统计资料

大事记

附 录

2020 年企业集团财务公司行业情况

当前，财务公司行业已步入成熟稳步发展阶段，坚守资金归集、结算、监控和金融服务四个平台功能根本定位，积极致力于服务所属集团产业发展战略、服务成员企业多样化金融需求，坚持创新发展与强化风险管控并举，以“服务内部化”实现“效益内部化”，乘风破浪、砥砺前行，为集团推动产业转型升级、实现高质量发展作出了突出贡献。

截至 2020 年末，全行业法人机构数量达到 257 家，较 2015 年末增长 14.73%；表内外资产总额达到 11.34 万亿元，增长 69.87%，各项风险指标运行良好，为实现“十三五”圆满收官、决胜全面建成小康社会、决战脱贫攻坚交上了一份满意的答卷。

一、机构情况

（一）机构数量

2020 年，在央企重组的大背景下，部分集团所属财务公司随之整合，机构数量较上年略有下降。截至 2020 年末，财务公司行业法人机构数量 257 家，较 2019 年末减少 1 家，当年新设立财务公司 4 家，分别为中储粮集团财务有限公司、华泰集团财务有限公司、广州港集团财务有限公司和一重集团财务有限公司。

（二）机构分布

截至 2020 年末，全国 257 家财务公司分布在 30 个省、自治区、直辖市。其中，北京、广东（含深圳市）、上海三个省市的财务公司数量最多，分别为 73 家、25 家、23 家，机构数占行业的比例依次为 28.40%、9.73%、8.95%，总计为 47.08%，较 2019 年略有上升；除以上三个省市外，山东、江苏两省的财务公司数量也高于其他地区。整体来看，财务公司地区分布依然较为集中。

二、财务情况

（一）资产状况

2011 年以来，财务公司行业资产总额持续上升，2020 年末全行业 257 家财务公司资产总额达到 7.82 万亿元。值得注意的是，行业资产总额增长速度呈现逐步放缓趋势，2015 年资产总额同比增长速度达到近十年峰值 28.46% 后，增速明显放缓，近三年均稳定在 10% 左右，行业发展进入一个平稳阶段。

2011 年以来，各项贷款、同业资产一直是全行业财务公司资产配置的主要方向。2015 年以来，财务公司在资产配置方面更多地向服务集团主业倾斜，截至 2020 年末，各项贷款占比从 41.41% 上升至 47.13%，增长 5.72 个百分点；同业资产相应由 2015 年的 51.97% 逐步降至 47.90%，降低 4.07 个百分点。2011 以来，财务公司投资资产呈现逐年降低的态势，2017 年以来基本稳定在 5% 左右，这与监管部门倡导的“财务公司回归本源”不谋而合。

（二）负债状况

2011 年以来，随着行业资产规模不断扩大，行业负债总额也平稳增长，2020 年末达到 6.72 万亿元。与资产规模增速走势相似，行业负债增速在 2015 年达到高点 28.86% 后一路下滑，近三年均稳定在略高于 10% 水平。

财务公司行业负债仍以吸收存款为主。2011 年以来，吸收存款在负债总额中的占比不断上升，2020 年末达到 95.14%，创下近十年新高；相应地，同业负债占比一路走低，2020 年末仅为 2.90%。作为所属企业集团资金管理平台，对集团成员企业内部资金的归集是财务公司安身立命之本，吸收存款占比的上升不仅体现出财务公司在提高集团资金使用效率、保障集团资金链安全方面作出的积极努力，也体现出所属集团在强化资金集中管控、夯实财务公司资金管理平台定位方面“一盘棋”的高站位思路。

（三）权益状况

2011 年以来，行业所有者权益规模稳中有升，2020 年末达到 1.10 万亿元。所有者权益增速在 2015 年后呈现波动下降趋势，近两年增速稳定在略高于 10% 的水平。

注册资本规模分布方面，2020 年，66.67% 的财务公司注册资本金集中在 10 亿元（含）至 50 亿元，16.25% 的财务公司注册资本金不超过 10 亿元；12.92% 的财务公司注册资本金集中在 50 亿元（含）至 100 亿元之间；仅 4.17% 的财务公司注册资本金超过 100 亿元。

（四）盈利情况

2011—2018 年，全行业营业净收入整体呈波动上涨态势。受疫情影响，2020 年财务公司行业营业净收入为 1373.81 亿元，相比 2019 年下滑 3.33%。这在一定程度上反映了财务公司行业具有较强的顺周期性。

存款、贷款是财务公司最主要的业务，因而利息净收入在财务公司营业净收入中始终占据最重要的地位。2020 年，行业利息净收入在营业净收入中占比为 84.52%，较 2019 年下降 2.69 个百分点，这与 2020 年新冠肺炎疫情下金融机构加大让利实体企业力度、存贷款息差相应收窄的情况相吻合。

2011 年以来，全行业净利润总额大致呈缓慢上升态势。2020 年末，全行业实现净利润 844.13 亿元，同比上升 3.30%。

三、业务情况

（一）资产业务

2020 年，财务公司行业总资产持续保持平稳增长态势，表内资产规模达到 7.82 万亿元，比 2019 年末增加 0.80 万亿元，同比增幅为 11.41%，高于银行业 1.33 个百分点；财务公司行业总资产占银行业总资产的比例达到 2.44%，较 2019 年提升 0.03 个百分点。2011—2020 年的十年间，财务公司行业总资产规模逐年攀升，已由 1.84 万亿元增加至 7.82 万亿元，年均增长率高达 17.46%，财务公司行业总资产占银行业总资产的比重提升了 0.82 个百分点。

从 2020 年资产业务构成看，各项贷款、存放同业是财务公司行业资产的主要构成项目，规模分别为 3.68 万亿元和 2.79 万亿元，同比分别增长 10.97% 和 1.98%，占比分别为 47.13%和 35.64%，合计为 82.77%；投资业务规模 0.42 万亿元，较 2019 年末增长 19.08%，占比为 5.38%；现金及存放央行款项 0.39 万亿元，较 2019 年末增长 11.89%，占比为 5.00%；除上述分类外的其他类资产 0.54 万亿元，较 2019 年末增长 104.56%，占比为 6.85%。在财务公司资产结构中，信贷资产占比最高，存放同业次之，这和财务公司聚焦主业，通过信贷手段调剂集团成员单位资金余缺、推进资金集中管理的功能属性是一致的。

从近五年资产构成变化看，财务公司各项贷款占比持续高位运行，存放同业的资产占比有所下降，这进一步说明财务公司更加注重服务企业集团和成员单元。财务公司过去几年注重发挥自身“四个平台”的功能定位，合理安排资金，在保证流动性安全的前提下，存放同业占比有一定下降，由 2016 年末的 41.33% 下降至 2020 年末的 35.64%，对应的信贷资产占比总体呈现上升态势，由 2016 年末的 43.65% 上升至 47.13%。投资业务占比虽在 2020 年有一定阶段性回升，但由于当前复杂的经济金融形势，财务公司的投资业务总体稳健审慎，占总资产的比重由 2016 年的 6.09% 下降至 2020 年末的 5.38%，呈现小幅下降趋势。

（二）负债业务

作为企业集团“内部银行”，负债业务是财务公司发展的根基所在。2020 年以来，面对新冠肺炎疫情带来的冲击，财务公司行业多措并举，着力提升负债规模，提高资金集中管理水平，截至 2020 年末行业负债余额 6.72 万亿元，同比增加 0.69 万亿元，增幅为 11.52%。财务公司行业负债余额占银行业负债总额的比例为2.29%，较2019年提高0.02个百分点。

2011—2020年，财务公司行业总负债由1.61万亿元增加至6.72万亿元，年均增长率为17.24%，财务公司总负债占银行业总负债的比重提升了0.69个百分点。

从负债结构看，各项存款是财务公司最重要的负债来源。2020年末财务公司各项存款余额为6.39万亿元，占比达95.14%，同比增加0.52个百分点；同业负债1951.25亿元，占比为2.90%，同比减少0.32个百分点；应付款项891.08亿元，占比为1.33%，同比增加0.10个百分点；财务公司债券306.62亿元，占比为0.46%，同比减少0.23个百分点；其他负债115.93亿元，占比为0.17%，同比减少0.07个百分点。

由于受经营范围限制及业务特点影响，财务公司各项存款占负债的比重已超过95%，显著高于商业银行。2018年以来，由于强化了对同业业务的监管，财务公司的同业负债业务占比有所下降，各项存款对负债增长的贡献度提升至2020年的99%。

从财务公司近五年负债变化情况看，基本特点：一是各项存款占比上升，较2016年提升1.47个百分点，其他负债权重有所下降；二是同业负债方面，受相关监管政策约束及市场环境影响较大，占比总体有所下滑，2020年较2016年下降0.52个百分点；三是财务公司债券占比较低，2020年全行业无发债情况，目前主要还是存量余额，占比逐年降低。应付款项、其他负债整体占比较低，且变动幅度相对较小。由于财务公司对各项存款的依赖程度提升，资金集中管理对财务公司负债及发展具有更加重要的意义。

（三）同业业务

1. 同业资产规模持续增长，资金运用结构进一步优化

受新冠肺炎疫情影响，2020年国家采取相对宽松的货币政策稳定实体经济，在此背景下，同业市场利率呈下行态势，财务公司行业为提升资金使用效率，加大拆放同业、买入返售等融出业务的资金运用。截至2020年末，财务公司行业存放同业余额27862.38亿元，同比增长1.98%；拆放同业余额593.79亿元，同比增长46.55%；买入返售余额1897.67亿元，同比增长138.98%。

2. 同业负债规模整体平稳，主动负债渠道运用结构发生变化

2020年，同业负债平稳增长，在财务公司行业中的负债占比有所下降，但主动负债渠道运用合理均衡。截至2020年末，财务公司行业包括同业存放、同业拆入、卖出回购在内的主要同业负债余额合计1951.25亿元，较上年增长0.43%，整体规模呈现平稳态势。其中，同业存放余额235.93亿元，占比为12.09%，较上年降低1.16个百分点；同业拆入余额997.88亿元，占比为51.14%，较上年降低6.18个百分点；卖出回购余额717.44亿元，占比为36.77%，较上年增长7.34个百分点。同业主动负债工具运用呈现显著的差异化走势。

2020年，财务公司行业积极运用自身金融资源，在依法合规的前提下努力盘活存量资产，通过开展同业负债业务为公司发展提供资金支持，有效缓释资金压力，显著提升资产使用效率。2020年，财务公司行业共有148家财务公司开展同业拆入业务，较上年减少4家；有60家财务公司开展债券正回购，较上年增加9家；有42家财务公司开展票据转出，较上年减少16家；有31家财务公司开展票据正回购业务，与上年持平。可以看出，财务公司资金来源渠道保持稳定，更多的财务公司盘活自身所持债券资产，努力提升主动负债能力。

3. 结构适度调整，积极顺应同业市场政策及行情变化

在期限结构方面，2020年财务公司行业剩余期限为次日、2~7日等超短期的同业资产和负债占比均大幅提升，反映了在2020年同业市场利率水平不断降低、利率曲线趋于平缓、宏观经济增速下行的背景下，财务公司行业谨慎配置同业资产和负债、确保公司充足流动性并

降低市场风险的综合考虑。

在交易对手结构方面，2020 年财务公司行业以境内商业银行为交易对手的拆放同业、买入返售、卖出回购等同业业务占比增幅较大，以境内商业银行为交易对手的存放同业业务占比继续保持较高水平，体现出财务公司行业在同业业务方面与境内商业银行日益密切的合作关系。

在行业结构方面，2020 年主要同业业务余额行业差异较大。从同业资金来源角度看，同业拆入主要集中于石油化工等行业，卖出回购主要集中于石油化工、电子电器、机械制造等行业；从同业资金运用角度看，存放同业主要集中于军工、建筑建材、石油化工等行业，拆放同业主要集中于石油化工、汽车等行业，买入返售主要集中于能源电力、石油化工、军工、机械制造等行业。2020 年石油化工行业财务公司的同业业务依然保持较高的活跃度。

4. 同业往来利息收入及对行业收入贡献度双双回落，同业业务盈利能力有所下降

由于财务公司行业更加注重内部资金归集和使用，贯彻监管部门关于同业业务等的合规与风险要求，2020 年财务公司同业业务整体平稳发展，但利息收入及其占比均有所下降。2020 年度财务公司行业来源于同业往来的利息收入 631.89 亿元，同比下降 6.72%；占行业总收入的比重为 30.70%，较上年末下降 2.15 个百分点。2020 年人民银行因新冠肺炎疫情影响而采取宽松货币政策，同业市场利率大幅下行，大部分同业资产配置趋于短期，多重因素叠加导致 2020 年度财务公司行业同业往来利息收入及对行业利息收入贡献度同时下降，对财务公司行业的盈利能力造成了一定影响。

（四）中间业务

1. 中间业务平稳发展，监管导向作用明显

2020 年财务公司行业持续加强对结算、担保、票据承兑等中间业务的推广，相关业务得到平稳发展。2020 年度财务公司行业结算业务发生额 519.34 万亿元，较上年同期增长 5.97%；担保业务发生额 2051.45 亿元，较上年同期增长 1.38%；票据承兑业务发生额 9246.44 亿元，较上年同期增长 9.60%。这些都体现出财务公司行业依托中间业务对实体经济发展的持续支持。

与此同时，监管机构对委托投资和委托贷款的管理要求在一定程度上形成来对财务公司行业委托类业务发展的制约。2020 年度财务公司行业委托贷款业务余额 19082.81 亿元，较上年同期小幅增长 1.09%；委托投资业务余额 188.50 亿元，较上年末下降 82.08%。委托投资业务余额的下降是财务公司行业主动顺应监管要求新形势作出的适应性调整。

2. 顾问类中间业务持续发力，疫情背景下意义凸显

2020 年财务公司行业继续发挥其在金融专业、金融资源、金融市场等领域的优势，不断推进融资顾问、保险顾问、信息咨询等顾问类中间业务发展，业务深度和广度不断延展、服务能力和效率得到提升，越来越多的财务公司已成为支持企业集团高质量产融结合发展与科学决策的重要金融智库力量。在新冠肺炎疫情影响下，我国实体经济发展面临挑战，企业集团在复工复产过程中更需要金融顾问的支持。2020 年财务公司行业在企业集团项目融资、工程结算、保险优化、疫情影响、抗疫政策研究等多领域支持疫情防控和复工复产，为我国抗击疫情和保持社会经济平稳发展贡献了金融力量。

3. 中间业务收入及占比均有所下降，减费让利更显成效

中间业务收入方面，2020 年度财务公司行业来自中间业务的收入为 34.14 亿元，同比下降 14.28%，主要是结算业务收入大幅下降所致；2020 年中间业务收入占当年度总收入的比重为 2.54%，比重较上年下降 0.34 个百分点。

收入结构方面，2020 年财务公司行业中间业务收入主要来源于委托贷款业务及其他业务，收入占比分别为 24.00%、47.28%，结算业务收入占比从上年的 10.96% 下降至 2.20%。2020 年，在全国抗疫的大背景下，财务公司全

心全意服务集团及成员单位，缩减结算费用、降低集团及成员企业财务成本，更进一步支持实体经济发展。

（五）国际业务

财务公司行业国际业务平稳发展，更多财务公司开办国际业务，本外币跨境结算增长显著。2020年，开展外汇交易的财务公司同比增加5家，金额与笔数同比略有下降，但外汇衍生品业务的交易笔数有近10%的增长，并且国际业务资质申请表现较为积极，其中，获得即期结售汇业务资质净增8家财务公司，获得远期结售汇业务资质新增1家财务公司。2020年持有外汇局与人民银行跨境资金池业务的财务公司分别新增8家和5家，本外币跨境结算均增长较大。2020年人民银行进一步优化跨境人民币政策，稳慎推进人民币国际化进程，财务公司行业积极参与，成为推动人民币国际化进程的一支不可小觑的力量。2020年跨境人民币国际结算增长较快，开展金额、笔数占本外币国际结算的比例分别为34.20%、15.92%。2020年跨境资金调剂均非常活跃，外债与境外放款分别是上年的2.69倍、2.76倍，人民币跨境流入与流出同比均有小幅提升。跨境资金调剂业务总体表现为净流入，外汇局资质下的外债比境外放款金额多出400亿元人民币，人民银行资质下的资金流出略高于流入金额。2020年财务公司吸收外汇存款增长超过20%，提升了资金集中管理水平，但发放外汇贷款仍不断下降，表明企业持有外汇贷款意愿减弱。外币资金的主要应用为存放同业存款，财务公司办理关税保函业务不断拓展，创新开展了境外应收账款保理业务。

2020年，财务公司积极发挥国际财资管理服务功能。一是采取多种方式，搭建集团全球资金管理体系；二是承担集团汇率风险管理职责的财务公司大幅增加，这成为财务公司展现专业服务能力的高地；三是在企业境外投资中提供全流程的外汇顾问服务，利用专业和渠道优势，协助集团境外项目顺利落地，以服务增加企业黏性，促进外汇交易等业务量增长。

四、发展特点

（一）公司治理持续完善，确保发展行稳致远

近年来，财务公司在寻求构建多元化金融服务体系的同时，不断完善公司治理架构，推进公司治理体系和治理能力现代化。2020年，财务公司将党的领导与完善公司治理结合起来，着力强化党组织的政治核心作用，持续建立健全“三会一层”并厘清工作界面，形成股东会、董事会、监事会和经营层各司其职、有效制衡、协调运作的治理机制。一方面，部分财务公司引入战略投资者、形成多元化股权架构，从而改善财务公司治理架构。截至2020年末，全行业共13家财务公司引入了战略投资者，战略投资者股权占比最高达到16%。其中，有7家财务公司的战略投资者派驻董事。另一方面，31家财务公司设立了独立董事，以增强公司治理的规范性和决策的科学性。

财务公司董事长由集团总会计师及以上职务领导兼任，对于财务公司参与集团资金管理重要方针政策制定、承担集团延伸管理职能、强化集团内部四个平台“唯一性”、争取集团多方位支持具有重要意义。2020年，在可获取数据的246家财务公司中，67家财务公司设立了专职董事长，占比为27.24%；179家财务公司董事长由集团或成员单位领导兼任，占比为72.76%，其中，由集团总会计师及以上职务领导兼任财务公司董事长的占比达到53.38%，体现出集团对财务公司重视程度较高。

（二）风险管控得当有力，稳健运行态势良好

面对我国经济发展内外部环境愈发复杂严峻的挑战，财务公司行业始终坚持稳健发展，并加强全面风险管理，近两年行业平均风险水平均有所下降，各项风险指标表现良好。2020年末，全行业不良贷款率为0.50%，同比下降0.36个百分点；贷款损失准备充足率为873.39%，同比上升277.37个百分点；贷款拨备覆盖率为576.91%，同比上升220.42个

百分点；流动性比例为63.38%，同比上升0.07个百分点；资本充足率为19.53%，处于较高水平。

（三）锚定服务功能定位，坚定践行产融结合

财务公司在所属企业集团资金管理政策指导下，积极发挥集团内部资金管理平台功能，资金归集成效明显。全行业全口径平均资金集中度达到52.17%，较2019年增长0.52个百分点，共115家财务公司2020年全口径资金集中度较2019年有所增长。

2020年，财务公司继续对集团和成员单位执行贷款降息、存款升息，以及减免结算、担保、财票开立、委托贷款、外汇交易手续费等优惠政策，全年帮助集团降低财务成本496.92亿元。尤其是在新冠肺炎疫情肆虐的背景下，财务公司积极助力集团和成员单位抗击疫情、复工复产，全年累计发放贷款5.83万亿元，提供的财票承兑、开具保函等表外支持金额达上万亿元，金融服务价值彰显。

2020年，财务公司响应国家号召，深入推进产业链业务发展，纾解中小微企业融资难、融资贵，全行业财务公司向产业链下游开展买方信贷、消费信贷及融资租赁业务共4068.26亿元，较上年增加27.76亿元；开展应收账款保理、票据贴现等延伸产业链金融业务共1598.46亿元，较上年增加147.99亿元，实现为成员单位节约资金占用成本、为产业链客户缓解融资压力、为集团获得市场收益的三方共赢局面。

机构概览

TCL 科技集团财务有限公司

【集团概况】TCL 科技集团股份有限公司（以下简称“集团”）创立于 1981 年，是国内最早开始全球化发展的企业之一。集团在全球范围内已布局 28 个研发机构、10 家联合实验室、28 个制造基地，业务遍及全球 160 多个国家和地区。2020 年 7 月，集团成功收购中环半导体，实现在半导体及半导体光伏领域的重要布局。至此，集团形成了半导体显示、半导体光伏及半导体材料以及产业金融、投资平台三大产业群的战略布局，为实现全球领先战略奠定了坚实的基础。

【经营概况】截至 2020 年末，TCL 科技集团财务有限公司（以下简称“公司”）资产总额 139.28 亿元，负债总额 120.34 亿元，实现净利润 0.69 亿元。公司在集团更名后，于 2020 年 8 月变更名称为“TCL 科技集团财务有限公司”。公司坚持“金融秩序维护者”“金融资源整合者”“产融价值创造者”的角色定位，致力于打造“值得信赖的全球智慧金融服务提供商”。在经营服务中心，充分发挥对集团、成员企业稳健快速发展的支撑作用，合规及风险管控能力、服务集团及成员企业能力、持续发展能力稳步增强，各项监管指标全面符合要求。

【服务实体】2020 年，公司充分发挥自身优势，融通内外资源、服务产业生态，落实“六稳”“六保”，全力支持企业集团、成员单位、供应链上下游，提供高效高质金融服务。一是在 2020 年集团收购苏州三星面板工厂、摘牌中环混改项目等多个重大项目融资中充分发挥财资服务职能。二是积极争取开办产业链金融业务资质，成功获得开办延伸产业链金融业务试点资格。2020 年，公司累计办理相关业务 6.65 亿元。

【信贷支持】公司一是扶优限劣，为企业提供个性化金融服务、保障。二是发挥财资顾问服务职能，牵头集团大型项目融资。三是管控集团整体财务费用，降低集团整体融资成本，提升融资效率，实现财企双赢。截至 2020 年末，公司累计向成员企业投放信贷 157.77 亿元，年末信贷资产分类全部为正常类，并足额提取贷款损失准备。

【产业链金融】公司通过对下游企业的客户开展买方信贷业务、对上游企业的供应商开办延伸产业链金融业务，有效实现了产业链的整体疏导融通，为成员企业生产经营、产品销售等提供强劲助力。

【资金业务】2020 年，公司严格规范集团及成员企业资金业务，进一步提升信息化水平，强化对集团资金安全性、流动性的管理。公司着力打造灵活高效的资产负债管理、资产配置机制，在动态分析资金成本收益的基础上，构建自身特色的差异化定价模式，结合市场变化及时调整内部利率。

【投资业务】公司利用非银行金融机构平台，积极参与金融市场，在同业定存、货币基金等传统业务的基础上，拓展并导入同业存单、大额美元定存、金融债券等产品。

【票据业务】2020 年，公司与企业共同探讨构建了较为完善的票据风险管理规则体系。同时，提升票据服务实体经济价值，疫情期间积极引导再贴现政策支持民营企业复工复产。为成员企业及延伸产业链中小微企业提供优惠贴现利率，累计节约融资成本超过 1000 万元。

【外汇业务】公司通过跨境资金池集中管理，有效归集境内外、本外币资金，通过办理成员企业代客外汇交易，有效对冲集团内部敞口，集中资源进一步争取更优价格。在外汇风险方面，公司坚持“风险中性”理念，通过统筹管理的方式提高协同效应。

【资金集中】公司通过月度、季度资金集中管理分析报告等有效措施，不断细化管理颗粒，着力压降未归集资金规模。2020 年，公司持续开展成员单位账户梳理、清查工作。截至 2020 年末，公司全口径资金集中度达到 71.50%。

【业务创新】一是成功落地全国首批供应链票据贴现业务，首笔供应链票据线上贴现业务以“产品创新、技术创新、模式创新”支持产业圈内中小微企业。二是稳妥扩大财务公司关税保函适用关区，成功在武汉关区落地该关区首笔财务公司关税保函业务。2020 年，公司累计开立关税保函总金额 33.6 亿元，为企业实现降本超过 2000 万元。

【风险管理和内部控制】公司一是持续推进合规风险管理建设，严格落实监管现场检查问题整改，2020 年出台及修订制度 34 项。二是进一步细化操作风险精管理，全面推进流程线上化。三是严守信用风险底线，强化授信客户动态分析与跟踪管理，落地票据差异化管理及动态名单准入机制。四是充分发挥内部审计职能，2020 年合计完成各类审计项目 10 个。

【人力资源管理】截至 2020 年末，公司共有 8 个部门，员工 56 人。通过持续优化组织设计和人才引入，完善人才评价和发展机制，激发组织活力，塑造干部能力，打造专业当责、简单高效、敢战善战的“动车型”团队。

【信息化建设】2020 年，公司持续推进信息化建设，总投入 2000 余万元，同比增长 25%，不断优化升级全面预算、管理会计、监管报送、综合报表、鹰眼审计等管理类系统；年内新增信息化项目 22 个。

【企业文化建设】2020 年，公司以党建工作为抓手，结合抗疫工作需要，全面开展企业文化建设。践行“简单温暖、专业高效”的团队文化，组织包括总经理沟通会、踏青、团建活动、年会等内部活动 11 场，现有各类兴趣协会 7 个。

安徽省能源集团财务有限公司

【集团概况】2020 年，安徽省能源集团有限公司（以下简称“集团”）面对突如其来的疫情汛情，以习近平新时代中国特色社会主义思想为指导，深入学习领会习近平总书记考察安徽及扎实推进长三角一体化发展座谈会的重要讲话精神，坚决贯彻落实党中央、国务院和安徽省委、省政府决策部署，在安徽省国资委指导下，积极担当、主动作为，各项工作取得新的成绩，为全省完成“半年双过半、全年夺胜利”任务目标作出积极贡献，有力彰显了集团的责任和担当。

【经营概况】2020 年以来，安徽省能源集团财务有限公司（以下简称“公司”）认真贯彻落实监管单位各项政策要求，围绕集团下达的年度工作任务，坚持“稳中求进”工作总基调，努力克服新冠肺炎疫情影响，积极开拓创新业务，完善资金管理系统，加大资金归集力度，扩大账户监控覆盖率，健全公司治理体系，提升金融服务水平，各项业务继续保持稳健增长的发展态势，实现了经营管理的不断进步。2020 年公司实现营业收入同比增长 2.73%，利润总额同比增长 12.29%。

【业务创新】2020 年，公司继续在业务创新上下功夫，力求拓宽金融服务品类，提升综合服务能力，逐步提升新业务收入占比，多项业务实现从无到有。2020 年 4 月，公司电票系统正式接入上海票交所系统；6 月，成功开出首笔电子银行承兑汇票并办理首笔电票贴现业务，开展法人账户透支业务及银团贷款；投资业务顺利获批，相继开展了券商资管、同业存单、货币基金等投资业务，打通了银行间债券市场资金渠道，上述创新业务全年创收占全年营业收入的15.46%，进一步提高了创新业务收入占比。

【信贷业务】2020年，公司充分发挥金融服务平台功能，及时掌握成员单位融资情况以及商业银行业务情况，保障集团成员单位融资需求，抓住疫情期间国家对企业资金扶持的契机，鼓励成员单位优先使用抗疫专项贷款和普惠性贷款再贴现等资金，主动降低公司贷款余额，让利成员单位，降低集团系统资金成本率。尤其在LPR改革中，公司主动担当作为，主动率先示范下降利率，带动外部银行降低贷款利率，为集团大幅节约融资成本。

【投资业务】2020年，在吸收存款波动较大的被动情况下，投资业务精细化配置资金，有效提高了闲置资金收益，并搭建了投资业务的合作平台，形成短期资金以配置“货币基金+活期理财”为主、长期资金以“同业存单+中长期理财”为主的格局，既保证了流动性，又有助于实现公司资产增值。投资团队建立了积极的学习制度，支持员工参与银行间市场本币交易员培训，组织信用风险评级、资管子公司评级、债券风险评估、债券违约风险应对等多项课题研究。

【资金集中】2020年，公司继续强化资金归集，提升结算平台价值，全年平均综合资金归集率达97.5%；全年平均全口径资金归集率达86.33%。结算业务量大幅增长，年度内办理结算业务量同比增长24.87%，结算金额同比增长46.2%。

【制度建设】公司认真贯彻落实集团有关制度建设精神，高度重视建章立制工作，专题研究部署落实举措，对公司所有制度进行了全面梳理，实施废改立制度139项，组织召开制度建设推进会2次，月度工作例会定期调度推进，2020年完成新建制度35项、修订制度80项、废止制度24项，进一步健全了内控制度体系、优化了业务流程；组织各部室轮流开展七期制度宣贯培训及测试，累计参与103人次，进一步增强了全员风险防控意识，提升了公司风险防范能力。

【信息化建设】2020年，公司持续推进“皖财通”资金管理系统功能优化，与系统开发商签订了框架合作协议，并列为重点工作进行督办。每周召开信息化工作例会调度推进。全力维护“皖财通”系统安全稳定运行，完成等保2.0测评及整改、网络安全培训检查、渗透测试等工作，实现软件正版化全覆盖，及时更新补丁104个，进一步提升了公司信息系统安全水平。积极做好与集团“远光”财务管控系统对接与集成工作，顺利实现与集团和成员单位内网互联互通，全集团均可以通过内网访问“皖财通”系统，互联网路线作为备用路线使用，进一步降低了系统安全风险。

【企业文化建设】公司始终坚持以社会主义核心价值观引领企业文化建设，号召全体职工积极践行“贴心”服务理念，提升“匠心”管理水平，压实“戒心”防控责任，推动党的建设与生产经营深度融合。2020年公司通过会议研究、征求意见，确立了企业愿景、使命、精神，极大丰富了企业文化内涵，让“三心”文化内化于心、外化于行，进一步增强了全体职工的向心力、凝聚力和战斗力，为实现“全年夺胜利”目标任务夯实了思想基础，提供了强大精神动力。

2020年，公司党支部始终坚持以习近平新时代中国特色社会主义思想为指导，深刻领会习近平总书记考察安徽重要讲话指示精神、党的十九届五中全会精神，紧紧围绕集团发展战略和公司中心工作，以政治建设为统领，以“党的建设与生产经营深度融合发展”为主线，充分发挥党支部战斗堡垒作用和党员先锋模范作用，全面落实公司年度工作计划，以高质量党建引领公司高质量发展，顺利完成半年“双过半”、全年夺胜利目标任务。

安徽省皖北煤电集团财务有限公司

【集团概览】皖北煤电集团公司（以下简称“集团”）是安徽省属重点企业集团之一，经过三十多年建设发展，企业规模不断壮大、实力逐步提升，现有在岗职工2.48万人，主要产业地跨全国11省20市，主营业务为煤电、化工和物流贸易，形成了产物贸一体化、跨区域经营的综合性企业集团。列2020年中国企业500强第481位，列中国煤炭企业50强第23位。刚刚过去的2020年是集团以变应变、承压奋进、同心迎挑战的非常之年，面对突如其来的新冠肺炎疫情和严峻复杂的外部形势，集团上下保持定力、克难前行，精准施策、有效应对，各项工作有序推进，实现了“十三五”的稳健收官。2020年生产煤炭1776万吨，实现营业收入410亿元，利润总额0.52亿元。

【经营情况】2020年，安徽省皖北煤电集团财务有限公司（以下简称“公司”），始终践行“依托集团、服务集团”的经营理念，完成了全年各项经营计划与考核指标。公司实现营业收入1.23亿元，利润总额0.61亿元。截至2020年末，公司拥有总资产49.37亿元，其中，负债37.31亿元，所有者权益12.06亿元。资本充足率为30.41%，流动性比例为51.89%，贷款拨备率为3.57%，不良贷款率为零，均符合监管要求。

【服务实体】为进一步强化金融服务实体经济的能力，公司加大对实体经济成员单位的贷款投放力度。截至2020年12月末，公司累计发放流动资金贷款31.92亿元，较年初增加5.45亿元，资金投向均为实体经济行业。公司始终坚持服务实体经济的工作重心，切实帮助成员单位降低融资成本，节约财务费用；公司发放的流动资金贷款实行LPR政策非浮动的贷款金额合计1.40亿元，实行LPR下浮政策的贷款金额合计23.25亿元，实行LPR上浮政策的贷款金额合计7.27亿元；2020年末，公司信贷业务的加权平均利率为3.34%，较2019年末降低72个基点，帮助客户降低融资费用2145万元。

【票据业务】2020年，公司大力推进电票业务，尽力满足成员单位的票据业务需求，帮助成员单位节约融资成本。公司于2020年3月开出了首张财务公司承兑的银行承兑汇票，新业务的开展进一步帮助成员单位提高资金使用效率。截至2020年末，公司共开具银行承兑汇票131张，累计开立电子承兑汇票金额合计2.89亿元，兑付0.60亿元，期末余额2.29亿元；累计开立保函3.21亿元，保函期末余额3.24亿元。

【资金集中】2020年，按照集团公司资金归集的要求，以集团内上市公司为重点，积极推动成员单位加入资金池和票据池，同时开展各成员单位在银行开立账户的清查工作，加强对集团控制能力相对较弱的参股单位以及其他成员单位的存款营销工作，同时做好资金集中管理和调度工作。截至2020年末，有90家成员单位在公司开立账户157户，2020年办理结算5.05万笔，资金结算量约1454.73亿元。可归集口径资金归集度达95.08%。

【信贷业务】2020年，公司发放自营贷款32笔，发放贷款金额31.92亿元，同比增加5.45亿元，增幅为20.59%；办理担保业务2笔，金额合计3.21亿元。同时，公司加强信贷资产管理，强化贷前调查、上会审查和贷后检查的监管机制，持续跟踪贷款企业状况，确保贷款安全。2020年各项贷款利息回收率为100%。

【投资业务】2020年，公司取得了除股票以外的投资业务资格，制定了投资业务相关制度和流程。公司对资本市场相关产品进行充分研究，充分利用边际资金和资本市场利率机会，在满足监管合规指标和保证公司流动性要求的前提下，按周编制资金头寸计划，对资金实行“周计划、日调度”管理，积极开展银行理财和国债逆回购业务。2020年全年日均投资业务规模4.33亿元，实现投资收益近千万元。

【风险管理和内部控制】2020年，公司坚持“守住不发生系统性金融风险的底线”，立足于企业持续、健康、稳定发展，开展风险管理工作。建立了具有自身特色的风险管理体系。第一，积极构建全员风险管理文化，牢固树立风险意识，自觉辨别经营风险，确保企业健康发展；第二，加强规章制度体系建设，健全内部控制制度；第三，重视和加强信息系统建设，防范信息系统风险，为公司健康运营奠定坚实的基础；第四，构建前、中、后台三道风险管理防线，理顺风险管理职责；第五，按季排查各项风险，同时关注声誉风险、战略风险等风险隐患；第六，加强日常风险隐患排查和内控、合规检查，让风险管理真正发挥作用，充分体现风险管理的价值。

【内部稽核】克服疫情的影响，复工后积极投入工作，依据年度稽核工作计划，重点以监管部门与高管、员工关注的问题为导向，认真遵循“规范审计、审慎诚信”稽核思路，持续优化制度与流程操作，公司目前共有144项规章制度、54个业务流程，制度和流程设计更加科学和规范，可操作性得以加强。加强与监管部门沟通，完成市场乱象整治“回头看”活动及案件警示教育活动，保障公司业务合规稳健运营。

【信息化建设】公司经过多年的发展，逐步完善了各业务系统的开发建设，如资金业务系统、反洗钱系统、征信系统、电子商业汇票系统等，信息化建设取得巨大进步，满足了成员单位的业务需求。银保监局OA办公系统及金融城域网稳定运行。核心业务运营系统稳定有效运行，2020年无事故发生。在信息安全方面实现了数据同城备份，以及核心数据实时备份，保证业务数据的安全性和连续性。为进一步增强金融服务能力，提升数据报送质效，自2020年以来开发实施了一系列信息科技项目，票据池业务系统项目正在开发测试阶段；EAST检查分析系统及金融基础数据报送系统正在有序推进中。

【人力资源管理】2020年末，公司在岗员工28人，人员素养优秀，专业技术水平扎实；其中，在岗职工本科及以上学历25人，高级职称11人，中级职称9人。公司采用多种激励措施，鼓励员工积极参与在职学习，提高专业知识技能水平，提升员工综合素质；积极开展内部各类专业知识培训，着力培养一支特别能战斗，特别有担当的金融专业队伍。

【企业文化建设】2020年，公司开展了一系列活动，多层次加强文化建设。一是按照集团党委要求，扎实开展“三个以案”警示教育和“三个专项整治”工作；二是结合集团提出的“一支部一品牌”要求，瞄准公司定位，打造服务品牌，结合“党员示范岗”的创建标准，塑造一批“服务明星”“服务达人”；三是充分利用职工恳谈日、党员活动日、上党课等方式，发挥凝心聚力作用，增强员工对公司的认同感、归属感，特别是在疫情防控特殊时期，想员工之所想，让广大员工感受到家庭般的温暖，为公司营造了良好的发展环境。

鞍钢集团财务有限责任公司

【集团概况】 鞍钢集团（以下简称“集团”）于2010年5月由鞍山钢铁集团公司和攀钢集团有限公司联合重组而成。鞍山钢铁集团公司是新中国第一个恢复建设的大型钢铁联合企业和最早建成的钢铁生产基地，为国家经济建设和钢铁事业的发展作出巨大贡献，被誉为“新中国钢铁工业的摇篮”“共和国钢铁工业的长子”；攀钢集团有限公司是世界最大的产钒企业，是我国最大的钛原料和重要的钛白粉生产基地。2020年，集团取得了两项重大突破，一是利润超百亿元，创历史最好水平；二是厂办大集体改革和退休人员社会化管理实现历史性突破，集团以崭新的形象迈入“十四五”。

【经营概况】 2020年，鞍钢集团财务有限责任公司（以下简称“公司”）坚决落实集团各项决策部署，做到“四个确保”，打赢疫情防控阻击战，出台“十项举措”，打赢生存保卫战，持续深化提质增效专项行动，加快开展对标管理提升行动，全力稳经营、拓市场、降成本、提效益，各项工作取得显著成效。2020年公司实现利润总额6.51亿元，实现外部创效3.66亿元，外部创效占比为56%，超额完成集团业绩考核指标。

【金融服务】 2020年，公司调整存贷款利率，让利超过6100万元。调整信贷政策，积极为受疫情影响较大企业提供金融支持32.63亿元。发挥资金流对产业链的“供氧”作用，有效带动集团产业生态圈的“血液”循环。新增产业链客户55家，办理“一头在外”票据贴现33.04亿元。以鞍钢股份和财务公司信用为依托，借助票据管理平台，助力鞍钢股份实现商票结算零的突破，2020年商票贴现6830万元。

【投资业务】 2020年，公司深化银企财合作模式，拓宽外部融资渠道，2020年末同业授信额度达265.91亿元。积极发挥集团资金管理“救火队”和“预备队”职能，2020年为集团提供短期周转资金244.33亿元。参与攀钢债券发行与承销工作，协调主承销商和投资方，成功助力攀钢发行10亿元中期票据并认购其中3亿元份额，节省发债融资成本超过400万元。

【外汇业务】 2020年，公司大力拓展结售汇业务，降低成员单位汇兑成本，交易金额累计7820万美元。发挥跨境资金池通道功能，调剂境内外资金余缺，为成员单位境外放款人民币27.20亿元、美元1470万元。

【风险防控】 2020年，公司完善“六位一体”合规管理运行机制，明确内控管理职责，梳理授权流程，形成全面、全员、全过程、全体系的一体化风险内控合规管理体系。组织开展贯彻落实集团及监管机构制度的质效评估工作，2020年制定、修订制度78项。进一步规范合同管理，落实合同履行后评估机制，审查合同文本69项。整合优化业务流程，将内部控制关键节点刚性嵌入业务管理系统，有效减少人为因素影响，进一步强化信息系统对风险的把控作用。

【人力资源管理】 2020年，公司规范选人用人政策执行和日常监督管理工作，完善激励约束机制，突出业绩导向。加大年轻复合型领导人员培养力度，完善人才选拔培养机制，加强干部队伍日常管理，保障公司未来人才需求和可持续发展。进一步扩充“摇篮计划”储备库数量，组织开展8次内训师培训。

【信息化建设】 2020年，公司采用“小核心、大外围”的先进设计理念，搭建“以客户为中心，以产品为驱动，集全面业务管理、网上金融服务、监督决策于一体”的新一代财资管理系统。该系统于2020年12月1日正式上线运行，覆盖成员单位 273 家，产业链客户 231 家，与集团主数据系统、大额资金报送系统、上海票交所系统、14 家银行系统实现直连，外挂的投资业务系统、账务核算系统同步运行。

【企业文化建设】2020 年，公司持续推进“践行共享理念、关爱一线员工”专项服务行动，走访职工 14 人次，发放慰问金 1.36 万元。举办职工健康讲座、安全教育讲座，充实“职工书屋”，开展趣味运动会、羽毛球比赛、棋牌比赛、“书香女性”征文、线上厨艺展示等，丰富职工业余文化生活。深化青年创新登高、“六位一体”青年大学习活动，开展知识竞赛、学习强国标兵评选、企业形势任务教育宣讲课、“跟着郭明义学雷锋”主题实践活动。

2020 年，公司充分发挥党委的领导作用、党支部的战斗堡垒作用和党员的先锋模范作用，落实“第一议题”制度，开展党支部建设提升年活动，加速党建工作与中心工作深度融合。建立完善“不忘初心、牢记使命”主题教育长效机制，巩固主题教育成果。广大党员干部在增强“四个意识”、坚定“四个自信”、做到“两个维护”上认识更加深刻、行动更加自觉。

百联集团财务有限责任公司

【集团情况】百联集团有限公司（以下简称“集团”）是上海市属大型国有商贸流通产业集团，成立于 2003 年，主要业务涵盖主题百货、购物中心、奥特莱斯、超商等零售业态，经营大宗物资贸易，涉及电子商务、仓储物流、消费服务等领域。2020 年，集团采取积极举措、降低疫情影响，实现了营业收入及利润的双达标，并在创新体系、品牌形象提升等方面取得新成效。

【经营概况】百联集团财务有限责任公司（以下简称“公司”）克服宏观形势变化等带来的诸多不利因素，发挥金融优势，实施金融扶持，打造差异化、个性化的产品及服务体系，高质量服务集团转型发展。2020 年末，公司资产总额 242.43 亿元，营业收入 4.23 亿元，利润总额 1.18 亿元，连年实现增长。

【服务实体】2020 年，公司积极发挥金融支持保障作用，不断深化金融纾困举措，全力以赴支持集团企业发展。一是第一时间全面复工复产，确保基础金融服务不间断；二是政策纾困，坚决落实“不抽贷、不断贷、不压贷”要求，针对受疫情影响较大的批发零售、物流仓储等成员企业及中小微企业，实施“一企一策”信贷支持方案；三是减免利息，降低企业综合成本；四是针对困境中的中小微企业，特别推出一款无还本续贷产品。

【信贷业务】公司紧跟集团战略，积极拓展信贷业务品种，为集团重点项目提供多元化融资支持，助力成员企业门店转型、新零售计划推进、新业态突破等；同时积极响应成员企业业务需求，推出异地商铺租赁保函等特色服务，降低成员企业经营成本。

【供应链金融】2020 年，公司以企业需求、特色化产品为中心，加快发展供应链金融业务，将服务范围向更多核心业态延伸，注册客户超 100 家，融资额 4.92 亿元，为中小企业提供金融支持。此外，公司打造供应链金融服务新模式，为产业链企业提供更智能、便捷的全流程在线金融服务，夯实了与成员企业的共享共防共赢机制。

【投资业务】公司直面疫情后时代的严峻市场环境，继续稳健开展投资。一方面敏锐捕捉市场机会，通过及时调整资产配置策略，获得了较好的投资收益；另一方面加强渠道建设，发挥专业能力，为成员企业投资理财提供辅助投资决策。

【票据业务】2020 年，公司紧跟票据市场行情变化，发挥加入上海票交所交易平台的优势，为成员企业提供便捷高效的在线票据金融服务；又抓住票据市场回归“暖春”、企业需求复苏的机会，加强与大型国有银行合作，扩大了票据承兑与代理开票业务，代理开票 25.42 亿元，有力支持成员企业汽车销售业务。

【资金集中】2020 年，公司聚焦资金集中主线，持续以技术创新、模式创新突破归集难题，并取得显著成果，尤其是跨区域、跨银行资金集中管理方案的推广，帮助成员企业总部实现对下辖三、四级公司跨区域跨银行账户的全面管控和运用，促进了市内外资金加快归集。

【业务创新】公司立足集团及成员企业多元化需求，全力整合资源，不断推出差异化、个性化的金融产品和服务，如为全国奥特莱斯项目、医药连锁门店等分别设计了个性化的资金集中管控金融方案；融合成员企业平台优势打造供应链金融服务新模式，打通了与市内外成员企业广泛开展业务合作的路径；提供特色化保函、循环抵押贷款等贴合企业诉求的业务品种。

【风险管理和内部控制】2020 年，公司坚持提升全面风险管理体系，一是完善公司治理，进一步提升董事会、监事会及高级管理层等治理主体的履职效力；二是加强制度体系建设，内控制度已较全面、系统、规范地覆盖公司主要风险全过程；三是加强疫情下重点领域风险防控，增强贷后、投后检查，完善信贷资产五级分类，严格执行流贷受托支付，紧抓员工行为管理和案防培训，提升风险抵御能力。

【人力资源管理】公司积极探索符合公司发展要求的激励与培育机制改革，通过更科学的绩效考核框架引领员工争先创优，借助多渠道开展分层培训培养复合型创新人才。此外，公司将优化人才队伍结构作为推进精细化管理的重点，在外部引进的同时，通过统筹轮岗计划，全面提升员工综合能力。

【信息化建设】公司一方面加快推进数据治理实施规划，紧跟数字化转型趋势，依托内外部大数据，以核心系统升级和数仓平台建设为抓手，夯实业务拓展的基础，实现业务线上全流程管理，打造了“可预测、可控制”的信息化管理平台；另一方面通过虚拟化应用、网络架构升级改造、基础设备迭代及等保测评等手段，提升公司整体信息化管理水平，强化信息安全保障体系建设。

【企业文化建设】2020 年，公司党支部以习近平新时代中国特色社会主义思想为引领，深化政治建设，以深入开展“四史”学习教育为主线，围绕公司中心任务和重点工作，统筹疫情防控和经营发展，开创党建和经济工作新气象；号召党员、干部冲在前、干在先，为成员企业抗击疫情提供坚强的金融保障，组织全员参与“健康百联 · 拼搏奋进”集团运动会，充分激发员工积极向上的精神风貌。

包钢集团财务有限责任公司

【集团概况】2020 年，包头钢铁（集团）有限责任公司（以下简称“集团”）继续推动以稀土为重心的战略转型，做强做优做大两大主业，推进新兴产业融合发展。打造创新型企业，产业信息化、数字化、智能化进一步提升。克服疫情影响，钢铁、稀土主要产品产量创历史新高，做实做细成本网格化管理，累计降低各类成本 33 亿元，实现营业收入 862.9 亿元，利润总额 13.8 亿元。

【经营概况】包钢集团财务有限责任公司（以下简称“公司”）统筹推进疫情防控与生产经营，顺应监管政策导向，紧跟集团发展战略，全面提升金融服务水平。2020年12月3日，以未分配利润转增注册资本金3亿元，注册资本金变更为16亿元。公司资产规模平稳增长，资产总额97.17亿元，实现营业收入2.41亿元，利润总额1.59亿元。

【服务实体】2020年，公司全力支持集团公司抗疫及复工复产，为负责职工涉疫定点隔离、安全通勤、餐饮服务的万开公司发放流动贷款1200万元、办理融资租赁1000万元。精准对接成员单位复工复产需求，开通专项审批绿色通道，提高业务处理速度。完成代理结算59.92万笔，结算金额5354.12亿元，实现零差错。提高工作质效，缩短票据签发周期，为集团公司、钢联股份节约财务费用492.87万元。

【信贷业务】2020年，公司紧跟集团战略转型，利用金融资源优势引导，扶持新兴产业的发展。授信总额同比增长10.09%，信贷规模同比增长6.72%，为成员单位发放贷款81.13亿元，支持物流板块贷款1.6亿元，支持绿色节能板块贷款1370万元。公司为成员单位降费减负，降低融资成本1085万元。

【资金业务】2020年，公司密切关注市场动态，加深业务合作层次，扩大业务合作规模，持续增强同业创利能力。细化定价管理，提升时点货币管理效率，同业存放1949.75亿元，同比增加756.27亿元，利息收入1888.57万元，同比增加747.91万元。

【票据业务】2020年，公司运用商票、电子承兑汇票丰富支付手段，强化代理结算服务能力，以票据融资解决集团公司及下游客户现金支付缺口。扩大直贴票据范围，新增6家票据贴现客户，直贴票据15.44亿元。扩大再贴现业务规模，有效降低集团财务成本，再贴现业务5.07亿元，同比增加4.05亿元。

【外汇业务】2020年，公司积极克服疫情影响，利用中国银行和兴业银行两家跨境资金池，合理高效运营外汇资金。2020年上收成员单位资金36501.5万美元，下拨资金27455万美元，集中付汇业务15343.03万美元。与交通银行、工商银行沟通，达成拟新增跨境资金集中运营管理合作银行协议。

【资金集中】2020年，公司发挥资金归集功能，集约化运营，从强账户管理、重资金管控入手，免收结算手续费，主动为新增资金归集成员单位送服务送培训。2020年，公司开立账户93户，吸收存款73.26亿元，全口径资金集中度为45.18%，比年初增长2.15%。

【业务创新】公司为拓宽投资手段，2020年7月对国债逆回购业务进行初探，取得良好成效，开展国债逆回购业务135笔，发生额9.24亿元，获得利息37.39万元，净收益36.41万元。2020年11月3日，公司即期结售汇资质得到国家外汇管理局正式批复，公司管理汇率手段进一步增强。

【风险管理和内部控制】2020年，公司致力于全面风险管理体系建设，强化“三道防线”作用发挥。一是完善公司治理架构，构建高管层与董（监）事会及其专业委员会的沟通机制，修订《董事会议事规则》《总经理办公会议事规则》等制度。二是完善风险治理架构，梳理完善制度，健全风险监测机制和防范化解重大风险机制。三是扩大审计覆盖面，对公司的资本充足率、反洗钱、绩效、印章、全面风险等11项业务进行专项审计。

【人力资源管理】2020年，公司市场化选聘职业经理人，制定《包钢集团财务有限责任公司绩效考核管理办法（试行）》，量化绩效考核指标，实行差异化薪酬，激发内生动力。学习讲堂长效化开展，全员培训率达到100%。两名员工获得人民银行包头市中心支行金融统计管理规定知识竞赛优秀个人奖，一名员工获得集团首届“包钢好工人”荣誉称号。

【信息化建设】公司大力完善核心业务系统，2020年11月全新N9九恒星资金管理系统中的结算模块、财务模块和信贷模块上线，解决了原系统中存在的安全性、功能性问题，增加头寸预测、统计报表及移动服务平台等功能，提升了结算、信贷业务服务能力，增强了风险控制的信息化水平。

【企业文化建设】2020年，公司开展“四必清、五必谈、六必访”，举办厂史专题宣讲。“厂庆日”录制“包钢我想对你说”短视频。开展“一深入三服务”金融知识下厂矿宣传，将金融服务延伸到基层班组、职工中，深入白云铁矿、宝山等9家成员单位，为3000多名一线职工进行公益金融知识宣传，此项目被评为2020年度集团公司宣传思想文化工作创新案例。

2020年，公司一是推动党总支标准化规范化建设。2020年4月28日，组建党总支。修订党建入公司章程内容，制定《财务公司决策事项清单（试行）》等12项工作制度，开展“一攻关、两构建”专题党建活动，建立党建互联互促活动机制。二是落实廉政主体责任，建立“三个台账”、完善科职干部廉政档案，开展煤炭资源领域突出问题等专项自查工作。修订《包钢集团财务有限责任公司落实党风廉政建设责任制考核办法》，对该项目的调研获得集团公司纪检调研论文二等奖，公司被评为2020年度集团公司落实党风廉政责任制优秀单位。

宝武集团财务有限责任公司

【集团概况】中国宝武钢铁集团有限公司（以下简称“集团”）由原宝钢集团有限公司和武汉钢铁（集团）公司联合重组而成，于2016年12月1日揭牌成立。2019—2020年，集团先后对马钢集团、太钢集团实施联合重组，并实际控制重庆钢铁，托管中钢集团。集团注册资本527.9亿元，资产规模超万亿元，是国有资本投资公司试点企业。2020年，集团继续保持在规模、技术、效益等方面的引领地位，经营规模和盈利水平位居全球第一，实现钢产量1.15亿吨，正式跨入“亿吨宝武”时代。

【经营概况】2020年，宝武集团财务有限责任公司（以下简称“公司”）统筹推进疫情防控、生产经营、整合融合、改革发展等各项工作，实现营业收入9亿元，利润总额3.7亿元，年末资产规模364亿元，净资产42亿元，在岗员工100人。公司继续保持优良监管评级（1B级）。

【金融支持抗疫】2020年，公司积极响应人民银行、银保监会关于金融支持企业复工复产、落实“六稳”“六保”的政策要求，先后推出延缓还本付息、延长宽限期、增加授信、下调利率等特殊信贷政策，单列专项信贷计划20亿元，累计发放抗疫贷款1.2亿元，支持医用氧气生产和雷神山、火神山医院建设，提供“有担当、有温度、有特色”的金融服务，充分彰显社会责任担当。

【结算和资金集中】2020年，公司办理结算流量6.5万亿元，业务量202万笔，同比分别增长21%和20%。为核心企业搭建各具特色的现金平台，覆盖成员企业293家，归集资金446亿元，融通资金292亿元，专业化、个性化和数字化的平台服务，支持核心企业资金管控更有力，资源配置更优化，资金使用更高效。

【资金监控服务】公司借助银财直连和SWIFT通道，推进境内外账户的可视化管理，2020年末归集账户和直连账户超过5200个，实现账户资金“看得见”“管得住”，有力支撑集团实施穿透式监督。2020年升级资金监控手段，新增电票管控平台，夜间支付监控、代办事项监控、异常处理优化等功能，充分发挥集团内部资金监控平台的功能。

【票据业务】2020年，公司票据在线监控系统上线运行，宝钢股份成为首批用户，协助管理100多家子公司，覆盖4000多家商业银行的票据信息，支持宝钢股份加强票据风险管控。积极扩大票据转贴现、再贴现额度，增强资产盘活交易能力，2020年转贴现发生54.14亿元，再贴现发生32.75亿元。

【信贷业务】 2020年，公司累计发放成员单位贷款超过240亿元。将绿色信贷作为重点探索方向，聚焦宝武清能、宝武水务、宝武环科等成员企业，加大对绿色发展、科技创新的金融支持力度。依托CRM系统（客户关系管理系统）推进客户精细化管理，为信贷业务定价、个性化精准营销、金融服务报告等奠定基础。

【产业链金融】 2020年，公司供应链融资发生额368亿元，同比增长16%；服务产业链客户近1300家，其中小微企业占比超过80%。加大产品创新力度，率先实现通宝全流程线上融资，并打通通宝资产出表转让模式。以生态化协同理念为生态圈导入外部资金，开展产业链条上财务公司之间深度合作，将财财合作“圈友”拓展至13家。

【资金业务】 2020年，公司自营投资坚持谨慎原则，提升固定收益品种的投研能力，引入组合管理理念，形成组合稳定收益的能力。在流动性管理方面，扩大交易对手，提升交易能力，抓住关键时点灵活开展多级备付资金的组合运作。

【国际化业务】 外汇线上支付项目2020年6月底上线，解决了线下操作工作量大、单据传递慢、结算效率低等痛点和难点问题，大大提高了结算效率。推出线上代开信用证服务，实现国际信用证开立、付款、赎单线上操作，疫情期间对八钢等核心企业正常开展海外采购业务发挥了重要的作用，2020年累计开证36笔。积极拓展结售汇业务，扩大结售汇服务覆盖面，2020年累计办理结售汇折美元7.2亿美元。

【服务与创新】 2020年，公司作为开户机构和融资机构，与上海票据交易所、欧冶金服合作推出“供应链票据”，成为传统票据和通宝的有益补充。联合江苏银行发行“苏银宝钢财务2020年度第一期标准化票据”，成为上海地区和钢铁行业首单标准化票据业务。

【管理变革】 2020年，公司调整优化组织机构设置，加强总部职能建设；引入管理人员比选机制，落实管理人员竞争上岗，强化干部管理；改进绩效评价指标体系，调动员工积极性和创造性。推进智慧中台建设，通过流程再造和组织变革，打造“用户至上”的运营机制，2020年完成智慧中台组织架构搭建和部分工作职能的承接。

【整合融合】 2020年6月，公司吸收合并武钢财务公司，两财并表后注册资本金26亿元人民币（含3000万美元）；8月，武钢财务公司解散注销；10月，完成工商变更登记；11月，公司更名为宝武集团财务有限责任公司；12月，武汉分公司开业获批。在武钢财务公司整合过程中不断推进业务融合、团队融合和文化融合，为后续整合工作积累了宝贵的经验。

【风险管理和内部控制】 2020年，公司参照中国宝武制度体系，完成制度树建设，并常态化推进。结合“风控合规年”建设，加大合规风险培训力度，月月有培训，季季有考试，参训员工超过1000人次，提升员工合规意识，培育全员合规文化。落实监管检查整改项目，确保整改到位有实效。针对疫情和经济下行影响，对供应链业务的实质风险进行排摸，加强应急预案的实战性演练，提升应急能力。

【信息化建设】 2020年，公司实施金融科技和数据治理三年规划，加大科技投入，驱动业务创新，支撑“四个智慧”项目（智慧中台、智慧营销、智慧决策、智慧风控）尽快落地，推动金融服务向数字化、线上化、智慧化转型。加强数据治理和数据应用，挖掘数据资产价值，支撑公司数智化高质量发展。提升系统整体应急能力，保障系统运行的安全性和稳定性。

【企业文化建设】 2020年，公司以“钢铁荣耀，筑梦百年”为契机，推出“以文化人”铸就“宝财之道”系列活动，利用微信公众号、朋友圈、宣传海报、专栏投稿等多种渠道，开展形式多样的品牌宣传工作；加强战略规划和企业文化宣贯及培训，促进战略认同、价值观认同和文化认同，增强员工归属感、责任感和使命感。

2020年，公司将党的领导融入公司治理，落实对“三重一大”事项的前置把关，真正发挥党委“把方向、管大局、保落实”作用。加强“三基建设”，不断健全党建工作体制机制，提升党建工作质量。坚持党管干部党管人才与市场化选人用人机制相统一，加强干部人才队伍建设。开展“企业文化进课堂”和“领导人员带头讲”活动，推进企业文化融合。

保利财务有限公司

【集团概况】中国保利集团有限公司（以下简称“集团”）于1993年2月组建，为国务院国资委管理的央企之一，注册资本20亿元，主营业务涉及贸易、地产、轻工、工艺、文化、金融、丝绸和信息通信等领域。2020年，集团一手抓疫情防控，一手抓生产经营，科学统筹，精准施策，抢抓市场机遇，深化提质增效，交出了一份战疫情、促发展的优异答卷。截至2020年末，集团总资产1.50万亿元，全年实现营业收入4025亿元，利润总额592亿元。

【经营概况】2020年，保利财务有限公司（以下简称“公司”）面临收入下降和成本上升的双重压力，全力支持企业复工复产，积极作为，努力化解疫情影响，保持了业绩稳定增长。2020年末，公司总资产719亿元，净资产40.86亿元，资本充足率为14.18%。全年实现营业收入18.46亿元，利润总额8.15亿元，净利润6.19亿元，超额完成年度经营考核目标。

【服务实体】2020年，公司响应国家支持实体经济的号召，从集团整体利益出发，通过上浮存款利率、下调贷款利率、减免手续费、提供结售汇优惠、扩大融资规模、购买成员单位债券等方式帮助成员单位渡过难关，全年累计帮助成员单位节约财务费用达2.09亿元。

【信贷业务】截至2020年末，公司自营贷款余额141.29亿元，委托贷款余额8.20亿元，服务范围覆盖集团各个主业，全国26个省、自治区、直辖市。

【资金业务】2020年，公司始终以提升资金归集为核心工作，不断探索归集方式和手段，吸收存款规模稳步提升。通过扩大信贷规模、降低融资成本、置换银行高息贷款等方式，以业务和服务为导向，深化合作，深挖资金归集潜力。同时，针对新并入成员单位，逐户拓展、摸清资金状况、开展个性化服务等，开户和资金集中工作取得一定进展。2020年末，吸收存款666亿元，同比增长11%；全年新增开户数141家。

【投资业务】2020年，公司有价证券投资策略以防范金融风险为首要目标，坚持“严控风险、适度收益、与主业相契合”的投资原则，重点聚焦与集团主业相关的金融产品，加大对内部成员企业的金融支持力度。同时继续密切跟踪市场最新动态，及时与同业机构交流沟通，按照“低风险、高稳定性、高流动性”的思路，着力配置流动性好、安全可靠的货币类基金产品，加强公司流动性管理，丰富公司可投产品业态。全年公司日均投资规模22.60亿元，在投产品收益表现稳健，无亏损记录。

【票据业务】公司通过商业汇票承兑及贴现等方式，继续扩大票据业务规模，协助成员单位拓宽支付结算渠道。截至2020年末，票据承兑余额31.8亿元，贴现余额30.15亿元。

【外汇业务】2020年，公司通过自身交易优势，扩展集团下属贸易型企业的合作范围，业务规模稳步提高。全年为成员单位办理结售汇业务5.25亿美元，为客户节省汇兑成本630万元；通过跨境双向人民币资金池业务，为成员单位办理跨境资金融通12.57亿元，助力集团海外业务拓展。

【风险管理和内部控制】2020年，公司内控体系运行情况良好，风控措施到位，各项监管指标合规，未发生任何案件。公司不断提升内部控制水平，修订制度8项；开展各类审计、自查工作共计52次，完成财务、票据专项审计和日常稽核工作，实时监控各类监管指标，确保业务合规开展。

【人力资源管理】2020年，公司在人才引进、人员培训、制度建设、人员管理、梯队建设等方面明确工作目标，细分工作任务并取得较好成效。通过社会、校园招聘引进了多名专业人才，为公司业务发展提供了人才保障。公司制定《新员工上岗手册》，有序组织开展新员工培训和转正考核工作；修订《公司负责人、总部人员履职待遇、业务支出管理办法》，合理规范业务支出；制定《公司企业领导人员管理规定》，规范选人用人工作。严格落实三项制度改革要求，加强员工梯队建设。

【信息化建设】公司持续加快信息化建设速度，逐步加强信息化基础设施建设、优化信息系统功能和提高信息安全等级，全面提升公司信息化整体安全性、稳定性和全面性。2020年，启动公司新一代核心系统及电票系统升级项目，一是优化公司各项业务流程，线下业务全部线上化；二是加强各业务模块的互联互通，数据共享，进一步提高数据应用时效性；三是发挥新系统功能先进性和灵活性优势，提升处理效率和管理功能。

【企业文化建设】2020年，公司党支部按照“三会一课”等制度，积极开展各项党建工作。完成党建进章程的修订工作；邀请集团总会计师讲授“把握大势精准定位砥砺前行再创佳绩”党课；与集团财务金融中心共同组织开展“不忘初心、牢记使命”主题党日活动；向云南省巧家县拨付定点扶贫资金160万元，多次开展消费扶贫工作。

针对年轻员工多的特点，公司积极营造学习创新氛围，举办读书分享会活动，针对行业热点提出研究课题，鼓励员工写论文、出成果；开展新员工培训，涉及信息系统、资金结算、信贷、投资业务等方面；组织参加保利大讲堂、篮球赛、乒乓球赛等文体活动，丰富职工文化生活；努力营造“守风险、勤学习、求创新、谋发展、稳增长、享生活”的企业文化氛围。

北大方正集团财务有限公司

【集团概况】北大方正集团有限公司（以下简称“集团”）坚持“科技顶天、市场立地”的发展理念，践行“产学研深度融合”发展模式，服务国家发展战略，服务北大教学科研，促进科技成果转化。集团以IT产业的不断深耕和发展为基础，逐步形成了IT、医疗、产业金融、产城融合等业务协同发展的产业格局，旗下拥有方正科技、方正控股、北大医药、北大资源、方正证券、中国高科6家上市公司。

【经营概况】2020年，北大方正集团财务有限公司（以下简称“公司”）发扬集团“持续创新”理念，秉承“融通内外资源，助推集团战略”宗旨，为成员单位提供经营范围内的各项金融服务。截至2020年末，公司资产总额85.75亿元，负债总额29.03亿元，所有者权益总额56.72亿元，较上年减少0.27亿元。贷款类资产已全额纳入关注类，其余各类表内资产质量良好。全年实现主营业务收入0.97亿元，净利润-0.27亿元，亏损主要原因为大额计提资产减值准备。成员单位开户163家，全年资金结算总额超过957亿元。

【信贷业务】截至2020年末，公司自营贷款余额76.51亿元，票据承兑余额13.43亿元，对外担保余额18.76亿元，委托贷款余额4.82亿元。2020年2月19日，集团进入重整，公司助力集团管理层研究确定共益债务使用方案，形成相关细则，并以委托贷款形式协助发放共益债务约 1.12 亿元，对维持重整主体下属成员单位职工稳定及基本运营起到一定积极作用。

【资金集中】公司努力发展银企直连方式的自动化归集，积极与重点客户签订银行账户归集协议。2020 年，公司加强与成员单位的沟通，掌握每家成员单位的资金存放情况，配合公司不断建设完善的存贷款利率定价机制，为进一步提高资金归集度夯实基础。伴随利率市场化的趋势，公司在支付结算费用及利率政策上最大限度让利于成员单位。同时，在守法合规的前提下，加强资金集中管理，加强精细化管理，提升服务水平和质量，为成员单位的稳定发展和资金安全提供有力后援保障。

【风险管理和内部控制】2020 年，公司以防范化解信用风险、流动性风险为主要任务。协助受疫情影响企业渡过难关，准予部分贷款延期还款。提高风险资产分类的频度，由季度改为月度，跟踪重点成员单位的重大事件、舆情影响，审慎开展资产风险分类，足额计提贷款减值准备。实现流动性指标的每日监控、预警，合理预测流动性指标变动；做好流动性应急预案，对重要成员单位资金及舆情情况进行日常监测。提升流动性压力测试的范围及频率，测试频度由每季度提升为每两个月一次。

公司现有有效制度 114 项，2020 年修订制度 7 项、废止制度 2 项，进一步完善了制度架构。提高合同审理的质量和效率，以合同管理为切入口加强对各部门业务的合规管理。及时跟踪、监控各项目的法律事务状况并适时纠偏，提供重大项目的合规性支持和法律咨询。2020 年，公司组织了多次法律及合规知识培训。

【人力资源管理】2020 年，公司优化组织架构，修订各部门岗位职责。实施全员综合素质考评，开展全员绩效反馈面谈，实现有效培养、提升员工工作业绩。疫情期间配合落实各项防疫要求，开展轮班制，并发布了关于员工子女看护假以及孕期、哺乳期相关政策。培训方面，由线下培训转变为以线上培训为主，开展业务知识分享课堂、读书部落学习活动以及基础业务在线培训。其中读书部落学习活动以视频形式呈现读后感，推动了读书文化的输出，营造了学习氛围。

【信息化建设】2020 年，公司以确保系统安全运行为主要目标。系统运维方面，确保核心业务、监管报送、反洗钱、邮件等系统的稳定运行，信息机房基础硬件及服务器实现全年无故障。安全防护方面，优化公司内部网络的安全配置及路径，调整负载均衡、VPN 等设备安全策略，升级架构，防范已知漏洞。新业务开展方面，在未开发新功能的情况下，调整核心业务系统配置，顺利实现内部债权债务抵销。应急演练方面，通过核心业务系统数据库文件丢失及公司主路由器宕机的模拟演练，提升突发事件的处理能力。

【企业文化建设】2020 年，公司党支部以习近平新时代中国特色社会主义思想为指导，贯彻落实党的十九届四中、五中全会精神，巩固深化“不忘初心、牢记使命”主题教育成果，抓好常态化疫情防控工作，依托线上平台开展学习教育活动，确保疫情期间党员学习教育“不断档”。制作发布四期微党课，开展“党内法规学习月”系列活动，参与网络专题培训，组织观看全国抗击新冠肺炎疫情表彰大会、抗疫专题纪录片等，同时开展自愿捐款活动，以实际行动为坚决打赢疫情防控阻击战贡献力量。2020 年，两名党员分别获得方正集团优秀共产党员、优秀党务工作者称号。

B

北京金融街集团财务有限公司

【集团概况】北京金融街投资（集团）有限公司（以下简称“集团”）为北京金融街集团财务有限公司（以下简称“公司”）的母公司，集团成立于1992年，是一家位列中国企业500强的多元化国有投资企业集团，业务覆盖近20个省、自治区、直辖市。业务范围涵盖政府重点工程、房地产开发、物业经营与管理、金融、教育、医疗健康、文旅体育等产业。集团总资产超2500亿元，年利税超百亿元，员工1万余人，规模效益位居北京市国企前列。

【经营概况】2020年，公司积极应对各项不利因素，稳健审慎经营，深入挖掘成员单位业务需求，在确保疫情防控的基础上为集团及成员单位提供专业金融服务，同时积极进行同业资金运用，克服利率持续走低的市场不利因素，加强与银行合作，保持较好的流动性。截至2020年末，公司吸收存款余额73.49亿元，存放同业款项余额63.57亿元，贷款余额15.55亿元，资产总额82.98亿元，全年实现营业收入0.72亿元，净利润0.40亿元。资产负债结构整体合理，资产质量优良，无不良资产。2020年末资金集中度为23.35%，累计结算笔数20427笔。

【信贷业务】2020年，公司积极应对新冠肺炎疫情的不利影响，信贷业务保持稳健发展。在“依托集团、服务集团”的经营宗旨下，公司通过沟通及时了解成员单位融资需求，积极响应、快速推动，较好地满足了成员单位信贷业务需求，为集团新兴业务板块发展提供了有力支持。全部贷款五级分类正常。

【资金集中】公司按季汇总集团及各成员单位资金存放状态并出具分析报告，以协助集团全面充分了解集团及下属公司资金管理情况。公司分析集团资金整体情况、各公司资金统筹运营及资金配置情况，使集团及时了解集团整体资金分布及配置，以及各成员单位的资金存放及收益。同时，公司分析各成员单位资金归集度变化，使集团及时了解各公司的资金集中情况，提出解决方案以进一步提高集团资金归集度，提升集团资金整体运营能力。

【资金业务】2020年，公司积极跟进集团新兴板块的业务需求，提供业务指导及需求解决方案。持续为成员单位提供市场化金融产品和价格，推进资金集中管理工作开展。在集团的支持下，成员单位在财务公司的存款规模稳中有升，结算量和结算笔数均大幅上涨。2020年日均吸收存款规模较2019年增长25.44%；累计结算笔数较2019年增长63.08%；累计结算量较2019年增长44.58%。资金内部协同效果进一步显现。

【投资业务】2020年，公司持续推进固定收益类投资资质申请工作。建立了完善的法人治理和决策机制以及风险控制体系，并在核心业务系统中增加了投资管理模块，覆盖固定收益类有价证券投资全部业务。系统涵盖投资业务审批、交易后数据录入、风险控制等管理功能，并辅助风险控制手段，有效防范投资风险。同时，公司制定固定收益类投资业务相关制度，完善业务流程，明确各部门职责和管理权限，为投资业务开展奠定了基础。

【风险管理和内部控制】2020年，公司努力规范业务流程、明确岗位职责，建立科学、有效的授权体系，逐步完善内控体系。同时对公司管理制度进行修订和完善，修订制度共计29项，形成《北京金融街集团财务有限公司制度汇编（2020年版）》。2020年，公司完成常规审计项目4项、专项审计项目5项、内控评价1

项，做到了各职能部门全覆盖，定期对审计问题的整改情况进行追踪，督促整改，提示相关领域风险，保障公司业务健康运转。

【人力资源管理】2020年，公司一是为落实监管意见书要求及申请固定收益类有价证券投资资质进行组织架构调整，并配备相关人员；二是为适应拓展新业务的需要，克服疫情因素的不利影响，利用线上平台，组织相关人员参加针对性的业务培训。

【信息化建设】2020年，公司对内不断提高管理能力，对外进一步提高服务水平、满足不同成员单位差异化需求，挖掘与成员单位更深层次的业务合作空间。积极与成员单位沟通，在充分掌握成员单位各类需求的基础上推进相关工作，对核心业务系统在扩大银企直连覆盖范围、自动计算存款准备金、增加投资业务模块、业务流程线上化等方面进行完善与改造。同时，公司进一步完善业务连续性及信息系统容灾管理应急预案，由业务部门与技术部门进行了联合演练。

【企业文化建设】2020年，公司加强企业文化建设，营造富有审慎经营、创新发展、规范行为、人为关怀、风险管理意识的企业文化氛围。努力提高全员的执行力和综合能力，组织人员参加理论学习，内容包括民主管理、组织建设、劳动关系协调、职工技术创新及素质工程等。

2020年，公司党支部“围绕中心抓党建、抓好党建促发展”。不断加强思想建设，牢固树立“四个意识”；完善党组织架构，提升党建工作能力；加强党的建设，持续完善内部管理体系机制；发挥引领作用，服务实体经济，支持集团新兴板块业务发展；落实责任，防范化解金融领域重大风险；规范决策程序，防范决策风险，严格执行选人用人机制；严选积极分子，注重党员发展。

北京金隅财务有限公司

【集团概况】北京金隅集团股份有限公司（以下简称“集团”）有序开展“三降一减一提升”暨“百日攻坚”专项行动，全面超额完成全年的各项工作任务，集团总体经济指标、核心竞争能力进一步提升，高质量可持续发展的势头更加强劲。截至2020年末，集团资产总额2989亿元，较年初增长5.81%；2020年完成财务口径营业收入1339亿元，同比增长45.54%；实现利润78.5亿元，同比减少1.88%。集团营业收入和利润分列市管企业第6位和第3位，列中国企业500强第180位。

【经营概况】2020年是“十三五”发展规划的收官之年，北京金隅财务有限公司（以下简称“公司”）全面超额完成全年的各项工作任务，为助力集团公司持续增长，加快实现跨越式发展提供了有力支持。截至2020末，公司资产总额319.70亿元，吸收存款余额280.26亿元，贷款余额109.93亿元，实现利润（拨备前）4.94亿元，综合资金归集率为75.89%。公司当选中国财务公司协会第十届理事会理事单位，获得集团年度综合评价“优秀”。

【服务实体】2020年，公司通过传统的贷款、贴现业务，为成员单位解决外部高息借款问题；发挥财务公司的金融服务平台优势有效降低成员单位的融资成本；深化产融结合力度，借助财务公司的金融服务产品打通成员单位的上下游业务通道，既从产、供、销角度全方位服务成员单位，又为上下游第三方企业与成员单位的合作解决后顾之忧，力争打造成员单位供应商和客户的健康金融生态圈。

【信贷业务】2020年，公司累计发放贷款91.95亿元，贷款余额109.93亿元，依旧维持了高位信贷规模，解决了成员单位融资难、融资贵问题，满足成员单位资金需求，并通过贷款、承兑、保函等业务为成员单位节约财务费用为9334万元。

【资金业务】2020年，公司较为圆满地做好了资金及流动性管理工作。日常流动性管理以集团月度资金计划为基础，及时与各成员单位沟通，不断跟进各笔大额资金的收付，并与各银行沟通，保证成员单位用款资金及时到账，在大额进款后将资金及时调入利率较高的账户。通过定期存款、适当配置跨季末资金、与各银行积极沟通尽可能提高同业利率等途径，在市场利率不断下行的情况下，争取同业收益最大化。2020年，公司同业加权利率为2.51%，高于同期Shibor值。

【投资业务】公司在保持货币基金等流动性较强、风险较低投资品种的前提下，探索低风险、相对高收益的债券型基金、可转债等品种，2020年在年初低点买入债券型基金5亿元，并在相对较高的时点卖出，年化投资收益率为4.82%（不考虑所得税优惠）。从整体看，2020年日均投资金额为21.75亿元，总投资收益为6649万元，年化投资收益率为3.05%。考虑基金分红减免所得税影响，折税前年化投资收益率3.66%，较年度投资收益率目标3%高出66个基点。

【票据业务】2020年，公司累计办理电子商业汇票承兑2602张，票面金额合计14.82亿元；办理电子商业汇票贴现516张，票面金额合计5.14亿元。累计办理承兑业务的成员单位34家，同比增长30.77%，覆盖供应商546家，同比增长25.52%，财务公司电票的市场接受度不断提高。截至2020年末，累计开通票据池权限的成员单位259家，累计入池票据200.85亿元，持有票据余额45.47亿元。

【资金集中】公司建立了资金归集数据系统，从其财务系统中抓取账户信息及数据，成员单位所有账户纳入公司监控范围；针对外部银行有较大金额资金的成员单位，定期由专人核实情况并及时归集资金。公司通过每月分析成员单位账户资金情况、审核成员单位受限资金等手段，摸清成员单位外部资金实际用途，提高资金管控水平。2020年末综合资金归集率达到75.89%，为历年来新高。

【线上清算】2020年8月，公司通过上海票据交易所审核，获准开通电票业务线上清算功能。8月至9月，根据上海票交所的统一部署，结算业务部抽调专人进行多轮案例测试和业务验证，确保线上清算功能于2020年9月5日正式上线投产，并在生产环境中完成各项业务验证，运行稳定。线上清算功能的开通，完善了公司电票业务系统基础服务功能，有助于加快交易进程，提高电票结算效率，有效防控票据风险。

【业务创新】2020年，公司成功办理首单项目贷款，为冀东水泥磐石有限责任公司水泥窑协同处置固体废弃物项目办理专项三年期贷款3848万元，极大地缓解了企业项目建设资金压力。公司克服地产政策收紧压力，2020年为地产集团新增授信项目5个，新增发放贷款10.28亿元，贷款余额15.98亿元，同比增长121.94%，满足了地产企业工程建设融资需求。围绕“四个中心”建设，对接中关村西三旗科技园区项目，在短时间内完成首笔高新产业园区项目授信，并于年底前提款3515万元。公司全面推进“一企一策”，丰富金隅商贸支付手段，财务公司电票首次获得东陶（中国）公司的认可，2020年收取电票金额5600万元；在获得合肥市住建委认可的前提下，开具首笔工程质量保证金保函，为北装公司释放保证金262万元；顺利开具以“北京2022年冬奥会和冬残奥会组织委员会”作为受益人的履约保函，为天坛家具释放保证金450余万元。

【风险管理和内部控制】2020年，公司依据相关政策要求，结合业务开展的实际情况，制定《金融统计工作管理办法》，并对多个制度进行修订；对公司制度进行全面梳理，优化制度层级分类、厘清制度审批机构，进一步提升公司治理水平；严格执行审查制度，有效防范信贷和投资风险，定期开展信用风险、市场风险、流动性风险、操作风险以及合规指标的监测、分析和报告，全年无风险事件发生。

【人力资源管理】公司积极参与集团开发的“金信工程”人力资源信息化系统一期建设项目的项目启动、蓝图设计、系统构建、系统部署、系统运营五个阶段工作，并伴随项目建设完成了人力资源业务梳理及搭建。

【信息化建设】公司开展资金管理信息系统新增需求开发、系统优化，增加汇总凭证和银行退款功能；完成核心系统分离部署，票据池系统上线后的问题处理，保障系统正常运行；网银系统升级完成 UAT 测试并上线，提升了资金系统运行效率；完成五家银行的银企直连工作，提升了银企直连率及归集率计算的准确性；通过上海票交所 ECDS 电票业务线上清算的测试验收，为高效运用票据池管理系统、防范票据清算风险奠定了坚实的基础。公司加强信息安全建设，配置了堡垒机并做双机部署，满足信息安全整改要求，业务出口配置了 K01 网盾防御系统。公司作为集团指派参演单位参加北京市委网信办组织的重要网络系统应急演练。在演练过程中，有效防御多次攻击，保障本次演练的目标系统安全，经受住了考验。

【企业文化建设】2020 年，公司通过扶贫信贷、消费扶贫等方式，细化措施，压实责任。公司为金隅冀东邢台水泥有限公司开立财务公司承兑汇票用于支付当地贫困企业的相关款项；对接建设银行善融商务消费扶贫平台、北京市消费扶贫双创中心和“爱心北京”电商平台，以“两节”送温暖、夏季送清凉等形式采购员工福利扶贫产品，组织员工到双创中心购买扶贫产品，全力以赴做好扶贫工作。公司积极落实北京市国资委及集团垃圾分类管理工作要求，加强垃圾分类宣传指导，签署垃圾分类承诺书，完成“志愿北京”注册，组织全体员工圆满完成社区“看桶值守”工作，值守率达到 100%。公司积极落实新型冠状肺炎防控要求，确保公司正常经营。参与集团下沉东城区社区疫情防控工作，公司抽调人员获得“东城区社区防疫标兵”光荣称号。

北京控股集团财务有限公司

【集团概况】北京控股集团有限公司（以下简称“集团”）以“让城市生活更美好”为社会责任使命，紧抓现代城市建设的重要引擎，契合国家战略需要，重点投向公共服务、基础设施、生态环保、民生改善及战略性新兴产业，促进公共服务均等化、基础设施互联互通，致力于提供国内领先、国际一流的现代城市一体化综合服务，覆盖全国 400 余个城市，海外业务发展延伸至欧洲、美洲、大洋洲和东南亚。集团作为地跨境内外市场、兼具实业经营和资本运营的国有控股集团，拥有各级控股、参股企业 700 余家，旗下有 11 家上市公司，其中 9 家香港上市公司。2020 年，全年实现合并营业收入超过 1000 亿元，合并利润总额超过 100 亿元。

【经营概况】2020 年，北京控股集团财务有限公司（以下简称“公司”）进一步挖掘“金融综合服务平台”作用，以客户服务“六个一体化”为核心，深入贯彻“大客服”工作体系；以获批新业务资质为突破，丰富投资手段、提高资金收益；以“提质增效”为重点，优化运营，攻坚克难，努力完成各项工作任务。截至 2020 年末，公司资产总额 194.44 亿元，负债总额 167.77 亿元；2020 年实现营业总收入 5.30 亿元，实现利润总额 1.95 亿元。

【服务实体】2020 年，公司努力为成员单位复工复产提供有力金融支撑，对于急需贷款的成员单位优先审批、优先安排放款，针对受疫情影响较大的存量贷款单位，在贷款期限、还款计划及贷款利率等方面给予更多扶持，为有资金需求的成员单位提供及时的信贷支持。

【信贷业务】 2020年，公司积极推动自营贷款、委托贷款等内部融资业务，持续加大贷款投放力度，加强对受疫情影响企业的帮扶力度，主动降低融资成本，让利集团内企业。将公司可用于贷款投放的资金用足、用满，力争以量补价。截至2020年末，累计发放自营贷款157笔，合计人民币88.72亿元；累计为成员单位办理委托贷款25笔，合计人民币11.30亿元；累计为成员单位办理保函业务19笔，合计人民币约2.46亿元。

【投资业务】 2020年，公司综合评定市场环境、公司风险偏好、资金收益等因素，选定相关投资产品进行投放。办理银行保本理财累计规模20.59亿元；办理交易所国债逆回购累计规模2.50亿元；开展货币基金申购赎回交易累计59.40亿元。

【业务创新】 2020年下半年，公司经北京银保监局批准，获得新业务资质，以此契机提升资金收益，降低集团和成员单位闲置资金投资风险，拓展公司中间业务创收渠道，丰富公司金融服务手段。

【风险管理和内部控制】 2020年，公司加强对高风险业务合规性审查，做好贷后检查，深入项目实地考察。坚持做好公司资产五级分类工作，持续开展审计情况“回头看”，积极开展年度监管意见整改工作。

【信息化建设】 2020年，公司完成核心系统安全加固，获得公安部门签发的网络安全等级保护三级认证证书，网络安全管理水平达到与商业银行同等级别。

【企业文化建设】 充分发挥公司党总支政治核心、思想引领、舆论推动、精神激励和文化支撑的作用，以“党员先锋岗”为载体，推动思想政治工作、意识形态工作与企业文化建设有机融合，进一步培育“诚信、敬业、服务、专业、高效、创新”的企业文化内核，紧密结合员工工作、生活需求，建设符合企业实际、员工感到温暖的职工之家。广泛开展群众性文体活动，工会活动与党建活动、业务工作互相促进、互相补充、互相提升，营造企业“家”文化。

北京汽车集团财务有限公司

【集团概况】 北京汽车集团有限公司（以下简称“集团”）是中国汽车行业骨干企业，成立于1958年，目前已发展为涵盖整车及零部件研发制造、汽车服务贸易、综合出行服务、金融与投资等业务的国有大型汽车企业集团，列2020年世界500强企业第134位。集团走规模化、高端化、服务化、国际化、低碳化可持续发展之路，为全社会提供高科技、高品质、安全环保的全方位出行解决方案，成为具有国际竞争力的汽车制造商、服务提供商，以及高品质美好出行生活的引领者。

【经营概况】 北京汽车集团财务有限公司（以下简称“公司”）积极推出系列扶助保障措施，全力支持集团打赢“防疫情、稳经营”双线战役；助推集团实现高质量发展。2020年，公司资产规模超过400亿元，营业收入13.80亿元，利润5.60亿元。

【服务实体】 公司积极配合集团主业布局，为因疫情出现短期经营困难的集团在津、冀重点企业提供支持，缓解经营压力。累计为北京现代汽车有限公司提供融资支持达60亿元；为廊坊莱尼线束系统有限公司提供融资支持超过9700万元。

【信贷业务】 深度挖掘成员企业资金需求，

2020年累积提供信贷支持190亿元，同比增长3.80%，日均吸收存款251亿元，同比增长6.50%，为集团整体资金调配和成员企业融资提供有力的资金支持。针对突发疫情，多措并举支持成员企业缓解疫情带来的困难。通过增加信贷支持额度、适当延长贷款还款期限、提供贷款转化等措施，减轻成员企业流动性压力，金融助力集团企业共抗疫情。

【产业链金融】 2020年，公司针对零售客户开展消费信贷业务和融资租赁业务，全年累计开展业务7.49万笔，提供融资支持86.82亿元；针对经销商客户，通过单车融资、票据承兑、配件融资、建店融资和经销商并购贷款等业务，累计提供融资支持259.32亿元，充分满足产业链客户各个业务环节的资金需求。

【投资业务】 拓展投融资渠道，丰富投融资品种。实现债券质押式回购业务的常态化操作，灵活匹配期限和产品，提高公司整体资金收益率。发挥财务顾问和债券投资联动优势，拓宽金融服务渠道。为集团和成员企业提供市场分析、发行试点选择等专业顾问服务，协助引入外部投资资源，有效降低集团整体融资成本。

【票据业务】 推进票据池建设项目，通过银行票据池、票据保贴、财务公司票据贴现等方式盘活财务公司承兑汇票的上下游使用。2020年，票据池业务发生额不断取得突破。同时，成功完成上海票交所线上清算验收，提升了公司的票据清算效率。

【外汇业务】 完成人民币跨境资金池平台建设，实现额度内人民币的境内外自由划转；在跨境资金集中运营新规业务项下，完成境外美元归集及回拨业务、人民币外债借入业务，批量为集团内成员企业在外汇局进行跨境资金集中运营业务名单企业备案。

【风险管理和内部控制】 2020年，通过高效的信贷审批决策机制，运用金融科技、多渠道交叉验证技术支持业务快速发展。不断完善汽车消费信贷信用评级、欺诈风险量化风险管理工具，不断增强风险监测预警能力，提高风险事件响应速度，严格开展日常审计和问题整改，立足提升管理质效。扎实推进纪检监察体制改革，落实疫情防控专项监督，率先建立“三线合一”工作机制。

【人力资源管理】 组织开展“十三五”人才工作回顾和“十四五”人才发展规划编制；持续开展职业资格认证，通过激励与约束并重，提升职业资格认证水平；完善人员激励机制，制定核心人才专项奖励方案，加强核心人才激励保留；创新推动落实企业年金改革，建立人才长期激励机制，保障职工退休后待遇水平。

【信息化建设】 围绕信息系统换新和汽车金融业务两大核心项目建设，综合调配信息资源，实施项目制管理，完成新核心IT基础设施等多个功能提前投产上线验收；推动汽车金融信息化建设逐步提高。2020年累计开展信息化建设项目102项，累计为成员企业、经销商客户提供业务系统远程技术支持7500余次。

【业务创新】 2020年，鉴于疫情期间特殊的市场环境，公司汽车金融业务推出新金融产品——“宽鑫贷”，90天0日供，满足疫情期间的特殊需求；同时开展第一笔用于股权融资需求的并购贷款，积极支持集团汽车贸易板块业务拓展。

【品牌建设】 “北汽金融”品牌正式发布，“北汽金融”品牌体系和VI手册获得集团批准，通过对标，完善“北汽金融”品牌系统，编制新版VI手册，规范对外视觉标识的使用；“北汽金融超市”获得“中融普惠”年度案例特别奖，并被列为中国普惠金融产品创新典型案例，显著提升“北汽金融”品牌知名度。

【企业文化建设】 推进党建工作体系化建设，深化党建与经营工作融合。切实加强党的领导，引领党员干部职工同心抗疫，助力集团打赢“双线战役”。围绕企业中心工作，深化党支部评星定级和“鑫堡垒”建设，开展“鑫管家鑫联线，鑫伙伴出征一线”等活动，推动党建工作向服务端延伸。开展“鑫菁英”能力进阶项目，构建适应企业高质量发展需求的人才梯队。发布新企业文化核心理念，讲好北汽金融文化故事。

B

北京首都旅游集团财务有限公司

【集团概况】北京首都旅游集团财务有限公司（以下简称“公司”）控股股东为北京首都旅游集团有限责任公司（以下简称“集团”），集团是由北京市政府出资设立的国有独资公司，北京市国资委持股90%，北京市财政局持股10%，上述机构依法对集团履行出资人职责。集团不设股东会，董事会为决策机构，行使北京市国资委授权的部分职权。2020年，集团规模壮大，资产质量提升，资本经营能力增强，产业链条日臻完善，品牌影响日趋扩大，经营管理水平日益提高，成为在国内有较大影响力的旅游商贸企业，经营业务涵盖酒店服务、旅游商贸服务、餐饮服务、旅游旅行服务、汽车服务、景区景点服务六大板块，构建了较为完整的经营产业链条，规模优势稳步增强。

【经营概况】集团联合四家上市公司共同对财务公司增资，公司注册资本为20亿元。股权结构由集团100%控股，出资比例变更为：首旅集团56.6352%，王府井集团股份有限公司12.50%，北京首商集团股份有限公司12.50%，中国全聚德（集团）股份有限公司12.50%，北京首旅酒店（集团）股份有限公司5.8648%。

2020年，公司以“中国服务”为统领，结合首旅集团打造“精彩方式服务商，用心服务每一刻，精彩生活每一天”新定位和构建国有资本运营公司新目标，围绕推进落实集团深化改革、转型调整、创新发展、提质增效“四大核心任务”，通过完善信息系统建设、加强资金管理、创新金融产品、让利客户等措施，加大对成员企业的金融服务与支持力度，全面完成集团下达的各项经营管理目标。2020年末公司资产总额129.68亿元，负债总额104.93亿元，所有者权益总额24.75亿元。

【信贷业务】2020年，公司根据国家宏观信贷政策和资金市场情况，积极配合人民银行贷款基础利率集中报价和发布机制改革，及时调整贷款LPR报价机制，确定了在满足成员企业信贷需求的前提下，调整资产结构，提高资金使用效率的工作思路。2020年公司贷款日均规模为55.02亿元，较上年日均贷款规模31.58亿元上升23.44亿元，截至2020年末自营贷款余额为66.56亿元。

【资金集中】截至2020年末，成员单位在公司开户498家，开立结算账户533个，其中2020年净增加开户数量130户。成员企业通过公司财企直连系统的结算量累计达到5.08万笔，交易金额101亿元。日均吸收存款规模超过71亿元。

【资金业务】2020年，宏观经济环境下行压力明显，央行货币政策稳健中性，市场流动性趋于宽松，公司投资策略基本依靠持有至到期获取无风险收益，因此收益率跟随利率市场呈下降趋势，公司累计完成金融市场业务交易金额达568.99亿元，业务笔数217笔，质押式债券逆回购、货币市场基金、存放同业等业务快速发展，全年累计实现含投资收益的收入3.11亿元（按权责发生制）。

【业务创新】公司一是2020年7月取得委托投资业务资质并成功开展首笔委托投资业务，加强了成员企业的资金集中管控，提高了集团整体资金的使用效率。二是经国家外汇管理局北京外汇管理部及银保监会批准，取得“跨境资金集中运营管理”业务主办资格，首批入池企业3家，其中，境内2家，境外1家；集团境内外资金流转通道顺利建成，为增强境外资金管控力度、盘活境外资金提供了有力手段。三是积极推广“收单归集一体化”业务模式，公司作为资金归集方，通过“收单归集一体化”

服务，拓展成员单位的收款范围和入账方式，将收款直接落地完成资金归集。

【风险管理和内部控制】2020 年，公司在经营层下设法治建设委员会，加强法治建设工作。持续加强内部控制，实现制度与公司组织架构以及最新监管要求的契合，共形成制度 144 个。公司积极落实董事会年度审计工作计划，坚持风险导向，抓住关键环节，有效分配资源，完成了自主立项的 7 个审计项目，审计总金额为 368.24 亿元，共提出审计建议 18 条，提示注意事项 3 条。

【人力资源管理】2020 年，公司发布了《北京首都旅游集团财务有限公司员工手册》。积极引进专业对口人才，加强公司党建和运营力量，补充党务和业务人员 3 人（含应届毕业生 1 人）。为加强人力资源管理，优化人员配置，转变工作作风，建立岗位负责人轮岗机制，为公司的持续发展提供组织保证。

【信息化建设】2020 年，公司以数字化战略为总体目标，围绕“数据通、系统通、用户通、管理通、业务通、决策通”，在制定《司库体系信息化规划》的基础上，完成《司库体系信息化规划落地实施方案》，以公司发展定位为目标，加强和完善司库职能，为实现集团司库体系的核心载体夯实了基础。

【企业文化建设】2020 年，公司以疫情防控为首要任务，积极安排防疫物资发放、员工现场办公防护及用餐保障，坚持统计员工健康状况等事项，助力疫情防控。丰富员工培训内容和形式，积极开展扶贫活动、民法典学习、读书月、垃圾分类桶前值守、“制止餐饮浪费践行光盘行动”等活动。

2020 年，公司党支部坚持“党建与经营有效融合”，以落实全面从严治党为主线，坚持抓好党的思想、组织、作风、制度和党风廉政建设。严格执行“三重一大”制度，落实“三会一课”、主题党日等，确保组织生活质量。按期完成党支部换届，推进党员发展工作。

北京首农食品集团财务有限公司

【集团概况】北京首农食品集团有限公司（以下简称“集团”）是经北京市委、市政府批准，于 2017 年 12 月由北京首都农业集团有限公司、北京粮食集团有限责任公司、北京二商集团有限公司三家企业联合重组成立。自联合重组以来，集团始终坚持党建统领、战略纲领、文化引领“三位一体”治理模式，连续 3 年实现收入利润双增长，集团发展进入高质量快车道。集团集食品生产商、供应商、服务商于一体，建成贯穿育种、种植养殖、产品加工、贸易流通、终端销售等环节的全产业链。作为首都市民的“菜篮子、米袋子、奶瓶子、肉案子”，集团加快构建以“一体两翼三平台”为核心的开放型产业生态体系，加速推进“立足北京、依托京津冀、布局全国、走向国际”的产业布局，以市场化、专业化、资本化、数智化、国际化为发展方向，将企业打造成为具有国际竞争力、引领健康美好生活的现代食品集团。

【经营概况】北京首农食品集团财务有限公司（以下简称“公司”）有效利用集团资源优势，充分发挥公司“以融助产”核心作用，逐步从单纯的资金集中管理服务向集约化金融服务、集团化金融管理的综合性金融服务转变。2020 年末，公司资产总额 185 亿元，同比增长 48.70%；全年累计实现收入 3.65 亿元，同比增长 116.33%；实现利润总额 1.37 亿元，同比增长 273.95%；不良资产为零，持续保持高效稳健发展态势。

【服务实体】2020 年，公司通过发放疫情贷款、活用LPR、与商业银行组建银团贷款等措施降低成员单位融资成本，提供更为便利的贷款支持实体经济发展。

【信贷业务】截至2020年末，公司授信总额214亿元，全年累计放款255亿元，各项贷款余额109亿元。授信户数42户，其中小微企业23户，占比过半。信贷业务种类涵盖流动资金贷款、固定资产贷款、经营性物业贷款、并购贷款、银团贷款、委托贷款、票据等多个业务品种，满足成员单位不同信贷需求。

【资金业务】2020年，公司以多维度资金计划为基础，以国债收益率为先行指标，灵活选择定期、类定期、逆回购、同业拆借等多元产品，合理配置头寸，准确把握时机。升级原有同业系统，实现同业授信、拆借、存放、调拨等业务线上办理，资金管理效率进一步提升。

【投资业务】2020年，公司稳健开展固定收益类投资，拓展投资业务合作范围。坚持投研一体，积极拥抱市场，吸收行业头部机构研究观点，培育独立研究能力，形成对投资业务的有力支撑。

【票据业务】2020年，公司持续推进产业链与票据的深度融合，探索票据助力集团发展契合点。公司累计办理贴现业务13亿元、再贴现业务0.5亿元、票据承兑业务8万元，降低成员单位支付风险、节约财务成本，财务公司的影响力进一步扩大。

【资金集中】2020年，公司主动疏通企业归集的问题节点，以资金集中为中心，做到应归尽归。强化月度统计、测算，针对不达标企业及时督促与上报，以考核促归集。定期下户拜访，开创客户经理管户模式，“一对一”了解企业需求，针对性解决痛点、难点，吸引企业存量业务及银行存款向公司转移。通过推广通知存款、定期存款等符合市场利率竞争机制的优惠存款品种，实现吸收存款规模进一步攀升。截至2020年末，公司吸收存款162.71亿元，同比增长57%；全口径资金集中度为73.84%，较上年同期增加约20个百分点。

【外汇业务】2020年，公司实现外币账户集中管理。全面清查境外账户，通过直连纳入查询管理、非直连呆滞外币账户清理等方式，完成境外账户信息报文收发。截至2020年末，实现境内外币账户可视查询53户，完成呆滞外币账户销户21户，接收境外账户MT940报文4户。2020年公司成功获得外汇局跨境资金集中运营业务资质，为外汇业务开展奠定了基础。

【风险管理和内部控制】2020年，公司制定风险策略，明确与资产规模及风险管理水平相适应的风险政策与风险偏好。聘请专业机构开展“1+3”管理提升，梳理完善合规、内控体系，健全内控手册。新增制度36项，修订原有制度78项，废止制度11项，截至2020年末存续制度162项，为经营管理提供了有力支撑；开展18项内部审计及2019年度内部控制评价，提出审计建议53条并落实整改跟踪。强化内审机制建设，修订《内部审计（稽核）管理制度》，新建《内部控制评价办法》，编制《内部审计手册》，规范内部审计流程。

【人力资源管理】2020年，公司以《人力资源管理规划》为框架，对薪酬绩效考核体系进行调整。优化健全培训体系，有效提升员工综合素养和专业能力。截至2020年末，公司员工48人，较上年增长16%。

【信息化建设】2020年，公司加大信息科技投入，完成超融合IT基础设施建设、新一代核心系统升级、财企接口开发、顺利通过等保三级复测四项重点工作。通过以上“四大”信息工程，公司的信息化水平显著增强。

本钢集团财务有限公司

【集团概况】本钢集团有限公司（以下简称“集团”）始建于1905年，是新中国最早恢复生产的大型钢铁企业，被誉为“中国钢铁工业摇篮”“共和国功勋企业”。集团地处辽宁省中部经济带核心区域，地理位置优越，现有员工6.3万人，资产规模1450亿元，年销售收入超过1000亿元，粗钢产能2000万吨。集团是中国十大钢铁企业之一，世界钢铁企业排名第17位。集团是辽宁省最大省属国有企业集团，列中国企业500强。集团是工信部认定的“国家技术创新示范企业”和“中国工业企业品牌竞争力百强企业”。

2020年，集团围绕做精做强钢铁主业，不断加快品种结构调整和产品质量升级，推动全流程降本增效，实现了持续盈利。不断强化节能减排与建设生态文明，绿色发展水平显著提升。持续推进两化融合，智能管控能力取得新突破。

【经营概况】2020年，本钢集团财务有限公司（以下简称“公司”）面对新冠肺炎疫情带来的严峻形势，克服困难，积极复工，在“十三五”规划收官之年取得良好的经营业绩。2020年末，公司资产总额180.13亿元，负债147.62亿元，所有者权益32.51亿元，实现营业收入1.29亿元，利润总额6694.24万元，缴纳税金5690.33万元，为集团增效4亿余元。公司不断规范基础管理，强化风险防控，各类监管指标满足行业监管要求；全年保持无治安案件、无安全事故、无消防事故、无金融案件的稳定局面。

【资金集中】2020年，公司已开户成员单位达到82家，日均存款额为149.57亿元，同比增加1.23亿元，同比增幅为0.83%；吸收存款业务7430笔，共计2184.7亿元，同比增加221.13亿元，同比增幅为11.26%。稳步推进资金归集工作，为公司开展各项经营业务、拓宽业务领域提供了资金保证，发挥了整合资金资源和提高资金使用效率的职能作用。

【资金业务】2020年，公司继续巩固和发展与同业单位的良好合作关系，灵活调剂资金余缺，实现存放同业资金最佳效益。2020年末，银行账户开户数量为22个，其中直连银行7个。银行存款日均达44.76亿元，同比增加1.31亿元，同比增幅为3%。操作成员单位内部结算业务5955笔，共计5647.41亿元；代理支付业务18398笔，共计431.96亿元；资金回拨业务5143笔，共计1647.03亿元；结算业务总量40762笔，共计10712.12亿元。

【信贷业务】2020年，公司紧密结合成员单位融资需求情况，充分发挥平台功能，向集团成员单位提供信贷支持。2020年末，公司自营贷款余额139.86亿元，与上年同期基本持平。

【票据业务】2020年，公司继续以服务集团为经营宗旨、以依法合规为经营理念，为扩充集团对外结算渠道，适时开具电子承兑汇票。2020年累计签发98.32亿元，年末余额66.51亿元，极大地缓解了集团支付压力，有效降低了资金运营成本，公司金融服务作用得以进一步体现。

【保函业务】2020年，公司根据本钢国贸公司进口货物通关量及进口海关的调整，适时提高关税总担额度。2020年末，关税保函余额5.67亿元，与上年同期相比增加1.37亿元，有效缓解了银行授信的占用及降低融资成本。

【风险管理和内部控制】2020年，公司以“稳健合规经营、强化风险管理”为工作原则，着力控制风险和促进合规。一是不断强化公司治理建设，完善公司基本治理制度，进一步提升公司治理水平。二是坚持“制度先行”管理模式，依据不断变化的监管政策，修订完善公司内控制度，2020年累计重新修订并下发各类制度29个。三是配合监管部门开展专项自查及现场检查，并积极开展内部审计稽核工作，2020年共计开展20余项审计稽核项目，范围覆盖公司各部门的业务和公司管理活动，充分发挥公司“三道防线”作用。在日常风险管理中，设定各类监管指标20项，对其进行日监控、日报送，确保公司各项业务合规稳健开展，2020年无重大问题发生，无风险案件发生。

【信息化建设】 2020年，公司结合未来发展需要，加大信息化建设的投入。一是对现有核心系统进行升级改造。为进一步加强风险管控，公司结合自身业务发展实际，并严格按照监管要求，对核心系统进行升级改造，新系统于2020年11月正式上线，整体运行效果良好，能够满足资金归集、结算、反洗钱、评级授信和信贷等基本业务需求。二是电票系统线上清算功能上线投产。为进一步促进公司电票业务开展，公司结合国家相关政策的变化，积极与上海票交所沟通交流，2020年10月，电票系统线上清算功能正式上线投产。

【企业文化建设】 2020年，公司坚持把学习贯彻习近平总书记系列重要讲话精神、党的十九届五中全会精神作为首要的政治任务和领导干部教育培训的必修课。持续开展“两学一做”学习教育活动，严格遵守“三会一课”制度，引导广大党员干部深入领会精神实质，自觉在思想上、政治上、行动上同以习近平同志为核心的党中央保持高度一致。公司党支部带领全体党员学习集团领导重要讲话等政教、廉政教材资料，不断增强党员政治意识、纪律意识、廉政意识和大局意识，影响和带动全体员工形成积极向上的精神风貌。

兵工财务有限责任公司

【集团概况】 中国兵器工业集团有限公司（以下简称“集团”）是我军机械化、信息化、智能化装备发展的骨干，是全军毁伤打击的核心支撑，是现代化新型陆军体系作战能力科研制造的主体，是国家“一带一路”建设和军民融合发展的主力。集团现有50余家子集团和直管单位，主要分布在北京、陕西、内蒙古等29个省、自治区、直辖市，在全球70余个国家和地区设立了100余家境外分子公司和代表处。2020年，集团实现主营业务收入4850亿元，利润总额196亿元。

【经营概况】 兵工财务有限责任公司（以下简称“公司”）有效发挥四大平台功能，切实履行服务集团实体产业发展的核心使命，为集团履行好强军首责、推动高质量发展提供有力金融支撑，2020年末资产规模达1165.38亿元，提供月均金融业务总量1513.40亿元，实现利润总额8.67亿元，存款日均规模642.43亿元。

【服务实体】 2020年，公司一是聚焦集团产业转型和高质量发展，及时提供优质高效的金融服务，全年提供贷款、贴现、票据等金融服务849.57亿元。二是全力以赴支持集团抗击疫情和复工复产，创新线上服务方式，启动业务绿色通道，制定个性化支持方案，全年累计发放49.47亿元专项贷款。三是支持集团重大专项贷款9.02亿元。

【信贷业务】 2020年，公司一是扩大授信规模，为系统内子集团和直管单位提供授信额度846.88亿元。二是协助降低集团整体负债成本，完成专项置换贷款工作。三是改善企业负债结构，加大中长期贷款投放，贷款结构进一步优化。

【产业链金融】2020 年，公司积极布局产业链金融服务平台，对接集团物资集中采购平台，打通与上海票交所的业务合作通道，引入“贴现通”、供应链票据等创新票据产品，同时大力拓展“一头在外”票据业务，扩大融资租赁业务，放大产业协同效力。

【资金业务】2020 年，公司一是走访调研同业机构，研究 FTP 内部资金转移定价体系，加强资金成本和收益的有效核算，提升资金定价能力。二是提高专业化资金运作效率，在保障集团资金流动性的基础上，公司努力开拓同业产品渠道，提高存款利率水平，同业资金收益同比增长 22.82%。

【投资业务】2020 年，贯彻价值投资理念，推动投资净值化管理，加强策略与产品研究，优化内控制度流程，全年投资净值实现增长。积极创新委托理财业务。制定委托理财业务办理标准、准入名单和净值化管理方案，扩大委托理财业务规模。

【票据业务】2020 年，公司大力拓展票据结算服务，全年票据签发规模达 387.07 亿元，其中向系统外 5003 家供应商支付 157.16 亿元，为成员单位节约财务费用 2.64 亿元。此外，公司大力拓展“一头在外”票据业务，通过上线新一代票据系统、调整账户开立模式和价格发布机制等方式，办理“一头在外”贴现业务 10.56 亿元。

【外汇业务】2020 年，公司打通跨境人民币和外币进出双渠道，完成跨境双向人民币资金池备案，参与企业数量达 111 家，获批额度 407 亿元；全年开展跨境外汇资金集中运营业务 9881 万美元；创新受托支付和资本项目股权投资购汇业务，即期结售汇业务规模达 7.51 亿美元，各类外汇专业服务为客户贡献增值收益 1186 万元。

【资金集中】2020 年，公司以强化账户管理、完善服务手段为抓手，实现日均存款规模 642.43 亿元。期末存款余额 1019.32 亿元。年末资金集中度为 71.94%，结算业务总量达 3.28 万亿元。

【业务创新】2020 年，公司体系化创新金融产品，编制公司价值地图，全面梳理金融工具，制作电子产品手册并推广。创新票据质押回购业务、电开保函业务、应收账款保理业务等产品，拓展融资租赁业务 1.30 亿元，信用证和保函业务规模达 7.26 亿元。

【风险管理和内部控制】2020 年，公司一是圆满完成增资扩股工作，公司注册资本顺利增至 63.40 亿元，夯实了风险管理的资本基础，增强了外部风险抵御能力。二是强化事前风险管控，健全内部控制体系，大幅改善风控指标，提升风控立体化管理水平。三是加强制度体系化建设，开展制度评价工作，完善各类制度 96 项。

【人力资源管理】2020 年，公司推行人力资源管理革新，激发干事创业活力。一是强化干部人才队伍建设。修订选人用人管理制度，建设想干事、能干事、干成事，忠诚干净担当的专业化年轻队伍。二是改革收入分配机制。强化正面激励导向，下放绩效分配权，开展员工晋级晋档，落实即时奖励政策，完善全方位绩效考核体系。三是注重员工教育培养。创新线上培训方式，组织 20 次集中内外部培训，专题开展监管政策学习答题活动，着力提升员工执业素质。

【信息化建设】2020 年，公司科技金融促进工作效率大幅提升。升级资金管理系统，研发费用和工资管理系统，完善线上审批功能，优化风险管理信息系统，上线新会计准则和证券资产管理等系统，为公司业务持续发展提供有力支持和保障。

【企业文化建设】2020 年，公司文化建设取得重大突破。一是公司连续三次获得“首都文明单位”荣誉称号，首次获得“全国文明单位”荣誉称号，这是公司精神文明建设工作的最高荣誉，也是全国精神文明建设工作的最高奖项。二是强化思想引领，规范对外宣传流程，开展庆“七一”、迎“国庆”及“光盘行动”等多项主题党日活动，成立公司职工代表大会，退休人员社会化管理取得阶段性成果。三是提升党建工作质量，持续巩固主题教育成效，广大党员在疫情防控中冲锋在前，11项党员创新工程项目取得重要成果。

兵器装备集团财务有限责任公司

【集团概况】兵器装备集团财务有限责任公司（以下简称“公司”）所属的集团为中国兵器装备集团有限公司（以下简称“集团”）。2020年，集团全年营业收入、利润总额大幅提升，各项工作进步显著。

【经营概况】2020年公司全年实现营业收入131084万元，完成预算的147.7%；全年实现利润总额74685万元，完成年度预算的104.9%，资金集中度为72.6%，资产规模达到664亿元，再创历史新高，“十三五”期间主要经营指标提前一年达成，较“十二五”提升明显。

【服务实体】公司积极助力集团“十三五”完美收官，以贷款、贴现及签票等多种形式累计实现891亿元的信贷投放，坚持以服务集团主业为核心，将金融服务融入实体经济。为受疫情影响较大的成员单位提供2亿元的抗疫低息贷款支持，利率仅为1.6%。设立专项“保供基金”50亿元，用于支持疫情期间进口国外原材料；为经销商提供“疫情防控专项支持”，放款金额10亿元，帮助经销商兑付到期票据33.3亿元。

【信贷业务】公司丰富完善产品谱系，不断提升金融服务。逐步打造形成全产业链金融服务体系，金融服务质量和水平持续提升。2020年，累计实现传统业务贷款投放425亿元。

【产品销售信贷业务】大力拓展存货融资业务，夯实长安汽车批售融资业务的“压舱石”定位，新拓展优质经销商70家，信贷投放同比增加73亿元，新增授信额度16亿元，经销商达到192家次。

【资金业务】公司做好资产负债管理，按照机制建设、能力建设、配套建设三个层次推进公司资产负债管理架构的建立。成立流动性管理委员会，建立健全流动性风险管理体系。

【投资业务】公司本着把控总体风险，寻求中长期稳健的绝对收益的基本目标，优化投资业务布局。资产配置聚焦中低风险品种；开展投资服务实体经济专题研究，积极推动研究成果落地。

【票据业务】公司积极拓展票据业务，满足企业多元化金融服务需求。2020年贴现78亿元，签票227亿元。

【资金集中】公司协助集团大力推动资金集中管理，通过大幅提高上市公司限额、积极推动财务公司电票、建设部署委贷资金池、改进完善服务手段等举措做好存款服务；通过信贷业务带动存款、汽车金融联动存款、信息化手段黏住存款、结算服务留住存款等方法切实提高资金集中水平，全口径资金集中度首次突破70%大关，达到72.60%。

【风险管理和内部控制】公司一是监管评级继续保持一级。二是以建立健全监管评级一级长效机制为抓手，结合全员风控项目成果落地实施，确定六大工作主题，不断完善风险管理体系，创新风险管理机制，丰富风险管理手段，打造推动和保障业务发展的数字化全员风险管控体系。三是积极应对在诉案件，确保公司债权安全。四是全面开展稽核审计，切实筑牢底线职能，公司获得“全国内部审计先进单位”称号。

【财务及预算管理】公司明确资产负债管理

的整体行动路线，按照机制建设、能力建设、配套建设三个层次推进。探索构建智能型财管体系，积极响应财政部关于非上市公司在2021年执行新会计准则的要求，全面做好同业对标，做好新会计准则落地实施。

【人力资源管理】公司一是大力培养年轻干部，打造活力管理团队。二是推进轮岗激发潜力，提升复合管理能力。三是畅通职业发展通道，增强动力激发活力。

【信息化建设】公司一是紧守信息系统安全底线，夯实网络安全防护根基。参加国家有关单位重点防护行动，演习期间靶标系统始终未被攻破，被推选为防守优秀案例。二是围绕集团核心企业上下游，构建集团产业链金融信息化服务平台。强化信息系统对业务的支撑作用，升级优化汽车金融业务系统，建设经销商网点管理模块、优化票转贷业务模式。以数字化、自动化为抓手，改造核心系统授信额度管理及供应商网银端，有效满足供应链金融业务开展需求。

【企业文化建设】公司以践行社会主义核心价值观为引领，深化公司“价值创新”文化体系落地实施。2020年，公司首次获得“首都文明单位”称号。

党建方面，公司一是把政治建设摆在首位，坚持维护核心铸牢根魂。二是把思想建设作为重点，坚持统一思想坚定信念。三是把组织建设作为根基，坚持强基固本全面过硬。四是把从严从实作为标准，坚持推进全面从严治党。五是把文化建设作为品牌，坚持守正创新久久为功。六是把工团建设作为纽带，坚持凝心聚力共谋发展。

诚通财务有限责任公司

【集团概况】中国诚通控股集团有限公司（以下简称“集团”）是国务院国资委首批国有独资公司董事会试点企业、国有资产经营公司试点企业和国有资本运营公司试点企业。主营业务包括基金投资、股权管理、资产经营、金融服务、仓储物流、生产资料贸易、林浆纸生产开发及利用等，控股6家上市公司。2020年末，集团资产总额3960亿元。

【经营概况】诚通财务有限责任公司（以下简称“公司”）对内改造升级综合业务信息系统，加强法治合规建设，充实人才队伍，筑牢风险防控堤坝；对外深挖服务潜力，推出多种个性化金融服务举措。2020年末，公司资产总额250亿元，营业收入6.51亿元，利润总额4.46亿元。

【服务实体】公司紧跟集团战略和经营布局，在集团及所出资企业的债券发行中，积极引导债券发行利率下行，降低融资成本。开通防疫绿色服务通道，免收成员单位结算汇划费用，为抗疫工作提供便利的金融服务。

【信贷业务】公司多措并举支持成员单位改革发展，累计授信金额273亿元，发放贷款127亿元。特别是疫情初期，提供紧急借款15亿元，全力支持集团和成员企业抗击疫情复工复产。

【资金集中】公司采取多重措施稳定存款规模。一是增户扩量“广开源”，2020年新开户企业共计27家；二是创新探索“释动能”，跳出传统吸存模式，尝试专项资金管理计划。在稳定吸收存款的同时，做好大额资金监控工作。

【产业链金融】公司2020年末获准开展供应链金融业务资质，积极向各成员单位推介宣传，以降低整个集团产业链的财务成本，加强上游企业对成员单位业务黏性，提升成员单位竞争力和话语权。

【资金业务】在疫情期间及复工复产阶段，

货币市场流动性充裕，利率中枢持续低位波动，公司灵活调整资金配置策略，在确保流动性的前提下，提高资金周转效率。2020 年共完成质押逆回购 3661 笔，金额 1890 亿元，有效提高了存量资金收益；拓展市场资金融通渠道，全年完成正回购 225 笔，同业拆借 187 笔，金额合计 1917 亿元，有效提升了公司盈利空间。

【投资业务】2020 年，公司坚持稳健审慎合规的投资理念，在确保资金安全的同时，加强与外部金融机构沟通，开展优质债券投资标的筛选及研究，共召开投审会 12 次，上会研究标的 35 个，成功投资认购 9 个标的，金额共计 17 亿元。

【票据业务】公司积极推动票据集中管理，对 20 余家企业票据业务模式、收到和支付票据的业务情况、票据业务需求进行调研和推介；同时与多家同业机构就不同模式的可行性与优劣势情况进行深入探讨，提出业务解决方案，向监管部门提交申请材料。

【外汇业务】公司通过重新梳理外汇业务，提供国内资金主账户线上操作付款、资金下拨到当地同行账户、下拨到当地他行账户三种模式供企业选择。2020 年办理境外集中付汇金额 229 万美元，办理代客即期结售汇金额 2259 万美元，有效降低了集团整体汇兑成本。

【业务创新】2020 年，公司一是自主研发并推进“财企通”服务平台，为成员单位 ERP 系统提供资金结算通道，成为集团构建平台化、透明化、高效化的一体化资金管控新模式。二是首次为成员单位办理项目贷款、信用鉴证、银团贷款、并购贷款、同业存单和转贴现业务，提高了支持实体经济发展的能力。三是开展财务公司业间首单境内债券回购美元融入类业务，为外汇渠道做好资源储备。

【风险管理和内部控制】公司继续加强内控体系建设，全方位筑牢风险“防火墙”。一是开展制度修订工作，修订制度 147 项；二是进一步健全贷审会机制，有效发挥贷审分离的风险管控作用；三是积极推动央企法治合规建设，制定多项合规制度，开展反洗钱培训宣传活动和案件警示教育，加强员工合规意识，培育合规文化。

【人力资源管理】2020 年，公司一是积极探索市场化人员的业绩目标与薪酬挂钩工作方案，解决好企业人才需求问题。二是采用公开招聘与内部竞聘等方式，做好干部队伍建设和人才资源储备工作。三是加强业务培训和员工的教育管理，打造学习型员工队伍。四是运用绩效考核手段发挥考核鞭策作用，促进员工综合素质有效提升。

【信息化建设】2020 年，公司新一代金融电子化平台正式投产运行，促进制度化、流程化、信息化的高度融合；建成数据备份中心，实现生产、备份、业务处理同城三地互联互通，保障业务连续性。适应性建设数字大屏系统，数据挖掘与应用进一步加强。

【企业文化建设】2020 年，公司一是在疫情期间拨专款配发防疫用品，疫情过后坚持开展节日慰问、团建拓展等活动，提升了员工凝聚力和向心力。二是组织参加集团知识竞赛，展示公司青年人的精神风貌。三是建好“职工书屋”，并获评“全国模范职工小家”。

2020 年，公司党委深入学习贯彻习近平新时代中国特色社会主义思想和党的十九届四中、五中全会精神，推进党建与企业经营深度融合，申报“五型九同”（建设“学习型、服务型、创新型、廉洁型、效能型”党组织；实施党建“九同”工作法：同谋划、同部署、同汇报、同检查、同督促、同考核、同落实、同表彰、同培养）党建融合创新项目，组织开展“学习与发展”、“党课开讲啦”、党建与企业发展战略研讨会等活动。开展作风建设整顿工作、“反腐倡廉宣传教育月”等活动，推动公司全面从严治党向纵深发展。

重庆化医控股集团财务有限公司

【集团概况】 重庆化医控股（集团）公司（以下简称“集团”）成立于2000年8月，现拥有全资子公司12户，控股子公司8户，参股子公司6户，集团全级次职工人数2.5万余人。拥有国家级企业技术中心2个，市级企业技术中心27个，市级研发平台24个，创“中国驰名商标”6个，重庆市著名商标17个，重庆市名牌（知名）产品33个。

【经营概况】 截至2020年末，重庆化医控股集团财务有限公司（以下简称“公司”）资产总额32.50亿元，负债总额19.89亿元，所有者权益12.61亿元。全年实现营业收入0.93亿元，利润总额0.72亿元，净利润0.61亿元。不良资产率和案件发生率持续为零，各项经营指标均符合监管要求。

【服务实体】 2020年，公司一是疫情期间累计通过调减贴现利率的方式，降低成员单位财务成本105.88万元。二是开辟金融服务绿色通道，制定并落实“增利减息”方案，强化集团资金集中管理。上浮存款客户的协定存款利率，存款增息130.65万元。三是向抗疫保供物资生产和配送的企业发放抗疫贷款3600万元，授予商票保贴额度7000万元，给予利率优惠及手续费减免。四是给予18户客户合计67笔贷款合同增利减息1080.75万元。五是积极争取人民银行再贴现资金1.09亿元。

【信贷业务】 2020年，公司一是给予18户客户年度授信额度14.96亿元；向22户客户发放自营贷款63笔，合计金额17.35亿元。二是坚持绿色信贷、科技信贷的发展方向，积极服务中小型企业，在年末各项贷款余额中，入围市级科技型企业贷款余额占比为77.11%，中小型企业贷款余额占比为79%。三是制定应急处置预案，开展信贷风险应急演练。

【产业链金融】 2020年，公司稳步拓展“一头在外”产业链信贷业务和票据贴现，为7户客户核定产业链金融业务专项授信额度2.90亿元；累计办理产业链贴现1.01亿元，同比增长23.17%，加权平均贴现率达到3.71%，高出贴现业务整体加权平均利率51个基点。“一头在外”产业链票据贴现业务的增长也得益于公司直接承兑票据的增加，“承兑+贴现”业务组合模式的盈利能力初步显现，不仅以创新开拓了公司的经济增长点，而且巩固了集团成员单位在产业链中的核心地位。

【票据业务】 公司在稳步拓展票据业务的同时，不忘强化票据风险防控工作，切实保障信贷资产质量，随着公司承兑票据市场接受度稳步提升，对商业银行的依赖度明显降低。公司累计办理票据贴现14.43亿元，累计承兑票据2.70亿元，占新增承兑业务的85%。相较于委托商业银行办理票据承兑业务，累计节约票据承兑保证金支出0.81亿元。

【资金集中】 集团召集主要成员企业召开专题工作会，对资金集中管理工作进行安排部署，重申工作要求，明确考核目标，在切实提升服务效率和水平的同时积极推行增利减息，向成员企业降低财务成本1200余万元，进一步提升成员企业参与资金集中管理的积极性。

【风险管理和内部控制】 一是开展贷款业务审查，召开审贷会27次，授信金额14.96亿元，审查放款业务22次，审查贴现及承兑业务177笔。二是拟写、修订、审核合同及其他法律文件41份，全年合同法审率达到100%。三是完善风险管理体系。四是开展全员签订合规承诺与“灰名单”应用。五是开展2020年度监事会集中监督检查。六是公司完成专项审计项目6个，事后稽核19次，违规经营投资责任追究自查1次，共计出具审计报告6份，专项检查报告2份。七是形成审计发现问题跟踪工作机制。

【人力资源管理】一是逐步建立人员能进能出、岗位能上能下、薪酬能高能低的“三能”机制，有效促进工作作风转变，实现“优秀的人才在合适的岗位上做正确的事”。二是积极组织员工参加各类培训，人均培训33次。三是与外部培训机构合作举办“干部自主选学课堂”。

【信息化建设】公司各信息系统实现了安全稳健高效运行，有效保障了公司业务的顺利开展。一是完成二代征信查询前置系统上线工作，提升了公司征信及相关业务管理水平，也为更好地服务成员单位提供了系统支持。二是结合监管要求和管理需要开展网络和重要业务系统IPv6改造工作，进一步提升网络和重要业务系统访问安全性。三是运用多种科技手段支持疫情期间业务开展，做好信息科技巡检与维护。

【企业文化建设】一是充分利用公司内部OA平台、微信公众号平台宣传相关新闻，强化全体员工宣贯工作，强化员工金融、安全、法律等领域知识的学习。二是强化形象宣传工作，重点理顺公司内部的标语、宣传口号、标牌、宣传栏、公告栏等。三是组织各类文体活动，激发公司年轻员工的活力和热情，积极发挥工会思想引领、联系员工作用。党建方面，一是党支部组织开展了学习《中国共产党纪律处分条例》、“以案四改”“学习民法典”“诉党情、感党恩、跟党走”等主题党日活动，并观看了警示教育专题片——《侵害国企利益的“蛀虫”》，使全体党员干部不断提升党性修养和廉政意识。二是修订了干部选拔任用等相关制度，明确干部选拔任用环节各项工作要求，从制度建设上把牢监督的关口。

重庆机电控股集团财务有限公司

【集团概况】重庆机电控股（集团）公司（以下简称“集团”）是2000年8月28日重庆市政府撤销原重庆市机械工业管理局、电子工业管理局、冶金工业管理局后组建的国有控股集团公司。集团主营产业包括高端智能装备、电子信息、轨道交通、装备零部件等，是西部最大的综合装备制造企业集团。2020年，集团全面推动国有资本投资公司改革试点工作，整体经营效益和质量持续提升，偿债能力较稳定，步入良性循环发展阶段。

【经营概况】2020年，重庆机电控股集团财务有限公司（以下简称“公司”）面对疫情冲击，迅速出台系列优惠政策助力成员单位复工复产，在为成员单位让利831万元的同时，实现营业收入1.09亿元，利润总额0.64亿元。公司无不良资产、无风险事件发生，保持稳健经营。

【服务实体】2020年，公司一是金融抗疫举措有力。通过减收部分贷款利息、延期收息、下调贷款利率、为受疫情影响企业合理安排贷款还款计划、制定实施“延期还本”方案等系列举措全力协助集团打好疫情防控攻坚战。二是金融服务注重国家战略与集团产业的融合。抓住机遇，创新思路为重庆水轮、重通成飞等3家企业办理知识产权质押融资，帮助其获取创新激励补助金328.34万元。三是持续发挥让利引导作用。全年合计为集团节约财务成本9669.34万元。

【信贷业务】2020年，公司深化“一企一策”定制化精准化金融服务模式。发挥“内部人”优势，新增“订单贷”业务，对成员单位优质订单进行闭环管理，助力企业开辟新的快速融资渠道；在风电类企业抓“抢装潮”机遇期，及时给予其临时授信，缓解其紧急资金需求状况；全年客户拜访 131 次，同比增长 167%，以有温度、有力度的客户服务得到了成员单位的认可，年度客户满意度为 99.17%，同比上升 7.05%，创历史新高。

【资金业务】公司针对集团资金紧缺型的产业特点，科学预测备付头寸，2020 年日均存贷比达 105.7%，最大限度利用自有及归集资金支持集团实体发展；在确保公司流动性安全的前提下，紧盯市场，最大限度提升资金收益，全年平均存放同业收益率为 3.02%。同时，充分利用金融市场工具，丰富流动性补充手段，在集团存在资金缺口的紧急时刻，发挥资金卫士作用。

【投资业务】2020 年，公司加大对各类投资产品的调研力度，根据市场流动性持续宽松、市场资金价格普遍偏低的情况，结合公司投资资质及监管导向等因素，共办理货币基金 400 万元，国债业务 1000 万元。

【票据业务】2020 年，公司充分发挥财务公司电票优势，降低集团财务成本。一是坚持票据零保证金，全年电票为集团创造信用 6.53 亿元，释放保证金 1.58 亿元；二是针对部分企业应收票据增幅明显的情况，发挥主观能动性，积极引导企业，让利办理贴现业务，2020 年贴现日均规模同比增加 14680.84 万元；三是打通产业链上应收票据融通渠道。取得金风科技、中船重工等三家财务公司授信，帮助成员单位票据低成本变现。

【资金集中】2020 年，公司通过账户清理、下调留存余额等举措进一步挖掘资金归集潜力，克服疫情不利影响，资金规模保持平稳。2020 年 10 月，由集团党委发文，全面启动新一轮成员单位银行账户清理工作。成员单位银行账户销户 24 个，新增授权归集账户 38 个，账户归集度有所提升；强化结算数据分析运用，制定 18 家成员单位 28 个留存余额 100 万元以上银行归集账户下调方案，共计增加 37 户成员单位 3.24 亿元资金归集额。

【业务创新】2020 年，公司结合成员单位经营特点，于 2020 年下半年推出并成功办理“订单贷”业务，全年发放该类贷款 1240 万元。“订单贷”是根据借款人与产品采购商签订的有效订单或贸易合同、协议，以销售收入为第一还款来源，向借款人发放的用于满足订单项下原材料采购、组织生产、加工、货物运输等环节资金需求的短期流动资金贷款。

【风险管理和内部控制】2020 年，公司强化制度执行检查，延伸审计视角，构建了严密的风险管理“三道防线”。全年开展了 5 项专项审计、6 项专项评价、15 项风险自查排查、2 次压力测试。推进内控制度体系梳理，精简制度 14 项，修订制度 25 项，新增制度 16 项。同时，从疫情应急实践中总结提升，启动 360 度灾备方案设计，推动涵盖信用风险、流动性风险、信息系统风险等在内的应急体系建设，开展业务连续性应急演练，应急处理能力进一步提高。

【人力资源管理】2020 年，公司完成了以岗位价值为基础、岗变薪变的宽带薪酬改革，并不断优化薪酬结构和绩效考核模式，配套建立以专业能力水平为核心，包含学习创新能力等在内的员工职级评定管理办法，建成了员工发展多通道，员工干事创业激情进一步激发；同时，公司坚持内部培训常态化，全面实施员工资格考试，打造业财融合等复合型人才。“精英 + 精兵”的专业化人才队伍已见雏形。

【信息化建设】2020 年，公司围绕四个提升，切实增强公司信息科技实力。一是提升服务。新投入 200 余万元用于资金管控等系统建设，编制信息科技战略规划，从系统建设、基础设施、安全管理等方面绘制信息科技蓝图。二是提升效率。上线数据平台，提高取数效率，提升数据统计分析应用能力。三是提升体验。线上、线下无缝衔接，疫情期间应急启用 VPN 登录核心业务系统，实现业务和全员“双在线”。四是提升管理。新成立信息科技管理委员会，新建及修订业务连续性管理等专门制度 5 项。

【企业文化建设】公司以“今天比昨天做得更好”为 2020 年精神口号，深度打造正能量企业文化名片。一是注重平台搭建凝心聚力。围绕集团成立20周年，《党旗更鲜艳》情景表演唱反响热烈；以交流促提高，与金融同业开展业务及党务共建活动。二是选树先进典型加强正向激励。2020年，公司有4名员工获得集团2018—2019年度劳动模范等荣誉称号；1名员工获得重庆市支付清算协会“抗疫先进人物”荣誉称号；公司计划财务部被评为2019年度上市公司所属企业仅有的两个优秀财务团队之一。

重庆市能源投资集团财务有限公司

【集团概况】重庆市能源投资集团有限公司（以下简称“集团”）由原重庆煤炭（集团）有限公司、重庆市建设投资公司、重庆燃气集团有限责任公司于2006年整合组建而成，是重庆市集能源投资、开发、建设、运营、服务为一体的大型能源企业，重庆市国资委拥有100%股权。集团注册资本100亿元，拥有独资企业8家、全资企业2家、控股企业6家，参股企业19家、其他企业1家，2020年期末职工人数35816人。2020年末资产总额1006亿元，营业收入414亿元。

【经营概况】2020年，重庆市能源投资集团财务有限公司（以下简称“公司”）实现营业收入2.25亿元，利润总额1.3亿元，公司资产55.99亿元，净资产收益率为6.6%，资本保值增值率为106.72%。各项监管指标均符合监管要求，公司总体运行平稳，风险可控。

【服务实体】2020年，公司全力保障各项金融业务的连续性和稳定性，为集团实体企业开展疫情防控和复工复产提供了支持。一是疫情期间尽早复工服务成员单位。积极与银行沟通支付头寸及通道，确保防疫相关资金、还贷资金的划转，实现快速沟通协调及建立信贷审批机制保障信贷业务的连续性。二是服务主业发展。公司紧跟集团战略部署，信贷资金主要投向集团煤电、电解铝、清洁能源等重点产业，为企业持续保持竞争优势提供了有力支持。三是创新业务品种。围绕成员单位金融服务需求创新推出项目贷款，有效满足成员单位融资需求。四是做好减费让利。完成存量贷款利率转换工作，为部分优质企业、小微企业、绿色项目提供优惠贷款，降低成员单位财务费用，有力支持实体经济发展。

【信贷业务】2020年，公司通过完善信贷管理机制积极推进各项信贷业务。一是进一步完善统一授信管理模式，更新授信、贷款相关管理制度，根据集团特性引入集团授信，统一管理二级子集团授信额度，2020年对集团11家二级单位及产业链金融业务开展了统一授信，授信总额111亿元，全年累计发放贷款和贴现73.85亿元；二是根据授信管理规定，结合集团实际情况开发统一授信管理系统并进入系统测试环节，有力支撑统一授信的信息化管理；三是完成了二代征信查询系统的上线，并积极规划二代征信报数系统建设工作。

【资金业务】2020年，公司进一步加强流动性管理，优化资金管理，夯实金融服务基础。一是强化日间头寸管理，定期做好月旬日资金计划，及时掌握全集团的贷款偿还接续和日常生产经营支付状况，每日监测存放同业余额情况，保障流动性安全；二是保障公司票据的兑付安全，全年压降表外业务规模4亿元，均衡表外业务到期时间和金额，纳入集团偿债支付计划统筹安排，确保票据到期兑付；三是做好流动性压力测试及流动性风险应急预案，提高流动性管理的预见性。

【票据业务】2020年，公司积极推动实现ECDS线上清算。2020年5月，公司核心业务系统ECDS线上清算功能升级改造通过上海票据交易所验收，成功上线，公司实现票据业务从原始手工到安全快捷的质的飞跃。目前对于线上清算的票据业务指令，公司能够与银行等金融机构做到DVP票款对付，票款即时清算、瞬时到账，票据处理效率有效提升，结算操作风险趋于零。公司全年办理票据结算7160笔，结算金额49.68亿元。累计托管票据6.07亿元，累计办理贴现2.11亿元，承兑及代开票12.4亿元。

【资金集中】2020年，公司资金集中保持稳步发展。一是加强账户管理。注重宣传引导，积极推动集团各级成员单位在财务公司开立账户。全年新开账户15家，累计131家，实现成员单位银行账户授权直连共7户，累计实现有效直连243户，可直连率达到96%，账户集中率为65%以上，基本实现应连尽连。二是加强资金运行与监控。公司积极参与全集团的资金预算、资金管理以及资金监控等，健全资金归集考核，推动全集团资金归集至财务公司。公司月均可归集资金集中度保持在95%以上，基本实现了全集团资金“应归尽归”。

【业务创新】2020年，公司发挥贴近集团产业的优势，围绕成员单位金融服务需求创新推出项目贷款，有效满足成员单位融资需求。

【风险管理和内部控制】2020年，公司持续加强对各类风险的关注和管控，公司整体风险可控。一是持续完善自身风险控制体系建设。推进风险排查、合规管理、风险监测等工作常态化，使风险控制关口前移，监督更加及时。二是重点加强信用风险防范与化解。公司将综合授信、专项授信、低风险业务授信均纳入统一授信额度管理，推动统一授信管理系统上线，促进授信业务合规。三是加强风险隔离管理。公司持续关注集团整体经营情况、生产经营指标变化以及债务结构等，尤其是带息负债的到期接续情况，做好风险隔离。四是加强内部控制。优化和完善制度基础，全年修订制度31项、新增制度5项。

【信息化建设】2020年，公司着力加强信息化建设，为公司业务开展和经营管理提供保障。一是积极推动实现ECDS线上清算。公司核心业务系统ECDS线上清算功能升级改造通过上海票据交易所验收，成功上线。二是切实做好征信系统建设。公司按照人民银行要求进度开展了二代征信系统建设，完成系统切换，目前查询各项数据均正常显示。三是持续开展核心业务系统的优化完善。公司完成了10多个核心业务系统的功能优化，提升了系统运行的稳定性。四是加强信息化基础建设。开展了IPv6网络改造，完成了核心业务系统相关软硬件基础设施的初步升级改造工作。

【人力资源管理】2020年，公司采取内部挖掘和外部引入相结合的方式，加强人才梯队搭建。引进中层管理人才1名，内部提拔培养中层管理人员1名；开展竞争上岗工作，拓宽骨干人员的选拔任用渠道，有效激发青年干部爱岗敬业、勤奋努力、争创佳绩的热情；不断健全员工考核体系，建立绩效薪酬延期追索、扣回机制，如在规定期限内相关员工职责内的风险损失超常暴露，公司有权将相应期限内已发放的绩效薪酬全部追回，并止付所有未支付部分。

【企业文化建设】2020年，公司党支部不断加强党的建设，夯实党建工作基础，为公司持续健康发展提供坚强保证。一是强化主体责任，引领企业健康发展。再次修订公司章程，进一步明确党组织在公司法人治理中的地位。二是强化理论学习，抓好意识形态管控。抓实党员干部政治理论学习，进一步落实意识形态工作责任。三是强化组织建设，提升党建工作质量。坚持以“三会一课”、主题党日等基本制度为抓手，使党员教育管理力度不断提升。四是强化素质要求，打造合格干部队伍。制定《中层管理人员退出现职的实施办法》《优秀年轻干部管理办法》，2020年选拔任用中层管理人员2人。五是强化监督职责，营造合规经营环境。

传化集团财务有限公司

【集团概况】传化集团有限公司（以下简称“集团”）创立于1986年，从制造业起家，始终坚持以责任和实业为主线布局产业，着力发展智能制造、智能物流、产业新城、产融服务，成长为先进制造与制造服务协同发展的实业集团。集团拥有传化智联、新安股份两家上市公司，十余家国家高新技术企业，业务覆盖全球80多个国家和地区，现有员工1.3万余名。列2020中国企业500强第232位，列中国民营企业500强第66位。2020年末，集团资产总额724亿元，净资产267亿元。2020年，集团实现营业总收入1090亿元，利税总额80亿元。

【经营概况】传化集团财务有限公司（以下简称“公司”）成立于2019年末，2020年是经营的首年，公司坚持监管导向与财务公司功能定位，不断完善公司治理体系，健全风险管理与内控机制；多措并举，加大资金集中管理，提升资金使用效率，服务集团与成员单位。业务稳健发展，各项监管指标均符合监管要求。截至2020年末，公司资产总额42.18亿元，负债总额37.10亿元，存款余额36.96亿元，贷款余额16.76亿元。

【服务实体】2020年，公司积极服务集团及成员单位成效明显，为成员单位提供包括存款、贷款、结算以及代理类中间业务，为各成员单位降低财务费用331.26万元。

【信贷业务】2020年，公司通过下沉服务，实地走访成员单位，了解疫情对成员单位的影响和成员单位金融服务需求，主动提供优质金融服务，助力成员单位抗疫情以及复工复产，全年为成员单位发放贷款合计27.36亿元。

【资金集中】公司积极推动集团出台资金集中管理办法，并与多家银行建立银企直连，全面提升公司资金归集能力，公司2020年直连账户下挂210户，资金池联动账户28户，年末存款余额36.95亿元，全口径资金集中度为27.03%。

【风险管理和内部控制】公司通过差别化授信政策、审贷分离、按月贷后检查等举措防范信用风险；及时准确报送各类监管信息，确保合规经营；通过流动性指标每日监控，动态头寸调节，确保流动性比例始终大于25%，公司全年16项监控及监测指标均符合监管要求；此外，有效发挥第三道风险防线的作用，通过日常稽核与专项审计，督促各部门各岗位规范业务操作，防范操作风险。年度内出台问责制度、合规守信负面清单，强化风险管理与内部控制约束机制。

【人力资源管理】公司通过多种形式促进团队能力建设。成立金融政策研究、品牌文化及市场运营等专项小组，通过专项小组的运作促进员工专业能力提升，开展导师带徒活动，实现员工全覆盖；为每位员工制定IDP发展计划；全年开展监管评级、法律、业务和技能培训、读书分享活动等，持续打造学习型组织。

【信息化建设】公司坚持信息科技引领、打通内外互联互通，与各主要合作银行建立银企直连。全面升级资金管理信息化建设，自主开发传化集团司库管理系统，历时5个月完成一期模块上线，为集团司库建设奠定了信息化基础。

【企业文化建设】2020年3月27日，公司在集团党总支的指导下成立了党支部。在支部书记带领下，党支部紧紧围绕集团党委提出的“目标一致、组织一体、工作协同”的党经深度融合工作方针，开展了全方位的“思想教育筑根基”“党员攻关项目促经营”“党建牵手促发展”等工作。2020年党支部被集团党委评为“优秀党群突击队”。

创维集团财务有限公司

【集团简介】创维集团有限公司（以下简称“集团”）成立于1988年，主要从事多媒体（智能电视、内容运营业务）、智能电器（冰箱、洗衣机、空调、厨电等业务）、智能系统技术、现代服务业四大业务，集团旗下有若干家高新技术企业，设有国家级企业技术中心、国家级工业设计中心，是“中国制造2025”首批示范单位，连续多年位居中国电子百强企业前列。

【经营概况】2020年，创维集团财务有限公司（以下简称“公司”）始终坚持“立足集团、服务成员、产融结合、共赢发展”的宗旨，为成员单位提供金融专业服务，促进集团产业与公司金融服务业的优势互补，寻求共同发展。截至2020年末，公司资产总额92.30亿元，负债总额75.53亿元，全年实现营业收入2.24亿元，净利润1.77亿元。

【信贷业务】公司为集团成员单位量身打造、提供综合授信服务，根据成员单位经营特点、资金需求及未来发展方向，制定年度综合授信计划。2020年，公司共向40家成员单位提供综合授信额度219.60亿元，为成员单位累计发放贷款90.87亿元，吸收成员单位存款累计322.77亿元，开立非融资性保函累计金额1.87亿元。

【产业链金融】公司助力产业链金融业务，为创维上下游企业提供资金支持，解决了中小企业贷款难的问题。2020年供应链金融服务业务累计发生金额9.52亿元。

【资金业务】公司建立了本币池、票据池及外币池三大资金管理平台，实现了本外币跨境融资双向调拨、流通。2020年公司结算业务约71.30万笔，结算量折合人民币约0.61万亿元；公司经常项下集中收付汇业务保持稳定增长，集中收汇62.01亿美元，集中付汇39.31亿美元；资本项下通过外币资金池实现的成员企业集中对外放款2.30亿美元，引入外债2.57亿美元。同时，做好头寸精细化管理，努力提高管理效益，2020年存放同业活期平均收益率为1.79%，定期平均收益率为2.83%。

【票据业务】2020年，公司开出的银行承兑汇票累计金额43.53亿元，开出的电子商业汇票累计金额73.75亿元，办理转贴现业务累计20.73亿元，办理再贴现业务累计32.07亿元，其中“商票通”12.69亿元，占比为39.56%。公司充分利用人民银行深圳市中心支行为先进制造业企业专设的商票再贴现快速通道，积极走访“商票通”企业名录内的产业公司，聚焦业务痛点，促成内部公司间商票结算模式落地，为成员单位量身定制低成本贴现方案。

【外汇业务】公司实行外汇集中管理，为各成员单位提供点对点国际收付款服务，提高成员单位国际结算效率，同时指导各成员单位进行外汇敞口分层，按需利用外汇衍生品。2020年通过财务公司结售汇系统按优于银行的最优报价开展即期结售汇业务，全年共开展业务89笔，涉及金额合计14263万美元，为成员单位节约财务成本。协助成员单位制定人民币结算方案，完成首笔跨境人民币货物贸易的收款业务。

【资金集中】2020年，公司成员单位共计107家法人单位，境内公司已全部纳入资金集中管理范围。2020年末全口径资金归集度为53.08%，可归集口径资金集中度为67.04%。

【风险管理和内部控制】2020年，公司遵循监管要求，持续开展“巩固治乱象成果，促进合规建设”工作，进一步完善全面风险管理体系制度建设，新增制度9项、修订制度5项。全员强化风险意识，开展合规检查2项：结构性存款合规性检查、成员单位账户管理及授信准入合规性检查；合规培训3次：企业信用等级评定办法制度解读培训、新入职员工金融法律法规解读培训、人民银行金融数据统计制度培训；完成金融政策法规宣贯12次，各项合规机制有效运行。2020年共开展4项合规性风险专项稽核审计工作。

【人力资源管理】2020年，公司采用OA办公系统全面实行电子办公，包括用章用车申请、费用报销、公文报批等各项流程审批。上线员工考勤系统EHR，包括员工请假、考勤、合同管理、薪酬核算等，管理更加精细化、规范化、智能化。招聘方面，公司积极利用互联网招聘渠道为公司招贤纳士。同时，利用节假日组织各类创新团建活动，并从福利发放等细节入手提升企业关怀度和员工满意度。

【信息化建设】2020年，公司持续加大信息化建设的投入与步伐。一是投入新一代工商银行银企签名服务器建设；二是公司通过公安部备案资金系统等保定级三级，从制度、流程、系统安全方面进一步优化改进；三是完成ORACLE数据库升级，通过DG实现数据库灾备，提高数据安全性；四是完成资金系统发票管理平台建设，实现电子发票管理；五是搭建财务公司数据总线，实现ERP对接接口标准化，提升成员单位EPR系统对接能力。

【企业文化建设】2020年，公司继续重视企业文化建设工作。丰富公司官方网站内容，及时更新公司业务动态及员工日常文娱动态，定期开展员工培训。公司设立了文化墙、每周下午茶、季度生日会等丰富员工生活。2020年增加了端午节、中秋节等节日创意主题活动，为员工打造一个具有竞争文化、学习文化、创新文化的企业氛围。公司积极推进2020年创维集团文明单位建设工作，推行党组织和管理层“双向进入、交叉任职”，坚持抓党建和抓业务两手都要硬。定期开展“三会一课”和主题党日活动，探索创新党员教育培训方式，借助投屏实施、内网学习平台，深入开展党风党纪党性教育。

大唐电信集团财务有限公司

【集团概况】中国信息通信科技集团有限公司（以下简称“集团”）由武汉邮电科学研究院与电信科学技术研究院于2018年在湖北武汉联合重组成立，集团是国务院国资委直属的中央企业，在通信设备制造行业中具备很强的技术研发实力和规模优势。2020年，集团围绕5G技术和产业发展，积极推进移动通信技术、光纤通信技术、数据通信技术、集成电路技术等方面深入融合，逐步实现“有线”“无线”的优势互补，充分发挥重组协同效应。

【经营概况】2020年，大唐电信集团财务有限公司（以下简称“公司”）以服务业务发展为导向，以加快推进事项办理为原则，努力克服疫情防控带来的阻力和困难，落实集团党委会、董事会要求，在2020年12月中旬获得中国银保监会关于实控人变更的批复，按计划完成公司股权变更审批工作。2020年末，集团资产总额37.83亿元，所有者权益12.55亿元，2020年实现营业总收入（含投资收益）8980万元，利润总额5220万元，自营业务及代理业务共计为集团节约财务费用1.48亿元，累计节约融资成本约1.02亿元。

【信贷和票据业务】2020年，公司加强产业支持，让利成员单位，下调贷款利率，累计发放自营贷款40笔，贷款金额15.19亿。累计办理电子银行承兑汇票合计金额2.34亿元，较

2019年增长14.15%。公司继续对集团所处产业的发展趋势进行研判，依据对成员单位综合评价，累计完成19家成员单位客户的年度评级授信工作，进一步合理优化了授信结构。

【资金业务】 2020年，公司不断优化资金配置结构，支持产业单位资金需求，流动性比例继续维持较低水平，资金使用效率不断提升。在资金十分紧张的情况下，公司随时紧盯头寸，多种方式相结合，保证流动性不低于监管要求。

【代理业务】 2020年，公司通过对承销团成员的筛选、发挥多年债券市场发行经验优势、根据市场状况迅速调整发行策略，完成15亿元超短期融资券的发行。公司在保障资金安全和流动性备付的前提下，通过优化资金配置结构、精细临时资金闲置期间，紧密跟踪利率走势，争取到高出常规产品约1个百分点的开放式保本结构性存款。

【外汇业务】 2020年，公司为满足成员单位多币种付汇及未来可能的异地集中付汇需求，与多家银行深入沟通，确认业务操作流程，新增一家外汇合作银行，进一步优化跨境资金集中运营资质。公司利用跨境资金集中运营管理资质，协助成员单位办理3笔外债流入，充分发挥集团跨境资金融通渠道的功能，为成员单位调剂境内外资金余缺提供了操作便利，并有效节省了财务费用。

【资金集中】 2020年，公司利用月度排名进一步促进资金集中和结算水平的提升。及时解决成员单位的支付问题1326个，提出10项系统优化建议，增强客户黏性。公司新增5个查询和归集账户，账户监控覆盖率达66%，超过90%的关联交易通过公司办理内部转账，对外支付结算比提升5个百分点。公司严格执行反洗钱可疑交易监测，排查洗钱风险，保障资金安全。

【风险管理和内部控制】 2020年，公司加强综合授信的审核、履行报批程序及日常授信额度管理。认真分析上年度成员单位用款情况，了解本年度成员单位资金运营情况，合理配置信贷资金，适时进行优化调整，推动多层次、多元化的业务格局，避免过度授信情况的出现。公司以客观性和独立性为原则，积极推进审计工作计划贯彻落实，共开展内部审计三次，涉及电子商业汇票系统建设、票据业务、反洗钱及账户管理方面。

【人力资源管理】 2020年，公司加强员工培养和团队建设，通过整合优化培训教育资源，多措并举开展各级各类教育培训，线上线下培训相结合，组织实施、参与专业类培训、通用技能类培训、高级管理者培训等培训项目47个。公司建立跨部门联动协同机制，落地部门轮岗方案，根据公司业务发展需要，并结合员工轮岗意愿，让员工在不同的岗位上得到实质锻炼，使普通员工转变为公司需要的复合型人才。

【信息化建设】 2020年，公司紧紧围绕业务需求，搭建服务器虚拟化硬件平台，使系统部署具有了可伸缩性，大幅缩短系统的部署周期，加快系统部署速度，提高了服务器资源和机房空间的利用率。完成异地灾备系统（数据级）项目建设，实现核心业务系统数据的远程异地同步备份，进一步提升了财务公司信息科技风险管理和数据保障水平。2020年（含疫情期间）通过电子邮件、电话、远程协助等多种方式向成员单位提供技术支持服务约118人次。公司对核心业务系统的6项功能进行了优化并全力配合集团总部的财企直连系统建设，协助总部财务管理部优化报销业务处理流程，大幅提升了报销付款的办理效率。

大同煤矿集团财务有限责任公司

【集团概况】2020年10月30日，晋能控股集团有限公司（以下简称“集团”）正式挂牌成立。集团的成立有利于发挥煤炭作为传统支柱产业在战略性新兴产业培育成长过程中的有力支撑作用，同时有利于培育山西省能源企业核心竞争力，提升对战略性新兴产业的吸引力和集聚效应，让“煤老大”在转型发展新路上实现华丽转身，承担起“全国能源革命排头兵”的历史重任。

【经营概况】2020年，大同煤矿集团财务有限责任公司（以下简称“公司”）将未分配利润（资本公积）12.646亿元转增资本金，变更后，公司注册资本由30亿元人民币增加至42.646亿元人民币。2020年末完成利润3.72亿元，实现营业收入8.85亿元，节约财务费用9.10亿元，超额完成集团下达的指标，确保公司平稳运行。

【服务实体】2020年，公司聚焦集团主责主业，立足公司功能定位，全面精准服务集团，提高金融服务精细化水平，推行“三位一体”资金管理体系，打造完善的“资金归集、资金结算、资金监控和金融服务”四大平台。转变经营理念，对内降费让利成员单位，对外利用金融市场实现创收，立足集团，服务集团。

【信贷业务】截至2020年末，公司自营贷款余额239.32亿元，委托贷款余额14.88亿元，票据余额70.04亿元，信用证余额12亿元。

【资金业务】2020年，公司分别在22家商业银行开立39个账户，分别与工商银行、中国银行、农业银行、建设银行、交通银行、中信银行、兴业银行、邮储银行、浦发银行、渤海银行、民生银行、北都银行12家银行建立直连，为355家成员单位开立619个内部账户。日常资金结算业务主要包括开户、销户、资金上收、资金下拨、内部转账、代理支付、计息业务等。截至2020年末共办理结算业务142765笔，结算金额12553.13亿元。通过日常业务分布、大额资金报备体系、每月贷款利息统计等手段得出规律，以业务规律指导资金头寸的安排，更加合理地利用闲置资金，保持集团现金流安全、稳定、活跃、高效。

【投资业务】2020年，公司严格按照监管政策及监管导向的要求，强化宏观和市场分析研判，结合资金实际情况，审慎稳健开展有价证券投资业务，以合规为前提，坚持稳健投资理念，丰富有价证券投资业务品种，合理优化投资资产配置，有价证券投资业务的开展为公司取得了较好的投资收益。

【票据业务】2020年，公司加大了同业合作力度，积极与各家商业银行等同业金融机构建立授信合作关系，开展同业授信业务，扩大授信额度、丰富授信品种，拓宽了公司电子承兑汇票的贴现渠道。各商业银行在授信额度范围内对公司承兑汇票进行贴现，提高了公司票据的市场认可度和流通能力。

【外汇业务】2020年4月16日，公司到期成功归还通过跨国公司跨境资金集中运营平台借的外债2000万美元。目前，公司积极与外汇局和各家银行联系沟通，寻求获批新的业务模式。同时，与成员单位进行良好的沟通，对发生外汇业务的成员单位进行业务推广，在汇率方面让利于成员单位，吸引成员单位尽量使用集团内部结售汇业务平台，进一步推动结售汇业务稳定有效开展，以促进外汇业务的提升和拓展，实现公司业务新跨越。

【资金集中】公司依据相关规定，对各单位的银行账户开立、变更、撤销进行精细化管理，由董事会审计与风险控制委员会办公室通过银行账户审批、备案制度建立集团银行账户信息数据库。加大账户清理力度，成立专项检查组，对成员单位的所有账户情况进行摸底检查，对每一单位、每一银行、每个账户是否归集都要清查落实，并做好定期监督通报工作，加大对各成员单位的资金归集考核力度。

【风险管理和内部控制】2020 年，公司开展了制度梳理工作，涉及制度百余项，提出 39 条风控建议，使制度覆盖业务范围，符合监管规定和内控要求，无风险漏洞。结合公司业务实际，增设了《内控合规工作手册》，建立了由董事会、监事会、高管层、风险内控部、稽核审计部及其他职能部门组成的内部控制组织体系，明确了各层级、各职能部门的内控职责；除内控基础措施外，公司还制定了涵盖授信、会计结算、资金、中间业务、财务管理、信息系统、投资、行政管理、合同管理、稽核审计等业务的 72 条内控重点措施。

【人力资源管理】公司始终注重专业技术人才培养工作，以科学的人才观为指导，打造高素质金融人才。通过集中分类管理，将人才管理统一到法人治理、经营发展，特别是队伍建设上来，加强人才管理的顶层设计和统筹谋划，增强人才工作的系统性、整体性、协同性。

【信息化建设】2020 年，按照集团降本增效的指示，公司开展了资金系统业务专网的改造工作。通过 VPN 专网接入改造方式实现集团各级单位顺利接入公司业务系统，在便捷各级单位接入系统的同时降低公司网络费用支出，预计每年可节省专线费用 120 余万元。

【企业文化建设】2020 年，公司围绕打造“忠诚、纯洁、担当”的队伍，营造健康和谐、团结进取的工作氛围，建设高效运转、规范有序的工作格局，树立优质、文明、廉洁、服务、高效的形象目标，加强文化建设。公司深入开展理想信念、党性党风党纪教育和道德教育，加强典型示范、案件警示和岗位廉洁教育，落实党政领导带头上廉政党课制度，进一步强化正风肃纪，不断推进反腐倡廉教育。

东方电气集团财务有限公司

【集团概况】中国东方电气集团有限公司（以下简称“集团”）是党中央确定的涉及国家安全和国民经济命脉的国有重要骨干企业之一，属国务院国资委监管企业，是全球最大的发电设备制造和电站工程总承包企业集团之一。

【经营概况】2020 年，东方电气集团财务有限公司（以下简称“公司”）克服新冠肺炎疫情不利影响，以及市场利率超低位运行，盈利空间急剧压缩的艰难局面，坚持“强服务、优结构、促改革、控风险”工作总基调，以党建引领经营工作，夺取了疫情防控和经营生产的双胜利：2020 年，公司实现营业收入 12.33 亿元，同比增长 11.08%；实现利润总额 4.30 亿元，与上年基本持平。

【服务实体】2020 年，公司坚持金融本质属性，强化服务实体经济，依托集团公司与三峡集团战略合作，签署买方信贷合同。

【信贷业务】2020 年，公司以集团“主业精、新业兴”发展战略为指引，全方位服务新兴成长企业，支持中小企业做强做优做大。

【产业链金融】2020 年，公司大力推广买方信贷、融资租赁业务，助力集团企业管控收款风险。发挥内连外通作用，加强与金融机构的广泛交流，积极响应集团利用金融手段“降应收”的号召。

【产业链上下游】2020 年，公司积极响应人民银行和银保监部门号召，大力推进电子承兑汇票贴现业务，积极开展延伸产业链金融应收账款保理业务，扶持集团产业链上下游中小微企业发展，着力帮助中小微企业解决融资难、融资贵问题。

【资金业务】2020 年，公司加大同业竞价力度，在确保满足集团企业日常需求的前提下，通过长短期限搭配，降低闲置资产占用，审慎开展同业拆出业务。

【投资业务】2020 年，公司紧密跟踪市场利率走势，紧抓市场机遇，合理配置公司资产。积极拓展投资业务，投资交易对手较年初有所增加。

【票据业务】2020 年，公司为保障疫情期间客户人身安全，创新开辟“无纸化”办公通道，成立“贴现服务小组”，提供专人服务，确保快速响应客户需求。

【外汇业务】2020 年，公司组织实施全集团美元汇率风险管理，助力集团企业防范汇兑损失；积极创新，拓展外汇资金使用渠道，完成行业第一笔外币质押式回购交易，加大外汇拆借业务开展，外汇业务成绩获得监管部门肯定。

【资金集中】2020 年，公司持续巩固境内资金集中管理成果，深入推进跨境外汇资金集中运营管理，做好资金及时归集和限额管理，确保全集团 90% 以上的资金集中度。

【风险管理和内部控制】2020 年，公司以审慎经营为原则，在严控风险的前提下增效益、讲服务、求创新。严守风险底线，风险控制关口前移；通过管理提升和梳理合规义务清单，落实合规管理全覆盖，监管机构对公司平稳运行给予高度评价。

【人力资源管理】2020 年，公司加强内外部培训，建设高素质人才队伍；深入开展三项制度改革工作，优化领导人员结构，为公司发展提供优质人力资源保障。

【信息化建设】2020 年，公司强化信息安全防护，开展信息系统突发事件应急演练，不断丰富完善系统功能。安全可控信息技术建设项目成功上线，达到监管部门要求的安全可控信息技术使用率 75% 总体目标。

【企业文化建设】2020 年，公司响应扶贫政策，支援四川省稻城县返贫致贫风险户临时救助基金，用于解决防范返贫致贫重点问题。同时积极落实集团要求，助力集团打赢昭觉、吉县、壤塘脱贫攻坚战。

东方国际集团财务有限公司

【集团概况】东方国际（集团）有限公司（以下简称“集团”）由具有 150 年历史的上海纺织集团和具有近 70 年外贸历史的原集团联合重组而成，是一家拥有先进制造业与现代服务业，以时尚产业、健康产业和供应链服务为核心主业，以科技实业、产业地产、金融投资为支撑的大型综合性企业集团。2020 年，集团应对各种风险挑战，统筹疫情防控和复工复产工作，深化改革取得突破，稳外贸、稳制造、稳内贸取得阶段性成效，全面实现了预期目标。

【经营概况】东方国际集团财务有限公司（以下简称“公司”）原为上海纺织集团财务有限公司，于 2017 年 12 月 12 日经中国银行业监督管理委员会批准成立，注册资本等值人民币 10 亿元，其中，东方国际（集团）有限公司持股 51%、上海纺织（集团）有限公司持股 49%。2020 年末，公司资产总额 115.44 亿元，实现净利润 0.46 亿元。

【服务实体】公司积极参与解决集团及成员单位的各项金融需求，一是贯彻集团战略方针，积极支持集团着力发展的重点投资项目，2020 年实际贷款投放 3 个项目，金额 2.59 亿元。同时着力降低集团融资成本，公司同档期贷款利率较LPR市场报价利率低45个基点。二是在日常工作中满足集团及成员单位的咨询需求，提供政策法规、银行融资等方面的咨询服务，各项服务得到集团与成员单位的一致好评。

【信贷业务】2020年，公司累计发放人民币贷款37.45亿元；累计发放美元贷款1600万美元。贷款余额达人民币22.09亿元，美元900万美元。本外币日均贷款达19.02亿元。累计发放人民币委托贷款6.3亿元；累计发放美元委托贷款1320万美元。委托贷款余额为人民币4.38亿元，美元1310万美元。公司发放首笔履约保函，金额为284.99万元，进一步扩大业务品种，为成员单位业务开展提供金融支持。所有信贷资产分类均为正常类，全年无不良贷款发生。

【票据业务】公司于2020年8月6日成功获得上海票交所会员资格，获取开展票据交易业务的“入场券”，为公司后续盘活票据资产、扩大利润渠道打下了坚实的基础。公司在获得上海票交所会员资格后，与中信银行合作，在2020年12月3日成功获取代理接入人民银行电票系统的资格。至此，公司在技术上已初步具备了开展电票承兑、贴现、转贴现、再贴现等业务的条件。

【外汇业务】2020年公司外汇业务实现重大突破，一方面扩大了业务范围，通过外债及境外放款额度的集中加强跨境资金的流动，不仅实现了境外资金的归集，而且有效满足了境外流动资金的需求，2020年末，归集境内外成员单位外币存款7900万美元，代理成员单位境外放款1170万美元。另一方面年内获得了国家外汇管理局核批的即期结售汇业务资格。

【资金集中】公司为提高资金归集的稳定性，完成搭建浦发银行和交通银行外币资金池。进一步完善存款、贷款业务利率管理机制，实行大额稳定资金享利率上浮。优化归集考核指标体系，进一步加强考核力度。及时反馈考核结果，提升成员单位资金归集意识。2020年，本外币归集资金达到104.44亿元，历史性突破100亿元。

【风险管理和内部控制】2020年，公司持续做好授信管理工作，一是适度增强担保措施，使公司信贷业务管理方式更加规范、风险抵补措施趋于市场化、专业化；二是提升贷后管理力度，对于重点工程项目的融资贷后情况进行了实地勘查。三是公司继续推进征信系统建设，为审慎经营和风险管理提供重要参考。四是公司对当前流动性的风险水平进行全面调研分析，提出增强流动性管理精细度的有效措施和优化建议，为未来公司优化流动性管理提供参考依据。

【人力资源管理】公司持续推进公司中级经济师、证券从业人员资格考试及CPA注册会计师专项学习小组的学习工作，定期发送学习内容及最新考试动态，引导员工全方位掌握金融、投资等知识，促进员工业务技能快速提升和专业知识迅速普及，鼓励员工考取各类资格证书。2020年已新增获取证券从业资格4人、中级经济师1人、本科学历1人。同时，丰富员工考核方式，强化合规经营类、风险管理类、服务质量及团队建设指标权重，强化从业人员的岗位监督和约束。

【信息化建设】2020年，在网络基础建设方面，通过网络隔离项目、机房环境安全改造项目、网络安全加固项目的实施，进一步提升了公司网络及机房环境的安全性，同时搭建了同城异地数据级灾备平台；在信息化支持业务方面，相继完成了对结售汇业务及报送模块的建设，成功上线交通银行、浦发银行银企直连及资金池，落地了外币贷款及保函业务的上线工作；在数据管理方面，数据中台项目建设，与金融基础数据报送无缝对接，顺利生成报送数据。

【企业文化建设】2020年，公司党支部始终围绕集团党委高效“公转”、围绕支部组织建设有效“自转”，着力聚焦思想教育工作、支部基础建设、重点任务推进、文化队伍建设，努力打造具有金融特色亮点的基层支部，以“党建+”模式（党建+学习、党建+治理、党建+服务、党建+团建）助力公司高质量、可持续创新发展。

东方集团财务有限责任公司

【集团概况】东方集团有限公司（以下简称“集团”）创建于1978年，是一家大型投资控股型企业集团。集团成员企业东方集团股份有限公司是黑龙江省第一家股票公开发行并上市的民营企业，也是中国最早实行股份制改造并获准上市的民营企业之一。集团投资控股、参股四家上市公司，主要投资经营金融、现代农业及健康食品、新型城镇化开发、港口交通、信息安全、石油天然气及新能源、资源物产七大产业。2020年，集团列中国民营企业500强第81位，列中国民营企业服务业100强第31位。

【经营概况】2020年，东方集团财务有限责任公司（以下简称“公司”）继续有效发挥金融平台作用，为成员单位提供了更加多元、专业的金融服务，各项工作取得良好成效。截至2020年末，公司资产总额809074.37万元，负债总额497565.86万元，所有者权益311508.51万元，全年实现营业收入24631.53万元，利润总额5745.82万元。

【服务实体】2020年，公司充分发挥自身行业优势与服务职能，持续对集团成员企业提供资金监控服务。全年共监控划付资金2311笔，金额636.13亿元，监控差错事故率为零。此外，公司还对集团现代农业板块合作客户开展“白名单”评定工作，通过国家企业信用信息公示系统等政府网站查询，并根据查询结果对合作客户是否纳入白名单及授信（含赊销额度）进行表决，通过148家，授信额度14.53亿元，有效降低了成员企业交易风险及经营风险。

【信贷业务】截至2020年末，公司各类贷款余额199.42亿元，其中，自营贷款余额65.20亿元，委托贷款余额119.06亿元，外币贷款余额0.49亿元，票据贴现余额14.67亿元，呈现出自营贷款、委托贷款稳定发展的良性趋势。此外，大力扶持中小企业及“三农”企业，执行贷款利率优惠政策，为集团现代农业、服务业和金融业等重点板块发展提供有力的资金支持。

【公司治理】2020年，公司完善“三会一层”职能，对股东的权利义务加以明确与约束，有效提高了公司治理质效。更换了公司董事长兼法定代表人，取得新的营业执照。根据相关法规，对公司章程进行了修改。

【资金集中】2020年，公司着力提高集团成员企业资金使用效率，推动公司资金集中度稳步提升。确保直连现金管理平台稳定运行，全年共办理结算业务金额2418亿元，为成员企业资金顺畅划转提供有力保障。此外，公司积极为集团成员企业设计资金归集方案，完善资金运营系统，服务集团开户企业，切实做到结算业务收得进、分得清、付得出。

【业务创新】2020年，公司继续加大创新业务研究力度，通过外部学习、同业交流等方式，完善了“消费信贷、买方信贷”业务的相关制度及规程，并积极在集团内部开展调研工作，了解成员企业的实际需求。此外，公司开展“票据池”业务，贴现及再贴现等业务额度均为历年最高，为集团成员企业的发展提供了强有力的支持。

【风险管理和内部控制】公司开展专项自查整改工作，对公司治理及各业务层面进行严密部署，落实整改措施，有效提升公司风控合规管理水平；组织相关业务部门对公司制度进行全面梳理，新建《员工履职回避制度》等制度8项，各项制度达163项，使公司制度趋于完善。

【人力资源管理】2020年，公司进一步加强人力资源体系建设，提高团队战斗力。绩效考核方面，组织实施了公司及员工的季度、年度考核等多方位绩效考核。团队建设方面，年度招聘员工2名，离职员工3名，部门调动8名，发展党员1名。按照集团安排变更了公司法人、董事长、董事，有效控制了人力成本，优化了人员结构。公司目前在岗人员31人，保证了各项业务稳健运营。

【信息化建设】2020年，公司进一步提升信息化水平，深化反洗钱系统建设工作。二代反洗钱系统顺利通过人民银行相关验收，有效提高了资金划付的风险管控水平。完成了新财务系统建设以及资金运营系统、风险监测系统、人民银行大集中报表系统升级、改造工作，二代征信系统行内联调测试工作也已经完成。

【企业文化建设】2020年，公司继续有效利用集团内部宣传平台，积极宣传经营管理成果及业务亮点，全年投稿48篇。公司组织员工开展“激情碰撞　智慧交锋”主题辩论大赛，组织党员同志召开“不忘初心、牢记使命”主题学习交流会，开设消防安全、健康养生小课堂等，有效促进了经营工作的顺利开展。

东风汽车财务有限公司

【集团概况】东风汽车集团有限公司（以下简称“集团”）是中央直管的特大型汽车企业，始建于1969年，总部设在武汉，主营业务涵盖全系列商用车、乘用车、新能源汽车、关键汽车总成和零部件、汽车装备以及汽车相关业务等，是国内产业链最为完整的汽车集团之一。2020年集团销售汽车345.8万辆，实现营业收入5993亿元，列世界500强企业第100位，列中国企业500强第98位，列中国制造业企业500强第4位。

【经营概况】东风汽车财务有限公司（以下简称“公司”）成立于1987年5月7日，是全国第一家企业集团财务公司，由东风汽车集团股份有限公司全资控股，注册资本90亿元。2020年末，公司资产总额1200.97亿元，同比增长30.30%，各项贷款余额942.55亿元，同比增长17.9%；负债总额1046.85亿元，同比增长33.1%，各项存款余额944.48亿元，同比增长36.9%；全年累计实现营业收入69.20亿元，同比增长31.35%，利润总额25.69亿元，同比增长14.43%。

【服务实体】2020年，公司服务主业强链补链，做强供应链金融业务，全年投放贷款46.61亿元缓解中小微企业融资难、融资贵问题。借助共享中心打通核心企业财务应付系统，推进商业保理公司设立的准备工作。

【信贷业务】针对集团成员单位，公司提供贷款、贴现、保理、本外币结算等优质金融服务，制定特色金融服务方案，满足成员单位的各项业务需求。2020年，公司累计为成员单位办理融资674.32亿元，同比增幅为13.56%。2020年末成员单位融资余额达到222.63亿元。

【产业链金融】公司持续为集团及上下游产业链提供优质金融服务。2020年，公司产业链金融累计投放1289.52亿元，同比增长1.68%，其中，汽车金融业务（含汽车批发金融）累计投放1052.57亿元，公司金融业务（针对成员单位）累计投放190.34亿元，供应链金融（针对供应商）累计投放46.61亿元。

【外汇业务】公司于2019年12月获得开展跨国公司跨境资金集中运营业务的批复，2020年共为成员企业办理17笔经常项目集中付汇业务，累计交易金额折合约1.25亿美元；通过合作银行代理购汇，为成员企业节约购汇成本

73.92 万元；成功办理 1 笔外债业务，金额 13 亿元人民币，实现境外成员企业向境内的资金归集。2020 年 11 月，公司作为主办企业的跨境资金集中运营新增 4 家集团内成员企业，新增 1 家合作银行；同期取得即期结售汇业务经营资格。

【资金集中】2020 年，公司通过本外币结算 CFT 小组启动结算核心系统的迭代升级项目，全年新增成员单位开户 49 家，结合成员单位需求设置灵活多样的存款产品，形成上中下游服务链。2020 年末成员单位存款规模超过 800 亿元，全口径资金集中度达 76.11%。全年结算 127.31 万笔，同比增长 30.77%，结算金额 1.52 万亿，同比增长 11.29%。

【业务创新】2020 年，公司创新发行集团内首单循环购买结构资产支持证券，成为全国财务公司内第一单车贷循环结构资产支持证券，有效提高融资效率。此外，公司作为独家财务顾问参与集团回归 A 股上市项目，并为成员单位的债券融资及科创板 IPO 提供咨询服务。

【风险管理和内部控制】2020 年，公司强化风控体系推动新治理，狠抓全周期全流程风险监测与管控。优化风险信息共享机制，运用大数据模型强化反欺诈管理。推进智能客服平台、大数据风险监测平台、统一贷后管理平台建设，动态监测客户异动信息，及时分析反馈预警，全面排查潜在风险。加快不良处置，全年诉讼立案量增幅达 91%。修订核销制度，加大核销力度，夯实资产质量，全年累计核销不良贷款量同比增长 324.71%。开展专项审计检查整改，全面筑牢风险管理“三道防线”。

【人力资源管理】公司持续深化三项制度改革，推进岗位编制管理，推进业务共享、流程优化；落实干部契约化管理，严格执行干部交流退出，优化干部人才队伍结构；组织开展员工职级评审，推进岗位能上能下；推进中后台岗位市场化考核，扩大差异化薪酬激励范围；创新系统化培训体系，加速推进“东风金融学院”平台建设。2020 年度人事费用率优化 23%，人均销售收入增长 31.3%，劳动生产率增长 25%。

【信息化建设】公司走自主研发的信息化建设之路，自建业务系统。2020 年重构大数据风控系统，全面提升风控水平；启动“商用车业务流程再造”项目，优化业务模式，确保商用车零售金融业务可持续稳定发展；升级乘用车零售金融 APP 架构功能，响应用户需求；推广 8 项 RPA 机器人运用，提升日常办公效率；年度取得自主知识产权共 10 项。

【企业文化建设】2020 年，公司党委坚决扎实推进党建工作与生产经营深度融合，强化党建与业务宣传联动。通过《东风金融》电子书、“东风金融学院”平台、“东风金融”微信公众号等媒体资源，积极宣传党的路线方针政策，传播青年好声音，传递青春正能量。全年开展 4 次思想动态调研，部署“庆祝建党 99 周年”10 项系列活动，举办“欢迎一线将士凯旋归来”仪式、“抗疫情、保目标、复工复产勇担当”道德讲堂暨“七一”表彰活动，在公司乔迁周组织“我为公司献锦囊”、总经理面对面、女职工沙龙等系列互动活动，增强全员市场意识、客户意识，坚定员工信心与增强凝聚力。

东航集团财务有限责任公司

【集团概况】中国东方航空集团有限公司（以下简称“集团”）总部位于上海，是我国三大国有骨干航空运输集团之一。经营业务涵盖航空客运、航空物流、航空金融、航空地产、航空食品、融资租赁、进出口贸易、航空传媒、实业发展、产业投资等航空高相关产业。在建立起现代航空综合服务集成体系的基础上，全力打造全服务、低成本、物流三大主业，着力打造 MRO、航空食品、科技创新、金融贸易、产业投资平台五大产业板块。

【经营概况】 2020 年，东航集团财务有限责任公司（以下简称“公司”）紧紧围绕东航集团的整体工作部署，坚持以习近平新时代中国特色社会主义思想为指导，立足服务实体经济，服务主业，克服疫情对航空业带来的巨大影响，有序推进集团“三稳五加强八重点”的工作要求，落实防疫抗疫、安全经营、增收节支、改革发展等举措，在助力集团发展的同时，自身资产规模创新高，服务能力和实力进一步提升。截至 2020 年末，公司资产总额 554.86 亿元，实现利润总额 7860.12 万元。

【服务实体】 2020 年初，面对突如其来的新冠肺炎疫情，公司积极响应集团部署，迅速应对，全力提供各项金融保障，通过多项综合举措，保证航空主业运营和防疫物资采购等各项资金支持。

公司制定非现场业务应急预案和疫情期间日常结算方案，对成员单位提供四大支持：实现防疫物资采购 24 小时无间断付款、保障主业全渠道集中退票金额实时到账、全方位提供集团流动性融资支持、制定纾困扶持措施，包括疫情期间做到不抽贷、断贷、压贷，提供优惠贷款利率，免除委贷手续费，实施优惠担保费率等。

【信贷业务】 公司 2020 年累计发放贷款 325.47 亿元，较 2019 年同期的 205.22 亿元上升 58.60%，日均贷款 54 亿元，同比增长 68%，为集团成员单位节约贷款利息 5584 万元，减免委贷手续费 80 万元，减免保函手续费 26 万元，有力地支持了集团防疫工作和现金流稳定，降低了成员单位财务费用和融资成本，保障安全生产经营。

【产业链金融】 2020 年 11 月，上海银保监局下达正式批复，核准公司开办成员单位产品的消费信贷和买方信贷业务资格。公司以融促产，开拓完善航空金融产业布局取得重大进展，能更好地服务集团内部成员单位，有效促进航空主业、企业和个人客户、财务公司三方业务共赢，为企业积极适应行业和环境发展新趋势、大力开展供给侧结构性改革创造了有利条件。

【外汇业务】 2020 年，公司通过跨境人民币双向资金池实现资金流动合计约 96.48 亿元人民币；为集团成员单位完成结售汇 26.32 亿美元，收付汇 68.37 亿美元；通过跨国公司跨境资金集中运营管理协助企业借入 14000 万美元、对外放款 12000 万美元、归还外债 27371.56 万美元，新增海关保函 4 亿元，有效缓解了特殊时期集团的资金压力。

【业务创新】 公司以融促产、加强创新，丰富开拓产品线。与东航股份推进合作 UATP 业务，成功举办“东航账户 E”上海地区首次推介会，试点东方航食地面餐食项目应收账款保理业务等，将金融服务领域拓展至集团产业链下游的个人端和企业端。保障主业全渠道退款、不正常航班赔付、B2T 业务结算近 15 亿元，新接入行李自动赔付。创新业务的多点开花扩展了集团航空金融产业的布局，有效促进了公司对客户服务的提升。

【风险管理和内部控制】 公司不断夯实内控体系，紧绷风险防范这根弦，重点领域加大力度进行风险排查和审计，落实巡视、监管意见和内外部审计的整改及“回头看”。年内开展 11 项专项检查和风险评估；进行 2 次流动性压力测试和 29 项内部审计；修订和新设重要制度共计 54 项；建立政策法规库，共收纳重要监管制度和文件 426 项供员工查阅。同时，公司将大数据分析技术引入买方信贷客户贷款审批和金融保理的客户财务能力评估中，高效识别和防范风险。

【人力资源管理】 公司深入贯彻落实《中国东方航空集团公司关于全面深化改革意见》精神，建设符合现代航空金融产业发展要求的一流人才梯队，2020 年在产业链金融部开展市场化薪酬试点改革。公司始终坚持党管干部、党管人才的原则，做到选聘与退出市场化，管理与考核契约化。按照市场对标岗位，科学设置经营目标任务、薪酬水平、奖惩及递延等措施。

【信息化建设】公司加大科技赋能，大力推进信息系统建设，开发机器人项目优化“自动化结算支付”“外汇财企直连接口”等系统功能，提升本外币结算效率。完成并上线投资交易系统及信贷业务系统升级换代，做到投资交易审批、记账，闭环风控管理线上化；新增信贷功能对接二代征信系统，加强贷后管理，落实受托支付监管要求。建立流动性动态监测系统，动态及时监测流动性指标数据，实现可视化管理。

【企业文化建设】疫情期间，公司党支部第一时间向全体党员发出《倡议书》，组织疫情防控突击队，明确防控、舆情、报告、值班等八大任务，提高政治站位，坚持党建引领，扛起政治责任，科学部署、高效跟进，保证扎实到位无差错。公司全员签署《不忘初心　牢记使命履职责任书》，提升作风和廉洁意识，使基层党建和经营工作紧密结合。获评“东航集团抗击新冠肺炎疫情先进集体”和“东航集团先进基层党组织”荣誉称号。

东旭集团财务有限公司

【集团概况】东旭集团有限公司（以下简称“集团”）成立于1997年，总部位于北京，集团由装备制造起家，依托自身的技术创新，产、学、研相结合的创新模式，积淀了雄厚的技术实力，成为中国唯一一家具有全套液晶玻璃基板生产工艺及装备制造能力的企业，集团旗下拥有东旭光电、东旭蓝天、嘉麟杰三家上市公司。

【经营概况】2020年，东旭集团财务有限公司（以下简称“公司”）在严控风险的前提下，紧紧围绕公司内部治理、资金结算服务、信贷业务服务、风险防范与控制、信息科技建设、专业人才队伍建设等稳步推进公司各项工作，整体运营良好。截至2020年末，公司资产总计303.70亿元，负债合计252.13亿元，所有者权益合计51.57亿元。2020年税前利润总额867.91万元，实现税后净利润650.93万元。

【服务实体】公司本着“提升对成员单位服务，支持实体经济发展”的原则，充分发挥资金集中管理平台优势，通过加强集团整体资金归集力度，调配各成员单位的资金余缺。2020年，公司累计为集团和多家成员单位发放98笔流动资金贷款，金额合计303.47亿元，定价为当期LPR下降120个基点，进一步降低了集团实体经济的融资成本。

【信贷业务】公司一方面加强对成员单位资金归集的力度；另一方面提升对成员单位的信贷服务能力，不断优化资源配置，以提升服务质量为目标，在信贷投放规模、信贷产品使用、信贷业务流程、信贷资金价格等方面持续优化。2020年累计审批37家成员单位授信金额458.4亿元，截至2020年末，各项贷款余额307.54亿元，较年初增加8.12亿元。

【票据业务】根据集团内各成员单位的现金流情况和资金支付特点，2020年公司提出改变集团传统的支付结算方式，通过使用财务公司承兑汇票的方式支付采购款，逐步缓解了成员单位的资金压力，并提升了公司在供应商业界的认可度。2020年，公司为成员单位减免票据业务手续费117.74万元。

【资金集中】2020年，公司继续加强资金归集工作，着力扩大归集单位数量和归集账户范围，新开户成员单位8家，资金归集余额176.66亿元。

【风险管理和内部控制】2020年，公司实施了12个审计项目，审计范围覆盖信贷、结算、财务、风险、信息技术和公司治理等。公司风险审计部向被审计稽核部门出具了审计意见书，并建立审计发现问题台账，对整改情况进行追踪，发挥了审计监督与评价的作用，并及时向公司管理层报告审计结果，为公司管理层后续决策和管理提供依据。

2020 年，公司实施全面风险管理，严格执行各项授信政策，防范信用风险；不断完善内控制度，防范各类操作风险；加强引入资金，加强流动性管理，通过各种方式化解流动性风险；严格落实监管要求，确保不出现合规风险；落实反洗钱和案件防控的各项要求，确保不出现洗钱和案件风险。2020 年，通过公司的努力，达到了各项风险防范的目标。

【人力资源管理】2020 年，公司进一步优化部门职责，设置公司信贷部、财务管理部、风险审计部、结算管理部、金融同业部、综合管理部六个部门。公司建立健全干部选拔、培养、管理等体系，树立良好的用人导向，强化人才队伍建设，加大优秀年轻干部的培养使用，引进管培生，保持公司的战斗力和旺盛的生命力。同时结合自身行业特点，安排组织相关部门员工进行各种形式线上、线下有针对性的培训，提升员工的职业技能和综合素质，促进个人职业发展、提高公司的经营效率。

【信息化建设】2020 年，公司调整优化核心业务系统相关功能，使核心业务系统更好地适应集团业务模式和公司业务运营方式的变化。公司对相关安全设备进行了系统更新、修补漏洞，提升了系统的安全性，保证了公司相关业务系统平台的数据安全。启动了二代反洗钱系统及客户等级评级系统的改造优化工作以确保反洗钱系统和客户等级评级系统相关功能的顺利实现。

【企业文化建设】2020 年，公司秉承“感恩做人、敬业做事”的价值观，跟随集团二次创业的征途，围绕集团发展和公司年度重点工作，坚持将业务文化建设同经营管理工作有机结合。积极参与集团各类活动，增强了员工队伍稳定性，提升了公司团队的向心力和凝聚力。

鄂尔多斯财务有限公司

【集团概况】鄂尔多斯财务有限公司（以下简称“公司”）母公司为内蒙古鄂尔多斯羊绒集团有限责任公司（以下简称“集团”），2020 年，集团一方面大力推进技术改造和技术创新，加快产业升级；另一方面谨慎应对疫情，统筹抓好疫情防控和生产经营工作，实现全员零感染，生产无中断。2020 年，集团充分抢抓疫情下呈现的市场机遇，全面超预期完成全年利润预算目标，创造超预期收益，继续名列我国纺织服装行业第一位。

【经营概况】2020 年，公司立足“集团资金管理平台”的基本定位，紧扣集团“持续改进”的工作主题，坚持业务发展和风险管理并重的原则，攻难克险，积极作为，各项业务平稳发展。截至 2020 年末，公司资产总额 1047220.99 万元，较上年同期增长 3.5%，负债总额 774715.07 万元，较上年同期增长 2.9%，所有者权益 272505.92 万元，较上年同期增长 5.25%，实现净利润 13623.26 万元，较上年同期减少 11%。无不良资产和不良贷款，各项监管指标均达到监管要求。

【资金集中】公司一是稳步推进账户管理，截至 2020 年末，成员单位在公司开立一般结算账户 219 户，全年新增开户 18 户、注销 10 户。二是提升结算服务水平，全年办理各类结算业务 18.79 万笔，金额 5000.29 亿元，日均结算量 712 笔，日均结算金额 18.94 亿元。三是加强资金和票据全面监收控付，加大资金归集力度，年末全口径归集度为56.45%。

【信贷业务】2020年，公司充分发挥金融服务平台作用，积极开展各种信贷业务。截至2020年末，公司各项贷款余额为819177万元，较年初增加32588.3万元，增幅为4.14%，存量贷款全部为正常类贷款。2020年完成对三大平台18家集团成员单位的综合评级授信工作，综合授信总额141亿元。

【票据业务】公司开展的各类票据业务均为电子商业汇票业务，通过中信银行的电票系统和上海票交所的票据交易系统办理业务。2020年全年，为成员单位办理银行承兑汇票138笔，金额160315.11万元；办理贴现35笔，金额232576.79万元；办理再贴现8笔，金额200075.7万元。截至2020年末，承兑汇票余额为82882.05万元，较年初减少36867.86万元，减幅为30.79%；票据贴现余额为184077万元，较年初增加40673.3万元，增幅为28.36%；票据再贴现余额为108384万元，较年初增加49904万元，增幅为85.34%，

【外汇和债券业务】2020年，公司获批承销成员单位企业债券和外币即期结售汇业务资格。先后推进完成银行间外汇市场会员注册、业务制度体系建立、交易系统搭建等工作。2020年，即期结售汇业务共办理8笔，金额9923.49万元，取得了节约汇兑损益的预期效果。

【风险管理和内部控制】公司一是针对监管部门监管评级及现场检查工作中发现的问题，召开专门会议，专题研究存在的问题和改进措施，对照接单，积极落实整改。二是积极开展扫黑除恶专项斗争、防范非法集资、反洗钱工作的排查及宣传工作，树立全员合规意识，确保合规经营。三是进一步提升法人治理水平，充分发挥董事会各专业委员会职能和作用。2020年召开股东会会议3次，董事会会议8次，监事会会议4次，审计委员会会议2次，风险管理委员会2次。四是大力推进内部审计。年度内有效开展了全面审计、专项审计、管理审计、监管类项目审计、事后监督等10类审计项目，超计划完成全年审计目标；2020年，公司配合集团“持续改进”总体部署和监管部门“内控合规管理年”专项行动要求，开展制度体系的全面梳理和修订工作，制定和修订了《鄂尔多斯财务有限公司结售汇业务内部控制制度》《鄂尔多斯财务有限公司人民币外汇即期交易统计报告制度》《鄂尔多斯财务有限公司商业汇票承兑业务管理办法》《鄂尔多斯财务有限公司员工行为守则》等有关公司治理、风险合规、信贷业务、稽核审计、资金结算、信息科技等七类71项制度。

【人力资源管理】公司一是进一步优化部门职责，明晰部门职责边界，更新部门和岗位职责；二是压实风险防控责任，制定《高管和关键岗位的薪酬延期支付和追索扣回管理办法》《员工行为准则》，对高管及关键岗位人员实行薪酬延期支付，对全员按季设定KPI指标并执行绩效考核；三是深入开展内部培训工作，全年累计组织开展内部审计、印章证照管理、反洗钱知识等内部培训及考试20余次。

【信息化建设】2020年，公司继续大力推动信息系统建设。实现了资源股份和集团两个结算中心系统上线运行；完成4家银行电票直连接口的测试；顺利实施外汇业务系统上线运行；主动研究逐步推进信贷业务中评级授信、担保管理、BPM线上业务审批及监控等功能上线使用，优化电子台账功能；推动实施信息系统评估、机房消防安全检测等信息系统安全项目。

【企业文化建设】公司一是组织主题为“携手同心　我们毅起”的户外拓展训练活动，加强员工之间的合作意识，增强团队凝聚力和执行力；二是积极参加集团举办的财务工作会议论坛、会计知识竞赛等活动，并荣获集团第三届会计知识竞赛个人二等级和团队三等奖。

2020年，经集团党委批复，公司成立了党支部。按照《中国共产党章程》有关规定要求，组织召开了2020年第一次全体党员大会，会议选举支部书记1名、组织委员1名、宣传委员1

名组成党支部委员会。在疫情期间，党支部组织开展支持新冠肺炎疫情防控自愿捐款活动，全体党员积极响应，带头捐款，充分发挥党员先锋模范作用。

福建七匹狼集团财务有限公司

【集团概况】福建七匹狼集团有限公司（以下简称“集团”）是一家经营规范、财务稳健、主业突出的知名民族服装品牌民营企业，集团拥有服装、地产和投资三大业务板块，其中“七匹狼”品牌男装夹克市场份额连续17年保持第一。集团经过近三十年的发展，已成为以服装产业为主业，集股权投资、房地产为一体的多元化现代企业集团。

【经营概况】2020年，福建七匹狼集团财务有限公司（以下简称“公司”）坚持基本功能定位，围绕年度经营管理目标，持续强化自身风险管控，规范运作，在为成员企业提供较好金融支持的同时，为集团企业加快资金融通、节约资金成本、实施集约管理作出了应有的贡献。公司团队日渐成熟，专业素质和协作能力均显著提升。各项指标有所提升，特别是贷款拨备率提高至2.5%，公司风险抵御能力加强。截至2020年末，公司资产总额27.26亿元，同比增加6.93亿元，2020年实现营业净收入3703.83万元，同比增加620.4万元，增长20.12%；实现净利润1757.12万元，同比增加915.06万元，增长108.67%。

【信贷业务】公司切实履行服务实体经济战略，为集团成员单位提供多种金融产品，以满足集团业务发展，并取得较好效果。2020年公司主动支持成员单位应对疫情，降低各项贷款利率近100个基点；信贷业务品种齐全，信贷业务服务对象包括服装、贸易投资及文旅板块。信贷产品包括流动资金贷款、房地产开发贷款、经营性物业贷款和票据贴现等，特别是公司支持集团地产业务转型文旅，配套提供并购贷款支持成员单位业务发展。

【资金业务】2020年公司加强与同业互动，与各家同业交易对手开展同业拆借、现券买卖、债券借贷业务、质押式回购业务和票据转贴现等业务。2020年在银行间资金市场和债券市场办理各类交易共计11.2亿元，票据转贴现共计1.2亿元。

【投资业务】公司一是积极主动开展货币基金业务，提高资金综合收益率。2020年开展货币基金申购75笔，累计交易金额6.15亿元，产生良好的经济效益。二是首次在二级市场通过现券买卖，拓宽业务广度，为公司完全预算指标创造积极条件。三是回购成员单位已发行债券，减轻还款压力，降低融资成本。2020年公司根据资金规划及利润测算等，通过二级市场部分回购集团公司发行的中期票据。既降低了集团整体对外支付的融资成本，减轻了到期还款的压力，又为财务公司带来较可观的投资收益。

【票据业务】2020年公司累计开立银行承兑汇票1946笔，全部为成员单位向上游支付货款。接收电子银行承兑汇票的上游供应商超过100户，分布在27个城市。同时积极利用政策工具，通过办理再贴现业务，将再贴现资金完全用于支持实体企业，实现降本增效。公司一方面向商业银行申请同业授信，并协助持票人到获批同业授信的商业银行办理贴现业务，贴现金额超过1亿元，为服装主业在采购环节提供金融服务。另一方面主动跟踪到期未兑付票据，安排专人根据票据流转信息联系持票人，通知持票人及时办理票据兑付手续。公司充分利用政策工具开展再贴现业务，为成员提供低成本信贷资金支持，全年累计开展再贴现业务

F

约2.2亿元。

【资金集中】2020年末公司资金集中度为70.49%，比上年末增加8.48个百分点。全年主要从以下三个方面开展资金归集工作：一是更新集团成员单位名单，将符合条件的分子公司纳入财务公司成员单位；二是梳理集团成员单位银行账户情况，将成员单位银行账户在直连范围内做好归集工作；三是严格控制银行账户留存金额。

【风险管理和内部控制】公司高度重视风险管理和内部控制，秉承全面风险管理理念，不断加强风险管控措施。内部控制方面，2020年度公司严格落实“三会一层”各项工作，全年召开股东会会议4次，董事会会议7次，监事会会议3次，审计委员会会议6次、风险控制委员会会议6次、提名与薪酬委员会会议1次。完善内控制度体系，2020年度新增制度15份（累计建立118项管理制度），修订制度25份；新增操作规程7份；修订操作规程7份。信用风险管理方面，为严格落实贷款“三查”等有关监管要求，通过制定贷款“三查”指引，实行全流程管控；通过合规检查、授信业务专项审计等内部自查，规范授信业务操作；加强贷后管理，加强风险监测与预警等，切实做好贷前、贷中和贷后风险管理，保持信贷资产质量优良。合规风险管理方面，各项监管指标符合监管要求，2020年组织合规培训10余次、合规考试2次、案防自查排查4次、市场乱象整治“回头看”自查1次，营造浓厚的合规氛围。流动性风险管理方面，加强日常监控，2020年开展两次流动性压力测试，并结合压力测试结果，制定了流动性应急计划；开展流动性风险管理专项审计，加强流动性管理。2020年公司流动性风险管理情况良好，月均流动性比例为50.79%。科技风险管理方面，2020年组织三次应急演练，保证业务连续性，开展信息科技风险评估，查漏补缺，通过完善信息科技风险管理机制，不断加强保障计算机系统运行和操作安全，防范信息科技风险。

【人力资源管理】2020年，公司对高管团队进行了优化，进一步提升公司日常经营管理水平。公司对现行薪酬结构和薪酬体系作出调整，针对管理岗位序列和专业技术岗位序列人员建立新的薪酬等级与岗位序列，有效形成人才“双通道”机制。通过对《绩效考核办法》的修订，进一步完善了考核与激励机制，并通过对员工季度与年度相结合的考核，将考核结果与员工绩效工资、年度调薪、评先创优等挂钩；通过对《员工考勤及休假管理办法》的修订及年度员工行为排查工作的开展，进一步加强了员工行为管理。公司积极打造学习型员工团队，对《员工培训教育管理办法》进行了修订，并制定了年度培训计划，规范并鼓励员工利用业余时间提高专业素养，结合业务发展需要组织内部专项培训，并通过组织同业交流、参加集团及中国财务公司协会举办的外部培训等多种方式对员工进行前瞻性专业化培训。

【信息化建设】2020年公司信息系统保持安全平稳运行，未出现影响业务运行的故障及结算差错。信息系统涵盖资金结算业务的每个环节，能根据不同业务操作的需要提供相应的操作权限，以满足各岗位人员的管理需求。科技人员每日对系统、设备进行巡检。每天自动对数据库进行全备，对应用服务器的应用程序进行全备。2020年相关业务系统未发生较大异常情况。日常巡检过程中未发现机房物理环境和设备异常，网络及系统运行稳定，数据备份正常。完成了核心业务系统应用服务季度巡检工作，各项巡检参数显示正常。强化应急能力，组织开展应急演练工作，并根据演练结果验证应急预案的可执行性。

【企业文化建设】2020年，公司积极组织开展丰富多彩、健康有益的各类活动，增强员工向心力，包括重要节日活动、员工生日会、年度拓展等，以加强员工间的互动交流，提升团队凝聚力。强化宣传工作，重新修订制作企业宣传册，并对企业文化墙进行更新完善。围绕公司及集团每月经营发展重点工作，形成月度工作简报，并报送集团及监管部门。

公司于2020年7月底正式成立党支部，并开展组织生活。以“不忘初心、牢记使命”主题教育为主线，通过联学共建、专题学习、特色实践活动等方式，加强党员教育与管理。积极发展党员，扩充党员队伍，自党支部成立至今已发展两名入党积极分子。

福建省交运集团财务有限公司

【集团概况】福建省交通运输集团有限责任公司（以下简称“集团”）成立于2001年11月6日，是福建省政府批准成立的国有独资公司，主要从事港口码头、水上运输、道路客运三大核心业务及物流仓储、医药康养等业务，是福建省属规模最大、实力最强的综合性交通运输企业，控股及参股企业超过200家。集团注册资本32.20亿元，2020年末资产总额364.49亿元，负债总额224.06亿元，实现营业收入129.59亿元。

【经营概况】福建省交运集团财务有限公司（以下简称“公司”）由集团和福州港务集团有限公司共同出资设立，2019年4月25日获批开业，2019年9月1日正式开业。开业以来，公司坚守“资金归集平台、资金结算平台、资金监控平台、金融服务平台”四个平台的定位，着力服务集团成员单位。2020年度实现营业收入8295.39万元，实现利润总额2439.62万元。

【服务实体】公司坚持服务成员单位、服务实体经济，在提供服务的同时，发挥专业优势，尽全力帮助成员单位进行商业银行贷款、结算等项目的协调，提高了银、企、财三方联动的工作效率。

【信贷业务】一是快速响应成员单位贷款需求，通过创新担保模式和简化贷审会会议模式等，迅速启动、全员协作、上下联动，加快授信贷款流程，及时满足成员单位临时性资金需求，特别是疫情期间，高效满足成员单位资金需求，助力企业落实“六稳”“六保”目标。2020年累计发放贷款45笔，累计发放贷款金额13.12亿元，2020年末贷款余额15.54亿元。二是顺应市场形势，调整利率政策，降价让利成员单位。2020年新增流动资金贷款加权平均利率较上年下降0.5个百分点。三是深入调研对接，积极开展成员单位授信业务，提高授信及贷款覆盖面。

【票据业务】公司2020年初成立票据业务工作领导小组和项目工作组，专题研究、推进落实电票业务，积极学习取经、主动对接人民银行、上海票交所、城银清算公司等单位。公司创新票据业务接入方式，获上海票交所同意采取通过城银清算公司集中接入方式直连接入。2020年12月通过上海票交所的测试验收，取得接入上海票交所票据系统资质，成为上海票交所会员，2020年末系统接入上线。

【资金集中】公司采用主动走访归集率较低的成员单位、一企一策加强交流，增进理解支持；逐户落实未授权的银行账户，提高账户集中度；通过宣传公司内转及代理结算业务、提高结算量等多种手段，使公司资金归集率保持高水平。截至2020年末，公司开立结算账户227个，剔除不可归集的资金后归集率为96.40%，继续保持在90%以上。2020年12月集团所有二级单位的归集率都在90%以上。

【业务创新】一是公司确定项目方案后，采取学习借鉴、制度建设、系统开发、业务储备等工作同步推进的方式，及时创新推出融资租赁业务，共办理4笔融资租赁业务，合计金额1.17亿元。二是主动对接，推出非融资性保函业务，相比银行机构有效降低成员单位保函保证金闲置和保函手续费，共为2家成员单位出具履约保函合计金额567万元。三是帮助集团办理委托贷款业务，公司建立委托贷款制度，与自营贷款业务形成互补，办理集团委托贷款3笔，金额合计1.65亿元，满足集团所属单位资金需求。

【风险管理和内部控制】公司坚持业务制度先行，2020年未发生重大风险。一是完善风险管理体制，制定公司风险策略，设定风险限额，建立新业务评估制度。二是严格管控信用风险，加强限额管理，发挥贷审委把关作用，兼顾效率和风控两方面需求，严格执行信贷限额和贷款“三查”制度，坚持贷审分离。三是有序推进反洗钱反恐怖融资工作，优化制度建设，组织修订反洗钱反恐怖融资“一办法两细则”，开展系统优化，严格督促履行反洗钱三项义务，并定期开展培训宣传。四是提升制度执行力，组织开展制度学习测试。五是紧盯关键环节，强化员工行为管理。推动清廉金融文化建设，推动强化教育管理，推动严格排查督促，组织开展员工行为排查，开展员工涉黑涉恶和参与非法集资排查清理等20余项专项活动，组织开展“1+X”自查，督促员工严守底线。

【人力资源管理】一是修订绩效考核办法。二是加强员工队伍专业化建设，不定期开展培训、同业交流等，鼓励员工积极参加银行业专业人员职业资格考试，2020年共有9名员工通过不同科目的考试。三是做好福利保障工作，增强企业的凝聚力，积极推进企业年金、补充医疗保险缴交工作。

【信息化建设】2020年公司通过城银清算系统集中接入上海票交所，启动批量对私及财企接口平台功能开发，完成核心业务系统32项功能优化，并平稳实现版本升级。同时加强信息科技风险管理，完成办公网防病毒系统部署，健全信息系统管理制度，开展安全巡查，进行监督考核。

【企业文化建设】公司不断推进企业文化建设，明确了秉承集团“创新、竞争、和谐”的企业精神，以“服务集团、创造价值”为使命，树立“打造融会贯通、专业精湛的财务公司”的企业愿景，坚持“服务集团，审慎合规，务实创新，良好操作”的经营理念，倡导“严谨细致、勤勉尽责、团结协作、专业高效”的工作作风，通过开展居家健身、登山活动、健步行等员工活动增强企业凝聚力，塑造企业文化。党建方面，不断加强党支部建设。一是切实发挥党组织“把方向、管大局、保落实”重要作用，贯彻落实全面从严治党主体责任。二是充分发挥党员在疫情防控中的带头示范作用，认真做好疫情防控和服务成员单位、保障生产经营工作。三是积极开展党员学习教育，通过党建共建活动、聘请专家讲课、领导上党课、开展读书分享会等方式落实“三会一课”、主题党日等组织生活。

福建省能源集团财务有限公司

【集团概况】福建省能源集团有限责任公司（以下简称“集团”）是福建省属综合性企业集团，位居中国企业500强，由福建省国资委100%控股，注册资本100亿元，资信等级连续多年保持AAA级。集团成立于2009年12月，由原福建省煤炭工业（集团）有限责任公司和福建省建材（控股）有限责任公司整合重组而成，2015年7月起控股福建石油化工集团有限责任公司。集团聚焦“能源、材料、医疗健康和金融”四大主业，着力提升“建工房地产、非金属矿制品”两个优势辅业，拥有全资及控股企业40多家，其中福能股份、福建水泥在主板上市，福能租赁、福能期货在新三板挂牌。

【经营概况】2020 年，福建省能源集团财务有限公司（以下简称“公司”）矢志不移地坚守实现集团资金价值最大化的宗旨，立足“四大平台”功能定位，攻坚克难、多措并举，开展了大量卓有成效的工作，有序有力地推动各项工作的开展，取得了较好的工作成绩。截至 2020 年末，公司资产总额 115.81 亿元，负债总额为 95.10 亿元，实现利润总额 2.25 亿元，各项监测指标优良，无不良资产和不良贷款，公司运营安全稳健。

【服务实体】2020 年，公司共为 25 家成员单位提供授信总额 115 亿元，累计投放信贷资金 33.45 亿元，信贷余额、日均贷款、存贷比等体现服务能力的核心指标“三创历史新高”。全年办理再贴现业务 63 笔，累计金额 3.15 亿元，年末再贴现余额 1.50 亿元，进一步拓宽了央行流动性支持通道。委托贷款扎实开展，共受理成员单位委托贷款 3 笔，金额 2.39 亿元。资金结算系统快捷、高效，2020 年累计结算金额 3504 亿元，结算笔数 19.18 万笔。同时继续执行减费让利等政策，2020 年累计为集团成员单位节约成本费用 4882.46 万元，释放票据保证金 1900 万元。

【信贷业务】公司紧跟集团产业发展战略步伐，加强信贷资金的精准投放，优化资金要素配置，科学确定增贷、稳贷、收贷策略，使金融资源的配置方向与集团战略中心方向一致，有力支持了集团的改革发展。截至 2020 年末，公司信贷余额 54.74 亿元，日均贷款余额 54.36 亿元，贷款投向新能源、新材料等主业的比例高达 96.89%，实现信贷规模和资产结构优化的双提升。

【资金业务】公司严格实施资金预算控制和计划管理，高效配置资金头寸，协同增强集团及权属企业“资金调峰”能力，减少沉淀资金，最大化地使用资金。同时，依托专业的投资操作，分毫必争、高效精准地把资金集中存放于最优利率报价的金融机构开展定期业务。2020 年，公司实现存放同业利息收入 1.86 亿元，完成年度预算的 104.97%，资金规模效应进一步凸显，资金使用效率大幅提升。

【投资业务】2020 年，公司持续丰富投资品种，购买了银行净值型理财产品、券商净值型资管计划及企业中期票据等产品。公司对接的金融机构超过 20 家，涵盖银行、券商、基金、信托和保险公司等金融机构。2020 年实现投资收益 4140.85 万元，平均投资收益率为 3.34%。

【票据业务】公司抓住人民银行出台加大再贷款、再贴现支持力度促进有序复工复产政策的有利契机，成功申请办理了应对疫情的支持政策下专项再贴现业务，总金额 1.45 亿元。开具农民工工资履约保函 3 笔，金额 379.9 万元。征信系统作用有效发挥，累计成功上报入库征信数据 727 条，共计为集团 104 家成员单位办理查询企业征信 601 笔。2020 年，公司共办理再贴现业务 63 笔，累计金额 3.15 亿元，年末再贴现余额 1.50 亿元，提高了票据的运作效率，扩大了低成本融资规模。

【资金集中】持之以恒地深耕资金集中管理，积极主动地向成员单位大力宣贯集团《资金集中管理规定》等制度规定和财务公司的服务内容，努力做到“颗粒归仓”。截至 2020 年末，公司开立结算账户总数 350 个，吸收存款余额 92.21 亿元，集团考核口径资金归集率均值为 98.65%。

【风险管理和内部控制】公司紧跟监管部门部署，开展金融放贷领域突出问题排查整治以及员工行为大排查“回头看”、市场乱象整治“回头看”、股权和关联交易专项整治，通过福建银保监局、福建省财政厅的现场检查。2020 年开展了稽核审计项目共计 91 项，其中，日常稽核 84 项、专项审计 7 项，提出存在问题 11 项，立行立改问题 7 项，整改中问题 4 项，提出合理化建议 24 项，通过专项稽核促进公司出台及修订内控制度 4 个，审计“第三道防线”作用有效发挥。密切关注员工 8 小时内外的行为和动态，把控重点人员、重点业务和重点岗位的风险点，实现了全年无风险发生的目标。

【信息化建设】公司构建了“小核心、大应用、标准化”的信息发展模式，完成自动支付、LPR信贷、二代征信系统等功能的升级改造，新增统一监管报送系统、短信通知系统、反洗钱系统、“金数”系统等，信息系统功能更加完善，实现了对每笔资金支付的监控，提升了资金监控水平。公司信息系统功能日渐完善，对业务的支撑能力增强。

【企业文化建设】公司党支部打造“12355：党建+智慧金融”党建品牌模式，建设公司党建阵地，主题党日活动内容丰富、形式新颖，公司党支部被集团党委评为“五星支部”。公司共青团员获得全国煤炭行业优秀共青团员、福建省金融青年五四奖章等称号。打造“亲如一家”工作氛围，抓好企业文化建设，践行“开发能源、创造财富、服务社会、造福员工”的企业使命，使社会主义核心价值观、集团核心理念内化为集体的坚定信念、外化为个人的自觉行动。

甘肃电投集团财务有限公司

【集团概况】甘肃省电力投资集团有限责任公司（以下简称“集团”）是甘肃省政府出资设立的国有大型投资公司，是甘肃省政府确定的国有资本投资公司改组试点单位。前身是成立于1988年的甘肃省电力建设投资开发公司。2005年，甘肃省政府将公司组建为甘肃省电力投资集团公司，同时加挂甘肃省投资集团公司牌子，集团步入集团化、综合性发展阶段。2012年11月，水电资产成功借壳上市。2013年底，由国有独资企业改制为国有独资有限责任公司，初步搭建了法人治理结构。2018年，健全了以公司章程为核心的两级法人治理结构，形成了协调运转、有效制衡的决策、执行和监督机制。2020年7月，甘肃省国资委批复集团公司国有资本投资公司试点改组方案，开启了创建高质量发展的国有资本投资公司新征程。经过30多年的改革发展，打造了能源和现代服务业两大产业，形成了电力热力、能源化工、数据信息、产业置业、会展文创、产业金融六大板块，项目遍布全省各地，投资领域涉及水电、火电、风电、光电、金融、大数据、会展、剧院、酒店、房地产、铁路、煤炭、燃气等行业和领域。

【经营概况】2020年，甘肃电投集团财务有限公司（以下简称“公司”）有效发挥集团资金归集、资金结算、资金监控和金融服务平台功能，不断完善风险管理体系，持续提升公司金融服务质效。2020年末，公司资产总额32.76亿元，负债总额26.6亿元，所有者权益合计6.15亿元，全年实现营业总收入1.14亿元，累计实现利润总额6497万元。坚守金融保障打好抗疫“主动战”，以优质高效金融服务与成员单位共渡难关。7×24小时支付清算不间断，全力保障成员单位生产、防疫物资资金；全力满足受疫情影响大的企业融资需求，简流程、提效率、降利率，开通“绿色通道”，破解疫情防控期间小微企业融资难、融资贵困局。

【服务实体】2020年，公司围绕集团高质量发展要求，依法合规开展各项业务，不断提升金融服务质效，为集团做强主业实现战略目标提供有力支撑。靠前服务，主动作为，走访14家重点成员单位，全面掌握集团各单位、各项目金融需求，为成员单位“搭桥修路”，缓解资金压力。

【资金集中】2020年，公司全口径资金集中度为58.14%，较年初提高0.72%，可归集口径集中度为92.83%，较年初提高1.30%，资金集中度持续处在较高水平。

【资金结算】2020年，公司进一步规范流程、防范风险，确保资金结算及时准确。切实履行资金监控职责，严格开展可疑交易筛查及大额结算资金核查，大额资金核查覆盖率为100%，有效防范结算风险。

【信贷业务】公司紧紧围绕集团战略、重大项目和重点企业，创新信贷产品，合理筹划金融业务规模和信贷投放配比，进一步优化资产收益率和单一客户贷款集中度，提升信贷服务能力。2020年，公司累计发放贷款35笔，金额17.39亿元（贷款27笔，金额16.8亿元；法透8笔，金额5945万元）；累计签发电子银行承兑汇票416张，金额6.06亿元；累计办理票据贴现299张，金额3.35亿元；累计发放委托贷款4笔，金额2.35亿元；累计办理同业拆入55笔，金额90.79亿元。

【投资业务】2020年，公司通过调研等方式，学习投资业务开展较好财务公司的先进经验，提高公司金融服务能力。做好金融市场跟踪研究，客观分析研判金融市场变化，结合公司整体资金运行情况，筛选投资产品。在风险可控的前提下，合理高效配置资金，最大限度提升信贷服务能力，全年完成投资1000万元。

【票据业务】2020年，公司全力盘活集团票据资产，多维度设计票据资产盘活渠道，帮助集团成员单位提升票据使用效率。创新开展600万元转贴现业务，有效盘活集团票据资产，打通票据转换资金新渠道；创新开展895万元票据池质押额度共享，实现成员单位之间票据余缺调剂零的突破。

【风险管理和内部控制】公司始终坚持防控风险、合规经营是首位。为增强风险抵补能力，将正常类贷款的贷款损失准备计提比例顶格提高至2.5%；加强监管信息报送质量，防范信息报送的迟报、漏报；重点开展资本管理、信贷业务专项审计；组织《民法典》培训、宪法宣传周、反洗钱和扫黑除恶等活动，有效提升员工的合规意识和红线意识。

【人力资源管理】公司坚持正确用人导向，完善考核激励机制。强化党建引领导向、责任担当导向、业绩成果导向，分解年度经营目标，逐月对照考核；2020年共开展关键人员和重要岗位工作人员轮换9人次，组织各类培训27场148人次，培养了一支精炼化、专业化、高素质的队伍，提高了员工专业化水平，强化了员工自我管理。

【信息化建设】公司优化核心系统业务处理能力，先后上线法透、转贴现、融资租赁新模块、16家银企接口升级；开发工商银行、交通银行、招商银行对私批量功能，做到全集团职工薪酬100%准确、及时发放；开展4次信息系统应急演练，部署安全预警系统和等保测评，保障资金安全和系统稳定运行；开发集团共享中心接口，打通集团财务管控资金收支“最后一公里”；在集团系统内首家采用固定资产智能化二维码“码上管理”，有效提升公司固定资产使用水平。

【企业文化建设】公司修订完善《党委会议事规则》，编制完成“三重一大”事项清单，进一步明确党委会的决策范围和决策流程，2020年召开党委会36次，研究决策重大事项120项，党委“把方向、管大局、保落实”作用充分发挥。严格落实组织生活制度，持续推进党支部建设标准化、规范化、制度化。全年召开党委理论中心组学习13次、支部党员大会17次、支委会29次，开展主题党日活动24次，与人民银行兰州中心支行联合开展“支部共建聚合力，不忘初心跟党走”主题党日等活动，成效良好。

港中旅财务有限公司

【集团概况】中国旅游集团有限公司（以下简称“集团”）创立于1928年4月，是中央直接管理的国有骨干企业，也是总部在香港的三家中央企业之一。集团构建了以旅行服务、投资运营、旅游零售为核心业务，以旅游金融、酒店运营为特色业务，以邮轮为代表的创新旅游产业布局，业务网络遍布内地、港澳和海外28个国家和地区，汇聚了中国港中旅、中国国旅、中国免税等众多国内知名文化旅游品牌，是中国最大的旅游央企。

【经营概况】截至2020年末，港中旅财务有限公司（以下简称“公司”）实现资产总额169.76亿元，利润总额0.85亿元；吸收存款余额143.92亿元，发放贷款余额60.61亿元，较好地完成了年初各项计划指标，在集团实现资金集中、资金结算、资金监控、金融服务方面发挥了应有作用，并有效帮助集团降低资产负债率、降低资金成本、实现金融价值创造等。

【服务实体】2020年公司持续优化“深入一线、发掘需求”的市场推广策略。一方面，主动与各事业群沟通，了解其受疫情影响的生产经营现状和融资需求情况，并通过事业群和三级公司建立流通渠道，确保在合规的前提下及时为相关成员单位提供贷款支持，共渡疫情困难时期；另一方面，通过加强与成员单位的沟通，推广公司的金融产品与服务，宣传公司的服务能力与优势，促进成员单位与公司合作。

【信贷业务】公司继续推进产融协同工作，积极维护贷款业务，拓展新增贷款客户，2020年累计向酒店运营事业群、旅行服务事业群、投资运营事业群、集团本部等放款63.39亿元，按照不同事业群的业务发展方向，满足下属各成员单位的资金需求。此外，公司主动为受疫情影响较大的成员单位降低存量贷款利息，新发放贷款利率下调50~125个基点。

【资金集中】公司积极对接财务共享中心系统上线，2020年实现首批上线企业的账户开户授权工作。继续保持集团重点成员单位的资金归集，并加强归集度不高的部分企业的归集力度，取得一定成效。2020年日均存款规模89.78亿元，同比增加4.80亿元，增长5.65%；年末存款余额143.92亿元，较上年增加39.88亿元，增长38.33%；年末全口径资金集中度为43.14%，可归集口径资金集中度为77.45%。

【资金业务】公司持续加强资金计划管理，合理规划资金头寸，动态配置资金，为集团及成员单位经营发展提供资金保障。2020年，全年未出现任何计划外资金缺口，所有成员单位的贷款需求和存款提用需求均能及时满足，公司流动性指标一直处于健康水平，全年未触及监管红线。

【投资业务】2020年，公司审慎、稳健开展投资业务。在保障流动性安全和严控业务风险的前提下，通过做精做细资金计划、合理配置同业资产期限等手段，利用间歇资金积极创造收益；持续做好金融机构关系维护与拓展工作，在资金、同业、投资、授信等业务方面甄选优质合作伙伴，拓展银行间交易对手、捕捉市场机会，提升资金价值创造能力。

【外汇业务】公司利用跨境资金池通道，根据成员单位的外汇业务需求，提供跨境资金融通服务。通过与合作银行沟通探讨、咨询监管部门等途径，为成员单位提供外汇业务参考方案，完成跨境外币资金调拨测试。2020年人民币资金池累计发生额63.96亿元；外币资金池累计发生额折人民币35.65万元，保证了集团及成员单位内外部资金调动的需要，提高了集团资金整体使用效率和风险防控能力。

【业务创新】为方便集团各成员单位及时了解全国疫情防控优惠政策，公司持续收集整理各地优惠政策指引，还针对集团产业较集中的北京、上海、深圳制作疫情防控优惠政策指引简表，方便索引和查询。

【风险管理和内部控制】公司在业务开展中实行风险合规审核前置程序，做好风险防范；优化合同审批流程，加强合同审核；加强反洗钱管理工作；完成33项制度梳理，并开展业务流程梳理，提高风险管控能力；2020年举办3次合规培训，推动合规文化建设；开展了身份识别、征信业务、同业业务流程以及机房运行安全管理4项专项审计，针对发现问题制定整改计划并开展整改。同时还开展了股权及关联交易、市场乱象整治“回头看”、资金专项排查、大额风险报表自查、中央巡视整改等专项合规检查工作，提升内控质量。

【人力资源管理】2020年，公司通过内外部公开招聘选拔行业优秀人才，并进行人员编制梳理，调优岗位配置，保障人才需要。疫情期间，公司推动线上培训，利用集团内部、中国财务公司协会等在线培训资源，组织员工参加专题学习，提升专业能力；举办年度读书会活动，鼓励员工每月分享读书心得，活跃团队氛围。另外，2020年启动职工企业年金项目，为员工增加福利保障，提高员工对公司的归属感。

【信息化建设】一是完成核心业务系统的整体升级和验收，在结算模块增加自动审批、自动清算、超额定时上收等业务功能；二是配合集团ERP系统和共享中心系统的上线，如期完成财务公司系统与各个对接系统的接口对接和功能开发，于2020年11月成功上线；三是完成了反洗钱、1104监管报表的系统建设，强化了公司运营管理和风险监测职能；四是开展金融基础数据报送系统建设，完成了信贷业务数据和机构信息数据的报送工作。

【企业文化建设】公司致力于构建“简单直接、诚信阳光、出于公心、尽职守责”的良好文化，注重尊重员工、关爱员工，重视员工自我价值实现，不断改善员工工作环境，切实解决与员工利益相关的问题，整体企业氛围良好。2020年公司党支部不断创新党课形式，取得了良好效果：结合国内外大势和行业特点，开展支部书记讲党课2次；结合党史学习教育和红歌传诵，开展专家讲党课暨联合党建活动1次。

供销集团财务有限公司

【集团概况】中国供销集团（以下简称“集团”）是国务院批准成立的我国大型涉农流通产业集团，是中华全国供销合作总社全资企业。主营农资、棉花、再生资源、农村超市、农产品批发市场、房地产、电子商务、金融服务、国际贸易、海洋水产、石油等业务。集团立足服务规模化和流通现代化，科学谋划，锐意进取，开拓创新，正在不断完善为农服务产业链条，努力实现从传统经营方式向现代经营方式转变，打造企业核心竞争力，为城乡消费者提供更加优质的服务。

【经营概况】供销集团财务有限公司（以下简称“公司”）以“稳健规范、定制服务、开拓创新”为经营宗旨，各项业务稳步推进，各类风险控制有效。全年发放自营贷款40笔，金额37.11亿元；委托贷款240笔，金额112亿元；票据承兑业务9笔，金额4.54亿元；票据贴现业务2笔，金额6000万元。不良贷款保持为零。

【信贷业务】公司信贷业务以集团一级出资

企业为主要对象，信贷产品以短期流动资金贷款为主。截至2020年末，公司累计办理信贷业务286笔，日均贷款同比增加3.58亿元，流动资金贷款余额18.77亿元，固定资产贷款余额为零，无不良贷款。此外，公司创新金融手段、丰富服务内容，紧急为湖北疫区企业发放超低利率贷款，零保证金、零手续费为企业办理农民工工资保函。

【结算业务】公司不断夯实基础业务、提升服务水平，为集团和出资企业提供金融服务，并积极开展积分兑换活动，吸引企业在财务公司办理结算，提高集团结算集中度。2020年开展结算业务31600笔，累计结算金额2240.50亿元，为企业提供免费收付款结算服务。

【票据业务】公司票据业务包括票据承兑、贴现和转贴现及再贴现业务。2020年公司电票业务100%与上海票交所联动，电票服务基础更加稳固，全年成功开具电子银行承兑汇票4.54亿元。

【资金集中】公司2020年多措并举，狠抓资金归集，自主资金归集取得了极大进步，凭借有限的市场化手段赢得了更多成员企业的信任，资金归集工作取得质的突破。同时向成员单位发放资金归集情况通知书，使成员单位及时了解资金归集考核完成情况；大力推介二级资金池产品，协助企业设计资金归集策略，助力提升对下属企业的资金管控能力。截至2020年末，公司全口径资金集中度为22.28%。

【风险管理】公司2020年持续开展制度建设，将“制度起草—制度执行—制度修订”形成了一个可持续的闭环，共完成81项制度的新增、修订工作，并编制《制度汇编》（上下册），进一步强化公司全面风险管理体系，促进公司合规稳健经营；重点开展了年度监管意见整改、市场乱象整治“回头看”年度排查，完成了95份报告并报送监管部门；加强流动性风险管控，加大频度每半年对流动性风险进行压力测试，对测试方法进行优化，并新增了表外业务压力值，进一步检验公司承受流动性风险的能力；启动数据专项治理工作，将建立数据治理长效机制纳入公司“十四五”规划，并启动了“金融基础数据库报送系统”建设工作；推动风险、合规、内控文化建设，通过多媒体宣传、内部培训开展“反洗钱宣传月”“宪法宣传周”等活动，完成《风险合规案例汇编》（第二辑）《监管法规汇编》（第一辑）。

【信息化建设】2020年，公司信息管理部组织对同城容灾系统进行功能升级。完成应用级同城容灾系统建设，并成功组织容灾演练切换测试，验证了应用级同城容灾系统的功能可用性和数据准确性，极大提升了公司信息系统整体安全水平、灾难恢复能力和业务连续性管理能力。按照新版网上银行系统开发测试和上线计划，实现了新版网上银行的顺利平稳切换上线。完成2020年度信息安全等级保护复测工作，公司核心业务系统和网银系统等保三级复测工作已全部完成，顺利通过验收，获得测评报告。完成信息科技非现场监管报表及报告、网络安全自查报告、软件正版化报告等。信息管理部严格做到报告编写和报送符合监管要求，未出现错报、漏报和补报情况。

【企业文化建设】公司持之以恒加强党的建设，严格遵照党中央、总社和集团的部署，与总社直属机关党委党支部、集团财会部党支部联合开展“不忘初心、弘扬优良家风”主题联学；加强法律文化建设，公司进行了法律培训，并组织“反洗钱宣传月”“宪法宣传周”活动，提高全体员工的法律意识；开展各项工会活动，参加乒乓球比赛，举行健步走活动等；开展扶贫工作，累计向定点扶贫的潜山市、安远县、寻乌县等提供扶贫资金130万元。

光明食品集团财务有限公司

【集团概况】 光明食品（集团）有限公司（以下简称“集团”）是集现代农业、食品加工制造、食品分销为一体、具有完整食品产业链的综合食品产业集团。目前已形成以乳业、肉业、糖业等食品主业为主体，地产物流和金融相配套的产业结构。以“五年再造新光明，十年打造实力光明”为战略目标，着力实施融合与协同、品牌与渠道、平台与国际化、人才和信息化四大战略，在服务全国和保障上海城市主副食品安全供给与价格稳定上持续发挥主力军作用。

【经营概况】 光明食品集团财务有限公司（以下简称“公司”）自成立以来，经营效益呈稳健发展态势。截至2020年末，公司资产总额277.46亿元，全年实现营业收入3.89亿元，实现净利润2.35亿元。流动性比例为60.43%，不良贷款率为零。各项监管指标均符合监管要求。

【服务实体】 公司将服务实体经济、支持集团主业作为经营发展核心目标，在严守风险合规底线的前提下，配合成员企业业务经营，高质量满足成员企业筹融资需求，实现金融资源精准投入。截至2020年12月31日，公司发放贷款及贴现（原值）规模132.50亿元，重点投向制造业（占比为58.54%）、批发零售业（占比为16.55%）、农林牧渔业（占比为12.09%）等，在成员企业面临疫情冲击的不利影响时挺身而出，全年累计投放疫情防控贷款101.39亿元，综合融资成本为3.37%。

【资金业务】 强化资金头寸管理，提高资金运营效率，与25家同业建立授信关系，合计授信总额超千亿元。截至2020年12月31日，公司严格在授信审批范围内开展同业业务，共实现同业利息收入2.60亿元，日均存放同业规模103.33亿元。积极落地同业拆借业务，2020年共完成同业拆出业务2笔，合计金额10亿元。

【投资业务】 2020年公司投资业务坚持风险分散原则，货币基金主要投放于风控良好及规模较大的公募货币基金，截至2020年12月31日，共认购20余只基金产品，余额超20亿元，实现较高投资收益。

【外汇业务】 公司积极开展外汇结售汇业务，丰富企业金融服务可选项，截至2020年末，公司累计外汇结售汇4.06亿美元，同比增长97.09%，进一步满足了企业结售汇需求，拓展财务公司金融服务品类。

【资金集中】 通过提供优质服务、考核和激励等手段实现2020年日均归集资金198.24亿元，同比增长6.33%，全口径归集率接近60%。2020年资金集中管理成员企业941户，结算146万笔，结算金额近6000亿元。

【风险管理和内部控制】 不断完善涵盖公司治理、核心业务、风险管理、合规管理、审计监督互为支撑的内部控制体系，在制度、流程、人员等多方面全面落实风险与合规管控要求，搭建起由前台部门、风险管理部门和审计部门组成的“三道防线”。将风险管理工作融入日常管理制度中，形成较为完整的流程规范，有效完善了涵盖信用风险、操作风险、市场风险、合规风险、信息系统风险和声誉风险在内的风险管理体系。

【人力资源管理】 公司人力资源具有年纪轻、学历高、专业强、政治素质好等特点，在保障企业经营目标达成、公司战略转型发展等方面提供持续动力。2020年公司从人才管理策略和人才梯队建设两方面入手，通过内部晋升与外部招聘相结合的方式，重点培养85后优秀人才，充分发掘90后新生力量。大力推进人才梯队建设，通过“金英计划”“新光计划”等培养计划，储备和提拔了一批专业能力与综合素质俱佳的优秀人才。

【信息化建设】 2020年公司信息化建设持续坚持软硬件两手抓战略，搭建起可靠高效的信息体系基础。硬件方面，于2020年6月顺利完成异地机房搭建与迁移工作，极大提升了公司在面临复杂环境的系统运行能力。系统方面，大力推进系统软件与平台建设，在数据分析、资金管理、内部管理等多领域开展系统开发和优化提升工作，覆盖资金管理、监管报送、业务系统、流程管理等各领域。公司于2020年10月完成信息安全等级保护审核，获评等级保护三级资质。

【企业文化建设】 2020年，公司党支部以习近平新时代中国特色社会主义思想为指导，推进党建工作做深做实。进一步强化基层党建力量，筑牢党建组织堡垒，完成党务专员设置和党支部换届选举工作。落实中心组学习、“三会一课”制度，组织开展形式多样、内容丰富的主题党日活动；开展“四强五优”“四史学习”等主题教育活动数十次；积极推进从严治党和廉洁金融文化建设，长鸣警钟，有力增强了干部底线意识、红线意识。

广东能源集团财务有限公司

【集团概况】 广东省能源集团有限公司（以下简称“集团”）是由广东省政府和中国华能集团分别持有76%和24%股权的能源企业，拥有火电、水电、风电、新能源、综合能源服务、天然气、燃料、航运、金融、贵州区域、境外投资11个业务板块，产业遍布广东全境，并延伸至省外和海外。集团注册资本230亿元。

【公司概况】 广东能源集团财务有限公司（以下简称“公司”）成立于2006年6月，是广东省能源集团有限公司的控股子公司。公司开业以来，全体人员以高度的责任感和使命感，坚持“依托集团、服务集团、扎根基层、服务基层”，创新引领、稳健经营，现已成为拥有超200亿元资产、经营业绩显著、内部管理优良的金融企业。

【经营概况】 新冠肺炎疫情带来全球经济社会巨大震荡，国内逐步形成以国内大循环为主体、国内国际双循环相互促进的新发展格局，形成高质量发展态势。公司认真遵循集团发展战略及公司经营方针，充分分析新经济新形势、积极研究新政策新业态，发挥财务公司作为金融平台的协同作用辅助集团主业发展。截至2020年末，公司总资产余额201.68亿元，吸收存款159.73亿元，贷款（含贴现）163.60亿元，全年累计实现业务收入7.67亿元，累计实现利润总额4.55亿元，净利润3.60亿元，同比增长10.07%。

【服务实体】“让金融活水直达实体经济”是2020年政策基调，公司以新发展理念为指引，紧跟重点领域、重点项目，全力支持集团产业发展，信贷规模在2020年11月30日创下公司成立以来新高，达到177.52亿元。在疫情防控期间，公司依托粤汇通系统、移动办公等渠道，为成员单位提供不间断线上结算服务，保障其资金收付正常运作。公司还积极推进LPR政策落地，主动发挥金融支持实体经济的作用，配合集团及各成员单位不断优化财务结构，有效降低资金成本。

【信贷业务】 公司充分发挥产融结合优势，优化调整信贷结构，保持信贷规模在合理区间波动。一是针对管网公司“2021”民生工程、外罗海上风电、花都热电和金湾海上风电等十余个省重点项目，统筹资金安排，保障项目建设用款；二是坚持绿色发展政策导向，对集团内41家清洁能源企业加大信贷投放；三是推进清洁基金第二批次项目落地；四是完成自营固定资产贷款及银团贷款自有份额的LPR转换工作。

【资金业务】公司根据资金计划及时建立资金池疫情阶段全周期管理，在资金池数据统计与预测模型中增加疫情影响因子，高质量推进资金计划执行，有效保障资金流动性。2020年下半年成功获批2.04亿元再贴现额度，并足额办理。

【投资业务】在全年资金利率走势大幅波动的背景下，公司坚持逐日盯市制度，科学高效配置体系与大数据挖掘技术有机融合，筛选持仓基金，构建收益高且稳定的最优投资组合。2020年有价证券投资收益4280.00万元，区间七日年化收益率为2.48%，较行业平均收益2.01%加点46.48个基点，考虑税收优惠的可比收益率为3.30%。

【资金集中】2020年，公司加大对单位银行账户的备案管理力度，启动专项账户全面梳理工作，对所有具备系统直连条件的银行账户逐一落实，同时形成新设单位同步开立结算账户的管理常态。2020年末公司已开户成员单位数171家，其中142家为公司并表企业，占并表企业中应开户单位总数的83.04%。2020年平均集团考核口径资金归集率达97.06%。全年业务发生额为5436.59亿元，笔数为115078笔，年均结算业务集中度为95.58%。

【业务创新】公司坚持立足于成员单位个性化需求，不断丰富金融产品。2020年12月24日，公司成功发放首笔并购贷款，为成员单位通过市场化方式优化战略布局提供了资金保障。

【风险管理和内部控制】2020年公司共新建制度20项，结合公司更名，共修订制度177项，作废制度2项，目前公司共建成11类185项制度。在2019年度风控体系建设的基础上，公司2020年重点推动其落地应用，并组织66项剩余风险自评工作及对“三重一大”、风险合规政策重点的100余项风险点的外部评价。

【人力资源管理】公司近年在大力推进各项业务的同时，积极加大校园招聘力度，打造符合公司发展战略规划的人才梯队，对人才体系进行迭代和更新。同时继续着力加强人才队伍建设，完成部分中层管理人员的轮岗交流，并重点加强对选人用人问题的监督。

【信息化建设】2020年公司继续优化“粤汇通”系统，成功开发集团资金支付审批授权代理功能、资金支付多支出项功能、集团成员单位开销户、国资委大额资金监控、成员单位内部系统对接粤汇通资金付款接口、成员单位用户Key登录情况监控等多项创新性功能，推进集团财务管理创新取得新突破，更好地为成员单位提供高效、优质的资金结算服务。探索以“两地三中心”模式推进灾备项目建设，提高“粤汇通”抗风险能力。

【企业文化建设】2020年，公司持续加强金融智库建设，鼓励并引导员工积极参加财务公司业务、金融理论等的学习研究。公司被中国财务公司协会评为“行业课题研究突出贡献单位”。十余篇业务研讨文章被《中国银行业》《中国金融》以及《中国财务公司》《广东银行业》《党风》等收录刊发。

广东省广晟财务有限公司

【集团概况】2020年，广东省广晟资产经营有限公司（以下简称“集团”）抓党建聚合力，把准政治引领的“主航向”；控疫情保服务，唱响服务集团的主旋律；降成本防风险，守住了不发生系统性风险的底线；统资金攻难点，着力做大资金“蓄水池”；抓廉洁促合规，切实织密合规经营的防护网。生产经营呈现“营收稳、费用减、负债降”的良好态势，企业总体平稳和谐，坚持大广晟、大财务、大资金战略型财务管控体系，抢抓改革发展机遇，主动融入改革改组大局，以新担当新作为奋进世界企业500强。

【经营概况】截至2020年末，广东省广晟财务有限公司（以下简称“公司”）资产总额84.91亿元；发放贷款余额50.29亿元；负债总额72.78亿元，吸收存款72.53亿元，所有者权益12.13亿元。2020年全年累计实现营业收入16058.67万元，实现净利润2323.87万元。2020年末公司在岗人数为32人，各项监管指标达标。

【服务实体】始终将协助集团守住债务性风险底线作为首要任务。根据集团资金需求随时调整资金计划，提高资金统筹管理水平。公司努力做好收益管理，加大与合作银行的谈判力度，顶住了资金市场价格下移的压力，争取到与定期价格倒挂的活期存放利率，尽量将预备期的资金收益减少压到最低。同时，扩大与金融机构的同业合作，有效拓宽资金补充渠道，截至2020年末，公司可用授信额度为35亿元。

【信贷业务】2020年，公司紧跟集团战略导向，重点支持核心企业与核心产业。一是完成韶关东江再生资源项目2亿元授信审批工作，于2020年11月发放第一笔1643万元项目贷款，这是公司首笔绿色贷款。二是继续推广票据、保函等业务产品，完成与兴业银行合作代开银承业务、平安银行票据池首批开票业务，并成功为冶金集团开立银行承兑汇票，截至2020年12月末，开票金额合计6326万元。

【资金集中】截至2020年末，南储在公司的存款余额为6195万元，是上年同期的20倍；深圳粤宝，突破长达5年的“零存款”状况，于2020年底实现吸存260万元。在代理支付与收款方面，共有156家企业使用代理支付，同比客户增长率为133%；上市公司全年代理支付结算量为31.46亿元，是2019年的3.53倍，并有140家企业使用代理收款，同比客户增长率为109%。2020年，公司创新推出内部资金池业务，有助于进一步推动全面代理结算的实施，加强整体资金管控力度，提高整体资金计划的准确度，现已为2家一级企业提供了服务。

【风险管理和内部控制】一是夯实内控基础，严格合规管理。2020年，结合业务发展和内控管理需要，公司全面开展制度重检工作，制定重检清单及计划，持续开展新增、修订和完善工作。共新增修改18项制度，公司各类业务和管理制度逾115项，内控合规的制度基础不断夯实。二是全力组织监管评级整改，落实全面风险管理。截至2020年末，整改工作取得了较大成效，基本完成了其中25个小项的优化整改，为公司2020年监管评级的提升打下良好基础。三是强化责任担当，深圳市有色金属财务有限公司整合工作取得实质性进展。四是加强内控稽核力度，积极发挥事后监督职能。五是严格落实监管要求，努力提升反洗钱履职能力。针对2019年度反洗钱分类评级中存在的问题，公司组织各部门持续夯实公司反洗钱工作基础，并新增管理制度1项、修订完善大额可疑交易管理制度等4项，编制反洗钱测试题库、组织开展培训和竞赛，进一步提升全体员工洗钱风险防范意识，有力促进全公司反洗钱合规履职能力提高。

【人力资源管理】一是协助完成公司高管及董事任职及离任经济审计等相关工作。二是组织完成人员招聘、商调、入职、实习、离职等工作，进一步优化干部队伍结构。三是组织完成内设部门及人员调整工作。四是建立健全人力资源管理体系，加强人才的激励与约束。组织完成2020年公司中层及以下员工职级晋升、工资晋档等工作，强化绩效薪酬与公司业务发展的关联性；探索建立覆盖全员的培训管理体系，加大培训工作管理力度，完成公司员工适岗培训工作，效果良好。五是严格落实选人用人专项整改工作要求，加大人才队伍建设力度。2020年开展人力资源相关制度的修订工作，组织重检修订6项制度，进一步完善公司人力资源制度体系。

【信息化建设】一是持续完善信息系统功能，加大信息系统建设力度。完成同业授信、同业拆借、同业存放等模块的优化测试，完成代理收款功能的测试、上线；结合反洗钱工作最新要求，逐步开展反洗钱模块的功能开发及测试工作。二是提供信息系统保障服务，确保公司业务稳定运行。完成九恒星资金管理系统一期、二期、拓展项目补充协议项目运维合同的签署，为业务的正常稳定运转提供良好保障；完成数据中心 UPS 蓄电池组的维修更换及测试工作，为资金系统的业务连续性提供支撑。三是持续加强信息系统安全建设。根据集团网络安全专项检查要求，结合公司网络安全存在的问题和招投标管理办法要求，组织开展网络安全专项整改工作，完成招投标相关流程。四是落实监管部门信息化建设要求。根据广东银保监局关于推广区块链共享数据平台的要求，已顺利上线区块链共享数据平台。

【企业文化建设】2020 年，公司认真贯彻落实广东省国资委“创特色、树品牌、强引领”党建工作要求及集团党委关于构建“一一三六”党建工作体系的决策部署，积极创建政治引领、提质增效、创新发展、平安金融四大党员责任区，擦亮广晟金融服务“压舱石”党建品牌，推动公司 14 类重点工作逐一落地。公司党支部获评集团 2020 年“五个好”党组织，公司获评集团 2020 年度党建工作先进单位，《关于构建党组织领导下国有金融企业“大监督”体系初探》荣获广东省国有企业纪检监察学会 2019—2020 年度课题论文二等奖。

广东省交通集团财务有限公司

【集团概况】2020 年，广东省交通集团有限公司（以下简称“集团”）坚持以习近平新时代中国特色社会主义思想为指导，奋力推进高速公路基础设施建设、交通服务水平提升和国企改革创新发展。截至 2020 年末，集团管理的资产规模突破 6800 亿元，投资运营管理的高速公路里程达 7721 公里，约占广东省高速公路通车里程的 72%。

【经营概况】2020 年，广东省交通集团财务有限公司（以下简称“公司”）充分发挥党建引领作用，统筹推进疫情防控和经营发展，全力提升资金归集率，主动开展民生金融服务，努力实现超额投资收益，全面加强合规风险管理，推动企业高质量稳健发展。公司全年实现营业收入 5.70 亿元，利润总额 2.29 亿元，净利润 1.63 亿元。公司资本充足、流动性良好、无不良资产，各项监管指标均符合监管要求。

【服务实体】2020 年，公司立足金融本源，发挥贴近实业优势，坚持满足产业需求。全年向高速公路及运输等受疫情影响较严重的成员单位发放贷款 63.3 亿元；为运输类成员单位办理推迟还本 0.95 亿元，降低利率 50 ~ 60 个基点；通过存款利率上浮、贷款利率下浮、减免账户管理费、询证函等方式，全年累计为集团成员单位节约成本费用 0.85 亿元；积极支持粤港澳交通一体化建设，全年向大湾区成员单位发放贷款约 54.14 亿元，占新发放贷款的 81.9%。

【信贷业务】2020 年，公司利用存量贷款利率调整为按 LPR 定价的契机，全面降低贷款利率，新增贷款利率同比下降约 100 个基点。积极协助成员单位开展贷款置换，降低其融资成本，改善集团整体流动性，优化公司资产结构，为集团应对可能到来的紧缩政策储备弹药。2020 年，公司日均贷款余额 68.03 亿元。

【资产管理】2020 年，公司资金收益和流动性管理卓有成效。一是深入分析和挖掘资金池吸收存款的历史数据，精准测算资金备付率安全边界，有效管控流动性风险；二是深入分析公司的负债结构与规模，合理配置信贷资产，对集团未来的资金变化进行前瞻性研究，提前做好布局谋划；三是努力丰富资产配置的手段，成功加入全国银行间市场，全面打通债券买卖（含存单）二级市场交易渠道，提升资产配置的灵活性和流动性管理的效率；四是积极进行市场跟踪研判，抓住同业存单、国债逆回购等阶段性市场机会，打开公司新的资金收益空间；五是公司投资业务稳步发展，有效提高了集团资金收益，货币基金投资余额日均12.72亿元。

【资金集中】2020年，公司进一步扩大合资企业资金入池，并完成首笔跨境人民币资金归集落地。截至2020年末，公司全口径资金归集率为64.67%。全年日均吸收存款218.99亿元，创历史新高；办理结算业务金额4290.09亿元，累计结算笔数93.62万笔。

【风险管理和内部控制】2020年，公司不断健全完善风险管理体系，强化法律审核和风险管控力度，扎实推进风险管理各项工作，全年未发生重大风险事件。按照完善内控、提高效率的核心原则，公司重点组织对原有113项制度进行全面梳理，修订制度66项。同时紧跟监管要求，突出规范意识，关注内控风险，有序开展两项专项审计、四项专项稽核检查，配合集团开展对公司高管的离任经济责任审计，做好整改落实。

【人力资源管理】2020年，公司对中层及以下人员薪酬体系及业绩考核进行改革，完成岗位序列和工资系数调整，修订考核办法。全面完成退休人员社会化管理移交工作。努力克服疫情影响，线上线下全方位开展业务知识和技能培训，开展8期员工内部培训。积极履行社会责任，按照集团部署，向广东省慈善总会捐款2200万元，捐赠资金全部用于广东省扶贫济困项目。

【信息化建设】2020年，公司优化网络隔离机制，由第三方机构对信息系统进行安全评测，组织开展多部门联合的业务系统和网络安全事件应急演练，定期验证备份数据有效性，扩充公司信息化计算资源，细化运维外包管理，加强软件资产和软件正版化工作，修订完善项目管理、数据管理、日志管理、事件管理、变更管理等14项信息化制度。公司信息系统在复杂性、安全性、稳定性要求高的情况下，全年未发生服务中断和安全风险事件，为集团企业和系统用户提供了良好可靠的服务。

【企业文化建设】2020年，经集团党委批准公司成立党总支，下设三个党支部，选配优秀中层干部担任支部书记。全力打好疫情防控阻击战，建立应急反应机制，确保成员单位的金融业务不受影响。开展“‘头雁’领航，拓展集团资金归集新市场”基层党建创新“开路先锋”工程项目，打造党建特色品牌。制定并印发《党总支前置研究讨论企业重大经营管理事项清单》《党总支研究决定事项清单》，有效实现党的领导与公司治理有机融合。深植合规文化，全年开展《民法典》、反洗钱、金融消费者权益保护、平安金融等各类合规主题培训与宣传活动共计27次。

广东省农垦集团财务有限公司

【集团概况】广东省农垦集团公司（以下简称“集团”）成立于1951年，是中央直属垦区，实行“部省双重领导、以省为主”的管理体制。垦区现有土地面积342.55万亩，下辖湛江、茂名、阳江、揭阳、汕尾5个二级农垦集团公司，47家国有农场，共有海内外企业290多家。集团深耕国家战略资源和城市安全食品两大主业板块，拥有中国最大的海外天然橡胶生产基地、全国最大的剑麻生产基地、华南地区最大的鲜乳品加工企业、广东规模最大的农工贸一体化蔗糖产业集团。

【经营概况】2020 年，广东省农垦集团财务有限公司（以下简称“公司”）坚持党建引领，践行“立足农垦、服务企业”的经营理念，紧紧围绕“统一结算平台、资金集中管理平台、筹融资平台”功能定位，坚定不移推进资金集中管理、监管评级和管理体系建设三大重点工作，着力提升金融服务能力，较好地完成了集团公司下达的各项目标任务。截至 2020 年末，资产总额 19.72 亿元，比年初增长 290.49%；全年实现营业收入 0.21 亿元，累计实现利润总额 0.03 亿元。

【服务实体】2020 年，公司聚焦服务成员企业金融需求，持续通过流动性资金贷款等金融工具，在疫情防控关键时期，主动对接受疫情影响的企业，及时发放贷款 3.18 亿元，支持复工复产。公司加快推进资金集中结算服务，以“操作零差错、收付零损失”为目标，累计完成内外部结算 2.26 万笔，结算资金规模 147.75 亿元，有力保障了上线企业资金安全，提高了集团公司整体资金使用效率和效益。

【信贷业务】公司实地走访垦区各地 20 多家重点企业，深入了解垦区成员企业金融需求，建立了良好的互信合作关系。2020 年为集团公司主业板块、重点发展企业累计发放贷款金额 10.8 亿元，日均信贷规模 3.48 亿元，充分发挥服务主业职能，助力企业降低融资成本，有效落实了“六稳”“六保”任务。

【资金业务】公司发展与同业单位的良好合作关系，确保资金吸存、内部结算、授信业务的顺畅运行，强化资金头寸管理，灵活调剂资金余缺，实现存放同业资金最佳效益，切实有效地提高集团资金效益。公司根据成员企业资金使用特点，新增了通知存款及协定存款业务品种，有效提高了成员企业存款利息收入。

【资金集中】2020 年，公司以实现集团对整体资金收支的全过程集中管控、全方位统筹运作、全要素分析评价为工作目标，充分运用现代信息网络技术，提升资金管理手段，再造资金业务流程，变革资金管理方式，着力推进资金管理体制与机制创新，全面实现“资金收入实时汇集、资金支付统筹安排、资金流动全面监控、资金数据实时反馈”的集团资金管理新格局。截至 2020 年末，公司全口径资金集中度为 40.73%，开户上线企业 167 家，账户集中度为 51.40%。

【风险管理与内部控制】公司坚持把规范管理、管控风险作为保障公司高质量发展的基础，坚持完善现代金融企业制度，持续深化党的领导与公司治理的有机融合，着力落实“三会一层”的履职行为。扎实开展管理体系建设。截至 2020 年末，新增制度 25 个，修订制度 32 个，有效在用制度 110 个，确保公司管理规范有序。加强合规培训，促进全员合规意识提升；开展全覆盖监督，组织内部稽核 6 次，发现问题立查立改，消除风险隐患。

【人力资源管理】2020 年，公司坚持党管干部、党管人才原则，优化薪酬结构，探索建立市场化考核激励机制。通过公开选聘，引进高管 1 人，中层干部 1 人，干部队伍不断优化。注重员工培养，公司全年组织各类培训 61 次，帮助员工建立职业生涯规划，并通过评选“优秀党员”“优秀员工”“优秀项目团队”，发挥先进模范的示范引领作用。

【信息化建设】2020 年，公司积极开展信息化水平提升工作。建设完善集团资金集中管理信息系统体系，建立财务公司核心系统与金蝶 EAS 系统直连通道，实现结算、核算一体化；完善数据体系建设，实现 1104、人民银行等监管报表及业务和关键数据自动化生成和校验；加强硬件体系建设，请第三方机构进行安全性评估，确保 IT 基础设施不间断运行；完善应急机制并进行灾备演练。

【企业文化建设】公司全力打造“党建 + 金融”党建品牌，严格执行“第一议题”学习制度，牢牢把握国有企业的“根”和“魂”；与监管机构共同开展“反对铺张浪费、厉行勤俭节约”主题党日活动，开展“书记项目”、党员

"三亮"活动，组织纪律教育月、反洗钱宣传周等主题活动，推进党建工作与经营工作深度融合。公司紧抓意识形态阵地建设，2020 年公众号平台推送各类文章 92 篇，采写新闻报道 35 篇。公司企业文化建设凸显农垦、金融、国企特色，塑造了良好的党建文化氛围。

广东温氏集团财务有限公司

【集团概况】 温氏食品集团股份有限公司（以下简称"集团"）是中国企业 500 强之一、农业产业化国家重点龙头企业、国家级创新型企业。主营业务是黄羽肉鸡和商品肉猪的养殖和销售，兼营肉鸭、奶牛、蛋鸡、肉鸽养殖及其产品销售。集团围绕畜禽养殖产业链上下游，配套经营屠宰、食品加工、现代农牧装备制造、动保、生鲜食品流通连锁经营以及金融投资等业务。集团 2020 年实现营业总收入 749.35 亿元，总资产达 803.39 亿元。

【经营概况】 2020 年，广东温氏集团财务有限公司（以下简称"公司"）坚持服务集团定位，围绕集团经营管理工作目标，持续提升平台价值和金融服务功能。截至 2020 年末，资产总额 23.68 亿元，比年初减少 24.05 亿元，下降 50.39%；负债总额 13.42 亿元，比年初减少 24.23 亿元，下降 64.36%；所有者权益为 10.26 亿元，比年初增加 0.18 亿元，上升 1.79%；净利润 0.18 亿元。

【信贷业务】 2020 年，公司累计为 53 家成员单位办理授信 38.22 亿元，为 40 家成员单位办理流动资金贷款 106 笔，共发放贷款 13.46 亿元，增幅为 62.59%。针对非洲猪瘟防控及后续复产扩产需要，公司及时调整畜禽业贷款投放比例，全年投放养猪业 10.73 亿元，投放养禽业 2.73 亿元。

【跨省银团贷款】 2020 年 10 月 20 日，公司成功向宜阳新大农牧有限公司投放首笔跨省固定资产银团贷款，为集团及其下属成员单位融资再添新渠道。本银团为公司开展银行合作积累了实践经验，同时拓宽了成员单位的融资渠道，开创公司与其他金融机构相互合作、共同发展新局面。

【资金集中】 公司通过加强资金归集力度，调配各成员单位的资金空缺，截至 2020 年末，为集团成员单位开立 76 个一般账户，建立 56 个资金归集账户，日均资金归集量为 7146.3 万元，办理结算业务 30.64 万笔，结算金额 774.68 亿元，全年全口径资金集中度为 42%。

【风险管理与内部控制】 2020 年，公司积极推进全面风险管理体系建设工作。各项业务风险管控良好，风险较低，主要监管指标均优于法定监管标准；风险管理水平逐步提升，业务经营规范有序。2020 年，公司亦及时开展了各项业务、重点领域及风险管理等方面的监督检查，并从制度建设、落实监管要求等方面下功夫，扎实有序地开展工作，实现无重大违规、违法行为，实现无案件、事故的工作目标，促进依法合规经营。

【人力资源管理】 2020 年，公司全面探索"一业一策"的人力资源体系，以项目创新的价值创造贯彻落实"先创后享、多创多享"理念，让员工分享企业成果，进一步促进生产水平和工作效率提升，同时加强干部员工廉洁教育，营造风清气正、廉洁高效的经营氛围。

【信息化建设】 2020 年，公司将发展金融科技作为关键举措，践行为业务赋能、为管理增效的金融科技发展理念，共落地反洗钱系统、银团业务系统、流动性系统、现金管理平台等 11 个信息科技项目，为公司内外部提供安全、稳定、高效和个性化的服务，保障和支持公司各项业务稳健高效发展。

广西交通投资集团财务有限责任公司

【集团概况】 广西交通投资集团有限公司（以下简称“集团”）成立于2008年7月，是广西壮族自治区人民政府批准成立的国有独资大型企业集团，主要承担广西高速公路、铁路建设发展任务，注册资本301亿元，各层级成员单位321家。2020年，集团完成营业收入494.3亿元，利润总额16.91亿元，总资产4411亿元，在建高速公路里程1477公里，管养里程4455公里，在建铁路里程643公里。

【经营概况】 2020年，广西交通投资集团财务有限责任公司（以下简称“公司”）实现营业收入6.19亿元，利润4.76亿元，资产总额178.43亿元，国有资产保值增值率达110%，不良贷款率为零，拨备覆盖率大于100%，实现经营业绩和风险防控双丰收。

【服务实体】 公司发挥集团金融板块战“疫”排头兵作用，强化疫情期间支付结算、信贷支持等金融服务工作，2020年累计办理结算业务10.84万笔，结算金额12911.19亿元，ETC通行费清分结算金额94.81亿元。开通信贷业务“绿色通道”，将信贷政策向受疫情影响的集团重点产业倾斜，确保集团重大投资项目资金及时到位，有力支持成员单位复工复产，全力保障交通基础设施建设和交通运输服务畅通。

【信贷业务】 公司持续优化信贷资源配置，加大对集团主业成员单位和受疫情影响的成员单位的信贷支持，2020年授信总量突破200亿元，累计发放贷款91.51亿元，年末贷款余额102.16亿元，日均贷款97.20亿元，较上年增长15.13%，不良贷款率持续为零。

【资金业务】 公司严格执行每月资金计划、每周滚动安排、每日头寸管理的资金管理机制，重点加强对成员单位非授权审批重大资金、垫付资金、贸易业务资金的流向监控，防止计划外或无计划开支。实现对所有同业交易对手独立授信全覆盖，授信量达1256亿元，获批交易对手对公司授信73.2亿元。通过同业拆借、质押式回购等方式累计融入金额1897.57亿元。

【投资业务】 公司积极应对因新冠肺炎疫情造成的企业类债券收益下降、风险提升等不利影响，调整投资策略，加大国债、政策性金融债等低风险债券投资额度，通过一、二级市场联动，运用多产品组合，在降低总体投资风险的同时有效抵御利率中枢下行压力，实现2020年投资业务“任务不减、目标不降”：有价证券日均投资额10.78亿元，投资不良率保持为零。

【票据业务】 公司持续推进票据结算的个性化定制和全流程服务，票据合作银行拓展至9家，业务累计规模突破32亿元。成功落地首笔电子商业承兑汇票贴现业务，实现项目公司信用在产业链上的传递和延伸。实现集团票据集中管理，建立集团资金“票据池”，2020年集中收票611张，金额13.77亿元，为成员单位提供票据一揽子基础服务和综合性票据增值服务，统筹兼顾降低资金成本和防范资金风险。

【外汇业务】 公司完成跨境资金集中运营业务重构，通过跨境资金池成功代理成员企业完成两笔合计840万美元对外放款业务。依托网上银行将跨境资金池和境内资金池对接，实现成员企业足不出户实现跨境资金双向融通，极大提高了资金统筹调配的效率。2020年以公司作为主办企业的跨境资金池入池企业56家，合作银行8家，集中调配外债额度124亿美元，境外放款额度18亿美元。

【资金集中】 公司依托账户管理系统，充分发挥集团资金归集平台的作用和优势，集中开展全集团账户授权和账户清理两项攻坚工作，从源头确保集团资金归集的及时性和全覆盖性，提升资金归集度。2020年，公司实现日均吸收存款158.23亿元，全口径归集度为62.81%，全面提升资金综合管控能力和资金运作效益。

【业务创新】公司实现集团首个铁路项目银团组建新突破，在集团交通建设项目中嵌入创新金融产品和服务。成功开展首笔票据质押回购业务，有效盘活存量资产，在保留票据持有期间收益的同时开辟新的融资途径。成功落地首笔债券借贷业务，2020年债券借贷交易量达17亿元。

【风险管理和内部控制】公司通过强化法人治理结构、健全制度流程、持续开展压力测试、加强轮岗交流等举措，进一步理清公司经营现状和风险状况，有效防控风险隐患。持续强化内部审计工作，2020年共开展11项审计稽核项目，覆盖公司所有业务，建立内外部审计问题库，实行清单式销号管理模式监督整改，开展内部控制评价工作，公司内控机制不断完善。

【人力资源管理】公司以轮岗制和项目制为抓手，先后开展8人/次前、中、后台人员的轮岗锻炼；探索开展项目团队的人才培养模式，筛选出CBS新系统开发项目、"十四五"规划编写项目等重点工作项目清单，统筹安排业务骨干领导项目，跨部门组建项目团队开展项目工作，实现不同部门不同岗位间思想及业务深度交流，有效培养金融人才专业能力、综合管理能力。公司专门制定跨岗历练机制和实绩考察机制，通过动态管理、阶段汇报、成果展现等进行考核。

【信息化建设】公司实现主要业务信息化全覆盖目标，推动同业投资系统、保险管理系统正式上线。持续拓展业务系统渠道功能，成功搭建财企交互平台，打通财务公司核心业务处理平台与集团资金管理平台的直连通道，并进一步提升银企平台功能，实现集团、财务公司、银行、成员单位间业务流、数据流的高效交互，提升集团资金运作效率和管控力度。

【企业文化建设】公司开展独具特色的"党建领航　金融相伴"系列主题党日活动，开展空中讲堂、道德讲堂、悦读会系列专题分享活动，与第十协作区、中信银行南宁分行营业部等开展联建活动，举办廉洁警示、对党忠诚系列专题教育，组织参观爱国主义教育基地、廉洁文化展，观看《秀美人生》等3部电影，致力于将金融与党建有机融合，着力发挥公司在集团金融板块中的积极作用，有效提升企业活力。

广州发展集团财务有限公司

【集团概况】广州发展集团股份有限公司（以下简称"集团"）是华南地区大型国有控股上市企业。被列为广东省50家工业龙头企业集团之一，也是广东省和广州市重点扶持的大型企业集团。集团致力于电力、煤炭、油品、天然气、新能源及可再生能源等综合能源业务的投资、开发、工程建设、生产管理及经营业务。控股股东为广州国资发展控股有限公司，股东包括中国长江电力股份有限公司及其全资子公司长电资本控股有限责任公司等。

【经营概况】广州发展集团财务有限公司（以下简称"公司"）在严格依法依规经营、有效防控金融风险的基础上，加大资金归集力度，为成员单位提供优质金融服务，实现了集团资金管理集约化，资金使用和资金运作高效化，显著降低了集团财务成本。截至2020年末，公司资产总额58.93亿元，负债总额47.02亿元，所有者权益11.91亿元。全年实现净利润5734.23万元，整体经营呈平稳发展态势。

【服务实体】2020年，公司坚持从集团利益最大化出发，秉承“服务集团、服务主业”的经营宗旨，通过存贷两条线的利率下浮优惠及手续费减免，共向集团及成员单位让利2228.83万元。为集团高质量转型发展提供了源源不断的内生动力。

【信贷业务】公司注重绿色信贷业务，将“环保理念”“绿色信贷”融入业务经营之中，重点加强光伏发电、风力发电和天然气发电的融资力度，2020年共向成员单位发放自营贷款64笔，累计放款金额41.24亿元。日均存贷由2019年的49.32%上升至64.25%。全年共支持绿色信贷项目16个，比2019年新增4个，期末余额7.20亿元。

【资金集中】公司始终把安全、高效地为集团和成员单位提供资金结算服务放在第一位，与多家商业银行结算系统正常对接，实现电子支付，为集团成员单位提供安全、快捷的结算服务。2020年全年吸收存款日均余额51.47亿元，全口径归集率超过70%。

【资金业务】为优化业务结构，提升资产业务收益，拓宽资金来源渠道，公司积极进行业务创新。在疫情期间坚持与广东银保监局沟通请示，在2020年4月取得有价证券投资业务的准入资格。截至2020年末，有价证券投资余额达6.80亿元，实现收益836万元，收益率高于近期同业存放年利率77个基点以上，有效提升了公司的资产增值收益能力。

【风险管理和内部控制】2020年，公司以监管部门风险管理规范为依据，结合公司的实际风险情况，将对信用风险、操作风险、流动性风险等的控制和管理贯穿于各项日常工作中，不断强化风险的事前、事中、事后管理及对关键风险的日常监控和风险应对措施的落实。公司成立至今未发生重大风险事件，确保公司整体经营风险处于可控状态。

【信息化建设】2020年，按照监管要求及新信息机房建设要求，公司在完成信息机房搬迁后，立刻进行异地容灾系统的搭建，于2020年10月底完成异地容灾系统的建设，并顺利通过验收。异地容灾系统的建设，打通了公司数据安全的痛点。并根据监管机构和公安部对信息系统等保要求，进行新机房信息系统等保测评工作，广州市公安局确认公司信息系统安全等级为二级。

【企业文化建设】2020年，公司党支部始终坚持以习近平新时代中国特色社会主义思想和中央最新指示精神为指导，切实发挥党支部战斗堡垒作用和党员先锋模范作用，坚持外防输入、内防反弹，全力打好新冠肺炎疫情防控阻击战。同时坚持统筹推进各项党建工作，紧紧抓住新业务拓展和服务成员单位两条主线，领导企业迎难而上，确保经营业务和金融服务有序开展，为成员单位抗疫情、保生产提供坚实的金融支撑。

广州港集团财务有限公司

【集团概况】广州港集团有限公司（以下简称“集团”）前身是成立于1982年3月20日的广州港务局。2004年2月26日集团正式挂牌成立，注册地位于广州市越秀区。集团主营港口装卸、仓储、运输以及国内外货物代理和船舶代理等港口运营与物流贸易业务，经营区域覆盖广州港所属的南沙、新沙、黄埔和广州内港四个主要港区，是华南地区规模最大、功能最全的码头运营商。2020年，广州港全港货物吞吐量、集装箱量均列全国沿海港口第四位，列世界第五位。

【经营概况】广州港集团财务有限公司（以下简称“公司”）于2020年3月获批筹建，2020年8月31日工商注册，2020年10月20日正式挂牌营业。公司建立以股东会、董事会、监事会及管理层为主体的“三会一层”的治理架构，实行董事会领导下的总经理负责制。公司以加强集团资金集中管理和提高集团资金使用效率为目的，为集团成员单位提供优质金融服务。截至2020年末，公司资本5亿元，总资产超过34亿元，从业人员18人。

【信贷业务】 从2020年10月20日正式开业以来，公司抓住港口重点项目固定资产投资建设资金投入较大的机遇，积极为广州港集团内重点投资建设主体提供日常流动资金支持，共完成了12户授信额度审批，授信总额度26亿元，为9家成员单位发放贷款，信贷投放规模达15亿元。

【资金业务】 公司开业以来分步实施成员单位资金从原结算中心向财务公司的平稳过渡，保障集团资金安全，保障成员单位结算和信贷资金需求，实现公司依法合规经营，实现合作共赢。公司2020年通过同业存放、贷款投放利率优惠及置换高成本外部贷款等措施，为成员单位降低财务费用，增加集团收益，降本增效效果明显。

【资金集中】 公司开业以来顺利完成结算中心向公司的平稳过渡，短时间内资金归集规模和资金集中度达到较好水平，截至2020年末，公司为集团近百家成员单位提供金融服务，累计开立成员单位账户116个，吸收存款接近30亿元，资金归集率超过46%。

广州汽车集团财务有限公司

【集团概况】 2020年，广州汽车集团股份有限公司（以下简称“集团”）打破常规，积极开拓数字化营销，以直播卖车、VR看车等方式促进汽车销售，销量累计降幅自4月起逐月收窄，自7月起月销量同比连续保持10%以上的增长。2020年生产汽车203.5万辆，逆势增长0.5%，销售汽车204.4万辆，产销增速跑赢行业大势。

【经营概况】 2020年，广州汽车集团财务有限公司（以下简称“公司”）存款日均余额185.83亿元，贷款日均余额为77.32亿元，资产总额288亿元，利息收入6.07亿元。

【信贷业务】 2020年，公司共向34家成员企业提供授信额度190亿元（含贴现），全年共向23家成员企业发放贷款135亿元（含贴现），2020年末对公贷款余额34.1亿元；向成员企业新开立关税保函4.6亿元。累计为310家经销商客户批复授信额度，全年累计信贷投放48.65亿元，同比增长600%，日均贷款余额4.34亿元。全年对广汽新能源发放多笔流动资金贷款达30亿元，票据贴现4.7亿元。公司开启绿色审批通道，向承担口罩研究和口罩生产任务的成员单位减息让利，支持企业以低成本融资。

【融资租赁业务】 2020年，公司开展成员企业融资租赁业务试点工作，为试点成员企业客户批复3000万元融资租赁额度，并于2020年12月末实现首笔成员企业融资租赁投放。

【投资业务】 2020年，公司开展货币基金、债券基金及银行理财产品投资。公司持有货币基金收益率高于市场43个基点。

【票据业务】 2020年，公司共计为5个授信客户累计办理电子银行承兑汇票4亿元，共计为5个客户累计办理电子银行承兑汇票贴现业务8.5亿元，2020年首次完成买方付息票据业务贴现740万元，票据业务规模保持平稳增长态势。

【业务创新】 设计特色化的融资产品“产销贷”，根据集团成员企业生产、销售经营特性，以客户提供的生产计划作为放款条件，锁定生产计划对应的销售收入作为还款来源。2020年

G

首次完成产销贷业务贷款投放3.8亿元。产销贷是公司首次实现与客户系统对接的产品，可与企业的生产销售数据共享，推进了公司数字化建设进程，进一步助力集团数字化战略发展。

【风险管理和内部控制】 完成公司第二期19个业务流程标准化梳理工作，夯实内控管理基础；开展7项重要业务内控检查，开展利息收入和印章管理2项专项审计、1项年度常规审计，促进公司治理和经营管理有效运行；出具新建、修订制度的内控审核意见，共对64份规章制度进行审核。公司建立风险偏好框架指标，修订授信业务的基本制度和操作细则、流动性风险管理办法，新建有价证券投资管理办法。建立流动性风险应急预案流程，以加强应对流动性风险。

【人力资源管理】 截至2020年末，公司人数增长至85人，其中约有三分之二的员工来自银行等金融机构，具有丰富的金融从业经验，为公司的发展提供了有力的人才保障。

【信息化建设】 公司产业链金融系统完成融资租赁产品、产销贷产品等新产品功能，自主研发完成税务开票系统和智能化运维监控系统。按时完成产业链金融系统征信查询需求，公司产业链金融系统包含征信查询、对接影像系统等功能。实现公司524个财务核算科目数据自动推送到集团。

【企业文化建设】 坚持“一岗双责、党政同职”，严格执行“先党内、后提交”原则，实行“书记项目”，达成买方信贷业务覆盖面提升。坚持党管干部原则，内部提拔中层干部7名，对外引进人才1名。抓基层、打基础，健全完善党建制度，做实做细“三会一课”。“党建+”行动全面升级，号召党员干部投身疫情联防联控和“创文”志愿服务工作。

贵州茅台集团财务有限公司

【集团概况】 中国贵州茅台酒厂（集团）有限责任公司（以下简称“集团”）是以贵州茅台酒股份有限公司为核心企业，涉足产业包括白酒、保健酒、葡萄酒、金融、文化旅游及白酒上下游等。主导产品贵州茅台酒历史悠久、源远流长，具有深厚的文化内涵，1915年荣获巴拿马万国博览会金奖，与法国科涅克白兰地、英国苏格兰威士忌一起并称“世界三大（蒸馏）名酒”，其酿制技艺入选国家首批非物质文化遗产代表作名录，是一张香飘世界的“国家名片”。

【经营概况】 贵州茅台集团财务有限公司（以下简称“公司”）在集团党委的坚强领导下，在监管部门的正确引领下，以及在成员单位的鼎力支持下，全体员工目标同向、行动同步、措施同力，坚持优化制度和流程的瓶颈环节，补足核心业务系统的短板弱项；落实“前中后台”各司其职、各负其责、相互制约的风险防控机制；拓宽资金运用渠道，提供多元化的产业链金融服务；克服新冠肺炎疫情、宏观经济下行、利率大幅下降等不利因素影响，公司转型发展成效初显。

【服务实体】 公司立足功能定位，有力促进实体经济发展。做好成员单位金融服务，疫情期间公司为成员单位提供疫情防控融资绿色通道，通过电话受理、线上资料传输等形式给成员单位提供贷款融资支持，有效减少人员接触，全力支持成员单位应对疫情和复工复产。

【信贷业务】 面对新冠肺炎疫情的影响，公司主要通过电话联系、线上资料传输等形式向多家成员单位了解企业生产、经营状况，提出相应的金融方案及融资建议。在疫情得到一定控制的情况下，公司业务部门按照各地疫情防控要求，对珠海龙狮公司、昌黎葡萄酒公司等

12家成员单位进行实地拜访。在政策范围内、风险可控的前提下，公司加强集团成员单位的信贷支持，对成员单位贷款利率执行LPR不增加基点，有效降低成员单位融资成本。

【产业链金融】公司一是做好开展买方信贷业务的准备。通过积极联系成员单位，走访调研省内多户经销商，了解经销商的产品销售、经营情况。同时，完善买方信贷业务相关制度及业务流程。二是公司2020年6月22日获批成员单位产品的买方信贷业务资格后，积极开展买方信贷业务，于2020年11月25日成功为一户经销商发放买方信贷贷款，实现买方信贷业务零的突破。

【资金业务】公司一是定期沟通，了解资金归集、成员单位用款等情况，做好资金错配，保障流动性。二是做到每笔同存业务、拆借业务和交易对手充分议价，在价格持续低位时，积极联系就活期利率进行协商谈判，签署活期利率协议，提升活期资金收益率。三是密切关注市场变化，适时调整同业资金交易策略，根据时点资金偏紧的市场状态增加资金的中长期配置，锁定中长期收益，同时采取按季结息的方式，增加利息收入。

【投资业务】公司一是做好开展投资业务的准备，完善投资业务相关制度、操作流程。同时强化货币市场基金调研，完成公司投资计划报告及货币基金筛选方案。二是获得开办投资业务的批复。公司于2020年6月22日获得监管机构关于固定收益类有价证券投资批复。三是在集团投资授权额度的基础上，在保障风险可控的前提下，完成1笔金融债投资，拓宽资金运用渠道，有效提高投资收益率。

【票据业务】为做好成员单位金融服务工作，丰富成员单位的支付结算方式，公司积极开展与上海票据交易所的票据系统直连工作，预计2021年上半年可完成系统的上线工作。届时，集团成员单位可通过财务公司专用通道实现与上海票据交易所直连，实现开票、收票、贴现、背书等功能的系统化操作。

【资金集中】公司坚持以“三化”为核心，持续推进资金归集。以制度化、标准化、系统化为核心，根据各成员单位的情况对直连银行账户进行归集。公司已与工商银行、农业银行、中国银行、建设银行、交通银行、贵州银行、浦发银行等商业银行系统直连。同时，非直连银行配合各成员单位手工进行资金归集。

【风险管理和内部控制】公司一是夯实业务管控第一道防线。结算方面，规范结算业务流程，控制作业偏差。同业方面，规范资金交易决策机制，防范资金交易风险。信贷方面，强化尽职调查，严格风险审查。二是巩固风险防控第二道防线。将风险防控嵌入信贷、同业等条线，加强授信审查，防范业务风险和进行问题整改。三是筑牢稽核审计第三道防线。以案防工作为切入点，开展案件风险排查。以序时审计为着力点，确保事中控制到位。以专项审计为落脚点，确保事后纠偏到位。

【人力资源管理】公司一是强化员工培训。外部培训方面，2020年公司安排员工参加人民银行、银保监局、中国财务公司协会和集团等机构组织的各类培训，全面提高不同岗位、层次员工的职业素养。内部培训方面，2020年公司紧跟形势动态，培训学习政策法规。立足工作需要，培训学习业务技能。围绕警示教育，培训学习典型案例，共组织培训20余次。二是建立企业年金，调动员工的工作积极性，促进公司健康持续发展。

【信息化建设】公司持续加大信息化治理和系统建设力度，提升服务集团、成员单位的能力，提升信息化支撑业务水平。一是全面梳理信息科技监管制度，对公司现行科技制度进行优化和改进，提升信息科技治理能力。二是进行公司核心业务系统的升级建设，并完成系统替换上线，提高系统支撑业务的效率和覆盖面。三是聘请第三方安全机构进行信息科技管理的评审、评估，提升公司信息科技风险管控水平。

【企业文化建设】公司坚持融入中心抓党建：一是学习教育常态化。建立集中学习制，推行干部职工上讲堂，做到学前有计划、学中有记录、学后有总结。二是人才队伍专业化。积极培养业务骨干，为集团及成员单位输出金融人才3人，推荐培养提拔3人，营造团结拼搏、奋勇争先的干事创业氛围。三是党建业务一体化。紧紧围绕“五心茅台”内涵，打造“五为茅台”子品牌，在学习教育、组织建设、制度建设、业务开展等方面推动党建与业务充分融合。

贵州盘江集团财务有限公司

【集团概况】贵州盘江煤电集团有限责任公司（以下简称“集团”）是由原盘江资本（前身是盘江矿务局）、水矿集团（前身是水城矿务局）、六枝工矿（前身是六枝矿务局）、林东矿业（前身是林东矿务局）、盘江电投（前身是广投黔桂公司）和毕节中城能源有限责任公司战略性重组而成的贵州省国有独资大型企业，是我国长江以南最大的煤炭企业。近年来，集团聚焦主责主业，着力打造煤炭和电力两大核心板块，2020年生产原煤2121万吨、焦炭753万吨，供应电煤1379万吨，发电72亿千瓦时，列中国煤炭企业50强第21位，荣登2020年中国企业500强榜单。

【经营概况】2020年，贵州盘江集团财务有限公司（以下简称“公司”）紧扣集团年度经营目标，加大集团资金归集力度，深入拓展现金池、票据池、支付结算等业务，全力助力集团资金调剂和管控，公司服务质效明显提升。公司全年实现营业收入7665.24万元，利润总额5096.64万元。公司年末总资产211621.09万元、总负债154911.02万元、净资产56710.07万元。

【服务实体】2020年，公司找准着力点，一方面加强线上服务，优化业务流程和服务渠道，保障金融服务畅通，对受疫情影响的成员单位搭建“票据绿色通道”，对符合国家政策的成员单位到期贷款给予延迟付息，助力资金周转，缓解资金压力，全力支持成员单位复工复产。另一方面继续通过扩大业务规模、下调贷款利率、提高存款利率，减免手续费等措施强化对集团产业链核心企业的金融支持，全年为成员单位降本增效1300余万元。与此同时，公司全力协助集团资金管理系统建设，为建设集团统一资金结算平台，把公司打造成为集团资金结算中心奠定基础。

【业务创新】2020年，公司继续探索、丰富成员单位融资渠道，为零售业涉农成员单位办理了首笔应收账款质押贷款，为涉煤成员单位办理了首笔探矿权抵押贷款，进一步完善了公司金融服务功能。

【风险管理和内部控制】持续推进公司全面风险管理体系建设，通过加强流动性管理，健全强化贷前、贷中和贷后管理，加强风险监测和预警，严格资产五级分类等措施，公司各项监管指标持续向好，无不良贷款，无不良资产，各类案件和重大差错事故为零。不断完善公司治理，对公司章程的“党建入章”章节再完善，完成公司董事会对经营层授权，进一步规范了经营管理工作。持续完善公司制度，着力增强制度有效性和可操作性。有序推进市场乱象排查整治，以及股东行为排查、押品排查、非法集资排查、员工行为排查等专项工作，确保公司规范发展与业务拓展并肩前行。

【人力资源管理】有序推进公司薪酬分配体制改革，实行既有别于集团其他板块又具有财务公司特色的薪酬机制。公司已初步形成由薪酬管理办法、薪酬实施细则、年度经营绩效考核方案构成的薪酬分配制度体系，实现员工薪酬与经营目标、工作任务、风险合规、劳动纪律、奖惩等情况挂钩，有力促进员工的任务意识、合规意识和执行力的提升。

【信息化建设】 加强公司信息化平台建设，完成公司核心业务系统升级改造和新旧核心业务系统的平稳过渡，实现与上海票据交易所电子商业汇票系统直连，与多家商业银行系统实现直连，完成“智能薪酬”系统上线运行，为公司深化服务、延伸票据业务链条、提高工作效率奠定了基础。

【企业文化建设】 2020 年，公司党支部努力构建“党建引领聚合力，融入中心促发展”的工作格局，认真履行“把方向、管大局、保落实”的主体责任，严格落实党组织决策前置和“三重一大”决策机制，为公司的核心业务系统升级改造、建设直连上海票据交易所电子商业汇票系统等重点项目落地，全面完成全年工作目标发挥了重要作用。

国机财务有限责任公司

【集团概况】 国机财务有限责任公司（以下简称“公司”）是中国机械工业集团有限公司（以下简称“集团”）的二级子公司。集团成立于 1997 年 1 月，是中央直接管理的国有重要骨干企业，拥有 27 家直接管理的二级企业、14 家上市公司、354 家海外服务机构，列世界企业 500 强第 281 位，列中国机械工业百强首位。2020 年末集团资产总额 3680 亿元，营业收入 2909 亿元，利润总额 108 亿元，经营指标均实现预算目标，圆满完成保增长任务。

【经营概况】 面对严峻复杂的内外部形势、艰巨繁重的改革发展任务，特别是新冠肺炎疫情的影响冲击，公司积极识变应变求变，努力克服困难，取得了疫情防控和经营发展双胜利。2020 年末，公司资产总额 383.23 亿元，负债总额 352.41 亿元，所有者权益总额 30.82 亿元，利润指标超额完成全年经营目标。

【服务实体】 2020 年，公司继续深化产融结合，加大服务主业力度，以项目融资、代开函证等方式支持成员企业在“一带一路”沿线国家的熔盐储罐制作安装、电网发展和改造、国家电线电缆维修架线等项目；加大对科技型企业的信贷支持力度，助推集团产业转型升级；以融资租赁、专项贷款、保函等产品解决成员企业承揽清洁能源、污水处理、资源循环利用项目时投资大、周期长、费用高等问题；以新增授信额度方式加大涉农小微企业服务力度，进一步扩大集团三级及以下企业服务覆盖面。

【信贷业务】 2020 年，公司积极跟进成员企业经营动态和融资需求，对成员企业授信总量同比增长 50.14%。尤其在疫情期间，公司制定个性化金融服务方案，以专项授信额度、低息贷款等方式为疫情防控物资生产企业提供 10 亿元防疫保供资金，以延迟还款、减免罚息等多项措施帮助融资租赁、买方信贷装备制造企业减缓疫情影响；落实集团降杠杆减负债专项工作要求，为成员企业置换银行贷款 31.4 亿元。

【产业链金融】 2020 年，公司为 22 家成员企业推荐的 1534 家客户完成延伸产业链业务授信审批，新增业务规模 3.19 亿元；积极跟进成员企业融资租赁需求，全年实现融资租赁日均规模 4.76 亿元，产业链金融业务进一步巩固。

【资金业务】 2020 年，公司合理安排资产负债期限结构，通过搭建资金利差管理模型，为资产负债管理和业务定价提供支撑；合理控制备付资金，积极研究市场，通过多样化的同业产品配置，提升资金创效能力。

【投资业务】 2020 年，公司优化债券期限、品种组合，盘活流动性较强的债券，丰富投资运用渠道，提高资产创效能力；丰富低风险、流动性强的短期投资产品，满足公司流动性管理需要。为充分发挥公司在集团内投资咨询功能，公司参与认购集团及成员企业疫情债9000万元，降低发行成本，落实集团降杠杆减负债要求。

【票据业务】2020年，公司不断完善电票系统、票据管理系统等，提升票据业务办理效率。强化票据签注管理，加强交易背景真实性审核，保证票据业务服务实体经济的本质属性不偏离。充分发挥公司票据融通平台优势，加大成员企业票据服务功能，累计为成员企业贴现11.54亿元，办理票据承兑及代开银承17.81亿元，充分发挥产业链上下游小微企业的辐射带动作用。

【外汇业务】公司不断丰富外汇业务功能，通过运用跨境资金集中运营管理主办企业资格，进一步解决境内外融资需求。2020年，公司首次打通集团与香港财资中心的连接，协助集团放款人民币30亿元，为集团拓展国际业务提供有力金融保障。开展集团海外账户监控和管理系统建设前期工作，协助集团加强境外账户管控。

【资金集中】2020年，公司积极推进与上市公司合作覆盖面，全年与上市公司签订的关联交易总额258亿元；持续推广网银、代理收款、财企直连等结算产品，使代理收款户数同比增长12%，电票系统用户数同比增长6%，全年收付款结算量同比增幅达21%，结算用户数和存款增量进一步扩大。同时加大重点客户服务力度，积极解决银行受限资金归集问题，归集两优专户资金，使多数二级企业日均存款规模稳中有增，2020年末全口径资金集中度同比提高2个百分点。

【业务创新】2020年，春节期间疫情暴发，公司信息技术中心第一时间迅速响应，提前部署调试远程办公系统，大年初三即时启动远程结算业务，顺利完成集团及成员企业捐款与抗疫资金的正常划拨；春节后期，公司结算系统通过人民银行小额支付系统和银行间支付系统为成员企业付款开辟“绿色通道”，保证疫情最严重时期结算业务的连续稳定；为500多家企业开通网银回单自助打印功能，有效提高凭单传递效率，防范快递寄送带来的潜在传染风险。

【风险管理和内部控制】2020年，公司不断强化风险管理，完善内控机制，通过梳理内部决策流程和机制，逐步优化分级授权管理；制定年度风险策略，明确稳健风险管理策略、风险管控措施以及风险监测阈值；推进落实“制度建设年”专项行动，按照“七步走”的流程，对全部内控制度进行梳理，通过完善制度设计，明确各管理层级法治建设主体责任和要求。

【人力资源管理】2020年，为进一步充实人力资源，优化专业人才结构配置，公司招录包括纪检、信息技术专业在内的7名新员工；制定年度培训计划，分层次、分类别组织开展业务、风险等方面的培训，不断提高员工专业能力，全年开展培训503人次；为有效提高绩效与薪酬关联度，在年底全员绩效考核过程中，尝试运用360度考核、优化权重、绩效与考核等级挂钩等方式，进一步优化薪酬管理和绩效考核。

【信息化建设】2020年，公司疫情期间通过移动办公平台、虚拟专用网络（VPN）接入等方式，实现线上业务办理与审批、远程会议、疫情监测等功能，为业务正常开展发挥保障支撑作用；启动网银在线业务系统改造项目，实现所有信贷业务可从网银端发起并完成，提高公司在线业务办理比例；启动电子回单优化项目，在网银端实现电子回单批量导出，大幅提升电子回单打印速度，同时财企直连端增加电子回单传输，配合企业实现会计档案电子化。

【企业文化建设】2020年，公司继续坚持以党建工作引领企业文化发展，强化意识形态引领，以“党建巩固深化年”专项行动为抓手，组织广大党员干部开展“解放思想、推动发展”和“育新机、开新局”大讨论，围绕公司改革发展难题和“十四五”规划建言献策，深化党建和经营融合。为打赢脱贫攻坚战和疫情防控阻击战，公司拨付30万元扶贫资金，开展消费扶贫1.27万元，向湖北捐款50万元，全体党员干部自发捐款1.55万元，践行社会责任。

国家电投集团财务有限公司

【集团概况】国家电力投资集团有限公司（以下简称“集团”）成立于2015年6月，是中国五大发电集团之一、三大核电开发建设运营商之一，为世界500强企业。拥有全球最先进的非能动三代核电技术，牵头组织实施大型先进压水堆核电站、重型燃气轮机两个国家科技重大专项，是国务院国资委确定的智慧能源建设示范企业，牵头发起中国智慧能源产业联盟。截至2020年末，总装机1.76亿千瓦，新能源总装机超过6000万千瓦，跃居世界第一，清洁能源装机突破1亿千瓦，占比超过56%；光伏发电装机2961.2万千瓦，稳居世界第一。

【经营概况】2020年，国家电投集团财务有限公司（以下简称“公司”）发展实力不断增强，改革创新频结硕果，经营业绩再创新高。截至2020年末，公司注册资本金60亿元人民币，资产总额520.89亿元，不良资产率和不良贷款率均为零，各项指标均符合监管要求，疫情防控实现“三零”目标，获得北京市西城区重点企业奖励。

【服务实体】公司深化产融结合，加大金融服务集团实体经济的质效。匹配债务优化专项资金，有效撬动外部银行降低利率，助力成员单位实现降本增效、扭亏减亏。主动走访重点成员单位，按照“一企一策”量身定制债务优化方案。以融资顾问角色全面牵头集团乌兰察布风电项目、海南州清洁能源基地项目等集团重大项目融资。聚焦集团战略，加强商业模式创新，全力以赴推动集团综合智慧能源及“三新产业”领域金融服务落地。

【信贷业务】2020年，公司加大对重点产业、清洁能源板块的投放力度，全年累计发放清洁能源贷款411.27亿元，贷款余额占比超过40%。充分发挥相较银行的差异化优势，全年提供搭桥贷款420亿元，确保大额融资衔接以及困难单位紧急资金需求。为受疫情影响严重的7家成员单位提供42.80亿元纾困资金，有力保障临时和应急大额资金需求及资金链安全。为成员单位发放委托贷款金额大幅提升，充分发挥资金内部融通和余缺调剂作用。

【产业链金融】有效挖掘集团产业链价值潜力，积极拓展产业链金融业务。2020年累计办理集团上游产业链金融业务22.58亿元，在提升公司价值创造能力的同时，有效协助成员单位延长付款账期、节约财务费用。

【资金业务】2020年，公司主动应对市场变化，调整运作策略，保障资金安全、高效运作。扩充交易渠道，交易对手由60家增至76家，外部同业授信总额度594亿元。加强临时资金运作，抓住市场有利时机，配置高流动性投资产品及高息资金运作，提高公司资金运作收益水平。

【投资业务】2020年，公司严格按照监管要求和董事会批准的投资品种、投资规模和风险限额合规运作，投资指标均合规达标，投资规模和投资效益双提升。投资组合风险较低，主要投资金融债、货币市场基金、银行理财等中低风险产品，中低风险产品日均规模占比超过70%。投资品种实现突破，开展了IPO新股网下申购业务。

【票据业务】推广电子票据业务，2020年累计办理承兑汇票38亿元，同比增长42%，办理贴现42亿元，同比增长291%。积极拓展同业票据资产合作渠道，提高信贷资产流动性，实现票据转贴现30亿元。大力推进央企财务公司票据互认业务，完成央企财务公司承兑汇票贴现7.11亿元，推动央企上下产业链条资金高效有序流转。

【外汇业务】根据国家外汇管理局《跨国公司跨境资金集中运营管理规定》，向外汇局申请跨国公司跨境资金集中运营管理业务的重新备案和登记。2020 年，公司获批 127 亿美元集中外债额度、19 亿美元集中境外放款额度，备案成员企业 219 家，其中，境内 198 家、境外 21 家。

【资金集中】持续强化资金集中日常管理，建立重大资金归集协调机制，定期开展资金集中管理检查监督，形成了一套较为完善的资金集中管理体系。通过统一银行账户审批及上线管理、按月进行资金集中分析及通报督办、重大资金事项提前介入、开展保证金账户专项检查等方式，严控账户“资金总闸门”，有效提高资金归集率。2020 年末全口径资金集中度为 76%，可归集资金集中度达 99% 以上。

【业务创新】公司积极参与集团统一供应链金融业务，通过制度创新与实践，不断丰富产业链金融业务品种，创新商业服务模式，实现首笔“一头在外”产业链金融应收账款保理 1300 万元落地。《财务公司基于产融结合模式的产业链金融业务的管理创新与实践》论文获得集团 2020 年管理创新大赛二等奖。

【风险管理和内部控制】完善法律、合规、风险、内控四位一体机制建设，充分发挥内控体系强基固本作用，提升公司防范化解重大风险能力。构建了工作协同联动、问题清单共享、监督力量互补的“大监督”格局；创新开展结算、信贷业务联合审计检查，建立信息共享、结果共用机制；开展 5 类常规业务、9 项重点领域专项审计工作。新增《审计项目质量控制办法》《审计稽核成果运用管理办法》，开展审计问题“回头看”，提升审计质量，强化结果运用。

【人力资源管理】持续发挥党组织在选人用人工作中的核心领导作用，持续树立重实干、重实绩导向，大力选拔敢于担当、勇于创新、善于成事的领导人员，推动岗位竞聘和员工轮岗工作。充分发挥薪酬、考核的激励约束作用，给予优秀员工更高的薪酬兑现和更快的岗级晋升。构建适合金融行业员工发展的培训体系，为青年员工搭建成长成才的学习平台，取得了良好的工作成效。

【信息化建设】完成集团司库系统建设目标并实现上线运行，实现全集团资金业务在线运行、资金运作统一调度、资金风险整体防控、资金数据全面集中，公司《境外资金信息化管理创新》荣获 2020 年电力企业管理创新大赛一等奖。机房 UPS 蓄电池改造、集团广域网单链路扩容与改造等项目的实施，有效化解系统潜在风险。启动司库灾备规划，保障业务连续性运行，确保系统安全合规。公司全年网络与信息系统运营稳定、维护及时，信息安全保障到位。

【企业文化建设】公司党委创新采用要点领学、解读分享、中心发言、集体研讨、落地举措的“五步法”开展中心组学习，极大提升了学习效果。组织党委书记和党支部书记讲“精品党课”，建立支部委员常态化“讲微党课”机制。公司《修己达人文化品格》论文获得集团公司 2020 年管理创新大赛优秀奖。

国家能源集团财务有限公司

【集团概况】国家能源投资集团有限责任公司（以下简称“集团”）于 2017 年 11 月 28 日正式挂牌成立，是经党中央、国务院批准，由中国国电集团公司和神华集团有限责任公司联合重组而成的中央骨干能源企业，是国有资本投资公司改革、创建世界一流示范企业的试点企业，拥有煤炭、电力、运输、化工等全产业链业务，产业分布在全国31个省、自治区、直辖市以及美国、加拿大等10多个国家和地区，是全球规模最大的煤炭生产公司、火力发电公司、风力发电公司和煤制油煤化工公司。2020年列世界企业500强第108位。

集团资产规模超过1.8万亿元，职工总数32.6万人。2020年，集团煤炭产量5.3亿吨，煤炭销量7亿吨，发电量9828亿千瓦时，铁路运量4.6亿吨，两港装船量2.5亿吨，航运量1.7亿吨，化工品产量1656万吨。

【经营概况】2020年，国家能源集团财务有限公司（以下简称“公司”）实现营业收入35.47亿元，实现利润总额（拨备前）21.30亿元，创历史新高，为集团内部贡献价值近5亿元。2020年末吸收存款余额828.68亿元，自营贷款余额762.64亿元，委托贷款余额666.34亿元，为集团整体降低外部资金成本21亿元。2020年，公司高质量完成重组整合，改革发展迈上新台阶。

【服务实体】推动存量贷款LPR定价转换。公司梳理47笔共457.11亿元合同。针对客户特点制定三种方案，通过调整转换基准日期、增加优惠点数、新签合同、与外部金融机构谈判等方式帮助客户大幅降低财务费用，于2020年6月30日圆满完成LPR转换。深入贯彻减费让利政策，全面坚持保本微利原则，综合考虑客户综合评价情况差异化制定利率定价方案。为客户提供21种不同利率定价方案（优惠利率占比为92%），开展外部高息贷款置换，提供中间服务价格优惠，为成员单位节约外部利息13.72亿元，节约手续费275万元。抗疫期间与39家客户新签订循环额度贷款190.75亿元，投放213亿元，减少融资时间，降低贷款利息成本；及时推出抗击疫情专项优惠利率贷款，优惠期6个月，涉及6家客户27亿元；快速建立线上协调沟通机制，推行线上化受理审查，第一时间满足成员单位的融资需求和用款计划。

【信贷业务】持续跟进集团及成员单位投融资计划，集中优势资源满足重点项目建设及运营资金需求，确保重点项目建设资金，保障集团整体流动性安全。2020年，公司完成119笔共590.96亿元自营贷款、245笔共655.95亿元委托贷款的业务办理。拓展62家自贷客户、54家委贷客户，业务板块延伸至风电、水电、煤化工等行业，自营贷款余额提升150%，委托贷款余额提升70%，有力地保障了成员单位的稳健经营和项目建设的顺利推进。

【投资业务】2020年，公司在银行间市场开展149笔共3791亿元债券质押式正回购、129笔共1199亿元同业拆入和5笔共101亿元同业拆出业务，在交易所累计开展515亿元逆回购业务，折算利差净利润累计2512万元。推进低风险产品投资，新开展230亿元同业存单、55亿元利率债和24亿元集团及成员单位信用债投资。全年实现投资收益6.38亿元，较上年增长85%，投资规模和盈利水平均创历史新高，未发生任何投资风险事件。

【票据业务】公司按照开票事项清单倒排工期，逐项推进上海票交所账户更名，拟定全流程业务材料范本。学习行业先进经验，完善票据管理制度，逐步建立完善票据管理体系。2020年完成79笔共2.98亿元票据解付、4笔共146.34万元票据承兑。

【业务创新】加强战略思考与规划，在良好创作创效氛围中探索资产负债管理新实践。公司制定新利率定价方案，纠正存款利率的期限结构扭曲，体现了利率市场化趋势，形成利率定价的统一标准。研究资产负债管理框架体系，建立“年预算、月计划、周调度、日调节”运行模式。摸索资金计划工作抓手，完成月、周资金计划模板，执行日碰头工作方案，围绕流动性和备付率水平，建立多部门协同作业工作机制。

【风险管理和内部控制】多方位加强风险管控，构筑金融防线。公司加强业务端风险管理，关注政策导向，完善信贷业务全流程风险防控嵌入，通过客户综合评价及授信审批把严风险入口关，继续维持零不良。夯实全面风险管控体系，开展专项风险排查16次，推动监管意见书问题整改工作。推进反洗钱系统信息更新，加强反洗钱工作宣传培训，强化公司洗钱和恐怖融资风险防范能力。

【人力资源管理】公司加大干部培养选拔，向集团输送1名党组管理干部，选拔任用3名部门正职，40岁以下干部占比为48%，年轻干部培养成效显著。招录应届毕业生5名、系统内主管4人、系统外选调1人。利用集团内外部资源，线上线下培训主辅结合，选送外部培训112人次，共培训1809人次，人均学时111小时，培训覆盖率达100%。人员融合成效显著。

【信息化建设】公司加强数字化顶层设计，以“ERP+新核心系统+数据中台”为核心，构建端到端“1+2+1”数字化转型框架体系；加强基础业务信息化建设，完成IT基础设施扩容，系统算力提升3.7倍，VPN接入能力提高6倍，系统存储能力提高2.5倍，业务承载能力提升近3倍。提前完成电票直连系统接入，打通电票业务通道；开展资金管理系统扩展服务项目建设，支持服务能力再上新台阶。推进数字化技术落地。深化RPA机器人运用，上线运行OA无纸化会议系统；设立804个视频接入点，为34家二级子分公司及其下属单位提供在线交互培训；完成电子发票上线，开具287笔增值税电子普通发票，行业内率先实现客户税务信息自动提取；推动19类特殊财务凭证自动传输，深化财务和业务数字化融合。

国联财务有限责任公司

【集团概况】无锡市国联发展（集团）有限公司（以下简称“集团”）成立于1999年5月8日，是无锡市政府出资设立并授予国有资产投资主体资格的国有独资企业集团，注册资本80亿元。2020年，集团克服新冠肺炎疫情带来的不利影响，扎实推进改革发展各项工作，顺利开启“千亿再出发”新征程，完成营业收入224.90亿元，实现利润24.39亿元。2020年末，集团总资产规模1241亿元、净资产规模390亿元，列中国服务业企业500强第245位，列长三角服务业企业100强第78位。

【经营概况】国联财务有限责任公司（以下简称“公司”）坚持党建引领，统筹做好疫情防控和支持成员单位复工复产，充分发挥“四个平台”作用，2020年整体经营业绩稳中向好，超额完成年度各项经营目标和重点工作任务，实现“十三五”圆满收官。全年营业收入1.85亿元，利润总额0.97亿元，在进一步降低成员单位财务成本的同时，年创利再上新高；2020年末资产总额48.52亿元，负债总额41.16亿元，所有者权益7.36亿元。

【服务实体】疫情暴发后，公司给予受疫情影响较大的制造、批发零售、住宿餐饮等行业成员单位优惠贷款利率，对于临时资金周转困难的成员单位，利用无还本续贷和展期模式满足其需求；扩大公司自营票据和保函业务，通过保产业链、释放保证金、降低手续费等方式进一步缓解成员单位经营压力；为新加入中小企业建立绿色信贷通道，快速助其资金纾困；每月召开资金、信贷条线经营分析会，分析解决经营难点重点问题，发挥自身专长全方位帮助企业发展。

【信贷业务】公司发挥“融资总协调人”作用，推动成员单位融资成本下降，信贷服务质量提升。一是紧跟集团战略，加大信贷投放，信贷规模再创新高；二是创新信贷产品，满足个性需求，推出产品清单规范提升金融服务；三是优化业务流程，开展跨部门协作，信贷服务便捷性进一步提升。截至2020年末，贷款余额32.53亿元，同比增长12.68%；财票余额

G

1.74亿元，同比增长17倍；保函余额1.94亿元，同比增长1.1倍。全年累计为成员单位节约融资费用约2400万元。

【资金集中】2020年，公司多措并举，提高服务水平，拓展结算覆盖面，推进资金集中管理。一是及时做好新增归集成员单位的监管报备，应归早归尽归，强化大额资金监控；二是完善信息技术手段，推动集团CBS资金管理系统上线；三是开展成员单位经营分析，一对一、点对点，及时完善个性化服务方案。全年新增成员单位14家，归集账户数31个。截至2020年12月末，公司存款余额40.35亿元，剔除金融企业自有资金及客户保证金等不可归集资金后，实际资金归集率为70.74%。

【资金业务】公司按照资产负债匹配和流动性管理要求，通过按周统计存贷款资金安排和开展同业拆借等手段确保备付金充足；合理配置归集资金，进一步提高资金使用效率、收益率；修订完善资金管理制度，内部资金转移定价更趋合理，同时上浮通知存款等存款产品挂牌利率，对成员单位让利幅度进一步加大。

【投资业务】公司在搭建集团内外资金融通桥梁、支持内部实体产业创造价值的基础上，以确保流动性、投资“安全优先”、同业“价格优先”为导向，适时开展货币基金、债券基金、信托计划、公司债等投资业务，进一步提高资金使用效率。

【票据业务】2020年，公司积极延伸服务链条，大力拓展财票市场。一是向工商银行、中信银行、广发银行、招商银行、光大银行、无锡农商银行争取商票保贴和财票质押贷等额度。全年累计开立承兑2.57亿元，同比增长11.85倍。二是公司自营保函业务保持快速增长态势，全年累计开立财务公司保函1.88亿元，同比增长80.77%。

【风险管理和内部控制】2020年，公司把风险合规融入业务发展各个环节，持续完善风险治理框架、优化内控流程、深化全面风险管理体系建设。推动各“强化年”活动落实落细，取得实效。组织编制《岗位合规手册》，涵盖业务经营各个领域43个岗位，明确各岗位操作风险点等事项，进一步规范岗位权责。结合《民法典》颁布，全年共修订制度13个、新增制度3个、修订制式合同及协议等法律文件48个。

【人力资源管理】修订完善《岗位职责及任职资格管理办法》，规范选人用人标准；在做好人才“外引”的基础上，全力做好“内培”工作，支持员工提升素质及业务技能，畅通员工职业生涯发展路径；组织完成2020年度员工轮岗及强制休假工作计划。全年引进新员工4人，新增高级职称1人、中级职称2人，获取银行业从业人员资格认证中级证书4人。

【信息化建设】协同集团资金管理系统建设，完成银企直连软硬件测试和银企接口上线；开发自营贷款电子合同管理平台，在线自动生成贷款合同，提高合同准确性、调阅方便性、操作风险可控性；完成业务系统移动APP升级，新增多项业务在线审批功能；完成人民银行统一监管报送平台上线验收，完成智慧监管数据平台建设，启动二代征信查询与报送系统建设工作，完成金融基础数据报表系统的开发上线。

【企业文化建设】2020年，以高质量党建引领公司高质量发展。一是加强基层党组织建设，顺利完成换届选举工作；二是通过主题党日活动，丰富学习内容，保证学习质量；三是以加强党员“自身免疫系统”建设为主题，探索创建国联特色基层党建示范品牌；四是通过开展廉洁文化建设、参观廉政教育基地等方式，以经常性警示教育推动构筑廉洁防线；五是党建带工建、团建，组织开展职工体育竞赛、民法典培训等活动，丰富企业文化建设。

国投财务有限公司

【集团概况】国家开发投资集团有限公司（以下简称“集团”）是中央直接管理的国有重要骨干企业，是央企中唯一的投资控股公司，是首批国有资本投资公司改革试点单位。2020年，集团实现营业总收入1537亿元，利润总额221亿元，连续16年在国务院国资委经营业绩考核中获得A级，连续五个任期被评为业绩优秀企业。

【经营概况】2020年，国投财务有限公司（以下简称“公司”）统筹疫情防控和经营发展，充分发挥“四个平台”作用，持续深化金融服务，不断创新业务发展，全力防范化解风险，经营业绩稳中有升。截至2020年12月31日，公司资产总额318.07亿元，所有者权益74.66亿元，全年实现利润总额6.18亿元，为集团节约成本费用9.36亿元。

【服务实体】2020年，公司投放贷款255.15亿元，办理票据贴现20.94亿元，合计276.09亿元，其中95%投向实体经济。一是加大信贷投放，增加疫情防控专项优惠贷款，为存在防疫资金需求、位于疫情较重地区和受疫情影响较大的三类成员企业累计提供13.05亿元防疫专项优惠贷款。二是加强对外贸、制造企业的支持，加大小微企业信贷支持力度，共为27家小微企业发放40.95亿元贷款。

【产业链金融】公司围绕项目建设、国内贸易等产业链内的核心企业，新增“一头在外”票据贴现业务客户35个，其中中小企业数量30个，业务金额近8亿元。探索丰富金融服务产品，创新开展604万元“一头在外”应收账款保理业务。从服务集团产业链条出发，积极践行“金融让利实体”，大幅低于2020年12月一年期LPR利率，并在票据承兑环节减免相关业务费用，有力支持实体经济中的中小企业。

【资金集中】2020年，公司日均存款196.70亿元，同比增加30.39亿元；月均考核资金归集率为96.64%，全口径资金归集率为26.26%。一是每月跟踪重点客户资金归集情况，巩固“两难两新”等重点客户资金归集成果。二是成立账户授权推进小组，全力推进混合所有制企业开户和银行授权工作。三是针对归集难度高的成员企业，“一企一策”制定个性化金融服务方案，提供满足其业务需求的金融产品，带动资金归集。

【资金业务】2020年，公司开展同业拆入、债券质押式正回购和票据质押式正回购1700余亿元，有效补充资金流动性。通过深耕细作备付金管理，创新建立货币型基金分类评价指标体系，公司持仓货币基金加权平均收益率达到全市场前5%水平。

【投资业务】2020年，公司大力回收投资项目，自营投资顺利退出5个项目，回收资金7.77亿元。积极认购集团及成员企业债券，有效降低发债企业财务成本，全年参与认购9.10亿元，截至2020年持有债券总额14.60亿元。2020年日均中长期投资规模15.17亿元，实现中长期投资收益1.12亿元。

【票据业务】2020年，公司贴现414笔，发放金额20.94亿元，年末余额10.55亿元。票据承兑846笔，承兑金额30.29亿元，年末余额20.94亿元。

【外汇业务】2020年，公司办理代客即期结售汇1.05亿美元。为客户提供汇率风险咨询服务，巩固前期外汇业务成果，探索跨境资金集中运营新模式：一是充分利用跨境资金集中运营业务新功能，实现首笔人民币外商投资资本金归集落地；二是开展首笔日元购汇交易，扩展外汇业务范围。

【业务创新】公司一是创新表外业务，与银行合作开展分离式保函、代开信用证业务。2020年，新增平安银行分离式保函授信额度5亿元，累计办理分离式保函6533万元。二是充分发挥金融支持和内部协同作用，首次参与国投资本可转债投资，通过二级市场大宗交易买入集团转债3亿元。三是国投保险经纪通过国内贸易信用保险协助成员企业化解应收账款风险，助力企业完善风险管理体系，提高企业市场竞争力。

【风险管理和内部控制】公司通过开展内控合规考试、组织内控培训、持续优化流程等活动，加强内控体系建设力度。通过“提升优化、执行强化、对标升级”内控工作专项部署，建立了一套行业一流，严格、规范、全面、有效的内控体系。在风险防范化解方面，制定了一套完成时限细化到日、责任任务落实到人的行动清单，坚决守住不发生系统性金融风险的底线。

【人力资源管理】公司坚持党管干部原则，在选人用人工作中，严把政治关、德才关、作风关、廉洁关，严格遵守干部选拔任用工作程序。坚持以干代训，注重在基层一线和困难艰苦地区培养锻炼干部，增强青年干部解决实际问题的能力。强化正向激励，选树党员先锋岗、服务标兵和青年岗位能手，营造创先争优的良好氛围。

【信息化建设】公司与重点企业财企直连，优化核心业务系统，完成门户网站迁移、党费收缴平台优化、票据交易系统接口升级、ACS系统和保险经纪业务系统上线。提升信息安全保障工作：一是实施核心业务网络改造；二是积极组织“御警行动”网络安全攻防实战演练，完成网络安全风险评估和加固整改；三是实现应急演练常态化，验证灾备系统和应急预案的有效性。

【企业文化建设】公司一是严格落实意识形态责任制，率先开展“五必谈、五必访”，强化意识形态阵地管控。二是聚焦一线加强典型宣传，全面讲述国投财务故事，营造干事创业良好氛围。三是坚持党建带群团，组织开展集体生日、垃圾分类志愿服务、趣味运动会、“夏季送清凉”、“冬季送温暖”等活动，打造“家”文化，激发员工队伍活力。

国新集团财务有限责任公司

【集团概况】中国国新控股有限责任公司（以下简称“集团”）成立于2010年12月22日，是国务院国资委监管的中央企业之一，2016年初被国务院国有企业改革领导小组确定为国有资本运营公司试点。截至2020年末，集团资产总额突破5600亿元，实现净利润超过160亿元，连续5年年均复合增长率达到30%以上。

【经营概况】国新集团财务有限责任公司（以下简称“公司”）成立于2018年5月8日，注册资本20亿元，由集团全额出资成立。2020年，公司立足本职功能，以助力国有资本运营升级为根本导向，狠抓经营管理，在疫情防控、业务发展、高效运营和党建引领等方面取得了较好的成果，在严峻挑战中实现了逆势增长。截至2020年末，公司设有9个部门，员工总数30名。年末资产余额比年初增长6.74%，净利润比上年增长5.05%，不良资产率为零。

【信贷业务】2020年，公司通过发放低息贷款、置换外部融资、参与银团贷款等方式，保障各成员单位经营发展资金需求，支持集团总部和成员单位重大项目推进，压降集团利息支出，助力集团降本增效。疫情期间全力发挥好服务职能，为成员单位提供流动资金贷款支持，成功办理首单无还本续贷业务，通过高效创新金融服务协助成员单位共同抵御疫情影响。公司还注重加强贷前、贷后管理，着力提升调查工作质量，多渠道了解客户真实情况及复工复产进展，监控贷款资金用途，加强评级、授信动态管理以及押品管理，做好客户通知、余额检查、还款计划等基础工作，保障全年正常还本付息。

【资金集中】2020 年，公司持续提升归集效率和资金调拨效率，调整资金归集模式，优化直连银行资金调拨方式，加强重点客户资金集中管理，优化支付结算流程，降低操作风险，结算服务能力显著增强。公司推进财银直连与银行账户授权工作，资金监控范围进一步扩大，资金监控水平逐步提升。截至 2020 年末，资金集中度较上年末提高 12.01 个百分点，公司全口径资金集中度增长显著。

【风险管理和内部控制】2020 年，公司坚持稳健合规经营，探索以风险管理促进价值创造，持续完善公司全面风险管理政策，以风险管理政策为依托严格把控风险，确立稳健型风险偏好，建立风险容忍度指标体系，强化风险偏好的有效传导。为更好地适应形势、环境的变化，公司将全面风险管理政策制定频率由三年调整为一年，逐年根据公司经营目标、业务变化、资本实力、管理能力及时调整修订，建立起契合国有资本运营公司特点的全面风险管理体系。公司秉持“制度先行、动态完善”的理念，按照监管法规变化、集团最新要求和业务管理实际，动态完善公司制度体系，厘清职责界面、识别风险隐患、完善管控流程。

【信息化建设】2020 年，公司在疫情期间保证服务不中断，确保系统正常运行，利用线上方式为成员单位提供百余次远程支持，保证成员单位正常资金划拨和支付。大力推进“数字国新”建设，积极协同成员单位创新服务，完成集团在线监管系统的对接和财企平台优化工作，助力集团完善一体化财务管控体系。为保障基础运维工作安全稳健开展，公司在完成同城灾备系统建设工作的同时，完成核心业务系统安全测评和电信数据清洗，持续提升公司信息服务的可靠性和数据防护的有效性。

【企业文化建设】2020 年，公司坚持以为集团和成员单位提供优质综合金融服务为核心，坚持以集团“国之脉，传承责任之脉；新致远，坚持创新发展”企业文化为指引，积极参加集团成立十周年相关活动，在活动中传承集团文化，展现财务公司风采。公司高度重视公司特色文化建设，组织员工召开企业文化座谈会，开展线上企业文化调研，持续提炼公司特色文化要素，注重发挥企业文化影响力。

国药集团财务有限公司

【集团概况】中国医药集团有限公司（以下简称“集团”）是由国务院国资委直接管理的唯一一家以生命健康为主业的中央企业，是国家创新型企业，是中央医药储备单位，是中国和亚洲综合实力和规模领先的综合性医药健康产业集团，拥有集科技研发、工业制造、物流分销、零售连锁、医疗健康、工程技术、专业会展、国际经营、金融投资等为一体的大健康全产业链。2020 年，集团营业收入超过 5000 亿元，列世界企业 500 强第 145 位，在世界 500 强医药企业中列前 5 位。在抗击新冠肺炎疫情中，集团作为维护国家生物安全和人民生命健康的主力军，以战时状态组织药品疫苗科研攻关，在诊断、治疗、预防三大领域全面发力，取得前所未有的“十个全球率先”重大成果。

【经营概况】2020 年，国药集团财务有限公司（以下简称“公司”）以党建工作为引领、以增资扩股为契机，坚守“以融促产、服务集团”的经营宗旨，抓住集团快速发展带来的空间与机遇，积极开拓市场、推进产品创新、优化业务结构，全力满足成员企业金融需求，全面达成公司“十三五”规划经营指标。经营规模不断扩大，资产总额、资金集中规模、资金服务总量均较“十二五”末实现翻番。产融价值彰显，内源融资平台运用累计为集团节约融资费用较“十二五”实现翻番。资产质量保持优良，监管评级良好，曾荣获金融统计、信用征信管理等先进单位称号。截至2020年末，公司资产规模271.19亿元，全年完成营业收入45321万元，实现利润总额16055万元，各项监管指标均符合监管要求。

【信贷业务】2020年，集团作为医药行业抗击疫情的国家队、主力军，融资需求显著增加，公司坚持以疫情防控和支持实体经济发展为根本，用快捷高效、灵活优惠的金融服务支持集团发展大局。在信贷服务总量上，公司年初争分夺秒完成增资后，第一时间向监管部门申请政策支持，为全年服务扩容奠定资本基础和争取政策支持；在服务效率上，启动“绿色通道”，在合规前提下优化信贷流程、加快信贷投放节奏；在服务范围上，适当放宽融资条件，推进服务下沉；在服务特色上，聚焦“两金压降”需求提供差异化服务，满足客户不同类型信贷需求；在服务价格上，积极响应金融让利实体政策要求，存款利率保持稳定、贷款定价整体优于外部金融机构，利差明显低于财务公司行业平均水平。2020年，新增授信额度同比增长39.17%，信贷业务笔数同比增长48.41%，累计信贷投放量同比增长47.24%，增幅创历史新高。

【资金集中】2020年，公司在集团资金集中管理政策的支持下，以信息科技为保障，以市场化经营为手段，不断深化资金集中管理。强化市场意识，持续开展综合业务系统的功能升级，不断完善服务流程，为客户提供了安全、便捷的资金结算平台，成员企业在财务公司的开户数量、资金结算体量稳步增长，结算客户分布、结算服务工具更加优化。积极适应成员单位多元化的金融需求，努力克服疫情影响，开展线上服务新模式，进一步稳固客户资金集中利益共享机制，实现疫情环境下存款规模和资金集中度稳步提高。截至2020年末，成员企业在公司开立账户数达271家，同比增长15.81%，存款规模同比增长25.12%，全口径资金集中度同比上升1.13个百分点。

【业务创新】2020年，公司在做好传统业务的基础上，注重寻求新业务增长点，为长期发展积蓄力量，其中担保类业务取得新突破，进一步将海关保函适用范围由北京拓展至全国，新开展集团内关联交易中的项目履约保函业务，保证金保函、预付款保函业务由集团内部向集团外部延伸，金融品牌社会认知度有所提高。低保证金、低费率保函的开立，有效减少成员企业银行授信及保证金占用，切实降低成员企业担保费用。2020年，累计开立金额2.20亿元，同比增长228.36%。

【风险管理和内部控制】2020年，公司对董事会下设各专门委员会议事规则进行修订完善，细化明确人员构成、职责权限、会议程序、表决纪要等规则。坚持稳健审慎的风险管理策略，提高重大风险管控能力，对评估出的重大风险进行持续监测、控制和报告，实时监控资本充足率、流动性比例、存贷比等关键风险指标。全面梳理金融监管政策和内部制度体系，开展制度体系适应性和有效性优化专项工作，制定、修订制度共计71项。建立从监管法规更新、内外部案例库梳理、制度体系建设常态化、法规制度考试题库、法律合规培训一体化管理体系，内控体系的预防性、规范性、系统性有所增强。完善审计制度，固化审计项目模板流程，注重审计问题跟踪整改，强化内部监督效用。2020年，各类风险管控效果良好，无不良资产，监管评级良好，无金融案件、监管处罚和负面事件发生。

【信息化建设】2020年，公司开展综合业务系统升级，新增财企直连平台、票据承兑等5

项重点功能及19项个性化功能。配合信贷业务流程优化对系统管理流程进行完善，新增和完善OA系统表单流程6个，进行综合业务系统软件更新升级3次，1104报表系统更新升级1次。顺利完成网络安全自查、信息系统等级保护备案和集团护网行动任务。持续加强系统运行维护工作，实现信息安全事故为零、监管信息报送系统无故障、各个信息系统运行平稳。

哈尔滨电气集团财务有限责任公司

【集团概况】哈尔滨电气集团有限公司（以下简称“集团”）是党中央管理的关系国家安全和国民经济命脉的国有重要骨干企业之一，是新中国历史最悠久、技术水平最高、影响力最大的发电设备研制基地。集团现已形成发电设备、通用设备、工程总承包、制造服务、军民融合、金融服务、投资业务、新产业“7+1”产业板块。

2020年，集团积极应对新冠肺炎疫情的严重冲击，统筹抓好疫情防控和生产经营各项工作，集团发展稳中有进、稳中向好。

【经营概况】2020年，哈尔滨电气集团财务有限责任公司（以下简称“公司”）以党的建设为统领，严格落实疫情防控各项工作要求，不断增强金融服务实体经济能力，支助集团主业发展，较好地完成了集团公司各项考核指标。截至2020年末，公司资产总额155.33亿元，所有者权益21.93亿元，实现营业收入3.28亿元，利润总额2.59亿元。

【信贷业务】2020年，公司持续贯彻落实集团“应贷尽贷”要求。在符合监管要求的前提下，继续加大信贷投放，尽全力最大限度满足成员企业融资需求，累计为集团重点成员企业汽轮机公司、国际公司、动装公司、动力科贸公司、阀门公司等发放自营贷款13.8亿元，累计承兑29.78亿元，贴现4.96亿元。

【产业链金融】2020年，公司积极拓展产业链业务，制定产业链业务拓展计划及实施方案，助力上游企业发展，更好发挥服务民营企业、小微企业的功效。全年累计新增产业链客户100家，累计办理产业链贴现业务4.89亿元，同比增长49%。同时，顺利收回首笔产业链保理业务贷款，并完成2500万元保理业务叙做工作。

【资金业务】2020年同业存款年化收益水平整体不高，公司密切关注市场行情变化，加强与同业机构的交流合作，充分利用同业竞价机制，努力提高资金收益水平。全年累计办理存放同业业务40笔，金额合计104亿元；开展同业拆出业务7笔，金额合计13.7亿元。

【投资业务】2020年，公司再次成功申购收益凭证2亿元，期限363天，年化收益率达3.60%。首次与上海银行合作，成功申购同业存单2亿元，期限6个月，预期年化收益率为3.19%。申购货币基金产品6笔，累计金额7.5亿元。在金融市场利率持续低位徘徊的形势下，切实提升价值创造能力。

【票据业务】2020年，公司联合工商银行和招商银行成功建立财务公司票据池，分别为汽轮机公司、锅炉公司、动装公司开通票据池业务，并依托票据池系统办理首笔质押开票业务，实现外部票据池两个首笔票据质押开票业务正式落地。

【外汇业务】2020年12月9日，外汇局批准公司即期结售汇业务经营资格。即期结售汇业务资质的获批，一方面可进一步拓展公司金融业务范围，完善金融服务职能；另一方面能够充分发挥公司金融平台作用，提高集团外汇风险管理能力，进一步降低集团汇兑成本和汇率风险。

【资金集中】截至2020年末，成员企业可归集资金集中度为93.98%，较年初增长2.31个百分点。主要成员企业基本达到或接近集团公司资金归集比例要求，成员企业资金归集比例较高，呈较高集中水平。

【业务创新】2020年，公司顺利实现首笔电子商业承兑汇票贴现；进行首笔法人账户透支业务的准备，积极推进相关业务系统功能测试及业务模拟操作，完成线上各环节测试；首次以会员资格在上海票据交易所与中国人民银行哈尔滨中心支行成功开展电子银行承兑汇票再贴现业务；成功开展首笔证券交易所市场质押式报价回购2亿元，取得同期限3.25%的较高利率水平。

【风险管理和内部控制】2020年，公司保持行业监管评级先进行列，为新业务牌照申请及其他创新业务的开展提供支持与保障。2020年完成70余项制度、流程的修订备案工作。对相关业务涉及的合同、单证等进行系统梳理，积极编制《财务公司业务单证文件（2020版）》，确保业务单证的时效性和指导性。

【人力资源管理】公司于2020年9月末完成定岗、定编、定员工作，由原有40个岗位精简为29个岗位，降幅达27.5%；由原有50个编制精简为36个，降幅达28%。并于2020年11月末修订完善薪酬改革、业绩考核体系、员工职业发展双通道制度，充分发挥薪酬、考核的激励作用。

【信息化建设】2020年，公司按照年度信息化开发计划，持续做好核心业务系统功能的完善与流程的固化，使信息化技术与企业管理深度融合，从而提升公司核心竞争力。顺利完成人民银行二代征信查询系统切换上线工作，公司征信管理的安全合规性及精细化程度均得到较大提升。

【企业文化建设】2020年，公司党支部坚持用习近平新时代中国特色社会主义思想武装头脑、指导实践，通过微信公众号发布新闻100余篇，积极向外界宣传习近平新时代中国特色社会主义思想、党的十九大精神、集团和财务公司的改革发展成果；公司统战成员开展了2020年度“爱企业、献良策、做贡献”活动，团委组织开展“一拍一秀强发声”等系列活动，充分调动广大统战成员的积极性、主动性和创造性，党支部带动作用得到进一步发挥，持续助力公司高质量发展。

海尔集团财务有限责任公司

【集团概况】海尔集团始终以用户体验为中心，连续3年作为全球唯一物联网生态品牌蝉联BrandZ全球百强，连续12年稳居欧睿国际世界家电第一品牌。集团拥有3家上市公司，构建了全球引领的工业互联网平台卡奥斯COSMOPlat，成功孵化5家独角兽企业和37家瞪羚企业，在全球布局了10+N创新生态体系、28个工业园、122个制造中心和24万个销售网络，深入全球160个国家和地区，服务全球超过10亿用户家庭。

【经营概况】2020年，海尔集团财务有限责任公司（以下简称“公司”）秉承“立足集团、服务集团”的理念，以支持集团实体经济发展为己任，承接集团生态品牌战略，以“聚焦物联网金融战略，建立数字金融新生态”为战略目标，立足首要职能，有效控制风险，不断创新金融产品，实现稳健经营目标，全年累计实现营业收入22.26亿元，利润总额20.71亿元，截至2020年末，公司资产规模达756.57亿元。

【信贷业务】2020年，在集团成员单位信贷业务方面，公司以支持实体产业发展为重点，以加强信贷管理为导向，以各项信贷业务制度的落实为基础，满足集团成员单位资金需求，全年共为89家集团成员单位提供金融服务。截至2020年末，本、外币流动资金贷款余额为291.41亿元，比2019年末减少26.92亿元。2020年本、外币流动资金贷款业务全年新增投放182.61亿元，无不良贷款。

【产品销售信贷业务】2020年度，公司为集团经销商提供优质的买方信贷服务，在防范金融风险的同时，创新业务模式，累计为390家经销商提供超过12亿元的信贷服务。同时，公司积极调整产品结构，输出适合中小微企业的“短、频、快”融资产品，例如，为应对新冠肺炎疫情，帮助经销商企业渡过难关，推出了创新产品——无还本续贷及延期还本业务。

【资金业务】2020年，公司深入了解集团企业资金需求，合理安排资金头寸，实现了集团企业资金需求的有效满足和资金运营效率最大化的双赢。一方面，在资金短缺的情况下，通过银行间市场债券正回购、拆借及票据融资等方式，及时低成本融入资金，全年累计融资7120亿元；另一方面，在资金盈余的情况下，通过银行间市场逆回购、债券投资、同业存款、理财等业务，累计投放1823亿元。

【票据业务】2020年度，公司持续创新推进集团票据全流程精细化集中管理。在票据流入方面，公司提供集团应收票据全生命周期的签收及托管服务，严把准入关。全年签收票据451.58亿元，其中，电票流入451.09亿元，纸票流入0.48亿元，票据电子化率达99.9%，全年所有到期票据及时安全收到解付款项。在票据支付方面，公司积极融入集团新资金系统建设，打通集团新资金系统与公司行内电票系统的时时交互及信息共享，票据在内部成员单位之间的背书状态时时更新。在对供应商支付票据方面，全年共开立公司承兑的电子银行承兑票据450.56亿元，产业承兑的电子商业承兑汇票59.82亿元。

【外汇业务】2020年，公司为集团产业链上下游约120家公司提供全流程的创新金融解决方案，累计交易金额125亿元人民币，客户交易笔数合计614笔，交易币种包括美元、欧元、日元、英镑、港币等主要货币，交易产品包括即期、远期和掉期。同时，为规避财务公司自有资产、负债的风险开展了套期保值业务，累计交易金额约19亿元人民币。

【资金集中】2020年，公司实现归集资金1923.28亿元，同比增幅为11.25%；结算量2.37万亿元，同比增幅为5.74%，结算笔数316.70万笔，同比增幅为14.58%；期末结算账户3302户，存款余额493.01亿元。主要采取以下四个方面的措施在渠道建设方面，推进新增4个银财直连渠道，实现了人民币13家银行归集渠道、外币3家银行归集渠道和境外2家银行归集渠道的打通。在集团制度和资金管理系统方面，提出集团账户管理内控规范的优化建议，融入共建集团新资金管理系统，打通现汇按预算时时直连财务公司在线支付的流程，并设置落地审核规则，闸口不合理支付。在强化账户监控及资金清理方面，建立结算全员并联每月清理外部银行账户资金的机制，监督账户及时签约归集。在账户信息共享方面，通过搭建银财直连平台和财企直连平台，直连11家银行并与集团系统直连。

【业务创新】海尔卡奥斯工业互联网平台是全球首家引入用户全流程参与的大规模定制平台，公司通过研究发现，在工业互联网平台上增加“票付通”这一创新型支付工具，能有效实现信息流、物流与资金流的三合为一，用票据解决平台供应链支付难题，实现创新票据工具与新兴工业互联网产业的融合。基于此，公司积极对接上海票据交易所，实现将“票付通”业务引入工业互联网领域，填补了工业互联网平台线上票据支付空白，成为行业第二家成功获批上海票据交易所“票付通”业务合作的企业集团财务公司，为集团旗下国家级工业互联网平台——卡奥斯工业互联网平台提供一站式在线票据平台服务。

【风险管理和内部控制】2020年，公司聚焦数字化风控，持续推进标准化风险管理体系

H

建设，强化与集团的经销商数据对接工作，依托集团内丰富的业务数据优势，拓展数据采集渠道，强化信息管理，通过对内部数据、外部数据及集团数据进行分析、清洗，对业务的信用风险管理形式进行改造升级的探索，持续推进模型实验室建设工作，通过对现有评级模型进行梳理，确定评级模型设计、优化方案，实现模型线上可视化验证及监测。以此为基础，公司持续加强事前、事中、事后各个环节的数字化管理工作。根据监管要求、业务实际和内部管理的需要，结合公司整体运营，公司持续完善内部管理制度及其实施细则。2020 年公司累计修订内部规章制度和业务操作规程 75 项，新增 7 项，废止 8 项。

海航集团财务有限公司

【集团概况】海航集团有限公司（以下简称“集团”）1993 年成立，经历 27 年的发展，从单一的地方航空运输企业发展成为跨国企业集团。集团以航空运输主业为核心，致力于打造中华民族的世界级航空品牌。集团旗下参控股航空公司 14 家，参与管理机场 13 家，机队规模近 900 架；开通国内外航线约 2000 条，通航城市 200 余个，年旅客运输量逾 1.2 亿人次；旗下海南航空连续 10 年被评为 SKYTRAX 全球五星航空公司；旗下海口美兰国际机场为全球第 8 家、境内首家 SKYTRAX 五星级机场。

【经营概况】海航集团财务有限公司（以下简称“公司”）贯彻监管部门要求，聚焦航空主业，严格把控风险与资产质量，秉持精细化管理理念，充分发挥财务公司资金管控职能。截至 2020 年末，公司资产总计 392.51 亿元，负债总计 292.31 亿元，所有者权益总计 100.20 亿元。

【资金集中】公司依托境内外账户资金一体化管理平台，利用银企直连及 SWIFT 技术，开展境内本币资金的归集与结算业务，适时调剂境内本币与外币、境内与境外资金余缺，助力集团资金配置，提升集团境内外整体资金使用效率。一是全力保障资金集中管理与结算服务。公司立足集团管理及成员单位业务需求，以“安全、准确、高效”为核心抓手，充分平衡管理职能与服务效能。一方面以“安全”为资金结算的首要前提，严格按照集团预算审批及成员单位业务支付需求，依托集团资金管控平台，严控“预算审批—指令审查—支付反馈”程序，逐笔核对每笔付款指令的周预算批复及公文，做好各方面结算服务工作；另一方面以“准确、高效”为结算服务的最低标准，缩短响应时间、加快结算效率、确保业务零差错，提升财务公司结算服务质量。二是强化全集团银行账户闭环管理。公司严格按照银行账户“开立—使用—注销”全生命周期流程，做好闭环管理。首先，严格把关开户预审批，重点加强开户的必要性和业务合规性审查，从源头做好把控；其次，持续开展境内外账户自动查询监控工作，定期督查账户头寸手工报备情况，确保集团及产业集团能够准确、及时了解成员单位账户使用及余额；最后，按照“能销尽销”原则持续督促成员单位加强对不使用账户的清理，并跟进账户清理进展，做好保障及督促工作。

【风险管理和内部控制】公司总结归纳外部金融行业风险事件的发生特点，加强业务风险把控力度，重点强化对各项业务事前的背景材料完备性及合同法律条款的风险审核，有效缓解业务面临的法律及合规风险。公司通过建立业务稽核体系、专项审计体系、离任审计和责任追究体系，有序开展各项检查和内审项目，定期梳理完善内控体系建设，促进风险闭环管

H

理，保障公司合规运营。此外，公司重点加强档案、印章、保密管理，进一步提升管理要求，真正做到认识到位、组织到位、措施到位，同时将此方面列入公司长远规划、岗位标准及考核内容。

【信息化建设】公司重点开展资金结算管理系统（三期）项目的建设工作，需求模块/功能基本开发完毕。此外，2020 年公司积极开展人民银行二代征信数据报送系统及数据统一报送系统的前期技术准备工作。

【企业文化建设】为了加强党的建设，拉近党组织与员工的距离，公司通过民主生活会扩大会议的形式，传达集团文件精神，探讨员工关注的话题。组织观看电影《金刚川》主题党日活动，纪念中国人民志愿军抗美援朝出国作战 70 周年。

公司定期组织学习海航党建期刊。同时，为进一步领会《海南自由贸易港建设总体方案》和海南省委七届八次全会精神，组织开展了《海南自由贸易港建设总体方案》重点政策问答考试。

【人力资源管理】扎根业务需求，配合风险化解，深入开展落实人力资源岗位评估和人员绩效考核，制定并执行公司结构优化转型方案，调整公司机构编制；进行人员调整，合理控制人工成本，支持公司业务运转。

海亮集团财务有限责任公司

【集团概况】海亮集团有限公司（以下简称“集团”）1989 年创办于浙江诸暨，2016 年集团总部迁至浙江杭州。集团始终秉承“以人为本、诚信共赢”的发展初心，坚持“既要企业效益，更求社会功德”的发展理念，明确教育事业、有色材料智造、健康产业三大发展领域，已成为拥有 3 家境内外上市公司、2 万余名员工的大型国际化现代企业集团。2020 年，集团营业收入 1974.36 亿元，净利润 15.85 亿元，资产总额 614.42 亿元，净资产 295.27 亿元，资产负债率为 53.01%。2020 年，集团综合实力列世界企业 500 强第 468 位，列中国企业 500 强第 117 位，列中国民营企业 500 强第 24 位。

【经营概况】海亮集团财务有限责任公司（以下简称“公司”）始终以“立足企业集团、服务企业集团、服务实体经济”为核心，紧扣集团需求，围绕回归本源，抓基础强管理，为集团及旗下成员单位提供高效便捷的金融服务。截至 2020 年末，公司资产规模 125.42 亿元，全年实现利息净收入 34.17 亿元，较上年增长 16.97%，净利润 2.18 亿元，资产质量良好，各项指标均符合监管要求。

【服务实体】资金结算服务方面。2020 年疫情期间，为不影响成员单位资金收支，公司暂停自动归集，由成员单位通过网银自主操作；同时对保障民生和参加抗疫的板块成员单位开通绿色通道，加快资金拨付，保障成员单位资金流畅通。信贷融资服务方面。一是确保存量授信稳定，同时满足新增贷款需求。二是响应号召降息减负，合理下调贷款利率。公司全力落实金融支持实体经济政策，对受疫情影响较重的企业实行降息减负，2020 年共减少利息收入 3300 余万元。

【信贷业务】一是信贷投放保持稳定，有力支持企业发展。截至 2020 年末，公司贷款余额 112.67 亿元（含贴现），较上年增加 13.39 亿元，增幅为 13.49%，其中贷款 111.28 亿元、贴现 1.38 亿元，信贷投放增长稳定，较好支持集团企业发展。二是争取优惠金融政策，降低融资成本。公司协助成员单位积极争取各项优惠贷款，协助海亮股份向银行申请复工、防疫贷款，已发放 8.44 亿元低息贷款，节约企业财务成本80余万元；与金融机构积极沟通，降低集团融资成本。

【投资业务】截至2020年末，公司有价证券投资账面金额为零，比年初减少96000万元，减幅为100%，无长期股权投资。

【票据业务】2020年，公司累计发生票据业务8.01亿元，其中全年累计贴现金额2.27亿元，均通过电票系统办理，帮助成员单位盘活资金沉淀，提高资金周转率，拓宽融资渠道，增强票据使用安全性。2020年办理再贴现1.74亿元，该业务为成员单位提供及时流动性支持，在一定程度上缓解了阶段性资金压力，对企业资金调节和平稳运营起到重要作用。公司合规开展票据业务，严禁开展无贸易背景的票据业务，在日常操作中加强对业务部门和成员单位进行票据业务风险提示。

【资金集中】2020年，公司归集成员单位314家，累计归集人民币3198.92亿元、美元5641.32万美元。截至2020年末，公司资金集中度为83.47%，同比下降8.03个百分点；全年月末平均资金集中度为88.95%，较上年上升0.22个百分点。

【风险管理和内部控制】2020年，公司通过健全风险管理组织架构、完善制度流程及风险合规排查，风险管理进一步加强，公司风险水平有效降低。一是完善公司制度，修订、增补完善《对账管理办法》《员工合规守信负面清单》等19项业务管理制度。二是加强内部专项审计。通过履行内部审计的日常监督和专项监督职能，发挥内部审计在完善内部控制环境、提高操作风险及案件风险评估能力、改善操作风险及案件风险控制措施和手段方面的作用。三是加强对账管理工作。公司将对账工作情况作为绩效考核的重要内容。公司700余个账户，每月对账回收率均达99%。四是定期开展员工异常行为动态排查工作，重视合规管理、风险教育，开展常态化学习培训。

【人力资源管理】公司进一步加强人才队伍建设，引进优秀专业人才，优化员工考核指标体系，持续加强培训教育工作。2020年，公司引进一名信息管理岗人员；将风险管理考核指标纳入部门及员工个人绩效考核，提高风险合规类指标占比；实施高管绩效薪酬延期支付与追索扣回，实现风险与薪酬挂钩；开展员工内部培训5次，通过知识测试、座谈会等形式，向员工普及反洗钱、防范非法集资等方面的知识，积极参与外部监管部门组织的培训，促进人才核心素质和业务水平的提高。

【信息化建设】加强信息科技治理体系建设。一是为保障公司信息系统安全、稳定运行，有效防范重要信息系统风险，公司设立信息科技管理委员会。二是引进一名信息管理岗人员，扩充信息科技队伍，积极推进信息系统建设和优化。三是制定《信息科技风险管理制度》，修订多项信息科技相关制度，完善制度管理体系。四是开展信息科技全面审计，发挥二、三道防线作用。

【企业文化建设】进一步加强党建工作，创新党组织活动形式，2020年9月，公司与中国建设银行杭州分行、中国诚通国际贸易有限公司开展以“联学共建促发展”为主题的党建共建活动。

海马财务有限公司

【集团概况】海马汽车股份有限公司（以下简称“集团”）创立于1988年，注册资本16.50亿元，直属员工1万余人，关联企业员工3万多人，累计纳税200多亿元。集团在深交所挂牌上市，是集研发、生产、销售、服务、物流、金融等为一体的现代化汽车集团，实现在埃及、智利、菲律宾、越南等20多个国家和地区的整车出口，展示了“中国制造”新形象。

【经营概况】海马财务有限公司（以下简称“公司”）聚焦个人汽车消费贷款，面对外部状况及时调整应对措施，保证公司经营稳定和风险有效控制。全年发放个人汽车消费贷款2549笔，放款金额1.72亿元，渗透率达53%。

【信贷业务】公司配合海马汽车销售下沉到乡镇农村市场和电商销售，持续向乡镇及农村地区延伸服务，切实服务“三农”领域，2020年公司涉农贷款放款占个人消费贷款放款金额的36.51%。

公司积极贯彻普惠金融理念，全年为经销商放款1.21亿元，全部为中小微企业贷款，全年支持经销商提车约1200台，支持产业链发展。

【票据业务】公司严格审查贸易背景，开具财务公司承兑票据2642张，金额3.7亿元，累计为成员单位节约开票手续费18.74万元；全年办理结算29万笔，结算金额942.42亿元，为成员单位节约各项结算手续费及享受各项优惠存款利息共360万元，全年无差错、无事故，及时和安全地完成所有资金结算工作。

公司合法合规开展延伸产业链上游供应商贴现业务，根据相关监管规定，全年贴现总计243张，金额0.33亿元。

【风险管理和内部控制】公司以董事会为全面风险管理决策机构，在“两会一层”领导下，“三道防线”各司其职，内控管理体系运行有效，修订《内部控制管理手册》，并对内部控制有效性进行评价，未发现重大缺陷和重要缺陷。

【信息化建设】按照人民银行反洗钱数据报送接口规范要求，支持大额、可疑交易报告的报送、纠错、回执处理，对风险客户或异常交易进行风险识别。完善20条反欺诈规则，加强风险控制，提高贷款资金安全。实现APP 3.0电子签约上线，个贷申请业务全面无纸化。

【社会责任】根据疫情发展态势，公司于2020年2月3日至5月15日集中回访客户2.6万名，第一时间了解客户受疫情影响的程度和还款能力。根据客户受疫情影响的情况，全年累计为500多名客户办理了延期还款，保障客户的个人信用信息权益。

【企业文化建设】公司弘扬马拉松文化，培育团队意志力。2020年，公司组织员工每周10公里跑，全公司员工参与度超过50%。通过马拉松活动，公司员工强健体魄，锤炼精神，不断激发潜能，以更好的精神面貌面对工作中的困难。

海南农垦集团财务有限公司

【集团概况】海南省农垦投资控股集团有限公司（以下简称“集团”）系海南省政府直属国有独资企业，2015年12月29日在原海南省农垦总局、原海南省农垦集团有限公司基础上组建成立。现有下属二级企业19家，拥有天然橡胶、热带水果、热带作物、草畜养殖、南繁育种、旅游健康地产、商贸物流、金融服务等产业基础。2020年集团实现营业收入248.6亿元、利润总额6.84亿元、资产总额712亿元，分别同比增长5.33%、5.35%、16.15%。

【经营概况】2020年，海南农垦集团财务有限公司（以下简称“公司”）围绕海南自贸区（港）建设、集团发展战略和企业年度经营目标，发挥功能优势，优化金融服务，防范金融风险，积极助力集团战略发展，不断提升服务实体经济质效。全年累计实现营业收入2.39亿元，同比增长0.48%。实现利润总额1.27亿元，较上年增幅为6.66%。

【信贷业务】截至2020年末，公司累计发放自营贷款31.10亿元，同比增长17.45%；自营贷款余额35.93亿元，同比增长46.35%；积极支持成员企业复工复产，累计为受疫情影响无法按期还款付息的困难企业办理1.13亿元贷款延期还款付息。同时，在保持存款利率上浮的基础上，公司继续以优惠信贷产品服务成员企业，成员企业融资成本有效降低。

【资金业务】2020年，公司加强同业合作，新增同业拆借交易对手6家，累计授信额度13亿元，融资渠道不断拓宽。通过同业拆借调剂资金头寸，累计为集团节约财务成本494.37万元。同时在满足监管要求，保证安全性、流动性的前提下，科学开展同业存单、同业存款、国债逆回购、质押报价式回购等业务391笔，实现利息收入5620.20万元。

【投资业务】2020年，公司选择国有六大行、12家AAA评级的股份制银行及前十大券商等金融机构作为合作机构，从源头控制投资风险。强化投资产品甄选，以运作较好的银行理财及券商收益凭证、集合计划等低风险产品为主。密切跟踪投资市场风险，波动大时，通过适当缩短投资期限、降低风险偏好的手段规避风险。全年累计实现投资收益1830.07万元。

【结算业务】2020年，公司累计为成员企业办理结算业务61302笔，同比增长10.68%，结算规模达1441.73亿元，同比增长37.37%，继续保持支付“零延迟、零差错、零损失”。同时，通过承担农业银行现金管理服务费、减免结算手续费等方式，累计为集团节约结算性费用208.91万元。

【资金集中】2020年，公司完成归集银保监局备案成员企业371家，归集面达92.75%，为提高集团资金管控能力、资金配置效率奠定了坚实基础。同时，在监管合规、集团整体利益最大化原则下，通过最大限度上浮存款利率、降低协议存款起存点、协助设计存款组合等方式，累计为成员企业增加利息收入4341.28万元。

【风险管理和内部控制】2020年，公司不断完善风控治理架构，优化制度流程，切实提高风险管理水平；将风险管理与经营目标、业务操作深入融合，准确把握宏观经济环境、市场经济变化等对公司信用风险和流动性风险产生的影响，及时采取风险缓释措施，提高应急处置能力；继续提高全员风险防控意识，确保依法合规开展业务；按季开展审计稽核项目43项，实现职能部门业务全覆盖。

【信息化建设】2020年，公司加大了信息建设力度，实现反洗钱系统、价税分离模块、单据管理、自动接收指令及用友财务接口、金蝶接口等功能模块上线，有效提高业务处理速度和风险控制水平，为业务开展提供有力保障和支撑。

【企业文化建设】公司积极倡导“快乐工作、健康生活”的理念，通过组织开展防灾减灾演练、羽毛球赛、冬日徒步等一系列形式多样的文体活动，有效增强了团队凝聚力和向心力。

海信集团财务有限公司

【集团概况】海信集团有限公司（以下简称“集团”）成立于1969年，拥有海信视像（600060）和海信家电（000921）两家在沪、深、港三地上市的公司。集团始终坚持“诚实正直、务实创新、用户至上、永续经营”的核心价值观和“技术立企、稳健经营”的发展战略，业务涵盖多媒体、家电、IT智能信息系统和现代服务业等多个领域。

【经营概况】2020年，海信集团财务有限公司（以下简称“公司”）克服疫情影响，在逆境中寻找机遇，继续秉承“立足于集团，服务于集团”的基本宗旨，持续优化业务结构，总体发展态势良好，核心竞争力稳步提升。截至2020年末，公司资产总额290.11亿元，比年初增加51.78亿元，增幅为21.73%；全年累计实现利润总额3.90亿元，净利润2.93亿元。2020年末，公司资本充足率为19.76%，流动性比例为68.38%，各项监管指标均符合监管要求。

【服务实体】2020年，突如其来的新冠肺炎疫情对实体经济发展和金融行业整体造成了严重影响，公司在开展疫情防控工作的同时，积极联系集团成员单位，了解其经营周转情况并提供针对性的金融服务方案。为降低成员单位财务负担，支持复工复产并提升市场竞争力，公司统一下调成员单位融资利率，并通过结算手续费减免、降低汇兑交易成本等措施支持成员单位抗击疫情，最大限度降低成员单位的经营成本。

【信贷业务】公司紧紧围绕集团战略，积极推动集团产业转型升级，根据成员单位多样化需求，提供自营贷款、票据贴现、贸易融资、保函、商票保贴等综合融资服务。截至2020年末，公司各项贷款余额142.43亿元，比年初增加36.29亿元，增幅为34.19%。

【产业链金融】2020年7月，公司获得开办延伸产业链金融业务试点资格；8月初，“一头在外”票据贴现业务实现首笔投放；12月，“一头在外”应收账款保理业务实现首笔投放。截至2020年末，公司累计为466户供应商完成备案，为432户供应商发放贴现及应收账款保理贷款共计48.48亿元，业务余额38.59亿元。

【投资业务】2020年，公司不断改进投研体系的搭建和宏观经济及政策数据的跟踪、整理；积极拓展交易对手，将快捷授信金融机构拓展至包含银行、银行理财子公司、基金公司、证券公司及信托公司等，为提升投资效率打下了良好的基础。

【票据业务】2020年，公司联合集团成员单位持续推广电票付款方式，积极推动成员单位加入商业承兑汇票推广自律机制。全年累计签发电票509.50亿元，累计为成员单位办理贴现业务41.29亿元，有效缓解了成员单位经营资金周转压力，降低了短期融资成本，提高了资金周转效率。

【外汇业务】2020年，汇率受新冠肺炎疫情影响波动较大，为了降低集团整体汇率风险，公司采取按人按户明确分工的方式，对成员单位外汇敞口及保值策略提供专业对口服务，极大地提高了成员单位汇率风险防范意识及汇率管理能力。业务方面，公司全年办理成员单位即期结售汇业务2.44亿美元，并与多家银行建立交易对手关系，增加公司可拆入外币资金规模约1.55亿美元。

【资金集中】公司致力于保障集团资金安全，一是以公司头寸户所在银行为依托，集中成员单位开户银行及账户数目，提高资金管理效率；二是实行成员单位账户收支分离，协调成员单位与银行签约相应归集功能，确保资金应收尽收；三是定期排查成员单位外部银行账户状态，对使用频率低且应当注销的账户进行督促和跟踪，减少外存资金。截至2020年末，公司实现全口径资金集中度78.88%。

【风险管理和内部控制】2020年，公司一是健全制度体系，优化内控流程，根据经营发展实际及时新增、修订公司管理制度，规范授信类业务流程；二是加强内审工作，对各部门开展专项审计，并跟踪审计整改情况，持续推动公司合规经营；三是开展内控合规培训，通过解读法规政策、揭示业务合规风险点以及分析监管处罚案例等培训强化员工的风险合规意识。

【人力资源管理】2020年，公司一人次荣获青岛市高端金融人才称号；成立产业链金融业务部，通过完善公司组织架构，确保业务稳健开展；进一步重视人才培养，积极组织员工参加各项培训，同时注重员工综合素质和业务水平的提升，全面落实集团人才培养战略，为公司健康可持续发展提供有力保障。

【信息化建设】2020 年，公司持续升级优化信息系统，丰富系统功能，完成了“一头在外”业务系统、新一代大额支付系统以及监管报送平台广义信贷模块金融基础数据报送模块等的上线工作，有效满足了公司业务发展需求，进一步提升业务办理的时效性和便捷性。

【企业文化建设】2020 年，公司以党员干部为先锋，扎实做好疫情防控工作；以党规党纪为准则，深入推进党风廉政建设；以党委要求为标准，扎实推进党组织建设工作；以宣传培训为抓手，全面加强思想政治建设；把创建“基层过硬党支部”作为党支部中心工作，注重员工思想提升、加强组织和作风建设；以夯实基础为目标，多元化组织企业文化宣传活动，进一步提升全体员工的凝聚力和执行力。

杭州锦江集团财务有限责任公司

【集团概况】杭州锦江集团有限公司（以下简称“集团”）是一家以有色金属、化工与新材料及环保能源为主产业，同时集贸易、物流、投资和金融于一体的现代化大型民营企业集团。2020 年，集团以“顺势而为，变中求进，精益求精”为经营理念，在复杂多变的市场环境及激烈的竞争下，坚定走出了属于自己的步伐。集团自 2013 年以来连续 8 年荣登中国企业 500 强和中国制造企业 500 强，分别列第 252 位和第 109 位。

【经营概况】2020 年，杭州锦江集团财务有限责任公司（以下简称“公司”）紧紧围绕金融服务集团实体经济的经营主旨，依托集团及其成员单位的战略规划，充分发挥财务公司的职能和作用。公司主动开展“减息助企，共克时艰”活动，以存款增息、贷款减息的方式降低集团成员单位的财务费用，支持集团、助力集团发展。截至 2020 年末，公司资产总额 23.94 亿元，负债总额 10.84 亿元，所有者权益 13.09 亿元；实现营业收入 10050.22 万元，利润总额 6791.84 万元，净利润 4946.18 万元。公司资本充足率、流动性比率等各项指标均符合监管要求。

【服务实体】2020 年，公司继续落实“三服务”工作，结合集团经营状况及战略方向，梳理成员单位的融资需求，为成员单位制定个性化授信方案。在疫情期间，公司重点对接受疫情影响较大的成员单位，了解融资情况、复工复产中存在的困难，商讨金融服务方案，有效支持集团实体企业抗击疫情、复工复产。公司实施了诸如降低贷款利率、降低保证金比例、免收结算手续费及询证函费用、存款利率差异化等优惠措施，为成员单位提供高效、优质的金融服务，助力成员单位降本、降负。

【信贷业务】2020 年，公司贯彻监管指导意见，保持稳健的信贷资金投放。全年为成员单位累计审批授信 42.40 亿元，发放贷款 28.06 亿元。截至 2020 年末，公司贷款余额 17.07 亿元，与上年同期基本持平；公司所有贷款均完成 LPR 利率转换，贷款平均执行利率较同期相比有所下降。除传统的信贷业务外，2020 年公司累计开具承兑票据 8.94 亿元，办理融资性担保 4.7 亿元。

【资金业务】公司加强对流动性安全、票据监管指标等关键指标的监测，通过建立指标每日监测台账和资金头寸表，合理匹配各项资产负债方式，在保证资金安全性、提高资金流动性的基础上，紧盯同业市场利率走势，积极与各大银行开展同业业务洽谈和合作，全面统筹，积极调度，有效提高资金运营效益。

【票据业务】2020 年，公司继续与中国银行、北部湾银行等商业银行开展同业票据业务合作，获授同业授信9亿元，提高财务公司票据在市场上的流通性。同时积极与集团成员单位沟通，全年为成员单位承兑电子商业汇票8.94亿元；为了降低成员单位负担，票据承兑业务基本不收取保证金，贴现业务维持较低的贴现率，支持成员单位运用财务公司票据对外结算。

【外汇业务】2020年，公司主办的跨国公司跨境资金集中运营管理业务取得外汇局的批复。作为公司新业务板块，相关部门积极准备，集中培训外汇管理办法以及相关法规、制定操作办法和流程，并于7月成功为成员单位办理了首单境外借款结算业务。

【资金集中】公司加强与集团和成员单位的沟通，深入挖掘成员单位的业务需求，增强成员单位与公司的黏合度，提高成员单位开户和资金归集的主动性。同时公司继续加强成员单位账户管理，强化成员单位银行账户监控，通过核心系统自动与人工手动归集相结合、定时与不定时归集相结合等更灵活的方式进行成员单位资金的每日归集，进一步提高资金集中度。

【风险管理和内部控制】2020年，公司牢固树立“合规创造价值，合规是防控风险的内在要求”的合规理念，坚持稳中求进的工作总基调，切实防范化解各类风险，未出现经营风险、合规风险及金融案件情况，总体风险状况良好。信用风险、市场风险、流动性风险、操作风险较低，资本充足率水平、流动性比例等各项监管指标均优于监管标准；业务经营规范有序，员工合规意识较强，公司风险防控能力与管理水平稳步提升。通过持续完善制度建设、不断巩固治乱象成果、坚持落实案防工作部署等夯实公司治理及内控基础，严防操作风险和道德风险。

【人力资源管理】2020年，公司加大绩效考核执行力度，积极发挥风险合规导向作用，及时调整人员配置，提高员工和岗位的匹配度。同时，公司继续实施人才强企战略，紧紧抓住培养、吸引、用好人才三个环节，加快人才队伍建设步伐，为公司发展提供人才支撑。

【信息化建设】2020年，公司通过细化目标任务进行日常安全运维管理，组织多次应急演练，信息系统运行安全稳定；组织实施数据综合治理工作，为2021年度顺利完成监管数据报送平台建设奠定了坚实基础。

航天科工财务有限责任公司

【集团概况】中国航天科工集团有限公司（以下简称“集团”）是战略性、高科技、国家级创新型企业，前身为1956年10月成立的国防部第五研究院，先后经历第七机械工业部（1981年9月第八机械工业部并入）、航天工业部、航空航天工业部、中国航天工业总公司、中国航天机电集团公司、中国航天科工集团公司的历史沿革，并于2017年11月更名为中国航天科工集团有限公司。集团总部位于北京，在职职工近15万人，所属21家二级单位，控股8家上市公司，企事业单位500余户，分布于30个省（自治区、直辖市）及境外地区。“十三五”期间，集团累计实现营业收入较“十二五”同期增长65.9%；累计实现利润总额较“十二五”同期增长56.8%。

【经营概况】2020年，航天科工财务有限责任公司（以下简称“公司”）全年实现营业收入21.35亿元，利润总额13.04亿元，净利润9.43亿元，实现经济增加值5.46亿元，年末归集资金规模达928.56亿元，年末资产总额达到999.72亿元，全年资本充足率等各项指标均符合监管要求，在2020年度集团公司经营业绩考核中获评优秀。

【信贷业务】公司进一步发挥成员单位债务融资主渠道的作用，在科学管控信用风险的前提下，努力做到应贷尽贷，持续加大信贷投放，全年累计发放贷款274亿元，同比增长57.8%，日均信贷规模141.7亿元，同比增长12.3%。及时出台防疫等优惠贷款政策，全年累计发放优惠贷款82亿元，为成员单位产业发展减轻负担。认真落实党中央和集团决策部署，通过高比例分红、大幅让利等，全力支持成员单位对冲疫情影响，全年股东分红7.6亿元、存贷款让利1.5亿元，两项合计9.1亿元。

【资金业务】公司始终坚持以风险可控为前提，以市场化运作为原则，稳妥有序、灵活多样开展同业资金业务，资金运营效益明显增加，2020年实现同业收入15.92亿元。进一步强化资金流动性管理，科学调控资金头寸，在保持必要流动性的前提下，不断压低结算备付，全年日均备付率仅为1.39%。

【投资业务】公司加大权益市场研究，积极寻求市场机会，及时减持存量投资产品，按计划完成了权益类投资产品清仓，2020年实现投资收益1.58亿元。

【票据业务】公司2020年累计办理票据承兑业务11.78亿元，较上年同期增长20.27%。累计办理票据贴现业务2.65亿元，日均贴现规模1.12亿元。

【统保业务】公司积极发挥统保服务平台职能。顺利完成集团公司保险经纪服务采购项目招标以及与统保共保体续签合同等工作，为统保工作的持续开展奠定基础。统保协调联动机制更加完善，保险管理渠道逐步统一，统保资产规模显著增加，统保费率大幅下降，出险单位权益得到保障。

【资金集中】不断加大资金集中新模式的推广应用，2020年直接集中资金规模、占比显著提高，日均归集规模同比增长27%，资金集中度达84.79%。全面推行集中代理结算模式，积极构建集中结算平台，统一资金结算通道，拓展直连银行3家，统一结算业务量达131万笔，全年平均结算集中度接近57%。高效、高质量建成集团公司资金在线管控系统，为集团公司从源头做好风险防范提供了新的有力抓手。

【风险管理和内部控制】一是深入推进合规管理体系建设，逐步建立覆盖全部管理流程的合规行为规范，公司内控管理科学性、全面性与合理性进一步增强。二是进一步优化风险内部控制流程，持续推进风险管理关口前移，调整优化信贷业务、投资业务审批流程，实现专业委员会对业务的100%审议，决策风险管控更加科学。三是严格落实集团公司经济合同法律风险防控十七条基本措施，促进法律与业务深度融合，实现公司规章制度、重要决策、经济合同100%法律审核。四是充分发挥内部审计作用，围绕重要业务，聚焦关键环节，通过常规稽核和专项审计，实现对重点业务和关键环节的审计全覆盖，审计防风险、保发展作用进一步凸显。五是不断加强依法合规宣传教育，树立全员法治意识，合规管理理念不断深化。

【人力资源管理】深入贯彻落实“好干部标准”和国有企业领导人员“20字要求”，持续建立健全以德为先、任人唯贤、人事相宜的选拔任用体系，着力建设忠诚干净担当的高素质专业化领导人员队伍；进一步加大优秀年轻领导人员选拔培养力度，完成“三年一聘”和专业技术职务评聘，干部和人才队伍建设进一步加强；持续优化完善薪酬激励机制，加强工资总额的差异化管理力度，牢固树立薪酬分配向业绩优先倾斜、向一线骨干倾斜的鲜明导向；积极探索员工薪酬福利管理工作多元化可行性方案，丰富激励手段，落实共享发展理念，多方位提高公司员工满意度和获得感。

【信息化建设】一是在建设集团资金在线管控系统中，成功搭建“监控池”，设置六道风险预警防线，实现与集团20家商密网共享中心、4家国密网共享中心和2个集团级应用等的集成，并在集团全级次单位推广应用。二是紧跟金融科技发展趋势，获得电子商业汇票系统线上清算资格并顺利投产上线，大幅优化财银直连平台支付性能，票据与资金结算效率全面提升。三是认真落实集团管控要求，完成了营业收入、现金流量等日报数据自动报送、ERP与集团审计系统集成等工作。四是大力推广“支付通”“一网通”应用，组建专业运维团队，有序推进应用系统建设，持续夯实网络安全管理，信息化支撑保障能力全面提升。

【企业文化建设】公司始终坚持正确的政治方向，及时开展正面舆论宣传，以达到统一思想，齐抓共管的目的。2020年在学习强国、集团云信平台和官微公号、《中国航天报》、公司新媒体等多渠道多平台发布信息近300篇，重点宣传报道公司党的建设、经营管理方面取得的成绩，展示干部职工良好精神风貌。强化新闻宣传，不断创新宣传载体，在“中国航天日”当天以直播方式向公众展示疫情期间航天人的工作状态，讲述航天人的故事，开展航天文化传播。树立基层典型，广泛宣传公司抗疫和复工复产期间涌现出的先进典型和北京、武汉两地职工共克时艰、一致抗疫的正能量报道，新冠肺炎疫情防控党员突击队和1名个人受到集团表彰。

航天科技财务有限责任公司

【集团概况】中国航天科技集团有限公司（以下简称“集团”）是我国航天科技工业的主导力量，是国家首批创新型企业。主要从事运载火箭、各类卫星、载人飞船、货运飞船、深空探测器、空间站等宇航产品和战略、战术导弹武器系统的研究、设计、生产、试验和发射服务。2020年，集团实现利润总额同比增长11.7%，营业收入同比增长7%，连续16年保持中央企业考核A级，连续7年保持前10名。

【经营概况】2020年，航天科技财务有限责任公司（以下简称“公司”）取得了疫情防控和实现经营发展目标的“双胜利”。公司经营业绩稳步增长，实现营业收入38.16亿元、利润总额24.2亿元、间接贡献超4亿元，日均存款达到970亿元，全口径资金集中度达到93.19%、金融服务满意度达到96.71分，各项指标均创历史新高，资产、负债、净利润规模连续在军工行业财务公司中排名第一，在集团经营业绩考核中持续保持A级。

【服务实体】抓好疫情防控，全力支持成员单位复工复产，通过发放专项优惠贷款、办理贷款展期、调整还款计划等方式助力企业纾困，全面支持集团发展。为集团重点产业提供金额合计100亿元、利率2.9%的一年期专项优惠低息贷款，引导让利主责主业，助推集团重点产业发展。践行“精准服务”理念，紧贴客户需求，量身定制“一企一册”金融服务方案，完善标准化金融产品手册，在充分满足客户服务需求的同时，助推客户经营理念和管理水平的提升。

【信贷业务】2020年，实现信贷收入13.15亿元；信贷日均334亿元，年末余额292亿元，预算完成率达86.75%。

【资金业务】推行资产负债主动管理和精细化管理，统筹资本充足率、流动性比例、大额资金计划与头寸等因素，科学配置同业产品，实现存放同业收入16.92亿元，同比增长17.9%。

【投资业务】秉持“固定收益+”投资理念，优化证券投资产品结构，全年实现投资收益5.88亿元，年化收益率为7.34%，达到“十三五”时期最好水平。

【票据业务】为成员单位办理票据质押“大拆小”业务，盘活存量票据资源，丰富票据功能和渠道；发行全国首单财务公司标准化票据，

H

丰富财票持有企业的融资渠道。

【外汇业务】稳步推进外汇业务实现新突破，降低成员单位在商业银行保证金占用，持续提升跨境金融服务能力；成功开通首笔代理进口信用证业务 56.42 万欧元；成功办理首笔代开外币保函 34.56 万美元，助推成员单位开拓印度孟买市场。

【资金集中】建立集团财金部和公司联合工作组工作机制，聚焦资金“可视、可控、可用”工作目标；实现直接归集账户查询覆盖率 100%，集团境内人民币账户的可视率由年初的 47% 提升至 70%，实现境内法人单位财务公司开户率 100%，实现全口径资金集中度 93.19%，较上年提升 1.35 个百分点，创历史新高。

【业务创新】推动集团统一票据池论证，调研银行产品、同业票据池模式及成员单位需求并形成研究方案，确定“1+N”的票据池建设模式。

【风险管理与内部控制】形成全面风险管理体系；制定风险事项清单、风险监测指标体系、风险信息报告清单和专项风险应急办法；开展流动性压力测试；开展结算业务突发事件应急演练；实行同业交易对手白名单管理；开展票据业务、信用风险等专项自查。

【人力资源管理】实施“薪火计划”，全面开展人才盘点，推动全员提升专业能力和素质，为优化人才配置打好基础。

【信息化建设】进一步加强信息系统对管理提升的支撑作用，实现新核心系统与大数据系统的对接，提升公司数据统计、分析与报送功能；正式运行规章制度管理信息系统；启动合同管理信息系统开发；完成异地灾备数据中心建设，“两地三中心”的数据中心雏形初步形成。强化“智能服务”能力，上线新核心系统，大幅提升系统响应速度和网银端功能，实现信贷业务线上自助办理、账户余额实时查询、客户信息自助维护，推动“无纸化”“智能化”业务办理。

【企业文化建设】坚持把学习贯彻落实习近平新时代中国特色社会主义思想作为首要政治任务，及时准确领会党和国家方针政策、集团党组重大部署，并在公司有效贯彻执行。深入落实国企改革和国企党建工作要求，把党的领导进一步融入各个治理环节，进一步强化党委对公司重大经营决策事项的前置审议；找准公司在集团“两个一流”建设进程中的功能作用，专题研究公司全年工作思路和改革三年行动实施方案，充分发挥党委“把方向、管大局、保落实”的核心作用。

河北港口集团财务有限公司

【集团概况】河北港口集团有限公司（以下简称“集团”）成立于 2009 年 7 月，是河北省国资委监管的省属重点国有独资企业，省内首家布局 A+H 股双资本平台的国有企业，是集港口建设、开发，国有资产运营、管理以及投融资功能于一身的综合性企业集团，业务涉及港口运营、投资运营、港口物流和园区经济等多个领域。其中投资运营板块是集团重要的利润来源和增长点，新时期，集团以服务转型升级为目标，积极打造与产业有机结合、具有企业自身特色的国有资本投资运营平台。

【经营概况】2020 年，河北港口集团财务有限公司（以下简称“公司”）深入贯彻落实党的十九届四中、五中全会精神和集团战略部署，扎实开展疫情防控、业务拓展、结构优化、风险降级、人才和数字化建设，促进价值提升。2020 年实现利润总额 0.80 亿元，为集团合并报表增利 1.10 亿元，向股东分红 0.25

亿元。公司被中国人民银行评为2019年度全国企业征信系统数据质量工作优秀机构，连续6年被河北省财政厅评为省属金融企业财务决算报表优秀单位，“财务公司大数据挖掘及应用”获得秦皇岛市金融学会重点研究课题一等奖。

【资金业务】2020年，公司着力发挥资金集约功能，助力集团降本增效。认真落实集团公司关于降本增效的工作部署和八项措施，紧密结合公司宗旨定位，以集团整体利益最大化为目标，努力提高资金使用效率，协助集团降本增效。一是实行月度资金调度会制度，强化利润目标管理，统筹计划资金投放和资产结构，业务规模和资金效益显著提升，全年实现“三高一低”。日均吸收存款38.27亿元、日均发放贷款24.38亿元（贷款余额32.88亿元）、利润总额0.80亿元，均创历史新高，贷款平均利率较上年下降30个基点，进一步扩大内源融资，有效降低了成员单位融资成本。二是积极调整信贷结构，增加港口板块信贷比重，优化资源配置，提升资产质量。三是积极拓展同业运用途径，研究、筛选了一批低风险银行理财产品建立产品池，努力提高收益水平。

【风险管理和内部控制】2020年，公司强化全面风险管控，为经营管理保驾护航。一是进一步完善制度体系，梳理汇编金融法规，新增和修订管理制度40项，内部管理制度达到175项，增强管理制度的系统性和实用性。二是严格风险审查和授信审批，认真执行“三重一大”决策制度，建立评级授信风险审查要点和贷后投后分析要点，将风险管理做细做实。三是按季召开风险与关联交易控制委员会会议、贷后投后分析会和案防分析会，组织全员层层签订《案防责任书》，定期开展案件警示教育、员工行为排查、履职回避排查等活动，不断加强从业人员意识形态建设，有效防控合规风险。四是强化监督检查，对内部管理制度进行集中梳理，建立稽核要点库，加强对制度执行情况的监督检查，系统开展稽核审计和内控评价，构筑风险防火墙，为经营发展保驾护航。

【信息化建设】2020年，公司持续加强数字化建设，不断提升信息保障能力。一是建成投资业务管理系统，实现了投资业务先期决策、审批、风险监控、流水管理、台账管理、报表核算等全流程线上处理。二是搭建综合分析平台，通过数据仓库，将数据立体化，直观进行业务分析和风险监测，构建管理驾驶舱，为经营管理提供信息支持。三是加强设备网络巡检和系统功能提升，按季开展灾备切换演练，为业务连续和数据信息安全提供有效保障。

【企业文化建设】充分发挥政治引领作用，落实疫情防控和人才建设。

一是强化政治引领，实行“三重一大”事项支委会前置审议，认真开展“三会一课”和党风廉政建设，充分发挥党支部战斗堡垒作用。二是认真落实各级疫情防控指示精神，积极开展防疫宣传，保障物资储备，严格落实测体温、消毒等防疫措施，2—7月累计134人次参与了社区值岗。三是按照集团薪酬改革要求，修订《薪酬管理办法》和《绩效工资分配办法》，开展职位评定，落实改革措施，优化薪酬激励机制。四是持续开展员工素质提升活动，采用网络课程学习和现场授课交流相结合的方式，为员工素质提升提供了有效平台。五是加强企业文化阵地建设，“财信创新工作室”被评为集团级创新工作室；“职工书屋”被评为集团职工书屋示范点；综合管理部被集团挂牌命名为第六批企业文化示范基地。

河北建投集团财务有限公司

【集团概况】河北建设投资集团有限责任公司（以下简称“集团”）是河北省政府聚合、融通、引导社会资本和金融资本，支持河北省经济发展的投融资平台、基础设施建设平台和金融服务业平台，并由河北省国资委履行监管职责的国有资本运营机构和投资主体。

【经营概况】截至2020年末，河北建投集团财务有限公司（以下简称“公司”）资产总额106.70亿元，负债总额93.14亿元，所有者权益13.56亿元，实现营业收入2.88亿元，拨备后利润总额1.64亿元。

【服务实体】2020年，公司一是研究建立银团贷款制度，申请开通系统操作权限，并成功为成员单位发放银团贷款，成为河北省内第一笔由财务公司作为牵头行办理的银团贷款；二是跟进重点项目，为多家省内外建设期项目发放搭桥贷款，加快建设进度；三是充分利用快循贷产品灵活、快捷的特点，应对煤炭市场价格持续上涨，满足成员单位冬储煤融资需求。

疫情暴发后，公司对成员单位进行摸底和评估，并采取多项积极果断措施，切实维护成员单位资金链安全。设立“疫情防控专项低息贷款”，有力支持了集团系统民生项目的周转和重大项目的复工。

【信贷业务】2020年，公司累计实现信贷投放335笔，金额合计173.89亿元（其中贴现发放3.62亿元），较上年大幅增长59.30%；实现日均信贷余额46.85亿元，同比增长12.90%。截至2020年12月31日，信贷余额57.49亿元，同比增长12.10%。

【产业链金融】积极研究集团内部产业链特点，利用管材公司与工程公司之间的应收账款开拓保理融资业务，解决了经营周转困难，同时，为优化整合集团内部金融资源、充分发挥财务公司金融平台优势奠定了良好基础。深入分析成员单位之间的购销关系，量身定制了“贷款＋承兑＋贴现”的综合金融服务方案，除传统的贷款投放外，开创性地采用“票据承兑与买方付息贴现”相结合的方式，解决了小股东免费资金占用的问题，维护了集团整体利益。

【资金集中】截至2020年末，吸收存款余额91.63亿元，日均存款85亿元，创公司成立以来新高。全年保持了较高的资金归集水平，年末全口径资金归集度达85.40%，可归集口径归集度达99.05%，基本做到了应归尽归。

【资金业务】2020年，公司一是在疫情期间通过高密度的电话沟通以及邮件提醒等多种方式，保证了疫情期间资金信息获取的稳定性与时效性；二是敏锐把握市场信息，通过同业沟通以及市场信息分析，预判到超宽松货币政策将会逐步修正，提前做好应急预案，完善各项业务资金回收计划，并根据实时资金情况进行相应调整，确保方案实施。

【投资业务】2020年，公司一是建立包括时点型高收益理财、流动性理财、债券、货币基金、国债逆回购、同业拆借等业务在内的综合投资组合，从安全性、流动性、收益性多层面完成了投资体系的全面优化，有效提升了沉淀资金使用能效；二是充分利用银行间市场、票据交易市场等交易资源，积极提高市场参与度，充分发挥财务公司金融服务职能，强化专业化服务水平。

【票据业务】高度关注成员单位收票情况，迅速扩大同业授信额度，同时，及时调整企业授信结构，减少贷款或承兑授信，大幅增加贴现授信。2020年累计为多家单位办理电票贴现，贴现总金额3.62亿元。

【业务创新】通过底层资产穿透详尽分析适合财务公司的市场产品，建立适合自身的风险体系模型，有效强化了产品安全性、流动性、收益性的平衡分析能力，最大限度地提升了投资业务整体筛选和开展效率。

【风险管理和内部控制】2020 年，公司一是对信贷业务相关内控制度和流程进行梳理，加强公司内控管理；二是梳理公司反洗钱系列工作，针对 12 项制度进行修订完善；三是坚持定期测算，盯住广义信贷增速及资本情况，并定期完成宏观审慎评估（MPA）工作；四是开展流动性压力测试工作，测算流动性资金承压情况，加强资金精细化管理。

【人力资源管理】2020 年，公司一是薪酬管理工作规范有序，认真做好员工薪酬核算和发放工作；二是为员工及时缴纳各项社会保险和企业年金，做好员工劳动合同签订、管理工作；三是创新培训方式，与法询金融学院合作开展线上培训。

【信息化建设】2020 年，公司一是进行核心业务系统升级；二是完成新机房基础环境建设；三是完成服务器及网络工程建设；四是做好信息系统运维管理工作，不断提升信息科技治理水平和风险防范能力。

【企业文化建设】公司采取多种方式开展文化宣传活动，一是加强通讯员队伍建设，发表在报纸、杂志、网站等平台的宣传稿件 60 余篇；二是积极开展文明单位创建工作，公司荣获“2016—2018 年度河北省国资委系统文明单位”荣誉称号。

在党建工作方面，一是以《习近平谈治国理政》（第三卷）为主教材，深入开展大学习活动；二是制定公司党建工作要点和工作清单，对全年党建工作进行安排部署；三是以对标行业先进提升管理为契机，结合“十四五”战略规划、业务发展实际举办主题党日活动和“抓党建，促经营，履职尽责当先锋”活动；四是坚决扛起疫情防控政治责任，引导党员干部发挥先锋模范作用，落深落实落细自身疫情防控各项工作；五是开展纪念建党 99 周年系列活动，推动党建带工建、团建和女工建设工作，提升全体员工的工作热情。

河钢集团财务有限公司

【集团概况】河钢集团（以下简称“集团”）是世界最大的钢铁材料制造和综合服务商之一，已经成为中国第一大家电用钢、第二大汽车用钢供应商，海洋工程、建筑桥梁用钢领军企业，在 MPI 中国钢铁企业竞争力排名中获“竞争力极强”最高评级，是世界钢铁协会会长、中国钢铁工业协会轮值会长单位。2020 年末，营业收入 3630 亿元，资产总额 4780.24 亿元，连续 12 年位列“世界企业 500 强”，2020 年列第 218 位，在 2020 年“中国企业 500 强”“中国制造业企业 500 强”“中国跨国公司 100 大”排行榜中分别列第 59 位、第 18 位和第 35 位。

【经营概况】2020 年，河钢集团财务有限公司（以下简称“公司”）资产总额 395.53 亿元，负债总额 331.20 亿元，所有者权益 64.33 亿元，分别较年初增长了 44.13%、36.68%、100.27%；全年累计实现营业收入 13.77 亿元，利润 4.28 亿元，分别较上年增长了 48.28%、16.41%。无不良贷款、不良资产，各项监管指标均符合监管要求。

【服务实体】2020 年，公司在严把贷款准入关的基础上，加大制造业信贷投放力度，截至 2020 年末，制造业贷款余额 288.32 亿元，占全部贷款余额的 94.16%，制造业贷款较上年同期增长 129.17 亿元，增速达 81.16%，制造业贷款投放保持较快发展，有力支持了实体经济发展。

【信贷业务】2020 年，公司进一步调整信贷结构，将信贷资金优先投放到综合竞争力强和产品优势明显的企业，同时加大对中小微企业等重点领域和薄弱环节的信贷支持力度，2020 年累计发放自营贷款 594.93 亿元（其中，新增中型企业自营贷款 1.70 亿元），委托贷款 9.00 亿元；2020 年 5 月 23 日，公司对接上海票交所，实现了电票线上清算，成为全国首批、河北首家实现全直连接入的财务公司；2020 年 7 月公司商业承兑汇票相关业务获批，当年累计办理贴现业务 25.43 亿元，再贴现业务 17.30 亿元。其中，商业承兑汇票业务 8.60 亿元。

【投资业务】公司坚持从常规业务精细化管理和投资品种拓展两方面着手提升投资业务盈利能力。一方面，通过精细化头寸管理提高了高流动资金的投资比例，借助国债逆回购等金融工具实现资金高效利用，并把握价格波动机会，提高交易收益。另一方面，加大投资品种拓展的力度，在进行充分可行性研究的基础上开展了证券公司理财、货币基金和债券等的投资，通过合理的期限结构和丰富的产品结构进一步提升投资收益。2020 年，累计理财业务量达 5030.15 亿元，实现收益 6642.00 万元。

【资金集中】公司借助集团资金管控工作逐步推进的契机，努力拓宽资金归集范围，持续推进账户上线归集，扩展结算支付渠道，提高集团资金集约化、精细化管理水平。截至 2020 年末，全口径资金集中度为 51.51%，可归集口径资金集中度为 89.32%；平均全口径资金集中度为 52.57%，平均可归集口径资金集中度为 89.64%。

【业务创新】公司继 2019 年 12 月 16 日成功获批关税保函业务资质，成为河北省首家获批关税保函业务的财务公司后，于 2020 年 5 月 18 日成功出具首单关税保函，2020 年累计办理关税保函业务 75 单，金额共计 6.08 亿元，充分发挥了财务公司金融支持主业功能，实现了担保业务的新突破，减少了成员单位通关手续及资金占用，提高了通关效率。

【风险管理和内部控制】为了健全公司治理，公司增补了高管，按照前中后台分离的审慎配置原则对高管层职责进行划分，重新调整部门设置，由原来的 7 个部门增加到 11 个部门，细化明确了部门、岗位责任，前中后台的设置审慎合规高效。全面梳理业务操作流程和审批流程，修订、补充、完善公司制度，编印《制度汇编》第二版，持续完善制度。开展全面排查和审计监督，加强信用风险、操作风险、合规风险等各环节风险控制。加强风险案例警示教育和合规文化建设，严格员工行为规范和考核，切实增强合规意识，营造良性经营氛围。

【信息化建设】公司以建立健全信息科技风险防范体系为保障，进一步完善财企、银企平台，成功与集团财务共享平台、供应链平台、智慧物流平台等系统平台对接，实现集团及子分公司资金收付和财务记账自动化；建设部署外汇结售汇业务系统，实现与外汇局、商业银行和外汇交易中心的系统对接；直连上海票据交易所，电票系统线上清算上线投产，电票系统与票据交易系统、核心系统全面集成，实现电票清算和财务记账全自动处理；搭建 BI 系统，满足集团全面资金监控需要，并满足财务公司 EAST、1104、人行报表、风险报表以及各业务报表的自动生成和各类指标的监控等。

【企业文化建设】公司以组织融合、制度融合、文化融合、业务融合、暖心融合“五融合”为抓手，致力于“党建 +”党建品牌打造，突出党建领航、融合赋能，积极探索激发基层党建活力的新思路、新办法，充分发挥强劲有力的基层党建“动力主轴”作用，以系统化布局、过程化控制、闭环化管理的方式，形成工作项目化、项目责任化、责任具体化的工作机制，引领党团员青年和广大职工群众围绕中心，服务大局，着力推动公司在战略性新兴产业领域争当排头兵，勇做先行者。2020 年，公司党支部获得集团党委颁发的“十佳基层党组织”称号，公司信贷业务部获得河北省金融市场协会颁发的金融创新先进集体优秀奖。

河南能源化工集团财务有限公司

【集团概况】河南能源化工集团有限公司（以下简称“集团”）是经河南省委、省政府批准，分别于2008年12月、2013年9月经过两次战略重组成立的一家国有独资特大型能源化工集团，目前产业主要涉及能源、化工、金融、有色金属、装备制造、物流贸易、建筑矿建、现代服务业等产业，主要分布在河南、贵州、新疆、内蒙古、青海、陕西等省（自治区）。拥有煤炭产能近1亿吨，化工产能合计近1000万吨。

【公司简介】河南能源化工集团财务有限公司（以下简称“公司”）是经中国银行保险监督管理委员会批准，于2013年11月26日由原河南煤业化工集团财务有限公司更名设立的非银行金融机构，公司通过资金集中管理，以提高资金使用效率为目的，为集团成员单位提供财务管理服务。注册资本30亿元人民币，由4家股东构成，股东出资额及出资比例如下：河南能源化工集团有限公司出资19.11亿元人民币，出资比例为63.7%；永煤集团股份有限公司出资7.89亿元人民币，出资比例为26.3%；永城煤电控股集团有限公司出资1.89亿元人民币，出资比例为6.3%；河南省正龙煤业有限公司出资1.11亿元人民币，出资比例为3.7%。

公司现有员工44人，其中大专以上文化程度占97%，中、高级职称人员占45%。公司按职能设有结算管理部、信贷管理部、资金计划部、投资管理部、财务会计部、综合管理部、稽核风险部、信息科技部八个部门。

【经营概况】2020年，公司实现营业收入5.31亿元，实现利润总额2.94亿元。存在的主要问题：一是流动性紧张，风险管控压力大。集团作为河南省内煤炭行业龙头企业，偿债压力较大，传导到财务公司，导致各项存款规模下降，流动性趋紧，风险防控压力加大。二是存贷比居高不下，资金配置灵活性受限，存在流动性风险。

【信贷业务】2020年，公司逐步压缩自营贷款规模。一是有序压减贷款规模，并落实担保人担保责任。二是积极与贷款单位沟通，在其资金许可的情况下，提前偿还部分流动资金借款。三是持续密切关注集团及成员企业的经营状况，根据实际情况逐步压降贷款规模或提前收回部分贷款。四是逐步压缩委托贷款规模，将集团委贷包括已逾期本金及欠息逐步转为内部借款，由集团通过内部借款的方式予以解决。

【结算业务】一是严格账户管理，加强资金管控。公司密切监控支出账户限额执行情况。指定专人不定期检查各成员单位外部支出账户资金存款情况，核查成员单位外部查询、上收异常账户，查找原因并及时处理，确保对成员单位外部支出户的资金管控。二是加强预算管理，强化执行意识。严格执行集团资金预算管理制度，各成员单位根据货币资金预算，对各单位的支出进行总额控制，合理调配资金，按照轻重缓急安排资金支付顺序，保证到期贷款、债券等刚性兑付资金按时归还，确保职工薪酬及各项经营性刚性支出及时支付。2020年全年资金结算量79537笔，资金结算金额9119亿元。本年累计为成员单位节约结算业务手续费57万元。

【资金集中】2020年12月21日，集团下发《关于加强财务公司金融服务职能的通知》，强调各成员单位资金上存财务公司，保证公司同业存款和吸收存款逐步增加，统筹做好资金的调度协调，流动性逐步恢复；同时建议在集团范围内，着重考虑对投资回收期、资金流动性等对现金流有重大影响因素的测算和考察，从

H

而使资金管理和流动性管理从被动的流动性结果管理前置到项目建设和设备采购的源头管理。

【风险管理和内部控制】一是加大风险管理组织架构建设；二是完善经营风险事件应急预案及内外部联动处置工作机制、应对机制，确保公司能够充分识别和及时处理可能导致经营风险的事件；三是强化风险管理培训，确保风险管理渗透到公司的每一个环节，公司采取各种有效措施，正确识别信用、市场、操作、流动性风险因素；四是认真开展风险排查工作，范围全覆盖，保证各项风险管理政策的执行；五是公司结合自身实际，认真开展开户单位客户身份识别、风险评估和分类管理工作，消除内部控制隐患和漏洞。

【人力资源管理】根据集团公司深化改革总体部署，公司统一思想，积极采取市场化招聘等形式确保工作推进，通过任期制、契约化管理，真正建立完善能者上、优者奖、庸者下、劣者汰的激励约束机制，为完成各项目标奠定基础。

【信息化建设】为保障资金管理系统的安全稳定运行，公司结合自身核心系统软件运行的实际情况，走访调研了多家同业财务公司，掌握第一手资料，结合集团财务共享中心系统建设，加快系统建设步骤。增加了各成员企业新归集资金及支出实时统计并计算可用余额的功能，满足了新形势下财务公司结算业务的现实需求。

【企业文化建设】坚持做好舆论导向的宣传和引领，宣传好公司各部门工作的推进情况，通过多种形式的形势教育，给干部员工讲清形势，提振信心，突出抓好针对性强的主题教育活动，形成全员工作合力。

【企业文化建设】公司一直把组织和队伍建设作为首要任务来抓，进一步深化党建和反腐倡廉工作。通过认真贯彻集团公司“三会”精神和开展“不忘初心、牢记使命”主题教育活动，坚持问题导向，坚定不忘初心跟党走的决心，持续推进管理提升常态化，进一步规范了制度建设。

河南双汇集团财务有限公司

H

【集团概况】河南双汇投资发展股份有限公司（以下简称“集团”）是中国最大的肉类加工基地、农业产业化国家重点龙头企业，在全国18个省（市）建有30多个现代化的肉类加工基地和配套产业，年产销肉类产品近400万吨，拥有100多万个销售终端，双汇品牌价值704.32亿元，连续多年领跑中国肉类行业。2020年，集团有效应对新冠肺炎疫情的影响，实现了营业收入和利润稳步增长。

【经营概况】河南双汇集团财务有限公司（以下简称“公司”）认真贯彻落实监管政策法规，坚持功能定位，依法合规经营。截至2020年末，资产总额75.26亿元，全年增长71.02%；其中各项贷款余额36.33亿元；负债总额65.05亿元，全年增幅达102.01%，其中各项存款余额56.52亿元；所有者权益10.2亿元；注册资本8亿元；实现利润1.58亿元。

【服务实体】公司坚持“立足集团、服务集团”的经营宗旨，累计向35家成员单位贷款授信129.8亿元，累计投放贷款85亿元。在疫情形势下，加大对集团“大外贸”布局的支持力度，对集团进出口公司总授信额40亿元，发放贷款37.22亿元，支持进口肉类产品70多万吨，有力地支撑了集团外贸业务做大做强，稳定国内肉类产品市场供应。

【产业链金融】克服疫情影响，电话营销经销商440户，累计对153户经销商进行实地调研，召开信贷审核委员会25次，97户通过授信审批，授信金额15050万元，累计向63户经销商发放贷款14990万元，收回贷款63笔、6850万元，续贷贷款55笔、4960万元，贷款55户、余额8140万元，没有发生风险事件。

【资金业务】公司严格执行监管部门结算规定和集团内控制度，合理调配资金，2020年结算量19.46万笔、金额7550.85亿元，实现付款零差错；对集团和成员单位资金进行统筹规划，合理摆布，科学谋划，通过周计划、月计划加强资金调度、管理，为集团资金运作提供安全保障。

【投资业务】2020年1月，公司获批固定收益类有价证券投资业务资格，完成了全国银行间债券市场准入备案、中国外汇交易中心暨全国银行间同业拆借中心机构联网，顺利在银行间市场清算所股份有限公司及中央国债登记结算有限责任公司开户及联网，配置专门业务系统，按照前中后台分离要求，通过询价、沟通，全年共买入国债1亿元、同业存单1.5亿元、质押式回购2.3亿元，扎实迈出投资业务第一步。

【票据业务】公司严格审查贸易背景真实性，严格内控要求，规范操作流程，办理成员单位票据贴现18.06亿元，办理再贴现业务23.17亿元，办理再贴现回购21.25亿元，办理转贴现9.05亿元，有效降低融资成本，提高资金使用效率，支持集团主业发展。

【监管指标】公司按月测算监管指标，确保监管指标符合监管要求。截至2020年末，资本充足率为21.30%，流动性比例为51.56%，拨贷比为1.61%，自有固定资产比例为0.07%，投资比例为9.2%，不良资产比率和不良贷款率均为零，拆入资金比例为零，担保比例为零。

【资金集中】公司与全国9家大中银行开通银企直连服务，将成员单位所有直连账户全部纳入资金系统进行管理，每天对直连账户资金不定时上收，同时夜间采用系统自动归集功能上收资金，做到应收尽收，实现资金集中管理，提高资金归集度，全年资金集中度超过50%。

【风险管理和内部控制】公司开展内部审计和风险评估，完善风险管控体系，规范业务操作流程；修订内部控制制度。对开业以来公司治理、计划财务、资金结算、信贷管理、信息科技、风险管控、综合管理、人力资源、投资管理和合规审计等共174项内控制度进行修订完善；落实业务检查机制。每月组织自查，并整改发现问题，做到风险检查全覆盖，不留风险死角；组织做好业务培训，进行警示教育活动，进行员工行为排查，签订合规承诺书和廉政承诺书。

【信息化建设】公司不断优化完善业务系统功能，提升信息服务水平。顺利接入人民银行中央银行会计核算数据集中综合前置子系统，提高存款准备金、再贴现、账务核对等业务办理效率；升级二代反洗钱信息，完成反洗钱客户身份识别、大额可疑交易和客户信息保存等核心任务；考查资金管理核心系统，完善业务个性需求，推进监管报送自动化水平；积极推进二代征信系统的开发、测试和上线，增强信贷风险管理手段。

【企业文化建设】公司立足“服务集团、服务主业、支持实体”的发展定位，本着“按标准办事，用数据说话，看结果凭判”的数据文化，践行“诚信立企，德行天下”的诚信理念，高标准、严要求，加强干部队伍建设，建立能上能下的干部成长渠道，完善绩效考核体制，建立“十大管理”考核体系，鼓励员工学习培训成长，实现了监管评级稳定，监管指标达标，内部管理提升，心齐劲足风正，发展基础稳固。

亨通财务有限公司

【集团概况】 亨通集团（以下简称“集团”）始建于1991年，是中国光纤光网、智能电网、大数据物联网、新能源新材料、金融投资等领域的国家创新型企业，拥有全资及控股公司70余家（其中3家境内外上市企业），是全球信息与能源互联系统集成商与网络服务商，全球光纤通信前三强，位列中国企业500强、中国民企百强。2020年集团营业收入1170亿元。

【经营概况】 2020年，亨通财务有限公司（以下简称“公司”）认真贯彻监管部门各项合规经营要求，着力提升集团资金管控和金融服务功能，不断完善法人治理、风险内控工作。2020年末，公司资产总额52.86亿元，较年初增长17.83%；公司负债总额为39.5亿元，较年初增长9.15%；2020年实现营业收入1.52亿元，同比增长18.75%；实现净利润0.68亿元，同比增长15.25%。各项监管指标均符合监管要求，年末资本充足率为21.59%。

【服务实体】 2020年，集团整体杠杆率可控，资产负债率处于合理水平。在监管部门去杠杆要求下，集团和公司积极策应政策努力降杠杆增实力。公司向集团成员单位提供各项综合服务，帮助成员单位降低资金成本：一是大力拓展各类非融资性保函业务；二是大力推广财票业务。集团地处经济较为发达的苏南地区，作为长江经济带中的重要成员，公司向集团主业公司政策倾斜，主要以增加授信额度、贷款优先投放的方式进行，保证主业公司正常的生产经营。

【信贷业务】 2020年，公司累计为17家成员企业授信，授信金额为93.1亿元；累计办理贷款放款663笔，合计金额205.69亿元；贷款收回196.81亿元，均为正常收回，未发生逾期和不良；办理委托贷款共计108笔，金额41.89亿元；办理贴现3笔，共38张票据，合计金额0.39亿元。累计办理保函业务10.46亿元，累计承兑银票金额17亿元。

【资金业务】 2020年，公司继续加强统筹资金管理，做好代理融资和资金计划管理工作。公司通过将富余资金存放在收益较高的银行、逆回购、购买货币基金和债券等方式提升闲余资金收益水平。截至2020年末，公司资本净额14.14亿元，加权资产63.34亿元，资本充足率为21.59%。适度的资本水平保障了公司各项业务正常开展。

【投资业务】 2020年，公司累计申购货币基金0.9亿元，累计赎回0.9亿元，获得投资收益6.5万元。债券累计买入1.22亿元，年末债券余额0.50亿元，获得债券投资收益16.37万元。

【票据业务】 2020年，公司累计办理贴现3笔，累计金额0.39亿元，并在人民银行办理了再贴现业务。公司通过商业银行同业授信，增强财务公司承兑汇票的流通水平，2020年累计为成员企业承兑17亿元汇票，到期兑付12.55亿元，无任何逾期或拒付行为。通过银行代开承兑汇票3.8亿元。

【外汇业务】 公司负责汇率变化走势研究和境内外公司外汇套期保值的管理工作；统筹境内外公司外汇资金，运用跨国资金运营资质调度外汇资金，有效降低集团冗余外汇资金，节约财务成本。

【资金集中】 公司积极做大资金归集，持续推进新设成员单位开户和资金归集，2020年集团成员单位在公司开户数174家，较年初增长6家，归集银行账户261户，较年初增加8户；吸收成员单位存款36.06亿元，较年初增长

58.88%。2020年12月末集团并表口径可用资金归集率为64%，与上年末相差不大，公司加大对新增企业的开户和资金归集力度，对困难客户逐一攻坚；对存量单位加强资金动态监测，对账户进行深度清理，不断提高资金利用效能，多途径提升资金归集率。全部资金归集率为27%。

【业务创新】2020年，公司通过有价证券投资为闲置资金获取收益；推动开展保函业务，开立保函10.46亿元；通过同业授信累计承兑17亿元；通过银行进行代开银票3.8亿元；为成员企业提供融资咨询服务，对重大融资项目进行评审，联系金融机构设计融资方案。

【风险管理和内部控制】公司建立了股东会、董事会、监事会，法人治理结构健全、分工合理、责任明确，公司2020年召开6次董事会会议，6次专业委员会会议和4次监事会会议，符合监管要求。2020年公司开展了市场乱象整治“回头看”工作，风险防控三大排查工作，有效防控各类风险。2020年，公司梳理、制定各类制度185项，规范了各类业务、管理工作的开展。

【人力资源管理】2020年，公司根据管院对年度培训、人才培养和学习型组织建设的要求，积极开展培训工作，采取“线上自学”和“线下教学”相结合、“内部研讨”与“外部培训”相结合、“走出去”和“请进来”等多渠道的学习模式，营造主动学习的氛围，提升了全体人员的理论知识和业务水平，并整理输出了多项培训成果；通过人员轮岗和顶岗的形式，加强了对业务骨干薄弱点的专项辅导和锻炼，提升了他们的综合能力，扩充了公司后备梯队的实力。

【信息化建设】2020年，公司信息化建设以运行稳定为基础，以支撑业务为动力，做到了对信息系统和信息设备的定期巡检、更新和维护升级。为满足公司业务和管理需要，持续提升对信息化系统的开发和运维。在财务公司核心系统的基础上，新开发了美元贷款、人民币自营贷款和电子合同；即期结售汇项目尚待人民银行批准。软通核心系统柜台业务银行付款添加审批流程，资金下拨也添加审批流程。

【企业文化建设】2020年，公司继续着力构建大后勤、大服务、大保障平台。加强员工间沟通和交流，组织开展团体活动，增强员工的向心力和凝聚力，稳定员工队伍，维护团队和谐关系。

红豆集团财务有限公司

【集团概况】红豆集团有限公司（以下简称“集团”）初创于1957年，产业涉及纺织服装、橡胶轮胎、红豆杉大健康、园区开发商业地产四大领域。2020年新冠肺炎疫情发生后，集团迅速改造生产线，生产防护服、隔离衣、口罩等防疫物资支援抗疫，被国务院应对新型冠状病毒肺炎联防联控机制医疗物资保障组称为“当之无愧的抗击疫情‘军工厂’”。

【经营概况】红豆集团财务有限公司（以下简称“公司”）紧紧围绕集团“2020三自六化绩效年”的要求，以成为集团优质金融方案提供者为目标，建立健全各项管理机制，提升服务质效。2020年，公司实现营业收入（含投资收益）2.01亿元，较2019年增长8.78%；净利润1.18亿元，较2019年增长15.73%，资产规模36.65亿元，资本充足率为34.82%，流动性比例为51.28%。

【服务实体】2020年面对疫情挑战及经济下行压力，集团积极履行社会责任，及时转产抗疫物资，践行大型民企的担当和使命。公司秉承服务集团的理念，加强促进集团实体经济发展。一是坚持将信贷资源投向实体产业，重点支持服装连锁、橡胶轮胎、生物制药等产业，截至2020年12月末，公司制造业贷款余额较上年同期增长10.69%。二是通过降低承兑业务收费比率、灵活设置保证金缴存比例、优化融资结构等手段，降低成员单位成本。三是发挥财务公司专业优势，积极协调多方资源，为集团重点项目提供融资服务、政策咨询、财务顾问等全方位的智力支持。

【信贷业务】公司持续提升信贷业务的精准性，通过走访频率的设定和调查内容的完善，深入调研成员单位经营情况，出具走访报告40余份。同时，通过周计划、日日打卡等工作方法，不断强化公司信贷服务能力。截至2020年12月末，各项贷款余额较2019年同期增长8%。公司积极落实国家普惠金融政策和监管要求，制定相应的金融支持政策，优化信贷结构，加大对集团内制造业、批发零售业、小微企业等实体的投放力度。截至2020年12月末，小微企业贴现业务余额较2019年同期增长45.46%。

【资金业务】公司坚持以准确、高效为工作要求，做好结算服务工作，截至2020年12月末，公司开户实体企业84家，结算金额3379.65亿元，较2019年同期增长19.98%，并实现结算资金零在途、零风险、零损失。公司结算工作持续服务集团服装产业转型升级，协调成员单位与合作银行对接专卖店结算系统优化工作，提升门店资金管理的便利性，2020年连锁门店结算系统结算量与2019年相比显著上升。

【风险管理和内部控制】2020年，公司不断推进全面风险管理体系建设。一是以制度建设为抓手，全年共新制定《员工履职回避制度》《流动性风险应急预案》等3个制度、修订了《岗位轮岗及强制休假制度》《结算业务管理办法》等19项制度，明确职责权限，规范工作程序。二是结合监管政策，落实合规文化建设和信用风险管理提升年活动要求，开展自查自纠，并报送相关监管报告10份。三是结合数据治理提升年监管要求，不断提升数据治理工作。四是坚持日常和专项稽核相结合，做好部门、人员、环节方面检查工作，并通过复查等方式督促整改，提升公司内部控制的有效性。

【人力资源管理】公司重视人才的培养，通过文稿讲解、视频学习、案例研讨、流程演示等方式，开展各类内部培训，同时积极参加监管、同业等外部学习交流。2020年，公司创新培训手段，通过红豆大学线上平台开展线上技能培训，提升培训的便利性与有效性。通过培训、轮岗、考核等方式，公司员工专业性显著提升。公司获得“2019年无锡市金融统计先进集体三等奖”“2019年度企业征信系统数据质量工作优秀机构”的荣誉称号，公司员工也多次在监管部门组织的统计知识竞赛中取得好成绩。

【信息化建设】2020年公司在信息制度建设、安全运维、信息化建设等方面做了大量切实有效的工作，为公司各项业务的顺利开展提供了良好的技术支撑。一是修订完善了《综合业务管理系统故障应急管理办法》等制度；二是公司新建造了标准化的机房，集成了网络安全，提高了系统防护能力，提升了机房的可用性、可靠性、安全性；三是自主开发了银保监会智慧监管上报平台、上线了电票系统线上清算功能。

红星美凯龙家居集团财务有限责任公司

【集团概况】红星美凯龙家居集团股份有限公司（以下简称“集团”）成立于2007年6月，是国内领先的家居建材流通企业，也是中国家居零售行业首家A+H股上市公司。截至2020年末，集团共经营92家自营商场、273家委管商场，通过战略合作经营11家家居商场，此外，集团以特许经营方式授权开业66个特许经营家居建材项目。集团公司不断升级创新，为实现“打造中华民族的世界商业品牌”的企业愿景而不懈努力。

【经营概况】依照集团的整体发展战略，红星美凯龙家居集团财务有限责任公司（以下简称“公司”）严格落实监管要求，持续强化合规风险管理，积极服务成员单位和实体经济，实现公司有序经营，稳健发展。截至2020年末，公司资产总额32.93亿元，其中各项贷款余额22.10亿元；负债总额25.47亿元，其中单位存款余额25.32亿元；2020年实现利润总额6623.34万元。

【服务实体】在疫情缓和阶段，公司业务团队积极走访全国各地成员单位，充分了解成员单位受疫情影响情况，积极帮助复工复产，并设计行之有效的金融服务方案；结合不同业务特色，提供个性化的授信方案和金融服务。

【信贷业务】公司坚持“依托集团、服务集团”的基本定位，在合规安全的前提下，积极扩大对成员单位的信贷支持规模。2020年公司有效授信金额53.79亿元，业务品种涵盖银团贷款、经营性物业贷款、固定资产贷款、流动资金贷款、财务公司承兑汇票开立、委托贷款及票据承兑业务等；全年实现表内信贷投放金额25.59亿元，表外业务金额0.32亿元。

【资金业务】公司严格资金计划管理，在充分保证合理流动性的前提下，通过配置不同期限金额的同业期限定存提高资金收益率。2020年公司对11家银行完成授信，全年开展同业存放业务6笔，累计金额17.5亿元。2020年公司获批同业拆借资质，可以进入全国银行间同业拆借市场。同业拆借业务的实施，充分发挥其调剂头寸和临时性资金余缺的功能，成为财务公司加强流动性管理、防范流动性风险、完善流动性风险预案、提高经营管理水平的重要手段。

【票据业务】2020年，公司根据成员单位业务特色和实际需求，积极开展承兑汇票业务，业务发生金额1000万元。在助力集团业务快速发展和成员单位降本增效的同时，展现了财务公司作为集团金融服务平台的功能属性。

【资金集中】公司与民生银行、工商银行、中国银行、交通银行和建设银行开通银企直连，并建立资金池。在保证不影响成员单位付款的前提下，对分散资金进行吸存集中。2020年公司一方面依靠集团的大力支持，资金归集工作得以有序开展；另一方面公司通过丰富存款产品的多样性，保留已有资金，避免向外流出，从而进一步保证资金的归集率。截至2020年末，公司吸收存款为25.36亿元，全口径资金归集率为32.02%。

【业务创新】2020年公司持续紧跟集团发展创新步伐，积极推动业务品种创新，全面助力成员单位业务发展。2020年6月，公司首笔银团贷款业务落地，贷款总金额为3.6亿元，由交通银行重庆分行作为牵头行、财务公司作为参与行联合放款。由于财务公司的加入与协调，加速了融资审批流程，在短时间内达到了放贷条件，贷款利率条件优惠，及时满足了集团成员单位的资金需求。

【风险管理和内部控制】 2020年公司共计修订10项制度，新增3项制度，涉及履职回避、全面风险管理、票据贴现、同业业务、案件风险排查、监管报送、反洗钱管理、对账管理、内部问责、员工行为守则、薪酬递延等方面。开展了一系列风险内控自查工作、案防教育培训及员工异常行为排查工作，通过全方位的内控自查，有效防范可能由内部产生的案件风险。

【人力资源管理】 优化绩效考核，以此最大限度激发员工潜能和工作热情，提高工作积极性，实现人员在公司内部各岗位的优化配置。强化人员培训，培训内容涵盖基础规范、法治教育、安全防范、同业交流等方面，2020年培训22场次、369人次。通过自主培养和自学成才加速公司内部人才培养，为员工提供各类外部学习交流的机会。做好疫情常态化防控下的人员假期管理。

【信息化建设】 信息科技建设聚焦信息安全和业务系统效率升级，助力业务发展和服务客户。根据IT专项审计建议增强补弱，加强基础架构建设，搭建ZABBIX运维监控管理平台，优化运维作业，强化信息安全工作。核心系统通过升级模块功能、审批流引擎、银企平台等方面提升系统自动化水平和效率。持续优化监管报送平台自动化数据采集，保障监管报送平台系统每日正常运行，完善对人民银行和银保监部门报送数据治理工作。

【企业文化建设】 2020年公司积极开展“正；权、责、利；看、帮、赛；主、学、通；逼、勇、赢”十三字价值观学习。通过培育良好的企业文化，引导员工树立正确的价值观。共同的价值观是企业内控文化的核心，为全体员工提供共同的思想意识、精神信仰和日常行为准则，提高员工的职业道德水准，规范员工行为。

湖北交投集团财务有限公司

【集团概况】 湖北省交通投资集团有限公司（以下简称“集团”）是湖北省人民政府出资组建的国有独资交通投融资企业。集团成立于2010年10月28日，注册资本金100亿元。集团战略定位为综合交通基础设施投资运营商、产业资本投资经营商，涵盖工程建设、现代物流、产城融合、交通服务、交通科技和产业金融六大产业板块。2020年6月，被湖北省政府确定为全省首家国有资本投资公司改革试点。目前总资产超过5000亿元，各级子公司200余家，企业信用为AAA级。

【经营概况】 湖北交投集团财务有限公司（以下简称“公司”）坚持以“立足集团、服务集团”为宗旨，积极提供全方位金融服务，协同成员单位共同发展。2020年，公司营业总收入46583万元，净利润17761万元，投资收益1811万元。截至2020年末，公司无不良资产，净资产收益率为8.88%，全口径资金集中度为74.09%，结算收支比为12.38。各项经营指标保持稳中有进的发展态势，湖北省财政厅金融企业绩效评价由1A提升至2A，并连续两年保持优秀。

【服务实体】 2020年，面对新冠肺炎疫情暴发对企业生产经营造成的极大冲击，公司围绕“防疫情、稳金融、保运转”的工作中心，及时开通绿色通道，形成快速响应机制，投放信贷资金29.79亿元，推动全国首批14.62亿元抗疫保债计划顺利注册并提款，作为副主承销商协助集团成功发行规模20亿元的全国首单高速公路行业“疫情防控债”，为17家成员单位办理贷款展期、延期服务，受理续授信78.55亿元，全力为成员企业纾困解难。

【信贷业务】2020年，公司充分运用金融政策助力企业提质效、促生产、增效益、稳市场，全面实施LPR利率改革，提升资金价格让利空间，开具免手续费、零保证金保函，累计向成员企业让利5864.82万元。同时，全面梳理各行业板块主要子公司融资情况，稳步推动贷款期限、客户结构调整，年末信贷余额恢复百亿元级别，对集团主要经营性子公司的融资占比和市场覆盖率均达90%以上。

【投资及同业业务】2020年，公司通过加强对投资和同业业务的日常监测及运作效能，进一步丰富产品品种，优化营业收入结构，在市场利率下行的情况下，资金收益率实现逆势增长。全年累计完成投资与赎回业务57笔，日均规模7.42亿元，实现投资收益1811万元；累计完成国债逆回购98.14亿元、同业定期32.8亿元，实现同业利息收入3821.48万元。

【业务创新】2020年，公司为满足港口、铁路等项目建设运营的融资需求，创新保债融资服务，通过协调保险等金融同业，分别为紫云铁路和三江港建设项目注入险资6亿元和3亿元，有效拓展企业融资渠道、降低融资成本，缓解其还本付息压力。同时，创新风险前置模式，在疫情封城前高效响应交投华园项目工程结算的紧急融资需求，仅用三天时间完成从受理到放款的全部流程。

【企业文化建设】2020年，公司正式启动2020—2022年度“省级文明单位”创建，累计组织开展爱国教育、传统节日、志愿者社会实践、道德讲堂、公益宣传、知识竞赛、健康讲座等各类活动20余次。同时，以公司成立五周年为契机，广泛发动领导职工积极参与企业文化建设，成功举办征文比赛、财企座谈、乔迁仪式、主题图展，拍摄五周年祝福视频、抗疫微电影、廉洁短视频，制作首部企业宣传片和首本企业宣传画册，做到外树形象、内聚人心。

湖北宜化集团财务有限责任公司

【集团概况】湖北宜化集团有限责任公司（以下简称“集团”）是从1977年创建的宜昌地区化工厂发展演变而来的大型化工集团，是宜昌市国资委出资和监管的市属重点国有企业，现有从业人员近2万人。集团在全国建有30多个研发中心和生产基地，旗下拥有湖北宜化（股票代码000422）、双环科技（股票代码000707）两家上市公司。现有主导产品及年产能分别为尿素216万吨、磷复肥230万吨、氯化铵110万吨、季戊四醇6万吨、PVC114万吨、纯碱110万吨、烧碱82万吨、磷矿360万吨、原盐120万吨、原煤1000万吨。产品畅销海内外多个国家和地区，在市场上享有良好声誉。

【经营概况】截至2020年末，湖北宜化集团财务有限责任公司（以下简称“公司”）总资产余额21.89亿元，所有者权益6.39亿元，各项存款余额15.25亿元，各项贷款余额20.52亿元。实现营业收入2985万元，营业成本1760万元，实现净利润628万元。各项监管指标均符合监管要求。

【服务实体】公司通过优化信贷投放结构，降低落后产能信贷投放，进一步增强服务实体能力。2020年，公司收回2户贷款7亿元，新增机械制造业贷款0.2亿元、采矿业贷款0.4亿元、物流运输贷款0.75亿元、化工制造贷款1.7亿元、化肥制造贷款1亿元。

【信贷业务】公司积极执行债委会决议和金融支持复工复产相关政策，对成员单位实行利息延期支付和优惠利率政策，2020年延期收息6777.73万元。截至2020年末，各项贷款余额20.52亿元，其中，自营贷款20.08亿元、票据贴现0.44亿元。委托贷款余额10.68亿元。无不良贷款。

【票据业务】2020年，公司积极推进电票系统的使用，成员单位通过财务公司电票系统办理收票、转出、贴现、到期收款等各类业务35274笔、金额146亿元；通过上海票交所交易系统向商业银行转贴现4069万元、向人民银行再贴现3971万元。

【资金集中】公司始终将资金归集工作放在第一位。截至2020年末，全口径资金归集率为34.06%。公司按月对成员单位资金归集情况进行通报考核，通过吸纳新成员单位开户、继续保持较高的存款利率优惠政策等措施提高存款的持续增长和稳定性。

【风险管理和内部控制】公司始终重视风险管理，加强内部控制。一是持续开展业务培训和警示教育活动，不断提升业务素质和增强合规意识；二是完善制度体系建设，2020年修订制度3个，全面修订信贷业务合同文本；三是加强内审工作，按季对各部门制度执行情况进行审计；四是认真开展市场乱象整治“回头看”活动，以及有效开展“打击非法集资、非法放贷”“扫黑除恶”等专项整治活动；五是强化各类风险管控，严格落实董监高在全面风险管理中的最终责任，加强流动性风险监测分析和市场风险防控；六是严格落实案防和安全管理工作要求，按季开展员工行为排查。

【人力资源管理】公司坚持抓好人才管理，强化干部队伍建设。一是开展落实好以工代训，并将此作为岗位技能提升行动的突破口。二是坚持每周六组织全员通过中国财务公司协会在线平台提供在线培训服务开展培训18次。三是鼓励全员参加初级会计师、中级银行从业资格等认证考试，2020年共3人取得证书，不断提升全员业务素质。

【信息化建设】2020年，公司持续推动信息化系统改造，有力支持业务发展。通过一线调研，了解基层财务人员工作中的困难，紧密结合集团信息化建设的阶段目标，全年累计投入90.3万元，实现了集团资金类、票据类交易回单的电子化，优化电子回单的流转、存储、查询效率，最大限度地减少财务人员纸质凭证制作的工作量。

【企业文化建设】2020年，公司党支部不断增强“四个意识”，坚定“四个自信”，做到“两个维护”，旗帜鲜明地加强党的领导和党的建设。一是以政治建设为统领，强化政治思想引领。切实加强领导班子建设，落实研究重要人事调整等重大决策决议12个。二是以素质建设为抓手，强化干部队伍建设。推动落实党员“双报到”52次，强化党员责任。三是以全面从严治党为保障，营造风清气正的政治生态。严格落实全面从严治党“两个责任”，始终把纪律和规矩挺在前面，全年累计开展专项审计6次，案例警示教育学习40多次，员工行为排查4次。

H

湖南出版投资控股集团财务有限公司

【集团概况】2020年，湖南出版投资控股集团（以下简称“集团”）深入学习贯彻习近平总书记在湖南考察重要讲话精神，按照省委省政府、省委宣传部（省文资委）的指示部署，积极融入决战决胜、防疫抗疫、改革发展以及宣传思想文化工作的大局，有效应对各类风险挑战，努力开新局育新机。连续十二届入选中国文化企业30强。中南传媒图书市场占有率继续位居全国第一方阵，市值排名国内出版上市公司第一。经营工作克服疫情影响和行业下行压力，营业收入和利润逆势增长，超额完成年度目标。

【经营概况】2020年，湖南出版投资控股集团财务有限公司（以下简称“公司”）实现营业收入43722.37万元，实现利润22294.64万元。公司发展质量和行业影响力稳步提升。

【信贷业务】2020年，公司严格执行关于深化贷款利率市场化改革有关要求，按时下发《关于调整贷款利率的通知》，明确成员单位贷款利率按照最新的贷款市场报价利率（LPR）执行，同时修改贷款合同中利率定价相应文本，把LPR利率政策落到实处，切实降低成员单位融资成本。截至2020年12月末，累计为2家成员单位发放贷款27笔，金额34300万元，贷款利率由4.35%降至3.85%，累积为成员单位节约利息费用150.36万元。公司持续加强贷后走访，深入了解贷款单位经营情况，在做好日常工作的基础上，进一步参与借款人的生产经营，实现支持成员单位和从严防控风险的有机统一。

【资金业务】公司一是全力保住线下收益，针对疫情期间到期的存放业务，在无法派人赴现场支取的情况下，保证到期资金的续做。二是积极寻找交易对手，扩大询价范围，拓宽交易方式。新增华泰证券、中金公司、申万宏源证券报价式逆回购业务，已办理的报价式回购收益率较同期同业价格平均高出90个基点。三是及时调整资金运营计划，在存款期限、金额上适时调整布局，长期与短期相结合，争取最大化收益。四是在保证资金备付的情况下，加强与结算银行合作，签订新的活期存款协议，提高资金收益率。2020年共办理25笔存放同业业务，涉及金额930951.92万元，同业业务逆势上行，平均收益率为3.3%，高出同期1年期shibor 68个基点，幅度达25.38%。

【投资业务】2020年，公司在以公募基金为主进行投资的基础上，将券商的质押式报价回购作为公司调节日常资金流动性的工具，同时，抓住市场收益率波动的节点进行债券交易和公募基金配置，为提高公司及集团整体资金收益与资金效率奠定了基础。2020年，公司推动20余个项目上会，通过审议的项目10个，金额126015.07万元，包括基金、信托受益权、资管计划等；交易账户业务开展6笔，金额26055.01万元。截至2020年末，公司投资业务余额143578.4万元，其中债券投资18000万元；理财产品投资89721.84万元。

【票据业务】公司稳步拓展产业链金融业务，为从严防控票据业务风险，严格采用“双授信”管理模式，力求进一步阻绝票据风险。2020年受新冠肺炎疫情影响，成员单位上游产业链客户通过商业承兑汇票结算并贴现困难显著增大，面临如此困境，公司积极部署，深度挖掘集团成员的上游客户，优化开户业务流程，全年共办理产业链客户商业承兑汇票贴现业务12笔，金额3704.09万元，其中“一头在外”的商业承兑汇票贴现业务6笔，金额合计761.36万元，年度内新增产业链交易对手3家，到期贴现业务15笔，金额3494.47万元，均按时收回，有力助推集团塑造优质产业生态，真正体现服务实体产业的宗旨。

【资金集中】公司一方面始终树牢大局意识，从区域发展和集团战略需求出发，第一时间根据成员单位要求开立新的专户并联网上线，为后续项目服务打好基础；另一方面始终秉持“收支两条线”管理模式，加强对成员单位支出户的管理，延伸资金管理的深度，同时明确专人对支出户进行动态监督，对超出限额的支出账户及时联系成员单位归集到收入户。通过积极沟通、多方协调，进一步加大对成员单位的资金归集力度，2020年末公司吸收存款余额114.63亿元，同比增加14.17亿元，资金集中度为91.11%，始终保持高位。

【风险管理和内部控制】公司一是加强市场风险管理，逐渐压缩信用债、非标等固定收益类产品规模，增加公募基金、利率债等交易性产品投资，根据业务品种设置不同止损线指标。二是提高业务风险审查的专业性。针对2020年市场波动较大的情况，明确提出以混合型基金和债券型基金为主，审慎投资股票型基金的审查意见，规避了高波动ETF的风险。三是实时监控市值变化。利用WIND系统的组合管理功能，实时监控价值变动，对大幅波动和止损限

H

额执行情况进行预警，确保不突破风险底线。四是定期开展季度审计稽核，开展年度内部控制评价、年度流程审计工作，开展董监高履职评价和离岗审计工作，开展了资金结算部原结算主管离岗审计工作，针对新上线的同业投资系统，做好专项审计。

【人力资源管理】公司一是制定《员工履职回避暂行办法》，并开展公司全体员工包含董事、监事、高管以及其他员工履职回避摸排工作，推动履职自律和内部廉洁建设。二是不断强化“学习型”企业文化建设。全年员工业务外训12场、共计21人次，全员内训14次，内容涵盖党建、纪检监察、风控与合规、专业胜任能力、案件警示教育等内容。2020年，4人获经济师专业技术资格，1人获助理政工师专业技术资格。通过公司培训与自主学习相互促进的培育模式，不断增强团队的专业水平和综合素养。

【信息化建设】公司一是制定《信息系统运维应急预案》《信息系统业务连续性方案》，提出“一对一”的解决时限和应对方案。根据公司实际情况，制定信息系统恢复时间目标（RTO）和恢复点目标（RPO），提前思考容灾构架。二是科学利用设备实施监控，自主开发zabbix线路监控平台，对电信、联通内网线路进行实时监控。通过购买日志管理平台，统一管理分散存储在各自系统中的日志信息，达到实时监控、分析和预警。三是通过优化银行程序接口、更换前置机、增加加密机等措施，较好解决掉包问题。

【企业文化建设】2020年，公司进一步夯实党建工作基础。一是用习近平新时代中国特色社会主义思想武装头脑、指导实践、推动工作。二是全面提升党建与公司治理融合水平，实现党支部研究“三重一大”与董事会依法行使决策职责的有机统一，持续提升决策质量和决策效率。三是积极吸纳优秀青年人才，激发基层党建活力，共产党员人数占比达70%。四是精心组织庆祝建党99周年活动。先后组织全体党员赴平江起义纪念馆开展党性教育活动，集中观看革命历史题材电影《半条棉被》等。

湖南高速集团财务有限公司

【集团概况】湖南省高速公路集团有限公司（以下简称“集团”）是经湖南省人民政府批准设立的功能类国有控股公司，主要业务范围包括高速公路建设、运营管理、产业经营开发等，经营管理5722公里高速公路，在建649公里高速公路，产业开发涵盖服务区、金融服务、物联网、工程、资产（土地）经营、文化旅游等板块。2020年被中共中央、国务院、中央军委授予“全国抗击新冠肺炎疫情先进集体”荣誉称号。

【经营概况】2020年，湖南高速集团财务有限公司（以下简称“公司”）切实发挥党组织的核心领导作用，克服新冠肺炎疫情影响，以“依托集团、服务集团”为宗旨，保持经营安全稳定局面。截至2020年12月末，公司资产总额63.08亿元、负债总额52.11亿元、所有者权益10.97亿元，各项存款52.01亿元、各项贷款6亿元。完成营业收入14802.53万元，较好地完成了年度目标任务，核心监管指标均控制在行业监管规定的标准范围之内。

【服务实体】公司坚持“依托集团、服务集团”的经营理念，不断加强员工培训，规范业务操作流程，积极收集成员单位集中反馈的各类问题和合理要求，不断强化服务意识，优化服务措施，提升客户体验，免费为成员单位提供结算服务，资金结算工作高效运行。

【信贷业务】2020年，公司按照集团生产经营板块调整与整合重组的部署安排，着力满足集团各成员单位的信贷需求，助力复工复产，全力为成员单位提供有针对性的信贷服务及资金支持，保障成员单位生产经营稳健发展。全年为成员单位发放低成本信贷资金6亿元，贷款本息回收率为100%，贷款五级分类为正常，不良贷款率保持为零。

【资金业务】公司在资金运作方面以“安全第一、效益优先”为原则，通过前期的详细调查，业务操作上严格按流程办理，全力控制业务风险；通过面向市场广泛询价，优选收益率较高的资产，提升资金效益。

【资金集中】公司十分重视资金归集工作，多次就资金归集情况向集团专题汇报，近几年集团将资金归集度作为各成员单位年度考核的一项重要指标，对公司的资金归集工作起到了极大的促进作用。

【风险管理和内部控制】公司2020年对现有制度进行梳理，进一步规范操作流程，并汇编成册；严格按监管要求开展反洗钱、抵制非法集资宣传、案防排查、银行业市场乱象整治“回头看”等专项工作，对公司开展的业务加强风险审查，建立风险整治台账，做好公司风险类资产五级分类复核和认定工作，定期开展审计，对2020年公司风险管控现状进行分析，形成年度风险管理报告，进一步织密风险防控“安全网”。

【人力资源管理】公司根据集团改革统一部署，进一步推进三项制度改革，按期完成非专业人员清理，圆满完成全员竞聘上岗，为打造一支高素质的金融人才队伍打下了坚实的基础。同时，公司继续开展学习型组织建设，通过集中培训与自学相结合等形式大力开展政治理论、业务知识、法律法规、内部管理培训，全面提高员工综合素质和业务水平。2020年开展反洗钱业务知识线上培训、网络金融技能工具特训班等三次全员培训，送训员工约52人次。

【信息化建设】公司注重信息科技工作，在保证现有设备正常使用的同时，根据业务需要，规划信息系统发展，着手对核心业务系统进行全面升级。升级后的核心业务系统将更好地满足公司一定时期内业务发展需求，更加符合监管要求。

【企业文化建设】公司着力构建以党建为引领、统筹推进公司各项工作的科学机制，画好党建工作与经营工作相融合这个“同心圆”。突出抓好党的政治建设，推进党建强基提能；深入推进党风廉政建设和反腐败斗争，持续开展各项专项督查，定期开展风险排查工作；严格党内政治生活，充分发挥党支部的战斗堡垒作用，在疫情暴发期间，公司党员干部带头坚守工作岗位，有力保障了成员单位疫情防控和复工复产的资金需求。

湖南华菱钢铁集团财务有限公司

【集团概况】湖南华菱钢铁集团有限责任公司（以下简称“集团”）是1997年底由湖南省人民政府批准成立的国有特大型企业集团公司。2020年集团坚决贯彻省委省政府、省国资委党委决策部署，统筹推进疫情防控和生产经营，落实“六稳”“六保”，实施“三大变革”，强化“三个明确”，优化“三大体系”，实现疫情防控和生产经营“双胜利”，被评为“湖南省抗击新冠肺炎疫情先进集体”；年产钢近2680万吨，营业收入首破1500亿元、利税总额超150亿元，均创历史新高。

【经营概况】2020年，湖南华菱钢铁集团财务有限公司（以下简称“公司”）强化党建引领，强化合规风险管理，努力开拓外部融资，全力盘活集团内部资金，积极服务成员单位和实体经济。截至2020年末，公司总资产134.85亿元，负债总额100.73亿元，所有者权益34.12亿元，实现营业收入3.41亿元、利润总额1.60亿元。

【服务实体】公司秉持服务集团主业的理念，积极为集团成员单位提供金融服务。一是通过下调贷款利率、提高保证金存款利率等方式为成员单位节约财务成本，2020年为成员单位创效8386万元。二是提高服务质量、优化业务流程，充分与成员单位沟通，消除信息不对称，提升业务的便捷性。三是在提供信贷资金支持的基础上，大力发展中间业务，如关税保函业务2020年发生额8.60亿元，同比增长139.38%。

【信贷业务】2020年，公司发放自营贷款99笔，金额112.82亿元，同比增长81.76%；贴现29笔，金额21.20亿元，同比下滑3.21%；票据承兑29.31亿元，同比增长28.44%。共向成员单位提供资金163.33亿元，信贷业务规模再创新高。

【资金业务】2020年，公司一是加强“银银”合作，提升同业资产收益。在公司收缩风险投资规模、调整投资业务结构的背景下，通过配置优质同业资产，同业业务增幅达20%以上，为稳固投资收入提供了有效补充。二是加强资金头寸管理，拓宽融资渠道，持续资金创效。2020年累计开展同业拆借达175亿元，日均融资余额达2.7亿元，配合成员单位联网资金使用，充分发挥了财务公司调剂余缺的核心职能，确保了联网资金流动性安全，提升了资金使用效率。

【投资业务】2020年，公司完结信托理财项目11个，合计金额8.3亿元，实现了高风险信托项目资产清零；2020年增持AAA级债券5亿元以上，日均持仓债券余额超过10亿元，平均收益率为4.1%，且抓住银行间市场宽松窗口扩大债券融资规模，累计开展债券融资突破300亿元大关，创历史新高。公司债券融资日均余额达8.5亿元，为公司创造了丰厚的债券收益。

【票据业务】2020年公司票据贴现业务21.20亿元，其中，银票17.62亿元（含央企财票0.93亿元），商票3.58亿元。公司积极将贴现业务下沉至集团二、三级子公司，2020年办理小微企业银票贴现13.52亿元。2020年公司开立财务公司承兑汇票29.31亿元，并争取了11家银行共计25亿元的保贴授信额度，成员单位在银行进行贴现的财票6.93亿元，价格进一步下调，间接降低了成员单位的财务费用。

【外汇业务】2020年，公司跨境人民币借款业务17笔，累计从境外融入资金46.86亿元人民币。跨境资金池业务便利了境内外成员企业的资金融通，提高了集团的跨境资金营运能力，降低了企业融资成本。2020年公司开展结售汇业务金额折合人民币3.76亿元。

【资金集中】2020年，公司通过对主要客户进行走访，在相互了解各自业务需求的基础上，加强日常资金计划的沟通，达成信息共享，充分利用成员单位的闲置资金。2020年资金归集率和归集资金日均规模较上年均有一定幅度增长。

【风险管理和内部控制】2020年，公司一是强化风险管理，严格落实事前防控、事中核查、事后检查，实现业务零风险；完成对所有成员单位的授信核定、信贷定价审议、投资项目审议等工作；修订《投资业务操作指引》，提出了量化指标，增强操作性；制定《关于选择流动性风险管理监测指标的方案》，设计特色监测指标，完善流动性风险管理机制。二是强化内部控制，完成银保监会及人民银行的监管评级、机构评级、银行间市场评估、MPA考核及反洗钱评级5项考核，开展内部控制等10项自查工作，并做好整改；修订及新增制度15份，制定2020年度授权书，审查合同共计43份，确定27份常用的业务合同、劳动合同文本；2020年组织5次合规培训；确定监管指标18个，进行实时监测分析，督促业务依法合规开展。

【人力资源管理】2020年，公司深化“三项制度”改革，逐步建立现代企业制度和市场化的体制、机制；实施优化退出和中层及员工全体起立、竞争上岗，组织机构更加扁平化，决策效率、管理效率大幅提升。

【信息化建设】 公司于2020年1月通过LPR利率改造项目实现了信贷系统的基准利率转化LPR利率，满足监管合规要求；6月实施无线网络系统改造项目，加强了网络安全受控管理，提升员工办公效率；修订了《信息科技管理办法》《信息系统应急管理办法》等制度，强化系统风控手段，提升系统总体安全性；运维管理采用主动管理模式，减少系统出问题的概率；主动申报年度等级保护评定，及时查漏补缺，2020年未出现重大信息科技风险事件。

【企业文化建设】 2020年，公司继续弘扬“以奋斗者为本”的企业文化，积极倡导和培育员工的核心价值观，规范员工行为，营造和谐发展氛围，助力高质量发展。党支部带领全体党员强化理论学习，贯彻新发展理念，完成以“全面提升产业链金融服务能力”为主题的“书记联项目”，运用“党建+服务”思维，自觉把行动统一到打赢三年高质量发展关键战上来；借力集团“五化”平台，抓好强基提能工作，公司党支部被评为“‘五化’建设达标党支部”。

华联财务有限责任公司

【集团情况】 北京华联集团投资控股有限公司（以下简称“集团”）是商务部重点扶持的全国15家大型商业零售集团之一，旗下拥有两家上市公司和多家控股公司，涵盖超市、购物中心、高端时尚百货、品牌代理以及对外合作等业务。集团拥有一流的商业管理资源、商品资源、品牌资源和人才资源，是国际百货协会唯一的中国零售企业会员，也是全球消费品论坛25个零售董事之一。集团在高端时尚百货零售业务方面处于领先地位，下属的高端百货店北京SKP百货已成为中国高端时尚百货的领导品牌，也是全球时尚高端百货排名前列的时尚地标。

【经营概况】 2020年，华联财务有限责任公司（以下简称“公司”）在新冠肺炎疫情肆虐、经济增速下降、金融环境严峻的宏观背景下，本着“依托集团、服务集团”的宗旨，坚守自身功能定位，为集团成员单位提供了优质的财务和金融服务。截至2020年末，公司资产总额119.36亿元，比上年同期增长14.97%；负债总额85.11亿元，比上年同期增长20.28%；所有者权益总额34.26亿元，比上年同期增长3.63%；截至2020年末，公司实现营业收入2.06亿元，比上年同期减少32.23%；实现利润总额1.59亿元，比上年同期减少36.90%；净利润1.19亿元，比上年同期减少37.04%。

【公司信贷业务】 2020年，公司为成员单位发放贷款356笔，发放贷款余额109.05亿元；实现贷款利息收入3.05亿元。

【结算业务】 2020年，公司吸收成员单位存款72.94亿元，较年初增长18.39%；公司结算笔数49万余笔，金额4793.21亿元，日均处理约1342笔，满足了成员单位的资金支付需求。

【资金和投资业务】 2020年，公司积极应对疫情带来的市场环境和经济形势变化，主动调整投资策论，合理、充分地配置资金投向，有效利用银行间等市场，优化资金运作，提升收益水平，并加强与银行、基金、券商等各类金融机构的沟通合作，开拓新思路，为集团打造综合化金融服务平台。

【中间业务】 2020年，公司为集团下属各门店提供保险代理业务，实现57.5万元的保险代理手续费收入，办理了227笔保险理赔案件，理赔金额191.2万元；为集团及成员单位提供担保3笔，担保金额8.1亿元。

【风险管理和内部控制】2020年，公司继续认真开展全面风险排查、评估及报告工作；组织、指导开展流动性压力测试；完成了银行业市场乱象整治“回头看”工作及报告与整改；完成了股权及关联交易专项整治“回头看”工作及报告；完成了反洗钱宣传教育等工作；启动公司制度汇编的全面修订工作。

【信息化建设】2020年，公司完成IPV6升级工作和软件正版化工作；以公司业务发展为导向，完善核心业务系统各项功能，为公司业务开展提供安全高效的系统支撑；优化调整网络拓扑和策略，新增设备15台、清理专线2条，加强数据中心基础设施建设，确保系统硬件环境的稳定。

【人力资源管理】2020年，公司积极组织各部门关键岗位员工参加集团组织的财务后备干部、人资后备干部选拔工作，为后备干部选配导师并落实各项培养计划；组织员工积极参加集团新绿训练营以及财务后备干部、人资后备干部训练营等各项培训；组织员工参加公司、中国财务公司协会组织的各业务条线的知识和技能培训；疫情期间，公司积极拓展各类线上业务知识的学习和培训，加强公司内部的业务学习与交流，提升岗位技能和业务知识，培育良好的企业文化。

华泰集团财务有限公司

【集团概况】华泰集团（以下简称“集团”）是以造纸、化工为主导产业，集印刷、热电、物流、林业、餐饮、商贸等产业为一体的大型企业集团，公司列2019年中国企业500强第254位、中国民营企业500强第89位、中国轻工业百强企业第11位，连续11年入围山东省纳税百强，2019年集团作为30家功勋企业之一被山东省委省政府表彰。公司子公司山东华泰纸业股份有限公司于2000年9月28日在上海证券交易所上市，是造纸行业首家A股上市公司，是目前国内市场占有率最高、设备最先进的新闻纸制造基地和全国最大的盐化工生产基地。

【经营概况】华泰集团财务有限公司（以下简称“公司”）于2020年3月20日取得山东银保监局颁发的金融许可证，并于3月25日顺利开业。注册资金为人民币10亿元（含500万美元），其中，华泰集团出资6亿元，出资比例为60%；华泰股份出资4亿元（含500万美元），出资比例为40%。截至2020年末，公司资产总额32.59亿元，负债总额22.55亿元，所有者权益10.04亿元。2020年累计实现利息收入5950万元，累计发生利息支出1419万元；全年实现拨备前利润3207万元；实现利润总额496万元，净利润370万元。

【服务实体】公司为集团推出如下服务措施：推进资金集中管理，搭建安全支付平台；构建集团票据管理模式，实现资金统管新突破；贯彻人民银行货币政策，着力支持实体经济发展；推进新业务开办，提升金融服务水平。

【信贷业务】2020年，公司完成了对7家成员单位的评级授信工作。根据成员单位的融资需求和服务方案，共发放人民币贷款20.5亿元，美元贷款500万美元，及时为成员单位提供资金支持，全力支持实体经济发展。

【资金业务】公司开业后，认真研究集团资金状况，制定了集团资金集中管理办法。不仅完成了资金的集中管理，而且构建了集团票据统一管理的新模式，实现所有成员单位资金的代理支付，开发了付款校验程序，确保全年未出现结算差错；集团票据池基本搭建完成，正在开发收付款管理系统，为集团集中管理承兑汇票提供科技支撑，从而实现真正意义上的集团对资金的统管。

【外汇业务】2020 年 9 月，按照国家外汇管理局应用服务平台 ASOne 上线后新的监管要求，公司顺利向华泰股份发放的 500 万美元贷款，实现了通过线上向国家外汇管理局报送相关数据。

【风险管理和内部控制】公司注重建章立制，强化内控合规管理；强化风险管理，提升风险管理能力；加强审计监督，提高审计稽核效能；理顺工作流程，推进管理的规范化、精细化。

【人力资源管理】公司制定了部门、岗位、人员“三定”方案，各部门、各岗位严格遵循“责任分离、相互制约”的原则，实行前中后台分离，明确了 AB 角工作制度；制定绩效考核体系，推进完善激励约束机制；推进“三学”活动，提升员工业务素养。

【信息化建设】2020 年，公司全力做好信息化项目建设，顺利完成了公司核心业务系统、广义信贷报表系统、付款校验管理系统上线，并优化公司协同办公系统，持续加强系统运维管理，及时处理系统中存在的问题，保障公司信息系统始终稳定高效运行。

【企业文化建设】公司积极参加各种集团活动、社会活动及公益活动，增强员工的荣誉感和社会责任感，并以实际行动回报社会。

淮北矿业集团财务有限公司

【集团概况】淮北矿业集团（以下简称“集团”）是以煤电、化工、现代服务为主导产业的大型能源化工集团，是华东地区最大的冶炼精煤生产企业。集团在岗员工 5 万人，生产矿井 17 对、在建矿井 1 对，炼焦煤选煤厂 4 座、动力煤选煤厂 7 座，年产原煤 3000 万吨、焦炭 440 万吨、甲醇 40 万吨、聚氯乙烯 64 万吨，电力总装机规模 200 万千瓦。2020 年资产总额 1000 亿元，销售收入近 700 亿元，连续 19 年进入中国企业 500 强。曾先后荣获全国先进基层党组织、全国煤炭工业科技创新先进企业等荣誉称号。

【经营概况】2020 年，淮北矿业集团财务有限公司（以下简称“公司”）统筹疫情防控、企业发展和服务集团工作，着力提升公司治理能力，聚焦金融支持实体经济，展现责任担当和价值贡献。2020 年末，公司资产规模突破 80 亿元，信贷资产突破 50 亿元，吸收存款超过 47 亿元。2020 年实现营业收入 2.34 亿元，实现账面利润 1.41 亿元，向集团分红 2.51 亿元，无不良资产。日均存贷款、营业收入均创开业以来新高，经营管理质量、效益和效率稳步提升。

【服务实体】公司积极响应“疫情就是命令，防控就是责任”的号召，做好资金结算，加大信贷投放，降低贷款利率，提高办贷效率，满足成员单位金融需求。2020 年贷款增加 19 亿元，累计开票 21.42 亿元，办理了无还本续贷 1606 万元，延期付息 500 万元，主动让利 3000 多万元，体现金融服务的社会责任担当。公司积极配合集团预算管理，严格银行账户管理，全年累计核销银行账户 163 个。

【信贷业务】2020 年，公司持续加大信贷投放，为成员单位加快复工复产提供了有力的金融支持，累计发放各项贷款 65.25 亿元，同比增加 32.27 亿元；累计开出承兑电票 21.42 亿元，同比增加 5.00 亿元。针对成员单位需求，新增票据保业务，累计办理 1.14 亿元。

【资金业务】2020 年，公司以效益、效率为导向，加强资金头寸管理，严格银行账户管理，提高资金使用效率。集团内部 307 家客户（含工会社团等）开立银行账户 585 个，办理收付款、转账结算近 40.2 万笔。通过对账户和资金进行实时监控，可归集口径资金集中度达到 85% 以上。匹配碎片化资金和期限，开展银行间逆回购业务，以券商、基金公司、中小商业银行为交易对手，回购业务金额达 23.03 亿元，取得收益 236 万元，比存放同业增收 100 万元以上，最大限度提高资金收益。

【投资业务】2020 年，公司开展银行理财、券商资管、债券型基金、货币型基金、利率债等投资品种。加强同业授信管理，重新梳理投资类业务管理制度和流程；加强政策研究、投前尽调与产品遴选，加强投后管理，及时发现问题并采取措施，力争持有期间风险可控，收益最大。更新投资理念，发挥投资业务的管理作用，并打造成现金管理工具、主动负债工具、流动性管理工具、信贷规模调整工具、优化监管指标工具以及链接外部金融市场的工具。

【票据业务】在疫情防疫期间，为进一步提升服务防疫企业的能力，降低企业财务成本，支持集团各子公司正常运转，公司积极按照人民银行疫情防控再贴现相关政策要求，为安徽省疫情防控重点保障企业名单中的企业以及受疫情影响较大的企业贴现票据。截至 2020 年末，公司累计为成员单位办理贴现 27.84 亿元；向人民银行申请办理再贴现 22.64 亿元；充分发挥金融牌照功能，全年累计开出财票 5262 张，金额 21.42 亿元。

【业务创新】牵头搭建集团票据池，实现全集团票据集中管理，创新“票据保”产品，年末可归集票据集中度达到 99.85% 以上，累计到期托收金额 32.06 亿元，票据集中管理为集团创造直接价差收益 350 万元。与商业银行合作，以财务公司信用替代成员单位保证金，实现远程开票，减少保证金占用，解决了成员单位集中支付和票据拆分的痛点。集团票据管理体系创新与应用案例荣获集团管理创新二等奖，获得第三届中国金融年度品牌案例大赛“年度人气品牌案例奖”。

【风险管理和内部控制】2020 年，公司认真贯彻落实稳健型风险管理偏好，不断完善风险管理“三道防线”，新建部门风控员制度，创建“持续合规四个台账”，整理出台《公司内控制度手册》，强化执行情况检查、稽核审计和督促整改。持续加强投后管理和贷后管理，全面提高监管数据报送质量，协助成员单位加强票据风险防范。增加注册资本，增设股东会，完成董事会、监事会换届选举，公司治理机构职责边界更加清晰、履职要求更加明确、制衡机制更加规范。

【人力资源管理】加强岗位管理人员的交流和轮岗力度，促进一专多能人才的培养，促进公司高质量发展。2020 年内轮岗 8 人次，强制休假 4 人次，引进外部金融机构人才 1 名。坚持“党管培训”不动摇，充分利用“财务公司大讲堂”，采取“走出去”和“请进来”、集中培训与自主学习相结合的方式，开展精准培训。鼓励员工参加金融专业技术考试，提升业务能力。

【信息化建设】公司完成《核心系统技术规格书》编制，涵盖公司 3 ~5 年内业务范围，确立围绕主业提供信息科技支撑的战略定位和实现路径，作为核心系统建设的指导方向。引入银行系金融云核心系统平台，启动新核心系统建设，将极大增强系统安全性、稳定性、连续性、业务功能拓展性。完成 ACS 系统接入，初步完成外部银行资金管理 RPA 机器人项目建设。实现客户身份信息年检时的网上确认，极大降低成员单位的工作量，更好地为成员单位提供金融服务。

【企业文化建设】公司始终坚持以党建为统领，纵深推进全面从严治党，持续营造良好政治生态。公司党支部充分发挥“把方向、管大局、保落实”的领导作用，高质量推进“五型”机关建设，扎实推进“三个以案”警示教育，做实“靠企吃企、境外腐败、违规经商办企业”三个专项整治，持续开展“严惩小微腐败、管住小微权力”专项活动。充分发挥党支部战斗堡垒作用和党员先锋模范作用，抓牢支部组织建设，公司党支部第一党小组荣获集团“标杆党小组”称号。

公司多策并举抓培训培养，培考结合，奖励优秀，确保培训见实效。开辟员工读书室，举办党建知识抢答赛，开展清廉金融文化建设活动，组织预防金融违法犯罪全员考试，杜绝金融违法犯罪行为。大力弘扬“严细实精”工作作风，厚植执行力文化。坚持“以人为本”，做好职工生日问候、节日文娱活动、困难职工帮扶，关爱女工、关心健康、关注职工家庭，奋力打造政治生态风清气正、工作氛围温馨和谐、精神生活丰富饱满的企业文化。

淮南矿业集团财务有限公司

【集团概况】2020 年，面对新冠肺炎疫情的严重冲击、复杂多变的外部形势，淮南矿业（集团）有限责任公司（以下简称“集团”）统筹推进疫情防控和经营发展，紧盯目标不放松，较好完成了全年各项目标任务，在大战大考中交出了优异答卷，实现了“十三五”圆满收官。2020 年集团营业总收入 408 亿元，利润总额 43.4 亿元，同比提高 4.5%，各产业整体单元实现盈利，完成煤炭资源量 6548 万吨，发电量 226 亿度。

【经营概况】2020 年，淮南矿业集团财务有限公司（以下简称“公司”）准确把握形势，精心谋划部署，坚守功能定位，坚持服务集团，统一融资、金融服务、经营业绩等各项工作取得了新成效。截至 2020 年末，公司资产总额 109.06 亿元，其中贷款余额 65.02 亿元，吸收存款余额 78.94 亿元，所有者权益 29.41 亿元。全年实现利润总额 4.25 亿元。

【服务实体】公司设计金融服务方案，满足成员单位个性化、多样化金融需求。优化结算服务，办理结算业务 14.1 万笔，结算量 3376 亿元，特别是疫情期间，公司安排专人负责，为集团疫情防控提供全天候支付结算保障，确保防疫物资及时采购。做好保险代理，积极对接保险机构，为集团争取财产险、人身险的保险期限免费延长一个月的权益，节省保费 90.47 万元；首次取得井下资产理赔款共计 181.08 万元，协助 4 家成员单位取得暴雨洪灾受损财产理赔 57.16 万元。

【信贷业务】加大信贷投放，截至 2020 年末，公司各项贷款余额 64.4 亿元，累计发放各类贷款 49 亿元，开立银行承兑汇票 3.67 亿元，多渠道为成员单位发展提供资金支持。2020 年 6 月公司向清洁能源公司天然气亳太线项目发放 1000 万元项目贷款，期限 10 年，标志着集团天然气板块首笔融资落地，为后续外部金融机构贷款投放起到了很好的示范作用，截至 2020 年末，公司累计为清洁能源各管线提供融资 1.64 亿元，支持集团绿色发展。

【节约财务费用】公司抢抓金融政策，积极衔接专项贷款。密切跟踪国家支持实体经济防疫专项贷款政策，通过与各家政策性金融机构反复沟通，为集团及成员单位争取到支持复工复产及疫情防控各类低息中长期贷款 33 亿元，为集团节约财务费用 4895 万元。坚持集团利益最大化的经营理念，在符合监管要求的前提下，通过对集团贷款利率下浮等方式，少收集团利息 1067.74 万元，为集团节约税费支出 320 万元，为成员单位减免服务费 670.6 万元。

【资金集中】公司加强资金集中管理，通过设置联动账户、配合集团财务部资金检查等手段，强化对集团重点子公司资金、票据集中管理，平均可归集资金集中度达 96%。

【代理融资业务】面对债券违约事件影响，公司多方面开辟融资渠道，增加储备资金，在一个月内逆市连续成功发行三期超短融，有力提振了市场投资者对集团发展的信心，为集团在煤炭企业乃至整个债券市场树立了良好的企业形象。加强市场分析，抓住上半年市场资金价格走低的有利窗口期发行债券，第五期超短融发行利率仅为1.99%，使集团债券发行利率首次进入“1”时代。2020年代理集团融资316.37亿元，综合融资成本较2019年降低了0.84个百分点，为集团节约财务费用1亿元以上。

【业务创新】公司圆满完成第四期职工储蓄计划，这是国家金融监管政策变化后首笔以永续信托融资方式开拓的创新业务，增加了职工财产性收入，补充了集团中期流动资金需求，降低了企业资产负债率，实现了多方共赢。2020年8月底获批有价证券投资业务资质，增加了业务品种，开辟了公司新的外部盈利渠道，也有利于提高集团公司资金收益，实现资产保值增值。在12家成员单位推行扫码支付，方便了使用单位收付款，增强了公司资金结算平台功能。

【风险管理和内部控制】公司加强公司治理，按照公司章程要求，严格贯彻党组织研究讨论作为董事会、经营管理层决策重大问题前置程序的制度要求，召开26次支委会、2次股东会、5次董事会、10次总经理办公会，审议通过了董事会议事规则、总经理办公会议事规则等制度，进一步健全了公司法人治理机制。规范公司管理，系统地对制度进行修订、新增，进一步规范了各项业务流程。加强内部检查，重点对信贷、投资业务开展合规性和风险审查，并督促问题整改，确保合规经营。

【企业文化建设】2020年，公司深入推进家文化建设，持续提升职工获得感和满意度，构筑企业与职工命运共同体。在岗职工工资收入同比增幅达12%。坚持以人为本，关心关爱职工身心健康，职工健康体检26人次，疗休养4人次，解决疫情期间职工午餐问题，发放电影票102张，组织观影、健康徒步走等文体活动，不断满足职工精神文化需求，增强职工的幸福感、归属感。全年投入19万元，过生日送祝福52人次、三八妇女节送关怀24人次、夏季送清凉51人次、慰问职工4人次，职工权益得到有力保障。

冀中能源集团财务有限责任公司

【集团概况】冀中能源集团有限责任公司（以下简称“集团”）成立于2008年6月，是一家以煤炭为主业，制药、现代物流、化工、电力、装备制造等多产业综合发展的大型省属国有企业，企业总部设在河北省邢台市。下辖峰峰集团、冀中能源股份公司、邯郸矿业集团、张家口矿业集团、山西冀中能源集团、邢台矿业集团、井陉矿业集团7家产煤子公司，以及华北制药集团、河北航空投资集团、机械装备集团、国际物流集团、华北医疗健康公司5家非煤子公司，控股冀中能源、华北制药和金牛化工3家上市公司，并拥有一家财务公司。产业主要分布在河北、山西、内蒙古、新疆、青海、北京、天津、广东、香港等13个省区。2020年，集团综合实力列世界500强第347位，列中国企业500强第86位，列中国煤炭企业50强第5位。

【经营概况】2020年，冀中能源集团财务有限责任公司（以下简称“公司”）实现营业收入3.96亿元，累计实现利润总额1.45亿元，各项监管指标均达到监管标准。年末资产规模稳步提升，资产总额达到242.50亿元。

【信贷业务】公司以服务集团资金管理为根本，协助集团以委托贷款形式调控资金投向，2020年累计发放委托贷款330.48亿元，2020年末委托贷款总额69.59亿元，增幅为26.67%；2020年累计为集团及成员单位发放贷款638.07亿元。2020年末信贷资产规模234.39亿元。

【资金业务】公司依托新一代核心业务系统，更新优化结算功能，转型升级结算模式，增强了集团公司对资金的管控力度和头寸调剂，优化资源配置，提高资金使用效率，服务能力得到改善。2020年资金存量规模继续稳步增长，单日存款创历史新高，达到200.14亿元，日均吸收存款120.15亿元，同比增幅为34.17%；2020年资金结算量7951.50亿元。同时，加强归集资金管理，2020年为集团企业节约财务费用5200万元。

【票据业务】公司票据业务达到了2018年河北票据监管新规出台以来的最高水平，有效发挥了双向资金调节作用。利用疫情期间银行业再贴现政策调整的有利时机，成功申请获得河北省疫情期间首笔再贴现资金1.1亿元，2020年再贴现融资5.13亿元，为近5年来最高水平。2020年共为集团累计办理电子银行承兑汇票贴现11.05亿元，累计签发电子银行承兑汇票57亿元。2020年末承兑电票余额49.25亿元，增幅为135.2%。

【资金集中】公司进一步优化资金集中型归集模式，加强资金管控，提高资金存量，2020年末实现资金全口径归集度39.71%，比上年同期增加15.97个百分点。加强对核心业务系统开发和维护，改进完善软硬件，实现资金监控和管理；持续优化支付结算和清算服务功能，节省费用及划转时间，提升结算效率。不断优化完善财资管理系统功能，提出系统功能性及完善性需求20余项，共发现并解决系统问题近40个，保证成员单位操作系统更加便利、安全。

【业务创新】2020年公司紧密贴合集团主业，为成员单位开展了特别授信业务、特别定价、保函业务等，缓解成员单位融资压力，降低成员单位资金成本，提高整个集团的资金使用效率，以融助产、以产促融，为下一步产融深度合作提供新的模式和途径。获得承销成员单位企业债券和固定收益类有价证券投资两项新业务资格，为公司发展开辟了新渠道，使公司得以在充分发挥传统业务优势的基础上，谋划新的业务增长模式，合规创新业务品种，通过中间业务、代理业务与传统信贷业务有机组合，为企业提供多样化的金融服务。

【风险管理和内部控制】2020年，公司进一步优化和完善公司治理结构，规范治理行为和流程，按照内部控制原则对“三会一层”的工作进行梳理，密切配合监管评级和人民银行评级，对照监管要求审视自身不足，查漏补缺，落实监管机构对公司治理的要求，公司治理和管理工作质量不断提升。

【人力资源管理】落实集团人才培养战略，制定人才培养计划。将专业素养提升纳入考核，加大内部轮岗力度，外派人员到集团企业挂职轮训，聘请专业顾问开展针对性的课题研究和专项培训，加快人才梯队建设，畅通人才成长通道，营造和谐的人才成长环境。梳理正确的人才观，“德才兼备，以德为首”，培养追求廉洁自律、诚实守信、严谨求实的价值观。

【信息化建设】公司信息化工作主要围绕保障财资管理系统软硬件平台健康稳定运行、优化完善财资管理系统功能、强化安全管理合规性建设、满足监管要求、增强财资管理系统支撑新业务模式发展等方面展开。在支撑业务发展上，一是利用财资管理系统，协助集团提升资金管理功能；二是探索资金数据共享使用新模式，公司将建立财资管理系统与集团资金管理系统之间的连接通道（财企接口），实现两个系统之间数据共享。在集团财务预算管控的基础上，协助集团做好资金支付渠道管理。

【企业文化建设】公司党支部2020年着力开展“不忘初心、牢记使命”主题教育活动，从教育、管理、监督和服务党员入手，严肃党内政治生活，严格执行党的纪律，支部战斗堡垒作用和党员先锋模范作用逐渐凸显，党组织凝聚力号召力日渐增强。认真学习贯彻落实《中国共产党廉洁自律准则》《中国共产党纪律处分条例》和上级党组织下发文件有关要求，认真开展政治性警示教育活动，多次组织员工观看警示教育题材专题片，推进党风廉政建设工作向纵深开展。

江铃汽车集团财务有限公司

【集团概况】江铃汽车集团有限公司（以下简称“集团”）创立于1947年，是我国汽车整车出口基地和轻型柴油商用车最大的出口商之一。列2020年中国制造业企业500强第94位，列中国企业500强第229位。2020年，集团整车销量38.1万辆，同比上升11.7%，实现营业收入953.36亿元，同比上升7%。

【经营概况】江铃汽车集团财务有限公司（以下简称“公司”）狠抓合规风险管控、持续改善质量效益、有序提升金融服务、牢牢守住金融风险，不断推进高质量发展。2020年末，资产总额同比增长7.68%，存款余额同比增长11.78%，贷款余额同比增长12.40%，不良贷款率为0.0112%，保持了平稳发展态势。

【服务实体】公司加大对实体经济信贷支持力度，贷款余额同比增长12.40%。协助集团发行中期票据，融资10亿元，开启直接融资新路子。发放疫情防控贷款732笔，金额11.42亿元；给予纾困贷款户数1583户，累计支持10.53亿元。扩大普惠金融辐射领域，金融支持经销商销售量占集团总销量近80%，消费金融市场占有率跃升至87%。

【信贷业务】公司加大对核心企业的支持，量身定制综合金融服务方案。2020年公司获取再贴现9.02亿元，助力集团企业获得政策性低利率贷款16亿元，大幅降低集团内成员企业融资成本，成员企业提款利率为3.95%，远低于社融加权平均利率，节约财务费用近1700万元，有力支持了成员企业复工复产。

【买方信贷业务】公司全力强化金融帮扶力度，疫情期间不抽贷、不断贷，采取优惠利率政策支持其发展，确保经销商平稳渡过难关；下半年加大经销商信贷支持力度，确保库存充足，支持整车销售。持续输出综合管理，帮助经销商提升营销水平、运营能力及风险管控能力，打通金融服务到达小微经销商企业的“最后一公里”。下降利率，合理让利，为经销商降低利息费用892万元。2020年，公司库存融资投放额同比增长10.69%；金融支持经销商销售量占集团总销量近80%。

【消费金融业务】公司聚集“厂商金融”优势，全方位提升客户体验。通过开展消费信贷、融资租赁等业务促进终端销售，并结合不同客户特点、需求支持提供定制化金融服务。积极发展互联网金融，推动数字化汽车金融转型，提升金融服务效率和客户体验、拓宽普惠金融辐射区域。2020年消费金融线上进件率达70%，消费金融渗透率达15%；消费金融投放金额同比增长111%，实现了企业效益、社会效益双丰收。

【风险管理和内部控制】公司全面风险管理保持高压态势，持续深化流程化、系统化、信息化建设，开发大数据智能风控平台，持续完善贷前尽职调查、贷中客户情况跟踪、贷后“现场+非现场”管理，升级风险预警管理，优化风险预警指标体系，动态、及时检测处置客户风险，筑牢风险管理“三道防线”，强化催收和诉讼时效管理。截至2020年12月末，公司不良贷款率为0.0112%，较上年降低0.0014%，远低于行业平均水平。

【人力资源管理】公司市场化引入高层次人才，引才引智。建立三个梯队核心后备干部及

J

青年后备干部人才库。开办“江铃金融学院”，开发、开展合规、专业、管理类培训39次，启动“启航”“领航”班，开展各层级轮岗11次，孵化管理及关键岗位人才。严格执行重要岗位强制休假和薪酬延期支付制度、定期开展员工行为排查，规避员工操作风险，防范违规行为；建立有利于可持续发展和战略目标实施的业绩考核机制。

【信息化建设】 公司加快布局信息平台建设，以“小核心、大协作、全融通”为理念，打造一站式便捷化数字金融平台。公司持续完善核心系统，打通融合业务系统、丰富辅助功能，加快推出“掌上金融”，为数字化营销提供金融支持的利器；采用OCR识别技术、电子签名、第三方大数据等新技术，有效提升智能审批能力和辅助决策水平；同时优化制度，加大投入，提高等保水平，提升网络安全管理能力，显著增强客户体验感。

【企业文化建设】 公司党总支坚持以党建引领发展，完善“党建进章程”，扎实开展党建“三化”建设，持续压实意识形态工作责任制，顺利完成两级党组织换届。持续开展系列、丰富的党群活动，增强员工凝聚力：深入员工生活，温暖困难群众；加强敬老爱老文化普及，坚持开展垃圾分类，践行社会责任。持续扩大品牌影响力，在《金融时报》《中国银行保险报》及中国财务公司协会宣传平台等发表27篇宣传稿件。

江苏凤凰出版传媒集团财务有限公司

【集团概况】 江苏凤凰出版传媒集团有限公司（以下简称“集团”）总部位于南京，产业领域主要包括出版、发行、印务、影视、文化酒店、文化地产、文化贸易、金融投资等板块。2020年集团营业收入超172亿元，总资产约650亿元。集团控股凤凰传媒、凤凰股份两家主板以及两家新三板上市公司，是江苏银行、南京证券的重要股东。集团被评为全国文化体制改革先进单位，连续12年位列全国文化企业30强，列2020年全球出版50强第11位，综合实力继续保持全国同类企业领先地位。

【经营情况】 2020年，江苏凤凰出版传媒集团财务有限公司（以下简称“公司”）实现营收1.31亿元，利润1.07亿元，年度全口径资金集中度约为72.4%；全年累计结算笔数48.77万笔、结算金额2501.68亿元；截至2020年末，资产总额105.56亿元，负债总额91.56亿元，所有者权益14亿元；公司资本充足率为32%、流动性比例为90.97%，两项主要风险指标均明显优于监管要求的标准值；不良资产率、不良贷款率为零，资产损失准备充足率为100%，资产质量稳健，拨备计提充足，各项监测指标均处于正常水平。

【信贷业务】 2020年，公司开展各类表内外授信业务和中间业务，累计发放流动资金贷款14笔、金额40450万元，累计发放固定资产贷款8笔、金额8281万元；开展委托贷款业务15000万元；为成员单位开立非融资性保函53.61万元。公司作为集团投融资平台，为集团及其子公司安排外部银行授信138.93亿元。

【投资业务】 公司在2020年开展投资业务7亿元，涉及银行理财和集合信托计划；开展委托投资业务4000万元。公司发挥集团金融服务平台功能，全年为集团及其子公司累计办理各类金融资产投资258.89亿元。

【资金业务】 2020年，公司聚焦资金运用业务，拓展资金运用渠道，全力提升资金管理水平。一是公司合理安排整体资金头寸，采取预算管理方式，减少资金沉淀。二是通过为成员单位贷款、开立非融资性保函、办理代理业务等服务，减少集团综合财务成本。三是公司大力提升资金效益，2020 年开展存放同业定期业务合计 40 笔、金额 101 亿元；开展有价证券投资业务，年末余额 9.6 亿元；开展国债逆回购业务 211 笔、金额 103 亿元，共取得利息收入与资金收益合计 19662 万元。

【资金集中】公司采用“收支两条线”的资金管理模式。截至 2020 年末，公司吸收存款 91.49 亿元，全口径资金归集率达 69%。集团高度重视资金集中管理工作，通过制定《资金集中管理办法》等相关制度，明确资金集中管理体制及各单位职责。公司在实施资金归集过程中，综合考虑各单位的实际情况，松紧有度、区别对待、分类管理、注重实效。通过提高活期存款利率、丰富定期存款品种、免除手续费等形式让成员单位分享资金集中带来的超额收益，提高成员单位使用财务公司账户进行结算的积极性，从而带动资金归集。

【风险管理和内部控制】2020 年，公司持续强化全面风险管理，健全内部控制机制。一是不断完善内部制度及操作流程，奠定良好的风控基础。二是深入开展案防合规宣传活动并组织相关培训，塑造守法合规企业文化。三是根据年度计划开展覆盖全员、现阶段所有业务品种的排查工作，并根据监管要求开展多项专项排查，对存在的问题及时整改，夯实业务风险管控基础。四是对公司流动性进行压力测试，充分了解和掌握自身流动性风险现状。

【人力资源管理】2020 年，公司进一步完善人力资源管理体系。一是修订人力资源相关制度，规范公司选拔聘任流程；遵循集团要求制定并执行新的薪酬管理制度。二是为青年员工成长创造良好环境，给予年轻员工更多发展机会。公司部门负责人“80 后”人员占比达 75%，员工“80 后”“90 后”占总人数的 76%。三是主动应对疫情影响，公司采用内部导师传帮带的方法组织各类培训 16 场。鼓励员工持续学习，参加各类专业资格、职称等考试。公司已获得专业职称的人员占比达 62%。

【信息化建设】2020 年，公司按照计划顺利完成同城灾备项目二期建设，消除生产中心单点风险隐患，实现整体数据同步及应用体系建设，提升了公司抵御重大灾难风险的能力；完成三级等级保护项目的安全改造及本年度的三级等保测评工作，加强信息系统网络安全保障；完成虚拟化环境底层服务器的扩容，满足公司业务量不断扩展的需求，有效支撑公司业务平稳开展；完成对外统一接口平台调优工作，打造高速便捷的支付渠道，进一步发挥公司资金结算平台功能。

【企业文化建设】2020 年，公司持续加强思想建设，全年开展学习 16 次，深入学习习近平新时代中国特色社会主义思想、党的十九届五中全会精神等，进一步树牢“四个意识”、坚定“四个自信”，坚决做到“两个维护”；积极探索党建共建机制，同合作的 14 家金融机构分别签署《廉洁合作共建协议》；坚持“三会一课”不动摇，扎实推进“两学一做”学习教育常态化、制度化，全面推进公司党建工作不断向纵深发展。

J

江苏国泰财务有限公司

【集团概况】江苏国泰财务有限公司（以下简称“公司”）由江苏国泰国际贸易有限公司和江苏国泰国际集团股份有限公司共同出资设立，注册资本 15 亿元人民币。江苏国泰国际贸易有限公司持股比例为 20%，江苏国泰国际集团股份有限公司持股比例为 80%。

江苏国泰国际贸易有限公司成立于 1997 年，以进出口贸易为主业，并涵盖新能源新材料、高端酒店、软件开发、地产开发、零售品牌、金融及股权投资等领域。列2020年中国企业500强第318位。

江苏国泰国际集团股份有限公司（以下简称“集团”）于1998年5月成立，并于2006年12月8日在深交所正式上市。2016年12月，集团重大资产重组顺利完成，旗下所有进出口业务全部纳入上市公司，目前上市公司有两大主营业务：贸易供应链服务和新能源新材料。

【经营概况】公司牢固树立“依托集团、服务集团”的宗旨，围绕集团发展战略，在防范集团及公司风险的前提下，有序推进各项业务，公司内控建设和基础管理有了新提高，各项工作取得了较好成绩。截至2020年末，公司资产规模54.84亿元，实现营业收入6368.14万元。

【服务实体】公司围绕集团战略，服务集团发展，着力于优化财务资源配置、提高资金使用效率。坚持存款利率上浮到顶，贷款利率不高于银行同类贷款利率，对保函、代开信用证等业务减免手续费、保证金，2020年为集团节约费用12.17万元。此外，2020年公司为集团增加了45.42万元的银行存款利息收入。

【信贷业务】2020年公司共发放自营贷款1.78亿元，无不良贷款；共给6家成员单位办理授信，授信总额1.41亿元。此外，开立税款保付保函总金额54.16万元。

【资金业务】公司充分挖掘集团和成员单位资金潜力，最大限度地归集集团和成员单位的存款，使集团的资金资源得到有效聚集，同时加强资金计划管理，提高资金运作效率。此外，通过有效控制和统一调度，充分利用金融同业系统资源，积极办理同业定期存款，发挥冗余资金的效用，提高公司的收益。2020年，公司开展存放业务38笔，存放资金量达到43.78亿元，实现利息收入6367.57万元。

【外汇业务】公司按外币试点业务要求归集境内成员单位外币资金，提高美元的归集率。2020年，经国家外汇管理局批准，可归集外币银行增加到6家，共归集38465.53万美元，日均8310.99万美元。外币实时归集增加了美元资金沉淀，为开展结售汇等业务打下良好的基础。

【资金集中】根据集团账户清理要求，对银行账户进行全面清理，通过定期梳理各类账户，及时办理符合归集条件的账户开户，对不动户进行销户，提高账户使用效率及资金归集度。截至2020年末，成员单位数量为124家，内部各类账户98个，直连银行账户总数541户（217个归集户、324个监控户）。清理境内外账户61个，剩余有效账户681个，为加强集团资金安全奠定了坚实的基础。2020年，公司各项存款39亿元，本外币资金结算量2242.78亿元。

【业务创新】2020年，经国家外汇管理局批准，公司取得了即期结售汇业务资质，同时也获得了中国外汇交易中心会员资格。该资质的取得有助于为成员单位降低汇兑成本，进一步提升财务公司的金融服务品质。

【风险管理和内部控制】公司坚持“制度先行、内控优先”的原则，2020年共完成21项制度的制定与修订工作，主要包括关联交易管理、董事会对股东会履约评价、监事会对高级管理层履约评价、反洗钱、同业授信管理、成员单位管理、绩效考核、结售汇业务、风险防范等制度的修订和完善。2020年新增8项法律法规，公司法律汇编文件已有79项，通过组织员工学习法律法规、规章制度，督导员工形成自主合规的工作理念。

公司进一步规范员工行为，加强风险防控，建立前、中、后台相分离，业务流程清晰的风险管理机制，充分发挥内部稽核的作用，完善风险问责机制，提升风险防控的实效性。公司每月、每季度均按工作计划对各项业务进行风险排查，并向监管部门报送案防工作报表及报告。2020年累计开展28次稽核检查，提出整改意见，并持续跟踪、督促整改，确保风险可控。

【人力资源管理】公司积极组织员工参加内外部各类会议和培训，并督促员工参加职称考试，提升员工业务水平和综合素质，2020年有2名员工获得了中级职称。

【信息化建设】做好日常信息化设备的运维管理工作，建立对病毒和攻击的防范措施，开展机房的日常巡检，组织安全演练和报警测试，排除安全隐患，防控信息科技风险，2020年无安全事故发生。公司使用的软通系统能够满足业务发展的需要，保障公司业务正常开展。

【企业文化建设】公司致力于营造和谐美好的工作氛围，积极组织员工参加集团组织的各类活动，丰富员工业余生活，增强组织力和凝聚力，为公司营造良好的企业文化氛围。

江苏华西集团财务有限公司

【集团概况】江苏华西集团有限公司是江苏省江阴市华西村的综合性大型企业集团，2016年由江苏华西集团公司变更为江苏华西集团有限公司（以下简称“集团”），公司注册在江阴市华士镇华西村，注册资本为90亿元。集团实行村民委会员领导下的董事会负责制，财务统一管理，资金由集团统一调度，统一支配。经过几十年的发展，集团规模和实力逐渐增强，经营范围不断扩大，已先后进入农产品、纺织、商贸、冶金、房地产、金融服务和旅游等领域，截至2020年12月31日，集团资产总额502.85亿元，负债总额325.88亿元，营业总收入213.49亿元，利润总额-6.57亿元。

【经营概况】江苏华西集团财务有限公司（以下简称“公司”）于2009年10月18日正式开业，公司注册资本人民币5亿元，截至2020年12月31日，公司资产总额18.13亿元，负债总额9.39亿元，全年实现利润总额0.70亿元。截至2020年末流动性比例为82.94%，资本充足率为39.79%，贷款拨备率为2.5%，不良资产率为零，拆入资金比例为8.89%，担保比例为50.14%，各项指标均符合监管要求。

【信贷业务】2020年，公司积极为集团企业提供信贷支持，帮助集团企业尽早复工复产，控制对过剩产能、落后产能的授信，促进集团将资源优先向先进产能转移，淘汰落后产能，优化产业结构。2020年全年累计发放贷款106笔，贷款金额81.54亿元，办理票据贴现融资10笔，贴现金额2.1亿元，为集团企业提供人民银行低息再贴现融资0.8亿元，为集团企业承兑票据4.96亿元。2020年通过调整和适度压降信贷规模等措施，公司信贷结构得到改善。

【资金业务】2020年，公司积极配合集团战略，加强资金的预测与预警，同时，积极采用多种措施吸收企业存款，提高存放同业存量，增强应对流动性风险能力，改善流动性风险相关指标，2020年末流动性比例为82.94%，比2019年末上升37.27%。2020年为集团及成员企业办理资金结算97753笔，办理结算资金4804亿元。全年同业拆入发生额2亿元，年末无余额。

【资金集中】2020年公司全面分析集团资金结构，积极主动协助集团调整融资结构，有效降低保证金存款占用，提高资金归集比例。2020年公司帮助集团对177家成员企业875个账户进行系统梳理，集中分类分析了账户构成，并提出集团企业账户管理相关建议，增加资金集中于直连银行账户，集中统筹使用，以提高企业账户资金使用效率，并筛选出一批长期不用的呆滞僵尸账户，建议集团企业予以清理。截至2020年末，公司已累计归集成员企业104家，累计归集企业账户198户。

【风险管理和内部控制】2020年公司在董事会及专业委员会的指导下，有效对风险进行防范、控制和监督，年内各项经营活动稳健、有序，不良资产保持零余额。公司资产五级分类结果显示，各项资产均为正常类。目前公司信贷客户还款情况正常，未发生逾期情形，亦无资产风险处置、实质性信用风险的不良资产处置等情况，且对委托贷款、担保类等表外业务等情况，经风险排查和日常监测，具备较强的信用风险缓释能力，整体资产风险状况良好，信用风险总体可控。公司各主体严格按照内部控制要求，通过职责分离控制、授权审批控制、核对与监控控制、应急处置控制、风险管控以及内部审计控制等管控措施，有效履行内部控制职责；公司进一步梳理和完善内控制度，新增《票据承兑业务应急处置预案》《信息系统运行维护管理规则》《电子商业汇票系统数字证书管理办法》等制度，修订《电子商业汇票系统运行管理办法》《风险管理委员会工作制度》《印章管理规定》《突发信息网络事件应急处置预案》等制度，更好地完善内控体系。

【信息化建设】2020 年在信息化建设方面，公司一方面通过信息科技人员进行服务延伸，帮助系统操作使用人员了解系统功能、熟悉操作程序，减少人为失误；另一方面积极寻求专业技术支持，对服务商实行优胜劣汰，不断提高系统运维能力。2020 年先后对核心系统数据库进行整合优化，提高核心系统运行速度，同时，在大量调研、走访和会谈的基础上，提出了财务公司核心系统及硬件设备的升级改造专题方案，并报送集团决策。

【企业文化建设】2020 年在培训学习方面，公司进行了反洗钱、抵制非法集资、案件警示教育、扫黑除恶等内容的学习，在宣传方面，进行了扫黑除恶、抵制非法集资、反洗钱、金融知识宣传等宣传活动，进一步增强全员职业道德和合规操作意识，加强合规风险文化教育。2020 年公司积极参与银监“融・媒 +”党建系列活动。包括无锡“融・媒 +”党建联盟——意识形态专题培训活动、无锡“融・媒 +”党建联盟“守初心强党建、担使命优服务”主题朗诵会以及清廉金融文化建设培训会等系列活动，增强了企业凝聚力，提升了文化内涵。

江苏交通控股集团财务有限公司

【集团概况】江苏交通控股有限公司（以下简称“集团”）是江苏省重点交通基础设施建设项目省级投融资平台，主要负责全省高速公路、铁路、机场、港口、航空等重点交通基础设施建设项目的投融资，负责全省高速公路、过江桥梁的运营和管理。2020 年全口径实现营业收入 478 亿元、利润总额 138 亿元，上缴各项税费 46 亿元。截至 2020 年末，公司总资产、净资产分别为 6663 亿元和 2766 亿元。

【经营概况】江苏交通控股集团财务有限公司（以下简称“公司”）于 2020 年 1 月 2 日获中国银保监会江苏监管局批复同意，注册资本由 16 亿元增加至 20 亿元。2020 年累计实现营业收入 3.82 亿元，实现利润总额 1.93 亿元。截至 2020 年末，公司总资产 224.81 亿元，负债 199.03 亿元，净资产 25.77 亿元，分别比年初增加 73.88 亿元、增加 72.91 亿元、增加 0.96 亿元。

【资金集中】公司首次开展同业资金归集。截至 2020 年末，公司存款余额 197.28 亿元。2020 年末全口径资金集中度为 85%，可归集资金集中度为 92%。可归集资金集中度月均 92%，与上年同期持平。

【资金管控】面对新冠肺炎疫情、高速公路长时间免收通行费等特殊困难，公司全力调剂内部资源，强化集团资金统一计划、统一备付和统一调度，严格审核成员单位资金预算计划，灵活运用各类金融工具，并按有保有压分轻重缓急细化资金支付，确保重点项目建设资金、刚性债务兑付资金、保安全生产和职工稳定资金及时支付，统筹保障集团整体流动性，资金“蓄水池”“节流阀”作用显著。

【信贷业务】2020 年公司新增自营贷款投放 98.13 亿元，日均自营贷款同比增长 18.48%；为苏锡常南部通道等 8 个江苏省重点交通建设项目办理电票承兑 1956 笔、金额 35.80 亿元，办理“一头在外”票据贴现 158 笔、金额 5.95 亿元；办理委托贷款 90.37 亿元，有效保障集团系统资金内循环，提高资金效能。

【结算业务】公司在全国率先开展服务区商户资金结算，积极拓展统筹发展费、云平台服务费托收业务。完善集团资金账户直连功能，加快实现成员单位主要合作银行直连工作全覆盖，推进各类账户资金流量和流向的在线监控。截至 2020 年末，共有 99 家单位在公司开立账户 161 户，其中，结算账户 113 户、工会专户 27 户、“一头在外”的产业链专户 2 户、法透专户 5 户、保证金专户 14 户。2020 年完成结算业务 10.54 万笔、金额 5461.64 亿元。

【业务创新】公司首次开展“一头在外”票据贴现、代开信用证以及与人民银行开展票据再贴现等业务，积极推进高速公路、过江通道建设项目使用财务公司电票结算。建立客户经理考核激励机制，试行综合柜员制，不断提升服务成员单位的效率和水平。公司首次召开集团债务融资分析研讨会，系统分析集团债务融资整体情况。积极为成员单位提供 LPR 利率调整、降低永续保险债权计划等顾问服务，并以宁杭公司为试点开展个性化财务顾问服务。

【公司治理】公司加快构建“卓越党建 + 现代金融国企”治理体系，抓实党组织引领，深化董事会专门委员会的专业性建设，推进和完善高管层向董事会、监事会的信息报告制度，强化监事会对董监高的履职评价和考核，不断提升公司治理的科学性、稳健性和有效性。

【内部控制】公司积极落实集团“风险管理年”活动和江苏银保监局风险防控“大排查、大处置、大提升”行动，深入开展“合规建设提升年”活动，首次制定年度“风险偏好”，首次开展“合规明星”评选，首次针对公司的核心业务系统开展信息系统安全评估工作，建立重点工作事项事后监督机制，健全信用风险、市场风险、操作风险、流动性风险管理机制，组织修订完善及新增制度 57 项，加快推进信贷管理信息系统、反洗钱监测系统建设。

【企业文化建设】公司深入学习习近平新时代中国特色社会主义思想，高质量开展“三会一课”、主题党日等活动。制定“融汇先锋”品牌创建实施方案，以“八融八汇”为核心，构建“1 + N”品牌体系，即“党建”品牌 + “鑫易通”金融服务品牌、“财・智”创新创效品牌、“财・思”学习社品牌、“书韵财务”文化品牌等。积极做好“优秀共产党员”“服务明星”“党员示范岗”等选树活动，引导全体员工奋勇争先做贡献。此外，通过设计公司 LOGO，全面改版公司微信公众号，拍摄公司宣传片，成立“鑫易通青年突击队”，举办“鑫易通大讲堂”，组织“雨花烈士纪念馆”红色教育、“书韵财务”朗读者第二季、党员青年谈《习近平谈治国理政》体会演讲比赛、“迎中秋、庆国庆”职工趣味运动会等，开展丰富多彩的企业文化建设活动。

江苏省国信集团财务有限公司

【集团概况】江苏省国信集团有限公司（以下简称“集团”）是江苏省政府批准成立的大型国有独资企业，注册资本金为人民币 300 亿元。集团拥有以电力、天然气为主的能源产业平台，以信托、财务公司、担保、保险经纪、期货为主的金融服务业平台，以及逐步搭建的新兴产业投资平台；同时旗下拥有江苏国信、江苏舜天、江苏新能3家上市公司。截至2020年末，集团总资产1980.46亿元，净资产1044.74亿元，资产负债率为47.25%，营业收入544.28亿元，利润总额80.51亿元。

【经营概况】2020年，江苏省国信集团财务有限公司（以下简称“公司”）突破资金归集难点，全口径资金归集率和集中结算率进一步提升，均达到90%以上；重点服务山西电厂等企业，吸引江苏优质金融资源进入山西，推动降本增效。截至2020年12月末，公司总资产为249.22亿元，表内外资产规模达到357.44亿元，实现营业收入5.63亿元；实现利润总额2.12亿元，归集资金余额164亿元，为成员单位提供融资余额112.44亿元。

【服务实体】公司坚持优惠利率，降低成员单位资金使用成本，提升成员企业竞争能力。2020年，公司信贷投放平均利率始终低于一年期基准利率，对防疫专项贷款利率一降到底。通过向成员单位提供优惠利率的金融支持，撬动外部银行利率，压降成员企业融资成本，经济效益显著。全年为集团节约财务费用1.50亿元。

2020年公司将防疫保障、复工复产作为头等大事，第一时间建立起疫情防控领导机制，在做好公司疫情防控的同时积极为成员企业抗疫复产提供专业的金融保障。通过简化业务手续和业务流程、开通绿色审批通道、实行“线上贷审会”“线上党委会”等方式，对集团重点企业及困难企业予以帮扶。疫情期间，公司以超1万笔的结算总量，超216亿元的支付总额保障了集团各成员单位资金支付和结算及时、顺畅。

【信贷业务】公司围绕集团发展战略，以核心金融资源服务集团主业发展。截至2020年12月末，能源板块信贷余额104.87亿元，占总信贷余额的93.27%，保障了集团重点项目建设的顺利推进。在绿色信贷上，公司积极向新能源公司等绿色项目提供信贷支持，确保环保项目、技改项目按时上马，对企业效益、社会环境均起到积极作用。截至2020年12月末，公司绿色信贷余额8.24亿元。

【资金集中】2020年，公司多途径加强资金集中管理工作，一是针对资金集中薄弱的板块和单位分别召开两次座谈会，发挥考核“指挥棒”作用，引导成员单位充分归集资金。二是丰富结算路径，完善产品种类，以多样化的金融服务促进集团集中结算水平不断提升。截至2020年12月末，集团全口径资金归集率达92.94%，集中结算率达95%，在257家财务公司中名列前茅。

【票据业务】公司一是申请了ECDS线上清算功能，增强对成员企业票据结算的支持，截至2020年12月末，票据池入池单位25家，登记电子票据量达6334张，票面金额合计55.30亿元，实现了票据集中二级企业全覆盖。二是结合能源板块煤炭统一采购的贸易背景，探索开发了以财票保贴为特色的产业链金融产品，获得多家银行财票保贴额度超过43亿元，并争取到A类银票贴现待遇，将金融市场的低利率惠及集团的核心板块。

【外汇业务】2020年，公司针对集团贸易企业外汇结算需求，不断完善外汇资金池功能建设，丰富外汇业务种类，满足成员单位的需求，截至2020年12月末，公司完成代理开证业务零的突破，实现集中代理购汇686笔，外汇结算总量折合人民币约24亿元，外汇汇款结算率达95%。

【投资业务】2020年，公司将中信证券旗下收益凭证和质押式报价回购产品纳入公司投资范围，在保障投资资金安全性的前提下提升公司收益。截至2020年12月末，公司有价证券投资实现收益1500万元。

【风险管理和内部控制】公司一是推动开展全面风险管理体系建设，聘请外部机构对公司各项管理制度、业务流程等进行全方位体检，排查控制风险点，制定全面风险管理手册。二是着力强化内部管控，修订业务审批流程和审批权限，实现公司业务线上审批全覆盖，初步完成了公司内控合规的网格化管理。三是强化制度建设，对照监管要求，制定、修订《银团贷款业务管理办法》《授权管理制度》等51项制度，为公司规范经营提供了坚实保障。

【人力资源管理】公司一是制定《任期制和契约制实施办法》《员工薪酬管理办法（试行）》等制度，完善绩效考核机制，发挥考核正向激励作用，为公司高质量发展提供科学的管理机制保障。二是结合“十四五”发展需要，谋划制定了一系列人力资源管理制度，规范岗位职责，提升公司管理水平。

【信息系统建设】公司以九恒星操作系统为业务中心，将各项管理工作以外围系统接入的方式实现信息化全覆盖。除基础业务之外，公司通过ECDS线上清算功能的上线，实现了票据交付与资金交割同步完成，进一步提升了电子票据清算效率；人民银行二代征信综合前置查询系统顺利完成上线工作。

【企业文化建设】2020年，以公司成立十周年宣传为契机，制定了系列活动方案，将生产经营、疫情防控、人才建设、工会工团等工作紧密结合，先后开展了主题征文、宣传视频、组织座谈等活动，同时开展了“风雨同舟十年路，砥砺奔向十四五”秋季健身跑等庆祝活动，提升员工的归属感和凝聚力，营造出担当、和谐、奋进的企业文化。

公司党委以习近平新时代中国特色社会主义思想为指引，深入推进全面从严治党，讲政治，强责任，抓好疫情防控各项工作，扎实开展“两个行动”专项部署，全面提升党建工作整体水平；讲实绩，强担当，多维度构建党建工作新格局，带领党支部全方位打造“桥梁”品牌共建模式，促进党建经营同向发力；讲精品，强队伍，不断完善体制机制，锤锻精品人才，凝心聚力保障企业发展大局；讲规矩，强作风，坚持底线思维，着力防范重大风险，打造清廉金融文化。

江苏悦达集团财务有限公司

【集团概况】江苏悦达集团有限公司（以下简称“集团”）创立于1979年，是在改革开放大潮中成长起来的全国重点国有企业。在境内外控股3家上市公司、拥有4万多名员工、资产总额达700亿元。拥有2个中国名牌产品、1个中国驰名商标、2个国家免检产品。集团主体长期信用达到AAA级，列中国500最具价值品牌第125位，品牌价值507.79亿元，综合营业收入超千亿元，利税过百亿元，位列江苏企业前十强。旗下东风悦达起亚、悦达专用车、黄陵二号煤电、中汽研汽车试验场、润阳悦达光伏电池片、雅海天然气、金骆驼血透中心等企业位居国际国内行业领先地位。

【经营概况】截至2020年末，江苏悦达集团财务有限公司（以下简称“公司”）资产总额46.98亿元，负债总额36.17亿元，所有者权益总额10.81亿元，资本充足率为26.62%，流动性比例为59.14%。2020年公司实现营业收入1.67亿元，净利润7294万元，为集团节约资金成本2.27亿元。

【服务实体】公司秉持审慎经营理念，积极应对经济新常态，持续推进信贷结构调整，不断完善金融服务制度，优化信贷审批流程。2020年，公司平均贷款利率同比下降14.39%，进一步让利成员单位，实现对实体经济支持最大化。主要举措：一是确保存量授信稳定；二是满足合理新增授信需求；三是制定个性化金融服务方案；四是建立金融服务绿色通道。

【信贷业务】截至2020年末，公司自营信贷规模28.52亿元，委托贷款余额2160万元，对外担保余额2.10亿元。2020年累计办理授信10户，累计授信金额63.10亿元；累计投放流动资金贷款38亿元；累计投放固定资产银团贷款0.64亿元；累计办理银票贴现4.31亿元；累计办理银票承兑6.30亿元；累计发放委托贷款0.35亿元；累计办理对外担保2.10亿元。

【资金集中】截至2020年末，公司全年日均可归集资金集中度为99.15%，公司直连银行数达16家，年内新增10家，实现了大中型银行全覆盖。成功直连成员单位银行账户512个，较年初新增361个，为集团资金监控功能的实现奠定了基础。

【资金业务】积极拓展和充分利用同业资源，拓宽融资渠道，保障公司资金流动性，完善集团流动性管理协同机制，发挥财务公司融资营运功能。2020年共取得外部同业授信16.50亿元，累计完成同业拆借22.50亿元，债券质押式正回购3笔，金额合计2.28亿元。

【投资业务】积极研究债券市场，灵活利用波动操作，配置流动性较好的国债，2020年共发生债券交易5笔，金额合计1.80亿元，在公司流动性充裕时适当提高了资产收益。

【票据业务】截至2020年末，公司银票承兑余额6亿元。2020年累计办理银票贴现4.31亿元，办理银票承兑6.30亿元，同业票据转贴现融资1亿元，央行再贴现1.82亿元。

【外汇业务】截至2020年末，公司共有外汇业务合作银行6家，年内归集集团国内外汇贷款3500万美元，协助集团发行海外债3.35亿美元，内保外贷4449万美元，归还海外债4500万美元，内保外债4000万美元，协助成员单位归还港币3.85亿港元，业务成效显著。

【风险管理和内部控制】2020年，公司全面梳理制度，致力于风控提升，共完成制度修订122项，新增9项，形成管理制度134项；不断加强标准建设，细化操作流程，明确信贷业务、档案管理等5项标准化工作，修订形成新版合规手册；重视内部检查，保证检查实效，开展结算业务、信贷业务等5项案防合规检查，开展薪酬管理、征信管理等36项审计稽核检查；扎实推进市场乱象整治“回头看”和风险防控“大排查、大处置、大提升”行动收官工作，全力排查资产风险、市场风险和流动性风险。

【人力资源管理】2020年，公司多措并举推进人才强企工作。人才规划方面，公开引进5名专业人才，新设金融服务部，完成岗位轮换12人次，有效防范人才操作风险。素质培养方面，不断改进培训形式，强化效果评估，取得初步成效。全年完成内部培训17批306人次，完成外部培训17批70人次。激励约束方面，不断优化绩效考核指标设计，强化机制建设。修订薪酬管理、绩效考核两项基本制度，有序实施员工薪酬套改，实行以岗定薪，分类考核，完善重点工作跟踪督办机制。

【信息化建设】2020年，公司顺利完成原有6家银企直连接口升级改造，另完成10家银企直连新增上线。及时优化解决业务系统问题，完成系统更新29次，优化业务系统APP审批软件功能。全年开展机房环境动力和与业务系统两次信息科技应急演练，针对发现的问题，及时落实整改。

【企业文化建设】2020年11月18日，公司党支部与盐城银保监分局第六党支部开展了“以结对共建，促监管交流”为主题的党建共建活动，加强了监管部门与金融机构的交流，促进党建与业务深度融合。2020年12月3日，公司成功举办公司第四届合规知识竞赛，增强公司合规经营意识，培育特色合规文化。2020年12月10日，公司组织报送的金融研究论文《货币政策与融资约束》获得盐城市金融学会金融理论研究论文一等奖。

江西高速集团财务有限公司

【集团概况】江西省交通投资集团有限责任公司（以下简称“集团”）原名为江西省高速公路集团有限责任公司（2020 年 12 月更名），是经江西省政府批准成立的大型国有独资企业，江西省交通运输厅、江西省行政事业资产集团有限公司根据江西省政府授权依法履行出资人职责。集团于 2009 年 11 月 28 日挂牌成立，2010 年 1 月 1 日正式运作，信用评级为 AAA 级，连续多年入围中国服务业企业 500 强；经营业务包括高速公路投资建设、运营管理、金融投资、路域资源、工程施工、地产开发等。

【经营概况】2020 年是江西高速集团财务有限公司（以下简称“公司”）开业运营的第二年，公司各项工作主要以建制度、打基础为主，着力推进资金集中管理、主业信贷投放和内部管控体系建设等重点经营管理工作。截至 2020 年末，公司总资产 131.29 亿元，净资产 53.24 亿元，存款余额 75.45 亿元。全年实现营业收入约 1.81 亿元，净利润约 1.20 亿元。

【信贷业务】2020 年，公司累计向集团成员单位提供授信 124.55 亿元，累计主业信贷投放资金 68.16 亿元，贷款余额 53.21 亿元。贷款利息收入 1.94 亿元，较上年增长 65.81%。保函余额 18.64 亿元，较上年同期增长 21.55 倍。保函手续费收入 190.92 万元。公司积极充当集团成员单位降低融资成本的“引导者和催化剂”，通过最低报价，引导外部银行贷款利率下降，进而降低集团整体贷款利率。

【资金业务】2020 年，公司为成员单位成功打造线上直接支付的“财付通”平台，为集团初步构建了多层次的资金归集网络，推出“超级资金池”产品，帮助成员单位对系统内下属企业的账户资金进行集中管理，实现了资金账户归集、调拨和监控功能。截至 2020 年 12 月末，实现对集团成员单位纳入公司管理的 323 个账户实施监控，稳步推进资金账户监控平台系统建设，为集团资金优化资源配置提供技术和数据支撑，助力集团资金监控管理工作。

【业务创新】公司制定同业授信和定期存款业务流程，在兼顾风险把控和业务操作原则的基础上，明确业务询价方式。拓宽合作渠道，与同业机构现场交流管理内容，与 19 家同业机构建立授信关系，2020 年同业定期存款累计 11 亿元，较活期存款实现利差收益总额 70 万元。

【风险管理与内部控制】2020 年，公司就内控制度、公司治理、业务经营等方面的不足签发风险警示通知书 9 张，开展专项审计 8 项，实现对财务公司业务开展、风险防控及经营管理的全面覆盖。公司启动内控制度优化专项工作，成立领导小组，进一步完善内控合规管理制度体系。截至 2020 年 12 月末，公司已累计制定各项制度 113 项，完成金融监管专项工作 117 项，组织开展合规知识培训 4 次、金融法规知识测试 4 期，切实增强了公司职工合规操作意识和能力。

【人力资源管理】公司围绕发展目标，开展公司人员招聘工作，充实了公司人才队伍，有效解决了公司人员紧张、职责交叉的问题。完善薪酬和绩效管理，测算、拟定了 2020 年工资总额预算报表和绩效考核指标。调整公司内设职能部门，实现公司部门编制由 9 部门 27 人增至 10 部门 32 人，完善了部门职能结构。截至 2020 年末，公司在岗职工 32 人，研究生 25 人，占比为 78.13%；高级职称 2 人、中级职称 14 人，占比为 50%。

【信息化建设】发挥公司“集团资金监控平台”功能，整合挖掘集团财金数据价值，成功

J

投产资金监控系统，实现全集团2159个银行账户实时监控及趋势分析。针对银保监会、人民银行等监管部门非现场监管报送种类繁多、数据来源一致的特点，规划搭建统一监管报送平台，实现日度、月度、季度及年度报表一体采集、汇总生成、特色校验、分批报送。

【企业文化建设】公司积极践行“合规、创新、协同、共享”的核心价值观，推进公司企业文化建设，开立公司企业微信公众号“财高思远”，打造公司对外宣传网络窗口，树立了公司对外形象。组建公司篮球队，参加集团组织的员工篮球赛，增进成员单位对公司的熟悉了解；先后开展迎新春、春游、秋游登山等群团活动，增进职工凝聚力和向心力。

公司党委积极贯彻落实集团“党建高质量发展年”工作要求和部署，统筹推进公司党的建设和党风廉政建设工作，确保公司发展方向清晰正确和政治生态风清气正。将党的领导融入公司治理的各个环节，强化党的领导核心作用。截至2020年12月末，召开党委会13次，集体决议重大事项70余项，对党建工作进行细化研究指导，对“三重一大”事项进行集体研究决策，确保党委在公司治理和发展中的领导核心作用。

江西铜业集团财务有限公司

【集团概况】江西铜业集团有限公司（以下简称“集团”）成立于1979年，隶属于江西省国资委，为江西省特大型国有企业。多元化的业务包括铜、金、银、稀土、铅、锌等多金属矿业开发，以及支持矿业发展的金融、投资、贸易、物流、技术支持等增值服务体系，在中国、秘鲁、阿尔巴尼亚、阿富汗等国建立了矿业基地。截至2020年12月末，实现销售收入2944.4亿元，同比增长28.39%，利税总额67.49亿元，同比增长8.06%，连续8年进入世界企业500强榜单，列第343位，列中国企业500强第86位。

【经营概况】2020年，在党的领导下，国内疫情防控成效不断显现，复工复产进度加快推进，但受疫情全球蔓延的影响，全球金融市场仍旧波诡云谲，江西铜业集团财务有限公司（以下简称“公司”）本着“立足集团、服务集团”的经营理念，认真贯彻落实集团各项决策部署与要求，积极为成员单位提供各项金融服务。截至2020年末，公司资产总额207.67亿元，较年初增加44.37亿元，增长27.17%，全年实现利润总额3.90亿元。

【服务实体】2020年，公司积极把握金融服务实体经济政策导向，及时向成员单位传导国家金融政策红利，多措并举推动减费让利。一是免费办理结算业务，为成员单位节约结算费用，累计节约结算手续费325.94万元。二是压缩存贷款利差，主动让利成员单位。公司对活期存款资金多的客户按协定存款利率执行，对定期存款则在基准利率基础上给予上浮，协定存款给予的让利共计6848万元，定期存款给予的让利共计11.2万元，并通过主动解决成员单位融资贵的问题，让利7226.77万元。三是低成本办理代客结售汇交易，为成员单位节约汇率成本，节约汇率成本约656.82万元。四是推动跨境服务，便利境内外企业资金融通，通过委托贷款方式，利用跨境资金池实现了境内外资金的融通，为成员单位办理人民币委托贷款13.99亿元、美元委托贷款7.06亿美元。五是尝试拓展新业务助力实体经济发展，包括买方信贷业务、代开信用证业务，新业务的开展为成员单位提供了更多支持渠道。

【投资业务】2020年，公司秉承风险可控、收益匹配的原则，稳步推进投资业务开展。一

J

是拓宽同业机构授信，增强资金融入能力，加强与各商业银行联系，各商业银行对公司授信总额110亿元；二是灵活进行资产配置，提升公司整体收益水平，公司合理把握政策时间差，在保证资金流动性和监管要求的前提下加大了对类货币基金、T+0理财等灵活产品的配置，同时抓住国债逆回购收益较好的有利时机加大对该类产品配置，增效近千万元；三是加强风险管控，提升准入门槛，制定并下发了《江西铜业集团财务有限公司同业机构白名单管理办法（暂行）》，以制度形式促进规范化管理。

【票据业务】 2020年，公司积极开展票据业务，增强票据业务创新。一是成功推动江西省首单标准化票据的发行，是全国首批创设的14单标准化票据之一，也是全国首单有色金属产业链票据，拓宽了融资渠道；二是对符合再贴现政策的票据，以优惠价格办理贴现，累计办理贴现38.52亿元，为成员单位节约财务费用489.62万元，办理再贴现3.25亿元，进一步节约财务费用178.51万元。

【外汇业务】 2020年，公司办理57笔即期结售汇业务，金额4.71亿美元，累计为成员单位节省成本656.82万元人民币，结售汇业务较上年增加3.96亿元，同比增长528.25%。此外，作为目前江西省内唯一一家拥有跨国公司跨境资金集中运营业务资格的公司，已构建起一个集14家境内成员企业、7家境外成员企业、6家境内结算行、财务公司主办为一体的跨境资金集中运营平台，为集团入池成员单位打通了境内外资金的融通渠道，为集团公司实施战略并购提供了资金合规调动的有效平台，有利于集团统筹配置境内外资金，提高资金集约利用程度和管理效率，为集团及成员单位提供了更加高效的国际化金融服务。

【资金集中】 2020年，为加强资金集中管理，发挥资金规模效益，实现整体利益最大化，在集团的支持下，公司多策并用，进一步提高资金集中度。一是对可归集资金应收尽收，每个工作日结束后，公司均对成员单位已授权账户余额进行清收，不“错过”任何可归集款项；二是争取政策性突破，将生态修复基金从外部银行转存至公司；三是积极与境外单位沟通，合规运用跨境资金池，以引入外债方式归集部分境外资金；四是启动账户线上审批程序，所有成员单位开立新账户均需提交开户申请数、账户清单等信息，成员单位账户管理规范透明，有效控制外部账户数量，减少外部银行沉淀资金，从源头上规范资金的集中管理；五是积极争取集团公司支持，会同集团财务管理部共同推动《江西铜业股份有限公司资金集中管理办法（2020年版）》下发，以制度形式促进资金集中工作有效推进。

【风险管理和内部控制】 公司持续不断加强风险管控工作，一是制定并下发《财务公司2020年度大风控体系实施方案》，推动大风控建设由框架向实施进一步深入；二是建立信贷、同业业务的日常风险管理台账，明确季度风险评估机制，强化重点风险清单的持续更新；三是开展内控手册修订工作，制定并下发2020年度内控手册修订实施方案，完成12个管理流程（共计16个全业务流程图）、44个重要节点流程图的画制、修订与初步审核工作，2020年度内控手册于11月底下发并于12月底试运行。

【信息化建设】 为更好地支撑公司各项业务开展，落实监管要求，公司一是完善信息基础设施，筑牢网络安全防线，通过开展数据中心改造，提升了数据中心的安全性与可用性，通过搭建SWIFT平台，提高资金运营效率，通过实施应用系统IPv6改造，实现了《推进互联网协议第六版（IPv6）规模部署行动计划》2020年的工作目标；二是建设信息系统，提升业务支撑，包括实施电子商业汇票系统线上清算改造、建成金融统计平台，分别为消除票据和资金不同步交割带来的兑付风险、提高数据报送质效奠定了基础。

金川集团财务有限公司

【集团概况】金川集团股份有限公司（以下简称“集团”）是以矿业和金属为主业，采、选、冶、化、深加工联合配套，相关产业共同发展，工贸并举，产融结合的跨国集团。集团2020年列世界500强企业第369位，目前镍产量居世界第四位，钴产量居世界第三位，铜产量居国内第四位，铂族金属产量居国内第一位，拥有世界第五座、亚洲第一座镍闪速熔炼炉，世界首座铜合成熔炼炉，世界首座富氧顶吹镍熔炼炉，世界上连续回采面积最大的机械化下向充填采矿法等国际领先的装备和工艺技术。

【经营概况】2020年，金川集团财务有限公司（以下简称“公司”）认真落实集团职代会精神，强基固本、攻坚克难，保持促进集团主业发展的政治定力，践行服务成员单位的初心使命，依靠集团正确领导、监管严格要求和股东帮助支持，采取了一整套强经营、促服务、控风险、抓党建的应对措施，全年工作取得了新成效。

2020年，公司实现收入总额30418万元，同比增加5964万元；实现利润总额17119万元，同比减少9万元；实现净利润14625万元，同比减少637万元。截至2020年末，公司资产总额846540.84万元，负债总额688665.69万元，净资产157875.15万元，资本充足率为22.44%，流动性比例为48.69%，不良资产率和案发率持续为零，各项监管指标均符合监管要求。

【信贷业务】公司明确信贷政策和风险政策，加强对重点优质成员单位的信贷支持，适时调剂贷款与票据规模比例，实施差别化产品价格政策，使产品价格与客户风险相匹配，有效解决小微企业融资需求。2020年，发放流动资金贷款81.11亿元，同比增加11.42亿元；办理票据贴现16.35亿元，同比增加9.91亿元。

【资金业务】2020年，公司同业拆入18.5亿元，办理再贴现1.97亿元，及时补充流动性，缓解阶段性资金短缺压力；利用集团防疫资金规模优势，全方位建立同业合作渠道，积极与商业银行议价，同业存款平均利率为3.26%；按照“固定收益+短期配置”的模式办理投资业务12.5亿元，平均收益率达6.38%；主动作为、多措并举，实现同业存款利息收入10598.86万元，投资收益1616.85万元，有效对冲集团防疫贷款成本，提升资产配置水平，实现集团利益最大化。

【票据业务】公司根据票据市场价格总体下行趋势，结合票据到期期限，调整信贷资产结构，加大票据规模比重，全力支持成员单位复工复产。2020年办理票据贴现16.35亿元，同比增加9.91亿元；票据贴现综合平均利率为2.83，同比下降0.28个百分点。

【外汇业务】公司研究外汇政策及汇率走势，掌握分析报价规律，动态比较交易市场报价，选择有利购汇时机，获取较低购汇成本，打造“最优报价、最快速率”的外汇交易平台，2020年办理即期结售汇业务22.48亿美元；完善即期结售汇统计制度，落实数据审核职责，规范数据统计口径，提高申报数据准确性和完整性。

【创新业务】2020年，公司为3家成员单位开具农民工工资支付、汇总征税、保付、预付款、见索即付履约等新型保函共1.72亿元，减少成员单位保证金低效占用，拓宽财务公司服务领域，努力满足成员单位金融需求。

【风险管理与内部控制】公司梳理及制定、修订法人治理、综合管理、业务操作三大类、七个层面制度48项，进一步规范授权管理、厘清职责边界、有效识别风险、加强合规内控，基本形成横向到边、纵向到底、全面覆盖的内控管理体系；以监管机构现场检查为契机，结合自查进行全面彻底的“体检”，积极整改公司治理、业务规范等方面存在的问题，促进经营管理水平提升。

【人力资源管理】公司利用晨会、月度经营例会以及各类办公平台，举办资管新规、合规内控等专项培训学习；举办民法典、风险管理、同业投资、数据仓库等专题讲座10期，培训员工182人次；选派员工参加人民银行、银保监会、中国财务公司协会和中国银行业协会组织的基础业务、风险管理和金融法律法规等培训，培训人员37人次。

【信息化建设】公司响应贷款市场报价利率（LPR）改革，通过改建资金管理系统，改进财务公司定价机制，增强贷款市场竞争性，提高利率市场化程度；改造集团票据管理、票据业务管理、电票控制台和ECDS接口四大模块，实现票据贴现、提示付款、到期兑付等业务线上清算投产上线，票据到期清算方式由成员单位委托商业银行收付款转变为财务公司直接收付款，大幅提升票据交易效率。

锦江国际集团财务有限责任公司

【集团概况】2020年，锦江国际（集团）有限公司（以下简称“集团”）资产规模1030亿元，净资产规模309亿元，营业总收入218亿元。截至2020年末，“锦江酒店”开业酒店总数近10000家，客房100万间，分布于全球120个国家和地区，会员超过1.50亿人，列全球酒店集团300强第2位。

【经营概况】2020年，锦江国际集团财务有限责任公司（以下简称“公司”）实现营业收入21638万元，净利润827万元。公司向集团成员单位发放贷款约60亿元，吸收集团成员存款约86.90亿元。公司全年后三类资产迁徙率为零，不良资产率继续保持为零。

2020年11月，公司职工董事任职资格获上海银保监局批复核准，正式到任履行职责。至此，公司董事会和高管层相关制度安排构成全部到位。2020年12月18日，经上海银保监局批复核准，公司注册资本由人民币5亿元增加至10亿元，新增股东单位锦江国际（集团）有限公司。完成上述变更后，公司资本实力进一步增强。

【服务实体】在2020年防控疫情以及复工复产系列工作中，公司按照集团部署，承担了酒店加盟商流动性支持贷款等专项措施的执行落实任务。公司无偿输出专业人才队伍和开发专用信息科技系统并供集团内相关单位使用。全程负责协调制定工作流程、与集团酒店品牌管理公司和外部合作银行对接，全年共助力促成发放流动性支持贷款143笔，金额4772万元。

【风险管理和内控建设】2020年，公司开展内控制度换版工作，按规划分阶段审议现行内控制度，并新增和修订草案33个，覆盖公司治理、合规、风险、业务等多个领域。

【信息化建设】2020年，公司着力新建财务公司数据仓库，实现对公司内重要应用系统数据统一采集，建立各种主题的数据集市，并按需求通过前端展示为商业智能图形界面，主要模块包括财报集市、风控指标集市、产业链集市、监管集市、利率定价等，2020年完成财报集市和监管集市的开发工作，为提升数据治理工作能力和监管数据质量工作水平提供了有力保障。

为实现集团酒店品牌整合和提升，加强集

团资金监管，公司于2020年完成网银及银企直连系统升级，升级原有多家银行的银企直连模块，为实现集团中国区酒店品牌的集中收付包括支付、查询和上收下拨、电子回单的集中管理创造了技术条件，同时为实现财务公司资金监测功能打下了基础。

晋煤集团财务有限公司

【集团概况】山西晋城无烟煤矿业集团有限责任公司（以下简称“集团”）是全国最大的煤层气开发利用企业、我国优质无烟煤重要的生产基地、最大的煤化工企业集团、最大的瓦斯发电企业和山西最具活力的煤机制造企业。

【经营概况】2020年末，晋煤集团财务有限公司（以下简称“公司”）资产总额152.45亿元，负债总额135.13亿元，吸收存款余额134.10亿元，贷款余额102.75亿元，全口径资金集中度为27.33%。2020年，完成营业收入4.06亿元，实现利润总额3.33亿元，净利润2.53亿元。2020年，公司资产收益率为1.64%，净资产收益率为15.03%，资本充足率为16.59%，流动性比例为25.10%，贷款拨备率为3.37%，不良贷款及不良资产率为零，各项风险控制指标符合监管要求，全年安全无事故。

【服务实体】公司一是加大信贷投放力度，累计为26家成员单位办理流动资金贷款40笔，信贷投放总计60.54亿元，其中，向制造业发放贷款23笔、金额21.30亿元，向集团内小微企业发放贷款7笔、金额2.89亿元；二是为成员单位降低财务费用，通过免收委托贷款手续费，降低贷款、贴现利率，免收汇划费、函证费、资信证明费、查询查付费、票据托收费等方式，全年为成员单位节约财务费用7756.94万元。三是起草《商业承兑汇票推广方案》《关于加强融资管理，拓宽融资渠道，降低融资成本，帮助解决成员单位融资难、融资贵问题的建议方案》，帮助成员单位拓宽融资渠道，降低融资成本和资产负债率。

【信贷业务】2020年，公司充分发挥内部金融资源配置功能，根据集团战略部署，结合整合重组实际，加大对成员单位的融资支持力度，积极为成员单位办理贷款、代签银行承兑汇票、委托贷款等业务。全年累计办理流动资金贷款60.54亿元，委托贷款492.91亿元，代签银承（信用证）23.78亿元。

【资金业务】2020年，面对利率下行局面，公司积极与商业银行对接，保持较高利率水平，同时优化协议期限，灵活掌握市场变化，保证资金收益。2020年，金融机构往来利息收入15779万元，较上年增加1919万元，增幅为13.85%。

【投资业务】公司一是制定并下发《2020年投资业务指引》，实行投资限额管理，优化投资业务资产结构；二是加大直接投资占比，积极开展债券投资和债券回购业务，全年共新增债券投资11000万元；三是新增9项理财产品，扎实开展中短期投资业务，实现收益5456万元。2020年未发生投资业务风险事件。

【票据业务】2020年，公司完善《电子商业汇票业务管理办法（试行）》，制定票据贴现业务承兑行准入标准，建立票据贴现承兑行白名单。截至2020年末已为155家成员单位开通电票功能，覆盖有票据业务的所有成员单位，成员单位在财务公司电票系统内的电票余额近50亿元。全年累计办理票据贴现55.79亿元，票据承兑2.75亿元，票据转贴现15.9亿元、票据再贴现2.3亿元。

【资金集中】2020年，公司认真宣贯集团《资金集中管理办法》，制定下发《2020年度资金集中工作安排》，按照限额要求，采用实时和日末定时归集方式，做好已授权账户的日常归集；对于资金集中度未达标的成员单位，通过《资金归集督导书》进行重点督导；落实集团“资金集中度”考核举措，通过考核结果运用，增强归集效果。

截至2020年12月末，共有356家成员单位在财务公司开户，吸收存款时点余额134.10亿元；吸收存款日均余额145.74亿元，较上年增加23.44亿元，增长19.17%；全口径资金集中度为27.33%；月度平均资金集中度为33.78%，较上年同期提高了4.15个百分点。

【业务创新】2020年，公司基于电票系统，与银行合作建立“票据池”，签订票据池合作协议，取得招商银行20亿元票据池业务授信额度，进一步打通票据融资渠道，盘活公司票据资产，为成员单位降低融资成本。

【风险管理和内部控制】公司一是完善同业业务信用风险管理政策，持续监测交易对手综合风险状况；二是制定票据贴现业务承兑行准入标准，建立白名单；三是设立市场风险预警指标，定期跟踪监测；四是建立以普兰金融票据指数和Shibor3M为基准的贴现利率量化模型，按季开展利率久期分析；五是规范资金头寸管理，主动控制资产负债业务流动性缺口；六是进行资金头寸月度对比分析，建立资金计划的反馈和修正机制，通过票据转再贴现业务办理，确保流动性保持合理充裕；七是根据监管评级结果，制定“整改问题清单”，推动评级问题逐项整改落实。

【信息化建设】2020年，公司顺利完成信贷系统改造及二代反洗钱系统上线；启动二代征信系统建设；加快推进业务数据管理与报送平台建设，以实现对反洗钱系统、征信系统、新会计准则系统、1104报表系统的数据源支持等。

【企业文化建设】2020年开展公司理念评选活动，完成党建阵地建设；创新党建“一卡五表单”工作方法，形成党建工作任务提醒卡和党支部、领导班子成员、部门负责人、党员工作表单，用表单化语言固化职能、优化流程、提高效率；实行党员“十二分制”管理，丰富党员活动形式，提升全体党员积极性，带动公司员工投身公司改革发展的氛围更加浓厚。

京能集团财务有限公司

J

【集团概况】2004年，北京能源集团有限责任公司（以下简称“集团”）由北京国际电力开发投资公司和北京市综合投资公司合并设立，随后分别重组合并北京市热力集团有限责任公司、北京京煤集团有限责任公司。集团为北京市属国有独资企业，是以电力生产和供应、热力生产和供应、煤炭生产和销售为核心业务，以健康文旅为培育业务的综合性能源服务集团。2020年，集团注册资本204亿元，实现利润总额54.2亿元，年末总资产3284亿元，

【经营概况】2020年，京能集团财务有限公司（以下简称“公司”）注册资本达到50亿元，吸收存款、自营贷款、利润总额等主要经济指标均实现稳定增长。其中，利润总额6.17亿元，完成考核目标值的101.13%，同比增长18.88%，归母净资产收益率为9.04%，成本收入比为8.42%，全口径资金集中度为70.56%，人均创利1163.90万元，实现贷款本息回收率100%，不良贷款率长期保持为零。

【服务实体】公司研判集团发展战略，助力集团推进京津冀能源一体化建设，2020年自营贷款业务涉及京津冀地区成员单位共计21家，累计为京津冀地区成员单位提供融资支持142.84亿元。认真贯彻落实集团坚持绿色、低

碳、高效的发展理念，大力支持集团清洁能源项目，全年累计发放绿色贷款24.47亿元。积极支持涉奥项目，为冬奥配套项目提供授信5亿元，提供融资支持0.7亿元。2020年服务客户数达402家，本币结算量7017.59亿元，外币结算量3.85亿元，资金结算笔数32.86万笔，结算收支比超过5倍。

【信贷业务】公司多措并举做好金融服务，采取加快审批、降低融资成本等举措，加大金融服务力度，缓解成员单位资金压力，2020年对集团及成员单位的融资支持额累计达343.45亿元。2020年公司自营贷款日均规模133.57亿元，同比增长6.43%。

【投资业务】公司严格按照年度计划的要求，在“均衡资产配置，提高资金收益”“协助成员单位债券发行、降低融资成本”方面取得了突出成绩。针对市场变化及时调整资产配置，通过压降同业业务，提高货币基金投资业务规模的方式，在保证流动性的前提下，争取较高的资金收益。通过一级市场分别认购了成员单位债券4亿元、期限为3年的中期票据，降低成员单位债券发行成本。

【票据业务】公司认真梳理并修订票据业务管理标准，将监管要点嵌入制度中；完成票据专线、客户端等建设，取得上海票交所会员资格；加强客户调研，了解客户需求。为进一步拓展成员单位服务渠道，推动集团内票据业务开展，满足成员单位多样化需求，于2020年重启票据业务，票据承兑额6100万元。

【外汇业务】公司持续加强与监管机构的高效沟通，积极拓展外汇业务，加强政策解读与业务调研，更新跨境资金集中运营业务的成员单位备案工作，编写新业务制度，保障新业务规范发展及预防风险，适时且适当地部署业务落地。截至2020年末，吸收客户外币日均存款163.39万美元。同业运用1笔，金额500万美元，为成员单位创收1.92万美元。

【资金集中】公司以服务为导向，通过客户拜访、客户培训和线上沟通等多种方式，深入了解客户资金管理问题，及时解决难题。2020年共开展9次资金归集管理培训活动，涉及集团全部平台企业和直管企业。资金归集报表实现线上报送，按月度进行资金归集分析，每周跟踪落实归集情况。全年积极推进集团新建和收购企业的备案和开户工作。2020年末，全口径资金集中度达到70.56%，资金集中管控程度处于行业较高水平。

【风险管理和内部控制】全面推进制度变革和流程优化，坚持以防控风险为导向，突破管理模块边界，实施从需求到分析、设计到落实、制度到流程、上线到应用的制度“体检”，大规模修订管理标准、内控文件，优化、新建、清理表单百余张，强化公司制度保障。细化授权管理、厘清职责边界，编制全业务种类董事会分级授权清单，补充“三重一大”事项决策清单，深入推进党的领导和公司治理相统一。

【人力资源管理】坚持集团新发展理念，积极融入新发展格局，以高级财务和金融人才培养基地的职能定位助力集团建设国际一流的首都综合能源服务体。组织公开招聘，引入集团系统内优秀金融、财务领域专业人才2名，招录应届毕业生1名，在持续推进人才队伍建设的同时，为集团保险经纪公司的成立做好人才储备。组织开展人才分析盘点，完善人员轮岗管理制度，为复合型人才培养打下基础。基于队伍现状分析和新冠疫情防控常态化形势，制定分层次员工培训方案和线上培训课程体系，首次实施“师带徒”传帮带活动，结成师徒对子11对，切实提升公司后备力量的岗位技能和责任担当。

【信息化建设】公司开展信息化专项规划，全面系统地指导未来三到五年信息化进程和落地，实现信息化整体工作的提升；为提高监管报送数据质量，建设监管统计报送平台，通过与现有相关核心业务系统、财务系统的数据调用及其他辅助手段，实现监管部门要求报送报表自动生成，有效提升报送效率和报送工作的监管符合度；考虑到数据保护、可靠性和可扩展性要求，实施信息系统基础设施（二期）升级改造项目，对核心网络、存储、备份、准入等软硬件进行全面升级扩容，有效提高业务稳定运行效果。

【企业文化建设】公司坚持落实全面从严治党责任，与公司治理相结合，提升科学决策能力。坚持学习教育常态化、制度化，扎实开展“三会一课”、主题党日活动、民主评议党员等组织生活，把“学习教育、调查研究、检视问题、整改落实”贯穿主题教育全过程。坚持文化引领，落实意识形态工作责任制，把握舆论主阵地。坚持党管干部，完善干部管理制度，推进人才强企。坚持正风肃纪，强化警示教育，开展“四风”清零，紧扎制度“笼子”。坚持培育和践行核心价值观，加强红色教育，引导正确舆论导向，为干事创业凝聚强大精神力量。坚持党建带工建，完成职工之家建设，营造“建功立业新时代、当好金融排头兵”文化氛围。围绕企业中心工作，持续丰富文化活动，开展推优评先活动，注重关爱职工身心健康，开展座谈交流等活动。坚持推行领导人员接待制度，为职工解难事、办实事，增强企业向心力和凝聚力，提升员工幸福感、获得感、成就感。

酒钢集团财务有限公司

【集团概况】酒泉钢铁（集团）有限责任公司（以下简称“集团”）始建于1958年，是国家“一五”时期规划建设的钢铁联合企业，也是我国西北地区建设最早、规模最大、黑色与有色并举的多元化现代企业集团。经过60余年的建设发展，集团已初步形成钢铁、有色、电力能源、装备制造、生产性服务业、现代农业六大产业板块协同发展的新格局。

【经营概况】酒钢集团财务有限公司（以下简称“公司”）深入贯彻落实集团六届十次职代会、第七次党代会精神和整体经营部署，严格落实“提质增效、转型升级”攻坚任务和“拓存创增”工作要求，公司发展总体平稳、稳中有进。2020年实现营业收入30796.31万元，实现外部收入10765.96万元，完成计划目标和提质增效目标。

【服务实体】2020年，公司认真贯彻落实各项疫情防控的金融支持政策，积极发挥资金融通、资金管理、票据融资和金融咨询功能，积极支持复工复产，提升集团资金管控水平，促进集团票据资源优化利用，提升金融服务能力，全方位服务集团转型发展，促进实体经济增长。

【信贷业务】截至2020年末，公司信贷余额97.72亿元，其中，贴现余额3.75亿元，流动资金贷款余额66.94亿元，固定资产贷款余额0.14亿元，法人账户透支余额27.03亿元。

【产业链金融】2020年，公司积极推进产业链金融业务，制定相关业务管理办法及操作流程，确立业务开展模式及风险控制模式，并按照《中国银保监会非银行金融机构行政许可事项实施办法》的要求，向中国银保监会甘肃监管局申报开办买方信贷业务。

【资金业务】2020年，公司全面落实“主责经营、市场运营、契约管理、目标考核”的经营方针，构建横向到边、纵向到底的资金业务管理模式，持续优化资源配置，提高集团公司整体资金的使用效益和配置效率，实现资金保值增值。

【投资业务】积极转变工作思路、顺应市场趋势，在传统投资业务的基础上，加大投资业务创新力度，逐步开展信用债投资业务。2020年，公司实现投资收益3017.90万元，办理同业拆借业务金额113.30亿元。

【票据业务】2020年，公司持续推进电子承兑汇票业务，通过降低保证金比例和减免手续费等方式，逐步提升成员单位使用电票结算的积极性，公司商誉进一步提升。截至2020年末，公司承兑汇票余额26.93亿元，累计为成员单位签发电票50.29亿元。

【外汇业务】2020年，公司全面发挥外汇交易功能，加大结售汇业务宣传力度。新增中国银行作为交易对手，拓宽了成员单位收付汇渠道。截至2020年末，公司累计办理结售汇业务1.43亿美元，为集团节约汇兑成本180万元。

【资金集中】2020年，公司全口径资金归集度呈整体上升趋势，全口径平均资金归集率为61.06%，同比提升3.75%，可归集口径归集率为97.61%。不断加强成员单位银行账户管理，提高集团账户管控能力，撰写各银行银企直连操作手册，积极推进成员单位账户联动工作。

【业务创新】公司于2020年6月向人民银行兰州中心支行申请办理首笔电子商业汇票回购式再贴现业务，为公司打通了一条有保障、低成本、无风险的融资渠道。公司严格按照相关要求设置业务流程、拟定合同文本并确定贷款额度，于2020年10月办理了首笔固定资产贷款业务。为支持成员单位克服疫情影响和复工复产，于2020年11月办理了首笔无还本续贷业务。深入开展劳动竞赛、“金点子”等活动，超额完成纳入集团级的三项劳动竞赛指标。

【风险管理和内部控制】2020年，公司开展“制度深化落实年”活动，新建、修订制度20余项，建立并完善“三重一大”事项决策体制机制。组织梳理并完善《岗位风险点清单》《制度框架明细表》和《岗位操作手册》，涉及26类岗位的465个风险点，进一步细化各条线、部门及岗位职责规范。根据内控管理要求，完成《内部控制1—18号指引风险清单》编制。进一步强化信贷担保的抵（质）押品的跟踪监督，强化信贷管理。

【人力资源管理】2020年，公司建立并实施绩效激励管理制度和量化目标体系，员工积极性显著提高。紧密围绕生产经营中心，充分发挥工会、共青团组织的桥梁纽带作用，切实为职工群众办好事、解难事、做实事，充分体现“企业发展靠职工，发展成果与职工共享”的经营理念。

【信息化建设】2020年，公司以搭建集团统一的金融服务平台为目标，与集团财务共享中心系统、“三重一大”大额资金监控系统实现数据共享。通过信息系统硬件平台升级改造、信息系统三级等级保护测评、银企直连建设和ECDS线上清算建设，进一步提高系统安全防护能力，持续推进公司科技创新工作。以优化票据解付受理和结清细化登记功能为契机，进一步提升业务处理能力及工作效率，发挥信息科技支撑业务发展的能力。

【企业文化建设】2020年，公司紧紧围绕生产经营实际，积极建立为公司长远发展提供精神动力和智力支持的企业文化。坚持“以人为本、全员参与”的原则，大力弘扬和践行“艰苦创业、坚韧不拔、勇于献身、开拓前进”的铁山精神。进一步培育与职工相同的价值理念，组成命运共同体，增强职工对公司的归属感和认同感。

巨化集团财务有限责任公司

【集团概况】巨化集团有限公司（以下简称“集团”）是浙江省国资委下属的国有控股企业。集团下设12个事业部和6大中心，化工主业涵盖氟化工、氯碱化工、石化材料、电子化学材料、精细化工等，环保产业涵盖城市与工业污水处理、危废与垃圾焚烧填埋等，兼有功能性新材料、装备制造、公用配套、物流商贸等生产性服务业。2020年，集团实现营业收入339.37亿元，利润24.31亿元。

【经营概况】2020年，巨化集团财务有限责任公司（以下简称“公司”）全体干部员工牢记初心使命，坚持“两手抓、两手硬”，严格按照集团的工作部署，统筹抓好疫情防控和经营管理各项工作，取得“两战赢、两领先”的良好业绩，有力地促进了公司高质量发展。全年实现营业收入12710.62万元，利润总额9025.38万元，吸收存款余额32.91亿元，资金归集率为67.05%，发放各类贷款余额32.50亿元，完成结算业务量25.08万笔，结算总额3610.52亿元。

【服务实体】2020年，面对新冠肺炎疫情的严重冲击，公司认真贯彻金融管理部门一系列政策性措施，抗疫期间结算支付随时待命，信贷服务高效便捷，响应号召减息降息，全面助力成员企业提振信心、恢复生产，支持集团实体经济共克时艰。

【信贷业务】2020年，公司共完成22家成员单位综合授信58.975亿元，其中，19家成员单位存量授信48.97亿元、新增3家成员单位授信0.52亿元、新增4个项目授信9.395亿元；流动资金授信47.28亿元、项目授信11.695亿元。公司自营贷款发放金额35.92亿元，其中，流动资金贷款29.29亿元、固定资产贷款0.35亿元、票据贴现5.87亿元，收回贷款35.56亿元，实现净投放0.36亿元；发放集团委托贷款0.45亿元、发放股份公司委贷境外放款1.15亿元，发放股份公司美元委贷境外放款1600万美元，较好地完成了各项信贷预算指标。发放贷款基本执行LPR利率（部分多元化公司除外），委托贷款办理免收手续费，有力地支持了集团实体经济的发展。

【资金业务】2020年，公司积极向人民银行衢州市中心支行争取优惠政策，全年共办理票据再贴现1.2969亿元，再贴现利率为2.25%（从2020年9月开始调整为2.0%），较同期市场利率优惠50个基点以上，间接降低集团财务费用约63万元，同时增加公司资金头寸。

【投资业务】2020年，公司固定收益投资业务平均投资额2.6388亿元，实现投资收益663.07万元，平均净收益率为2.5011%，折合税前收益率为3.5349%。取得比较好的头寸资金管理效益。

【票据业务】全面落实公司电票系统收付电票业务，全年集团电票收付业务金额达到383亿元。完成浙商银行票据池协议到期续签工作。截至2020年12月末，累计入票据池总额22.8亿元，出票总额18.87亿元，通过盘活存量票据资源，降低集团财务费用3300余万元。

【外汇业务】2020年4月，巨化集团有限公司关于增加跨境资金集中运营管理业务成员企业的申请获外汇局批复，同意巨化集团有限公司新增跨国公司跨境资金集中运营业务境外成员企业全球氟化工有限公司。2020年12月，完成巨化股份通过公司跨境资金池向巨化集团贸易（香港）有限公司境外放款1000万美元业务，完成巨化股份通过公司跨境资金池向全球氟化工有限公司境外放款600万美元、1.15亿元人民币贷款业务。

【资金集中】2020年，公司完成衢州市清越环保有限公司、浙江巨化环保科技有限公司银企直连和资金上收工作。2020年末全口径资金归集率为67.05%，可归集口径资金归集率达95.16%。吸收存款32.91亿元，全年平均吸收存款27.32亿元，全年累计降低集团资金成本约1亿元。

【业务创新】2020年10月，公司制定了《巨化集团财务有限责任公司经营性物业抵押贷款管理办法》，并根据办法制定了《经营性物业抵押贷款借款合同》。2020年11月，公司核定浙江巨化投资有限公司经营性物业抵押贷款授信总额2.3亿元，2020年12月，公司发放第一笔经营性贷款约4200万元。

【风险管理和内部控制】2020年，公司以实现完善、快速、有效的全流程风险防控为目标，积极抓落实、抓监督、抓服务，构筑集团风险隔离防火墙，扎实做好业务风险审查，深入开展专项业务督查，落实季度常规稽核机制，落实定期评估工作机制，为实现公司安全稳健运营发挥了积极作用。

【人力资源管理】为进一步提高员工履职尽责和创新能力，打造一支政治素质高、专业能力强、作风扎实、清正廉洁的金融人才队伍，2020 年公司组织参加人民银行、银保监、中国财务公司协会、中国银行业协会等多层次、多样化的培训，以及到相关单位挂职等方式，整体提高全体员工的综合素质，提高工作绩效，拓宽职业发展通道，增强业务管理创新能力。

【信息化建设】根据财务共享服务中心电子报账平台和新 SAP 对接的需求，协调九恒星和信息公司进行接口完善。按照人民银行要求，完成二代征信查询系统测试、首贷户数据报送平台、国家金融基础数据平台的上线工作。

【企业文化建设】2020 年，公司以习近平新时代中国特色社会主义思想为指导，积极开展主题党日活动，充分发挥支部的战斗堡垒作用和党员的先锋模范作用。

开滦集团财务有限责任公司

【集团概况】开滦（集团）有限责任公司（以下简称“集团”）是中国特大型能源化工企业，始建于 1878 年，已有 143 年的历史，创造了多个中国近代工业的第一，享有“中国煤炭工业源头”“中国近代工业摇篮”等盛誉。集团已发展成为煤炭生产、洗选加工、煤化工、现代物流、矿业工程服务、金融服务、文化旅游、装备制造、热电、建筑施工等多业并举的大型企业集团；集团直接设立的分公司 38 家，下辖全资和控股子公司 145 家，其中包括 1 家能源化工上市公司。

【经营概况】2020 年，开滦集团财务有限责任公司（以下简称“公司”）认真贯彻落实集团党政工作部署，统筹推进疫情防控和经营发展，解放思想，转变观念，求真务实，开拓创新，各项工作取得积极成效。

截至 2020 年末，公司全年实现营业收入 2.80 亿元，同比上升 0.19 亿元，增幅为 7.28%；实现利润 1.82 亿元，同比减利 0.03 亿元，减幅为 1.62%；各项监管指标均优于监管部门的要求。

【服务实体】聚焦集团公司改革发展中心任务，持续提升金融服务能力。发挥资金集中管理优势及预算调控功能，周计划、日安排，按轻重缓急控制资金付款节奏，有保有压，确保集团资金链安全。以推进实施 LPR 利率改革为契机，进一步下调贷款利率，2020 年为集团节约财务费用 7000 万元以上。

【信贷与中间业务】资金集中主要目的在于实现资金融通，融通模式主要包括信贷业务和中间业务两大类。截至 2020 年 12 月末，公司发放贷款余额 85.72 亿元；委托贷款业务余额 80.26 亿元。

【票据业务】2020 年，公司开具的电子承兑汇票余额 14.74 亿元，通过财务公司平台开具的成员单位商票余额 7.30 亿元，在人民银行票据再贴现 2.65 亿元。

【投资业务】充分利用金融牌照开展有价证券投资，审慎开展银行理财、货币基金、国债逆回购等多品种低风险业务，2020 年投资收益 7630.45 万元。

【资金集中】截至 2020 年末，公司资金集中范围覆盖全集团 188 个成员单位，覆盖面达 95%，吸收存款 86.01 亿元，资金归集成效再获新突破。深化资金结算管理架构改革，部分单位结算中心迁移至财务公司，部分单位实施双平台运转，进一步优化了结算体系。调整境内多元股权公司归集政策，推动国和公司及所

K

属53家单位资金收支纳入财务公司结算体系。

【外汇业务】公司与浦发银行合作为开滦能源化工股份有限公司发放离岸贷款2770万美元，成功落地全省首笔以跨境资金池成员企业为实际借款人的离岸直贷业务。

【管理创新】积极推动金融产业工资分配改革，建立实施“1+N”绩效考核与薪酬管理体系，制定实施公司工资分配管理办法等，充分发挥绩效考核与工资分配杠杆作用，有效调动员工积极性。

【风险管理和内部控制】修订公司章程，完善董事会下设各专门委员会成员构成，不断提升公司治理能力；严格落实监管要求，开展市场乱象、非法集资、股权及关联交易等专项排查及案防知识竞赛活动；及时修订完善公务用车管理办法、反洗钱管理办法等12项制度，完成第四版管理制度汇编，进一步提升规范化、制度化水平；充分发挥内部审计监督作用，科学制定年度计划，审计内容覆盖公司前中后台所有领域，问题揭示力度不断加大，整改效果不断提升。

【信息化建设】完成异地灾备建设，形成“两地三中心”灾备架构体系；成功实施监管报送平台，报表自动生成率达100%，有效提升统计数据质量和效率；完成工商银行与建设银行联动账户防透支项目，防控资金风险；开发实施票据线上清算项目，提升票据结算功能；推进信息系统安全加固项目，提升系统安全保障能力。

【人力资源管理】加强实习生管理，制定实施高校毕业生实习管理工作方案等制度，通过轮岗交流、以师带徒、专题座谈会等方式，推进落实实习生培养计划，促进成长成才；加快人才队伍建设，组织专题培训，鼓励员工参加职称、学历和各类资格考试，扎实开展调查研究，推进创先争优，选树先进典型，努力提升员工综合素质；谋划公司专家待遇管理办法，完善专家型人才管理机制。

【企业文化建设】公司党支部全面推进支部建设，支部基础进一步夯实。完善“三重一大”议事决策清单，严格履行重大事项党支部前置程序。落实“第一议题”制度，定期开展“三会一课”和党内组织生活，适时组织“迎国庆、颂祖国”等主题党日活动。深化党内创先争优活动，健全“1234”党建基础工作。深入开展“做合格党员、建‘四强’支部、创金融党建品牌”活动，推动党建工作与金融业务深度融合。

浪潮集团财务有限公司

【集团概况】浪潮集团有限公司（以下简称“集团”）是中国领先的云计算、大数据服务商，旗下拥有浪潮信息、浪潮软件、浪潮国际3家上市公司，业务涵盖云数据中心、云服务大数据、智慧城市、智慧企业四大产业群组，已为全球120多个国家和地区提供IT产品和服务。2020年，浪潮服务器蝉联全球第三、中国第一，浪潮集团管理软件连续17年市场占有率第一，浪潮云在中国政务市场占有率第一，浪潮天元大数据综合实力排名首位。浪潮自主研发的中国第一款关键应用主机浪潮K1使中国成为继美国、日本之后第三个掌握高端服务器核心技术的国家。

【经营概况】2020年是浪潮集团财务有限公司（以下简称“公司”）展业首年，公司秉承“依托集团、服务产业”的宗旨，以“规范治理、合规经营”为根本，充分发挥四个平台作用，努力提升金融服务能力和价值创造能力。2020年公司实现营业收入7864万元，利润总额816万元。资本充足率为19%，流动性比率为

L

67%，不良贷款率为零。截至 2020 年末，公司资产总额 110 亿元，负债总额 100 亿元，所有者权益 10 亿元。2020 年 11 月，公司正式接入上海票交所 ECDS 系统，为下一步拓展业务打下基础。

【服务实体】公司展业初期，正值疫情蔓延，为支持成员单位全面复工复产，公司安排专人进行线上调研，为成员单位量身定制金融服务方案，在合规的前提下，开辟绿色通道，通过无接触形式为成员单位完成开户、授信、贷款等业务办理。复工复产时期累计向成员单位发放贷款 9.45 亿元，切实解决疫情期间企业发展的资金需求，为成员企业节省利息支出 1400 万元，彰显财务公司价值。

【结算业务】2020 年，为引导成员单位通过财务公司结算，公司主动调研，分析成员单位的结算需求，通过优化业务流程、增强系统功能，制作结算业务手册，录制微课《结算业务要知道》等方式，加强结算业务宣传，指导成员单位通过财务公司开展结算业务。在资金上划下拨、集团内部转账、代理支付等对公业务稳步开展的基础上，推动工商银行等银行实现对私批量付款，大幅提升成员单位对私业务的效率，满足成员单位结算业务的需求。通过不断拓展结算业务类型，初步形成资金结算平台。2020 年累计开立 204 家成员单位账户，实现结算量 5143 亿元。

【信贷业务】2020 年，公司对集团贷款进行梳理，制定优先置换外部高利率贷款的原则，在满足成员单位新增融资需求的同时，不断优化信贷业务流程，提升贷款审批效率，为成员单位日常经营提供资金支持，有效实现集团资金配置，节约财务费用。2020 年，公司为成员单位授信共计 131 亿元，累计投放贷款 66.55 亿元，节约财务费用近亿元。办理保函、票据等中间业务共计 1.97 亿元。公司根据成员单位经营管理、资本运营等需要，利用自身专业能力，为成员单位提供债券融资财务顾问服务。2020 年，为成员单位提供 30 亿元债券注册及 46 亿元债券发行服务方案，协助成员单位成功把握债券发行窗口期，为成员单位降低财务成本。

【资金业务】2020 年，公司依托集团，制定应归尽归的资金归集策略，通过资金头寸管理，提高资金使用效率。积极与商业银行洽谈沟通，寻求兼顾期限、收益、安全性的同业存款产品，通过同业活期、同业定期及同业约期存款的方式，促进集团资金保值增值。

【资金集中】依托集团资金统一管理的优势，积极争取集团支持，推动修订《资金管理办法》，明确财务公司定位和资金归集要求。对集团整体资金进行梳理，采用分类施策的方式，制定各成员单位的归集策略，提供多元化存款服务。统筹协调上市公司、合资公司成员单位快速履行资金归集程序，签署金融服务协议。展业仅 3 个月，资金归集率即突破 60%。2020 年末资金归集率达 50% 以上。

【业务创新】公司成立初期，业务范围以基础性存贷款业务为主，为更好地发挥服务产业发展的作用，公司积极向海关总署申请财务公司关税保函资质。2020 年 5 月，公司获批成为山东自贸试验区（济南片区）财务公司海关税收担保首批试点企业之一，实现 1.5 亿元关税保函在海关总署成功备案，有效帮助成员单位降低通关成本、提升通关效率。

【风险管理和内部控制】2020 年，公司全面贯彻国家金融政策和监管要求，从组织架构、政策制度、管理流程、信息系统、内控审计、文化建设等方面开展全面风险管理工作。公司建立以信贷评审委员会为主体的风险评审体系，初步形成较为完善的“立、改、废”的制度体系，按照监管法规加强监管指标的日常监测预警，积极开展风险合规管理培训工作。截至 2020 年末，公司各项业务风险可控，各项风险监管指标符合要求，公司全面风险管理体系初步建立并持续完善。

【人力资源管理】公司坚持“在工作中学习，在实践中提升”的人才培养理念，2020 年累计组织内外部培训 24 次，推动全员资质证书储备计划，积极鼓励员工考取银行从业、证券从业、中级会计师、注册会计师、本币交易员等资格证书。通过专业培训，不断提升员工业务能力，实现复合型人才培养。

【信息化建设】公司信息化建设以“提升业务处理能力、资金优化能力、业务管理能力和客户服务质量”为目标，兼顾集团资金集中管理要求、成员单位金融服务要求、自身业务发展要求和行业监管要求，加强信息安全技术防护，搭建财企直连平台及关联交易控制，2020年完成9家银行银企直连，实现公司各部门、集团及各成员单位信息资源共享和业务协同，提升公司资金归集率；完成电子商业汇票系统及票据交易系统直连上线，提升业务处理效率；建立银保监1104报表系统、人民银行广义信贷系统、大集中报表、反洗钱系统、金融基础数据系统等，严控风险，提升监管报送效率，为公司发挥四个平台作用提供信息化保障。

连云港港口集团财务有限公司

【集团概况】连云港港口集团有限公司（以下简称“集团”）是国有独资港口企业，主要从事港口码头装卸与仓储、港口物流与贸易、港口工程与开发、航运交易与服务、资本运作及口岸信息服务。2020年，集团竭力提高市场营销、合作联动、现场服务水平，铁矿石、铝矾土、胶合板、钢材、粮食、建材、液体化工等货运量增速明显，港口全年吞吐量实现2.52亿吨，同比增长3.46%，完成营业收入137.7亿元。

【经营概况】连云港港口集团财务有限公司（以下简称“公司”）围绕“改革转型、提质增效”主题主线，紧扣“创新拓展年”规划目标，深入挖潜客户金融需求，全力拓展金融服务功能，切实履行金融服务实体经济职责。截至2020年末，公司资产总额33.53亿元，负债总额22.06亿元，所有者权益11.47亿元，实现利润总额1.11亿元。

【服务实体】全力支持复产复工，申请获得国家开发银行3000万元、中国进出口银行3亿元、恒丰银行、浙商银行近4亿元低成本贷款；发行两期超短期融资券，募集6亿元资金；提取6.6亿元法透贷款，有效应对集团大额资金时点需求。协调新海湾码头公司成功办理交通银行置换贷款7.88亿元；助力新旭港码头公司项目贷款定价成本5年期LPR贷款利率压减25个基点。

【信贷业务】以主动服务、精准服务、高质服务为驱动，着力挖掘客户融资需求，量身定制金融服务方案，提高金融服务质效。2020年累计向18家成员单位完成42.37亿元授信；累计向13家客户投放自营贷款44笔，投放总额23.23亿元；回收自营贷款22.96亿元。截至2020年末，自营贷款日均贷款余额（含贴现）20.78亿元，较上年新增2.1亿元；自营贷款客户数量为13户，较年初新增3户。

【资金业务】实现兴业银行对公司同业授信额度扩大至10亿元，取得浦发银行对公司同业授信新增授信品种——票据承兑行额度，实现与徐工集团财务公司、亨通财务公司、日照港集团财务公司等同业单位的相互授信。顺利从兴业银行拆入3亿元大额同业资金，实现了大额同业拆借业务“零”的突破。

【资金集中】有效发挥集团资金归集平台作用，加强资金集中管理，提高资金使用效率。2020年，共为99家成员单位开立活期账户162户，定期账户11户，委存账户4户，保证金账户18户，自营贷款账户16户，其中包括2家自贸区成员单位账户；办理资金归集93家，办理结算业务104506笔，结算金额1508.70亿元。

截至2020年末，吸收存款余额21.92亿元，日均存款余额23.48亿元。

【业务创新】全力推进电票系统上线，顺利为多家成员单位办理了承兑、贴现、转贴现、再贴现等业务；发挥平台优势，驱动业务创新拓展，2020年6月28日，成功发放首笔固定资产购置贷款，7月15日，成功办理首笔跨境资金集中运营业务，8月28日，成功办理首笔人民币跨境并购贷款业务，9月27日，成功办理首笔应收账款质押贷款，11月20日，成功办理首笔无还本续贷业务。

【风险管理与内控控制】扎实开展“三大行动”、市场乱象整治“回头看”和“数据治理年”等活动，全面排查存在的薄弱环节和风险点，制定风险防控能力提升计划，筑牢合规风险防线。认真落实员工行为管理调查、履职回避排查、不合理抽贷断贷自查等专项检查，不断提升公司风险防控、合规管控能力。进一步完善业务流程，健全公司制度体系，精心编制公司《内控合规手册》，完成第四版《制度汇编》修订。

【人力资源管理】认真做好薪酬调整工作，对部门绩效指标进行重新分类和梳理，进一步优化绩效考核指标。落实岗位轮换和强制休假制度，有序完成4名员工轮岗和3名员工强制休假工作。加强教育培训管理，年内累计组织开展内部培训24期，累计参培392人次；累计安排人员参加集团及外部机构培训8次，累计参培33人次；全员培训率达100%。

【信息化建设】全力推进电票系统建设工作，2020年7月2日电票系统成功上线。优化财资管理系统功能，开发并购贷款等新功能模块，为公司电票业务和并购贷款业务的顺利开展提供有力保障；推进等保软硬件项目，完成项目验收，顺利通过等保2.0三级测评，成为江苏省内第四家通过等保三级测评的财务公司。

【企业文化建设】突出党建在公司治理中的重要地位，落实“三重一大”决策制度。推进党支部规范化建设，扎实开展主题党日活动及上好党风廉政教育专题党课。继续实施“三星人才”培养工程，开展传统佳节职工活动、户外拓展、读书沙龙等，丰富职工文化生活。落实健康体检、互助医疗、优秀子女奖励、生日祝福等关爱措施，增强员工归属感。

联通集团财务有限公司

【集团概况】中国联合网络通信集团有限公司（以下简称“集团”）于2009年1月6日在原中国网通和原中国联通基础上合并组建而成，在国内31个省（自治区、直辖市）和境外多个国家和地区设有分支机构。集团主要经营GSM、WCDMA和FDD-LTE制式移动网络业务，固定通信业务，国内、国际通信设施服务业务，卫星国际专线业务、数据通信业务、网络接入业务和各类电信增值业务。列2020年世界企业500强第290位。2020年2月27日，集团为赴湖北医疗人员中的联通用户赠送话费，各地分公司积极为抗疫一线医务人员实施免停机服务，并给予话费减免，已惠及6576名医务人员。

【经营概况】联通集团财务有限公司（以下简称“公司”）2020年虽受新冠肺炎疫情影响，但公司通过不断提升金融能力，在可运作资金规模增长的同时抓住市场机会进行资金运作，整体经营状况良好，2020年末资产规模达到680亿元，全年收入完成17.86亿元，实现净利润6.55亿元。

【信贷业务】公司为集团成员单位及上游供应商提供良好的信贷业务服务，保持信贷业务规模稳定增长，根据客户需求创新业务品种。创新开展代开银行保函业务，解决成员单位办理银行保函的资质“瓶颈”问题。2020 年累计为成员单位办理各类保函 90 笔，自营贷款累计发放 225.20 亿元，办理委托贷款 42.12 亿元，配合集团内部资金余缺调配，发挥集团金融服务平台职能。针对产业链上下游推出沃票付、沃票融、沃付融等信贷产品，为产业链金融业务开启新篇章。进行集团司库系统和金融服务平台建设工作，明确资金管理、结算支付、金融服务和风险管控为一体的定位，满足供应链金融发展和主业业务模式转变等内外部变化需求。

【资金集中】进一步提升资金集中管理水平，新增三家直连银行，上线 SWIFT 全球账户可视化平台，拓宽资金归集、监控渠道；本外币跨境双通道业务落地，为集团跨境资金集中运营提供了有力支撑；完成新核心系统切换上线，形成 7×24 小时结算支付服务能力，打造支撑集团资金高效运营的归集结算体系。2020 年日均吸收存款 563.2 亿元，较上年增加 146.2 亿元，全年处理结算交易 36.8 万笔，金额 53093.4 亿元，分别较上年提升 37.6% 和 85.6%，2020 年末全口径资金集中度为 89.2%，保持高位稳定。

【资金业务】统筹集团整体资金运作，全年同业业务实现收入 10.3 亿元，持续落实与集团财务部的联席会议机制，结合市场全量资金报价，灵活配置企业侧、同业侧资金，确保集团资金效益最大化；提升头寸和流动性管理精细化水平，逐日对月资金头寸计划执行情况进行监控和滚动预测，提高每日配置资金的准确度和科学性。积极与各合作银行谈判争取存放同业、定期存款、约期存款等高收益产品，提高资金运作效益。实现银行间市场同业存单、债券正逆回购等新业务落地，年内同业存单累计交易量 426 亿元，回购业务累计交易量 1800 亿元。

【票据业务】开创票据贴现和买方付息贴现业务，成功开启票据贴现、转贴现、再贴现新业务，初步形成票据业务循环。全年累计开立财务公司承兑汇票 459 笔，金额 61.45 亿元，商业承兑汇票 508 笔，金额 58.10 亿元，优化集团营运现金流。

【投资业务】2020 年是公司开展投资业务元年，在新冠肺炎疫情暴发、国内信用风险波动的环境下，公司秉承低风险投资原则，稳步开展利率债、金融债和货币基金等投资业务。制定债券投资池标准并筛选 23 只债券入池；与国内前 20 大基金管理人建立联系，年内入池 32 只基金，开立基金账户 13 个，各项投资业务累计交易量 51 亿元。

【风险管理和内部控制】建立公司现行制度体系框架树状结构，完成 54 项规章制度的增删改工作；开展投资系统中断应急演练，降低突发事件造成的损失；建立监管动态与舆情监测机制，对业务进行舆情监控、风险提示，发布新冠肺炎疫情防控风险提示，以及涉及征信、财务公司行业风险、同业授信客户四项风险提示。

【信息化建设】建设集团司库系统和金融服务平台，公司于 2020 年 6 月完成集团司库系统及金融服务平台割接上线，覆盖了已在财务公司开立的全部成员单位；2020 年 10 月完成山东和上海两个试点省公司上线；初步建立了平台运维体系，基本完成自主研发队伍搭建，在业务需求、功能设计、数据分析等关键环节沉淀金融科技核心能力，自主掌握核心知识产权；践行“网络强国”国家战略，完成安全防护系统和安全管理平台的部署上线。

【人力资源管理】公司建立高素质专业化人才队伍，配齐补强中层管理队伍，引入 IT 人才 14 名、金融人才 7 名；通过“策马扬鞭”活动、全员人才盘点、年度管理提升特训班等活动提升各层级人员组织管理和协作配合能力；启用员工绩效管理系统，配合宽带制薪酬体系，让绩效管理回归本质，激发团队活力；持续推进党支部联系专家制度，提升专业人才的满意度及产能。

【企业文化建设】将党建融入企业文化，持续推进全面数字化转型的有效落实。组织开展工匠精神、劳模精神、中国联通好员工宣传。持续加强职工队伍建设，切实提高员工满意度，通过营造“有激情”企业文化助推作风长效提升。

潞安集团财务有限公司

【集团概况】潞安化工集团有限公司（以下简称“集团”）成立于2020年8月7日，注册资本200亿元，资产总额约2300多亿元，职工总数约9万人，是山西省委、省政府着眼全省转型综改大局，优化国资布局，深化国企改革，推动“一煤独大”向“八柱擎天”转变，提升化工产业集中度和竞争力的重大战略部署。集团是以世界500强企业——原潞安集团的煤化一体产业为主体，整合重组相关省属企业优质化工类资产和配套原料煤矿组建而成的全省规模最大、实力最强的化工企业集团。

【经营概况】2020年，潞安集团财务有限公司（以下简称“公司”）紧跟集团改革重组步伐，加强资金归集、严防金融风险、创新融资服务、拓宽增收渠道、提升科技水平、加强党的建设，继续夯实强化集团资金集中管理和提高资金使用效率的功能，为集团改革创新和转型发展提供更加专业高效的金融服务。截至2020年末，资产总额247.3亿元，负债总额213.47亿元，所有者权益33.83亿元；表外业务249.07亿元。全年实现营业收入6.59亿元，利润总额3.54亿元。

【服务实体】2020年，公司增强服务实体经济能力，加大对企业支持力度，一是在疫情防控期间通过利率差异化定价措施，支持集团成员单位复工复产；二是通过存款差别定价提高成员单位的利息收入，利用对中小微企业的差别定价，降低成员单位的融资成本；三是建立疫情期间成员单位融资支持联系机制，有效满足成员单位的合理融资需求。

【信贷业务】公司以服务集团为导向，积极优化信贷资产结构、提高信贷服务效能，坚持服务服从集团改革重组大局，提前谋划，确保公司各项信贷工作前后有序衔接。2020年，公司自营贷款余额87.97亿元，增幅为1.05%；委托贷款余额225.86亿元，减幅为15.83%；全年累计办理票据承兑业务13.1亿元，增幅为25.96%；办理委托代理开立国内信用证业务13.1亿元；累计实现信贷业务收入3.95亿元。

【资金业务】通过进一步夯实资金预算管理工作基础，在保障高效开展资金结算业务和保持良好流动性水平的前提下，公司强化与银行同业机构的合作交流，优化资金计划运用，加快资金周转速度，努力提高资金收益水平，累计获得资金收益2.8亿元。同时积极争取同业授信额度，畅通外源性资金融入渠道，2020年共取得67亿元同业授信额度，为公司资金业务的稳健运营提供了坚实保障。

【投资业务】2020年，公司投资业务以货币市场基金、债券和资管产品三类固定收益产品的优选配置为主要策略：货币市场基金按照有压有保原则，赎回运作不佳的产品，清理了一批基金账户，对长期表现良好的产品进行集中配置；债券投资限于省属优质国企债券，落实好逐日盯市制度，扎实做好债券持有期管理；资管产品落实监管部门规模管控要求，维持存量投资，强化穿透管理。进一步提高剩余资金的收益率，顺利完成年度目标任务。

【票据业务】2020年，公司深入推进票据系统建设，充分发挥公司票据融资功能，帮助成员单位降低融资成本。2020年，全年累计签发187张电子银行承兑汇票，金额13.1亿元，比上年增加2.14亿元；其中，通过公司票据业务系统为5家成员单位签发126张电子银行承兑汇票，票面金额共计4.8亿元。

【资金集中】公司拓宽资金归集渠道，资金归集额稳步提升。一是加强账户管理和清理工作；二是加强资金归集力度，重点加强发债资金、货款回收资金和公司体外运行资金的跟踪，及时与成员单位协调沟通，督促其资金归集，全年资金归集额稳步提升。2020 年末，公司日均归集资金 193.74 亿元，比上年同期增加 7.52 亿元，增幅为 4.04%，吸收存款余额为 212.11 亿元，比上年同期增加 46.66 亿元，增幅为 28.2%。

【风险管理和内部控制】2020 年，公司着力构建“大安全”格局体系，强调全要素、全过程从严管理，围绕安全发展、经营管理和业务运营扎实开展各项工作，通过加强制度建设，优化各项操作流程、严格风险排查、认真落实案件防控长效机制、充分发挥内部稽核审计作用等，促进公司改善治理、实现目标和价值提升。

【信息化建设】2020 年围绕信息安全，继续做好公司和集团成员单位信息技术保障，全年累计为成员单位提供技术支持 500 余次，有力保障了财务公司结算系统的高效运行；完成浦发银行、邮储银行、中信银行等银行的银企直连工作，进一步延伸资金结算网络。信息化助推业务创新进一步发展，完成电子商业汇票系统、线上清算模块和电子商业汇票全直连系统的上线工作，保证业务发展高效稳定运行。

【企业文化建设】2020 年，公司在企业文化建设上再发力，一是召开公司首届从严治党从严治企工作会。二是认真做好潞安集团党委巡察的“后半篇文章”，整改完成率为 100%。三是积极倡导“家人文化”，突出员工主体地位。四是公司新一届领导班子立足公司当前实际，创造性地推出公司“2021 年度经营管理理念 20 条”，作为 2021 年公司各项工作的基本遵循。

公司充分发挥党支部理论学习中心组对习近平新时代中国特色社会主义思想的领学促学作用。通过向广大党员下发《中心组理论学习清单及内容》，结合中心组理论学习报告表，对广大党员的重点学习内容缺项、形式单一、次数不足等问题及时提示督导，深入部门调研，发现问题时开展“开放式学习研讨”和现场办公，切实推动理论政策向基层延伸，将新发展理念转化为本领素质，把学习成效转化为推动公司发展的能力。

马钢集团财务有限公司

M

【集团概况】2020 年，马钢（集团）控股有限公司（以下简称“集团”）生铁产量 1855.01 万吨、粗钢产量 2096.72 万吨、钢材产量 1983.24 万吨。

【经营概况】2020 年，马钢集团财务有限公司（以下简称“公司”）灵活应对新冠肺炎疫情防控等因素带来的市场变化，充分利用各种投融资手段，持续拓宽信贷服务渠道，各项业务运营规范稳健，资金精益运营水平以及为集团提供金融服务的能力进一步提升。2020 年实现利润总额 3.68 亿元，完成考核目标的 102.26%。

【供应链金融】2020 年，公司完善货权质押买方信贷业务体系建设，成功办理首笔货权质押买方信贷业务，打通货权质押买方信贷业务流程。同时不断强化业务创新，成功落地首单下游贴现定向支付业务，助力马钢股份下游销售，降低中小企业融资成本，形成上下游供应链业务协同发展的新局面，更高效地服务中国宝武钢铁生态圈。

【信贷业务】2020 年，公司积极应对疫情防控影响，优化服务流程，畅通信息渠道，第一时间向成员单位提供信贷支持，2020 年 2 月疫情期间共投放信贷 12.55 亿元，帮助资金链紧张单位渡过难关。努力拓展信贷投放渠道，克服主要成员单位信贷融资大规模到期压力，加强与集团、马钢股份等单位沟通协商，2020年信贷投放合计143亿元，2020年12月末信贷规模维持在83亿元，为完成年度经营目标起到“压舱石”的作用。

【资金业务】2020年，公司通过银行间市场债券质押回购、同业拆借、再贴现合计融入资金1355.70亿元，日均融资11亿元，继续发挥金融牌照优势，做大主动负债规模。

【投资业务】2020年，公司投资端受疫情影响，资金市场利率不断下行，通过积极调整投资结构，拉长持有产品久期，提高中长期投资占比，将投资收益率维持在3.16%左右。2020年9月重启信托投资，投资规模回升至9亿元；2020年10月实现信托收益330万元，进一步稳定投资收益。

【资金集中】2020年，公司共新增客户21户，14户成员单位销户，2020年12月末成员单位总数152户。入池外部银行账户630户，公司账户260户。截至2020年12月末，全口径资金集中度为68.19%。2020年监控超23万笔结算指令，拦截2100笔异常支付指令，为客户资金安全及支付效率提供保障，始终保持高强度资金集中管理。

【风险管理和内部控制】2020年，针对疫情防控带来的经营风险加大，公司严控投资规模，严格机构准入，持续关注疫情对国内企业特别是钢铁行业及上下游供应链企业的影响，及时发出市场风险提示。实施信贷业务全面稽核与票据业务风险排查，对排查发现的问题立行立改。

【人力资源管理】2020年，公司扎实推进人力资源eHR系统建立与测算，丰富公司人事管理手段，保证各岗位人员合理配置，激发员工工作热情。加强全员教育培训，针对性开展党建理论、金融业务专项培训，组织管理人员和员工参加各类培训82期616人次，持续提升全员思想政治和技术业务水平，开拓经营管理思路，提高业务开展效率。

【信息化建设】2020年，公司为满足中国宝武集团标准财务系统覆盖马钢要求，继续发挥财务公司集团结算平台功能，同步实施上线3个标财系列项目，确保成员单位业务向标财系统平稳切换，支撑服务中国宝武对马钢专业化整合。不断提高人效与系统安全水平，上线1104监管报送系统，实施ECDS线上清算项目建设，开展二代征信、信贷优化项目研讨和信息系统安全自评估，保障经营业务高效开展。

【企业文化建设】2020年，公司秉持“深化产业金融服务，协同共建钢铁生态圈”的经营理念，精心打造“用户至上”的智慧金融服务模式，努力把公司金融产品、服务打造成知名品牌。关心关爱员工，尤其关注青年员工的成长成才，组织开展户外健步走等宣教文体活动，不断强化团队凝聚力和向心力。大力开展文明单位创建，疫情防控期间组织员工赴社区开展志愿服务活动，公司被评为第18届马鞍山市文明单位、第12届安徽省文明单位。

公司全面贯彻执行“中央企业党建巩固深化年”要求，深入学习贯彻党的十九届四中、五中全会精神和习近平总书记考察调研中国宝武重要讲话精神等。严格规范“三会一课”组织生活，疫情防控期间组织党员骨干坚守岗位，以优质服务展现金融企业担当。组织开展革命传统教育，重温入党誓词，进一步坚定理想信念。深化党风廉政建设，开展节日期间防范“四风”问题警示教育，学习传达上级纪委案件通报，持续强化全员廉洁自律意识。

美的集团财务有限公司

【集团概况】美的集团股份有限公司（以下简称“美的集团”）秉承用科技创造美好生活的经营理念，经过52年发展，已成为一家集智能家居事业群、机电事业群、暖通与楼宇事业部、机器人与自动化事业部、数字化创新业务五大板块为一体的全球化科技集团，产品及服务惠及全球200多个国家和地区约4亿用户。形成美的、小天鹅、东芝、华凌、布谷、COLMO、Clivet、Eureka、库卡、GMCC、威灵在内的多品牌组合。

【经营概况】美的集团财务有限公司（以下简称“公司”）坚持企业集团财务公司的定位，发挥资金归集平台、资金结算平台、资金监控平台、金融服务平台作用，着重提升资金整体安全运营能力，发挥金融资源优势，支持集团及其制造业产业链发展。截至2020年末，公司资产总额383.86亿元，负债总额322.90亿元，净利润3.15亿元，公司各项指标符合监管要求，实现稳健、合规运营。

【服务实体】2020年，公司为实现对账自动化目标，2020年第四季度开启RPA对账机器人项目建设。2020年12月，公司按照项目计划，实现RPA对账机器人项目一期顺利上线。在项目建设中，应用机器人流程自动化新技术，第一批上线20余个场景，在账户对账管理、数据管理等方面均有应用，提高处理业务的机动性、灵活性。由机器代替人工，解放劳动力、提高业务办理效率，控制出错率基本为零。

【产业链金融】2020年，公司积极落实普惠金融政策，支持产业链小微企业业务发展。为解决小微企业融资难、融资贵问题，年内先后两次下调小微企业贴现利率，截至2020末，公司延伸产业链小微企业贴现业务余额超过10亿元，小微企业加权贴现利率同比下降66个基点。

【投资业务】2020年，公司新增固定收益类有价证券投资业务，累计开展0.2亿元固定收益类有价证券业务，2020年12月末固定收益类有价证券投资业务余额0.1亿元。公司通过合作银行平台，购买固定收益类货币基金，为公司开展有价证券投资业务迈出了新的一步。

【票据业务】公司为支持成员单位战胜疫情，自2020年6月4日起，降低开票保证金，减轻企业资金压力，除特殊审批情况外，下调成员单位承兑汇票开票保证金，增加企业流动资金，支持成员单位业务经营，累计为客户释放资金约16亿元。此外，为保障承兑汇票及时兑付，一是通过规范资金管理，开展质押存单动态监测，及时确认、滚动执行，持续强化票据兑付的流动性管理；二是制定票据兑付风险应急方案，控制业务风险，确保如期兑付。

【业务创新】2020年，公司推进创新业务发展，一是2020年5月推出“汇总征税保函”服务，截至2020年末，累计开立关税保函0.08亿元，为企业节约费用超过600万元，对于减少企业通关保证金占用、改善营商环境、推进贸易便利化起到了积极作用。二是创新贴现融资渠道，开展“贴现通”业务。2020年9月成功办理首笔贴现通业务，金额5万元人民币，通过标准化、线上化业务流程，进一步提升业务效率，对促进财务公司票据的流通及提高接受程度，降低客户融资成本、支持实体经济提供了新的业务渠道。

【风险管理和内部控制】2020年，公司坚持审慎合规经营，完善风险管理体系建设，加强合规风险管控，关注信用风险、流动性风险管理，践行合规经营理念。公司结合具体业务情况，根据监管部门部署，深入开展市场乱象整治“回头看”自查工作，通过自查，补齐短板，针对存在的问题，制订切实可行的整改计划，定期跟进整改进度，形成闭环管理，完成整改。此外，公司持续推进内部管理制度的完善工作，截至2020年末，公司共新增9项制度、修订22项制度，进一步规范、完善了制度体系。

【信息化建设】公司于2020年5月启动“智能财司”系统建设项目，计划在合规的基础上，完成财司业务全流程线上化、数字化、智能化、标准化业务流程。公司对与业务相关的超过300个业务场景及140余个业务流程进行了重新梳理与优化，计划引入AI应用技术、区块链应用技术、云计算应用、大数据应用技术等新技术应用，将原50个线下业务操作流程实现线上化，促进业务流程规范、提升业务效率、规避操作风险、提高合规安全管控。

南方电网财务有限公司

【集团概况】2020年，中国南方电网有限责任公司（以下简称“集团”）实现营业收入5795亿元，净利润80.1亿元，期末资产总额首破万亿元，达10215亿元，资产负债率为59.5%。全网统调最高负荷1.998亿千瓦，同比增长7%；售电量11068亿千瓦时，增长5.2%；西电东送电量2305亿千瓦时，再创历史新高；客户平均停电时间（低压）12.15小时，下降15.4%；第三方客户满意度84.5分。集团连续14年获得国务院国资委经营业绩考核A级，党建年度考核A级，列世界企业500强第105位。

【经营概况】2020年，南方电网财务有限公司（以下简称“公司”）实现营业收入29.87亿元；利润总额20.16亿元，同比增长7.68%；净资产收益率14.73%；资产总额694.16亿元，较年初增长5.05%。公司被中国财务公司协会评为“课题研究突出贡献单位”“行业数据统计优秀单位”，连续四年荣膺“银行间本币市场交易300强”。

【服务实体】2020年，公司制定《关于支持粤港澳大湾区发展、深圳先行示范区及海南自由贸易港建设的综合金融服务方案》《公司客户服务管理办法》，为集团23家单位量身定制个性化综合金融服务方案，疫情防控期间第一时间成立资金结算保障专项工作组，建立24小时远程机动应急工作机制，制定实施《克服疫情影响加强信贷工作专项方案》《信贷服务支持举措》《合理让利具体措施》，满足成员单位及产业链上下游企业融资需求。组织审查发放优惠利率贷款149.87亿元，指导办理优惠利率贴现55.47亿元。初步建成南网特色司库管理体系，推动集团高质量发展。

【信贷业务】围绕集团融入和服务粤港澳大湾区发展、深圳先行示范区建设、海南自由贸易港建设、新型基础设施建设等部署安排，制定专项金融服务工作方案，主动对接各省级电网公司项目融资需求，统筹安排信贷资源，精准服务“两区一港”和“新基建”战略，全力保障重点项目融资需求。为粤港澳大湾区电网建设、省级电网公司新基建项目、电动汽车公司资金周转等项目办理53.7亿元贷款合同额度。发放各项贷款224.45亿元，2020年末各项贷款余额489.95亿元，同比增长2%。办理委托贷款35.8亿元，办理保函5.43亿元。

【产业链金融】深化产业链金融服务，2020年共开展“一头在外”票据贴现业务32.54亿元，同比增长46.71%，产业链金融业务授信客户308家。

【资金业务】首次开展质押式回购匿名点击业务和票据质押式回购业务。全力克服疫情和市场利率持续下行的不利影响，2020 年累计运作资金 1.23 万亿元，同比增长 10.15%，实现资金运作收益 9.24 亿元，同比增长 18.45%。

【投资业务】2020 年公司开展货币基金投资、国债和国开债投资 44.4 亿元，实现投资收益 0.96 亿元。

【票据业务】票据服务中心获得广州“最佳金融服务窗口”荣誉称号。2020 年集中托管票据 324.43 亿元，办理票据背书转让 318.25 亿元，协助成员单位开立商业汇票 256.62 亿元，同比增长 4.21%。2020 年承销集团债、票据 0.5 亿元。

【资金集中】2020 年末，全口径资金集中度为 86.55%，同比提高 4.01 个百分点；日均存款余额 642.01 亿元，同比增长 2.35%。全年办理结算 117.06 万笔，结算金额 12.12 万亿元，同比增长 14.33%。服务及时率保持 100%，资金结算及时率 100%，资金结算零差错。

【风险管理和内部控制】公司深入学习贯彻习近平总书记关于防范化解金融风险的重要论述，严格遵循国家金融货币政策和监管政策，健全公司全面风险管理体系，加强依法合规体系建设，进一步完善风险管理“三道防线”。在巩固深化公司内控、风险、合规管理成果的基础上，通过工作流程、工具方法的整合，将三个体系管理要求融入业务流程和岗位规范，优化整合形成“简明、适用、高效”的管理流程和工作机制，建立横向到边、纵向到底的管理架构，筑牢重大风险防线。

【人力资源管理】进一步加强公司领导班子建设统筹规划，提高领导班子建设质量，以班子建设带动干部队伍建设。加大优秀年轻干部培养选拔力度，2020 年，公司选拔 1 名“80 后”干部担任所属单位主要负责人。持续加大公司干部交流轮岗力度，公司本部与分公司、分公司与分公司之间双向交流轮岗 6 名干部。印发《公司党委关于加强人才工作的实施方案》，健全完善金融专业人才发展选拔培养、评价考核、差异化薪酬分配等机制，充分调动各类专业人才的积极性。

【信息化建设】实现 2020 年信息系统运行平稳，系统可用率达 99.99%，圆满完成年度网络安全防护任务，未发生三级及以上网络安全事件，立足“数字金融　智慧金融”，多方运筹，克服困难，全力推进公司金融业务系统 2.0 建设，实现系统双轨试运行。

【企业文化建设】做到“两个维护”重行重效。建立党委会“第一议题”机制，制定加强政治生态建设实施意见，出台巩固深化“不忘初心、牢记使命”主题教育主要举措。完善全面从严治党责任清单，出台完善监督体系提高党委监督能力实施细则，制定党建责任考评、支部书记述职评议考核和民主评议党员制度。“三基建设”再上新台阶。持续深化“一区双岗促四零”，做实做细“六个一”。公司支部职权清单及议事风险点探索工作获集团主要领导肯定。扎实推动“八个坚持”31 项重点任务 70 项措施按期完成、取得实效，助推公司主要指标创历史新高。各项整改按期销号，公司党委关爱员工、为员工办实事工作顺利完成，公司工会被评为全国电力行业“最美职工之家”，公司团委荣获集团“五四红旗团委”称号。推动南方电网企业文化理念落实落地，制定印发《南方电网财务有限公司关于深化企业文化建设的方案》，推动价值观导入战略、融入管理、切入业务、植入行为，构建公司品牌建设矩阵，积极打造“立足南网　融汇贯通”的金融服务品牌和“南网金融”产品品牌。

南山集团财务有限公司

【集团概况】南山集团有限公司（以下简称“集团”）始创于改革开放初期，经过40多年发展，现已形成以铝业、纺织服饰、裕龙石化产业园、地产、金融、教育、旅游、健康、航空为主导的多产业并举的发展格局。在北京、天津、上海、深圳、新疆、海南、香港、青岛、烟台等地均设有分公司或办事处，在美国、澳大利亚、意大利、新加坡、德国、印度尼西亚等多个国家设立分公司。2020年综合实力列中国企业500强第194位，列中国制造业企业500强第79位。

【经营概况】2020年，南山集团财务有限公司（以下简称“公司”）紧密围绕董事会的决策部署，积极应对内外部形势的变化，不断提升经营管理水平，完善服务功能，深化服务内涵，开拓创新，积极进取，圆满完成了各项工作任务。截至2020年末，公司总资产136.59亿元，负债116.91亿元；实现净利润2.36亿元；资本充足率为15.59%，流动性比例为36.54%，贷款损失准备充足率为291.56%，不良率为零，各项指标符合监管要求。

【信贷及票据业务】2020年，公司灵活调剂资金，支持产业发展，一是加大资金调节力度，精准支持企业抗击疫情，复产复工，截至2020年末，贷款时点余额同比增长38.53%；二是多策并举，鼓励和支持企业采取电子票据付款，累计办理电票承兑31.22亿元，其中“一头在外”的客户贴现14.60亿元，有效发挥了财务公司的金融职能和融资能力；三是顺应监管政策导向，两次下调贷款利率，为企业直接节省利息支出900多万元，引导外部商业银行降低集团贷款利率。

【外汇业务】2020年，公司发挥外汇专业优势，帮助企业防范汇率风险。一是每日发送《金融简讯》、按周推出《汇市简报》，让企业及时了解市场变化情况；二是抓好市场研判，引导企业顺势进行结售汇，共办理业务320笔，金额8.60亿美元，提供优惠结售汇汇率，为集团节省汇兑成本870多万元；三是协助企业办理普通远期结汇8笔，金额4506万美元，外汇期权组合产品5笔，金额3100万美元，运用外汇衍生工具防范汇率风险。

【风险管理和内部控制】2020年，公司不断强化内部控制及全面风险管理体系建设，保持了开业十二年零案件的案防工作成果。一是按照“内控优先、制度先行”的原则，组织修订22项制度；二是对操作风险、信用风险、流动性风险防控措施的落实情况进行评估，查找存在的薄弱环节，制定整改措施；三是抓“严”抓“实”内部管理，与合规文化建设相结合，开展35次专项检查，重要空白凭证及有价单证查库24次，对发现的问题严肃处罚，及时消除隐患；四是研究制定预期损失模型计提减值准备，计提各类准备金达3.34亿元，提高抗风险能力；五是落实银保监部门“行业规范建设深化年”市场乱象整治“回头看”、票据业务专项自查等活动要求，发现风险隐患及时整改，筑牢发展根基。

【信息化建设】2020年，公司加强信息科技建设，为业务发展提供技术支撑。一是深化与兴业数金的战略合作，持续对系统进行优化升级，提升系统的稳定性；二是推进完成跨境委托贷款功能、外部贴现流程优化、电票线上清算及系统网银端的IPv6改造等信息科技项目，满足业务发展需要；三是通过网络整体优化、部署IT监控系统等，提高系统安全性，扎实组织做好系统运维工作；四是不间断组织开展业务连续性演练，针对业务系统生产中心整体停滞、业务系统外包托管服务中断等模拟情景进行3次演练，主备系统切换64次，做到问题早发现、隐患早解决、风险早排除，业务连续运营无中断。

【人力资源管理】2020年，公司狠抓队伍建设工作，提高团队战斗力。一是针对业务发展和员工特点，统筹疫情防控等工作安排，开展集中培训100多个小时，提高员工综合素质；二是做好对员工行为的综合考评，对符合条件的给予职级调整，发挥薪酬激励导向作用，引导员工进步；三是招聘7名新员工，补充新鲜血液；四是组织两次读书活动，通过学习《以奋斗者为本》《责任胜于能力》等，提升员工职业素养，增强团队的凝聚力和向心力；五是及时传达学习集团各类会议精神，学习南山发展史和老一辈南山人的奋斗精神，掌握“整合、优化、创新、突破、发展”理念的内涵，深化以“团结、进取、务实、创新”为核心的企业文化，提高队伍的责任心和使命感。

【企业文化建设】2020年，公司党支部进一步发挥好党的领导核心和政治核心作用，将党的领导和支委会决策融入公司治理和重大决策中，把方向、管大局，全面落实党的路线、方针和政策。一是根据管理需要及时召开会议，研究干部任命、财务预决算等“三重一大”事项；二是每月开展主题党日学习活动，加强党员思想政治教育工作；三是完成2名预备党员转正工作，并顺利接收1名预备党员，充实壮大党组织。

内蒙古电力集团财务有限责任公司

【集团概况】内蒙古电力（集团）有限责任公司（以下简称“集团”）为内蒙古自治区所属国有独资特大型电网企业，承担着内蒙古自治区西部8个盟市72万平方公里的工农牧发展和1388万居民生活供电以及向华北、陕北和蒙古国跨区域跨国境送电任务。2020年，集团售电量完成2323.91亿千瓦时，同比增长6.78%。发展总投资完成157亿元。集团列中国企业500强第253位，列全国能源企业500强第49位，连续9年获评国资委经营业绩考核A级企业。

【经营概况】2020年，面对突如其来的新冠肺炎疫情，以及深刻复杂的国内外形势和艰巨繁重的改革发展任务，内蒙古电力集团财务有限责任公司（以下简称“公司”）坚定落实集团高质量发展纲要，认真贯彻公司董事会各项决策部署，团结奋进、真抓实干、开拓进取，坚持党建引领，聚焦主责主业，统筹疫情防控与经营管理，强化创新驱动，超额完成集团下达的各项目标任务，实现了“十三五”圆满收官。

截至2020年末，公司资产总额99.57亿元，负债总额76.03亿元，所有者权益23.54亿元。在资金规模收紧、市场利率倒挂的背景下，实现业务收入3.18亿元，利润总额2.51亿元，各项监管指标均符合监管要求。

【服务实体】2020年，公司积极挖掘信贷业务在助力集团及成员单位去杠杆、降成本方面的运用深度，向集团提供农网贷款，向呼蓄公司提供固定资产贷款，累计提供资金支持18.86亿元。为满都拉电通公司和蒙电信产公司成功办理了委托贷款业务，为集团办理两笔贷款承诺业务，金额合计3.69亿元。信贷业务规模稳步增长，进一步凸显了公司持牌的行业优势，优化了集团整体资产结构，切实发挥了收入压舱石和稳定器的作用。

【资金业务】2020年，公司深入落实新发展理念，在经济下行压力增大，资金市场利率持续走低的不利条件下，深度挖掘现有业务潜能，敏锐捕捉市场利率高点，充分利用金融牌照优势，调动现有合作银行的积极性，持续增强对外议价能力，最大限度为集团争取最优的资金存放价格。建立资金市场“日跟踪、周分析、月汇报”机制，每日跟踪市场波动情况，研判资金市场走势，动态调整公司业务结构。全年办理同业定期存款业务8笔，累计金额40亿元。同业合作银行、券商、财务公司及金融租赁公司超40家，累计开展同业拆借交易17笔，累计拆出金额41亿元。国债逆回购业务累计交易67笔，累计交易规模250.68亿元。

【资金集中】截至2020年末，公司服务成员单位146户，管理成员单位结算账户235个，管理银行授权账户332个；累计办理结算业务45.27万笔，累计结算资金5188.28亿元；吸收存款余额75.84亿元，同比增长32.76%；日均吸收存款余额83.34亿元，同比下降42.91%，单日最大结算量达9977笔。2020年末资金集中度为73.18%，同比增加15.88个百分点。

【风险管理和内部控制】2020年，公司继续坚持依法合规经营，全面推进风险管理体系建设。强化标准化建设成果应用，组织修订制度标准4次，修订制度标准30项，新增13项。开展薪酬、绩效、补充医保、资产业务、财务收支、反洗钱、信息科技外包和资金结算业务的专项审计稽核，大幅提升了风险防控和内控管理水平。

【信息化建设】2020年，公司加快推进信息化建设步伐。综合运营管理系统于2020年8月9日完成业务功能部署工作，范围包括核心系统、资金结算系统、同业系统、信贷系统、网银系统、外围涉及ERP接口、财务管控接口和银企直连接口，系统功能大幅提升。票据业务系统于2020年10月17日完成与上海票交所电子商业汇票系统正式对接，为全面承接集团票据业务提供系统支撑保障。创新运用财务机器人（RPA）技术，自主开发RPA运行程序，运用信息化手段实现终端自主抓取业务数据，有效减轻了手工工作量，大幅提升了工作效率。

【公司治理和企业文化建设】2020年，公司持续优化和完善“两会一层”治理架构和工作体系，并与“内控合规管理年”专项行动紧密结合。规范召开董事会、党总支委员会、总经理办公会和各专业委员会会议，严格履行“三重一大”议事集体决策程序。始终把风险防控作为财务公司的“立身之本”，积极推动内部审计监督无死角、全覆盖。着力构建和谐企业文化生态，努力增强员工归属感。充分发挥企业文化“软实力”，牢牢把握好企业文化的主线，公司团结和谐、积极向上、风清气正的企业文化氛围更加浓厚。

2020年，公司紧紧围绕新时代党的建设总要求，自觉承担起举旗帜、聚民心、育新人、兴文化、展形象的使命任务，为公司各项工作高质量发展提供坚强思想保证和强大精神动力。顺利完成党支部换届选举工作；召开了第一次工会大会，选举产生了第一届工会委员会、第一届工会委员会主席。通过完善组织建设，不断创新党建工作方法和工作思路，推进党建工作与中心工作深度融合，不断推动公司高质量健康发展。

内蒙古伊泰财务有限公司

【集团概况】内蒙古伊泰集团有限公司（以下简称“集团”）成立于1988年3月，是以煤炭生产、运输、销售为基础，集铁路、煤化工为主体，房地产开发、生态修复及有机农业等非煤产业为补充的大型清洁能源企业。集团列2020年中国企业500强第331位，列全国煤炭企业50强第17位，列内蒙古地方煤炭企业首位，是我国动力煤“4+1”大型煤炭企业和煤炭行业协会协调机制成员单位。

【经营概况】内蒙古伊泰财务有限公司（以下简称“公司”）围绕集团“突出抓好财务资金管理”的指示精神，秉承“立足集团、服务集团，规范经营、稳健发展”的经营理念，全面推进年度各项工作。截至2020年末，公司资产总额103.96亿元，负债总额90.09亿元，全年累计实现收入总额2.69亿元，累计实现净利润2.01亿元。

【信贷业务】截至2020年12月末，公司存量自营贷款余额52亿元，较年初增加5.5亿元，户数共4户，较年初增加2户。累计新增发放自营贷款6笔，金额40亿元，收回贷款4笔，金额34.5亿元。

【资金业务】2020年，与公司合作的13家商业银行中，已有9家与公司签订了同业协定利率协议，最高协定利率为2.5%。同时在集团资金计划统一安排下，充分考虑头寸资金充裕情况，选择提供高收益的银行办理短期同业活期存款和定期存款。截至2020年末，办理同业活期存款43笔；办理定期存款5笔，金额合计9.1亿元。

【业务创新】2020年第四季度公司开展国债逆回购业务，仅2020年12月一个月办理199350万元，平均利率为2.62%，较银行同业利率高0.65%，增加收益273.95万元。

【资金集中】截至2020年12月末，集团公司成员单位83家，在公司开户成员单位62家，开户率达到74.70%，全口径资金归集率为57.33%。累计为成员单位办理各类结算业务5.22万笔，结算金额3429.92亿元，日均结算笔数209笔。

【风险管理和内部控制】2020年，风险合规稳步推进，审计工作持续深入，制度建设不断完善。一是组织开展多次专项检查，检查内容包括年终决算情况、重要空白凭证、U盾、各项税务的计提、各项准备金计提、固定资产盘点情况、成员单位对账情况、成员单位认定、成员单位存贷款结息情况、反洗钱工作情况等。二是内控审计部开展了包括经济效益审计、反洗钱专项审计、公司治理专项审计及全面风险专项审计在内的10个项目的专项审计，以及多项常规序时审计，并出具了相应的审计报告，指出业务和管理方面的问题，并给出了相应的审计建议。三是2020年公司对所有制度办法又进行了再梳理、再升级。共梳理制度124项（未包含操作规程），其中新增制度7项，更新制度21项，确保制度保障业务开展，进一步完善公司内控体系，防范业务风险，为公司合规运营提供制度保障。

【信息化建设】为更好服务集团，服务成员单位，年初完成了资金系统N9升级项目的资金结算、信贷管理模块的切换上线。同时启用了存放同业、同业授信、增值税管理、存款准备金、LPR功能模块，完成了银保监局1104报表的月度报表核对，实现了银行电子回单查询、存储功能。完成了银保监局1104报表的季度报表核对工作，同时开展了代理支付的前期工作，为下一年正式启用代理支付做好了铺垫。提升财务公司信息化水平，不断优化系统功能，借信息系统之力提升自我管理能力，在满足与业务系统高效集成、灵活支付的同时，加强风险控制，保证系统稳定运行。

青岛港财务有限责任公司

【集团概况】2020年青岛港（集团）有限公司（以下简称“集团”）积极贯彻山东港口一体化改革的新发展理念，积极融入新发展格局，统筹做好疫情防控与生产经营，货物吞吐量、集装箱量、港口收入、利润实现“逆势四增长”。同时联手港航企业和合作伙伴，积极融入国家战略，主动服务区域经济发展，在全国沿海港口率先实现企稳回升、逆势增长，为畅通国际物流大通道、稳定全球产业链供应链，助力构建“双循环”新发展格局贡献了港口力量。

【经营概况】青岛港财务有限责任公司（以下简称“公司”）始终坚持“金智惠港、互利共赢”的经营宗旨，扩大服务范围，丰富金融产品，拓展“创新”“创效”渠道，夯实产融结合基础，全面提升公司金融服务能力，聚焦港口主业，助力港口经济高质量发展。截至2020年末，资产总额187.8亿元，存款余额162.78亿元，信贷余额82.35亿元。

【服务实体】公司强力支持集团“五个国际领先”港口建设，主动出击，聚焦自动化码头、装备制造等“一带一路”“经略海洋”重点项目建设，提供资金支持10.63亿元。同时，积极响应“贷动小微”等服务实体经济政策，大力推广小微企业无还本续贷业务，叙做1.59亿元，落实“稳贷”“助贷”政策，有效舒缓企业资金链紧张状况；通过落实“首贷”政策，为3家成员单位发放首笔金融机构贷款7.9亿元，有力支持了鲁北输油管道等工程项目建设，助力成员单位快速复工复产，提升经营绩效。

【信贷业务】公司积极走访、深入调研成员单位，了解其经营情况并设计专属融资方案，满足个性化融资服务需求。2020年，信贷业务投放量突破60亿元，同比实现倍增。通过不断探索，公司创新落地代开信用证、融资租赁直租等多项产品，为成员单位提供了更加丰富的信贷服务。

【产业链金融】公司继续稳健开展产业链金融业务，在巩固存量业务的基础上，积极拓展制造业、建筑业客户群体。围绕核心成员单位，大力推广“一头在外”票据贴现、保理等业务。截至2020年末，产业链客户共计47家，产业链信贷投放近亿元，为核心企业及上下游客户的业务发展起到了助推作用。

【资金业务】公司创新头寸资金管理模式，灵活搭配同业活期存放产品及债券回购、同业拆借等货币市场工具，以实现集团整体资金收益最大化为目标，精细资金管理，优化资产结构，积极开拓高收益同业存放渠道，满足流动性管理要求，实现了安全性、流动性、盈利性相统一的良性发展，交易能力稳步提升，资金管理水平持续提高。

【投资业务】持续关注疫情带来的市场变化，面对金融市场资产荒的情况，持续推进投资结构转型，标准化产品投资比例提升至40%，不断加强投资品种创新，开展信用债、住房抵押贷款资产支持证券RMBS投资，投资产品多元化，合理分散投资风险。根据债券市场波动情况，及时调整久期结构，兼顾市场风险与流动性风险。

【票据业务】公司积极落实疫情支持政策，叙做再贴现业务和转贴现业务，充分发挥“以融促产，以产助融”的服务职能，服务实体经济，支持小微企业发展。积极优化票据系统，上线电票系统线上清算功能，解决成员单位票据流与现金流分离的痛点，提升清算效率，确保资金安全。

【外汇业务】公司积极探索跨境资金集中运营管理，创新国际贸易结算模式，落地首笔代开信用证业务，扩大进口企业授信规模、降低费率；关注市场汇率走势，加强市场研判，积极对接成员单位外汇业务需求，为成员单位提供个性化外汇资金服务方案。

【业务创新】公司创新银企国际贸易结算方式，落地首笔代开信用证，提供授信、申请、账户开立等一条龙服务；敏锐捕捉利率下行的时机，打通转贴现转出交易渠道，以上海票交所为交易平台实现转贴现业务的快捷办理；利用持牌优势，引入融资租赁直租模式盘活企业资产，满足成员单位个性化、多元化融资需求；精准产业链营销，创新落地上游医药客户无追索权保理业务，助力企业复工复产。

【风险管理和内部控制】公司认真贯彻落实

"补制度、防风险、化不良、降杠杆、促合规"的监管要求，定期开展全面风险排查，不断强化风险识别与监测，面对疫情对集团主业的影响，公司全面落实成员单位经营情况，重点关注贷款履约情况，确保资产质量正常。创新"以修代学、修学结合"制度修订模式，有效提高制度修订质量和效率；组织开展"制度学习季""业务专项培训"等学习活动23次、专项考试10次，有效提高员工学习积极性，进一步强化合规意识；开展内控手册和矩阵修订，不断优化业务流程，进行重点业务与管理事项内控评价两次，确保内控管理有效执行。

【信息化建设】公司上线信贷核算系统、同业资产管理系统、电票ECDS线上清算系统、人民银行金融基础数据统计系统等，实现全流程、线上化、精细化的业务管理，为公司业务快速发展奠定更加坚实的基础。为保障公司信息系统底层物理环境的稳定、安全，对已达到使用年限的主要服务器、交换机、防火墙等硬件设备进行全面更换，新服务器采用"超融合+虚拟化"技术，搭建了全新的"结构精简、统一管理、平滑扩展"的集群平台，通过服务器虚拟化、存储虚拟化、网络虚拟化等技术的运用，解决了原有架构设备种类多、管理维护复杂、存储性能低且价格高等弊端，为系统平稳运行提供了更稳固的环境。

青岛啤酒财务有限责任公司

【集团概况】2020年，面对新冠肺炎疫情给经营带来的前所未有的困难，青岛啤酒集团有限公司（以下简称"集团"）坚定不移地实施董事会制定的高质量发展战略，以"品牌引领、创新驱动、质量第一、效益优先、结构优化、协调发展"六大战略指引为引领，充分发挥青岛啤酒的品牌和品质优势，不等不靠，积极主动开拓国内外市场，加快推进产品结构优化升级和营销创新，加快高附加值产品发展，完善终端管理体系，持续提升终端掌控能力，实现了经营业务的逆势稳健增长。

【经营概况】2020年，青岛啤酒财务有限责任公司（以下简称"公司"）面对疫情冲击下市场利率陷入低谷和可操作资金量下降的双重影响，始终坚守战略定位，以"高质量运营年"为主线，从抗击疫情到复工复产，积极创新、多措并举，实施结构调整与优化，着力资产业务拓展，深挖公司产业链资金需求，开展多样化线上非接触式金融服务，重点发力产业链金融，积极拓展有价证券投资等专项业务，经营绩效水平实现提升，基本完成全年经营目标。

【服务实体】2020年，公司采取各类举措加大对集团成员单位及产业链实体支持、服务力度，不断调整完善自身业务结构，助力集团及产业链实体降本增效和转型升级。主要举措包括：为成员单位提供个性化的资金服务，提高资金使用效率；实施结算手续费、承兑手续费及票据系统使用费减免优惠；在合理范围内实施贷款利率优惠；积极拓展产业链上下游业务品种，推进线上保理业务，满足更广大实体金融服务需求。

【信贷业务】2020年，公司累计发放自营贷款4.4亿元，委托贷款5.12亿元，有效满足集团主业日常融资需求。同时，多措并举实现产业链金融业务快速增长，金融支持"复工复产"成效逐步显现。结合人民银行"倾力助企、倾心惠民"政策，充分运用电子票据产品帮扶产业链企业，助力公司实现"保供应"战略目标；线上供应链保理产品上线，产品升级取得新突破，为后续规模拓展和有效满足产业链金融服务需求打下良好的基础。

【产业链金融】2020 年，公司供应链应收账款保理融资业务稳健推进，线上保理系统顺利上线，并在 2020 年 12 月 15 日完成首笔线上业务办理，为未来供应链信贷业务规模增长打下了坚实的基础。同时，积极协同营销部门推进经销商贷款服务，赋能营销攻势，积极组织实施“贷动经销商、赋能提销量”买方信贷专项推广活动，由公司总经理致函公司 29 家省区、省办负责人，其间累计发放宣传手册 1450 余份，收到营销业务单位和经销商的持续、良好反馈。

【资金业务】2020 年，公司采取多种措施降低疫情冲击下市场利率陷入低谷和吸收资金量减少等因素的影响。积极筹备同业存单业务报备工作，以求拓展经营渠道，增加新的收益增长点；优化同业结构，调整为以中长期产品为主，锁定高点利率；在严控流动性风险的前提下，用极少的资金留存实现资金备付；积极拓展同业合作，新增 4 家同业合作银行，提前锁定业务品种，增强了比价、议价能力；灵活运用融资工具，科学调度资金头寸，提高资金使用效率。

【投资业务】公司持续关注“资管新规”深化实施及资管产品净值化等政策形势变化对公司金融投资方面的影响，严格执行资管产品“六维度”准入和评测模型，确保公司资金安全。2020 年，金融投资业务累计发生金额 30 亿元，同比增长 61%。同时，积极尝试纯债公募基金等新投资品种，持续优化投资结构、丰富投资渠道。

【票据业务】2020 年，公司票据贴现和承兑业务均实现了快速增长。为成员单位累计办理电子票据 19.3 亿元，较 2019 年同期增长 14%；累计为供应商办理票据贴现 11.5 亿元，较 2019 年同期增长 80%。在疫情尤为严峻的第一季度，以线上方式为青啤疫区工厂累计承兑电子票据 3783 万元，为疫情期间遇到重大困难的部分供应商以“无接触”方式办理电子票据贴现 4.03 亿元，为有效应对疫情和履行金融支持复工复产社会责任提供了强有力的保障。

【资金集中】公司积极配合股份公司战略管理需要，实施动态的资金集中管理与异常资金结算监控相结合，根据成员单位经营变化，科学设计资金管理方案，积极开展新建厂账户开立及资金归集，设计与推进工厂产销分离资金管理模式、专项账户和共管账户管理方案、社区酒吧的资金上收管理模式等，确保资金纳入财务公司集中管理，挖潜资金集中度。2020 年末，实现对 108 家成员单位的资金集中管理，可归集口径资金归集度达 98.38%，比 2019 年末提高 2.61%。

【风险管理和内部控制】2020 年，公司严格控制信用风险，做好信贷、投资业务风险管控。对于买方信贷业务，严格落实贷款“三查”，谨慎选择用于设定抵押担保的抵押物及落实担保；对于投资类业务，加强信用排查力度，进一步强化“穿透”原则。持续推进内控管理，新制定 5 个制度，完成 26 个制度的修订；开展“合规管理月”活动，推进制度流程梳理和规范化建设。内外部检查及专项风险排查，均未发现重大违规行为和显著风险隐患。举办合规案防警示教育、法律知识培训和考试，加强员工行为管理。组织开展扫黑除恶专项斗争，未发现涉黑涉恶违法行为及违法线索。

【人力资源管理】2020 年，公司通过培训提升和引入人才等方式做好人力保障。受疫情影响，外出培训无法有效开展，公司积极整合资源，组织线上培训和内部培训，为全体员工开通中国财务公司协会线上培训账号，保证组织学习的持续性。全年完成涉及 3 个岗位的人员轮换，协助 5 名员工完成专业职位晋升。

【信息化建设】2020 年，针对疫情防控期间远程办公的条件限制，公司在控制风险的前提下，及时提供有效的远程技术支持，协助相关人员办理业务，保障关键业务的正常运行。2020 年，公司进行了供应商线上保理、金融基础数据统计、广义信贷二次开发等一系列模块的新增及完善，完成了核心、网银应用服务器、楼层交换机等硬件更换工作。同时，严格落实外部监管单位的信息化要求，有效完成了多项自查和应急演练，保证信息科技工作合规有序开展。

【企业文化建设】2020 年，公司以“凝心聚力 共度时艰”工作主题为指导，不仅在抗击疫情和复工复产中发挥了应有的作用，更是努力维护员工权益，弘扬青啤劳模精神，把广大员工对公司美好未来的追求汇聚成强大动力，为公司健康发展努力奋斗。工会坚持以人为本，组织员工慰问、三八妇女节活动、登山拓展等。党支部按照上级党委要求，加强支部组织建设，发挥党建引领作用。组织金融行业案件风险防控相关培训活动；组织开展“述理论、述政策、述典型”工作；运用党员“1+N”模式，突出党员模范带头作用，发挥党员先进性。

青建集团财务有限责任公司

【集团概况】青建集团股份公司（以下简称“集团”）通过产融双驱，沿建筑业全产业链进行延伸整合，构建起以工程承建、地产开发、金融投资为三大主业，以物流贸易、设计咨询、设施农业、新型建材为战略新兴业务的“3+X”产业组合模式。集团在国内 20 多个省市设有 60 多家分支机构，实现从本土化入手向区域化拓展的经营格局。同时在 30 多个国家设有分支机构，实现了从本土化到区域化再向国际化发展的经营战略。

【经营概况】2020 年，青建集团财务有限责任公司（以下简称“公司”）立足稳健经营，加强业务拓展，致力于风险防控，获取了承销企业债新业务资质。公司以降低集团整体财务成本为工作重点，通过不断提升金融服务能力，推动集团产业的健康快速发展。截至 2020 年 12 月末，公司发放贷款 15.52 亿元，累计开票金额 15.21 亿元，累计贴现金额 6.21 亿元。

【信贷业务】公司开展实地调研走访，了解成员单位融资需求，设计个性化服务方案，创新信贷产品，为成员单位提供资金支持。截至 2020 年末，公司贷款余额 23.12 亿元，贷款质量五级分类全部为正常，其中流动资金贷款 15872 万元，占比为 6.87%，固定资产贷款 21.53 亿元，占比 93.13%。贴现面值余额 52030.16 万元。

【资金业务】公司试行全面预算管理，科学编制资金计划，统筹安排生产经营、投资及筹资，在确保资金安全的前提下，注重发挥资金的规模效益，降低资金使用成本。2020 年，公司结算金额 2000 亿元，日均结算金额 8 亿元；贴现业务 87 笔，金额 6.21 亿元；承兑业务 295 笔，金额 15.2 亿元；纸电票共计解付 2400 张，金额 21 亿元。

【票据业务】公司通过科技化手段加强集团票据集中管理，在承兑、贴现、托管等方面提供一揽子服务。逐步加大产品推广力度，扩大服务范围，在充分发挥财务公司金融信用功能的同时，加强与同业合作交流，通过取得银行直贴或转贴等授信额度，保障票据流通性。2020 年，公司共签发承兑金额 15.21 亿元。主要客户：对集团签发 14.20 亿元，余额 11.35 亿元；因公司的客户群体为集团内部单位，部分承兑业务免保证金。

【资金集中】公司以全面提升资金精细化管理水平和资金运营能力为核心，以搭建资金运营平台为目标，积极发挥资金归集平台作用，资金集中度进一步提升，资金聚集效益不断显现。2020 年，公司新增销户 13 个，其中活期账户 10 个，保证金账户 3 个；新增办理成员单位在商业银行的账户归集 38 个、销户 8 个，提高资金归集 1000 多万元。

【风险管理和内部控制】2020 年公司出台《全面风险管理指引》，对信用风险、流动性风险、操作风险管理情况进行系统梳理和检查，进一步完善风控体系；在内控方面，组织开展内控手册编制工作，已经完成内控手册各项业务活动风险点及防控措施要点的编制。各项业务保持稳健发展，资产质量管控较好，信用风险、市场风险、流动性风险均控制在合理范围；公司未发生重大风险事项，各项监管指标满足管理要求。

【人力资源管理】公司按照集团人才梯队建设的要求，借鉴同业风险管理机制中的首席风控官模式，着力培养首席风控官及其他岗位首席。组织修订绩效考核办法，优化考核内容，加大正向激励，充分激发员工的积极性、主动性、创造性。2020 年，公司按计划完成岗位招聘、岗位培训和导师带徒工作，开展各种培训数十次，提高了员工的业务水平及专业技能，员工的归属感和企业荣誉感逐渐增强，为共识共策、合力发展打下基础。

【信息化建设】公司成功上线并开通票据池业务模块，可办理质押开票、拆票、换票、代保管、额度共享等功能。根据人民银行建立金融基础数据统计制度的要求，公司积极进行系统改造及补录，成功完成第一批贷款基础数据月报及季报的系统开发及报文报送工作。根据人民银行济南分行广义信贷报送二次开发的要求，公司顺利完成数据报文的试报送工作。

【企业文化建设】公司按照集团党委要求，提升党员凝聚能力，有序开展支部建设工作。举行重温入党誓词活动，进一步发挥党员带头作用。同时邀请集团领导进行企业文化宣贯，员工对企业文化的认识进一步提升。参与“筑梦新时代　展现新作为”党建及拓展活动；参加 2020 年“国清金融杯”青建集团职工羽毛球赛等。

清华控股集团财务有限公司

【集团概况】清华控股有限公司（以下简称“集团”）是国有独资有限责任公司。2020 年，面对新冠肺炎疫情及复杂的外部环境，集团大力推进校企改革，持续推进科技成果转化，努力实现清华产业的稳定运行和转型发展。校企改革取得实质性进展，完成辰安科技和启迪控股的股权改革；科技成果转化有序推进，大力支持中核能源、华海清科等科创企业发展；积极履行社会责任，全力推进疫情防控，积极开展南涧对口脱贫帮扶工作。

【经营概况】2020 年，清华控股集团财务有限公司（以下简称“公司”）践行专业、高效、务实、合作的核心价值观，紧贴集团战略转型需要，加强风险管控、坚持稳健经营。截至 2020 年末，公司总资产 81.90 亿元、净资产 37.20 亿元。公司实现营业收入 3.80 亿元、净利润 2.10 亿元，整体运行良好，自身业务稳定发展，各项监管指标全部达标，实现了国有资产的保值增值。

【服务实体】公司积极对接成员单位金融产品需求，扩大服务品种、加强服务力度。一方面，充分发挥金融牌照整合内外部资源的优势，积极协助成员企业解决融资难题。另一方面，持续发挥金融服务实体作用，公司信贷资金全部投向集成电路、节能环保等实体经济领域。此外，公司利用同业资源优势，帮助集团和成员单位进行融资筹划，开展票据承兑及融资担保等业务，既拓宽了成员单位的融资途径，又支持了集团发展。

【信贷业务】2020 年，公司累计向 13 家成员企业提供流动资金贷款、票据贴现、票据承兑、担保等多种金融产品，其中，发放流贷 35.32 亿元，办理票据贴现 0.20 亿元，办理承兑 3.20 亿元，提供担保 9.60 亿元，较好地满足了成员企业的融资需求，推动集团稳健发展。同时，通过合理配置表内外资源，适时优化资产负债结构，保证公司的长效经营。

【资金集中】2020 年，公司全力贯彻落实集团发展战略，在集团深入推动校企改革、优化调整集团成员单位的背景下，立足自身定位，在严格成员单位账户管理的同时，从结算、融资、服务等方面全方位支撑集团业务，为客户发展赋能，持续提升现有客户的满意度和黏性，公司全年结算业务总量达 2796 亿元。

【资金业务】公司继续强化资金运营控制，加强资金头寸管理，不断完善与成员单位的交流和协调机制，对大额资金变动做好跟踪监测，保证及时支付与清算。同时，公司积极优化资产负债管理，合理安排期限结构，提升资金使用效率，全年实现存放同业利息收入 1.16 亿元。

【票据业务】公司综合考虑金融市场变化及成员企业融资需要，通过拓展同业资源，提高票据业务在授信中的额度；通过加强票据业务审查，重点关注贸易背景的真实性和合理性等措施推动票据业务发展。全年办理票据贴现 1 笔，金额 0.20 亿元；办理票据承兑 7 笔，金额合计 3.20 亿元。实现了财务公司、成员企业和金融同业机构三方共赢。

【业务创新】2020 年，清华产业处于校企改革的关键期，产业整体面临较大的融资压力，公司采取主动沟通、深入调研、同业合作等措施，根据成员企业需求，努力对接市场上各类新兴产品。例如，在增加表内授信额度的同时，积极联系银行、保险、信托、资管等各类同业机构，沟通设计融资方案，帮助成员单位拓宽融资渠道，丰富融资手段。

【风险管理和内控建设】在合规管理方面，公司紧跟政策导向，及时发布合规提示，确保监管政策传导与落地。在全面风险管理方面，自上而下各司其职，“三道防线”相互补充、协调与制衡，增加重点风险监测频率，细化风险报告机制，确保及时甄别和防控风险隐患。在内控建设方面，按照“年度整版修订、单项动态调整”原则，以解决问题为导向，以落地执行为目标，确保制度文件规范、全面和适用。

【人力资源管理】公司紧密围绕发展战略和年度经营目标，高度重视人才队伍建设，合理配置人力资源。建立并完善适用于公司自身业务发展特点的、公开透明、审慎稳健的绩效考核体系。高度重视培训工作，通过课程丰富的内外部培训，培养内部潜在人才，提升员工整体素质。健全与公司文化相匹配的人力资源管理制度体系，夯实基础工作，提升管理效能，为公司业务发展提供全面的人力资源支持和保障。

【信息化建设】公司信息科技工作主要围绕规范 IT 流程体系、系统建设、信息安全三个方面开展。一是完善制度、细化操作流程和内控手册，不断强化信息科技工作的合规性。二是稳步推进信息系统的建设工作，依据年度信息化建设规划和监管工作要求，本着安全、高效、合规的原则，开展信息化建设工作。三是强化信息安全管理工作，通过开展信息安全培训、信息系统等级保护三级测评、信息科技外部审计等措施，进一步提升公司信息安全管理水平。

【企业文化建设】公司始终坚持以习近平新时代中国特色社会主义思想为指导，以“不忘初心、牢记使命”主题教育为主线，在做好常态化疫情防控的基础上，通过主题教育、特色实践活动等方式，深化企业文化建设的思想性；通过密切联系群众、服务中心工作，增强企业文化的向心力；通过继续深化党、工协同，为公司稳健发展提供坚强的政治和思想保障。

日立（中国）财务有限公司

【集团概况】日立集团（以下简称“集团”）是全球名列前茅的电气集团，列世界企业500强第106位，在世界范围内有着很高的声誉。集团的事业主要有9大板块，分别为IT、能源、工业、汽车系统、智慧生活、日立高科、日立建机、日立金属、日立化成及其他。截至2020年末，集团在中国有123家公司，目前日立（中国）财务有限公司（以下简称“公司”）的成员单位有53家，成员单位的资产规模约为7405384.58万元人民币，净资产规模约为3620294.77万元人民币，营业总收入约为5908970.79万元人民币，利润总额约为535687.29万元人民币。

【经营概况】公司成立于2007年11月14日，注册地在上海，注册资本金为人民币3亿元。2020年，公司继续坚持“依法经营、优质服务、提高效益、和谐发展”的经营方针，结合实际情况，紧紧围绕集团的主业和战略目标，积极拓展公司业务规模。

截至2020年末，公司资产总额为512901.57万元人民币，同比增长8.55%，负债总额为460864.40万元人民币，同比增长9.25%，所有者权益52037.17万元人民币，同比增长2.77%；公司全年实现营业收入2380.37万元人民币，同比减少42.69%，最终净利润1401.35万元人民币，同比减少54.89%。资本充足率为19.16%，无不良资产。2020年度资产质量优良，各项监控和监测指标均符合监管规定。

【信贷业务】截至2020年末，一般贷款余额223364.21万元，比2019年末减少14.04%，均为正常类贷款，无不良贷款。在此基础上，公司根据《贷款风险分类管理办法》和《中国银监会关于中国银行业实施新监管标准的指导意见》等以及信贷风险管理委员会会议的决定，对全部贷款已计提2.5%贷款拨备。同时，委托贷款余额69300.00万元人民币，同比减少46.17%。2020年全年共实现贷款利息收入4635.48万元人民币，同比增长66.28%。委托贷款手续费收入443.01万元人民币，同比减少15.68%。

【资金集中】公司资金集中度依然较低。截至2020年末，公司成员单位53家，其中43家企业已经在公司开户，并与公司实际开展业务。2020年末资金集中度为25.80%。2020年末，公司吸收成员单位存款余额为454262.61万元人民币，同比增长9.26%。

【业务创新】2020年，公司继续开展跨境双向人民币资金池业务，通过开展此业务，扩大公司业务规模，在开拓创新的同时，对自贸区建设起到了一定的积极作用。

【风险管理和内部控制】公司根据相关法规规章，结合公司实际情况，制定、修订《董事履职管理办法》《问责管理办法》《组织体制管理办法》《权限管理办法》《合规管理办法》《人民币存款管理办法》《委托贷款业务管理办法》等公司基本规章制度及业务管理办法。2020年建立各项制度46项，其中修订9项，新制定2项。同时，2020年公司对34项存贷款业务、支付代理业务以及其他类业务的案件风险进行了排查，所有业务均合法合规，没有发现异常。公司还积极做好内审及外部审计工作，定时接受内审及外部审计公司安永会计师事务所的审计，针对审计中发现的问题公司及时纠正、解决。2020年公司各项监管指标均符合监管部门的非现场监管要求。

【人力资源管理】2020年，公司在人力资源管理上主抓培训工作和考核激励工作。在培

R

训工作上，公司2020年组织8次员工教育培训，通过对外部法规规章以及公司内部管理办法的讲解，加强员工的合规意识及业务操作水平。在考核与激励工作上，根据银保监会要求以及公司实际情况，完善公司薪酬制度。基于集团新版胜任力，公司薪酬制度也做了相应的调整。在具体实施时，坚持“突出稳健的发展战略、注重合规经营、兼顾各方利益、体现公平公正、强化激励约束”的原则，以目标管理评价的方式对员工进行公开、公平、公正、合理的评价。

【信息化建设】2020年，公司将战略要点继续放在保证公司核心系统九恒星现金管理系统的安全、畅通运行上。在此基础上，主要完成金融统计基础报送系统、九恒星ERP接口、征信二代综合报送系统的开发工作，以及等级保护2.0的评级工作。现金管理系统稳定运行，在业务开展过程中没有发现重大问题。同时，公司及时满足人民银行、银保监局等监管部门对公司非现场监管数据报送系统的升级要求，保证了非现场监管数据能够及时准确地传送到监管部门。公司还认真做好对成员单位的服务工作，及时处理成员单位资金管理系统发生的各类问题。

【企业文化建设】公司在企业文化建设方面，坚持以人为本，提倡“和、诚、开拓者精神”，在公司中至上而下地贯彻培养企业文化。要求员工在工作中要将合法合规作为大前提，所有业务都要在风险可控的前提下开展。在面对成员单位时则强调服务意识与效率标准，尽力向其提供高质贴心的服务。在内部员工培养方面，公司重视员工与企业共同成长，给员工提供各种进修提升的机会，大力提倡员工自我学习、自我提升。同时，注重公司内部的和谐管理，充分发挥工会等组织的作用，听取员工的心声，解决员工实际困难，改善员工福利。

日照港集团财务有限公司

【集团概况】日照港集团有限公司（以下简称“集团”）是山东省港口集团的全资子公司，2020年实现营业收入85亿元，货物吞吐量突破4.3亿吨，8个货种过千万吨，5个货种居全国首位，集装箱完成486万标箱，内贸集装箱吞吐量升至全国第五位，集团被山东省委、省政府评为疫情防控先进集体，荣获“山东省全员创新企业”称号。

【经营概况】2020年，日照港集团财务有限公司（以下简称“公司”）以“创新深化年”为抓手，不断拓宽经营领域，增强金融服务功能，以创新突破促进公司高质量发展。全年累计实现营业收入1.74亿元、利润1.51亿元，超额完成年度任务目标，资金管理、风险管控、内部管理、党建质量等各方面工作不断提升、屡结硕果。

【服务实体】公司充分发挥港口金融服务属性，服务港口经济上下游、服务产业链相关企业、服务日照市地方经济。2020年共上交各类税费4740.82万元。响应山东省新旧动能转换政策，创新项目前期贷款产品，实行风险关口前移，在2019年信贷投放的基础上，利用同业优势，以5亿元自营贷款为基础，联合工商银行、农业银行、建设银行，作为副牵头行为京博管道提供资金28亿元，创造日照市单笔金额最大、参加行最多的银团贷款纪录。

【信贷业务】2020年，公司做优做强信贷业务，助力港口重点建设项目，支持其他板块业务发展，累计向12家成员单位投放信贷资金23.55亿元，按期收回贷款25.56亿元，贷款余额33.15亿元，办理委托贷款5.27亿元，提供各类担保1.36亿元，全力保障成员单位金融服务需求。

【票据业务】公司积极推广票据业务，财务公司电票得到进一步认可。梳理优化电票开立流程，提高开票效率，累计开票量突破2亿元，实现了开立单位、业务量办理、业务发生额新突破。抢抓疫情期间再贴现政策红利，首次办理850万元票据再贴现业务，通过开展“票据承兑—票据贴现—人行再贴现”等票据全流程业务，有效降低港口整体财务费用。

【资金集中】公司在做好日常营运资金、大额专项资金归集的基础上，积极开拓新归集资金，年内新增2家新设单位、4家合资公司、3项平台类资金归集共计1亿元。截至2020年末，存款余额26.14亿元，年均资金集中度为74.36%。

【业务创新】深入了解成员单位融资需求，充分利用金融支持政策，量身定做个性化服务方案，首次开展无还本续贷业务，全年累计办理3笔，金额1.4亿元。在深入调研客户背景、加强风控措施的基础上，首次办理国内保理融资业务0.3亿元。研究新业务模式，制定管理办法和操作规程，有序推进买方信贷业务，不断实现业务产品的新突破。

【风险管理和内部控制】公司以开展“行业规范建设深化年”“金融统计质量年”活动为契机，持续提升合规展业水平。推进公司股权和关联交易专项整治，不断优化公司治理体系。加强对重点领域工作流程的调研和监管，在物防、技防的基础上强化人防措施。细化资金预算管理，前瞻性测评关键时点资金备付需要，积极防范流动性风险。强化运维管理，做好信息设备的维护和预防性保养，保障公司业务连续性，制定操作规程，强化资金安全管控，提高信息系统安全。

【人力资源管理】公司充分利用中国财务公司协会、中国银行业协会等线上培训资源，开展6期线上培训，培训人数近80人次。开展“产业金融大讲堂”，丰富员工专业知识和眼界。组织安全、案防及反洗钱知识测试，提高员工学习意识。鼓励员工参加各类专业知识考试，年内新增职业证书、学历晋升20人次。

【企业文化建设】公司不断加强党的建设，有序开展“时代楷模”“连钢创新团队精神”学习活动，开展理论学习30期，加强“学习强国”学习，开展主题党日活动20次，志愿服务7次，组织慰问活动2次，成立党员先锋队全年参与抗疫工作。持续开展党建项目攻坚，总结上年经验，继续开展四项攻坚，把工作难点作为党建重点，更好地促进党建工作与中心工作联动发展、深度融合。

S

三房巷财务有限公司

【集团概况】江苏三房巷集团（以下简称“集团”）是一家以PTA和PET聚酯为主业的大型生产型企业集团。拥有1家国家级重点高新技术企业和1家上市公司，拥有一个博士后科研工作站、一个省级工程中心和一个企业技术中心，与中国科学院化学所、南京大学、上海交通大学等著名院所进行产学研合作。连续十多年被评为江苏省明星企业、省级文明单位，被国有省级银行评定为A级信用资信，是江苏省大型内资企业进出口十强之一，是全国聚酯行业的领军企业。根据中国化学纤维工业协会排名，集团的PET产量、出口额、销售量和利润总额自2008年起名列全国同行业第一。根据海关统计，“翠钰”牌瓶级切片出口额连续10年在全国同行业同类产品中名列第一，市场占有率为40%左右。2020年集团列中国企业500强第280位，列中国民营企业500强第100位，在化学纤维制造业中排名第三。

【经营概况】三房巷财务有限公司（以下简称“公司”）于2014年12月11日经中国银监会批准筹建，2015年5月21日，经中国银监会江苏监管局批准开业，注册资本5亿元。公司的战略定位：成为集团资金归集、资金结算、资金监控及金融服务四大平台，为集团及各成员企业提供金融支持和服务。公司发展愿景：成为功能完善、服务优质、效益良好、运行安全的非银行金融机构，助力集团升级发展。截至2020年12月末，公司资产总额23.28亿元；2020年实现营业收入9810.02万元，净利润4360.74万元；计提贷款损失准备金5000万元；资本充足率为30.53%；流动性比例为116.06%；贷款损失准备充足率为100%，不良率为零，各项指标均符合监管要求。

【信贷业务】公司立足集团主业发展需要，在对成员单位筛选、信用评级及尽职调查的基础上，向其中的11家单位发放贷款106.70亿元，其中商票贴现11.90亿元，信贷业务结构进一步趋于优化，大大促进上述成员企业生产、销售稳步增长。

【票据业务】公司制定了票据贴现、转贴现管理暂行办法，2020年办理票据贴现24笔，金额11.90亿元。同时，向人民银行申请办理7笔票据再贴现业务，金额3.10亿元，降低了成员单位融资成本。利用上海票交所系统，公司积极为集团成员单位办理商业票据贴现、票据承兑等业务，2020年办理承兑业务4笔，金额6000万元。截至2020年12月末，承兑余额5000万元。

【资金集中】2020年，公司充分利用工商银行、建设银行、农业银行、中国银行、浦发银行五家银企直连平台稳步推进成员单位账户体系建设，不断提高财务公司账户集中比例。除集团海外子公司等个别企业外，共有34家成员单位在公司开户，结算客户已达34家，办理结算24524笔，金额共计2811.43亿元。2020年末，公司吸收成员企业的存款共计15.32亿元，其中上市公司及其下属公司资金10.63亿元。2020年末，公司全口径资金集中度为28.22%，可归集口径资金集中度为74.88%。

【风险管理和内部控制】公司构建了股东会、董事会、监事会和高级管理层为主体的公司治理结构，并设有战略发展委员会、风险管理委员会、信贷审查委员会、审计委员会四个专门委员会，建立严格的授权及审批制度，确保重大事项的民主和科学，形成了分工合理、职责和授权明确、报告关系清晰的组织架构。在具体业务运营上，构建了风险管控的“三道防线”体系，通过一线岗位双人双责、相关部门相互制约和稽核部事后审计监督最大限度降低业务开展中的风险隐患。

【人力资源管理】公司重视团队建设，通过外部招聘和内部选拔方式配备各类人才24人；公司建立部门和岗位职责，初步搭建人力资源基本架构；公司在员工培训方面，一是以老带新、结对帮扶；二是组织相关业务知识培训，多方提高员工金融素养。三是组织员工对口交流学习，拓宽视野，减少弯路。

【信息化建设】截至2020年末，公司已建成资金结算、银企平台、信贷管理、票据管理、资金监控、网上金融服务、1104报表、系统管理等模块。2020年公司已完成接入ECDS（电子商业承兑汇票）系统，并配合上海票交所完成了线上清算功能的申请、测试和正式上线工作。

【企业文化建设】2020年，公司倡导团结、协作、务实、进取的企业文化，努力培养员工合规理念和社会责任意识，积极参加集团各项活动，增强公司凝聚力。公司党建工作服从集团统一安排，由集团设立中共江阴市周庄镇三房巷村集团公司支部委员会，财务公司设立党小组。2020年公司共产党员4名，积极参与集团公司支部组织的学习教育、专题讨论和党日活动。2020年，为贯彻落实监管部门对财务公司股权管理和党建工作的要求，董事会组织对公司章程进行梳理、规范和修订。

三环集团财务有限公司

【集团概况】三环集团有限公司（以下简称“集团”）主要从事专用汽车、汽车零部件和数控锻压机床产品的生产和经营，是机械汽车行业的龙头企业。截至2020年12月末，集团实现营业收入167.81亿元，利润总额2.27亿元。

【经营概况】三环集团财务有限公司（以下简称“公司”）稳健经营、合规发展，认真开展各项工作。截至2020年末，资产规模达到211493万元，净资产107837万元。全年累计完成利息净收入6767万元，其中，贷款业务收入6760万元，贴现业务收入814万元，同业业务收入266万元。全年累计实现拨备前利润总额5755万元，净利润3274万元。

【服务实体】增加信贷规模，支持成员企业复工复产，积极筹措资金，提高集团资金使用效率，解决成员企业生产经营需求。截至2020年末，信贷投放（流贷、贴现）余额211908万元，较期初新增贷款48682万元、新开承兑票据增加12267万元（票面余额），贷款展期14200万元。

【信贷业务】截至2020年末，已完成对23家成员企业的评级、授信工作，授信金额共计45.17亿元；对成员企业发放各项贷款168笔，金额29.22亿元，其中，累计发放流动资金贷款25.71亿元，累计贴现3.5亿元，为成员单位提供票据结算便利，委托浙商银行为成员单位累计代开银行承兑汇票1.60亿元，累计直开三环财票8.06亿元；2020年12月末，代开银行承兑汇票余额10660万元，直开三环财票50729万元，吸收存入保证金余额27754万元，减小了信用风险敞口。

【结算业务】截至2020年末，公司已为71家成员单位开立活期账户，其中实际发生交易的账户有68户。2020年，公司结算业务交易笔数22220笔，累计结算金额654.23亿元。

【票据池业务】截至2020年末，共有15家成员单位加入票据池，通过票据池代开银行承兑汇票余额10660万元，成员单位存入公司开票保证金余额4494万元（代开保证金），满足成员单位个性化结算需求，满足支付需求，减少大额承兑汇票贴现，降低大额承兑汇票贴现利息。通过票据池为成员单位委托银行代开承兑汇票，吸收成员单位开票保证金，解决了成员单位采购支付压力。

【资金集中】截至2020年末，三环集团合并报表货币资金总额215628万元，吸收存款119886万元，全口径归集率为38.27%，较2019年末的43.67%下降5.4个百分点，主要由于受疫情影响，成员单位资金需求增加，冗余资金减少。

【风险管理和内部控制】根据公司业务开展，对客户实行信用评级、测算授信额度、完成信贷资料审核等流程，确保业务符合监管要求及风险控制。完成监管机构现场及非现场监管报告的报送。监测资金流动性、资本充足率、拨备覆盖率等指标，确保各项指标符合监管要求。完成案防自查及评估，通过案防要求的五个板块25个指标自评案防情况，对缺失的部分指标对应制度文件进行了相应的补充。

三峡财务有限责任公司

【集团概况】中国长江三峡集团公司（以下简称“集团”）是国内可控装机最大的清洁能源集团和全球最大的水电开发企业，业务遍布国内31个省、自治区和直辖市，以及全球40多个国家和地区。截至2020年末，集团可再生能源发电量稳居国内第一，资产总额达9671亿元，利润总额增长率、全员劳动生产率、人均利润、人均上缴利税等指标在央企中名列前茅。

【经营概况】截至2020年末，三峡财务有限责任公司（以下简称“公司”）资产总额632.36亿元，负债总额520.57亿元，所有者权益111.78亿元，实现营业总收入23.84亿元，利润总额15.90亿元。全面超额完成各项经营目标，实现“十三五”圆满收官，在集团年度绩效考核中获A级。

【服务实体】2020年，公司积极服务集团、服务实体经济。一是服务长江大保护战略，为长江大保护项目提供一揽子金融服务；二是持续为集团大水电项目做好融资服务，保证集团金沙江水电建设资金及时、足额到位；三是疫情防控期间为湖北能源集团提供循环额度贷款12.50亿元，为湖北省区域尤其是武汉区域疫情期间的天然气、热能、电力供应贡献金融力量。

【信贷业务】2020年，公司累计发放自营贷款436.74亿元，委托贷款687.17亿元。累计开具电子银行承兑汇票619笔，累计金额7.95亿元；累计开具保函37次，累计金额1.01亿元。

【产业链金融】2020年，公司结合集团产业链特点，开展产业链金融业务的可行性研究，制定配套制度，积极在集团成员单位和上下游企业进行业务推介。2019年获得经营资质至今，产业链金融业务累计发生额850万元。

【资金业务】2020年上半年，市场利率受新冠肺炎疫情影响大幅下行，公司通过主动与各大银行进行业务对接，抓住金融机构政策倾斜的机会保证短期资金收益。下半年，集团整体压降存款规模，短期资金规模大幅缩减。公司通过精细化管理资金头寸、发挥规模优势等手段，抢抓利率市场阶段性高点和大额资金流入关键时点，锁定高收益同业存款品种，提升收益水平。全年短期资金日均规模141.6亿元，累计实现利息收入4.57亿元，平均收益率为3.23%。

【投资业务】2020年，公司稳健开展投资业务。一是以合规投资为前提，顺应形势变化，提升固收类产品研究深度与投资收益，加强合规管理，防范业务风险；二是以调查研究为前提，做好权益类资产保全，做好日常跟踪管理，推进处置工作；三是继续推进投资管理系统建设及同业资金业务划转等工作。全年实现投资收益2.10亿元，其中，证券投资收益1.87亿元，股权投资分红收益0.23亿元；受托理财投资收益约5.83亿元。

【票据业务】2020年，公司通过承兑成员单位开具的电子商业汇票为成员单位增信，增强成员单位出具电票的流动性及市场认可度，为成员单位有效运用电子银行承兑汇票作为支付手段，节省财务费用，提高资金周转效率提供助力。2020年，公司共办理电子银行承兑汇票619笔，累计承兑金额达8.05亿元。

【外汇业务】2020年，公司为成员单位办理购汇业务2笔，金额2亿美元。

【资金集中】2020年，公司高度重视资金归集工作，一是抓好集团资金集中管理考核政策日常宣传，增强成员单位资金集中管理意识；二是通过推广集团资金管理信息系统，监控外部资金规模和流向；三是与集团保持密切沟通，争取更多资金归集的考核约束。2020 年公司吸收成员单位日均存款 459.46 亿元，境内可归集人民币日均资金集中度达 98.79%。

【业务创新】2020 年，公司响应中央和国家关于加快供应链创新与应用的号召，研究运用区块链技术建设产业链金融服务系统的可行性。产业链金融服务系统涵盖三峡集团及成员单位的产业链核心企业、产业链上游供应商、财务公司及外部金融机构，把基于真实贸易背景下的成员单位应付款项的贸易融资业务纳入系统中。2020 年 9 月，公司启动产业链金融服务系统建设，经历总体设计、需求调研、系统功能改造，目前处于系统集成开发及接口联调阶段。

【风险管理和内部控制】2020 年，公司持续落实风险管理责任，全面风险管理体系更加健全，运行更加有效。一是通过持续开展风险评估，识别影响公司生产经营目标实现的 15 项风险源，制定 28 项相应的管控计划；识别业务流程中 79 项风险点，明确 416 项风险防控措施，形成《公司风险管控清单》。二是强化公司制度流程建设，制定制度修编计划并推进落实，全年完成 43 项制度修订工作。三是扎实开展信用风险、法律合规风险等主要风险管理工作，全年未新增风险事件。四是组织实施公司内控评价工作，抓好内控缺陷整改工作，堵塞管理漏洞，提升内部控制水平。

【人力资源管理】2020 年，公司着力建设忠诚干净担当的高素质干部队伍和爱企敬业奉献的专业化人才队伍，为建设一流财务公司提供坚强组织保障和人才支撑。一是完善选人用人制度体系，规范开展干部选拔任用，推动公司干部队伍建设再上新台阶。二是全面加强人才引进，加大人才培养力度，优化调整人才配置，人才队伍建设取得新成效。2020 年，公司引进优秀人才 8 人，调整和安排员工交流、轮岗 10 人次，公司人均培训时长超 50 学时。

【信息化建设】2020 年，公司结合自身实际坚持走业务信息化、管理信息化、决策信息化发展战略。核心电子服务系统全年正常运行率超过 99.93%；资金管理系统境内签约上线银企直连国有商业银行累计达到 10 家，实现全面上线运行；统一监管报送系统、票据交易系统线上清算项目年内完成上线运行；开发并建成投产投资管理系统，升级改造信贷管理系统，于“十三五”末期全面实现财务公司业务及管理系统全覆盖；以区块链技术为底层平台，设计开发建设三峡集团产业链金融服务系统，年内实现主体功能开发任务，逐步建成具有三峡集团资金管理特点的专业化信息化管理体系。

【企业文化建设】2020 年，公司党委坚持以政治建设为统领，以落实全面从严治党主体责任为主线，以迎接集团党组巡视及推进巡视整改为抓手，全力推进党建工作再上新台阶；党建与业务工作同研究同推进，持续巩固“日学、周讲、月考”机制，深化党建与业务工作融合平台内涵；工会积极组织开展群众性活动，有效提升干部职工凝聚力；积极参与集团公司企业文化核心理念升级研讨，结合实际推进公司合规文化理念建设。

沙钢财务有限公司

【集团概况】江苏沙钢集团有限公司（以下简称“集团”）是中国最大的民营钢铁企业，列全球十大钢企第六位。集团以钢铁为主业，产业领域拓展至资源能源、金属制品、金融期货、贸易物流、风险投资、大数据等，成为跨行业、跨地区和跨国界的企业集团。2020 年，集团实现营业收入 2668 亿元，利税 196 亿元，连续 12 年跻身世界企业 500 强，2020 年列第

351位。

【经营概况】截至2020年末，沙钢财务有限公司（以下简称“公司”）资产总额107.94亿元，负债总额88.56亿元，所有者权益19.38亿元。2020年实现营业收入1.65亿元，利润总额1.48亿元，净利润1.11亿元，公司资本充足率为31.16%，流动性比率为72.39%，投资比例为40.47%，拆入资金比例为零，担保比例为18.59%，公司无不良贷款。

【服务实体】2020年，公司累计代理集团购买理财产品842笔，金额955.21亿元，实现理财增效8911.24万元。积极拓宽理财机构、优化理财结构，累计购买非银理财产品22笔，金额11.24亿元，相比上年同期增幅达256.33%，理财收益进一步提高。支持集团重点项目的开展，大力推进绿色项目融资。2020年9月，集团10.5亿元的绿色环保项目银团贷款顺利落地，该笔银团是集团第一笔针对环保项目建设进行的银行融资，有效提升企业在环保建设方面的良好形象。代理集团保险管理，不仅为集团设计年度保险方案，而且充分利用公司保险兼业代理资格的优势为成员单位提供保险咨询服务。2020年通过代理保险业务获得保险手续费收入327.86万元。

【信贷业务】2020年，公司累计为成员单位发放流动资金贷款32.66亿元，通过零保证金、零手续费的形式为企业开具海关集中纳税保函、履约保函等，累计办理各类保函15.02亿元，财务公司电票4.09亿元，为企业节约资金成本25.33万元，减少手续费187.73万元。截至2020年末，公司各项贷款余额34.5亿元，其中，流动资金贷款27.71亿元，中长期贷款0.2亿元，贴现贷款6.59亿元。

【产业链金融】2020年上半年，公司获批开办延伸产业链金融业务试点资格，并于4月份为沙钢上游客户张家港保税区旭江贸易有限公司办理了一笔100万元的电子商业承兑汇票贴现业务。公司主动与集团合作的供应商联系，积极为供应商解决小银行、小面额票据贴现；同时，针对集团优质客户深入营销，经过努力，成功支付部分财司或者集团开具的商票，并为其办理贴现，有效降低集团开具银票保证金，减少了资金占用。截至2020年末，共办理供应链项下银票贴现23450.6万元，集团（财司）商票贴现48360万元。

【资金业务】公司严格资金计划管理，采取年预算、月计划、周平衡、日控制的管控方式，统筹安排生产经营、投资及筹资。在保证资金安全的前提下，进一步拓宽理财渠道，提高资金收益，并降低资金使用成本。2020年，加大与同业的沟通力度，关注同业拆借资金价格和额度，在资金价格低点进行资金拆入，降低公司资金成本。2020年累计办理同业资金拆入8笔，金额9亿元。

【投资业务】2020年，公司针对投资渠道少，利率偏低的情况，通过购买风险可控的政信类信托提高有价证券投资收益。2020年累计操作有价证券投资业务16笔，金额12.25亿元，平均收益率为6.28%，实现收益4685.78万元。

【票据业务】2020年，公司累计办理成员单位票据贴现7.47亿元，向人民银行再贴现0.99亿元。累计为成员单位办理电子银行承兑汇票4.09亿元。公司负责集团电子银行承兑汇票管理的具体操作和实施，每日做好集团电子银行承兑汇票的内部调拨、到期托收、自开票和销售回笼票据的接收以及核对工作。

【资金集中】2020年，公司加强账户及网银管理，健全台账，定期清理，规范账户使用。日常严格账户开销户审批，及时做好账户登记、跟踪和备案等工作。并对账户中的闲置资金及时划回，购买理财产品，提高资金的使用效率和效益。通过加强账户管理，实现对集团资金全面管理。截至2020年12月末，全口径资金归集率为68.69%，剔除无法归集部分，资金归集率为80.05%。

【风险管理和内部控制】2020年，公司组织对制度和业务流程进行再梳理，修订制度20多项，新增制度4项。公司根据集团下发的全面风险管理制度，编制全面风险防范网络图，明确风险防范“三道防线”，跟踪风险应对措施落实情况，常规化做好风险防范工作。

2020 年，公司充分发挥内部审计发现问题和促进整改的作用，加强制度的执行性和日常业务的合规性检查。公司对内部开展了 15 次检查，发现问题 59 个，提出整改建议 51 条，已整改 49 个。2020 年，公司调整检查项目，减少常规检查，增加专项检查。通过检查能够及时发现问题并落实整改，确保合规。

【人力资源管理】2020 年，公司注重人才的培养，通过开展内部轮岗和培训的方式提升队伍素质。2020 年，组织开展各类培训 35 期，采用内训授课、赴外参培、网络学习等多元化的学习形式，常态化做好员工教育培训工作；并鼓励员工申报厂控技术职称和参加财务、金融类等国家职称资格考试，帮助员工实现良好的职业发展。

【信息化建设】2020 年，公司持续推进信息系统建设，提升业务支撑能力。一是推进集团资金应付系统电票银企直连改造，组织开展需求调研，跟踪督促项目开发。二是推进核心业务系统与监管报表管理校验，针对公司日常开展的各项业务和审批流程，对公司核心系统中未上线的业务和管理流程提出业务模块需求方案，尽可能使公司核心系统模块能实现从业务流经审批流到最终结算的全覆盖，确保公司业务系统实现数据集成与共享。

【企业文化建设】2020 年，公司充分发挥金融平台优势，积极与各银行开展党建共建活动。与上海银行张家港支行党支部签订党建共建协议，与中国农业银行张家港锦丰支行党支部开展“走进企业，共谋转型发展”主题党日活动，进一步推动双方业务交流，促进共同发展。

S

山东晨鸣集团财务有限公司

【集团概况】山东晨鸣纸业集团股份有限公司（以下简称“集团”）是中国造纸龙头企业，列中国企业 500 强，是国内 A、B、H 股上市公司，中国十佳明星企业。自 1958 年创立以来，经历半个多世纪的发展，现已成为以造纸、金融、浆纤、地产、矿业五大产业板块为主体，同时涉足林业、物流、建材等领域的大型企业集团。集团在山东、广东、湖北、江西、吉林等地均建有生产基地，拥有寿光、湛江、黄冈三家浆厂，木浆产能超过 430 万吨，是全国唯一木浆自产自足、浆纸产能完全匹配的浆纸一体化企业。集团坚定“聚焦主业、做强实业”发展理念，重点打造山东、广东、湖北三大产业基地，发挥品牌、规模、技术装备领先优势，引领造纸同行业发展。

【经营概况】截至 2020 年末，山东晨鸣集团财务有限公司（以下简称“公司”）实现净利润 2.11 亿元，资产规模达到 81.55 亿元。各项合规性监控指标全部符合监管要求，其中，公司资本充足率为 56.87%，流动性比例为 227.30%，担保比例为 40.35%；不良资产率、不良贷款率均为零。

【服务实体】公司将服务集团、助力优化负债结构作为工作重点，充分发挥资金归集、资金结算、资金监控与金融服务“四个平台”功能。一是协助集团加大与同业的沟通，着力改善集团负债结构不合理的局面。二是通过电票的推广使用，提高集团票据使用效率和各成员单位工作效率，降低财务费用及操作风险。三是压缩非持牌类金融机构的存量业务，腾挪资金重点支持节能高效、新旧动能转换主体单位，配合集团完成产业、产品结构的调整，培育新的经济增长点。

【信贷业务】公司以低于当期 LPR 指导价格 100 个基点的贷款利率，加大对成员单位的让利力度。积极为成员单位提供担保业务，使成员单位在外部银行的融资顺利落地。2020 年 4 月 24 日，公司获批首批海关关税保函业务试点，截至 2020 年末，累计涉及报关单 231 份，涉及税款 1.28 亿元，为企业集团累计节约各项财务费用近 90 万元。

【资金业务】公司始终坚持“计划性、统一性、安全性、流动性、效益性”的资金管理原则，通过月度资金计划提前掌握资金来源，合理安排资金运用；在保证公司资金流动性，保障成员单位资金支付安全的前提下，通过资金日报表动态管理资金运用情况。

【投资业务】2020 年，债券市场波动较为频繁，加之部分大型企业集团相继在公开市场违约，引发债券市场对信用债的信任危机。公司采取较为保守稳健的投资方式，以持有所属集团发行债券的办法，增加投资收益。

【票据业务】公司围绕票据业务，通过盘活存量票据资源、提高票据使用效率展开工作。通过转贴现、再贴现，提高票据使用效率，拓展与银行同业合作的方式和途径，取得显著效果。

【外汇业务】公司于 2020 年 4 月 29 日开办了第一笔跨境资金集中运营业务。在业务办理过程中，严把背景资料审核关，全年共办理收付汇业务 94 笔，金额 8771.64 万美元，为集团跨境资金调剂和运用提供了新的渠道，极大地便利了境内外成员企业的资金连通，实现“收汇—结汇、售汇—付汇”一体化服务模式。

【资金集中】公司对账户进行全面梳理，清理无效冗余账户；优化信息服务系统，通过系统自动或人工手动方式相结合，定时或不定时将成员单位的资金每日归集至公司，搭建起全方位资金监控网络，以技术手段实现结算框架下对账户的统一管理，同时对每个账户核定限额，实行限额管理；强化资金计划管理，降低成员单位用款的偏离度。

【风险管理和内部控制】公司着重加强对重点部门、重点环节、重点岗位人员的内控管理，明确职责、完善措施，形成有效的制衡机制，实现分级授权审批，完善权限管理，达到权责明晰、合理授权的目的。及时进行风险提示和风险预警，对各类风险进行事前防范、事中控制、事后监督与纠正。根据“行业规范建设深化年”、监管数据质量专项治理工作等各项工作要求，展开自查和审计检查工作。积极配合监管部门现场检查工作，强化贸易背景的审查，夯实票据业务的整改。

【信息化建设】公司按照非银行金融机构信息科技建设和管理的指导意见，结合监管部门现场检查整改意见，对信息科技治理、信息系统建设、业务连续性、外包管理等展开细致全面的梳理与评估。根据结果分析出信息化建设存在的重点问题，制定相应的整改措施，完善公司信息科技三年规划，明确 2021 年信息化建设的工作思路，即持续以满足监管要求、支撑业务发展、提升信息安全为目标。

【企业文化建设】公司持续开展“献爱心”活动，为云南省傈僳族自治州泸水县小学捐献衣服、图书等物品，引导员工树立社会责任意识；组织开展“践行合规，从我做起”合规主题演讲比赛，增强合规意识，培养“职业、敬业、专业”的合规人才；就“如何减少批评、如何干好本职工作”开展全员专题讨论。激发青年员工的担当精神和工作热情，把企业文化建设真正渗透于公司的组织结构、规章制度和员工行为之中，为公司可持续发展助力。

山东钢铁集团财务有限公司

【集团概况】山东钢铁集团有限公司（以下简称“集团”）坚持“优化提升、进中求优”总基调，2020年运营质量稳中有进，累计生产粗钢3111万吨、生铁2905万吨、钢材3090万吨，同比分别增长12.79%、11.05%、26.12%，实现营业收入22071亿元，利润总额77.45亿元。各产业板块保持良性发展，品牌知名度、美誉度不断提升，综合竞争力排名稳居第一梯队，荣膺“2020年卓越钢铁企业品牌”，列世界企业500强第459位，列中国企业500强第144位，列中国制造业企业500强第43位。

【经营概况】山东钢铁集团财务有限公司（以下简称“公司”）秉承“依托山钢，服务企业”宗旨，坚持以融助产，2020年实现营业收入4.07亿元，账面利润3.72亿元，净资产收益率为7.26%。截至2020年12月末，公司资产总额156.02亿元，同比减幅为4.52%；所有者权益38.27亿元，同比减幅为0.64%。各项存款余额116.98亿元，同比减幅为5.88%，全口径资金归集度为37.24%。信贷支持余额166.24亿元，不良资产率和不良贷款率均为零，各项指标符合监管规定。

【服务实体】2020年，公司密切关注成员企业业务需求，按照差别化信贷政策，为成员企业提供更多全方位、定制化的金融服务产品，助推集团公司实现高质量发展。

【信贷业务】2020年，公司持续创新金融产品，全力满足成员企业融资需求，充分发挥财务公司金融服务平台作用，助力集团实现高质量发展。开展自营贷款、委托贷款、银团贷款、贴现、承兑、担保和代开信用证等信贷业务，2020年累计为成员企业提供表内外信贷业务190.99亿元。

【保险代理】2020年，公司累计为成员企业代理投保资产648.47亿元，保额970.15亿元，实缴保费2610.95万元，赔付到账673.79万元，赔付率为26%，代理费收入433.63万元，净收入260.18万元。

【投资业务】2020年，公司积极协调外部资金、有效利用自有资金，助力集团及成员企业成功发行债券，有效降低债券发行利率及融资成本；有效支持集团资金链安全稳定，提升集团债券市场形象，在二级市场累计卖出集团债券4.95亿元，累计为集团及成员企业节约财务费用497万元，为集团及成员企业后续以较低的成本融资起到了积极的推动作用。

【票据业务】2020年，公司累计办理电子商业汇票承兑770张，金额41.31亿元，承兑余额40.62亿元；办理电子商业汇票贴现31笔，金额43.97亿元，贴现余额33.05亿元；办理电子商业汇票转贴现3笔，累计金额10.34亿元，转贴现余额10.34亿元；办理电子商业汇票再贴现1.1亿元。

【资金集中】2020年，公司以预算管理为抓手，有效提升资金归集度和归集量；加强审批管理，保障集团管理意志落地；下发管理规定，防范资金风险；规范开展融资融信业务，促进降成本、减负债；开展账户摸排，加强银行账户管理；强化内部借款管理，除搭桥和专项借款外，不新增借款，促使成员企业自我约束、自我发展；优化完善资金预算和融资融信系统，根据需要，将成员企业的银行账户管理纳入资金预算系统。

【业务创新】2020年，公司积极争取政策，取得关税保函资质，为成员企业出具首笔关税保函。开展银团贷款业务，累计办理银团贷款业务4笔，金额共计9亿元，其中公司承贷金额为1.1亿元。开展跨境双向人民币资金池业务，累计为集团及成员企业完成境内外人民币资金划拨10.9亿元。

【风险管理和内部控制】2020年，公司开展“行业规范建设深化年”、防范非法集资、“金融知识万里行”、民法典宣传、反洗钱及扫黑除恶活动。执行风险预警会议制度，建立风险应急预案。严格把控信贷审批关键环节，组织召开信贷审查委员会会议7次，完成信贷产品审批119笔。开展合同法律审查工作，梳理制定法律审核流程，审查各类合同、协议27项。各项风险监管指标符合监管要求。

【人力资源管理】2020年，公司落实集团决策部署，按照“上下联动”原则优化公司经理层契约化管理。通过市场化选聘招聘专业化人才，实现人岗相适，助力公司发展。优化薪酬管理体系，按照工资总额决定机制构建差异化薪酬分配体系，实现按岗定薪、薪随岗变，上下联动、利险共担的刚性化管理。加强员工知识技能培训，为公司持续健康发展注入活力。

【信息化建设】2020年，公司制定实施信息科技年度建设计划，有序推进公司信息系统项目建设，确保公司各系统安全、稳定运行，实施二代征信系统建设、反洗钱系统建设、核心业务系统优化工作。

【企业文化建设】2020年，公司以习近平新时代中国特色社会主义思想为指导，深入贯彻党的十九大精神，树牢“一心一意抓党建、专心专意谋发展、诚心诚意促服务、全心全意控风险、满心满意创和谐”的“五心”理念，继续保持省属企业文明单位称号，荣获集团“幸福和谐企业”“文明单位”称号。依托集团“共赢”文化品牌，深化公司“合规文化”建设，推进“合规试点单位”工作。切实做好宣传思想工作，全年发表稿件70余篇。

S

山东黄金集团财务有限公司

【集团概况】山东黄金集团有限公司（以下简称“集团”）成立于1996年，2015年改建为山东省属国有资本投资公司，是集黄金地质勘探、采选、冶炼、精炼、科学研究等为一体的大型黄金生产企业，连续四年矿产金产量位居全国第一，列中国企业500强，是国家重点扶持的520户企业之一。2020年，集团实现营业收入793.78亿元，同比增幅为3.34%，利润总额45.35亿元，同比增幅为59.87%。2020年，集团获第六届“中国工业大奖”。

【经营概况】2020年，山东黄金集团财务有限公司（以下简称“公司”）认真落实上级领导、监管部门的决策部署和各项会议精神，坚持疫情防控和生产经营工作两手抓，围绕集团主业加大专业金融供给，持续发挥综合金融服务平台功能，在复杂形势下坚守风险底线意识，实现了公司稳健发展。截至2020年末，公司资产总额70.77亿元，负债总额36.64亿元，存款余额36.40亿元，贷款余额（含贴现）52.94亿元，不良贷款率为零。公司获集团2020年度“意识形态工作示范奖”，荣获山东省文明委“省属企业精神文明单位”荣誉称号。

【服务实体】公司一是充分运用疫情期间各项金融政策，公司通过为成员单位办理临时周转性贷款延期还本业务，减轻一线矿山资金压力，支持成员单位迅速复工达产；二是坚决确保资金归集与结算平台职能有序运营，针对特殊地区特殊情况下的企业用款、到期票款兑付、非常时间资金支付等服务需求，启动应急“绿色通道”，为企业生产用款、解决难题给予全力保障；三是为集团员工投保抗疫专项险，加班加点完成了全集团2.5万名在职员工抗疫专项险投保工作。

【信贷业务】在可贷资金头寸总量有限的情况下，公司通过调整贷款发放、还款时间，有序规划资金头寸，实现精准投放，解决成员单位资金困难，在黄金价格上涨期间助力企业增产增效，走访成员单位，营销落实新金融服务协议增量方案，全力做大股份关联交易信贷额度，加强与成员单位的协同力度和联动效应，保证公司信贷业务发展规模。2020 年，投放信贷资金 97.71 亿元，同比增长 35.52%。

【资金业务】公司一是加大资金预算管理力度，严防流动性风险，在日常头寸管理要求的基础上，采取按旬滚动方式制定资金预算，实时了解成员单位资金动态，掌握业务部门信贷资金需求，精准预测公司头寸状况，积极准备应对方案，持续做好流动性风险常态化管理工作；二是合理调配存放同业资金，面对同业存款利率持续下降的局面，与银行加强磋商，维持较高协议利率，将资金存放于利率优惠的合作银行，最大限度保证同业存款的收益性。

【资金集中】公司重点推进账户集中管理工作，完成账户信息登记，初步构建企业银行账户管理信息库，在此基础上进一步开展企业账户网联工作，以账户集中管控助推资金集中管理。2020 年全口径归集率平均为 47.00%，较上年同期下降 2%，剔除受限资金后的归集率平均为 94.24%，较上年同期提升 2%。

【业务创新】公司申报的《矿业集团财务公司内部审计第三道防线建设》荣获第二十七届全国企业管理现代化创新成果二等奖，在建设成熟、完整的审计管理体系上取得实质性效果。

【风险管理和内部控制】按照监管部门、集团风险管理要求，制定公司 2020 年“行业规范建设深化年”活动方案，开展 2020 年风险识别和评估活动、2019 年监管评级工作，梳理、增补内控制度，开展监管统计数据质量自查、员工行为排查等专项活动，组织案防知识测试等，加强外聘律师管理，严格法律文件审核，进一步加强全面合规风险管控。

【企业文化建设】一是突出政治建设。深入学习贯彻习近平新时代中国特色社会主义思想，巩固深化“不忘初心、牢记使命”主题教育成果，坚定不移向党中央看齐，严格执行中央和上级党委决策部署。二是加强组织建设。修订支部委员会议事规则，建立党建纪检联络员制度，从严规范党的组织生活，不断提升党支部战斗堡垒作用。三是重点抓好队伍建设，筑牢基层战斗堡垒。按照过硬党支部建设要求，全面抓好党员队伍的发展与教育工作。

S

山东能源集团财务有限公司

【集团概况】山东能源集团有限公司（以下简称“集团”）是省属大型能源企业。2011 年 3 月成立，2020 年 7 月，根据山东省委、省政府的战略部署，原兖矿集团和原山东能源集团联合重组成立新山东能源集团，定位为山东省能源产业的国有资本投资公司，总部在山东济南。新集团以煤炭、煤电、煤化工、高端装备制造、新能源新材料、现代物流贸易为主导产业，是全国唯一一家拥有境内外四地上市平台的大型能源企业，是我国国际化程度最高的能源企业。

【经营概况】山东能源集团财务有限公司（以下简称“公司”）于 2013 年 12 月 24 日经中国银行业监督管理委员会批准成立，是一家由山东能源集团有限公司控股的非银行金融机构，注册资本人民币 30 亿元，注册地在济南。

2020 年，公司紧密围绕新集团的战略目标，充分发挥金融专业优势、挖掘金融资源潜力，全力助推集团实现高质量发展。截至2020年末，公司资产总额195.84亿元，负债总额150.25亿元，全年实现利润总额4.03亿元，资本充足率为30.91%，流动性比例为59.21%，各项指标符合监管要求。

【业务创新】2020年，公司在保障集团支付和资金链安全的基础上，充分发挥集团资金“归集、结算、监控和服务”四个平台作用，聚焦“服务好集团和成员单位的个性化融资难题和资金需求”，降成本、求创新，连续推出多款“通系列”新产品，为成员单位量身定制服务方案。一是针对集团融资需求多样、手续繁琐问题，搭建了超短期贷款资金池，推出“速贷通”业务。“速贷通”可以满足成员单位3个月以内资金需求，授信客户当天申请、当天放款、期限灵活、随用随贷、用完即还，利率远低于外部银行。二是针对外部保函、开票业务费用高、手续多、耗时长等问题，推出“保易通”“票易通”业务。“保易通”是为成员单位开展外部融资、租赁、投标、履约等业务时开立保函的业务，免收保证金及手续费。“票易通”可为成员单位办理各类票据的极速贴现，具有远低于市场价格的成本优势和远高于银行效率的服务优势。三是针对委贷余额过高、未能充分享受税收优惠政策等问题，推出“借利通”业务。对于资金来源符合要求的统借统还资金，继续以委贷形式放款，有效规避合规风险；对于不符合要求的资金，通过内转方式划转，最大限度地利用免税政策。四是针对集团票据存量大，财务公司票据认可度低的问题，推出“票聚通”业务。对票据池进行升级改造，成员单位在财务公司开票后，通过票据池质押，可将财务公司电票转为市场认可度更高的股份制银行的电票，质押率达100%，为成员单位降低至少1.5个百分点的贴现利率，进一步减少外部保证金占用。五是围绕集团“5G+智慧矿山”的战略重点，推出“智改通”业务。通过研究行业政策、信贷政策及审慎监管政策，以资金和利率优势引导成员单位聚焦集团战略重点，为集团智慧矿山及智能装备制造板块的发展提供支持。

【服务实体】2020年，公司牢记“服务”使命，对外扩渠道、谋合作，通过自身优质信用不断吸引外部金融资源。针对成员单位融资渠道窄、融资价格高、资金需求大的特点，牵头组成银团，以少量内部资金撬动外部银行低息贷款。截至2020年末，已发放银团贷款4笔，累计使用自身12.30亿元资金撬动外部银行67亿元贷款；协助成员单位利用财务公司同业授信额度在外部银行办理授信业务，帮助企业以远低于市场价格的融资成本获得资金支持，确保对成员单位服务不断档、全覆盖、高质效。

【资金业务】针对存量资金波动大、收益不稳定的问题，公司提前研判市场形势，积极利用内外部多重手段，全方位保障成员单位资金支付、提高资金综合收益。通过提前制定应急预案、合理安排信贷投放、与同业机构密切沟通，确保拆借、转贴、银行直贴等投融资渠道畅通，实现了开业以来外部创利的最好水平；成功办理了首笔与商业银行的同业拆入业务，搭建起资金管理的“蓄水池”，确保集团资金链平稳安全。

【风险管理和内部控制】2020年，公司着力加强内部控制和风险管理的顶层设计和监督落实，以内审检查为抓手，通过组织自查整改、开展压力测试、进行预警监控、发送风险提示等一系列风控手段，不断优化业务流程。一是切实把握“实质重于形式”的风控原则。在全面服务集团各项业务需求的同时，及时对有价证券投资、技改贷款、信用证等新业务、新产品进行风险研判及预防，确保风控前置。二是结合“行业规范建设深化年”、市场乱象整治“回头看”等一系列自查活动，对面临的重要风险，尤其是操作风险进行全面排查、逐一整改，不断提升业务开展和经营管理的精细化水平，连续多次在人民银行评级中取得较好结果。

山东省商业集团财务有限公司

【集团概况】 山东省商业集团有限公司（以下简称“集团”）是1992年底由山东省商业厅整建制转体组建而成的国有企业，现高度聚焦零售产业和健康产业两大主业。集团拥有2家上市公司（银座股份、鲁商发展）和4所高校、6个国家级研发平台、4个院士工作站、4个全国驰名商标，下属企业400余家，从业人员20万人，在校师生6万名，资产总额1128亿元。2020年列中国企业500强，列全省企业百强第32位，获评山东社会责任企业。

【经营概况】 2020年，山东省商业集团财务有限公司（以下简称“公司”）紧紧围绕“依托集团、服务集团”的宗旨，以集团“创新年”战略为指引，以“行业规范建设深化年”活动为抓手，严细管理抓落实，严控风险保质量，勠力同心，攻坚克难，各项工作稳中有进。截至2020年末，公司资产总额71.94亿元，负债总额48.16亿元，所有者权益总额23.78亿元。2020年累计实现营业收入2.21亿元，实现利润总额1.96亿元，净利润1.31亿元，上交税金0.91亿元。

【服务实体】 公司积极响应银保监部门金融惠企政策倡导，大力实行减费让利。借助人民银行LPR改革之际全面下调成员单位贷款利率，2020年让利成员单位1.31亿元，其中，贷款让利10196万元，存款让利3420万元，手续费让利301万元。同时，针对关乎防疫物资和民生物资的4家中小微供应商帮扶让利，利率定价方面较同期降低120个基点，确保金融“暖风”直达实体经济。

【信贷业务】 公司扎实推进各项基础业务，推出多种信贷产品，助力产业发展。2020年累计为成员单位发放流动资金贷款91.38亿元，办理保理业务935万元，累计办理“一头在外”票据贴现业务93笔，金额6773万元；累计办理电子银行承兑汇票业务231笔，金额8.47亿元；办理担保业务1笔，金额1亿元。同时，完成对19家银行和8家非银机构的同业授信工作，授信总额达269.5亿元，美元1.90亿元。

【产业链金融】 2020年公司共发放保理业务7笔，金额总计935万元。累计办理“一头在外”票据贴现业务93笔，金额总计6773万元（全部转出）。截至2020年末，保理业务余额为735万元。

【资金业务】 为保障集团资金安全，公司全面统筹，积极调度，在保障流动性安全的基础上，尽力满足产业各项用款需求，全力支持集团债务的刚性兑付，2020年同业拆借9笔，累计拆入资金14亿元。同时，适时开展压力测试，制定流动性应急预案，提高决策水平，确保流动性安全。

【投资业务】 公司积极探索新的业务模式和利润增长点，发大力发展投资业务，截至2020年末，投资业务余额5.30亿元，累计投资收益6949万元，同比增长2100万元，增幅为43.31%。此外，适时开展并成功落地交易所债券质押式协议回购和债券借贷业务，融入资金3.14亿元。

【票据业务】 公司积极延伸服务链条，大力推广电票业务。依托集团核心成员单位山东银座商城股份有限公司和银座集团股份有限公司，借助其对物流、商品流、信息流的控制，大力推广电子商业汇票结算，2020年电票业务累计办理231笔，金额8.47亿元。

【外汇业务】 成功搭建外币和人民币双向资金池并实现资金归集，对强化集团对成员单位资金的集中管理、节约集团融资成本起到了非常重要的作用。2020年利用外汇资金池开展外债业务，跨境归集资金1.60亿美元，成功搭建人民币资金池并累计归集3.40亿元人民币。

【风险管理和内部控制】2020年，公司严格按照监管部门要求，坚持合规经营，筑牢安全底线。注重风险全流程和重点领域管理，针对电票、保理、投资及同业存款等业务开展专项检查，及时查漏补缺，加强信用风险与操作风险的有效识别、管理和控制，确保公司资产安全。完成10项内部审计项目，其中开展全面审计2项，绩效考核及薪酬内部审计、重大事项专项审计、离任离岗审计等专项审计8项。审计发现各类问题共18项，提出审计建议17条。

【信息化建设】公司高度重视信息化建设，信息科技发展必须能够落地公司战略发展规划，对全业务条线提供有力的支撑。各部门密切配合，共同编写完成《山东省商业集团财务有限公司核心系统整体升级方案》，对总体架构设计、业务解决方案、系统集成方案及切换方案进行了详细梳理。项目正式启动后，编制进度安排计划表，并按照公司周例会形式进行统一调度。为加快项目进度，需求调研、二次开发及数据迁移工作采用并行方式推进，2020年已完成数据迁移前期配套工作。

【企业文化建设】2020年，公司坚持以习近平新时代中国特色社会主义思想为指导，紧密结合行业发展和公司经营实际，深入开展各项文化建设活动。一是持续以“主题党日”活动深化党支部建设效果，丰富公司文化活动，共开展主题党日活动11次，进一步凝聚爱国情怀，弘扬先进典型做法。二是持续提升群团服务工作实效，成立公司工会，增强组织活力，提高联系群众、服务群众的实效性。三是坚持正确舆论导向，聚焦改革创新，充分发挥微信公众号等新媒体作用，共发表各类新闻稿70余篇，为公司稳健发展营造了良好的舆论环境。

山东招金集团财务有限公司

【集团概况】山东招金集团有限公司（以下简称“集团”）注册资本12亿元，为招远市市属国有独资公司，是集聚黄金矿业、非金矿业、黄金交易及深加工业、高新技术产业、房地产业、金融业六大产业的大型综合性集团公司。截至2020年末，集团总资产近620亿元，总负债约420亿元，销售收入达到720亿元。

【经营概况】2020年，山东招金集团财务有限公司（以下简称“公司”）以“立足集团、服务集团”为宗旨，围绕提高“服务速度、业务广度、基础厚度、合作温度”精准发力，实现“业绩优异、管理优胜、创新优势、团队优化、环境优美”。截至2020年末，公司总资产53.74亿元，总负债37.32亿元，所有者权益16.42亿元，实现拨备前利润7191万元，无不良贷款，各项监管指标均符合要求。

【服务实体】公司不断强化对成员单位的主动服务意识，主动走到成员单位身边，深入了解成员单位的经营情况和金融需求，主动献计献策；想客户所想，急客户所急，不断扩大提供法人账户透支业务的客户数量和金额；为中小微企业提供无还本付息、优惠利率等政策支持，2020年通过存贷款利率优惠和减免手续费为成员单位增收节支5885万元。

【信贷业务】公司克服疫情影响，优化业务流程，努力提高资金调剂能力。通过提升信贷融资审批效率，尽最大努力满足成员企业临时资金需求，2020年，公司累计向成员企业投放资金241.26亿元，信贷资金周转次数达到8次。

【产业链金融】公司顺利取得延伸产业链金

融服务资格并成功落地，当年新增上游客户3个，办理“一头在外”电票贴现3笔。

【资金业务】强化同业合作，丰富合作品种、扩大交易量。2020年银行间市场交易量达到1300多亿元，品种涵盖人民币信用拆入、拆出，外币信用拆入、拆出，债券质押正回购等。

【投资业务】公司取得有价证券投资（除股票投资外）业务资质，业务范围进一步拓宽。2020年，投资业务交易量达到13.80亿元，品种包括国债、国开债、信托理财、银行理财等。2020年末，投资余额6.26亿元，全部投资国债、国开债。

【票据业务】公司上线了电票线上清算功能，大幅度提高清算的速度和安全性。2020年公司票据业务交易量达到47.76亿元，品种包括贴现、再贴现、转贴现等；配合商业银行票据池业务的开展，结合延伸产业链金融业务资格的取得，公司为成员单位大力发展商业承兑汇票搭建完整的服务平台。

【外汇业务】公司提供组合服务，搭建完整外汇服务平台。开办外币拆入、拆出业务，具有外汇资金调剂功能；通过跨境资金池完成外债借入和外币借出，实现境内、境外成员单位资金互联互通；设计境外资金境内保值方案，为成员单位创造新的盈利点；配合即期结售汇业务的开展，公司为成员单位建成完整的外汇业务服务平台。2020年完成了1.55亿美元的外债借入和6470万美元的境外放款，协助完成1亿美元的外汇保值，即期结售汇业务量达到18025万美元。

【资金集中】公司扎实做好资金集中管理工作，全口径资金归集度达到54.64%，扣除口径资金归集度达到87.68%，累计完成资金清算84690笔，金额累计14738亿元，安全快捷无差错。

【业务创新】2020年，公司首次开办了外币拆入、拆出业务；闯出了境外资金境内保值的道路；通过跨境资金池完成了外币借入和对外放款业务；依托有价证券投资（除股票投资外）业务资格的取得，成功办理首笔信托理财业务。

【风险管理和内部控制】公司成立工会，党、政、工、团、妇组织齐全，法人治理体系更加完善；新出台和修订各项规章制度近65项，“四位一体”制度体系得到补充；通过“工作清单”和“红绿灯”的高效运转体系，行政效率和质量不断提高；继续坚持“慎小、慎初、慎独”的管理理念，“火眼金睛”机制持续发挥作用，业务自我监督覆盖100%，差错和瑕疵得到及时发现和纠正；风险识别和计量水平不断提高，应急演练持续加强，合规管理的理念得到有效贯彻和执行。

【人力资源管理】公司持续深化人力资源机制改革，优化“入职关”“提拔关”的方案设计，启动后备干部培养计划，全面落实AB角配置；进一步完善个人素质和能力与岗位职责和绩效完成相匹配的长效激励机制。学习型组织建设常抓不懈，启动外部资格证考试和职称的提档升级激励政策，2020年通过银行、黄金、基金、证券资格考试33人次，取得中级职称5人、取得税务师资格1人。

【信息化建设】公司完成了电票系统线上清算功能的上线；自主搭建“云上办公环境”，规范远程办公流程，应对疫情员工居家办公方便可行；自行编写自动化脚本，优化容灾网络结构，提高本地容灾RTO、RPO指标；完成异地灾备中心建设并投产，业务连续生产能力大幅提高。

【企业文化建设】公司高度重视党的建设，出台“三重一大”管理办法，严格党组织的前置审批流程，提升党的领导核心地位；注重学习型组织建设，不断提高员工履职能力，每月开展“匠人精神”团建展示、“樊登听书”、“敬业、专业、职业”标兵评选等活动，不断提高全员职业素养，打造有利于提升内控管理和推崇合规文化的工作氛围；通过“入职周年庆”、拓展训练、跳绳、乒乓球比赛等活动丰富员工的生活，打造有温度的团队。

山东重工集团财务有限公司

【集团概况】 山东重工集团财务有限公司（以下简称“公司”）隶属于山东重工集团有限公司（以下简称“集团”），是山东省国资委监管企业之一，为国有控股公司。2020 年，山东重工集团商用车产销首次突破 70 万辆，同比增长 46.2%，其中，重卡突破 50 万辆，同比增长 42.4%。各类工程机械 2.6 万台，同比增长 12%。潍柴发动机、法士特变速箱、汉德车桥年产销全部突破 100 万台套。

【经营概况】 2020 年末，公司存款余额 340 亿元，同比增长 16.17%；贷款余额 197.22 亿元，同比增长 24.73%，其中，产业链贷款余额 33.38 亿元，同比增长 118.18%；实现营业收入 10.82 亿元，同比增长 9.20%；利润总额 4.26 亿元，同比增长 3.34%。

【服务实体】 2020 年，公司积极抢抓重卡行业大发展的市场机遇，满足成员单位贷款融资需求，按照“一事一议”的策略，开辟疫情期间“融资绿色通道”，对符合条件的申请，实现当日申请，快速审查、快速审批，当日融资款到账。通过打造票据服务平台，满足票据融资服务需求。公司利用票据池提供“票据质押—票据承兑—票据托收”的一揽子票据服务。

【信贷业务】 2020 年，公司按年制定“一户一策”信贷政策，积极支持实施新旧动能转换，大力发展绿色新能源产品，贷款优先支持潍柴新能源动力，陕重汽、中通、亚星新能源商用车，工程机械智能物流，无人驾驶等企业和产品。截至 2020 年末，集团成员单位各项贷款余额 120.28 亿元，其中，整车整机企业贷款占比达 48.30%，绿色新能源企业贷款占比达 28.35%。公司对成员单位主动让利，降低企业融资成本，年内让利达 5300 万元以上。

【产品链金融】 2020 年，公司打造全产业链服务模式，提高信贷资产收益水平。在供应端，通过发挥产业链融合机制、名单制管理机制的作用，与集团核心成员企业的采购、质量、财务部门深度融合，创新开发产业链信贷产品，有效保证集团生产所需的物资供应和产品质量。在销售端，公司在原有保兑仓业务的基础上开办了买方信贷业务，大力支持重卡、客车、乘用车等主要产品的销售。

【资金业务】 2020 年，公司积极拓展资金交易渠道，稳定运营资金收益，通过抓住月末、季末利率高点，适时开展资金交易业务，多措并举提高资金收益。强化准入控制，确保交易资产安全，通过董事会审批产品及交易对手准入名单，实施交易资产风险穿透式管理，有效保证了交易资产安全。

【票据业务】 2020 年，公司不断完善票据服务平台，满足票据融资服务需求，利用票据池，提供“票据质押—票据承兑—票据托收”的一揽子票据服务。2020 年，共开立票据 2199 张，金额 24.42 亿元，占成员单位票据池总开票量的 11.78%。自 2019 年末成功获批上海票交所线上清算资格后，进一步实现了电子票据的线上快速清算，真正做到了“无忧开立、无忧回款”，有效降低了成员单位的票据管控成本。

【外汇业务】 2020 年，公司实现了财务公司跨境资金集中管理“一个账户、集中收付”的功能，结售汇业务由“账户授权 + 汇率反向锁定”的被动营销阶段进入“全周期增值服务 + 集中收付”的综合外汇管理阶段。为响应集团出口战略，加大出口企业融资支持，公司广泛对接集团进出口企业，出具系统性融资方案。

【资金集中】 2020 年，公司通过优化资金集中管理措施，巩固资金池建设基础，实现“账户开立、账户授权、限额管理”全覆盖。发挥票据池作用，加强资金的源头控制和流动性管理，实现“财务公司、银行、核心企业”三方票据池有效运转。优化结算服务，提升服务质量，多种形式做好结算业务宣传推介。信息科技助推业务发展，智能自动化水平全面提升。

【风险管理和内部控制】 2020 年，公司通过推进法人治理风险、流动性风险、信用风险、市场风险、操作风险、信息科技风险管理体系与日常经营管理紧密结合，保障全面风险管理政策、程序得以贯彻执行。公司推进标准化建设及流程梳理工作，提升制度规范标准的适用性和有效性。公司连续第五年开展“风险合规管理年”活动，以“自检、自查、自奖、自罚、自纠”为主线，强化风险合规管理第一责任和主体责任，实现风险合规文化有效落地。

【人力资源管理】 2020 年，公司通过全面梳理部门“三定”，对人员情况、岗位情况进行了全面排查，为公司人员结构优化奠定了基础；全年组织开展了公司层面培训、专业条线培训、脱产培训，人均达 102 学时，45 人取得了金融从业资格。

【信息化建设】 2020 年，公司根据《信息科技建设三年规划（2019—2021）》，确立了科技型财务公司的建设目标和建设标准。通过完善信息化项目推进责任制，加速实现建设项目落地，大大增强了公司在结算服务、资金交易、贷款融资方面的服务能力；完善系统运维管理，构筑信息安全堡垒。

【企业文化建设】 2020 年，公司提炼“担当、规范、平等、共享”八字文化精髓，大力倡导“干就负责，做就到位”的责任文化，形成了良好的干事创业氛围。

山西焦煤集团财务有限责任公司

【集团概况】 山西焦煤集团有限责任公司（以下简称“集团”）是全国领先的焦煤和焦炭生产加工企业和供应商，也是山西省最大的盐化日化、民爆化工生产企业，列 2020 年世界企业 500 强第 485 位。集团组建于 2001 年 10 月，属山西省国有独资企业。经过“十二五”时期、“十三五”时期的快速发展，集团已形成以焦煤生产、加工及销售为主业，焦化、电力、民爆化工为辅业，大力推进金融投资管理、现代物流业等新兴产业的多元化产业布局。

【经营概况】 2020 年，山西焦煤集团财务有限责任公司（以下简称“公司”）实现营业收入 9.19 亿元，净利润 5.23 亿元，净利润创历史最高水平。

【信贷业务】 2020 年，公司对 26 户成员单位开展信用评级，提供综合授信 285.83 亿元。办理流动资金贷款 144.04 亿元，委托贷款 315.6 亿元。各项信贷余额 150.88 亿元，委托贷款余额 556.12 亿元，无不良贷款。

【产业链金融】 2020 年 8 月，公司获准开办产业链金融业务。2020 年 12 月办理首笔“一头在外”票据贴现业务，贴现金额 100 万元。这是公司办理首笔产业链金融业务，是走出集团外的首笔业务，也是山西省内煤炭行业财务公司开展的第一笔延伸产业链金融业务。

【资金业务】 公司下发了《山西焦煤集团有限责任公司资金集中管理考核办法》将资金集中度纳入集团契约化考核体系，提高资金集中管理的权威性；下发《关于进一步规范资金预算管理的通知》等预算管理制度，实现二级单位资金预算全覆盖，提高资金预算准确性；通过对成员单位资金集中现场检查，对大额未归集资金进行分析、分工、跟踪、督导，提高资金集中度；采用勤调拨、勤收款、大额支付预准备等手段，提高了活期资金的使用效率；通过合理控制信贷资产、投资资产规模，确保支付安全。

【投资业务】公司投资业务进一步强化风险管理力度以及市场研究力度，优化债券投资标准，执行更严格的发行人及债项信用等级、风险限额、期限、组合结构等多项投资标准，同时，投资期间对债券发行人、产品管理人的负面信息也加大了跟踪监测力度，并组织开展行业投资业务分析等研究工作。公司按照监管导向，合理配置各类资产，整体资金投向结构以货币市场基金为主，适度配置信用债以及债券类资管产品，全年累计投资额31.4亿元，各项风险收益指标完成情况良好。

【票据业务】公司积极推广票据池业务，简化票据业务办理流程，迅速提高票据资金归集比例，努力实现票据收、付的统一结算，全力打造安全、高效、绿色的金融生态场景，为集团所属企业提供最优金融服务。与此同时，公司将积极开发“焦煤金票”系列产品，叫响“焦煤金票”品牌价值。2020年办理贴现业务金额1.53亿元。电票承兑38.95亿元，代开信用证7.08亿元，代签银承2亿元，办理票据转贴现2亿元。

【资金集中】为强化资金集中管理，公司下达了关于商业银行账户清理和资金归集的文件7个，建设三项管理清单。建立资金集中管理工作联系微信群，在微信公众号上传财务公司开户协议、三方直连协议以及账户清理的注意事项和流程。经过努力，新增中信银行、平安银行、邮储银行3家直连银行，新上线成员单位55家，清理商业银行账户222个，新增直连商业银行账户355个，全口径资金集中度为41.59%，不含山煤全口径资金集中度为52.82%。

【风险管理和内部控制】公司以《关于加强2020年度风险防控工作的决定》为工作指导，提出风险防控三年工作思路，制定考核方案，确保风险责任落实。加强统一评级授信管理，严格事前、事中、事后审核，提高公司资产质量。积极落实授权管理、轮岗、对账等措施，加强合同、密钥、台账等基础管理。全年完成专项审计21项，共修订制度19项、新增制度12项。制度框架由原有的7类调整为19类，加强制度与监管政策的对接融合，为新业务开展提供制度依据。

【信息化建设】公司持续防控金融风险、努力强化资金监管。完成数据中心、灾备中心和下一代系统建设方案制作，完成资金管理系统IPv6改造，全力推进并完善票据池各项功能建设，积极拓展金融功能，对资金系统进行升级拓展，新增3家直连银行，实现ECDS线上清算功能，对资金核心系统扩容，不断增强并充分发挥信息科技对公司业务的支撑与保障作用，极大提升了信息系统的安全性与稳定性。

【企业文化建设】做好新型冠状病毒肺炎疫情防控，支持复工复产。坚持强化理论武装，学习贯彻党的十九大精神、《习近平谈治国理政》第三卷、习近平总书记视察山西重要讲话重要指示等。每月组织开展主题党日活动。举办以“提高把握意识形态领导权和话语权的能力”为主题的意识形态工作培训。健全完善舆论宣传工作制度，制定下发了《山西焦煤集团财务有限责任公司宣传报道管理考核办法》《山西焦煤集团财务有限责任公司网络舆情应急管理办法》。认真做好意识形态研判工作。公司迁址后及时完成党支部活动室建设。开展“重温入党誓词”党性教育活动、“党风廉政建设宣传月”活动，领导干部填报廉政档案、签订党风廉政建设目标责任书、进行廉政谈话。开展案防、反洗钱等专项宣传活动。举办首届职业素质提升竞赛、“赤诚不改，步履不停”演讲比赛。

陕西煤业化工集团财务有限公司

【集团概况】陕西煤业化工集团有限责任公司（以下简称“集团”）是陕西省委、省政府为落实“西部大开发”战略，充分发挥陕西煤炭资源优势，从培育壮大能源化工支柱产业出发，按照现代企业制度要求，经过重组发展起来的国有特大型能源化工企业，是陕西省能源化工产业的骨干企业，也是省内煤炭大基地开发建设的主体。旗下二级全资、控股、参股企业60多家，上市公司3家，员工总数12万余人。2020年，集团资产总额5400亿元，实现营业收入3402亿元，利润总额173亿元。从2015年首次进入世界企业500强后，连续6年入榜，排名稳步提升，列2020年世界企业500强第273位。

【经营概况】截至2020年12月31日，陕西煤业化工集团财务有限公司（以下简称“公司”）资产总额336.38亿元，所有者权益41.5亿元，存款余额293.19亿元，贷款余额203.1亿元，全年营业收入7.8亿元，利润总额4.88亿元，净利润3.66亿元。

【服务实体】公司建立集团重点行业动态分享机制，加强服务沟通。全年实地走访421次，覆盖60家成员单位，共收集需求90条，截至2020年末已解决45条，另外45条正在有序推进解决，有效满足了客户的核心诉求。

【信贷业务】截至2020年12月31日，公司自营贷款累计发生额419.7亿元，委托贷款累计发生额111.75亿元，保函业务累计发生额1.54亿元。

【票据业务】2020年，公司共办理贴现业务190笔、贴现金额17.72亿元；票据签发109.65亿元、兑付35.3亿元，全年票据业务合计2.77万笔，综合票据服务量175.43亿元。

【资金集中】公司通过大额预报、BI系统等手段构建了覆盖“事前、事中、事后”的全流程账户监控，对资金归集度较低的单位重点监控，发现问题及时督促整改，有效保障资金安全，进一步发挥资金的规模效应；建立并完善资金计划报送机制，依托全员客服的服务基础，每周汇总资金计划，督促成员单位降低计划偏离度，显著提升资金管理精度。

【风险管理和内部控制】公司以强化全面风险管理体系为目标，以内控合规管理与落实制度执行力为抓手，按照《内控优化专项工作计划》的要求，逐步落地内控优化成果，提升业务标准化水平。全年新制定制度19项，修订66项。在广泛汲取同业机构风险管理经验的基础上，结合公司特点，完成了《财务公司“十四五”全面风险管理规划》初稿。

【人力资源管理】公司积极落实集团“三项制度”改革要求，以业务实际需要为导向，推进市场化选人用人，团队实力得到有效补充；持续加强培训师团队建设，将人员培养纳入部门考核，全面构建了公司、部门、个人“三位一体”的人才培养体系，培养效果初见成效。

【信息化建设】公司根据实际业务需求进行针对性的信息化建设。优化值班流程，全年解决各类系统问题和处理需求100余项；上线大屏监控系统及任务云平台，开通线上考勤功能；根据业务部门反馈对核心系统进行了优化，单笔支付时间大幅下降。

【企业文化建设】党建方面，公司党支部及时传达、落实上级党组织的各项安排，严格落实“三会一课”制度，组织习近平总书记在陕西考察时的重要讲话专题学习班。制定《党支部标准化建设方案》，开展各种党建活动，获得机关党工委“三型机关”优秀党支部称号。组织举办多个清廉文化建设活动，使廉政意识深入人心；公司内外部全年发表稿件合计378篇。

陕西投资集团财务有限责任公司

【集团概况】陕西投资集团有限公司（以下简称“集团”）是陕西省首家国有资本投资运营公司，隶属于陕西省人民政府。集团坚持金融与实业“两轮驱动”的发展战略，投资领域涉及国民经济16个行业，实业方面涵盖地勘、煤炭、电力、航空、房地产、酒店等板块；金融方面涉及证券、信托、融资租赁、财务公司等业务。2020年集团列中国企业500强第268名，较2019年提升185位；列2020陕西100强企业第7位，较2019年提升4位。

【经营概况】2020年，陕西投资集团财务有限责任公司（以下简称“公司”）严格贯彻落实集团决策部署，切实发挥司库管理职能，狠抓资金集中管理，夯实功能定位，资金运营效率稳步提升，各项业务指标再攀新高，金融服务职能日益深化。截至2020年末，公司资产总额80.87亿元，同比增长57.49%；负债总额70.36亿元，同比增长72.57%；全年实现营业收入19445.75万元，利润总额5805.43万元；资本充足率为22.21%，月均流动性比例为74.28%，不良贷款率和不良资产率均为零。

【服务实体】公司开展金融服务送一线活动，主动走访金泰氯碱化工、清水川能源、赵石畔电厂、榆林协合光伏电站、商洛发电、岚河水电、秦龙电力等15家成员单位，深入了解成员单位融资需求、发展规划、资金统筹等情况，以“融资+融智”模式发挥金融功效，合理提出综合金融服务方案，有效解决成员单位经营发展过程中遇到的金融难题。

【信贷业务】2020年疫情期间，在依法合规的前提下，公司开辟信贷审批绿色通道，进一步提高审批效率及放款速度，投放1.2亿元流动资金贷款，用于支持成员单位复工复产。公司积极发挥金融牌照优势，推进集团产融协同发展，紧贴集团整体产业布局，2020年贷款投放18笔，累计投放金额41.92亿元，运用自身行业特征和金融牌照优势，降低成员单位融资成本，提供多样化、专业化金融产品方案，推进集团产融协同发展。

【资金业务】2020年，受央行定向降准和超储降息等政策影响，存放同业利率水平较往年有所降低，公司立即调整策略，强化资金运营管理，在保证资金安全性、流动性的基础上，提高资金使用效率。一是密切关注每日资金情况，根据各账户利率差异，结合成员单位资金计划，及时进行资金调拨，合理安排资金头寸；二是积极与各同业机构议价，争取较高的同业活期存款利率，并及时利用闲置资金办理同业定期存款等业务，办理时关注金额拆分和期限错配，全年共办理存放同业业务34笔，累计交易金额103亿元。

【投资业务】2020年，公司取得固定收益类有价证券投资业务资质，构建了投资决策机制，制定投资风险防控流程。2020年12月18日在银行间债券市场成功认购1000万元国债，标志着首笔固定收益类有价证券投资业务正式落地。

【票据业务】2020年12月7日，公司成功开出首笔电子银行承兑汇票，并相继完成承兑、提示付款、我行发起他行贴现、他行发起我行贴现、我行发起我行贴现等全类型票据业务，成为全国首家电票系统上线同步实现线上清算以及全国首家通过农信银方式接入全国电子商业汇票系统的财务公司。

【资金集中】集团结算中心的托管和资金池二次归集业务稳定运行，打造了陕投特色的“双资金池”管理模式，将行政管理职能和金融牌照优势有机结合。截至2020年末，公司共计归集114家成员单位259个银行账户，二次归集集团及集团主要成员单位22个银行账户，归集资金39.22亿元（年日均）。同时集团工会账户也纳入资金池统一管理，扩大资金集中范围，为集团成员单位提供更优质的金融服务。

【业务创新】公司按照“统一标准、防范风险、额度共享、提高收益”的管控原则，有步骤分批次地推进成员单位加入集团票据池。截至2020年末，集团票据池额度为6996.72万元，在池票据共102张，标志着以财务公司为管理平台的集团票据集中管理工作已开展，为集团成员单位加强票据管理、防范票据风险提供有力抓手。

【风险管理和内部控制】公司风险管理以落实集团重大风险排查和风险信息库完善为重点，深入推进管理“铁三角”融合并进。一是开展风险识别工作，针对不同类型风险点明确应对措施和预案，编制《业务操作手册》《风险案例库》，实现对业务流程维度合规、操作等风险的有效识别和管理；二是修订《全面风险管理实施办法》，持续完善风险管理体系；三是印发《授权管理办法》《授权实施细则》《2020年度授权方案》等，建立并完善授权管理体系，强化内部控制基础。

【人力资源管理】公司积极探索人力资源改革新思路，全面提升员工综合素质。绩效考核方面，设置差异化的薪酬结构和薪酬激励模式，以经营目标和重点工作为核心，优化月度和年度考核指标，强化考核结果在薪酬兑现方面的效用；人才队伍建设方面，完成公司人员定岗定编及岗位任职资格方案，制定并下发《重要岗位员工强制休假及岗位轮换管理办法》；日常培训方面，公司积极组织员工参与各类业务培训和技能学习，不断提高员工业务能力水平。

【信息化建设】系统建设方面，完成电票系统的实施上线工作。系统运维方面，严格管理流程，做好网络信息系统事件、问题、变更管理。安全管理方面，完成机房系统、网络及应用系统应急演练；制度建设方面，按照监管规范结合公司实际，新增正版软件管理制度，修订运维管理制度及Ukey、VPN等相关安全管理制度。完成公司“十四五”信息化发展规划、信息系统建设方案及2021年全面预算工作，扎实做好网络信息系统安全治理工作。

【企业文化建设】公司坚持以习近平新时代中国特色社会主义思想为指导，深入贯彻落实习近平总书记在陕西考察时的重要讲话精神，以赵正永严重违纪违法案以案促改和省委巡视问题整改为重点，以推进党建“四个工程”（即党建示范工程、文明单位创建工程、“君子文化”倡导工程、“幸福陕投”工程）落地为核心，以党支部标准化规范化建设为抓手，确保党建与疫情防控、经营中心工作“两手抓、两不误”。

公司持续推进具有陕投特色的财务公司企业文化建设。大力开展“践行‘君子文化’引领管理‘铁三角’融合创新”活动，推动精细化“6S”管理落地，设立“合规天地”宣传墙，将全面精细化管理、全面风险管理融入企业文化建设中；把清廉金融文化建设作为企业文化建设重要内容，加强内外宣传，使廉洁文化深入人心。公司不断提升企业文化建设工作质量，丰富企业文化内涵，外树形象，内合聚力，形成人人参与，共建共享的良好氛围。

陕西延长石油财务有限公司

【集团概况】陕西延长石油（集团）有限责任公司（以下简称“集团”）是集石油、天然气、煤炭等多种资源高效开发、综合利用、深度转化为一体的大型能源化工企业，曾为中国革命和经济建设作出过重要贡献，被誉为“功臣油矿”，1944年毛泽东同志题词“埋头苦干”予以鼓励。集团营业收入、财政贡献连续多年保持陕西省第一和全国地方企业前列，曾荣获第三届中国工业大奖、全国五一劳动奖状等多项殊荣；2020年列世界企业500强第265位。

【经营概况】2020年，陕西延长石油财务有限公司（以下简称“公司”）在集团的坚强领导下，坚决落实监管要求，识变应变、把准方向、以确保集团公司资金安全为核心，战疫情、应危机、防风险、提质效，保持稳中有进、稳中向好的发展态势。公司全年实现营业收入7.85亿元，利润总额7.41亿元，资产质量良好，无风险事件发生；荣获第十三届全国和化工企业管理创新成果一等奖，陕西省国资委财务管理工作先进集体、人民银行西安分行利率报备管理优秀金融机构称号。

S

【服务实体】2020年，公司抓早动快，高效行动，在关键时期助力集团成员单位有序复工复产。一是用足用好政策支持。协助集团落地4亿元防疫物资专项贷款和21.8亿元复工复产政策贷款；利用外债登记绿色通道，完成1亿美元外债融资。二是积极传导贷款市场报价利率（LPR），为9家成员单位节约利息支出9321.51万元。三是增强服务保障。全年累计结算量17.92万笔，结算资金超1万亿元，系统保持安全平稳运行；大力推行让利政策，为成员单位节约汇划手续费425.43万元。

【信贷业务】2020年，公司充分履行内源性融资服务职能，持续为集团公司及成员单位提供高效、优质的融资服务。一是加大内部信贷支持。全年累计发放自营贷款30笔，合计金额121.02亿元，为集团节约财务费用0.93亿元。二是丰富信贷业务品种。积极开展需求调研，出台《保函业务管理办法》，累计开立各项非融资性保函1700万元，有力推动保函业务发展。三是加强征信宣传。积极响应人民银行要求，在集团范围内对个人征信知识和二代征信系统进行普及。

【资金业务】2020年，公司优化资金交易节奏，稳步有序推进同业业务，有效应对前期市场利率低位运行的不利局面。全年在银行间市场累计交易量达5778.12亿元，交易量排名稳居全国非银行金融机构前六位，创历史新高。同时，利用债券持仓开展质押回购业务，进一步提升资金利用效率，极大地增加了流动性补充手段和能力，全年累计开展质押回购业务5261.72亿元，同业拆借业务516.4亿元，实现同业业务收入3.65亿元。

【投资业务】2020年，公司投资业务管理体系进一步完善，风险管理水平持续提升，有价证券投资业务保持平稳发展。自营资金资产配置更加动态均衡，紧跟市场变化，围绕流动性、收益性、波动性及时调整，积极把握市场机会，向专业化方向稳步推进，截至2020年末，公司自营债券资产存量16.9亿元。在符合风险管控的前提下，抓住弹性资产配置契机，适度配置相关资产，产品净值稳健增长。全年实现投资收益1.87亿元。

【票据业务】2020年，公司积极推动电票业务发展。全年新增电票开立单位2家，共为集团成员单位开立电子银行承兑汇票374张，票面金额3.39亿元，相对节约财务费用1035万元，助力成员单位降本增效，为后续开展票据转贴、再贴业务奠定基础。

【资金集中】2020年，公司坚持“应归尽归”原则，通过开展现场、非现场资金归集专项检查、建立月度资金归集专项会议机制、开展专项督办核查等措施，持续加大资金归集管控力度，进一步提高集团资金集中度，全年新纳入客户17家，新增归集银行账户32个，通过实施资金归集管理措施，月均新增归集资金0.5亿元。2020年，公司月均可归集资金归集率保持在97.5%以上。

【风险管理】2020年，公司加强全面风险管理体系建设，坚持合规经营理念，持续提升风险管控水平。一是从严落实监管要求。按期完成扫黑除恶、市场乱象整治“回头看”、案件风险排查等专项工作。二是制度体系不断健全。全年新增制度8项、修订制度17项，制定制度的“立改废”清单。三是内控流程不断完善。业务部门操作手册新增流程13项，修订操作流程6项；后台部门出台管理事项操作流程共17项。

【企业文化建设】2020年，公司贯彻落实从严治党要求，深化“四正”从业理念，全面开展“找差距、补短板、强作风、促发展”专项活动，积极推进内部控制评价；着眼于长远发展，正式启动财务公司核心业务系统升级改造；修订《财务公司员工管理办法》，细化员工管理规则、流程；优化绩效考核，印发《财务公司绩效考核办法》《2020年度部门绩效考核表》。建立补充医疗保险制度，进一步完善员工福利保障体系。

商飞集团财务有限责任公司

【集团概况】2020年，中国商用飞机有限责任公司（以下简称“集团”）全面部署推进大飞机产业化进程。ARJ21－700新支线飞机机队规模达到45架，安全载客突破160万人次，航线运营平稳顺畅，产能达到年产30架，订单达到670架；C919大型客机成功获得型号检查核准书，进入局方审定试飞阶段，为取证交付奠定坚实基础，订单达到815架；CR929远程宽体客机即将完成初步设计，转入详细设计阶段。

【经营概况】2020年，商飞集团财务有限责任公司（以下简称“公司”）实现营业收入27268.03万元，利润总额8015.35万元。

【服务实体】2020年，公司主动对接落实国家金融支持政策，为成员单位提供优惠利率贷款，发放短期及中长期流动资金优惠利率贷款合计3.97亿元，解决流动资金短缺的困难，并通过存量贷款置换，降低融资成本。

【信贷业务】2020年，公司向成员单位发放10笔贷款，累计金额4.10亿元，较2019年新增贷款3.54亿元，增幅为635%。主动为3家成员单位提供授信，额度共计4亿元，为成员单位应急性资金需求提供解决方案。获批海关税款担保试点准入，为上飞公司、客服公司航材采购、维修服务、零部件加工、飞机试飞等业务提供海关关税保函支持。

【产业链金融】2020年，公司取得飞机买方信贷和融资租赁业务资质，成功开展首单飞机买方信贷业务，为东航租赁购买ARJ21－700飞机提供信贷资金支持，标志着公司向支持集团主业和助力飞机销售迈出坚实的一步，未来将在促进航空产业链金融发展、服务集团主业方面发挥更大作用。

【资金业务】2020年公司计划使用资金343.02亿元，实际使用资金321.52亿元，成员单位资金计划执行率达93.73%。流动性比例为65.69%。

【同业业务】2020年，公司共对18家商业银行进行授信，额度合计404亿元。全年实现存放同业利息收入25644.83万元。

【金融统计】2020年，公司持续推进金融统计、数据治理、利率监测工作，荣获中国人民银行上海分行“2020年度金融统计工作考核中资法人机构三等奖”，1人从上海地区参评的172家金融机构中脱颖而出，荣获中国人民银行上海分行“2020年度利率监测报备工作优秀个人”。

【资金集中】截至2020年12月31日，公司建立包括工商银行、建设银行、农业银行、浦发银行和中信银行在内的5个银行资金池，采用一一联动式的账户管理模式进行实时零余额归集，推出付款不落地、批量代发等功能，扩展结算品种，提升结算服务，提高资金集中度管理水平。累计完成21家成员单位客户31

个账户的开立及资金集中管理，归集资金124.7亿元，全口径资金集中度为64.53%。为成员单位办理结算业务11.37万笔，结算金额1314.97亿元，结算量较2019年增长98.27%。

【业务创新】2020年，公司获得全国银行间同业拆借会员资格，与浦银租赁建立同业授信关系，落地首单同业拆借业务，打通集团支持购买国产飞机的金融租赁公司的资金支持途径。

【风险管理和内部控制】2020年，公司初步搭建全套业务流程的新业务风险管理体系框架。新增、修订规章制度49份，制度数量累计达到148份。开展风险检查自查18次，实现业务在严格监督下开展。内审项目13个，审计发现问题11个，提出建议29条，促进完善制度7篇，发挥审计监督作为风险防控“第三道防线”作用。资金结算岗履职审计项目荣获“中国商飞公司2020年度审计优秀质量奖”。

【人力资源管理】2020年，公司根据业务发展和风险管控需要，通过商调、招聘等方式充实干部人才队伍，人员规模达到40人。开展会计核算、资金计划、资金结算等岗位的内部轮岗交流。搭建“金融讲堂”培训平台，邀请内外部讲师定期开展金融业务培训和交流。制定“大飞机领军金才”和“大飞机青年金才”计划与实施方案。1人入选上海青年金才开发计划，为2020年上海地区财务公司唯一入选人员。

【信息化建设】2020年，公司开发财企直连、批量对私、买方信贷、融资租赁、同业拆借等业务系统，支持保障新业务开展。推进信息安全和业务连续性管理，制定业务连续性管理顶层办法，配合集团网络安全防护，开展网络信息安全演练。启动数据治理工作，梳理系统数据基础，完成数据监测中心开发并上线。提升公司信息科技风险管理能力，增强业务发展保障作用。

【企业文化建设】2020年，公司坚持党建“四个引领”，将党建与业务深度融合，通过“一日两学三堂·课”强信念，开展“确保资金安全、风险可控、经营合规”大讨论谋合力，推进群策群力聚众智，实施“五个一”工程促合规，强化人员动态管理防隐患，加强党建共建促业务，强化监督引领保合规。组织学习《翱翔之道》企业文化手册、《员工文明礼仪手册》，推进VI整改工作。倡导和培育“合规、严格、谨慎”企业文化，发扬“严慎细实”工作作风，打造廉洁金融文化。

上海城投集团财务有限公司

【集团概况】上海城投（集团）有限公司（以下简称“集团”）前身是成立于1992年的上海市城市建设投资开发总公司，于2014年改制为有限责任公司，是一家专业从事城市基础设施投资、建设、运营管理的国有特大型企业集团。集团聚焦路桥、水务、环境、置业四大业务板块，传承“创新、专业、诚信、负责”的发展理念，秉承“让城市生活更美好”的愿景，坚定不移推进“集团化、市场化、国际化、专业化”改革，着力打造“卓越的基础设施和公共服务整体解决方案提供商”。共有成员单位257家，其中上市公司2家。截至2020年末，集团资产总额6820亿元，净利润32亿元。

【经营概况】2020年是上海城投集团财务有限公司（以下简称“公司”）成立后首个运营年度，公司围绕集团战略目标，坚持集团对公司的基本定位，不断夯实企业发展内功，严格按照相关规定开展业务，流动性总体充足，合规指标符合监管要求，各项业务重点工作推进有力有序，为集团降低负债规模和减少融资成本作出了贡献。截至2020年末，公司资产总额172.90亿元，累计发放贷款30.11亿元，拨备前营业利润4025.60万元，税后利润1000万元。

【服务实体】2020年，公司围绕集团核心主业提供多方面的金融咨询服务，包括上海中心多种融资方案建议、城投环境青浦两个银团项目、上海环境山西项目、公路集团沿江项目银团和中票项目的融资银行比选等，为成员单位做好融资业务参谋。

【信贷业务】2020年，公司信贷业务已覆盖集团四大业务板块，授信对象涵盖集团全资成员单位、中外合资成员单位、上市公司成员单位，贷款种类既有流动资金贷款业务，又有项目类银团贷款业务。截至2020年末，共向9家成员单位授信46.60亿元，累计发放贷款30.11亿元，年末贷款余额10.76亿元。

【资金集中】2020年，公司通过走访成员单位、协同确认账户性质、提供比外部银行更有竞争力的产品定价等方式，实现集团内可归集资金“应归尽归”，努力提高公司的资金归集水平。

【资金业务】2020年，公司发挥集团资金结算功能，完成归集银行银企直连账户挂接工作。全年办理结算业务5.32万笔，结算业务零差错。与多家银行开展同业存放业务，累计完成资金调拨207笔，资金交易量达到298亿元。公司流动比例保持较高水平，月平均流动比例保持在100%以上，每日流动性始终保持在60%以上，既满足业务开展需求，也保障资金使用安全合规。资金业务团队紧盯市场，研究趋势，通过比价、沟通、议价，为最大限度提升资金效益作出贡献。

【风险管理和内部控制】2020年，公司对信贷业务进行前置指导，提高风险管理的有效性。制定修订涵盖公司治理、资金结算、信贷管理、财务会计、内部控制与风险管理、信息科技、综合管理等方面制度。在确保合规的前提下，走通、走顺主要业务操作流程，结合年内存贷款业务的实际操作，通过完善核心业务系统和OA系统审批流程，实现信贷业务全流程线上操作，有效控制操作风险，初步实现制度、系统、流程“三线合一”。通过开展专项内部审计，发挥监督检查职能，防范潜在风险，强化内部控制。

【人力资源管理】2020年，公司员工24名，平均年龄41岁，硕士研究生学历和具有中级及以上职称占比均为66.70%，从事金融或财务工作5年及以上占比75%。针对金融机构特点，编制《员工手册》，加强全体员工行为规范管理。公司陆续开展监管法律法规、资金结算、统计管理办法、办公管理等专题培训，组织人员不定期参加各项财务专题学习培训以及宏观经济形势学习，进一步提高公司金融团队专业技能。

【信息化建设】2020年，公司核心业务系统和资金管控网银系统正式启用，资金的归集、支付、对账等功能整体投入使用。OA办公系统2020年4月正式上线并投入使用，提高了公司的运转效率和审批规范。完成金蝶EAS系统与公司核心业务系统的对接、与集团合并报表系统关联交易对账平台数据自动推送、核对工作。建立专业监管数据报送平台，2020年9月实现EAST、1104、大集中、金数各模块的数据采集。同时，做好周期性机房设备巡检、故障排查等硬件运维和信息安全管理工作，切实保障公司的数据和信息安全。

【企业文化建设】2020年，公司开展“奋进新时代、党员先锋行”岗位建功行动，党员亮身份、亮承诺、亮行动，在实践中践行初心使命。组织“多伦路街区的红色记忆——白色恐怖下的城市斗争”行走的党课活动。走进上海老港固废基地，亲身体验老港从臭气熏天垃圾场到水清岸绿生态园的蜕变。登上上海之巅，体验中国改革发展传奇。通过讲述老照片里的上海城投故事，在小照片中感受大时代。开展“浸润书香，心中有光”读书活动，以“微课堂”打造开放的红色学习平台，线上线下同步发力，建设“书香企业”，营造团结奋进氛围，形成推动企业发展的合力。

上海电气集团财务有限责任公司

【集团概况】上海电气集团股份有限公司（以下简称“集团”）是国内大型综合性装备制造集团之一，主导产业聚焦能源装备、工业装备、集成服务三大领域，致力于为全球客户提供绿色、环保、智能、互联于一体的技术集成和系统解决方案。2020 年，集团以新体制新机制激发新动力新活力，以新产业结构催生新发展动能，以新产业协同服务新发展格局，有效促进集团的经济运行更健康、更持久、更稳健。2020 年，集团营业收入、归母净利润、新接订单、科技投入、品牌价值连续实现两位数增长，继续保持高质量发展势头。

【经营概况】2020 年，上海电气集团财务有限责任公司（以下简称“公司”）秉持“依托集团、服务集团、客户至上、创新驱动”的经营理念，切实做好集团“财务能力和意志”的延伸，科学有序地推进数字化、智能化转型发展。截至 2020 年 12 月末，公司总资产 773.84 亿元，信贷资产 238.03 亿元，吸收存款合计 691.81 亿元。

【资金集中管理】公司在 2020 年聚焦司库管理核心能力建设，积极协助集团实现资金集中管控。一是切实加强存量客户和新吸收成员单位的存款营销，有效引导成员企业实现资金归集的最大化；二是积极参与集团资金管控平台建设，协助集团梳理司库管控现状，并参与规划新一代管控型司库体系。

【信贷业务】2020 年面对突如其来的新冠肺炎疫情，公司积极承担起集团金融服务“主通道”角色，不断加大对成员企业的信贷支持力度，有效实现信贷业务的扩面增量，2020 年本外币日均贷款规模处于历史高位。一方面，公司积极贯彻国家科技强国和绿色可持续发展理念，持续向集团内科技创新和绿色环保企业给予信贷支持。截至 2020 年 12 月末，公司高科技企业贷款余额 24.14 亿元，绿色环保贷款余额 15.33 亿元。另一方面，公司通过降低贷款和贴现利率等优惠政策充分让利成员企业，同时对受疫情影响严重企业的贷款作灵活的还款安排，帮助成员企业稳固发展根基。

【业务创新】2020 年，公司一是依托集团与央企客户的战略合作，积极推广财务公司保函，并与多家央企财务公司形成保函互认合作；二是充分利用银行授信资源创新开展分离式保函业务，为成员单位提供更丰富的保函服务；三是创新开展“双十一”金融产品促销活动，通过直播带货的模式向成员企业大力推广特色金融产品，并同步推出专属优惠活动，涉及减费让利的金融产品涵盖公司全部重点服务，共计向成员企业让利 200 万元；四是充分利用多年来持续进行信用研究的良好基础，通过借助合作银行、证券公司、基金公司的行业研究能力，协助集团搭建符合上海电气行业特色的业主信用评估模型，并在 2020 年内率先完成第一个子行业光伏模型。

【服务实体】2020 年，公司一是落地 ECDS 线上清算功能，具备等同商业银行的票据清算能力，为集团成员企业票据融通提供更有力的支持；二是落地“融 E 贴”线上贴现业务，并向银行“秒贴”产品靠拢，通过更便捷的线上化业务提升财务公司金融服务能力；三是推进 RPA（机器人流程自动化）二期项目建设，进一步扩大 RPA 流程规模达到 15 个，机器人数量 4 个，服务客户 5 家，着力打造一流的企业级 RPA 机器人管控平台；四是推进统一收付平台建设，为集团的电子商城提供安全性高、便利性强、具有可拓展性的线上清算服务；五是在柜面实现 AI 人脸识别，有效提升客户身份识别效率，筑牢金融机构安全防线。

【投资业务】2020 年，面对突如其来的新冠肺炎疫情和复杂多变的投资环境，公司秉持一贯的绝对收益投资理念，在风险可控的前提下，根据市场走势积极调整持仓结构，提升组合收益。

【外汇业务】2020 年，公司一是落实异地企业线上购付汇模式，提升异地企业外汇业务操作的便利性；二是作为集团对接外汇局的统一窗口，公司进一步深化集团外汇业务窗口职能，推动集团重点项目落地；三是强化外汇顾问服务力度，承办第三届上海电气外汇业务研讨会，通过聚焦外汇市场、境外投资和资本市场投资等热点话题，帮助成员单位更好地把握市场动态和政策变化。

【风险管理和内部控制】2020 年，公司一是更加注重利用信息化、模型化手段实现风险管控的精细化管理，通过不断完善风险管理工具，开发建立高效全面的风险管理信息系统平台，强化科技对风险管理的支撑作用；二是持续夯实制度体系建设，紧跟最新的监管合规要求，继续完善公司的制度管理体系，实现制度颗粒度达到具体岗位和流程。截至 2020 年 12 月末，公司有效制度达 201 项，合计新增和修订制度 44 项；三是公司在 2020 年持续关注最新监管政策，加强对政策导向的研读，不仅聚焦反洗钱、案件防控和市场乱象整治“回头看”等重点领域的风险防控，而且不断结合自身业务特征，加强对日常业务的排查和预警，确保公司合规有序地开展业务。

【信息化建设】2020 年，公司全面提升内部运营的信息化水平和运作效能。一是聘请第三方安全机构，对公司信息系统进行全面的安全评估，完成核心系统的三级等保认证；二是加强与监管的沟通，建立了二代征信查询系统，提升征信查询管理手段；三是不断优化与提升业务服务，全年共完成核心系统改造需求 32 个。

【人力资源管理】2020 年，公司在两个前台业务部门试点开展超额利润专项奖励方案，对两个部门的业务利润超额完成部分按一定比例给予奖励。通过此举，公司进一步调动业务团队的积极性，有效提升前台业务部门的产融结合服务能力和资产运作能力。

上海复星高科技集团财务有限公司

【集团概况】上海复星高科技（集团）有限公司（以下简称“集团”）是一家植根中国的全球化企业，注重长远发展，以“深度产业运营 + 产业投资”为增长引擎，秉承创新驱动的家庭消费产业集团定位，深度推进健康、快乐、富足三大业务建设，面对新冠肺炎疫情的巨大冲击，快速回应，积极投入疫苗研发合作，通过数字过化、线上化、家庭化等方式扭转不利局面，初见成效、逐步改善，从中国向全球不断恢复活力。

【经营概况】截至 2020 年末，上海复星高科技集团财务有限公司（以下简称“公司”）审计前资产总额 133.54 亿元，负债总额 113.28 亿元，所有者权益 20.26 亿元，全年实现营业收入 2.62 亿元，税后净利润 1.75 亿元。公司作为集团下属专业金融服务提供者，在维系并增进与集团和集团核心企业的长期合作关系的同时，积极拓展新的存贷款及消费信贷客户，与集团各行业板块开展多维度合作。

【信贷业务】2020 年，公司围绕银行业金融机构服务实体经济的要求，帮助实体产业成员单位渡过疫情难关，进行一系列授信增额、贷款减费让利、调整还款计划等稳经营、促发展措施，为成员单位应对疫情、运营及发展保驾护航。持续支持先进制造业企业、环保行业、高新技术农业及传统老字号餐饮服务业。截至2020年末，公司向成员单位授信总额合计173.35亿元，为19家成员单位提供信贷服务。2020年末贷款规模46.07亿元，较2019年末的43.30亿元增长6.40%。

【消费金融】2020年，公司继续致力于开发针对养老服务业的特色信贷产品，完善养老领域金融服务，促进社会养老服务体系建设。2020年养老市场面临新冠肺炎疫情的巨大冲击，整体销售困难。公司通过优化养老消费信贷产品并且不断完善业务流程来为集团内养老社区的推广销售提供支持。2020年，公司共计签约养老消费信贷6笔，总计发放贷款320万元，贷款客户均能按月还本付息，无不良贷款产生。

【资金集中】2020年公司深耕集团产业，积极营销客户，通过板块效应，一方面自上而下通过大企业关联小企业，带动整个板块的资金集中度提升；另一方面通过板块间的关联效应，带动整个产业链的资金集中度提升。2020年，公司全年日均存款72.85亿元，特别是2020年下半年公司吸收存款月平均值为76.21亿元，较2019年同期的月平均71.47亿元增幅达6.63%。

【资金业务】2020年公司通过业务部门每日提前报送次日用款情况，预留公司经营所需头寸，在流动性总体平稳可控的前提下，确保信贷等业务有序开展。同时，通过分析资产及负债端的期限结构，在流动性及资金充裕的情况下，将可用资金按照可配置的期限进行活期、定期、国债逆回购类的配置。在同业合作方面，2020年公司共获得银行授信17.50亿元，包括票据保贴、同业拆借、转贴现等授信品种。

【投资业务】2020年，公司根据资金和流动性情况，开展货币基金、银行间市场现券买卖等投资业务。利用货币基金交易灵活且收益高于存款的优势，将货币基金作为流动性管理的重要补充工具，全年累计交易金额15亿元，实现收益1681万元。通过开展银行间市场现券买卖业务，投资部分高评级债券，获得稳定的票息，全年累计交易金额6亿元，实现收益2607万元。

【票据业务】2020年，公司新增电票客户4家，全年累计开票2.97亿元。公司通过大量走访调研客户的开票需求，有效推广电票的使用，节约成员单位财务费用，同时也丰富了公司的金融服务品种。

【业务创新】公司于2020年完成跨境资金集中运营产品设计和制度建设，并获得外汇局跨境资金集中运营业务资质批复。搭建了以财务公司为主办企业、汇集集团16家境内外成员单位参与的跨境资金池，集中调配外债额度513700万美元。截至2020年末，通过跨境资金池累计出入境资金6.50亿美元。在外债规定额度内，开展外汇资金运营，2020年外币结算总额折合人民币437789.21万元。

【风险管理和内部控制】2020年，公司定期开展案防、扫黑除恶、行为规范等自查工作；响应监管要求，积极开展非法集资宣传活动；根据内外环境变化及时开展各项风险自查；梳理完善董事会及公司内部授权体系。公司年内开展包括电票、信贷、数据质量、内控合规、操作风险等多项风险评估和内部自查工作，并根据监管的外部事件提示风险点进行对照分析，制定防控措施，完善内控机制。

【人力资源管理】2020年，公司推进人才输出，向集团及成员单位派驻挂职轮岗人员。通过提高人力资源业务数字化应用覆盖率，进一步提高业务效率。对组织架构层级的规划进行进一步完善，完善人才储备，重要岗位设AB角，更好地应对人员变化。活跃企业文化氛围，给员工和管理层提供更好的沟通渠道。

【信息化建设】2020年，公司所有核心业务系统完成更新换代，对数据中心环境进行有效改善加固，全天候智能监控平台启用并发挥效力，在新领域方面启动企业现金池、跨境资金池、票据池、智能打印鉴伪印章一体机、结算核算自动化升级、财务线上一体化、银企直连扩展新资金通道、征信二代等多个新项目，探索数据治理、实现数据集中运营监控，科技团队的组织建设取得明显成效。

【企业文化建设】2020年，公司党支部组织全体党员开展了“学四史，守初心，践使命”主题党日活动。通过参观四行仓库，聆听400多名壮士的英勇事迹，学习其为国家为人民勇敢献身的精神。同时，公司始终坚持集团的整体核心价值——“修身、齐家、立业、助天下”，谋求个人、团队、公司、社会、环境的综合全面可持续发展。

上海华谊集团财务有限责任公司

【集团概况】上海华谊（集团）公司（以下简称“集团”）成立于1996年10月，是上海市国资委管理的国有独资企业。集团以“打造具有国际竞争力和影响力的化工企业集团，成为社会需要、受人尊重的公司”为愿景，现已形成能源化工、先进材料、绿色轮胎、精细化工、化工服务五大核心业务。2020年，集团面对严峻复杂的新冠肺炎疫情等不利因素影响，积极践行初心使命，统筹抓好疫情防控和经营发展，钦州基地、机制改革、扭亏增效三大攻坚战取得实质性突破，全面完成全年各项目标任务，“十三五”圆满收官。

【经营概况】2020年，上海华谊集团财务有限责任公司（以下简称“公司”）坚守服务实体经济的初心和使命，围绕集团的发展战略和产业布局，聚焦满足集团成员企业金融需求，强化核心功能、创新产品服务，较好完成了各项年度目标。公司实现营业收入4.31亿元，利润总额1.55亿元，年度吸收存款和发放贷款日均数分别达到133.47亿元和73.12亿元。

【服务实体】2020年面对疫情，公司通过专项额度、绿色通道、优惠利率等措施，在符合监管要求的前提下，加大信贷支持力度，提供差异化金融服务，利率减免几乎涵盖所有企业。在支付结算方面，更加紧密关注成员企业需求，提供快捷服务，保障结算服务和任何情况下的资金收支不断档。此外，公司以集团发展战略为牵引，提高项目银团贷款服务能力，支持成员单位重大项目融资落地，逐步提升支持项目的贷款比重，并同步优化信贷结构。

【信贷业务】公司强化金融服务能效，结合企业的实际资金需求，一司一策，助力集团企业降低财务成本，继续扩大信贷投放规模。2020年，公司累计发放贷款150.18亿元，较2019年增长47.95%。随着集团重点项目建设推进，长期贷款比重稳步上升，截至2020年末，累计发放长期项目贷款78笔，金额12.62亿元。

【产业链金融】公司加大业务推广力度，依托集团内核心成员单位，通过走访和调研，深挖上游中小企业融资需求，扩大服务范围和服务品种，不断提高业务审批效率，坚持当日审批当日放款，提升客户满意度和客户黏性。

【票据业务】公司结合集团“票据大户”的特点，切实关注企业票据业务需求，针对集团内部成员单位之间的应收账款和票据结算业务，配套研究开发集团内部商票保贴业务，帮助企业及时回笼资金，降低融资成本。

【资金和投资业务】2020年受疫情影响，金融市场波动较大。公司持续关注宏观经济政策和货币市场动态走势，优化备付金管理模型，在保证流动性和安全性的前提下兼顾收益率。通过与合作银行打通质押式回购票据转贴现通道，提升流动性管理能力。公司对投资业务保持谨慎态度，审时度势，结合实际情况和风险偏好，完成基金筛选模型的搭建，提升投资能力。

【资金集中】公司始终抓住“提高资金集中

度”主线不动摇，不断完善资金归集体系和管理流程，对成员企业的资金量进行动态分析跟踪。2020年，新增开户16户，管理口径资金集中度月度保持在90%以上，全口径资金集中度月度保持在65%以上。

【业务创新】公司着力推进即期结售汇资质申报及业务开办的进程，已于2020年8月获得国家外汇管理局上海市分局关于开办即期结售汇业务的批复，批准经营自身结售汇业务与对集团所属成员单位的结售汇业务。

【风险管理和内部控制】公司认真贯彻落实监管要求，以“强风险管控、促稳健发展”为基调，履行各项职责，扎实工作，取得较好成效。通过制定部门层级的操作规范，形成最小颗粒度的业务操作说明书。建立“负面舆情系统”，扩大公司风险管控边界，为集团整体的经营和金融风险管控提供助力。公司将监管提示事项和风险环节纳入审计，对系统升级后数据质量治理、征信管理、创新业务结项等环节开展了审计。

【人力资源管理】公司继续着力加强团队建设，提升综合实力。通过市场招聘和集团支持，不断充实人员力量。继续注重利用内部培训、业内交流、轮岗带教等内外部多种渠道加强培训，提升内部育人管理水平。探索开展一系列形式多样、内涵丰富的活动，增强团队凝聚力，促使全体员工集思广益，追求卓越，共同进步。

【信息化建设】对接监管政策，公司启动开发“基于数据治理的信息系统”项目，确保各项报送数据的一致性、完整性、及时性、准确性。不断优化信息安全方案，从多角度考虑信息安全和灾备问题，完成专线区域网络改造。配合集团开展“资金集中管理系统升级改造”项目，助力企业集团高质量发展。打造一个兼具性价比、稳定性、可扩展性和易维护性的、能够满足公司未来3~5年发展的基于虚拟化技术的超融合服务器。

【企业文化建设】2020年，公司宣传贯彻集团“抓攻坚、重实干、求实效”形势任务。开展“四史”学习教育。培养清廉金融文化，建立适合金融机构的内控措施，通过员工行为排查、领导干部履职回避、案件风险排查等手段，加强制度约束。以党建引领群团，扎实开展抗击疫情“倡议书”活动、红色寻访“上海革命历史博物馆”活动、“与祖国共奋进 与企业共发展”公司成立八周年等活动。

上海浦东发展集团财务有限责任公司

【集团概况】上海浦东发展（集团）有限公司（以下简称“集团”）成立于1997年11月14日，注册资本39.90亿元。2020年，围绕浦东新区“五大倍增行动”和“四个务必”的定位，在做好疫情防控的同时，集团加大在功能性任务落实、市场化转型推进和集团总部统筹功能强化等方面的工作力度，出色完成全年工作目标。2020年末，集团总资产1680.14亿元，净资产705.42亿元。

【经营概况】2020年，上海浦东发展集团财务有限责任公司（以下简称“公司”）着力做好三项工作：一是通过合理分工、跨前一步、相互联动的方式，加强横向协同，提升信息建设和监管统计工作的管理能级；二是优化和新增制度32项，提升风险管理和防控水平；三是通过严格执行“三重一大”决策制度，强化前置研究事项的审核力度，切实发挥党总支“把方向、管大局、保落实”的作用。截至2020年末，公司实现营业收入4.12亿元，资产总额246.87亿元，净利润2.60亿元，净资产收益率为10.41%。

【服务实体】2020年，公司坚持“服务倍增”理念，秉持“重服务，轻利差”宗旨。通过项目介入时点和融资方案设计的前置，牵头各商业银行比选融资方案等，为集团成员单位重点融资项目提供专业化、个性化的融资顾问服务；结合利率定价机制转换为 LPR 的契机，通过银团谈判及参与行比选等措施，主动降低自营贷款利率；协助集团和成员企业完成公司债发行，实现同类企业同期发行利率最低，有效降低成员企业融资成本。

【信贷业务】2020 年，在集团本部融资方面，全年累计放款 75.48 亿元，累计还款 85 亿元；充分挖掘成员企业闲置资金，全年共计向集团转入 8.75 亿元，有效补充了集团自有资金。在重点项目方面，全年累计组建环保、房产、长租房等各类项目银团总金额达 192.16 亿元。在自营贷款方面，全年累计为保障房、商品房、城中村改造、环保等项目发放贷款金额 36.61 亿元。截至 2020 年末，公司贷款余额 62.75 亿元，其中，流动资金贷款 39 亿元，项目贷款 23.75 亿元，贷款日均规模为 59.22 亿元。

【资金集中】2020 年，公司通过配合梳理集团成员单位账户体系，配合设定资金归集率考核指标，配合做好资金管理系统开发与应用以及提升资金预算及资金计划准确率等措施，集团整体资金归集率呈稳步提升趋势，2020 年平均资金归集率为 52.90%，剔除非财务公司专户等影响后资金归集率达 96.28%。

【资金业务】2020 年，公司在资金运作方面依然以保障集团及成员单位流动性需求为首要目标，全年完成资金在存款准备金缴存、信贷投放、同业投融资业务各环节的科学统筹、合理配置，并实现资金运用的安全合规、计划有序及灵活高效。

【投资业务】2020 年，公司秉持稳健审慎原则，在满足流动性需求的前提下，开展货币基金、债券型基金投资，并利用基金产品参与科创板和创业板打新，同时抓住债市波段性机会提高资金收益，全年实现投资收益 6800 余万元。

【业务创新】2020 年，公司受托完成浦东新区国资企业首单要约收购，收购溢价率比市场成功收购案例低 29.48%；助力成员单位拓展金融投资，协助完成 14.20 亿元的公募基金投资，使其资金收益率在原有基础上提升 12.07%。

【风险管理和内部控制】2020 年，公司推进和落实信贷评级授信、同业投资和资金业务授权及存放额度系统控制、信用风险压力敏感性测试、长期资产和长期负债匹配情况测算、金融统计数据治理、利率定价机制完善、核心系统内部控制模块建设、信息系统等级保护测评等工作，同时在金融持续强监管格局下，深入开展反洗钱、防范非法集资、国家安全法律法规等宣讲和员工行为排查等专项工作，积极以底线思维防范化解金融风险。

【人力资源管理】修订考勤和招聘管理办法、新增履职回避及岗位津贴管理办法各 2 项；以部门绩效考核目标责任书为抓手，通过部门专项奖励申报，形成差异化绩效管理和薪酬激励机制；参加监管部门和中国财务公司协会组织的共性化培训，开展“高顿财税”网课个性化培训，并尝试搭建内训题库强化培训实效性；新招聘员工 4 人，提任干部 4 人，评聘业务序列管理人员 5 人，落实“外挂内培”各 1 人，同时通过专业序列人员评聘、金融财务人员培养规划研究和金融从业资格及职称考试的推行，加大人才队伍建设和培养。

【信息化建设】一是多措并举，克服新冠肺炎疫情不利影响，有序推进新业务系统单轨切换，按时保质完成新业务系统上线；二是启动并通过新业务系统二级等保测评，同时结合网络信息安全趋势、行业监管和公司实际，升级汰换机房部分老旧网络基础软硬件，提升公司信息系统整体安全性；三是通过配合集团完成与资金集中管理平台相关的安全认证设备的采购，启动集团与财务公司间财企直连项目，完成功能模块的开发并进行连通测试等工作。

【企业文化建设】完成党总支委员增补和各支部新一届支委换届选举，优化各级党组织设置；新增6项、完善5项党建制度，持续巩固和扩大“不忘初心、牢记使命”主题教育成果；通过组织开展募捐、组建志愿者队伍和派员参加机场执勤等抗疫活动，有效发挥党员在疫情防控中的堡垒和先锋作用；通过党建品牌创建、党建专刊编辑、青年沙龙会等活动的开展，深入搭建阵地，培育党建品牌，扩大党组织示范引领效应。

上海汽车集团财务有限责任公司

【集团概况】上海汽车集团股份有限公司（以下简称“集团”）是目前国内产销规模最大的汽车集团，主要分为整车、零部件、移动出行和服务、金融、国际经营五个业务板块。目前，集团整车产销规模、新能源汽车销量、整车出口海外销量均排名全国第一，集团业务体系的综合实力领跑国内汽车行业。

【公司概况】上海汽车集团财务有限责任公司（以下简称“公司”）成立于1994年5月。2020年末，公司注册资本金为人民币153.80亿元（含1000万美元）。2020年，在突发新冠肺炎疫情和汽车产业大幅波动的不利情况下，公司通过创新变革，巩固产融结合优势，全年实现合并归母净利润51.38亿元，同比实现4.6%的正增长；全年合并营业收入193.01亿元；年末合并资产总额3504.47亿元。公司实行董事会领导下的总经理负责制，设1个党群部门和22个业务部门。

【变革创新】公司以重塑绩效体系为抓手，持续推动建立多层次创新管理体系，提升企业发展动能，为公司可持续发展注入活力。年内通过不断的技术积累，在互联网支付服务上再获突破，助力整车厂真正实现整车全线上销售。公司设计打造集整车线上销售、支付、贷款管理全功能的一体化平台，可覆盖线上线下全支付场景，深度嵌入全线上汽车消费贷款模式，目前已在荣威R品牌和上汽大众ID4线上直销中进行应用，公司也成为财务公司行业和汽车金融行业第一家也是唯一一家真正实现“整车+金融”线上直销模式突破落地的金融企业。

【汽车金融】2020年，公司发放整车零售贷款近80万单；2020年末汽车金融融资余额（含管理资产）1228亿元；业务已覆盖全国309个地级市3179家经销商。2020年末，公司一站式互联网金融服务平台“好车e贷”累计注册用户已超500万户；平台在行业内首家推出线上全流程金融贷款服务，实现申请贷款、合同签订、直通放款的全线上操作。

【公司金融】2020年，公司继续坚持通过多元化、差异化的金融产品，极致化、个性化的定制服务支持集团产业链各个环节的发展，2020年全年日均存款保持5%的正增长。年内公司再次牵头组建上汽通用200亿元银团贷款，上汽大通50亿元银团贷款，为集团整车企业提供现金流储备。

【投融资】2020年，公司通过专业化、精细化的操作，实现了持续稳定的投资收益。公司投资的合资企业——上汽通用汽车金融有限责任公司业务逆势增长，全年完成零售合同115万笔；2020年末汽车金融信贷资产余额1517.2亿元。公司抓住年中市场利率大幅走低的有利契机，再次发行100亿元车贷ABS，其中优先A1级票面利率为1.70%，创下汽车金融行业历史发行利率最低纪录；优先A2级票面利率为1.95%，低于国有银行存单二级交易价格。

【风险管理】2020年，公司继续将风险控制作为发展的坚强护盾，全面提升风控水平。面对疫情的冲击，公司采取多种风控手段，多维度进行逾期管理，使汽车金融零售逾期率恢复至疫情前的正常水平；制定前中后台联动的风险应急处理机制，继续保持批发贷款零损失。此外，公司成立数据治理与数据安全团队，全面强化数据治理与数据安全工作；首创全流程内部审计信息化平台，全面提升内部审计在经营管理中的价值。

【社会责任】 2020 年，公司关心社会、关爱员工、关注用户，积极践行企业公民的社会责任。对社会，持续 23 年援建井冈山畔田希望小学，不间断开展各种资金捐助和对口支援；对员工，创新活动形式，丰富文化内涵，通过举办“变革创新、拓路致远”为主题的线上线下融合年会，以及“创新同行、奋斗有我”企业文化主题实践活动弘扬奋进主旋律；对用户，不断优化线上线下服务质量和效率，提升客户满意度；对受疫情影响特定客户给予多方面的政策扶持，共渡难关。

上海上实集团财务有限公司

【集团概况】 上海上实（集团）有限公司（以下简称“上海上实”）成立于 1996 年，是上海实业（集团）有限公司（以下简称“上实集团”）的境内平台。上海上实集团财务有限公司（以下简称“公司”）隶属于上海上实。上实集团于 1981 年由上海市政府在香港注册设立，由上海市国资委全资控股，拥有上实控股、上海医药、上实环境、上实发展、上实城开 5 家境内外上市公司，业务涉及医药医疗、基建环保、房地产、消费品、金融服务和投资等领域，并加快向绿色环保、大健康产业转型，是上海在境外规模最大、实力最强的综合性企业集团和香港最具地方代表性的中资企业之一。

【经营概况】 2020 年，公司坚持一手抓防疫，一手抓经营，全力采取各项措施，努力将疫情对公司经营的影响降到最低，并积极为成员单位抗击疫情提供金融服务支持，按时高质完成年度工作目标。2020 年，实现营业收入 1. 14 亿元，实现净利润 0. 69 亿元。

【信贷业务】 公司紧跟集团战略导向，集中信贷资源重点支持医药和绿色新能源业务，支持实体经济发展，2020 年累计发放贷款 60 亿元。针对疫情冲击，第一时间了解成员单位状况，开辟防疫绿色资金通道，及时调整信贷规模，加快贷款审批速度，确保融资需求无缝衔接。为降低疫情对集团内医药企业的影响，公司投放低息抗疫贷款，专项用于防疫物资和药品采购，协助成员单位渡过难关。

【资金集中】 公司坚持“以服务质量提升促集中”，与成员单位共同剖析资金集中的难点和痛点，形成业务推进方案，全年日均存款和结算量明显增长。医药分销成员单位省级平台资金池内结算业务快速增长，进一步加大合作力度，推进财企直连系统开发。

【资金业务】 公司持续加强同业合作，提高资金运营效率。在确保流动性风险可控的前提下，合理分配资源，适度调整同业资金的期限配置，通过同业拆出、银行间债券质押式回购等业务，拓宽资金运用领域，应对资金利率下行的不利影响。

【投资业务】 公司严格遴选投资产品，深入穿透底层资产，审慎开展投资业务。进一步优化公司投资策略，拓展可投资品种，适当拉长投资业务久期，提高投资收益。完成 RPA 价格发现等流程的上线，初步实现 RPA 技术和数据分析相结合的应用，提升了日常同业和投资交易价格发现效率。

【风险管理和内部控制】 公司严格落实监管要求，稳步开展风险合规工作。信用风险管理方面，建立同业授信量化风险模型，逐步完善同业额度系统管控；流动性风险管理方面，在每日指标监控的基础上，开展两次流动性压力测试；信息科技风险管理方面，制定信息科技风险管理办法，建立信息科技关键风险监测指标。持续组织开展合规制度培训和案件警示教育，培育良好的合规文化。

【人力资源管理】公司进一步完善人力资源体系，夯实人才队伍建设，拓宽人才培养渠道，鼓励和支持青年人才参加集团轮岗交流、挂职锻炼和青年管理人才培养计划，通过选拔4人入选集团优秀青年管理人才选拔储备库。修订完善人力资源管理制度，规范员工行为管理，实施关键岗位员工强制休假和轮岗等工作。

【信息化建设】公司进一步完善核心业务系统功能，加强信息科技风险管理，不断提升信息化管理水平。修订完善信息系统开发和运行管理制度，新增核心业务系统贷款市场报价利率计息功能，优化票据贴现和有价证券投资等模块。继续加大信息安全投入，保障系统安全稳定运行，完成信息安全等级保护（三级）测评工作。

【企业文化建设】在提升领导质量方面，公司党支部联动风控、内审、纪检部门，明确合规监督机制，强化问责体系建设，推动公司高质量合规发展。在发挥战斗堡垒作用方面，一手从严落实疫情防治，一手抓紧有序复工复产。党员干部带头落实防控措施，坚守本职岗位，公司自2020年2月3日起全面复工复产，确保成员单位资金结算和融资业务顺利开展。在扎实开展“四史”学习教育方面，将主题教育融入实际经营工作中，开展党建联建、情景党课、多媒体授课等教育活动，强党性，不断开创党建促经营新局面。

S

上海外高桥集团财务有限公司

【集团概况】上海外高桥集团（以下简称“集团”）成立于1992年12月，母公司上海外高桥资产管理有限公司由上海浦东投资控股（集团）有限公司100%出资，注册资本130050.76万元，实际控制人为上海市浦东新区国有资产监督管理委员会。集团主要负责上海市外高桥保税区、外高桥保税物流园区、森兰·外高桥及周边区域共约28平方公里的区域开发和运营，承担区域开发、招商引资、功能培育和产业引领的任务。截至2020年12月末，资产规模为448.55亿元。

【经营概况】上海外高桥集团财务有限公司（以下简称“公司”）围绕集团“创新自由贸易园区运营商和全产业链集成服务供应商”定位，夯实基础业务，加强风险防控，拓展创新业务，提升服务水平，逐步建立全面覆盖所有成员企业的金融服务新格局。2020年公司资产总额为78.78亿元，实现主营业务收入13210.67万元（含投资收益及公允价值变动收益），净利润4831.00万元。资本充足率、不良贷款率等重要指标均符合监管要求。

【服务实体】2020年，公司降低了集团融资成本685万元；通过资金集中管理的规模效应，从合作银行获得更多同业存款收益，让利给成员企业利息4344万元；通过开展海关税款保函业务，在费用及保证金资金成本方面让利于成员企业，降低集团融资成本1383万元。

【信贷业务】2020年，公司一方面加大对成员企业的信贷支持力度；另一方面在贷款利率方面给予适当优惠，帮助成员企业降低财务成本。全年累计发放贷款本外币41.41亿元，签发票据0.30亿元，签发海关保函19.19亿元。2020年新增中期流动资金贷款及汇总征税保函两项授信品种，丰富了公司信贷服务功能。

【资金集中】2020年8月初，公司进一步优化网银系统功能，完成多家银行银企直连转账功能一次性正式投产，做到了新老功能无缝对接和用户无感更新，一站式资金管理平台能级再获提升。公司网银系统实现了全功能运行，为集团实现资金集中管控提供基础数据及系统支持。

【资金业务】公司坚持在风险可控的前提下，提高资金使用效率，最终实现资金增值。从事的资金业务主要包括存放同业、同业拆借及国债逆回购业务等。公司主要通过主动授信及交易对手名单准入制相结合的方式，控制信用风险；通过日常对市场行情的收集、监测，控制市场风险；通过强化资金业务的合规流程，控制操作风险；通过监测流动性指标，控制流动性风险。

【投资业务】公司投资业务范围为固定收益类有价证券投资。投资业务管理划分前台、中台和后台，并专门设立投资决策委员会，负责审议投资业务品种的具体投资额度及交易对手。在兼顾安全性、流动性、收益性的前提下，合理合规配置投资资产，以提高公司投资收益。在选择具体投资产品时，综合考虑投资产品规模、底层资产情况、收益率情况、风险特征、流动性特征等因素，合理分散投资，有效降低投资风险。

【票据业务】2020 年，公司鼓励成员企业通过财务公司电票平台开展电票业务，其中，公司累计承兑电子银行承兑汇票 6 笔，金额共计 3040.98 万元，2020 年末余额 1240.98 万元；成员企业累计通过财务公司电票平台开立电子商业承兑汇票 18 笔，金额共计 16609.95 万元，年末余额 3894.30 万元。

【外汇业务】2020 年 1 月，公司经外汇局批准获得即期结售汇业务经营资格；2020 年 11 月，公司在农业银行外汇资金池主账户和外汇银企直连功能开通，完成首个成员企业子账户挂接并办理了金额为 12 万美元的首笔即期结售汇业务，即期结售汇业务正式开展。

【业务创新】公司为集团贸易板块成员企业提供关税保函业务服务，突破了原有的商业银行关税税款担保模式，在上海海关关区内启动首家企业集团财务公司关税税款担保试点，推动了税收担保多元化，标志着自贸区 4.0 时代海关政策创新改革拉开序幕。保函业务类型包含出区展示、分送集报及全域业务等，通过减免保证金、优惠收费等措施切实降低企业财务成本。

【风险管理和内部控制】2020 年，公司对标修订操作风险手册，梳理公司结算业务、授信业务等七个方面的重点风险点及防范措施；对全体员工开展培训，内容包括《反洗钱和防范非法集资培训》《合规案防教育》《涉刑案件管理办法》，提高员工对操作风险的重视程度及防范意识；进一步规范合同格式文本管理，梳理并更新现有信贷、现金管理等合同格式文本，加强合同台账管理。

【人力资源管理】公司一方面根据公司后备人才管理办法，实施人才梯队管理，落实关键岗位人员轮岗机制；另一方面强化从业人员的岗位监督和约束，制定《员工履职回避管理办法（试行）》。同时，将“以考促学，以学促能”工作常态化、制度化、规范化，制定《金融业务知识技能测试实施办法（试行）》，建立并运行线上考试系统。2020 年，公司荣获“上海市和谐劳动关系达标企业”及“浦东新区社会责任达标企业”荣誉称号。

【信息化建设】2020 年，公司进一步加强业务连续性建设、信息科技创新、信息系统安全建设等方面的管理。疫情期间，保障对业务系统的远程操作和运维服务支持；年内上线海关电子关税保函项目和结售汇项目等系统；在提升内部管理效率方面，完善办公及档案管理系统；在信息安全方面，进一步加强信息科技风险控制管理，开展多项年度应急演练，为支撑业务连续性提供应急保障。

【企业文化建设】2020 年公司组织职工积极开展了多项党工团文体活动。以“三会一课”、主题党日为抓手，全年共策划开展学习实践活动逾 25 项，并打造了“财智先锋”党建品牌。举办趣味运动会、线上“云朗诵”以及儿童节“抗击疫情，成长有我”等活动。

上海文化广播影视集团财务有限公司

【集团概况】 上海文化广播影视集团有限公司（以下简称“集团”）成立于2001年2月22日，注册资本人民币50亿元，由上海市国有资产监督管理委员会全资控股，集团的综合文化产业门类多、规模大，具有完整的内容产业链，业务涵盖媒体运营及网络传输、内容生产和版权经营、互联网新媒体、现场演艺、文化旅游及地产、文化金融与投资、电子商务等领域。2020年，受新冠肺炎疫情影响，集团旗下各板块的业务不同程度下降，但总营收与归母净利润仍实现小幅增长。

【经营概况】 2020年，上海文化广播影视集团财务有限公司（以下简称“公司”）密切关注集团的发展战略，紧紧围绕集团核心产业链开展金融业务，积极开拓服务新领域，满足集团各成员单位日益多样的金融服务需求，协助集团深化财务管控，促进金融和文化产业的融合发展。截至2020年末，公司资产总额59.55亿元，全年实现营业净收入3901万元，实现利润总额1859万元，实现净利润1394万元。

【服务实体】 2020年，公司继续通过降低对成员单位的融资利率为实体经济发展提供便利和服务。截至2020年末，公司加权平均贷款利率为3.25%，较一年期LPR 3.85%低60个基点，较上年末加权平均贷款利率3.47%进一步降低约20个基点，在保证自身经营有序开展的同时，引领集团整体信贷利率的降低，助力集团获取更多质优价廉的信贷资源。同时，结合抗疫要求，推出“战疫”专项贷款方案，围绕“减、免、延、简”推出疫情防控特色金融服务措施。

【信贷业务】 2020年，公司累计为成员单位提供授信50.56亿元，其中，表内业务方面，累计发放贷款16.64亿元，年末余额16.53亿元，较上年末增加0.36亿元，日均贷款余额14.32亿元，较上年末减少约1亿元；表外业务方面，实现非融资类保函业务零的突破，累计办理非融资类保函2笔，金额93.43万元。所有信贷业务均为正常类，无逾期、欠息或索赔。

【资金业务】 2020年，面对同业资金市场利率持续下行、利差不断收窄的不利形势，公司一方面通过加强与开户银行的沟通，维护与合作银行的合作关系，争取提高活期账户利率收益；另一方面加强资金头寸管理，兼顾资金支付计划匹配性和资金收益最大化，在确保流动性安全的情况下，抓住市场利率窗口期，合理配置资金存放期限结构。

【资金集中】 公司持续与集团企业上市板块合作，协助上市板块控股子公司资金管理体系建设，2020年实现上市公司旗下12家控股子公司账户、收付及交易信息的线上管理。此外，公司积极参与集团财务信息管理系统建设及推广，承接集团本部及下属非上市板块成员单位的收付运营，截至2020年末，公司日均存款35.84亿元，较上年增长10.87%；各类资金收付及归集结算量946.02亿元，同比增幅达37.96%。

【业务创新】 2020年，公司成立由前中后台各部门共同参与的票据业务推进工作组，各部门分工协作完成电子银行承兑汇票承兑及贴现业务开展的各项准备工作。公司响应集团战略转型发展需要，参与对集团转型项目金融需求的调研，在了解其经营发展中的金融服务需求的情况下，重点探讨促进消费端的互联网消费金融支持方案和促进供应端的流媒体项目孵化专项贷款方案，初步完成专项金融服务方案。

【风险管理和内部控制】2020年，公司继续狠抓制度及内控合规建设，新增、修订37项制度，对制度进行重新分类，形成三级管理办法；完成内控手册1.0版本的编制工作，基本囊括公司目前全部业务领域及主要控制流程，最大限度降低操作风险；公司积极研究风险策略，建立风险偏好体系，涵盖流动性、信用、市场、操作、风险抵补能力等方面。加强内审工作，聚焦业务重点与监管重点，对信贷、结算、同业、反洗钱、信息系统等开展专项审计，达到审计全覆盖要求。

【人力资源管理】2020年，人力资源工作着力于三项内容：第一，构筑人才集聚“强磁场”，聚焦公司业务发展吸纳5名专业人才；第二，构建学习“生态圈”，打造知识内循环、激发员工内生学习动力，全年累计开展各类培训486人次，人均培训时数73小时；第三，打造人才培养“孵化器”，通过带教、岗位轮换、项目组等方式，增加员工技能的多样性，提高人力资源配置效率。

【信息化建设】2020年，公司一是落实监管要求，信贷业务贷前和贷中流程实现线上审批功能，实现在业务流程的内部控制关键节点有效嵌入管理信息系统，为风险管理和内部控制提供决策信息的功能；二是实现核心系统与集团财务中台系统对接，更好地服务集团和成员单位；三是启动金数和二代征信开发升级项目建设。

【企业文化建设】2020年，公司积极倡导合规文化、数据文化与清廉文化。通过风险合规月度例会开展合规警示教育，在数据治理工作开展中强化员工的用数意识，培养员工遵循依规用数、科学用数的职业操守，通过党支部与同业结对共建的党建形式，巩固、深化与银行同业的全面合作伙伴关系，构建共筑共建共享的党建工作新机制。党支部与工商银行静安支行公司业务党支部结对共建，双方支部党员一同参观了“四史”学习教育主题展——浦东开发开放三十年展，真切感受中国改革开放和上海现代化建设成就。

申能集团财务有限公司

【集团概况】申能（集团）有限公司（以下简称“集团”）创建于1987年，是上海市国资委出资监管的国有独资企业，注册资本100亿元。2020年集团总资产约2107亿元，年营业收入约440亿元。

【经营概况】2020年，申能集团财务有限公司（以下简称“公司”）实现净利润4.92亿元，总资产282.46亿元，净资产32.30亿元，年度吸收存款和发放贷款日均数分别达到203.52亿元和132.52亿元。

【服务实体】公司一方面通过开展项目贷款、银团贷款、过桥贷款和票据等信贷业务，有效保障绿色能源项目的建设与经营周转，确保重点保障能源项目的资金需求；另一方面公司通过延伸产业链金融业务，服务集团产业链上下游中小微企业，并通过积极向人民银行争取低风险、低成本的小微企业票据再贴现规模等手段，为产业链上下游企业提供金融支持，促进清洁能源替代使用以及先进制造业供应商企业的发展。

【延伸服务】2020年，完成“申财通”系统2.0版页面调整及升级改版需求确认，结合集团品牌管理统一要求，完成对“申财通”系统2.0版登录页面改版设计并上线发布，开展“申财通”系统2.0版升级改版用户需求调研，向集团成员单位发放相关业务问卷调研表，征集实质性优化意见及建议，作为本次“申财通”系统2.0版改版需求重要组成内容。同时结合调研反馈情况，完成“申财通”系统 2.0 版升级改版需求确认工作。

【线上清算】2020 年，公司接入上海票据交易所电票业务线上清算，真正实现票据业务票据流、资金流、信息流的“三流合一”。通过解决票据和资金不同步交割带来的资金风险，加快票据资金回流，有效提升电子商业汇票资金清算效率和信息的安全性，使公司票据服务能力和票据基础设施建设迈上新的台阶。

【信贷业务】截至 2020 年末，公司已与 124 家贷款客户发生信贷业务，发放贷款 158 亿元，公司绿色信贷投放占比为 63%。公司切实落实政策支持，为成员单位提供抗疫优惠贷款 1400 万元，切实为成员企业抗疫、复工复产提供金融支持。积极应标新的银团项目，全年新增银团放款总额 3.40 亿元，在引入财政部清洁基金委贷方面完成放款 6500 万元。同时公司响应中国人民银行关于贷款市场报价利率形成机制改革要求，实现自营贷款 LPR 贷款定价全覆盖，为成员单位不同程度节约融资成本。

【产业链金融】2020 年，公司延伸产业链金融业务有序推进，新增 15 家供应商客户，实现产业链放款近 7 亿元。公司积极营销集团内新的业务板块，将其作为产业链核心企业目标客户，做好业务场景的储备。除上游供应商外，与系统内燃气企业针对下游直供用户天然气款的应收账款保理模式也得到进一步开拓，为实现产业链业务向下游延伸做好一定的铺垫。

【资金业务】2020 年，公司通过人民银行再贴现业务取得外部融资 21.38 亿元，用于支持集团系统小微企业、绿色信贷资金需求；公司年度累计拆入资金 197.50 亿元，有效补充了日常流动性。另外，公司通过不断提升信息技术管理水平，完善资金监测体系，实现对流动性指标实时监控。

【投资业务】2020 年，公司日均投资规模约 19.60 亿元，主要投资于货币基金、债券基金、新股和一级市场可转债等低风险产品，适度配置权益类基金和低估值高分红股票等高收益品种。截至 2020 年末，公司实现投资收益 3.76 亿元。

【票据业务】截至 2020 年末，集团成员单位累计签约开通电子商业汇票业务 47 家，全年累计办理各类出票共计 21.29 亿元；办理电票贴现 21.18 亿元；再贴现业务累计完成 21.38 亿元，其中 3 亿元抗疫专项再贴现额度用于集团系统内保供支持复工复产行业的小微企业。2020 年 10 月正式开通上海票据交易所线上清算业务，制定上海票交所资金账户备付金管理制度和线上清算业务操作细则，通过“制度加科技”的手段充分保障业务创新与风险防范并举，极大提升了公司票据业务服务能级。

【外汇业务】公司紧跟集团国际化发展战略，发挥自贸区金融平台优势，推进集团跨境结算和海外项目配套金融服务体系建设。完成代客结售汇 56 笔，公司主动对接有境外融资需求的企业，跟进落实海外能源项目和转口贸易进展，拟通过政策研究、同业交流等形式尽快落实提供全面的海外项目跨境金融配套服务方案。

【资金集中】2020 年，公司继续深化集团资金管理要求，做好资金统筹管理，2020 年末公司吸收存款余额 235.93 亿元，同比增加 43.43 亿元，公司资金集中度为 81.18%。

【风险管理和内部控制】2020 年，公司一是加强制度建设，完善流动性风险管理相关制度。制定并发布《流动性风险管理办法》，定期完成流动性压力测试工作。二是修订完善应急预案，新增流动性风险应急预案，建立流动性预警机制及流动性补充机制。三是定期开展信息系统风险事件的回顾机制，建立信息系统上线、版本迭代的多维度评估机制，进一步强化信息科技风险管理措施，构建信息科技风险常态化防控体系。四是开展格式合同梳理工作，建立标准规范的业务格式文本，为业务开展保驾护航。

【人力资源管理】2020 年，公司整合各方资源，为员工搭建内外部学习平台，组织学习论坛、调研相结合的多层次培训，为各项业务开展提供人才支持，营造学习型组织氛围。公司倡导并营造“坚持课题研究、加强学习探索”的学习氛围，激发员工的研究和创新。在确保各项业务发展建立在合规经营和风险有效控制的基础上，公司对标监管评级评分标准，积极发挥绩效考核在风险合规管理上的引导作用。

【信息化建设】在应用系统建设方面，配合集团共享中心建设，完成共享服务数据平台的建设；配合人民银行 LPR 利率改革实施推进，完成新一代 LPR 信贷系统的上线运营；引入 RPA 流程机器人技术，推进 RPA 项目实施和应用；提升票据清算能力，完成上海票交所电票线上清算功能；落实监管要求，实现业务线上流程化以及加强数据应用；在信息安全方面，切实保障重要时期网络安全，完成财企直连、国密算法实施、安全态势感知系统、数据安全云盘等各类安全项目的实施。

【企业文化建设】2020 年，公司党总支深入开展“四史”学习教育活动，开展“学习《习近平谈治国理政》（第三卷）”主题党日活动，在庆祝浦东开发开放三十周年之际，组织全体党员学习习近平总书记讲话和收看文艺晚会并发表感言。面对年初严峻的疫情形势，公司党总支一方面紧密团结党员职工，全力保障集团金融服务；另一方面积极开展宣传引导，在中国财务公司协会、上海银行同业公会、集团和公司微信公众号上刊发主题稿件 16 篇，引导职工坚定信心、履职尽责。公司党总支获评申能集团系统 2018—2019 年度“先进基层党组织”称号。

深圳华强集团财务有限公司

【集团概况】2020 年，面对国内外复杂多变的形势，深圳华强集团有限公司（以下简称“集团”）齐心协力、沉着应对，实现全集团安全复工复产，并且通过加快结构调整，加强管理创新和模式创新，努力开源节流、降本增效，克服疫情和国际环境带来的不利影响，转危为机、破解难题，集团整体取得平稳发展。在文化科技产业方面，坚定文化自信，讲好中国故事，致力于推动文化和科技融合，不断完善传播中国文化的承载体系，大力拓展国际市场，是代表中国文化走出去的领军企业。在电子信息高端服务业方面，形成了中国本土最大的线上线下相互融合的电子元器件交易服务平台，在元器件代理分销、应用方案研发、技术支持保障等领域整合创新，具有全面立体的竞争优势。在产城融合方面，通过整合优势产业资源，在深圳、佛山、沈阳、郑州、芜湖、南通等 10 多座城市开发运营“科技园区、总部基地、特色小镇”等产城融合项目，促进当地产业转型和城市升级。同时，集团在光热发电应用技术产业化发展、物联网技术和应用场景开发、产业金融服务等领域进行了积极的探索。

【经营概况】2020 年，深圳华强集团财务有限公司（以下简称“公司”）坚持“稳健经营、规范运作”的经营方针，谨慎开展各项金融业务，主要包括贷款、贴现、存放同业等资金管理业务，暂无不良资产，流动性资金较为充裕，信用风险和流动性风险整体较小，资本充足性良好，抵御风险的能力较强。截至 2020 年末，公司资产总额 37.86 亿元，负债总额 24.68 亿元，实现营业收入 13173.35 万元，利润总额 8759.19 万元。

【服务实体】2020 年，公司积极通过增加信贷投放、票据贴现、跨境资金池等多种方式支持集团主业发展。在全集团的共同努力下，电子信息高端服务业板块业务规模持续增长，继续保持行业领先地位；受疫情影响最严重的文化科技产业板块也于第三季度实现扭亏，全年营收规模恢复到2019年的80%左右，利润恢复到2019年的50%左右，在国内乃至全球文化行业遭受严重打击的情况下依然实现年度盈利，巩固了行业龙头地位。在两个主业的带动下，集团营业收入和利润总额基本与2019年持平，平稳度过了2020年疫情带来的经济寒冬。

【信贷业务】2020年上半年文化科技产业板块受疫情影响较大，特别是因主题公园闭园，其春节期间经营收入为零，第一季度现金流较为紧张，结合成员企业实际经营情况，公司通过合理配置信贷资源，优先给予文化科技产业板块信贷支持，并在利率方面给予适当优惠，协助其降低财务成本，积极支持其度过困难时期。

【资金业务】为切实提高资金效益，公司合理安排调整资金计划，实时追踪头寸变化，最大限度减少活期资金沉淀。公司利用金融机构优势，一方面积极加强与各同业机构的交流对接，争取拆入低利率资金，阶段性补充流动性；另一方面也积极根据市场利率变化，及时与合作机构协商提高同业存放利率，在保证流动性和安全性的前提下提高了资金收益水平。

【票据业务】公司积极收集成员企业票据业务需求，根据成员企业票据类业务单笔金额小、笔数多、期限长短不一的特点为其安排专人跟进、研究设计贴现方案，并以更有竞争力的价格满足企业资金需求。2020年，公司累计办理银行承兑汇票贴现100笔，累计贴现金额5655.85万元。

【外汇业务】2020年，公司作为跨境双向人民币资金池业务的主办企业，在深圳华强实业股份有限公司的配合下打通跨境资金池的专项流通通道，通过前期设置、测试，目前已正常投入使用。根据参池企业的需求，目前已顺利完成15笔合计3500万元资金出境。该业务的顺利开展为集团打通境内外资金双向流动通道，提高了资金境内外融通效率，为产业板块优化融资结构、做好汇率风险管理提供重要的工具。

【资金集中】2020年，公司调研集团成员单位资金情况及相关需求，一方面针对定期存款产品、七天通知存款产品等适度提高存款利率，增强企业归集意愿；另一方面积极提高公司资金结算服务效率，吸引成员企业在公司办理资金结算业务，结算带动资金归集沉淀。公司多渠道提高资金集中度，截至2020年末，全口径资金集中度达38.81%，可归集口径资金集中度达57.97%。

【风险管理和内部控制】2020年，通过完善内部规章制度、强化业务审核、开展各类风险排查、推进合规文化建设、严格落实非现场监管要求等各项举措，公司风险管理的有效性进一步提升。

【人力资源管理】2020年公司集合各方资源，为员工搭建学习交流平台，多渠道拓宽员工知识面，共开展公司内外部集中培训3次，培训内容涉及宏观经济与外汇预判、反洗钱与国际制裁合规和反洗钱客户身份识别，提升了员工的业务能力，强化了员工的合规风险意识。

【信息化建设】公司密切关注监管部门要求，定期开展系统优化升级工作。开展机房设备巡视维护、核心业务系统及征信系统、票据交易系统升级优化等工作，为各项业务顺利开展提供信息环境支持。与监管部门积极沟通，保证二代征信前置查询系统顺利上线。依照中国人民银行征信中心关于二代征信系统切换上线工作的统一部署安排，顺利完成二代征信前置查询系统的正式投产上线，保障了征信业务的平滑衔接。

【企业文化建设】公司积极开展丰富多彩、健康有益的活动，包括中秋节冰皮月饼DIY活动、元旦下午茶活动，加强团队建设，促进员工交流。

深圳能源财务有限公司

【集团概况】深圳能源集团股份有限公司（以下简称“集团”）“十三五”战略发展规划明确以“创新、协调、绿色、开放、共享”为发展理念，以“成为具有创新力和竞争力的低碳清洁能源领跑者和城市环境治理领跑者”为战略定位，全力推进清洁电力、生态环保、智慧燃气、海外能源四大产业布局，坚持低碳清洁发展。2020 年经营业绩创新纪录，利润创历史最高水平，上网电量 371 亿千瓦时，垃圾处理总量 881.4 万吨，天然气供应量 10.66 亿立方米。

【经营概况】2020 年，深圳能源财务有限公司（以下简称“公司”）深刻把握集团“内部银行”的功能定位，强化管理，深挖潜力，加大资金归集力度，创新金融服务产品，努力提高资金管理水平，克服新冠肺炎疫情影响，凝心聚力、迎难而上，集团重点项目资金链得到稳健保障。2020 年公司获得深圳市福田区委和福田区政府颁发的“综合贡献奖励”。

【信贷业务】2020 年，公司不断优化贷款结构，支持集团战略转型，努力解决企业项目建设、并购及运营的资金需求，为集团主业及新兴重点产业迅速崛起提供了坚实有力的金融动力支撑。公司紧跟集团发展战略，大力发展信贷业务以支持集团内各成员企业的项目建设及运营。2020 年，公司为集团及成员单位发放贷款余额 114.12 亿元，其中，火力发电占比为 23.4%，风力发电占比为 14.5%，光伏发电占比为 16.90%，水力发电占比为 15.0%，环保垃圾发电占比为 15.0%，天然气供应占比为 3.0%，热力供应占比为 1.8%。

公司积极响应国家的绿色信贷政策，大力推进绿色信贷业务以支持集团清洁能源以及环保产业发展。截至 2020 年末，公司绿色信贷余额 102.16 亿元，占总贷款余额的比例为 89.53%。

【资金业务】2020 年，公司创新开展资金相关业务品种，实现流动性管理和资金收益性管理相统一。一是公司与现金池银行制定灵活度高、收益性好的活期利率方案，形成红土基金、同业定存与活期业务择优操作。二是向市场要效益。针对流动资金，扩大定、活期存款询价银行范围，推动银行竞相提升利率，择价高者存。2020 年，在新冠肺炎疫情大背景下，公司克服困难，积极推动同业业务开展，在保证资金安全的前提下，维稳增效，公司同业存款全年累计利息收入 1.01 亿元，同比下降 31.29%。2020 年净资产收益率为 6.04%，同比下降 29.94%。

【票据业务】2020 年，公司为成员企业开立电子银行承兑汇票 350 笔，金额合计 2.73 亿元。截至 2020 年末，银行承兑汇票余额 2.38 亿元。公司全年办理贴现业务 12 笔，票面金额总计 1750.78 万元。2020 年 7 月，公司取得“绿票通”业务承办资质。2020 年 12 月，成功办理首笔“绿票通”再贴现业务。

【资金集中】2020 年，在集团的支持下，公司不断加大成员单位资金归集力度，资金归集度由 2019 年末的 87.68% 提高到 2020 年末的 90.39%（排除不可归集资金和集团本部资金）。全年吸收存款日均余额 142.84 亿，同比下降 4.88%。公司以资金归集度为依据，通过下浮利率切实降低成员企业财务成本。2020 年为成员单位节约财务费用 1.16 亿元。

【风险管理和内部控制】公司积极推进市场乱象整治工作，扎实开展股权和关联交易专项整治“回头看”工作，不断提升金融服务能力；健全案防机制建设，定期开展稽核监督；加大内控审计力度，组织对存款准备金管理及反洗钱工作管理制度进行专项审计工作；强化制度建设，2020年完善修编制度35项；落实主要股东评估工作，完善全面风险管理体系。通过一系列专项工作，大力夯实风控与合规管理基础，满足股东单位及监管机构在MPA（宏观审慎评估体系）、非现场监管、评级管理等方面对合规、内控的要求，2020年公司整体风险平稳受控。

【信息化建设】2020年信息化工作小组根据监管要求、安全考虑以及业务需求开展公司信息化建设工作，主要完成了会计中心与支付中心网络打通及安全加固项目、集中支付中心中间库管理系统优化项目、天威诚信CA验签项目以及征信二代查询前置系统项目、并正在推进集中支付中心容灾项目、报表系统升级改造项目以及RPA机器人流程自动化项目。

【企业文化建设】公司充分发挥党支部的领导核心和政治核心作用，支委在公司发展战略、经营方针、管理改革等重大事项决策中发挥把关定向作用，使党建工作成为公司发展的重要引领和保障。面对复杂的金融行业发展形势，支部领导班子团结一心，认真谋划，确立了大力推进降本增效、依法合规，深入推动业务创新、谋求增量业绩的工作思路。一是2020年组织集中学习50余次；二是重大决策把关定向，对公司重大事项进行前置决策，全年“三重一大”事项达109项；三是不断提升党建质量，认真组织党务活动，组织调研意识形态工作10次，组织全体员工观看深圳经济特区成立40周年大会；四是加强合规管理，确保员工廉洁从业；五是紧密联系群众，组织开展了读书活动、徒步活动、企业文化工作照拍摄、羽毛球培训和乒乓球比赛等活动，通过活动引导党员积极向上、充满正能量，提升党支部战斗力。

首都机场集团财务有限公司

【集团概况】首都机场集团有限公司（以下简称“集团”）2020年保持总体安全平稳可控，全面实现各项安全目标。受疫情影响，2020年集团完成旅客吞吐量、货邮吞吐量和飞机起降分别为1.28亿人次、201万吨和111.6万架次，较2019年均有大幅降低。2020年，集团管理资产1972.7亿元，全年营业收入159.03亿元，利润总额-83.7亿元。

【经营概况】截至2020年12月31日，首都机场集团财务有限公司（以下简称“公司”）吸收存款148.57亿元，全年累计日均存款151.65亿元，自营贷款余额24.93亿元。公司资产总规模167.28亿元，所有者权益17.28亿元。实现营业收入4.36亿元、利润总额1.34亿元、净利润1.06亿元。公司资本充足率为16.73%，流动性比例为71.42%，存贷比为16.78%，不良贷款及不良资产率均为零，符合监管要求。此外，公司着重在四个方面开展了相关工作：一是推进全面深化改革工作。规范法人治理，推动公司转增资本工作。强化督导落实全面深化改革实施方案，各项改革任务基本完成。二是服务集团“四型机场”建设。建立贷款市场报价利率（LPR）定价方案，动态调整以确保公司贷款利率优势。保障北京大兴国际机场建成投运，及时提供银团贷款及固定资产贷款。三是提升服务集团能力与水平。持续推行客户经理制，加强客户走访和营销，为客户提供个性化服务，持续提升客户服务水平；开展年度客户满意度调查，制定服务提升举措，加强沟通与反馈，形成满意度调查闭环管理。优化信贷客户评级授信体系，扩大信贷服务范围。四是推进科技创新工作。完成全面风险体系优化及风险偏好策略研究、信息总体规划研究、融资租赁业务研究、基于等保2.0的信息安全体系建设研究工作。

【服务实体】扎实推进提升金融服务实体经济的能力和效率，落实人民银行利率市场化总体要求，持续实施存款利率差异化机制，最大限度让利成员单位，全年累计让利5500多万元；继续实行免收结算手续费、询证函费用、开立资金存款证明费用等优惠措施，进一步降低成员单位经营负担。疫情防控初期调整工作模式，确保疫情期间资金结算正常开展。以服务客户为导向，积极开展客户走访，进行客户满意度调查，持续提升服务能力与品质。明确“资产配置以信贷为主、信贷资产以中长期为主”的基本策略。优化评级授信方法，扩大信贷业务服务范围，截至2020年末，公司对集团内10家单位给予授信额度总计119.5亿元。

【信贷业务】服务“四型机场”建设，保障大兴国际机场建成投运，支持成员单位经营发展，年末自营贷款余额达24.93亿元，较上年翻一番。

【产业链金融】开展融资租赁业务研究工作，为后续丰富公司金融产品奠定基础。

【资金业务】规范同业存款询价、议价流程，灵活调整同业活、定期存款配置结构，提高同业存款整体收益水平；根据资金市场利率走势，持续开展交易所国债逆回购业务，建立与拆借交易对手定期联系机制，合理设定议价区间，拆借成交价格高于市场加权平均利率。

【投资业务】依据货币基金名单制管理方案，把握波段性交易时机，灵活调配交易品种，适时开展货币市场基金申赎交易，确保投资收益率保持在同业产品上游水平。

【票据业务】大力推广票据业务。完成电子商业汇票业务介绍。

【资金集中】制定并持续落实资金集中度提升计划，定期开展账户核对与清理工作。完善上线、结算操作流程，规范结算业务授权审批程序，大力推广代理支付业务。截至2020年末，上线成员企业174家、上线账户868户；吸收存款累计日均158.04亿元，结算量1751亿元，结算业务笔数87119笔。全年四个季度的有效对账率均为100%，资金集中管理卓有成效。

【风险管理和内部控制】截至2020年12月末，公司自营贷款均在授信范围内，强化贷款“三查”，贷款损失准备充足率为100%。流动性比例较高，流动性风险较小。吸收存款、存放同业、同业拆借、国债逆回购等市场风险领域实现风险可控。公司对操作岗位设定双人、双职、双责为基础的自控防线和相关岗位之间相互监督制约的互控防线。在信息系统风险方面，加强系统的日常运维保障，对供应商进行尽职调查，降低信息科技外包风险。截至2020年12月末，公司资本充足率为16.73%。资本充足率符合监管要求。2020年公司新增及修订制度总数为26个，制度增至164个，管理手册5项。2020年公司开展市场乱象整治“回头看”工作。对市场乱象整治工作进行回顾总结，报告期内发现问题均已整改完毕。截至2020年末，公司保持案件零发生率。公司有序开展反洗钱工作，客户身份资料及交易记录保存真实、完整，符合相关规定。着力加强合规建设，完成法务合规体系建设科创项目，形成多项研究成果。

【人力资源管理】公司从人力资源优化入手，满足人员梯队建设、储备及提升专业水平的需要，坚持把好选人用人关，年内严格按照公司制度规定和程序，完成3名中层正职的选拔聘任工作，选拔任用工作公开透明，便于群众监督；全年组织开展两次社会化招聘及一次派遣员工招聘，为客服部、财务部输送了专业人才，为公司业务开展提供强有力的支持。公司积极落实岗位轮换整改，年初启动岗位轮换梳理，结合各部门需求，按照岗位轮换制度，年内共计完成29名员工的岗位轮换调整与聘任工作。一年来，加大人才引进力度，创新培训模式，优化公司人力资源结构，积极落实岗位轮换机制，为公司打造一支适应改革创新与业务发展需要的高素质干部队伍。

【信息化建设】公司启动资金管理系统二期建设工作，持续提升信息科技对业务的支撑能力。2020年末基本完成需求分析、功能设计、代码开发和用户测试阶段工作，待上线前风险评估及整改事项完成后，进行上线部署。2020年，公司进行信息化规划的研究，结合公司IT现状、业务特色和发展趋势，形成了与业务战略规划相匹配并适度超前的信息科技战略规划等研究成果，科学构建了信息技术架构和IT治理架构。为切实提高公司信息系统的安全防护能力，2020年完成了信息安全研究项目，从安全管理、安全技术出发，结合实际业务场景、基础设施情况、安全需求设计了符合国家法律法规和行业监管要求的信息安全保障体系。

【企业文化建设】公司认真贯彻落实“第一议题”制度。将学习贯彻习近平总书记重要讲话和重要指示批示精神作为首要政治任务、各类会议的第一议题。建立了学习习近平新时代中国特色社会主义思想台账，及时“回头看”，确保学习的及时性和全面性。坚持抓基层打基础。把提升党内政治生活质量作为提高党支部基础建设的重要任务，以“党支部标准化规范化建设清单”为落脚点，对重点工作定期下发“党的建设工作提示单”，提升指导工作的针对性和实效性，并将清单的落实情况纳入公司年度绩效考核中，使党建工作完成情况得到量化。坚持党建与中心融合。围绕公司“321”融合党建工作思路，通过“党委引领+党支部推进”的工作体系，“党组织书记主责+党员干部一岗双责+党员示范引领”的责任分工，将党建工作融合在具体工作中。党员积极参与司库型财务公司指标体系研究、“十四五”规划编制等工作。

S

首钢集团财务有限公司

【集团概况】始建于1919年的首钢集团有限公司（以下简称“集团”）是我国钢铁工业的缩影、改革开放的一面旗帜，参与和见证了中国钢铁工业从无到有、从小到大、从大到强的历史跨越，参与和见证了中国人民从站起来、富起来到强起来的伟大飞跃。目前已发展成为跨行业、跨地区、跨所有制、跨国经营的综合性企业集团，全资、控股、参股企业600余家，总资产5000多亿元，职工近9万人，2011年以来八次跻身世界企业500强。

【经营概况】首钢集团财务有限公司（以下简称“公司”）秉承“依托集团、立足服务、助推转型、发挥引领、合规经营、稳健发展”的宗旨，以加强集团资金集中管理和提高资金使用效率为目的，构建集团“资金归集平台、资金结算平台、资金监控平台、金融服务平台”，助推集团产融结合和转型发展。截至2020年12月，公司总资产454.78亿元。

【票据业务】2020年，公司一是持续推进集团票据的全面集中管理；二是丰富票据盘活渠道，提升票据流动性。集团整体开票余额从2015年末的283.58亿元降至2020年末的129.82亿元，其中外部银承从283.58亿元降至23.65亿元，外部贴现费用降至零。

【服务实体】2020年，公司切实做好金融服务实体经济工作，进一步完善成员单位让利机制。一是按照人民银行要求，积极主动做好存量贷款LPR价格转换，贷款转换LPR比例为100%；二是进一步降低成员单位贴现成本，全年通过各类金融服务降低成员单位财务费用12.87亿元。

【风险管理和内部控制】2020年，公司着力夯实前中后台“三道防线”，加强重点风险防控机制和制度建设。一是完善客户风险识别机制，对成员单位信用评价体系进行优化，细化评级结果运用标准，为科学授信打下坚实基础；二是加强信用风险审查力度，从风险的可控性和操作的合规性两方面严格执行审查制度，充分发挥风控作用；三是加强审计稽核的事后评价和监督职能，坚持全面审计与重点事项核查相结合，筑牢风险防范的“三道防线”。截至2020年12月末，公司无不良贷款，各项风险指标较高于全行业平均水平。

【资金集中】 2020年，公司资金归集规模和归集率均稳步攀升。其中归集规模达到历史峰值，为451.67亿元，归集率达69.09%。

【外汇业务】 2020年，在跨境集中运营管理方面，已获批在工商银行、农业银行、中国银行、建设银行、交通银行五大行开展跨境外汇资金集中运营管理，较上年新增2家银行，最新批复外债额度30亿美元，境外放款额度4.5亿美元。在即期结售汇方面，已取得结售汇资格和中国外汇交易中心交易资格，同时结售汇系统完成开发、测试及上线运行。

【信息化建设】 2020年，公司一是强化信息科技支撑能力，启动核心业务系统升级迭代，开发集团投资专户管控系统，优化集团一体化资金系统业务接口，实现境外资金管控项目二期上线运行；2020年系统功能累计优化提升238项。二是强化应急和灾备管理，健全“两地三中心”灾备体系，建立分类分层的应急预案体系，实施资金管理系统首次非计划性灾难恢复演练，灾备管理实战化水平进一步提升。三是持续深化科技统筹管理和规划，修订和颁发制度3项；结合集团产融定位，编制公司“十四五”信息科技规划，开展供应链金融业务调研。

【企业文化建设】 2020年，公司积极营造“走进首财、融入首财、奉献首财”的企业文化氛围，立足金融服务，提升价值创造。一是抓细抓实常态化疫情防控措施，组织“加油中国、抗疫必胜”党员自愿捐款活动，实现全体职工零感染，经受住疫情斗争的考验；二是组织开展“光盘行动”，实施预约订餐机制，营造节约用餐的良好习惯；三是组织庆祝公司开业五周年系列活动，纪念公司砥砺前行蓬勃发展的五年，展示员工团结奋斗、积极进取的精神面貌。

S

顺丰控股集团财务有限公司

【集团概况】 深圳顺丰泰森控股（集团）有限公司（以下简称“集团”）是国内最大的综合物流服务商，致力于成为独立第三方行业解决方案的数据科技服务公司，为客户提供涵盖多行业、多场景、智能化、一体化的供应链解决方案。集团经过28年的发展，依托快递、快运、冷运、国际、同城急送、供应链板块综合物流服务能力，服务3C、鞋服、美妆、医药、餐饮、汽配、商超、制造、农业等各行业。2020年集团实现快递件量81.4亿票，总资产1111.6亿元，营业收入1539.9亿元。

【经营概况】 2020年，顺丰控股集团财务有限公司（以下简称“公司”）实现营业收入2.73亿元、净利润1.66亿元，资产总额195.38亿元，存款余额178.02亿元，贷款余额87.79亿元。

【服务实体】 新冠肺炎疫情期间，公司主动出击，提前规划，充分发挥集团司库的融资筹措能力，紧跟金融市场政策动态和变化，迅速响应，为集团的抗疫阻击战提供强有力的金融支持。2020年，公司在境内高效完成了5亿元全国快递物流行业首只疫情防控债券的发行工作，同时向银行争取低利率抗击疫情专项优惠贷款，获取充裕的现金，于非常时期保障集团境内外日常经营稳定开展，缓解财务压力。

【信贷业务】2020 年，公司下沉服务、主动对接，优先安排资金满足防疫相关信贷需求，向小微企业提供贷款 0.83 亿元，及时调增顺丰速运有限公司、顺丰航空有限公司等 150 家运输行业子公司法人透支额度近 10 亿元，满足企业所需，解决临时性资金周转困难；对于疫情有关企业的委托贷款，主动让利，减免手续费。同时快速简化审批流程，实现远程线上审批、放款，确保子公司疫情期间业务开展。公司 2020 年末贷款余额 90.04 亿元，月均贷款规模 88.9 亿元，有力支持各成员单位业务发展。信贷产品包括自营贷款、银团贷款、买方信贷业务、贴现、保函、消费信贷等，为客户提供多元化的融资渠道。在管理方面，公司采用更加精细化信贷管理方式，针对不同性质、不同风险业务主体，建立差异化信贷管理机制，满足各成员单位多样化资金需求。

【产业链金融】2020 年，公司积极拓展新业务，开展买方信贷业务，并结合小微企业疫情期间融资难问题，提供租金贷等产品，截至 2020 年末，买方信贷业务余额 371.1 万元，共为 17 家小微企业及个体工商户提供经营资金支持，切实解决了下游客户融资难、融资贵难题，同时也推动了成员单位业务发展，助力集团产融结合。

【投资业务】2020 年，公司积极跟踪市场动态，择机开展同业投资业务，包含同业拆借及有价证券投资。2020 年 7 月开展首笔同业拆入业务，并持续开展同业拆出业务、固定收益类投资业务，增强投资的多样性和灵活性，提升资金效益。同时基于集团各板块长短期资金计划，建立每日资金预测和监控机制，确保集团营运资金充足。

【票据业务】公司深入推进票据贴现业务，加大贴现业务投放力度，为成员单位提供低成本融资服务。积极运用人民银行再贴现工具手段，降低公司资金成本。2020 年，公司票据贴现发生额 3.02 亿元，同比增长 111%；再贴现发生额 3.02 亿元，同比增长 111%。

【外汇业务】公司继续为成员单位发挥财务顾问作用，为成员单位提供套期保值解决方案、金融市场咨询分析，帮助集团实现外汇交易的全流程监控，提升收付效率，降低换汇成本，防范汇率风险。通过集中管理外币头寸，针对长期的债务性融资，尤其在 2020 年中美贸易摩擦导致国际金融市场不稳定，汇率波动加剧情况下，公司帮助集团制定外汇对冲方案，引入套期保值工具，规避汇率变化对损益表的影响。同时，充分发挥专业能力，持续为集团海外业务拓展提供指导意见，确保资金合规，助力经营。

【资金集中】搭建账户资金池管理功能，实现账户全线上资金池管理，调整账户归集频次，实现全球资金高度集中管理、全网资金集中结算，使公司资金集中度可归集口径达 87.74%。

【业务创新】持续跟进市场动态，择机开展首笔同业拆入业务，实现首次使用同业授信融入资金，打通超短期资金融资渠道。

【风险管理和内部控制】2020 年，公司一是完善风险管理机制，明确风险和收益相平衡的风险偏好，建立全面风险管理组织体系，划分董事会及其专业委员会、监事、高级管理层、有关部门的职责，分工明确，职责清晰；二是提高合规管理水平，2020 年，公司季均不良资产率为零，月均不良贷款率为零，与上年持平，信用风险控制良好；贷款拨备率为 2.5%，达到评级满分标准，风险抵御能力良好；季均资本充足率为 15.72%，高于监管指标下限 5.72 个百分点，资本补充能力良好；月均流动性比例为 54.66% 以上，高于监管下限 25% 的要求，流动性状况保持良好。

【人力资源管理】持续提升人才质量，搭建适配性人才梯队：一是持续侧重从外部市场为业务引进“腰部人才”，2020 年 1 ~ 12 月累计入职 24 人；制定公司内推激励；二是营造竞争激励淘汰组织氛围，面向全员开展顺丰用人理念及政策宣导，年度晋升优中选优，7 人获得晋升，占比为 13%；末位淘汰绩效不达标者 9 人；

三是建立分层分类的人才流动、培养、激励策略，启动6名本岗任职3年以上人员轮岗计划；四是实施2020年公司领导力提升项目，针对核心管理团队、经营组织业务团队、IT团队等关键岗位人群组织实战类培训3场。

【信息化建设】2020年，公司正式启动新财司核心系统（NFCM）建设工作，力求通过建设差异化、融通化和智能化的NFCM，提供更加稳定的服务运行、更安全的支付通道，高质量的监管数据报送、差异化资金管控方案，为用户提供可靠性高、兼容性好、智能化、易操作的一站式资金运营平台。稳定的小核心与灵活的大外围共同组成公司处理系统，随公司业务需求的变化快速响应市场，创新金融产品，迅速投放市场，并且符合渐进式转型策略。

【企业文化建设】2020年，公司着力打造“轻松高效、相互尊重、合作共赢”的沟通氛围，营造团队凝聚高效、积极向上的企业文化；持续开展组织氛围提升活动，组织完成周年庆、节日关怀等活动5场，不断丰富员工文化生活；开展4场新入职员工座谈交流会及新业务民主生活会，促进简单、坦诚、阳光化沟通；进行组织架构调优，厘清组织职责功能，实现精准人岗匹配，夯实组织底盘建设。

四川长虹集团财务有限公司

S

【集团概况】四川长虹电子控股集团有限公司（以下简称“集团”）注册地为四川省绵阳市，集团为国有独资企业，截至2020年12月末，集团资产总额8594395.49万元，主要分布：货币资金1427680.36万元，占比为16.61%；存货2005380.37万元，占比为23.33%；固定资产1048353.65万元，占比为12.20%，应收账款1044626.79万元，占比为12.15%。负债总额6348062.66万元，主要分布：短期借款1548243.53万元，占比为24.39%，应付账款及应付票据2589013.37万元，占比为40.78%。所有者权益2246332.83万元。2020年，集团利润总额77736.93万元，净利润45936.50万元，同比增加29182.05万元，增幅为174.17%。资产负债率为73.86%，利息保障倍数2.87。

【经营概况】四川长虹集团财务有限公司（以下简称“公司”）由四川长虹电子控股集团有限公司筹建，2013年8月正式开业。截至2020年12月31日，公司资产总额166.42亿元，负债总额131.87亿元，贷款余额134.96亿元，存款余额109.67亿元，所有者权益34.55亿元，净利润0.85亿元，各项工作稳健发展，有效完成年度工作目标。

【信贷业务】公司简化业务流程、加快业务审批、减费让利，帮助成员单位补充缺口，支持成员单位复工复产，缓解疫情对产业的影响。2020年累计服务211家成员单位，发放信贷237.94亿元，开票73.09亿元，办理委贷业务73.25亿元，全年累计减费让利4761万元。

【投资业务】公司选取规模实力较大、合作紧密、风险等级不高于PR2的产品进行投资，在期限结构上进行搭配，既保证了资金的流动性，又提升了资金收益，同时还可以确保监控指标。投资业务余额较年初增加14016.29万元，增幅为66.70%。

【票据业务】通过宏票据系统，实现异地采集客户信息，客户资料线上审核、审批、电子归档，完成全线上客户开立，较目前线下流程效率提升约4倍；以公司业务系统为平台，实现全集团成员单位票据的集中管理，为集团票据风险管理提供支撑，进一步增强全集团票据风险防控能力，全年代管票据业务量114319笔，同比业务量增长30.09%。

【资金集中】 截至2020年12月末，集团及其子公司在公司的各项贷款金额为939163.66万元，各项存款金额为917528.98万元。集团及其子公司年末资金集中度为46.32%，较年初下降20.46%，各项存款金额较年初下降384080.69万元；较2020年6月末下降19.46%，各项存款金额较2020年6月末下降240040.03万元。由于集团及其子公司在集团内的货币资金量占比较大（2020年占比月均值约为92.60%），四川证监局提出的集团及其子公司存款不高于贷款的限制条件直接导致大量成员单位的资金无法归集，是2020年12月末资金集中度大幅下滑的主要原因。

【风险管理和内部控制】 一是以思维导图为牵引，不断完善公司制度建设。全年共计修订制度109项，新增制度9项，共计形成181项管理制度。二是风险自查与审计专项检查相结合，严控风险。2020年先后对产业链业务、投资理财业务、系统权限管理、对账管理等10余个重点领域开展了飞行检查，并开展了金融放贷突出问题专项整治、银行业机构股权和关联交易专项整治、网络安全专项治理、案件（风险）专项治理等，开展了票据风险排查工作，未发生任何资金风险事件。三是通过制定问题整改清单，明确整改措施及期限，定期迭代落实整改进度，确保整改到位。全年共督促整改各类问题33项，已整改到位28项，5项暂未到整改期，整改完成率达100%。全年问责36人次，其中通报批评12人次、扣罚积分12人次、经济处理12人次。四是建立员工培训机制，提升员工合规风险意识。结合监管检查、自查要求，不定期开展金融政策、管理制度、业务操作等方面的培训学习，2020年开展业务审查要点、市场乱象整治“回头看”、上海票交所现场清算功能等培训共51次。

【信息化建设】 2020年，公司完成办公电脑超级管理员权限统一上收、个人用户采用统一域控管理等工作，实现员工个人无法私自对电脑配置变更、办公软件不能随意安装等管控。公司继续推动信息系统功能优化，重点推进票据功能完善，以公司业务系统为平台，实现全集团成员单位票据的集中管理。

【企业文化建设】 2020年公司各部门创新协助机制，跨部门成立8个合作团队，并按季度开展团队工作并汇报成果，过程中总经理及各位领导给予点评，不断帮助大家提升总结能力、写作能力；每周公司晨会轮流安排1名员工分享锻炼，帮助员工锻炼敢上台、敢表达的能力。全年共计40人次参与团队汇报，40余人参加晨会分享，8个优秀团队、20位个人明星获得公司表扬，全年还开展内外部培训65次，培训人数476人次，共计培训1283.5小时，培训范围涉及宏观经济政策、金融讲堂、信息安全管理、行业经验交流、审计、合规文化建设等多个方面，被绵阳市委组织部、绵阳市金融工作局评为“人才金融特色机构”。

2020年，公司认真落实集团党委决策部署，不断强化党支部对生产经营的引领作用，克服疫情和利率下降等不利影响，主动改革创新，将公司经营管理与党组织建设深度融合，持续推行将公司重点工作、重要项目落实。公司党建工作也得到上级党组织认可，被绵阳市国资委和集团党委分别表彰为先进基层党组织。

四川省宜宾五粮液集团财务有限公司

【集团概况】 四川省宜宾五粮液集团财务有限公司（以下简称“公司”）隶属于四川省宜宾五粮液集团有限公司（以下简称“集团”）。集团是一家以酒业为主、多元化发展的大型国有企业集团。目前已形成“1+5”产业布局（“1”即酒业主业，“5”即大机械、大包装、大物流、大金融、大健康五大多元产业），拥有两家A股上市公司，现有职工近5万人，拥有各级子公司135家。集团自2017年提出战略创新、品牌创新、营销创新发展新思路，开启了“二次创业，再铸辉煌”新征程，并逐渐步入改革发展快车道，在2019年销售收入过1000亿元的基础上，进军世界企业500强将是集团下一个奋进目标。

【经营概况】2020年，公司坚持稳健经营、严控风险、创新突破，经营业绩稳中有进，公司呈现良好发展态势。截至2020年12月31日，公司资产总额381.12亿元，总负债336.20亿元，所有者权益44.92亿元。公司各项存款余额330.25亿元，贷款余额157.63亿元。全年实现营业总收入14.36亿元，实现拨备前利润5.13亿元。

【信贷业务】2020年，公司认真按照国家“六稳”“六保”政策要求，为集团成员企业及产业链客户抗击疫情和复工复产发挥较好作用，截至2020年12月末，公司累计向集团及各子公司投放88.15亿元。重点支持集团、宜宾纸业、海大集团、环球集团和安鸿投资公司等企业，确保产业链上下游稳定。

【产品销售信贷业务】2020年，公司致力于将供应链金融打造为核心业务，有力助推集团渠道营销金融模式转型升级。通过积极开办买方信贷、消费信贷业务，满足集团经销商融资需求，加大对经销商的支持。公司买方信贷经销商客户数达501户，覆盖26个省、自治区、直辖市。截至2020年12月31日，公司买方信贷存量信贷规模达141.19亿元，同比增长157%。其中，流动资金贷款94.39亿元，电子银行承兑汇票46.80亿元。2020年为经销商节约财务成本超6500万元，切实履行了金融机构让利支持中小微企业和民营企业的社会责任。

【资金业务】2020年，公司优化同业业务结构，积极开展负债端资金业务，紧盯市场走势，把握利率节奏，多渠道寻找低成本资金融入机会。公司共计办理回购业务、同业业务、债券业务、拆借业务等285笔，实现资金收益7亿余元。

【投资业务】2020年，公司进一步优化调整负债和资产结构，提高资金运用效率和资金收益率，积极防控金融风险，审慎开展银行理财产品投资业务。全年新增购买银行理财产品10亿元，赎回理财产品67亿元。截至2020年12月末，实现投资收益1.8亿元。

【资金集中】截至2020年12月31日，公司资金归集率为41.87%。

【风险管理和内部控制】公司2020年紧紧围绕“审慎经营、防范风险、持续发展”的经营方针，以全面风险管理体系建设和合规文化建设为抓手，深入开展合规文化建设活动，切实防范金融风险。公司开展全面信贷风险评估，对重点行业、重点区域、重点企业制定差异化风控策略。以“定指标、定模型、定策略、定措施”原则，构建信贷业务风险监测及预警体系，后续将固化到新一代核心业务系统，实现对信贷风险的动态评估，确保稳健经营，不断提升公司合规经营管理水平。

公司进一步加强内部控制力度，强化审计稽核监督职责，切实防范和化解经营活动中的各类风险，保障公司合规经营。截至2020年12月末，公司各项风险监测指标全部控制在监管目标值范围内。

【人力资源管理】公司持续完善选人用人机制，畅通员工晋升渠道，认真落实后备人才、主办员工、中层管理人员选聘制度，履行选任程序，健全后备人才库，坚持对确立的优秀人才进行定期考察、考核评定。截至2020年12月31日，公司拥有正式员工47人，其中，研究生学历及以上11人，大学本科32人，大学本科及以上学历占比为91.5%；具有高级职称人员1人，具有中级职称人员14人，具有初级职称人员3人。其中，中高级职称人员占比为32%。从事金融工作3年以上人员37人，占比为79%；从事金融工作5年以上人员34人，占比为72%。

【信息化建设】2020年，公司紧跟集团数字化转型、营销数字化改革及ERP系统建设，推动提升业务发展的数字化、线上化和智能化水平。紧紧围绕“提升系统服务能力”和“提升系统安全保障”两条主线，克服新冠肺炎疫情带来的诸多困难，快速推进金融科技建设。2020年，公司新一代核心业务系统建设已完成需求分析、系统开发、进入用户专项测试阶段，正在开展正式上线切换相关准备工作，为业务发展提供强有力的科技支撑。

【企业文化建设】公司党支部坚持以习近平新时代中国特色社会主义思想和党的十九大、十九届四中全会精神、十九届五中全会精神为指引，围绕集团党委“创建国有企业党建示范标杆”目标，全面推进党的政治、思想、组织、作风、纪律建设，不断提升党的建设工作质量。为公司经营发展提供坚强的政治保障和组织保障。开展党建及金融知识竞赛、“我要合规”演讲比赛、“金融知识进万家”宣传、重温入党誓词、参观宜宾市干部廉洁教育基地、观看爱国主义教育片、观看法纪教育片等主题党日活动20余次，进一步唤醒党员意识，引导党员牢记党员身份，增强党性观念。

松下电器（中国）财务有限公司

【集团概况】松下电器（中国）财务有限公司（以下简称“公司”）是由松下电器（中国）有限公司100%投资的法人机构，所属集团为松下电器产业株式会社（以下简称“集团”）。集团在华事业主要分为中国・东北亚、互联解决方案、汽车电子、机电解决方案四大板块。时值新冠肺炎疫情蔓延，2020年1月25日，集团中国东北亚公司紧急向中国红十字基金会确认捐赠100万元人民币，用于购买医用口罩、防护服、护目镜等防疫物资，与全国人民共克时艰，砥砺前行。

【经营概况】公司始终坚持服务实体经济的理念，以集团利益最大化为目标，较好达成了2020年的监管要求和经营计划。公司主要经营的业务包括一般存贷款和委托存贷款、集中代理收付汇、集中代理远期结售汇和即期结售汇业务等。

截至2020年末，公司被批准的集团成员单位为59家，资产总额151.77亿元，负债总额139.99亿元。2020年，实现营业总收入0.80亿元，利润总额0.75亿元。

【资金集中】2020年，公司继续与旗下各成员单位加强沟通，努力争取吸收成员单位的存款，资金集中度从2019年末的44.94%增长至2020年度末的57.26%。

【信贷业务】公司信贷业务均为流动资金贷款，作为集团金融服务平台，公司满足了成员单位短期融资的需求。2020年已按照计划全部完成LPR定价作为贷款基准利率，推动降低实体经济融资成本。截至2020年末，贷款余额65036.04万元，经信贷委员会审核，各信贷资产五级分类均属正常类，无不良贷款，且足额提取贷款损失准备。

【外汇业务】公司已开展的外汇业务有外汇集中代理收付汇、集中代理远期结售汇和即期结售汇业务等。2020年，公司开展外币对即期业务，在大力发展即期外汇业务的基础上进一步提升金融服务机能。2020年，共有24家集团成员单位办理了即期结售汇业务，28家集团成员单位办理了远期结售汇业务。通过开展此项业务，公司为成员单位节约汇兑成本，为集团规避外汇风险提供了有力支援。

【风险管理和内部控制】在风险管理方面，董事及高级管理层对公司的风险管理工作起主导作用。风险管理委员会每季度召开一次会议，有效保证了公司各项风险管理政策的落实。2020年，公司积极响应抗疫号召，针对疫情导致的成员单位信贷影响进行了全面摸查并迅速形成了应急预案。

在内部控制方面，公司不断完善内控制度，根据各项业务的不同特点制定和修订外包制度、内部问责及强制休假等方面的管理办法，通过日常各项风险控制措施将风险最低化。

【人力资源管理】截至2020年末，公司从业人员14人。其中64%具有5年以上金融行业工作经验，79%具有三年以上金融行业工作经验，团队综合素质稳步提升。

公司一是建立了有效的激励约束机制，根据员工的能力及业绩进行考评；二是明确责任分工，根据内部问责规定进行责任认定与追究；三是加强人员行为管理，规范员工基本行为，在日常工作中严格遵守制度规范和操作守则。公司坚持以监管法规为尺标，定期开展员工培训，为共建合规文化氛围持续奋斗。

苏州创元集团财务有限公司

【集团概况】苏州创元投资发展（集团）有限公司（以下简称“集团”）为苏州市属大型国有企业集团，隶属于苏州市国资委，是一家以制造业、金融业务投资、住宿和餐饮业为主业，实业经营与资本经营并举的大型投资控股集团。通过结构调整、产业转型，集团先进制造业形成了汽车及零部件、环保设备与工程、输配电及控制设备三大产业高地。集团服务业形成了生产性服务业和主题文化酒店品牌两大板块。

【经营概括】2020年，苏州创元集团财务有限公司（以下简称“公司”）全面学习党的十九大精神，深入贯彻习近平总书记系列重要讲话精神，紧密围绕服务实体经济和集团做优做大的战略要求，充分发挥四大平台功能，努力提升金融服务质量。全年实现营业收入6103万元、净利润2156万元，各类风险合规指标达到监管要求，全年累计吸收存款221.69亿元，累计发放贷款及贴现13.87亿元，总资产规模23.68亿元。

【信贷业务】2020年，公司建立具有公司特色的贷款利率定价管理体系，经过一年的运行，为成员单位多节约财务费用近百万元。同时，尽可能为集团制造业、服务业等不同成员企业制定个性化、差异化的资金配置方案，为成员企业提高有效的金融供给。全年客户满意度达99.5%。

【票据业务】2020年，公司积极推动票据业务的开展，多措并举，通过票据承兑、票据直贴、票据质押回购、票据质押转小票等新业务模式为企业提供多方位的票据业务。主动通过票据质押转开小票，以免保证金、低收费的方式，缓解企业货款支付问题，实现财企互利共赢。全年累计办理银票贴现26笔，金额6061.33万元；累计办理银行承兑汇票19笔，金额1761.20万元。

【资金业务】2020年，公司主要开展的资金业务包括同业存放、同业拆借业务和有价证券投资业务。公司加强日常资金头寸管理，在保障资金安全性、提高资金流动性的基础上，合理安排资金业务期限和品种，努力提高资金收益，2020年，在同业利率不断下降的环境下，公司积极与商业银行开展定期、约期等同业存放业务，综合收益率达3.05%，并适量配置货币基金投资，在提高资金收益的同时，保证公司日常资金头寸的灵活性。

【资金集中】2020年，公司一方面从优化授信政策、提升服务质效、降低财务费用等方面提升对集团企业的金融服务水平，深入挖掘成员单位业务需求，增强成员单位与财务公司的黏合度，从而加强集团资金集中管理，提高财务公司资金结算效率；另一方面继续做好成员单位账户管理，及时跟进集团新增企业的新开户工作，主动配合集团开展银行账户清理和规范工作，成员单位在公司的开户比例达79%，全口径资金集中度为38.78%，比上年下降2.31%。

【风险管理和内部控制】2020年，公司除了做好日常风险防控工作外，按照监管部门要求，先后开展了各项专项工作，切实加强风险管控，防范系统性风险。公司开展年度内控测评工作，按照制定的内部控制手册，进行全面自查，并对内控制度进行梳理，修订11项、新增12项、废止6项，进一步优化管理流程，管控自身金融风险，确保依法合规经营。

【信息化建设】2020年，公司建设“财务公司金融云”核心系统改造项目。除支持公司全部现有业务功能外，还增加财务公司网上银行、资金预算管理以及信贷业务的贷前、贷中及贷后管理等功能、融合电子商业汇票系统功能、反洗钱监控等功能，改进信贷客户授信评级、客户定价规则以及监管统计报送功能，该系统已于2020年末阶段性验收通过，并进入试运行阶段。

【企业文化建设】2020年，公司始终全面贯彻落实党的十九大精神和习近平新时代中国特色社会主义思想，全面加强党支部在政治、思想、组织、作风等方面的建设工作。继续通过与各成员企业联合开展“走看学比做”党建活动，共同学习党的十九大精神，交换业务需求。公司工会和团支部也开展了一系列专题学习、知识竞赛、文体活动等企业文化学习实践活动，进一步丰富员工的业余生活，增进团队之间的配合，塑造公司良好的企业形象。

太钢集团财务有限公司

【集团概况】太钢集团财务有限公司（以下简称“公司”）于2013年1月成立，由太原钢铁（集团）有限公司（以下简称“集团”）和山西太钢不锈钢股份有限公司投资设立，双方持股比例分别为51%和49%。集团是中国宝武钢铁集团有限公司的控股子公司和不锈钢产业一体化运营的平台公司。2020年，集团实现营业收入786亿元，利润39亿元。

【经营概况】2020年，公司围绕集团下达的年度预算目标和重点工作要求，强化全面预算管理，优化资产配置，持续提高金融服务能力，支持集团高质量发展。2020年实现营业收入6.09亿元，利润4.21亿元，资产收益率为2.37%，资本充足率为30.09%，各项监管指标符合监管部门要求。

【资金计划】2020年，公司精细资金计划管理，优化资产负债结构，合理使用债券回购、银行存单、再贴现等流动性管理工具提升资金配置效率。增厚资金池，资金使用效率和使用价值得到较大提升。

【资金集中】加大资金归集力度，遵循应归尽归规则，截至2020年末，共有87个太钢集团成员单位230户银行账户纳入资金归集，可归集口径归集率为98.12%。

【服务实体】2020年，公司发挥金融服务功能，为集团及成员单位提供信贷支持。按照集团利益最大化原则，通过盘活票据、开展委托投资、给成员单位存贷款让利等方式为集团提供金融服务。组织开展“金融知识进万家”活动，在《太钢日报》等媒体发布金融知识。

【信贷业务】公司信贷业务量不断扩大，满足实体经济需求。2020年发放人民币贷款

34.38亿元，办理委托贷款12.63亿元。

【票据业务】加强集团票据资金集中管理，2020年票据池票据收支295.76亿元。大力开展票据业务，办理票据贴现39.66亿元；另外开展了票据转贴现和再贴现业务。2020年集团利用财务公司平台签发电子商业汇票92.61亿元，占集团全部签票量的81.46%，其中，银行承兑汇票38.55亿元，商业承兑汇票54.07亿元。

【产业链金融】大力推进产业链金融业务，支持民营小微企业发展，2020年向供应商提供融资支持49.79亿元，其中，发放产业链贷款14.35亿元，办理票据贴现35.44亿元。

【投资业务】按照机构、产品双准入原则，完善投资产品池。根据资金存量情况，做好投资额度的动态控制。截至2020年末，有价证券投资余额23.75亿元。

【同业业务】运用各种金融工具增厚资金池，提升流动性管理能力，在确保公司流动性的前提下，通过交易实现资金增值。2020年办理人民币拆入资金24亿元、正回购131.92亿元。

【外汇业务】2020年，办理代客结售汇7.44亿美元，占集团结售汇总量的65%。

【结算业务】2020年，公司结算量84728笔，结算金额9877.53亿元，其中，9638.21亿元人民币、31.21亿美元、4.45亿欧元。不断提高结算服务质量，确保成员单位结算顺利。

【风险管理和内部控制】根据银保监局要求，开展市场乱象整治“回头看”、股权及关联交易“回头看”、柜面风险排查等专项活动；完成风险管理手册编制，梳理风险点及控制措施，建立风险矩阵；逐级签订风险防控责任书，召开季度案防分析会；开展员工行为排查、案件风险排查及案件警示教育活动。2020年，公司新增制度13项，修订制度24项，流程优化4项；组织开展流动性压力测试、信息系统压力测试及消防应急演练。发挥专业委员会作用，2020年召开业务审查委员会100次，审议通过议题230项；风险控制委员会召开3次会议，审议通过议题6项。开展7次稽核检查，2次飞行检查，发现问题18项，提出改进建议26条，督促相关部门整改落实。

【信息化建设】继续推进系统建设，完成产业链金融系统、二代征信查询前置系统上线及ACS系统代理更换；完成核心系统反洗钱功能优化升级；推进票据线上清算与集成、投资系统、客户信息标准化、应付账款融资项目实施。

【人力资源管理】优化下发2020年度绩效考评办法，组织绩效考评，强化闭环管理。通过开展管理者上讲台（27期）、全员业务培训（13期）等活动，不断促进全员业务素质提升。

【企业文化建设】2020年，公司开展对标找差，持续提升综合竞争能力和盈利能力。持续优化业务流程及管理能力，组织开展“建言献策”活动，共收集43条涉及企业文化、制度流程、业务开展等建议，并逐条落实。

根据机关党委安排，组织学习习近平总书记重要讲话及十九届五中全会精神，开展“三会一课”及纪念中国共产党成立99周年系列活动。全面推进支部建设，强化党风廉政和反腐倡廉建设，把党的政治优势转化为业务发展优势，不断推动公司新发展。

特变电工集团财务有限公司

【集团概况】特变电工股份有限公司（以下简称“集团”）是为全球能源事业提供系统解决方案的服务商，是国家级高新技术企业和中国大型能源装备制造企业，培育了以能源为基础，输变电高端制造、新能源、新材料“一高两新”国家三大战略性新兴产业，成功构建了特变电工、新疆众和、新特能源 3 家上市公司，是我国多晶硅新材料研制及大型铝电子出口基地，大型太阳能光伏、风电系统集成商，国内拥有 18 个制造业工业园，海外建有 2 个基地。综合实力列世界机械 500 强第 228 位，列中国企业 500 强第 353 位，列中国机械 100 强第 6 位，ENR 国际总承包商全球排名第 93 位。先后荣获国家科技成果特等奖 2 项、一等奖 4 项、二等奖 2 项、行业及省部级科技进步奖 200 余项。

【经营概况】2020 年，特变电工集团财务有限公司（以下简称“公司”）坚持“立足集团、服务产业、规范经营、稳健发展”的经营方针，围绕集团产业链，积极探索产业金融新模式，增强产业链金融合作，全力助推民营企业和实体经济发展，为做强集团主业和培育战略性新兴产业提供特色化、差异化、多元化的金融服务。

【服务实体】公司不断扩大金融服务的广度和深度，新增服务成员单位数量 13 家，服务领域覆盖集团四大产业，产品涉及存款、结算、流动资金贷款、项目贷款、贴现、承兑、保函等多个表内外业务。截至 2020 年末，实现资产总额和负债总额分别为 50.86 亿元和 39.50 亿元，所有者权益合计 11.37 亿元；各项存款余额 38.97 亿元，全部为内部成员单位存款；各项贷款余额 29.62 亿元，其中，贷款 23.45 亿元，贴现 6.17 亿元；存放同业款项余额 18.51 亿元，2020 年末流动性比例达 69.77%；银行承兑汇票余额 5.26 亿元，保函余额 3.06 亿元。2020 年实现净利润 0.85 亿元，不良资产和不良贷款均为零。

【信贷业务】2020 年，公司共向 23 家成员单位提供金融业务服务 188 笔，金额 53.02 亿元；其中发放各类贷款 21 笔，金额 28.7 亿元，贷款平均利率为 3.90%，较上年同期下降 10.55%。公司一是对存量贷款及时调整利率定价，通过让利帮助成员单位降低利息成本 693.5 万元。二是新增贷款挂钩人民银行 LPR 利率报价策略，新签合同全部实现定期浮动利率。三是规范各类收费项目价目表，金融机构服务职能更加规范，金融服务产业项目更加清晰。

【资金业务】2020 年，公司深入研究同业市场利率趋势，紧盯同业利率市场，调整同业存款结构，持续加强同业授信工作，累计获取农业银行、建设银行、兴业银行等同业机构授信 28.5 亿元，支持财务公司票据在金融市场的有效流通。

【票据业务】2020 年，公司向 17 家成员单位办理票据业务 108 笔，金额 5.85 亿元，为成员单位节约受限资金超过 14625 万元。全年办理贴现业务 38 笔，金额 10.7 亿元，全部按照市场指导价最低价格执行。

【资金集中】2020 年，公司累计办理各类结算业务 16.39 万笔，累计结算金额 2981.43 亿元；为集团境内 113 家成员单位开立内部活期户 119 户；与 364 户企业银行账户建立资金归集关系；推动工商银行、农业银行、中国银行、建设银行、交通银行、兴业银行、浦发银行、招商银行、民生银行、乌鲁木齐银行、新疆银行 11 家银行实现银企直连，提升账户资金集中管理及结算效率。

【业务创新】公司积极对接人民银行，成功开立再贴现账户，2020 年办理再贴现业务 2 笔，金额 2531 万元，成为新疆首家实现再贴现业务的非银行类金融机构；获得绿色金融办申报绿色贷款业务准许，发放 2 笔绿色贷款，金额合计 2 亿元。

【风险管理和内部控制】2020 年，公司一是完善制度流程，累计修订完善制度 120 项，加强各类风险监测。二是加强员工管理，开展员工自查 94 人次，上门或电话家访 78 人次、客户回访 29 人次，防范化解道德风险和操作风险。三是开展专项排查，组织案件风险排查、从业人员处罚情况排查、违规人员查实举报等。

【人力资源管理】2020 年，公司建立了以股东会、董事会、监事会和管理层“三会一层”的现代企业治理结构，并设置综合管理部、信息技术部、信贷业务部、财务部、结算业务部、风险管理部和审计稽核部7个职能部门。截至2020年末，公司员工共25人，其中高级职称6人，中级职称8人，党员16人，从事金融或财务工作3年以上人员19人。

【信息化建设】2020年，公司信息科技管理工作有序开展，打通了软通票据系统与九恒星核心业务系统的账务信息，新增2家地方性银行的银企直连接口，提高了票据业务办理的效率，提升了信息系统友好性，扩大了集团资金归集范围。

【企业文化建设】2020年，公司坚持党建经营两手抓、两不误，一是积极开展“优秀党员示范岗”争创活动，建立评优评先管理机制，营造榜样文化。二是定期组织党组织会议及民主生活会，推动党学共建及企业文化建设。三是组织开展中国财务公司协会线上专题培训11期，系统学习了财务公司信贷、结算、风险管理知识。

天津渤海集团财务有限责任公司

【集团概况】天津渤海化工集团有限责任公司（以下简称“集团”）隶属于天津市国资委，集团现有全资及控股子公司142家，2020年，集团继续全面推进“产品、产业、资本、组织、人才”五大结构调整，按照“化工为主，相关多元”的产业定位，持续进行产业改造，完成由传统氯碱向海洋化工、石油化工、碳一化工“三化”结合的产品结构转型，基本形成布局基地化、产品系列化、产业多元化、“港化一体”的发展格局，打造氯碱化工、石油化工、现代煤化工和化工新材料等核心板块。随着现代物流、营销和金融配套平台的搭建，集团已呈现出现代石化产业集团的特色。截至2020年末，集团资产规模1000余亿元。

【经营概况】2020年，天津渤海集团财务有限责任公司（以下简称“公司”）积极应对金融市场形势的不断变化，牢牢把握风险合规底线，强化管理能力，加大金融创新和服务创新力度，为集团成员企业创新改革、提质增效提供了有力支持。截至2020年末，公司总资产34亿元；负债总额20亿元；所有者权益合计13.79亿元，实现营业收入1.36亿元，利润总额0.95亿元，资本充足率为37.29%，流动性比例为66.89%，不良贷款率和不良贷款额持续保持为零。

【信贷业务】2020年，公司充分发挥金融服务平台职能，通过挖掘内部潜力和外部合作银行的资源，持续以低成本融资支持成员企业发展。2020年，公司为20户成员企业核定年度授信额度56.90亿元，为成员企业提供自营贷款综合平均利率较低，有效支持了成员企业降本增效。

【同业及投资业务】2020年，公司优化开展同业业务和低风险投资业务。在保证日常支付结算的基础上，合理分配存放同业备付资金，在保证资金安全性和流动性的基础上，与合作银行协商同业存款利率，争取较高收益，全年取得金融往来收入1246万元。维持主动负债能力，适当拆入资金，补充流动性。

【票据业务】2020年，公司继续推进票据池建设和运行。截至2020年末，已有23家成员企业开通了票据池功能。票据集中管理保证了票据安全，提高了票据流通性，增加了保证金存款收益，丰富了成员企业融资渠道和融资方式。

【风险管理和内部控制】2020年，公司根据监管部门现场检查情况，对公司治理、内部控制、信贷风险审查、同业业务等重点方面对照自查，并提出整改以及优化措施。公司持续加强全面风险管理体系建设，对全面风险管理制度进行修订，新增《资本管理制度》，提供资本管理科学有效的政策依据；对信用风险管理的手段进行补充和完善，增加信用风险预警机制，持续监测公司核心指标、客户及交易对手的信用状况变动情况，实现“早预警、早控制、早处置”的信用风险管理目标；加强合规管理，规范票据业务经营，严格按照监管要求审核票据业务贸易背景的真实性；完善内控管理，强化票据业务风险控制。

【人力资源管理】2020 年，公司根据集团公司部署，持续深化三项制度改革，完成了高管层、中层干部聘任制改革，普通员工完成岗位聘用；制定了《工资总额管理办法（试行）》《工资总额使用情况动态管控实施办法（试行）》，进一步加强工资总额管控，基本实现公司全面市场化选聘、全面管理人员聘任制竞聘制、全面工资总额决定机制、全面员工考核、全面员工流动机制的改革目标。

【信息化建设】2020 年，公司局域网和异地数据备份等项目运行稳定，硬件防火墙和网络杀毒软件已经全部配备，操作系统与办公软件正版化率达 100%，业务合同实现信息技术加密、防篡改，提高了安全性，上网行为管理软件上线运行；完成了 OA 系统更换，推进流程优化；对公司结算模式及该模式下风险控制的可行性进行论证和研究，从集团支持、业务模式、信息化选型等方面形成初步思路。

【企业文化建设】2020 年，公司继续加强党的全面领导，发挥党支部领导核心和政治核心作用，党建工作与经济工作同部署、同安排；创新理论学习方式方法，努力使理论学习和业务实践有机融合；请党员骨干讲“微党课”，加强干部队伍作风培养，紧抓组织建设，设立党员先锋岗，表彰优秀党员，为党员过“政治生日”；加强党风廉政建设，强化监督和执纪问责，全面落实从严治党主体责任，以党建促行政管理和业务开展。

天津港财务有限公司

【集团概况】天津港（集团）有限公司（以下简称“集团”）主营业务为港口投资、装卸搬运、仓储分拨、客货运输服务等。2020 年，集团持续落实习近平总书记“要志在万里，打造世界一流智慧港口、绿色港口”重要指示精神，完成集装箱吞吐量 1835 万标箱，货物吞吐量 4.35 亿吨；实现全球首次 25 台无人驾驶电动集卡实船作业和传统集装箱码头自动化改造全流程实船作业，成为全球首个获批建设的港口自动驾驶示范区。

【经营概况】天津港财务有限公司（以下简称“公司”）始终坚持立足集团、依托集团、服务集团，为成员单位提供优质金融服务，同时进一步发挥辅助集团进行资金管理职能属性。截至 2020 年末，公司资产规模 98.74 亿元，负债规模 73.37 亿元，所有者权益 25.37 亿元；全年实现收入 3.68 亿元，实现利润总额 2.30 亿元，不良贷款率和不良资产率均为零。

【服务实体】公司信贷投向 97.63% 为交通运输业，1.04% 为批发零售业，1.33% 为信息传输、软件和信息技术服务业，其中对小微企业贷款占总体贷款规模的 64.45%，金额 38.87 亿元。疫情期间，支持成员单位复工复产，建立绿色通道，确保疫情防控资金及时支付；发放疫情专项贷款 1 亿元；紧跟政策导向，办理贷款延期 3.84 亿元。

【信贷业务】公司对 43 家成员单位给予授信额度共计 135.88 亿元，向 23 家单位发放贷款，金额 40.78 亿元，年末贷款余额 60.31 亿元，其中支持集团集装箱码头智能外理和智能理货、集装箱码头自动化 2.0 等智慧港口建设项目，发放贷款 0.61 亿元，支持京津物流园仓储项目，服务京津冀协同发展，发放贷款 1 亿元；办理保函 7 笔，金额 0.64 亿元；委托贷款 155 笔，金额 155.57 亿元；采用签订补充协议方式，完成全部存量贷款 LPR 定价转换工作。

【资金业务】公司对接集团财务共享中心，发挥辅助集团进行资金管理职能属性；进一步做好账户管理，新增上挂 43 个直连账户，开通 53 个账户上收权限，清理停用 62 个上挂账户；配合集团研发资金看板，实现账户和资金数据可视化管理，为集团构建“全方位、无死角、网格化”的资金管理体系提供基础支持；全年结算业务 63472 笔，金额 2728.93 亿元。

【同业业务】公司取得 11 家同业机构 83 亿元授信额度，开展基金投资、资产管理计划等业务，实现同业业务收入 11366.32 万元；其中，金融机构往来收入 8848.71 万元；投资收益及公允价值变动收益 2517.61 万元。

【票据业务】公司为 7 家成员单位办理银行承兑汇票 331 笔，金额 1.44 亿元；正式上线浦发银行票据池系统；同时向成员单位推广加入 ECDS 系统，为全面掌握票据信息、实现票据集中管理奠定基础。

【资金集中】强化目标，公司制定《未来三年资金集中度工作规划》；细化管理，集中梳理成员单位账户状态和银行分布情况，努力实现账户应挂尽挂、资金应收尽收；2020 年末监管口径资金集中度为 51.76%，较年初提高 3.31 个百分点。

【业务创新】公司首次为 3.2 万余名集团员工办理补充医疗保险，并面向参保员工开通 APP 自助索赔服务，进一步拓宽保险服务范围；首次开展代开国内信用证业务，为天津港北疆港区 C 段智能化集装箱码头工程办理业务，金额 36.75 万元。

【风险管理和内部控制】公司组建风险管理部，明确风险管理目标，建立覆盖信贷业务流程的风控机制，完善业务风险管控体系；开展市场乱象整治“回头看”及预防金融人员违法犯罪专项自查；制定、修订制度 40 项，完善公司制度体系；稽核各类票据 60061 笔，开展资产质量五级分类、征信业务管理等 11 项专项稽核；编制 5.47 万字《结算业务操作手册 1.0 版》，将繁琐业务程序标准化、流程化，降低操作风险。

【人力资源管理】公司持续深化三项制度改革，施行全员聘任制改革，强化人才队伍建设；启用月度考核方式，完善绩效考核机制；优化薪酬结构，调整薪酬固定、浮动部分比例，重设岗级工资标准；加强关键岗位管理，完成 2 名关键岗位人员交流轮岗；开展全员合规、民法典、操作风险提示、消防安全等专题培训，提升人员整体素质。

【信息化建设】完成公司网络安全等级保护测评工作，测评成绩同比显著提升；升级工商银行银企直连接口至 3.1 版本，提高接口稳定性和业务处理效率；完成综合业务系统 LPR 功能升级改造，支持信贷业务 LPR 利率平稳转换；上线电票二次审批功能，提高票据业务管理水平；增加转账指令定时关闭功能，提升资金结算安全性。

【企业文化建设】开展“党建质量年”活动，推进“融入式”党建，坚持“党建引领，金融创效，助力一流”理念，打响“党建引领经营，金融服务发展”红色品牌。围绕“党建 + 金融”，以重点、难点工作为攻坚课题，成立 6 个党员攻坚队，激励广大党员干部员工主动担当作为、积极投身港口建设，推动党建与业务深度融合，以高质量党建引领公司高质量发展。

天津能源集团财务有限公司

【集团概况】 天津能源投资集团有限公司（以下简称“集团”）是天津市国资委出资监管的国有独资公司，注册资本100.45亿元。作为天津市能源项目投资建设与运行管理主体，集团以“四源”（电源、气源、热源、新能源）为主营业务，承担着保障天津市能源安全稳定供应和推动全市能源结构调整优化的重任。

【经营概况】 天津能源集团财务有限公司（以下简称“公司”）始终秉持“服务集团、规范经营、稳健发展、创造价值”的经营方针，立足集团主业发展，服务集团成员单位，积极发挥“资金归集平台、资金结算平台、资金监控平台、金融服务平台”的作用。截至2020年末，公司资产总额74.14亿元，所有者权益11.42亿元，实现净利润5258.17万元。

【服务实体】 公司以“服务实体经济”为宗旨，通过存款利率上浮、贷款利率下浮、结算免费、手续费免费等优惠措施，同时以利率为突破口，协助企业降低融资成本，全力支持集团实体经济发展，最大限度助力企业降本增效。

【信贷业务】 公司稳健推进信贷业务发展，合理安排放款进度。2020年，公司为成员单位新增授信11亿元，为成员单位发放贷款44笔，合计金额20.47亿元，回收贷款36笔，合计金额16.03亿元。截至2020年末，公司贷款余额19.14亿元，较年初增加4.44亿元。同时，公司以服务集团为宗旨，以优于市场水平的利率价格为成员单位提供信贷支持，截至2020年末，公司对成员单位的贷款利率较上年同期下降52个基点，降幅达12.5%。

【同业业务】 公司在存放同业业务的基础上，着手进入全国银行间市场，努力拓展新投资业务，丰富可投资金融产品品种。公司成立已满三年，相关门槛指标全部达到要求，已就新增固定收益类有价证券投资业务资质向天津银保监局提出申请。

【资金业务】 公司主要资金运作方式为办理同业约期与定期存款，同时，通过竞争性谈判的方式争取最优惠利率。2020年累计实现存放同业利息收入10982.27万元。2020年，公司共办理结算业务10867笔，金额355.26亿元。公司加强对大额资金的审核力度，大额资金审核率达100%，有效防范资金风险。

【资金集中】 集团将资金归集率作为对下属企业年底考核的重要指标，截至2020年末，公司客户增至47家，全口径资金归集率为64.21%。

【风险管理和内部控制】 公司严格按照风险偏好开展全面风险管理工作；设计、评估创新业务产品制度及流程；各类监管报告、监管数据的报送零差错；组织开展风险管理知识培训，提高全员风险意识；定期开展制度及系统流程执行情况、业务开展情况的检查，及时发现问题，对风险进行提示。公司通过开展专项审计和年度内部控制评价工作，对公司内部控制制度设计和执行的有效性进行独立、客观的审计评价。

【人力资源管理】 公司深化人事三项制度改革各项成果，全面优化各项制度，立足公司实际发展情况，探索个性化绩效考核模式以及高适应性的薪酬管理模式，通过目标确认、考核激励等措施推动公司管理层和员工干事创业担当作为。坚持为青年员工提升素质能力和干事创业搭台扩能，为公司“十四五”人才规划奠定坚实的基础。

【信息化建设】 2020年，公司完成系统等保评级的备案工作，公司核心业务系统定级为三级。根据公司实际情况规划信息化基础环境加固方案，并按计划逐步实施，确保信息化工作有序进行。部署数据库监控、入侵检测等设备，对数据的访问方向进行控制，加固公司网络运行环境安全。

【企业文化建设】公司持续以习近平新时代中国特色社会主义思想为指导，深入贯彻党的十九大和十九届历次会议精神，增强“四个意识”、坚定“四个自信”，做到“两个维护”，落实巩固“不忘初心、牢记使命”主题教育各项制度，持续聚焦党员初心，狠抓使命担当；聚焦组织建设，狠抓组织力提升；聚焦基层党建，狠抓教育管理；聚焦意识形态，狠抓阵地管理；聚焦全面从严治党，狠抓正风肃纪。

公司重视员工人文关怀，购置报纸期刊、专业图书，开设阅览室，陶冶情操；组织开展“聚焦身边最美劳动身影——致力打赢‘三大战役’”职工摄影和微视频比赛活动。公司领导不定期通过召开座谈会、设置意见箱、一对一谈心谈话等方式听取员工心声，关注员工思想动态；通过组织参加内外部业务培训、鼓励员工参加职业证书考试等方式，提高员工业务技能；通过参观“廉润初心”廉政教育基地、观看爱国主义教育影片等活动，提高全体员工政治敏感度，以正确的核心价值观投入工作、生活。

【法务工作】2020 年，公司深入贯彻全面依法治企理念，发挥法律服务、风险防范和支撑保障作用，全面提升法治工作系统化、专业化、规范化水平，完善组织领导建设和分级开展普法教育工作取得一定成效。高质量落实“法律三项审核”工作，全年审核率达 100%，保证了公司的合规合法经营。截至 2020 年末，公司法务人员审核制度 25 项，审核公司合同 94 份，参与重大经营管理决策事项 36 项。

T

天津天保财务有限公司

【集团概况】天津保税区投资控股集团有限公司（以下简称“集团”）是天津港保税区管委会下属国有独资公司。作为滨海新区大型国有控股集团，集团坚持区域功能服务与企业经济效益相统一，致力于为区域提供安全、稳定、优质的基础设施建设、运营与服务，形成涵盖区域开发建设、基础设施运营、物流及汽车展贸、金融与投资四大主业板块的多元化产业发展格局。集团倾力打造“治理规范、主业突出、管控有力、业绩优良”的一流投资管理型公司。

【经营概况】2020 年，天津天保财务有限公司（以下简称“公司”）致力于资金管控，以资金为纽带，围绕资金管理和融资服务业务主线，发挥金融牌照优势，稳健推进各项业务，持续提升公司风险防控能力，较好承担了集团内部“四个平台”功能。截至 2020 年末，公司资产总额 95. 80 亿元，负债总额 57. 04 亿元，所有者权益合计 38. 74 亿元。全年实现营业总收入 2. 77 亿元，利润总额 2. 49 亿元。

【信贷业务】面对集团内不同类型、不同行业的成员单位资金需求，公司“一企一策”制定融资服务方案，积极通过银团贷款、融资租赁、经营性物业贷款等组合信贷产品满足成员单位融资需求，支持区域经济发展，2020 年累计为成员单位发放贷款 15. 38 亿元，信贷业务余额 54. 63 亿元。

【服务实体】面对新冠肺炎疫情，及时落实相关金融支持政策条件，为部分成员单位的贷款优化还款结构、缓解阶段性资金紧张。发挥金融机构专业优势，协助成员单位获得外部商业银行授信 35. 20 亿元，提供担保 5. 81 亿元，担保余额 14. 49 亿元。在全力支持集团主业发展的同时降低集团资产负债率，节约集团财务成本，2020 年累计为集团企业节省财务成本 8155.58 万元。

【资金集中】公司不断优化资金归集业务流程，提高资金归集效率。2020 年，公司结算业务共 1.90 万笔，金额 2944.12 亿元，日均归集资金 40.04 亿元，年末全口径资金集中度为 35.98%，可归集口径资金集中度为 66.79%。

【投资业务】公司固定收益有价证券投资业务模式逐渐成熟，专注于高等级信用债、利率债、货币市场基金等低风险投资品种，通过均衡流动性与收益性，制定合理的投资交易策略，同时加强各类风险管控，投资规模和投资收益平稳。

【业务创新】根据集团业务发展需要，公司作为主办企业向外汇管理部门申请跨境资金池业务资格，并于 2020 年 10 月 10 日获得国家外汇管理局天津市分局备案批复，成为天津市滨海新区首家取得该业务资格的天津国有企业。公司有效利用国际国内两个市场、两种资源，促进境内外资金有效统筹管理、高效调配，服务实体经济，降低融资成本。

【风险管理和内部控制】内部控制方面，2020 年，公司对规章制度进行全面清理，修订制度 80 余项、保留制度 38 项、废止制度 31 项、新增制度 30 余项，截至 2020 年末，公司有效制度 153 项，涵盖公司治理、内部控制、风险管理、业务操作等各个方面，同时梳理各项内控流程，切实突出过程控制，真正做到严密监测，严格核查，严肃整改，严厉问责。修订《天津天保财务有限公司授权管理办法》，建立基本授权体系。董事长签署对总经理的基本授权书，将公司业务分为 13 类，分别明确业务范围与具体额度，对总经理的经营权限进行了完整规范。

风险管理方面，初步建立全面风险管理制度，基本搭建完成全面风险管理体系。制定《风险偏好管理办法》《资本管理办法》等风险管理基本制度；完成《风险偏好陈述书》，完善全面风险管理宏观框架；制定《资本管理规划（2020—2022 年）》；制定公司风险限额管理方案，并按年度进行修正调整；每年对上年度全面风险管理情况进行评估；每年开展 2 次流动性压力测试。

【人力资源管理】2020 年，公司一方面注重人才培养，充分挖掘内部潜能，培养锻炼年轻干部，健全培训管理体系，创建高素质专业人才队伍，全员专业技能显著提升；另一方面积极响应国有企业改革，建立企业市场化运行机制，不断完善薪酬与考核管理，致力于实现干部能上能下、人员能进能出、工资能增能减的目标，推动公司制度改革向纵深发展。

【信息化建设】2020 年，公司以“安全、高效、创新、服务”为指导思想，坚持服务于经营的原则，创造性地开展工作。一是根据内控管理要求，对信息科技制度进行修订和完善；二是积极推动技术创新，将智能报送机器人应用到监管报送工作中；三是完成网络安全等级保护二级测评，结合测评报告进行基础设施的升级改造；四是完善运维建设和管理，为核心系统提供稳定可靠的运维支持；五是认真完成应急演练工作，确保通过可靠的应急机制提升业务连续性。

【企业文化建设】2020 年，公司强化理论武装，始终把政治理论学习摆在突出位置，组织广大党员和干部群众深入学习党的十九大、十九届二中、三中、四中、五中全会和习近平总书记系列重要讲话精神，深化“不忘初心、牢记使命”主题教育成果，年内组织集中学习 20 次。开展“鼓足闯劲谋改革　提升胆气勇创新”大讨论活动，围绕一企一策、风控文化建设、制度改革三方面内容进行专题学习和分组讨论，收集意见建议 60 余条，形成调研报告 4 篇，切实将大讨论成果转化为提升公司管理水平的动力。

天津物产集团财务有限公司

【集团概况】天津物产集团有限公司（以下简称“集团”）经营领域涵盖大宗商品、现代物流等，其中大宗商品主要包括金属、能源资源、矿产、化工、汽车机电五大类别。集团经营区域覆盖全国，并在美国、德国、日本、新加坡、中国香港等国家和地区建立21家境外经营网点，形成辐射全球的网络布局。集团现有注册资本金26.5亿元，所属企业共258户，其中，二级企业55户，三级及以下企业202户；其中上市公司1家。

【经营概况】2020年，天津物产集团财务有限公司（以下简称“公司”）在集团党委的正确领导下，以政治建设为统领，扎实开展“不忘初心、牢记使命”主题教育，面对严峻形势和艰巨任务，公司充分发挥自身作用，持续开展业务。2020年，公司总资产216.30亿元，营业收入1.93亿元。

【信贷业务】公司将贷款利率由原来的3.92%调整至1.52%，以低于同业的贷款利率发放贷款，减轻成员单位债务负担，降低集团成员单位融资成本。截至2020年末，累计办理贷款业务111笔，金额172.15亿元。

【资金集中】公司加大资金归集、结算力度，把好集团资金出口关。截至2020年末，共审核付款单394笔，金额累计5273.1万元；共办理正常结算业务笔数1715笔，涉及金额510.61亿元；共完成14家银行的442个账户授权工作，约占全集团全部一般结算户（可归集）账户总数量的48%。

【风险管理和内部控制】一是做好合规指标的监测和报送工作。按日监测公司各类风险性指标，累计报送监管报表1000余份，报送各类报告50余份，无迟报、漏报、解锁情况。二是做好叙做授信业务审批。审核办公系统和业务系统授信，合规审批、法律审批对外提供业务资料及数据、协议变更等事项167项，针对过程中存在的问题及时沟通外聘律师，严防法律风险，提高法律合规性。三是定期开展法律培训，增强员工法律合规意识，提高员工法律素养，规避法律风险。四是发挥审计职能，对发现问题持续核查，督促整改。2020年共开展公司内部专项审计6次，发现9项问题，提出9条建议，均完成整改。

【人力资源管理】一是关注员工的职业发展，为符合职称申报条件的员工进行评定及申报；开展职称继续教育工作；鼓励员工参加学历提升、职称提升学习，提高自身含金量；积极参与和组织各种内外部培训，提升员工专业能力与水平。二是充分发挥工会组织职能，结合实际开展有针对性的职工队伍稳定工作，关注员工思想状态。三是持续推进人才交流机制，积极开展轮岗交流管理，在保证合规经营、防范风险的同时，为员工提供学习机会，保证人尽其才、各尽其能。

【信息化建设】一是进行信息安全建设及网络改造。新购设备投产上线后对公司网络系统进行升级改造，减少系统跨运营商访问时的延迟，降低由于运营商线路故障造成系统无法访问的概率；增加防火墙，明确各网络区域边界，提高系统的安全防护能力。二是完成IPv6改造工作。目前公司系统已可以支持IPv4/IPv6双栈访问，通过网络改造，提升了公司信息化发展水平，推进了公司数字化转型。

【企业文化建设】公司加强党的政治建设、持续净化政治生态。一是抓紧抓实思想教育，做好意识形态工作。深入学习宣传贯彻习近平新时代中国特色社会主义思想和习近平总书记关于疫情防控工作的系列重要讲话精神。二是完善党的制度建设、压实党建工作责任。成立公司国有企业党建工作领导小组，对公司党建工作进行整体谋篇布局，增强工作的整体性、协调性，形成研究谋划国有企业党建工作的合力。三是加强基层党建工作，提高标准化规范化程度。按照相应职责，制定任务清单，逐项对照“职责清单”和“问题清单”查摆问题，列出自查整改清单，逐项抓好整改落实。四是持续深化作风建设，不断提升警示教育成果。强化“不作为不担当”、形式主义官僚主义专项治理。每月召开月度会议，及时转发中纪委、市纪委纠治形式主义官僚主义的具体要求，并通报天津市处理防疫工作不作为不担当典型案例。

天津医药集团财务有限公司

T

【集团概况】天津医药集团（以下简称“集团”）是一家国有大型综合性制药集团，其前身为成立于1979年的天津市医药管理局。经过近40年的发展，现已发展成以绿色中药、化学原料药、化学制剂与生物药、特色医疗器械、现代商业物流五大板块为主体，科研、生产、商业销售一体化运作，拥有180多家企业，控股中新药业、天药股份、力生制药3家上市公司和迈达科技一家新三板上市公司，与葛兰素史克、大冢、维克多等跨国知名制药公司合作组建合资企业10余家。集团主要经济指标位居中国医药行业前列，连续多年入选中国企业500强、中国医药工业百强。

集团产品资源丰富，在产品1300余种，涵盖中药、化药、生物疫苗、医疗器械等多个门类，皮质激素原料药产能位居世界前列，药用氨基酸原料产销量国内领先，速效救心丸、寿比山、京万红软膏、通脉养心丸、尤卓尔等一大批享有广泛知名度和美誉度的“大品种”远销海内外。集团拥有“达仁堂”“隆顺榕”“乐仁堂”等6家中华老字号，“双燕”“松柏”“生化”等14个中国驰名商标，总数位居全国医药行业前茅。其中，达仁堂清宫寿桃丸等四项传统制作技艺入选国家级非物质文化遗产名录。

【经营概况】2020年面对突如其来的新冠肺炎疫情，天津医药集团财务有限公司（以下简称“公司”）上下齐心协力，按照集团下达任务及公司董事会设定目标，围绕疫情防控和经济发展“双战双赢”积极开展各项工作，较好地完成全年各项既定目标和安排。公司全年实现营业收入6509万元，同比增加7%，完成预算的120%，利润总额2796万元，同比增长16.61%，完成预算的111%。

【信贷业务】一是面对信贷利率持续下行，公司坚持贷款利率更优于银行贷款利率水平，全年贷款利率同比下降8个基点，让利69万元。二是与城银中心合作，低成本直连上海票交所，使票据业务摆脱代理银行钳制，获取业务持续稳定开展主动权。三是做好项目融资LPR利率转换，并在基准时点选取和执行利率上让利企业。

【资金业务】2020年在保障资金安全的同时，公司继续合理利用流动性定量模型，并根据资金情况，适时开展同业存款和投资业务，资金使用效率得到切实提升。同业存款方面，公司采取积极措施应对2020年同业存款利率下行的大趋势，结合与各个商业银行的合作模式，通过签订长期协议提前锁定高利率、逐月逐季谈判争取同期较高利率等方式，对冲趋势影响以保持备付资金收益水平。投资业务方面，公司在持续开展货币市场基金业务的基础上，不断开拓新业务品种，于2020年4月22日成功实现首笔利率债投资业务落地。在赚取利率债稳定票息收入的前提下，公司积极创新，进一步开展利率债资产应用——债券质押式回购业务，畅通利率债变现渠道，增加公司主动负债的能力。拆借业务方面，2020 年，公司与 7 家金融机构积极开展同业拆借业务，累计发生业务 49 笔，累计交易金额 37.50 亿元，拆借业务的稳定开展有效缓解了公司短期的流动性压力，提升了公司流动性安全管理边际。

【资金集中】集团的资金主要集中在上市公司，2020 年，公司经过积极沟通，完成与中新药业新一轮为期三年的《金融服务协议》续签工作。保持整体资金的连续、稳定。同时通过多次洽谈、利率让利等方式，扩大中新药业通知存款的业务规模，实现上市公司日均存款较大增长，2020 年末，集团可归集资金归集度达 92.20%，增强了公司提供金融服务的能力。

【风险管理和内部控制】在原有内控体系的基础上，系统梳理公司信用风险、操作风险、法律风险、流动性风险管理，逐步构建和完善全面风险管理框架，为公司未来的风险管控和可持续发展提供最坚实的保障。

【人力资源管理】一是继续推动三项制度改革，调整中层管理岗位绩效薪酬比例，签订"职业经理人年度经营业绩责任书"，进一步强化薪酬制度和绩效考核制度的导向作用和激励作用；二是开通企业年金账户，缴纳 2019 年、2020 年企业年金，激励员工长期稳定工作、与公司共同发展，提升企业发展原动力。

【信息化建设】公司进一步完善核心业务系统功能，2020 年主要完成结算批量支付、短信动账提醒、与城银公司票据系统直连、扩充 4 家银行直连等全新系统模块的开发或上线工作。

【企业文化建设】公司积极发挥工会的企业文化创建作用。做好重大传统节假日员工慰问工作，组织中秋专项职工活动，丰富员工生活，开阔员工视野，体现对员工的关怀；以"四史"教育和"听党话、感党恩、跟党走"群众性主题教育活动为契机，凝心聚力，不断加强职工党建教育宣传工作。

天瑞集团财务有限责任公司

【集团概况】天瑞集团股份有限公司（以下简称"集团"）是一家集水泥、铸造、旅游、煤焦化、矿业、商贸物流、金融等产业为一体的大型企业集团，产业遍布河南、辽宁、山东、安徽和天津等地。集团是河南省重点支持的百户工业企业之一，2010 年 1 月"天瑞"商标被国家工商总局商标评审委员会认定为中国驰名商标。列中国企业 500 强第 397 位，列中国民营企业 500 强第 176 位，列中国制造业民营企业 500 强第 97 位，列河南省民营企业 100 强第 4 位。

【经营概况】天瑞集团财务有限责任公司（以下简称"公司"）是由天瑞集团股份有限公司发起设立、经中国银行保险监督管理委员会批准设立的银行业金融机构。截至 2020 年 12 月末，公司资产总额 34.23 亿元，负债总额 23.24 亿元，所有者权益 10.99 亿元，其中，吸收存款余额 13.70 亿元，各项贷款余额 27.10 亿元。当年累计向成员单位发放贷款 26.60 亿元，当年累计开具电子银行承兑汇票 6.99 亿元。当年累计结算资金 2550.15 亿元，累计结算 81619 笔。

【票据业务】截至 2020 年 12 月末，公司 2020 年累计签发电子银行承兑汇票 379 笔，票面金额 6.99 亿元；累计兑付到期银行承兑汇票 520 笔，金额 9.49 亿元。公司合规审慎开展票据业务，严格按照监管要求及公司内控制度审核票据贸易背景真实性及票据保证金资金来源并实行专户管理。将票据承兑业务纳入整体流动性风险管理框架，切实提高流动性风险的预警、防范和处置能力。

【风险管理和内部控制】公司始终坚持“制度先行”原则，持续做好内控制度建设。2020年全面梳理各项内控制度，优化完善内控制度流程，修订公司治理、风险、信贷、财务、反洗钱等相关内控制定及操作流程17项。制定全面风险管理策略和风险偏好以及重大风险管理政策、员工履职回避管理规定、反洗钱工作考核方法三项制度。提高内控制度体系的规范性和科学性，巩固了防范风险能力。2020年，公司制定全面风险管理策略、风险偏好以及重大风险管理政策和程序，建立健全全面风险管理的长效机制。风险管理部根据监管要求，针对公司实际经营过程中的各业务风险点进行全面评估分析，作为风险管理的决策参考依据，使风险隐患及时发现、及时整改。公司不良资产率和不良贷款率持续为零。建立市场乱象整治工作长效机制，坚持即查即纠、立查立改的原则，达到时时纠错，全面合规经营，提升合规管理水平。稽核审计部对公司内部业务进行检查、监督，独立行使内部监督权力。2020年公司稽核审计部按照年度审计计划对公司治理、内部控制、风险管理以及各业务进行全面内部审计和评估，发现的所有问题能够按时整改，确保内部合规执行到位。

T

通用技术集团财务有限责任公司

【集团概况】中国通用技术（集团）控股有限责任公司（以下简称“集团”）是一家国有重点骨干企业，成立于1998年3月，以先进制造与技术服务咨询、医药医疗健康、贸易与工程承包为核心主业。2020年，集团以国有资本投资公司试点为抓手，坚持新发展理念，落实高质量发展要求，聚焦核心主业，积极对接服务制造强国战略、健康中国战略、“一带一路”建设，致力于建设以“创新通用、绿色通用、技术通用、健康通用、国际化通用”为特色的世界一流企业。

【经营概况】2020年，通用技术集团财务有限责任公司（以下简称“公司”）以习近平新时代中国特色社会主义思想为指导，深入学习宣传贯彻党的十九大和十九届二中、三中、四中、五中全会精神，坚持和加强党的全面领导，围绕以高质量的党建保障高质量的发展主题，坚持党建和经营齐抓共管，团结带领全体员工全面落实集团战略部署，积极开展“二次创业”，战疫情，练内功，再创业，勇担责，实现经济效益较快速增长，主要预算全面超额完成。

【信贷业务】2020年，公司围绕集团主业，坚定不移地为成员单位提供更优质的信贷服务，降低贷款成本、丰富业务品种、加大贷款投放力度、提高审批放款速度，在信贷规模、让利规模、服务广度方面均收获显著成效，为集团和成员单位降杠杆减负债作出切实贡献。2020年，公司累计发放贷款221亿元；日均贷款119亿元，同比增长65%；截至2020年末，信贷资产余额170亿元，较年初增加60亿元；全年不良贷款率为零。

【资金业务】2020年，公司持续优化资金计划和同业安排，为公司流动性安全提供充分保证。一是优化资金计划手段，完善资金计划管理体系，2020年末成员单位资金计划准确率同比提高近30个百分点；二是合理安排资金头寸，统筹同业资金，强化流动性管理，对273家同业机构给予授信，获得同业机构授信近百亿元；年内完成6亿元的同业拆入，保障业务开展所需的基础条件。

【投资业务】2020年，公司在监管和股东会许可的投资范围内适度开展投资业务，充分发挥主观能动性，根据资金情况妥善配置银行理财、货币基金等产品，实现投资收益1295万元，有效提升了资金利用效率。

【票据业务】2020年，公司积极推广票据业务，全方位开展包括票据贴现、承兑、保贴在内的全品类业务，推动金融赋能实体产业，支持集团先进制造板块尤其是高端机床产业的发展。2020年，办理贴现的成员单位数量增加至11家，同比扩大近3倍；年内承兑业务规模余额峰值达9.45亿元，创历史新高。票据业务的推广进一步拓宽了成员单位资金融通渠道，为成员单位生产经营提供切实助力。

【外汇业务】2020年，公司积极走访有潜在结售汇业务需求的成员单位，以细致周到的服务和优惠的价格赢得成员单位的好评，取得了较好的工作成效，办理结售汇业务金额5.01亿美元。此外，公司成功完成本外币一体化跨境资金池试点申请，推动境内外资金一体化运作水平进一步提高，实现专户内自主购汇，额度更高、专户资金使用范围更广、期限更长，进一步提升公司服务质量和客户体验。

【资金集中】2020年，公司重点围绕资金管理平台建设集中发力，资金归集范围、归集规模、归集度均呈现显著增长态势，资金计划准确性显著提高，流动性管理能力获得提升，公司资金管理平台各方面建设取得较好效果。2020年，公司日均吸存折合人民币195亿元，同比增长45%；全口径资金归集度（日均）达60%，较上年同期提升约15个百分点。此外，公司继续扩大直连银行覆盖范围，年内新增兴业银行、邮储银行两家直连银行，更好地满足成员单位多元业务需求。

【业务创新】2020年，公司以金融创新为发展驱动力，在坚守本源的前提下坚持创新引领，落地十二项“首笔”业务，包括首笔银团流贷、首笔融资租赁贷款、首笔并购贷款、首笔财务公司承兑汇票保贴、首笔票据质押融资、首笔代开信用证、首笔法透、首笔外币贷款等，通过多项新业务的试水、新领域的涉猎、新思路的尝试，进一步丰富了服务品种和范围，助推金融服务能力整体提升，有效满足成员单位个性化和多样化需求。

【风险管理和内部控制】2020年，公司不断完善全面风险管理体系建设，切实提升内控和风险管理能力。一是实现风险管控的关口前移，将“新业务风险评估”固化为风控措施；二是通过档案检查、案例分析、案情通报、风险会商机制等多种途径及方式进行风险监测及预警，切实提升风险管理的前瞻性；三是有效落实业务全周期风险把控，切实开展贷前审查、贷中受托支付、贷后跟踪走访等工作；四是做好日常风险防范与内控提升，包括风险指标监测、制度修订、内控计划执行等。

【企业文化建设】2020年，公司持续加强企业文化建设，制定规划实施路线图，倡导“以人为本、以奋斗者为本”，开展“只争朝夕，大干一百天”专项行动，通过党委书记讲党课、建立党员活动室、规划措施上墙面、领导班子抓调研、开展党建共建活动、构建实施“微、网、册、刊”四位一体宣传平台、搭建通财“易”品牌、开展十周年羽毛球比赛、举办“扬帆起航再出发”素质活动等，重塑企业文化，进一步增强公司凝聚力，切实营造了二次创业人人参与、人人践行的良好氛围。

T

铜陵有色金属集团财务有限公司

【集团概况】铜陵有色金属集团控股有限公司（以下简称“集团”）是以有色金属（地质、采矿、选矿、铜铅锌冶炼、铜金银及合金深加工）、化工、装备制造三大产业为主业，集建筑安装、井巷施工、科研设计、房地产开发、金融贸易等相关产业多元化发展的国有大型企业集团。

【经营概况】2020 年，铜陵有色金属集团财务有限公司（以下简称“公司”）累计实现营业收入 2.95 亿元；日均资产规模 95.13 亿元，同比增长 4.32%；资本充足率为 16.43%，流动性比率为 50.17%，各项监管指标符合监管要求。

【服务实体】公司做好疫情防控，助力成员单位复工复产。多种方式保障企业低成本融资需求。积极搭建银企桥梁，利用财务公司在银行授信额度，切实保障小微企业复工复产，确保疫情期间不抽贷、不断贷。持续降低贷款、贴现价格。疫情发生以后，公司及时下调企业贴现利率，坚定不移地贯彻贷款 LPR 利率定价策略，不断降低成员单位融资成本。

【信贷服务】公司全面保障成员单位金融服务需求，助推成员单位复工复产，及时了解成员企业资金需求情况，不抽贷、不断贷、不压贷。同时，根据成员单位生产经营需要，增加信用贷款和中长期贷款，帮助成员单位渡过难关。2020 年，公司共为 16 家成员单位办理 66 笔贷款业务。截至 2020 年末，贷款（含票据）余额 64.34 亿元，无不良贷款。

【资金集中】公司紧跟集团资金动态，谋求资金集中规模效率双提升。2020 年结算量 161989 笔，结算金额 7032.11 亿元，加大体外资金监测归集力度，对非直连账户资金余额做到应收尽收。

【票据业务】2020 年公司为 20 家成员单位提供电票贴现服务，共办理电票贴现 46.09 亿元。

【结售汇业务】2020 年公司共为 11 家成员单位办理代客结售汇业务 693 笔，较上年同期增长 20.42%。

【投资业务】择优选择合作伙伴，逐步提高财务公司投资额度，争取更多投资收益。

【保险代理】2020 年公司共为集团 45 家单位办理了统一保险，开展 2020—2023 年度保险共保招标工作，发挥财务公司作为金融平台协同提升集团整体效益的作用。

【风险管理和内控建设】公司围绕“合规文化建设提升年活动”方案，持续加大合规风险管理排查力度；持续优化制度流程，根据监管要求，结合业务流程和实际工作需要，全面梳理优化制度；不断加强业务审查；全面落实监管要求，积极主动按照监管要求完成各项工作。

【信息化建设】公司不断提升信息自动化操作水平，先后完成电票系统升级，线上清算上线，提升了业务操作便捷性；对金融监管数据综合报送平台建设公开进行招标，目前正在开发实施过程中。对信息系统相关服务器、存储及安全等设备进行更新迭代，目前服务器全部更新，并完成数据库迁移，负载均衡配置。上述举措为财务公司资金管理系统稳定、便捷服务集团成员单位提供了有力支撑。

【企业文化建设】公司发挥党支部战斗堡垒作用，做好党建规定动作，将党支部“三会一课”落到实处。始终认真贯彻八项规定精神，落实“四风建设”。严控招待办公费用，根据集团降本增效文件精神，严格控制各项费用指标，将八项规定精神落到实处。

万向财务有限公司

【集团概况】万向财务有限公司（以下简称“公司”）所属集团为万向集团（以下简称“集团”），集团为民营企业。集团以汽车零部件制造和销售为主业，是中国汽车零部件的代表企业之一。集团从 1999 年开始投资研发电动汽车锂离子动力电池系统，启动了电动汽车项目，经过长年不懈的努力，走出了一条涵盖电池—电机—电控—电动汽车的发展道路，取得了可喜成果。

【经营概况】2020 年，公司发挥金融本质作用，有效控制风险，不断为用户整体战略提供高效快捷的金融服务，实现了经营目标的稳健增长。截至 2020 年末，公司资产规模、营业收入、利润总额等经营指标保持平稳发展态势。

【资金业务】2020 年，公司对接争取到国家开发银行、进出口银行、建设银行、工商银行等优惠贷款；持续优化代理融资负债结构，积极推进万向创新聚能城项目、大洋世家基里巴斯项目等融资业务。截至 2020 年末，全年为集团节约资金成本 4000 余万元。2020 年公司统筹集团战略性合作总授信额度同比增长 1.78%；使用授信余额同比增长 1.99%，授信使用率为 55.07%；充分保障了集团发展的资金需求。

【投资银行业务】2020 年，公司完成投资银行部筹建，健全相关流程和制度；积极培养和引进专业人才。着重推进股权类与债权类相关业务。2020 年，公司重点强化投研分析能力，投资业务重点在消费、科技和化工等行业布局，实现整体投资收益率近 45%。

【信贷业务】2020 年，公司积极支持实体经济，坚持实行适度、合理的信贷政策，促进信贷业务健康安全发展。2020 年公司本外币贷款余额同比增长 0.5%；本外币存款余额同比增长 0.85%。

【票据业务】2020 年，公司以集团所属 21 家企业为核心，定期对产业链客户名单进行维护、更新，通过金融服务切入，维护集团企业在产业链中的主导地位。2020 年重点开展“一头在外”银票贴现业务，全年参与产业链的集团外单位 66 家，业务规模同比增长 29.63%。进一步强化集团票据业务统筹管理，截至 2020 年末，累计办理票据贴现 15.4 亿元；累计办理票据承兑 26.37 亿元，同比增长 6.46%。

【外汇业务】2020 年，公司积极推进集团外汇资金集中运营和跨境人民币资金池业务。新增 8 家成员企业加入集团跨境资金池，新增一家银行作为合作银行；有序开展成员单位境内外汇资金归集业务，实现日常外汇资金归集度 97% 以上。积极开拓外汇同业业务品种，2020 年完成渣打银行对公司授信 3000 万元，在工商银行、渣打银行累计开展外币同业拆借 3.6 亿美元。

【资金集中】2020 年，公司重点通过网银系统、票据系统、外汇系统及柜台结算等多种结算工具实现资金的有效归集。2020 年公司累计完成结算量较上年同比增长 26.29%。资金集中度较上年同比有一定增长。

【信息化建设】2020 年，公司重点深化大数据平台的应用和优化工作。持续进行数据积累和治理，累计开发各类统计分析报表 140 张。实现主要业务全流程线上审批，启用并持续优化 OA 移动端功能，并开通远程桌面、VPN 接入、安全证书认证等。对 107 个流程内容及审批节点进行调整优化。完成虚拟化桌面项目的收尾和验收工作，首次上报信息化管理委员会审议，完成信管委对项目监督工作的闭环。

【业务创新】2020 年，公司信息化建设取得新突破。首次自行发行数字证书，通过自建电子证书认证系统（CA 中心），不仅每年可为公司节省 8 万余元的证书使用费，而且在制证过程、证书有效期设定等方面也更为灵活可控。

【风险管理和内部控制】2020 年，公司完善制度机制，累计制定、修订业务和管理制度 45 项，共开展专项治理自查自评工作 10 项，完成临时调研报告及监管意见反馈 19 项；开展专项稽核 11 次；完成 21 项监管意见及调研回复，组织 4 次员工行为排查、1 次专题培训，持续完善公司长效机制建设，促进各项业务合规稳健发展。

【人力资源管理】公司不断加强人才队伍梯队建设，2020 年累计招聘 5 名新员工，其中硕士学历人员 4 名；鼓励和支持员工学历和职称晋升、组织轮岗与专岗互动，开展侧重于外派专业能力提升培训与内部基础培训结合，2020年累计培训23期，内容涵盖风险合规、财务税务、行业发展、法律法规等方面的培训，培训覆盖率达100%，人才素质在优化培训体系中得到新提升。

【企业文化建设】2020年，公司党支部深入学习贯彻习近平新时代中国特色社会主义思想和党的十九大精神。积极履行教育培养职责，积极发展新党员，为公司党建工作增添新活力，2020年累计发展党员1名，党员转正2名。此外，党支部积极履行社会责任，党支部牵头，工会、团支部配合，多次开展送金融知识进万家、绿色金融知识宣传活动，帮助客户了解更多的金融知识，增强风险防范意识。

五矿集团财务有限责任公司

【集团概况】2020年，面对新冠肺炎疫情突然暴发、全球经济严重衰退、外部打压全面升级的三重冲击，中国五矿集团有限公司（以下简称“集团”）在习近平新时代中国特色社会主义思想指引下，深入贯彻落实党中央、国务院决策部署，坚持“三步走、两翻番”不动摇，坚持高质量发展不动摇，全年实现抗击疫情和生产经营“双战双赢”。

【经营概况】2020年，五矿集团财务有限责任公司（以下简称“公司”）在面对新冠肺炎疫情以及利率环境挑战、机构竞争加剧的连番考验下，始终坚定不移地以“三步走、两翻番”目标为引领，在大战大考中砥砺前行，实现营业收入6.06亿元，利润总额4.55亿元，同比增长83.60%；净利润3.61亿元，同比增长90.71%，经营效益达到“十三五”期间最好水平。

【服务实体】公司积极落实集团要求，发挥资金结算平台功能，优化服务流程，积极推动代理结算业务范围进一步扩大，结算量实现跨越式增长。

【信贷业务】新冠肺炎疫情暴发期间，对成员单位提出的信贷资金需求，公司及时启动放贷审批程序，为成员单位发放自营贷款，保障成员单位用款需求。公司密切追踪LPR市场报价走势，主动下调所有存量自营贷款利率。本次贷款利率的调整以签署利率调整补充协议的方式执行，手续较为简单，切实为客户提供金融服务便利、节约财务利息费。

【资金业务】资金运作方面，将银行间债券质押回购列入重点研究方向，并在2020年实现了近300亿元交易额。质押回购的参与机构众多、资金当天可支取，不仅保证资金的流动性，也拓宽了公司的资产配置种类和投融资渠道，提升了资金使用效率和融资能力。同时，公司大力开拓票据转贴现、票据保贴业务通道，提升财票的市场认可度和流通度，有效助推成员单位业务拓展。

【投资业务】2020年，投资部密切关注经济形势变化，努力提高投研能力和水平，实现投资收益约1.28亿元。

【票据业务】围绕“集团金融服务平台”这一功能定位，在监管评级屡创新高的情况下，公司力求不断拓展业务品种，为各成员单位竭诚提供更加丰富的金融服务。2020年4月23日，公司通过电票系统为五矿发展下属矿产公司成功开出1000万元电子银行承兑汇票，供应商在公司的合作银行成功贴现，进一步深化了公司和外部在电票业务上的合作，开创了五矿财票服务新模式。截至2020年末，用该模式开出的财票规模累计超过8.25亿元。

【外汇业务】2020年，公司继续致力于为集团成员单位提供优质高效外汇业务服务，办理集中收付业务11.3亿美元及10.15亿元人民币，即期结售汇 11.12 亿美元，跨境资金池成员企业增至 60 家。

【资金集中】公司以信息技术为支撑，持续优化资金系统功能。一是实现多级资金池、银行账号自动归集等功能，大幅提升资金归集的便利程度。二是银企直连范围进一步扩大，基本实现主要合作银行全覆盖，拓宽资金集中便捷通道。三是建立上海票交所 ECDS 线上清算渠道，票据集中结算助力集团票据集中。四是系统实现每日资金集中度情况监测，为资金集中管理提供数据支撑。

【风险管理和内部控制】公司通过制度建设完善内部控制管理，搭建科学、合理、有效的制度体系，进一步优化工作流程，提高管理效能，明确“三重一大”决策事项边界，实施“有制可依、有规可守”“相互联系、相互制约”的内部控制管理程序，保证经营管理合法合规，无重大风险事件发生，无金融案件发生，风险管理第二道防线、内部审计第三道防线执行有效。

【人力资源】公司致力于构建符合战略发展要求的复合型一流金融人才队伍。一是搭建“财司有才”培训体系，组织丰富的业务和管理类培训。二是结合工作需要、员工能力意愿和现岗位任职年限等因素，组织三次轮岗，充分调动工作积极性，丰富知识储备和专业技能，加强干部的多岗位历练。三是强化绩效与薪酬激励挂钩，年初制定员工奖励方案，积极向员工传导企业价值理念，形成积极进取、敬业奉献的企业氛围。

【信息化建设】公司完成五矿资金管理与结算二期扩展项目。公司上线电票 ECDS 系统，打造票据全流程服务平台。实现了 19 家银企直连，在业内领先，严控资金操作风险，扩充集团可控资金范畴，降低操作风险，提高资金管理效率。首创短信提醒关键角色，筑牢支付安全防线，作为资金系统付款事中风险管控的有力补充。

【企业文化建设】公司党委创新开展“两个先锋、三个起来”活动，组织“三个一”学雷锋志愿服务活动、红色地标打卡活动、党员集体过“政治生日”、第二届“党识超人”知识竞赛等党建品牌活动，党员教育模式不断创新，党建活动质量再创新高。大力强化监督功能，通过责任清单促成公司领导“一手抓经营，一手抓廉政”的良好局面，建立干部廉洁档案，实时动态管理各级干部，组织开展反腐倡廉宣传月活动，定期观看《国家监察》，加强警示教育，并通过抓好“五个监督”保障公司疫情防控和恢复正常生产经营。

物产中大集团财务有限公司

【集团概况】物产中大集团股份有限公司（以下简称“集团”）是浙江省首个完成混合所有制改革并实现整体上市的国有企业，是中国供应链集成服务引领者，自 2011 年起连续入围世界企业 500 强（2020 年列第 210 位），是国内同行中唯一入选高盛新漂亮 50 的上市公司。集团按照“一体两翼”发展战略（以供应链集成服务为主体、以金融服务与高端实业为两翼），加快实施“流通 4.0”，全力构建战略协同、周期对冲、产融结合的业务格局。截至 2020 年 12 月末，公司总资产达 1066.53 亿元。

【经营概况】2020 年，物产中大集团财务有限公司（以下简称“公司”）上下同心协力、共克时艰，于危机中育新机，在变局中开新局，持之以恒做好金融服务，精准施策助力复工复产，统筹推进稳主业、创新业、强党建、防风险等各项工作，实现了“十三五”战略的圆满收官。2020 年实现营业收入 2.77 亿元，实现利润总额1.17亿元。截至2020年末，公司资产总额129.72亿元，负债总额116.39亿元，各类财务指标均符合监管要求。

【信贷业务】 2020年，公司不断加大前期调研力度，主动摸排成员公司资金需求，多方协调落实资金对接，最大限度解决疫情期间成员公司的资金需求，同时精细做好资金期限结构动态匹配，有效降低财务公司资金流动性风险。2020年，公司积极响应浙江省银行业协会减息助企号召，调降成员公司贷款利率和电票、保函、信用证保证金比例和手续费率，累计投放疫情期优惠贷款310亿元，为成员公司节约财务费用2908万元。

【资金业务】 2020年，公司获得金融机构同业授信98亿元，为提升公司流动性管理、拓展代理用信业务提供有力支撑。不断强化资金计划和运营管控，降低资金备付率，争取到合作银行外汇资金池费用、普通结算业务手续费、资金池电子回单功能费用减免等各项优惠政策，争取到同业存放利率和上限提升。2020年，公司累计为成员公司提供免费资金结算量达15768亿元，同比增长47.8%。

【投资业务】 公司自2019年11月取得第二阶段有价证券投资资质后，在同业理财、资产证券化、集合资管计划、标准化票据产品等投资领域打开了新局面。同时，公司积极发挥金融机构优势，协助物产融租ABS和物产金属全国首批标准化票据的成功发行，引导发行价格下降，有效节约发行成本，充分彰显了财务公司立足集团、服务产业的功能价值。

【外汇业务】 为适应集团国际化战略发展要求，公司在2020年3月获得国家外汇管理局的批准，成功实现结售汇业务和跨境资金池集中运营业务等国际业务落地，并积极与中国银行、工商银行等银行深化合作、争取到优惠政策。同时，公司已获得人民银行跨境人民币资金池主办企业资格批复，并将参与跨境资金池集中收付汇业务的成员公司名单由8家扩展为28家，国际业务服务范围进一步拓展。

【资金集中】 2020年，公司新增直连银行6家，累计达17家，新增挂接银行账户241个，挂接总数达945个；集中度指标和归集规模均大幅提升，2020年末全口径资金集中度为55.45%，较上年提高7.74个百分点；日均吸收存款68.9亿元，同比增长23.69%。

【业务创新】 一是作为浙江省内首家试点财务公司取得海关税费保函业务资质，帮助成员公司提高通关效率、降低通关成本。二是成功实现结售汇业务和跨境资金池集中运营业务双落地，积极助力集团国际化发展战略。三是通过有价证券投发联动深化产业金融服务，助力成员公司ABS、标准化票据成功发行。

【风险管理和内部控制】 2020年，公司继续保持良好平稳态势运行，各项风险指标均符合监管要求，资产质量优良。一是内控治理有效，积极发挥“大监督”在提质增效方面的作用，建立健全财务、经营、法律、廉政等风险防控体系，有效开展“内控体系优化”活动和制度“废改立”工作。二是合规经营有成，根据监管要求开展审计专项行动和员工行为排查，落实一把手分管内审，统筹实施全方位全覆盖审计，严抓整改落地见效，审计发现问题逐年下降。

【人力资源管理】 公司结合部门需求调研制定全年培训计划，培训内容多层次多样化全覆盖，培训后及时开展“3+500+完成时限”分享模式，有效提升培训效果落地转化。联合省内财务公司开展“流动的智慧”同业线下交流会，形成“资源共享、优势互补”的新格局。以激励手段鼓励员工参加专业技能类考试，深化胜任力系列考试，营造“比学赶超”的良好氛围。

【信息化建设】 2020年，公司积极推进金融综合平台项目一期验收及二期开发上线工作，进一步完善财司系统、网银系统、电票系统、BI系统和“物产银通”APP的开发和上线，通过外汇局MTS系统接口、上海票交所全直连接口的验收与上线，扩展财银接口增至17家，完善财企接口统一标准规范，新增4家成员公司ERP对接，完成与集团MDG、EAS和SAP系统的数据对接，实现与集团内系统的互联互通和数据共享。

【企业文化建设】公司通过强化“轻学堂”“财海闻潮”等学习平台建设，不断巩固和深化主题教育成果。结合公司金融行业性质，开展财务公司特色“清廉金融文化建设”宣传月系列活动，营造清廉金融生态。积极健全工团建设，成立民主协商委员会，开展“导师带徒”、职工素养提升计划、健康养生、职工书屋、隐患随手拍等一系列活动，着力营造公司谋事干事成事的良好氛围，公司获2019年度省级“先进职工之家”荣誉称号。

物美商业财务有限责任公司

【集团概况】北京物美商业集团股份有限公司（以下简称“集团”）是国内最早以连锁方式经营超市的专业集团公司之一。集团由经营超市业务转型发展为现代商业服务型公司，主要业务包括物业租赁、对供应商提供的配套服务以及对加盟店提供的配送服务等。主要营业收入包括将大型超市、购物中心中部分商铺和区域通过招商出租给商业经营者和品牌厂商以获取租金收益；向供应商提供的配套服务包括陈列商品宣传、物流配送等。

【经营概况】截至2020年末，物美商业财务有限责任公司（以下简称“公司”）成员单位上线40家，资产总额11.36亿元，环比减少8.91亿元，减幅为44%。负债总额6.21亿元，环比减少8.40亿元，减幅为57%。所有者权益合计5.14亿元，资产负债率为54.70%。2020年，公司累计实现利润总额0.25亿元，环比增加469.18万元，增幅为23%，税后净利润0.16亿元，环比减少362.46万元，减幅为18%。

【服务实体】公司通过为43家集团成员单位提供资金结算、基础信贷等金融服务，促进商品流通和中小型供应商健康成长，进一步服务于京津冀百姓的“菜篮子”和“米袋子”等民生工程，在支持集团良性发展和支持重点工程建设方面发挥了自身的间接辅助作用。

2020年新冠肺炎疫情期间，集团展现出民营企业的责任与担当，把人民群众的需求摆在第一位，不惧风险、坚守岗位。公司与集团同步复工，有效保障各类资金、结算业务正常开展，有力支持集团在疫情初期调配和筹措民生物资，落实“三保”工作目标。

【信贷业务】2020年，公司共与3家成员单位开展信贷业务。累计收回票据贴现资产3.23亿元，短期流动资金贷款2.50亿元。累计发放贷款6.01亿元，其中，短期流动资金贷款5.00亿元，加权利率为3%；票据贴现1.01亿元，加权利率为2.68%。截至2020年末，公司存量信贷资产余额5.00亿元，较好地满足了成员单位的信贷业务需求，助力集团业务发展。2020年无新增不良贷款及不良资产发生，全部贷款五级分类正常，公司整体信贷资产风险可控。

【资金业务】2020年，公司累计完成结算业务18.85万笔，结算金额1483.74亿元，其中代理支付业务7.62万笔，代理支付金额201.97亿元。公司坚持全面预算管理，科学编制资金计划，强化与银行同业机构的合作交流，2020年办理同业拆借业务2笔，累计金额7亿元，有效提高了公司资金收益水平，实现金融机构往来利息收入2841.39万元，环比增加1528.90万元，增幅为116%。

【票据业务】2020年，公司累计收回票据贴现资产3.23亿元，累计办理新增贴现业务1.01亿元，加权利率为2.68%。截至2020年末无存量贴现资产余额。2020年，公司加强资产负债管理，确保全年流动性稳定，组织研究人民银行再贴现政策，充分利用再贴现额度补充流动性。2020 年共申请办理再贴现业务 2 笔，金额 0.61 亿元，利率为 2.25%。

【资金集中】2020 年，公司通过系统化的联动管理，实现定时归集、实时归集、零余额归集、固定金额归集等多种归集方式。积极发挥资金集中平台职能作用，合理设计资金归集路径，严格控制银行账户留存资金，最大限度提高集团资金集中度。截至 2020 年末，集团合并口径货币资金 8.11 亿元，公司各项存款 6.18 亿元，存放中央银行款项 0.35 亿元，存放同业款项 6.24 亿元公司，全口径资金集中度为 79.53%。

【风险管理和内部控制】2020 年董事会及专业委员会会议加强对公司主要风险事项的关注，每季度组织会议审议经营管理层提交的包括流动性风险压力测试报告、资本充足率报告、资产五级分类认定报告在内的 9 项专项工作报告。2020 年，稽核审计部对公司信贷业务部业务、资金结算业务、计划财务部业务等进行了检核，结果显示公司内控合理有效、经营合规、资产安全、信息披露公允、风险可控。

【人力资源管理】2020 年度，公司重点关注人才队伍建设。一是在人才引进方面，结合企业战略发展需求，引入工作经验丰富的高素质专业人才，提高公司人员的整体业务水平；二是在人员的培训方面，综合管理部积极组织各部门开展通用技能培训、专业技能培训、职业道德培训、领导力等培训，实现内训和外训、线上和线下、理论和实践相结合的培训模式，进一步提升员工的综合能力；三是在员工职业规划方面，制定员工轮岗计划，实现公司员工全面发展。

【信息化建设】2020 年，公司结合集团资金管理系统项目上线，升级改造原有银企直连系统，与各银行直连接口稳定性大幅提升；加强各业务系统运行监控管理，完善机房环境监控手段；完成公司同城数据灾备中心的迁移工作，持续保护公司核心业务数据安全；推进公司二代征信系统建设工作。

【企业文化建设】公司党员 2020 年积极参加园区、集团党委组织的各项党员培训活动，继续发挥发扬党员先进性作用。公司先后举办了“牢记苦难，共创辉煌”为主题的爱国观影活动；开展“法制文化宣传月”四期普法培训，提升新时代新形势下员工的爱国主义精神、强化法制意识。

西部矿业集团财务有限公司

【集团概况】西部矿业集团有限公司（以下简称“集团”）在全国 14 个省、自治区、直辖市拥有 70 余家分、子公司，业务范围涉及有色金属矿采选冶炼、盐湖化工、新型绿色建筑及地产开发、旅游资源开发、金融及信息技术等产业板块，产业多元，是青海省唯一一家进入中国企业 500 强的企业。

【经营概况】截至 2020 年末，西部矿业集团财务有限公司（以下简称“公司”）资产总额 123.39 亿元，负债总额 90.91 亿元，所有者权益 32.48 亿元，实现拨备前利润总额 26430 万元。

【服务实体】2020 年，公司主要通过存款利率上浮、贷款利率下浮、手续费减免、中间业务价格优惠等措施，全年累计让利超过 1 亿元。

【信贷业务】2020 年，公司全力保障集团重点单位、重点项目建设，尽力满足集团成员企业资金需求。2020 年累计向成员单位发放贷款 98.58 亿元，贷款余额 57.71 亿元，较年初增加10.62亿元。

【资金业务】根据成员单位资金计划，合理安排资金头寸，在保证资金流动性的前提下开展存放同业业务，努力实现资金收益最大化。公司活期和定期收益率较预算分别提高25个和24个基点。

【投资业务】面对日益复杂的外部金融环境，公司调整投资结构，逐步压缩外部产品投资，同时积极协助参与集团、股份公司发债，联系同业财务公司，签订战略合作协议，为同业拆借、债券互投打下良好基础。2020年累计投资23.51亿元，余额11.5亿元。

【票据业务】公司积极通过票据业务，优化完善信贷结构，挖潜票据业务融资属性，最大限度提升票据业务质量和价值。2020年公司累计签发承兑41.33亿元，承兑余额30.66亿元；累计办理贴现业务21.85亿元，贴现余额19.75亿元。

【资金集中】公司坚持以结算拓源头，以结算促集中，以结算控风险，以结算强服务，不断夯实支撑业务发展的资金基础。2020年末，公司管理成员单位71家，全口径资金归集率达71.85%。

【风险管理和内部控制】一是完成2019年度监管评级工作。结合公司实际逐条对照定性部分评级要求，对发现的问题或不足进行全面梳理，组织优化完善并整改落实，中国银保监会对公司2019年度监管评级结果为1B级。二是组织落实人民银行2019年度评级工作。根据金融机构评级，逐条分解各项任务及指标，对发现的问题或不足进行全面梳理，组织进行优化完善并整改落实，配合人民银行完成评级工作。三是全力推进反洗钱工作。在人民银行的指导下，通过明确反洗钱职责、细化工作任务目标、强化培训等工作，进一步将各层级洗钱风险管理职责落到实处，确保"三道防线"作用有效发挥。四是认真开展制度评审工作。全年新增制度5项，修订30余项，废止2项，最终形成144项制度。五是完成年度审计工作。通过对公司治理、风险管理、合规内控、资金管理、信息科技管理、薪酬绩效考核、反洗钱、案件防控等方面的审计，检查发现问题16个，审计建议8个，上述问题均已整改。

【人力资源管理】公司分层级、分条线、分岗位制定不同的培训内容及学习计划并加以落实，持续提升全员履职能力及综合素质，确保人才队伍稳定、素质优良。2020年累计培训1317人次，履职能力考试合格率达100%。

【信息化建设】一是公司核心业务系统与集团用友NC系统实现无缝对接。积极落实集团公司用友NC系统全覆盖要求，于2020年5月1日顺利完成会计核算系统切换工作，实现了核心业务系统与集团用友NC系统间的数据共享。二是完成数据分析平台和移动APP平台上线工作。进一步提升集团整体资金数据治理水平、分析决策能力和综合管理能力，实现移动查询审批功能，使公司数据标准化、规范化、信息化、自动化水平再上新台阶。三是完成核心业务系统优化升级工作。针对现有系统问题和不足进行梳理，提出优化需求40多项，新增银企直连4家，2020年11月底完成系统整体优化升级工作。

【企业文化建设】公司直属党支部在集团党委的领导下，以习近平新时代中国特色社会主义思想为指引，积极克服疫情压力，支持成员企业复工复产，大力推进党的政治、思想、组织、作风、制度和反腐倡廉建设，推动发展、服务群众、凝聚人心、促进和谐，充分发挥党组织政治核心作用、战斗堡垒作用和党员的先锋模范作用，为公司更好更快发展提供坚强的保证。

X

西电集团财务有限责任公司

【集团概况】中国西电集团有限公司（以下简称“集团”）是我国唯一一家以完整输配电产业为主业的中央企业，成立于1959年7月，是以我国“一五”期间156项重点建设工程的4个项目为基础形成的集科研、开发、制造、贸易、金融为一体的大型企业集团。历经一个甲子的拼搏与发展，集团已经成为我国最具规模、成套能力最强的中压、高压、超高压、特高压交直流输配电设备和其他电工产品的研发制造、实验检测和服务基地。

【经营概况】2020年，西电集团财务有限责任公司（以下简称“公司”）在利率下行的情况下，积极出台疫情防控信贷支持措施，确保集团企业资金流通安全，加大降低企业融资成本力度，展现了金融行业使命担当。2020年实现收入2.93亿元，实现利润总额2.13亿元。

【疫情防控和金融保障】2020年2月3日公司提前安排机动应急值守，成为全集团最早复工复产的企业之一，全力保障成员企业各项金融业务正常运转；开辟“绿色快捷”服务通道，支持集团主业发展，创新应急机制，确保成员企业复工复产前开通金融服务通道，让疫情防控与金融服务“两不误”；采取点对点、错峰错时、一事一办等弹性工作机制，了解企业紧急资金需求，应急处理紧急金融业务，保证疫情防控资金正常周转。

【服务实体】2020年，公司多措并举做好疫情期间支持集团企业各项金融服务，共为成员企业让利优惠超过4500万元。疫情期间，公司向集团境外企业发放复工复产专项委托贷款，有效解决境外项目资金周转严重停滞的问题；针对境外受疫情影响暂遇困难的企业，及时制定针对性帮扶方案，给予延期还款等政策；利用现有金融牌照资质和金融工具，协助成员企业低息融资10亿元，发挥金融对实体经济的支撑作用。

【信贷业务】2020年，公司一是加大疫情防控信贷支持，对受疫情影响出现临时性资金困难的企业发放新增贷款统一享受同期LPR利率，2020年累计发放优惠利率贷款近40亿元；二是对用于支付上游民营及小微企业款项的融资给予贴现优惠利率，2020年累计为成员企业办理专项优惠贴现业务超过8亿元；三是向成员企业推出代开票据金融专属产品方案，帮助成员企业释放外部保证金，为企业节约财务费用，为企业降低受限资金近4000万元。

【资金业务】2020年，公司通过创新金融业务，强化金融工具运用，深入挖潜资金收益，全力提升金融服务质效，利润实现逆势增长。一是利用金融平台优势，开展同业拆借资金获得增量收益；二是在与商业银行开展票据业务的同时，利用公司资金规模优势及议价能力，提高保证金存款利率；三是及时调节资金配置结构，开展国债逆回购业务，提升资金效益。

【外汇业务】2020年，公司获得中国人民银行西安分行跨境双向人民币资金池业务备案许可，首批纳入跨境双向人民币资金池的单位有17家集团成员企业，跨境人民币资金净流入（净流出）限额27.58亿元人民币。

【业务创新】2020年，公司成功办理首笔电子商业承兑汇票再贴现业务，再贴现利率为2.25%，成为本年度首批落地再贴现业务的法人机构之一；公司成功落地西北首单供应链票据贴现业务，利率为3.6%，较同期贷款利率低25个基点，进一步畅通供应链票据融资渠道，有效降低企业特别是供应链上中小微企业的融资成本。

【风险管理和内部控制】2020年，公司持续强化“投资”“信贷”等重点领域和重点环节的内部控制，实施有效的符合性穿行测试，保障资金授权体系合规；加强董事会对重大风险事项的审议机制，审议年度综合授信、投资策略，完善对交易对手底层资产的风险控制，注重交易对手的授信评级；强化“三道防线”风险防控体系建立，确保公司决策管理得到充分贯彻执行，风险从不同层面及时报告反馈，实现风险立体化管理。

【人力资源管理】2020 年，公司重构绩效考核体系，推行全员述职考评机制，优化《薪酬管理制度》（试行）、《绩效考核管理制度》（试行）、《创新奖励基金实施办法》（试行）等制度。推进“青年金融创新论坛”建设，14 项创新应用型课题顺利结题，业务骨干得到进一步成长锻炼。设立金融创新奖励基金，推进创新成果落地，2020 年立项 35 项，对 24 项予以奖励，鼓励职工攻坚克难，深化改革激发活力。

【信息化建设】2020 年，公司编制《“十四五”信息化战略规划》《信息化蓝图设计方案》《信息化系统建设推进方案》，开启新一代核心业务信息管理系统建设。完成新一代核心业务信息系统基础环境建设并启动核心业务系统开发实施工作。

【企业文化建设】2020 年，公司围绕集团“抗疫情、保增长、勇担当”年度党建品牌创建，主题演讲比赛获得集团一等奖，政研论文获得集团三等奖。扎实推进“清廉金融文化建设推进年”工作，开展“廉洁家书”等 8 项清廉文化创意活动。深化党建工作联系点，深入一线谈心谈话，每季度开展员工思想动态调研及分析整改。坚持党建带工建、团建，联合举办首届“金融知识竞赛暨清廉文化辩论赛”，“书香三八”征文获得集团三等奖。

西门子财务服务有限责任公司

【集团概况】西门子股份公司（以下简称“集团”）是全球领先的技术企业，成立 170 余年来，始终以卓越的工程技术、不懈的创新追求、优良的品质、出众的可靠性及广泛的国际性在业界独树一帜。集团业务遍及全球，专注于服务楼宇和分布式能源系统的智能基础设施，以及针对过程工业和制造业的自动化和数字化等领域。通过独立运营的西门子能源和西门子交通业务，集团正在重塑当今和未来的能源系统发展以及全球客运和货运服务市场。西门子能源业务遍布全球，西门子交通业务则是轨道和道路交通领域领先的智能交通解决方案供应商。凭借在上市公司西门子医疗股份公司和西门子歌美飒可再生能源公司（作为西门子能源的一部分）的多数股权，集团在医疗技术和数字化医疗服务以及陆上和海上风力发电等领域也是全球领先的环境友好解决方案供应商。集团最早在中国开展经营活动可以追溯到 1872 年，当时集团向中国出口了第一台指针式电报机，并在 19 世纪末交付了中国第一台蒸汽发电机以及第一辆有轨电车。1985 年，集团与中国政府签署了合作备忘录，成为第一家与中国进行深入合作的外国企业。集团见证了中国改革开放带来的巨大变化，同时也为中国的改革发展作出了贡献。

【经营概况】2020 年西门子财务服务有限责任公司（以下简称“公司”）实现了自身业务稳定增长，各项监管指标全部达标。截至 2020 年末，公司资产总额折合人民币约 214 亿元。

【信贷业务】根据集团内部规定，公司的贷款发放对象主要为西门子集团控股的在华成员单位，且集团母公司提供支持。公司根据借款成员单位的财务状况、盈利能力、发展预期等对其进行授信评级，基于评级结果提供信用贷款或担保贷款。

【票据业务】公司目前仅向集团控股企业提供贴现业务且公司接受的均为全国性商业银行承兑的银行承兑汇票，并事先对票据要素和贸易背景的真实性进行了严格审核，已经将风险降至可控范围。

【外汇业务】2020 年公司的外汇业务主要为吸收集团在华成员单位的外币存款、外汇资金集中运营管理试点业务、即期结售汇业务和即期外币对业务。

【资金集中】公司一直致力于减少集团成员在外部银行的存款，提高资金集中度，为集团的稳健发展提供最好的保证。

【风险管理和内部控制】建立健全各项规章制度，严格遵守内控制度，坚持稳健发展和合规经营的原则，实现健康经营。将风险管理作为日常工作的重要组成部分，着重关注信用风险、流动性风险、市场风险及资本充足率水平。同时认真学习并执行监管机构的各项监管指标及监管要求，保证公司的合规经营和稳健发展。

【人力资源管理】公司按照集团要求，通过西门子（中国）有限公司的人力资源共享服务部门实现公司的人力资源管理，包括人员招聘、培训管理、劳动用工制度、薪酬体系、绩效考评管理等，完善公司人力资源基础建设，实现目标管理与激励机制的有机结合。同时根据外部监管要求，公司亦结合自身行业特点，安排或组织相关部门员工进行形式多样且有针对性的岗位培训，丰富员工的职业技能和综合素质，在促进个人职业发展的同时，也提高了公司的经营效率。

【信息化建设】为进一步加强自身风险管理能力，规范业务流程，有效分离前中后台职责，公司于 2015 年 3 月决定从德国总部引进 Murex 系统并将其作为核心业务和风险管理系统。经过开发与测试，该系统已于 2015 年 7 月底正式上线使用。目前公司主要使用该系统的交易模块、风险管理模块及授信管理模块等，可满足各类内外部交易管理、市场风险管理和信用风险管理等需求。其中交易模块涵盖公司现行所有内外部表内交易，包括存贷款、贴现、外部银行定期存款、银行间同业拆借、债券逆回购、同业存单、交易所逆回购以及外汇交易等。风险管理模块主要用于市场风险管理，包括在险价值（VaR）计量及其限额控制、损益监控及其限额控制等。授信管理模块主要用于信用风险管理，包括为内外部交易对手设置授信额度，实时风险敞口计量和授信额度使用率计算，超限预警等。同时，Murex 系统与 Finavigate 系统实现了无缝对接，Murex 用于金融交易录入、确认、本金和利息计算及交易查询，Finavigate 完成结算、会计处理和基本财务报表等，最大限度地减少了人员操作风险和会计核算风险。2017 财年，德国总部决定对 Murex 系统实行全面升级。从 2018 财年开始，Murex 正式从版本 2 升级至版本 3，更高版本的 Murex 实现了更方便快捷的金融交易管理方式及更全面有效的风控机制。

【企业文化建设】公司一直提倡和营造和谐团队，通过组织各类活动激发团队活力和提升凝聚力，包括户外旅游、健身锻炼、新春联欢等。同时集团工会也定期组织面向员工的文体活动，如音乐会、艺术展、各类体育运动，内容丰富多彩，得到大家的积极响应和普遍欢迎。

西王集团财务有限公司

【集团概况】西王集团（以下简称“集团”）始建于 1986 年，历经 34 年发展成为一家以玉米深加工和特钢生产制造为主业的大型民营企业，控股 3 家上市公司、1 家财务公司，拥有4家高新技术企业，3个国家级绿色工厂，列中国企业500强。集团聚焦玉米深加工和特钢两大主业，大力实施“做大粮油、做精特钢”两大战略和建设“国家粮油创新发展示范基地”“国家高端稀土特钢新材料保障基地”两大基地的战略规划，努力为维护国家粮油安全、为破解国家“卡脖子”工程建标立范。

【经营概况】截至2020年12月末，西王集团财务有限公司（以下简称“公司”）资产总额61.57亿元，负债总额38.23亿元，净资产23.34亿元，累计实现营业收入0.18亿元，实现拨备后利润总额457.88万元。

【服务实体】公司始终牢记“依托集团、服务集团”的初心使命，强化责任担当，多措并举，助力集团复工复产。疫情期间主动对接各成员单位，按照特事特办、急事急办的原则，开通账户管理、资金结算、信贷业务等多条“绿色通道”；创新业务、审批模式，推出“无还本续贷”业务模式；建立业务审议微信群，线上发送审议项目资料、沟通发表评审意见，全方位助力集团复工复产。

【资金集中】公司以组织开展“账户管理合规检查”活动为契机，多举措并举，进一步加强单位账户管理工作力度，规范账户风险环节的管理，在账户开立、预留印鉴更换、账户信息变更等高风险业务环节管理中做到“三真一审”，即“真人、真资料、真需求，主管审核”，提升结算账户管理水平。同时深度梳理成员单位银行账户情况，为下一步做好资金归集、成员单位代理付款业务的开展打好基础。

【风险管理和内部控制】公司强化信贷业务风险审核，有效发挥“第二道防线”作用。风险审核人员对信贷业务资料进行严格认真审核，及时反馈审核意见，确保信贷业务资料完整、贷前调查分析全面、财务指标分析准确、风险点分析到位。强化合规管理，严防操作风险。梳理系统权限，开展合规检查工作。2020年共完成14个合规检查项目，对于发现的问题积极跟踪整改落实，严防合规风险、操作风险。

【内部审计】公司加大审计检查力度，通过建立“标准化、严格化、数量化”的工作标准以及问题通报机制，扎实有效推进整改落实。2020年共完成24个审计项目，对于审计发现的问题，实施审计问题联席会议机制，抓严抓实问题整改，累计下发各类处罚通报7项，内容涉及制度执行不到位、基础管理不扎实、屡查屡犯等问题。

【夯实根基】公司自2020年8月起开展“制度建设回头看”活动，各部门制定制度修订、培训计划，在全公司范围内掀起人人学制度、懂规则、知流程的学习活动。让所有员工参与部门制度的制定、修订，强化制度流程的执行力，进一步夯实公司基础管理工作，从而真正提升合规管理水平。截至2020年末共废止制度44项、修订制度110项、新增制度6项，及时更新公司规章制度汇编，进一步优化制度建设、强化内控管理。

【员工培训】以增强内控合规意识、责任意识以及综合能力为主旨，结合“行业规范建设深化年”活动，实施内训师+业内专家授课的方式，让员工通过对培训内容的深度解读、资料的搜集整理、课件制作以及现场讲解，锤炼其业务素质、语言表达、临场应变、沟通交际等能力，全方位提升综合素质。目的在于打造一支既熟悉金融业务，又熟悉企业生产的高素质复合型人才团队，更好地服务集团公司产业发展，助力财企融合发展。

【企业文化建设】结合集团提出的“西王心”新思想以及“家”式文化理念，通过晨会、组织多种多样的集体活动以及开展专题培训等方式，大力宣贯“西王心”以及“家”式文化理念，重塑企业文化，将其融入公司管理中。通过加强企业文化建设，将企业核心理念展现出来，成为公司全体员工的心之所向、道之所行，切实提升全体员工的凝聚力和战斗力，助推公司高质量发展。

厦门海翼集团财务有限公司

【集团概况】厦门海翼集团有限公司（以下简称“集团”）是厦门市政府国有资产监督管理委员会出资设立的国有独资企业，是厦门市十大集团之一，属机械制造行业，集团总资产超过200亿元，净资产超过60亿元。集团组建以来，实施资源整合，打造发展平台，构筑高端制造业（工程机械、专用车、钢结构、液压零部件）、金融服务业（财务公司、融资租赁、投资、小额贷款）、生产性服务业板块（贸易、地产、工业互联网）和产业园区开发运营四个业务板块，拥有包括上市公司厦门厦工机械股份有限公司在内的控参股企业百余家。集团“实业经营”与“资本运作”双翼并重，打造高端制造业投资平台和发展服务商，形成相互协同、健康可持续的发展格局。

【经营概况】2020年，厦门海翼集团财务有限公司（以下简称“公司”）紧紧围绕“创新经营、科技引领”的年度战略，为推动集团转型升级打下坚实的基础。截至2020年12月31日，公司资产总额34.19亿元，净资产10.43亿元，总负债23.76亿元，2020年实现营业收入6931.43万元，利润总额5794.56万元，净利润4375.40万元。

【服务实体】公司以科技引领为动力，以创新服务为抓手，2020年主动求变亮点频现，积极作为发挥金融服务作用。一是疫情期间积极为成员单位解决资金难题，支持企业复工复产。为受到疫情影响较大的商贸、物流企业办理贷款展期、无还本续贷，通过调整存量及降低新增贷款利率等方式，为实体经济降低融资费用；2020年累计为10家成员单位办理118笔优惠贷款，合计减免345万元利息费用。二是在“翼”系列产品推出后，为了让客户尽快熟悉“翼”系列产品，掌握新功能，公司员工抽取系统数据，对搜索的近万条往来账户信息加以编辑整理完善后，现场帮助客户导入数据包。

【信贷业务】2020年，公司累计发放贷款63.05亿元，贴现贷款11.40亿元，银行承兑汇票11.45亿元，保函2.76亿元，累计用信88.66亿元，较2019年增长21.10%。截至2020年12月31日，公司自营贷款余额12.38亿元，贴现贷款余额8.09亿元，承兑余额6.23亿元，保函余额1.96亿元。

【产品链金融】公司于2020年5月7日取得开办成员单位产品消费信贷、买方信贷业务资质，遵循风险可控，稳步推进的策略，2020年11月推出首个产业链金融产品——“翼票通”，成功为集团核心企业的下游经销商办理买方信贷业务，正式将业务范围拓展至产业链上的企业，进一步发挥财务公司产融结合的优势。

【资金业务】2020年，公司提前研判资金市场利率走势，主动与18家大中型商业银行洽谈，进行同业活期利率市场比价，提前锁定较高的活期利率，2020年较签约前原最高活期存款年利率1.9%～2.3%多增收存款利息390.16万元。

【投资业务】公司在精准测算闲置资金金额及相应最长期限的基础上，灵活运用信托计划、货币基金等投资抓手充分用足用好闲置资金，2020年开展货币基金投资业务151笔，本金合计16.39亿元，开展信托计划投资业务12笔，本金合计11.6亿元，累计实现投资收益1246万元。

【票据业务】公司抓住2020年人民银行加大再贴现支持复工复产政策契机，进一步巩固人民银行再贴现业务渠道，2020年分别实现11月末再贴现余额8.54亿元、2020年度再贴现年日均余额6.22亿元双创历史新高，且2020年度再贴现年日均余额同比2019年度大幅提高57.43%。此外，公司紧抓票据市场利率低点契机适时开展买断式转贴现转出业务3笔，票面金额合计2.05亿元，且分别为首次与厦门农村商业银行、厦门银行、泉州银行实现同业合作。

【资金集中】 2020年，公司通过持续加强集团内资金管理，提升资金日内归集及使用的效率，提高资金运作效益，本年度资金运营比例较上年度提升约5%。通过加强对集团内各企业资金计划及融资计划的管理，降低企业资金留存，减少企业融资成本的支出，同时也提高集团资金风险控制的能力。

【业务创新】 2020年，公司以“创新经营、科技引领”为年度经营主线，在服务内容及效率上做深做精，打造以时间（秒、分、刻、时、日、月、季）为主轴的“翼系列”产品，利用科技赋能，突破对成员单位结算服务时间上的限制；并通过贷款自动化处理，整体提升业务办理时效，提升成员单位获得感；通过电子对账，减少纸质传递及差错，提升合规水平。

【风险管理和内部控制】 2020年，公司继续推行“稳健偏保守”的风险管理策略，在合法合规的前提下，实现公司稳定经营并可持续发展。一是实现风险管理对信息科技方面的渗入，开展信息科技外包风险专项排查，同时全面参与系统建设搭建。二是完善公司流动性风险监控，加强对业务期限的审查，并在重要时点关注测算流动性比例。三是开展对公司和成员企业的风险警示宣传，通过开展培训、风险自查及发送风险提示函等方式，强化公司员工及成员企业的风险防范意识，提升风险防控能力。

【人力资源管理】 2020年，公司优化绩效考核体系，完善绩效目标，落实岗位轮换制度，健全公司AB岗制度，进一步培养综合型专业性人才队伍；创新人才培养方式，对员工开展有针对性的培训，坚持“走出去”与“请进来”相结合，加强与同业的交流学习；积极推动微信公众号等平台作为企业文化的宣传新阵地，增强企业文化的宣导，进一步提升团队凝聚力；拍摄微视频《翼心为你》，展现公司员工风采。

【信息化建设】 2020年，公司进一步增加在信息科技方面的投入，加强管理，提升公司信息技术力量。一是在基础建设方面，升级银行前置机及电票ECDS前置机软硬件，并将目前所有服务器均纳入实时灾备体系，确保业务安全稳妥持续运行。二是在系统建设方面，公司持续优化核心业务系统，全面升级公司结算、信贷、成员单位自助服务，打造“翼”系列产品，突出服务时效性，为成员单位带来全新的服务体验。同时搭建金融市场业务管理系统，涵盖多种业务品种。另外，为进一步加强自身科技力量，公司加大在自研项目上的投入，完成反洗钱管理系统及人民银行金融基础数据报送系统开发。

【企业文化建设】 2020年，公司加强企业文化建设，进一步提升团队凝聚力，为海翼品牌增添光彩。一是积极开展特色党建品牌创建活动。向公众宣传、普及金融知识，活动效果显著，被《海峡导报》报道；拍摄党建微视频《翼心为你》，展现疫情期间党员主动担当、爱岗敬业，践行社会主义核心价值观。二是促进党建与经营融合，促进业务发展。2020年，公司党支部与厦门银保监局以及同业开展多次党建共建活动，加强党支部间交流学习，推动党建工作与经营工作深度融合，深入走访集团成员单位厦工股份及厦工中铁，召开专题座谈会，共同探讨买方信贷业务的推进和落实。三是推动公司宣传工作升级。利用好微信公众号等平台，增强公司企业文化的宣导，努力打造指尖上的宣传阵地，倡导正能量的企业文化，树立企业形象。

厦门翔业集团财务有限公司

【集团概况】 厦门翔业集团有限公司（以下简称“集团”）是一家跨地域、多元化发展的大型国有企业集团，集团立足于发展以客货流服务为主导的关联产业，形成元翔、佰翔、万翔和兆翔四大品牌，着力打造机场（码头）、酒店、供应链与物流三个主导产业和置业、食品、快线、建筑智能、传媒五个配套产业。2020年，集团全力以赴抓项目、稳增长、防风险、补短板，较好地完成全年各项目标任务。截至2020年末，集团资产总额392.41亿元，所有者权益146.91亿元，全年实现营业收入161.17亿元，利润5.48亿元。

【经营概况】 2020年，厦门翔业集团财务有限公司（以下简称“公司”）紧密结合集团产业发展战略，为集团资金有效配置和公司健康、可持续发展打下坚实的基础。截至2020年末，公司资产总额80.58亿元，所有者权益14.26亿元，全年实现营业净收入15490.23万元，净利润10094.63万元，资本充足率为32.74%，平均流动性比例达53.62%，日均存款56.72亿元，无不良资产和不良贷款，整体经营安全稳健。

【服务实体】 2020年，面对新冠肺炎疫情，公司积极出台减费让利政策，自2020年2月起对受疫情影响的成员单位实施流动资金贷款利率给予同期限LPR减100个基点的大幅优惠，并免收保函、承兑汇票、委贷等业务的手续费。同时，公司于2020年2月完成存量浮动利率贷款定价基准转换工作，并对存量浮动利率贷款的执行利率进行下调。2020年公司自营贷款优惠点差达44.6个基点，为成员单位节约财务成本3057.55万元。此外，公司还积极推动信贷服务便利化，放宽无还本续贷产品的使用条件，提升法人账户透支产品的最高限额至5000万元。全年共4户中小成员单位办理无还本续贷业务1510万元；法人账户透支业务发生额4.5亿元，同比增长278%。

【信贷业务】 2020年，公司紧盯在疫情中经营恢复较迅速的物流板块成员单位的资金需求，通过授信增额、提高法透产品限额、调整票据贴现额度占用规则、实施差异化的再贴现备票价格政策等措施带动贷款投放，实现信贷业务规模的增长。截至2020年末，公司表内业务余额23.56亿元，同比增长11.7%。

【资金业务】 2020年，公司全年累计办理同业业务金额153.86亿元，累计办理同业拆借金额53.5亿元，实现有价证券投资收益3638.90万元。同时，公司分别于2020年8月、9月首次落地同业存单投资和再贴现业务，进一步拓宽公司的投融资渠道，提升资金使用效率。

【票据业务】 2020年，公司引导成员单位积极通过票据结算提升资金使用的整体效益。2020年共新增办理票据承兑业务的成员单位2户，新增承兑汇票652万元，帮助成员单位优化了结算方式，为进一步提升成员单位产业链地位奠定了基础。同时，公司加强内部协同，一方面通过扩大同业授信范围，拓宽财务公司票据的流通渠道；另一方面通过办理票据再贴现业务，开辟新的低成本融资渠道，全年共办理票据再贴现1.07亿元。

【资金集中】 2020年，公司以集团银行账户管理办法为抓手，持续规范成员单位开户银行的选择，从严控制非直连银行开户数和开户比例。同时，通过久悬账户清理、银行账户信息核对、支付功能网银核查、未归集账户的月末余额控制等多项举措，规范账户管理，全面掌握集团资金动态，不断提高资金集中度。截至2020年末，公司账户集中度为69.61%，全口径资金集中度为84.89%，可归集口径资金集中度为86.66%。

【业务创新】2020年，公司获批承销成员单位企业债券业务资质，并以“投资人”的身份加入中国银行间市场交易商协会。同时，公司积极与成员单位一同论证商业租赁、食品经销、物流仓储等行业的买方信贷业务模式，不断完善制度、系统、法律文本等一系列基础工作，最终实现了首笔买方信贷业务落地，为1户冷链仓储客户成功办理买方信贷业务，帮助成员单位实现仓储服务费的快速回笼，进一步深化了双方的合作关系。

【风险管理和内部控制】2020年，公司持续健全完善“一个基础、三道防线”的风险管理体系，建立了定性与定量相结合的基本风险政策及风险偏好，在日常运营中对各项业务实行“事前、事中、事后”的全业务流程风险管控，加强疫情期间的信用风险监测，制定差异化的金融服务策略，并对各项业务、经营风险管理状况开展自查评估。同时，公司制定、修订下发《公司法人授权及内部分级授权管理办法》《公司董事履职评价办法》《公司监事履职评价办法》《公司董事和高级管理人员任职资格管理办法》等公司治理相关制度，进一步规范“两会一层”运行机制。截至2020年末，公司不良贷款率、不良资产率均为零，且未发生重大风险事件。

【人力资源管理】2020年，公司修订下发《公司薪酬管理办法》，系统梳理公司各部门岗位的薪档序列，完善员工晋档规则，并根据监管要求进一步规范公司高管效益薪酬递延支付的相关要求，不断提升公司薪酬管理水平。同时，公司增设专职合规岗、统计岗和系统管理岗，并分别招录具备对口教育背景、从业经历的专业人员，进一步补齐团队能力短板，提升公司风险合规管理和监管数据质量管控能力，增强公司核心竞争力。

【信息化建设】2020年，公司积极推进核心系统的建设与完善。一是完成买方信贷、银团贷款、有价证券投资第三期（净值型银行理财、债券基金、债券投资）、网上金融“存款证明”等新业务功能模块开发，响应公司业务创新发展要求。二是完成1104报表、人民银行大集中报表和人民银行金融基础数据信息部分报表的开发，提高公司报送数据的时效性和准确性。三是完成反洗钱系统优化、保本理财提前赎回功能新增等67项系统功能优化，满足公司业务流程优化和合规管理要求。

【企业文化建设】2020年，公司积极开展清廉金融文化建设，充分发挥线上、线下渠道优势，扩大宣传覆盖范围；开展党支部书记给党员干部上廉政教育党课活动，抓好党风廉政建设；组织全体员工签订《廉洁从业承诺书》，筑牢员工思想防线；召开廉洁警示教育会议，组织全体员工进行以案说法教育；参加集团举办的主题为“坚守底线　行稳致远”的廉政专题培训，努力打造廉洁从业、合规经营的良好风气。

新奥财务有限责任公司

【集团概况】新奥能源控股有限公司是新奥集团（以下简称“集团”）旗舰产业，于1992年开始从事城市管道燃气业务，是国内规模较大的清洁能源分销商。2020年，面对疫情防控、大国博弈、能源改革价格波动等严峻挑战，坚守安全、全力保供、获客创值，较好地完成了全年目标。

【经营概况】2020年，新奥财务有限责任公司（以下简称“公司”）围绕加强集团资金集中管理和提高集团资金使用效率，坚守用集团内部资金服务集团的功能定位，苦练服务集团、服务实体经济的基本功。持续发力提高"存贷结"等基础业务的便利程度，探索利用数智化技术提升服务集团能力。截至2020年12月末，实现营业收入3.55亿元，净利润1.79亿元，较上年同期增加0.07亿元，增幅为4.07%；资产规模102.24亿元。

【服务实体】公司坚守功能定位，服务成员单位质效双升。在拓展金融服务方面，截至2020年末，共有753家成员单位在财务公司开立结算账户并进行结算。公司通过为客户提供自营贷款、委托贷款、票据贴现等多种金融产品和定制化的金融服务，满足不同客户的多样化资金需求。截至2020年末，公司贷款余额（不含贴现及买断式转贴现）70.48亿元，较年初减少0.93亿元，降幅为1.3%；贴现及买断式转贴现3.96亿元，较年初增加2.08亿元，增幅为110.6%。公司坚持对成员企业减费让利，为成员企业提供贷款的平均利率低于基准利率，且均低于当地银行的贷款利率，全年累计为成员企业节约利息支出3128.38万元；同时，结算业务均免收服务费，最大限度地降低企业融资成本。

【资金业务】公司大力做实资金管理，2020年全年完成境内结算49.39万笔，与上年基本持平，结算金额5424.18亿元，较上年增长6.72%；2020年上线自动匹配头寸行支付功能，极大地降低了支付压力；启用系统自动日结、开关机功能，减少操作风险；实行每日日终对账、由目视复核改为录入式复核等措施，全年资金风险事故零发生，切实保障了集团的资金安全。统筹把握资产负债期限结构与规模，严控流动性风险。全年未发生因流动资金紧缺而无法支付的风险。2020年上半年，受疫情影响，虽然公司流动性相对紧张，但公司采取多项措施，力保支付结算顺利进行，流动性比例达标。

【投资业务】公司积极探索开展投资业务，一方面，通过提高同业存款资金收益，实现备付资金的保值增值，截至2020年末，实现同业存款利息收入1016.8万元；另一方面，大力推进有价证券投资，强化同业业务风险识别和预警，实现投资利息收入3045万元，投资收益率为3.11%；公司对同业业务授信操作实行清单化管理，制定同业投资准入、投后监测风控流程和标准，建立券商公司承担信用风险的限额模型，为各类业务的办理提供更为明确的参照依据，确保投资业务运行风险可控。

【票据业务】2020年，公司大力推广财务公司承兑汇票用于成员企业内外部结算，扩大同业授信规模，保障财票贴现渠道畅通，以低于市场融资利率协助企业和供应商办理财票贴现，缓解企业资金压力，支持企业经营发展。公司严格按照监管要求，建立完善事前、事中、事后商票风险控制流程，切实履行不相容岗位和职责分离，确保风险可控，同时，根据综合授信管理和企业需求确定商票贴现额度，实行限额管理，有效控制风险。

【风险管理和内部控制】2020年，公司不断完善内部控制和风险管理机制，明确合规标准，进一步明晰管理职责与边界，持续完善数智化风控体系。截至2020年末，公司资本充足率为31.07%，拨备覆盖率为零（无次级、可疑、损失类贷款），流动性比率为35.78%，不良贷款率为零，贷款损失准备充足率达100%，各项指标均符合监管要求，全年风险事故零发生。在金融画像的逻辑基础上，搭建了信用评估模型，以企业信用风险、经营风险和不同业务场景为出发点进行客户风险分析画像，确保公司能够合理核定授信规模，实现风控手段更加科学。

【人力资源管理】公司立足基础，优化机制，持续提升金融业务能力。在集团战略转型、管理重构的号召下，2020年公司持续加强匹配业务转型的生态组织建设。一是丰富人才标签体系，完成良知标签、修炼标签上线，实现在iCome中的相关数据呈现，为生态组织建设提供更加全面、准确的标签支撑；二是基于创值场景，优化角色标准，实现自主成长线上化，支撑人才激发；三是基于全链条角度，梳理创值场景的价值点、工作流程、参与人员等，确定创值场景的价值核定规则和分享规则，形成全链条核算初步模型，为年终创值分享提供参考。

【信息化建设】公司加强信息科技建设，提升数据治理水平。遵循信息管理系统适应业务发展和监管要求的原则，增强科技运维能力，启动对财资管理系统的第五轮迭代优化，有效支持业务的快速平稳发展。为保证信息系统的安全性，2020 年对财资管理系统进行信息安全等级保护二级测评和渗透测试风险评估，针对评估后发现的问题制定相应风险处理预案，确保系统从管理、环境、制度等方面满足监管及公司要求，进而保证系统安全性和业务连续性。基于集团大数据平台，完成财务公司数据平台搭建，经相关企业数据授权后，通过大数据平台等获取相关财务数据，沉淀集团生态圈内各用户的资金流转、外部客户账户、支付规律等数据，并开发 EAST 系统最新报表报送系统，实现 EAST 报送数据报文自动生成功能。

新凤祥财务有限公司

【集团概况】新凤祥控股集团有限责任公司（以下简称“集团”）拥有两大核心产业：一是以阳谷祥光铜业为核心的生态工业产业，建成我国第一个采用“双闪”技术的铜冶炼企业，开创出具有自主知识产权的“祥光旋浮智能铜冶炼工艺”，由买技术转向卖技术，推动世界有色金属冶炼技术跃升到一个新的台阶；二是以凤祥集团为主导的绿色农业产业，建立了从饲料、种鸡、肉鸡、宰杀、熟食于一体的全产业链条，产品销往 26 个省市以及 20 多个国家和地区。2020 年，作为中国最大鸡肉出口公司的凤祥股份登录港交所，成为中国内地第一家港股上市的全产业链鸡肉食品公司。

【经营情况】2020 年，新凤祥财务有限公司（以下简称“公司”）坚持依托集团、服务集团，充分发挥“四个平台”的作用，努力提供高效优质的金融服务，支持祥光有色金属和凤祥食品产业两大实体经济复工复产，集团及财务公司经营良好，各项重点指标稳步增长。截至 2020 年末，公司资产总额 104.68 亿元，负债总额 72.03 亿元，实现营业收入 1.58 亿元，利润总额 8540.82 万元，净利润 6405.62 万元。

【信贷业务】2020 年，信贷业务持续优化，不断完善续贷政策，不抽贷、不压贷、不断贷，围绕疫情期间成员单位需求提供流动资金贷款、电票承兑、转贴现、委托贷款等业务支持。2020 年，公司为成员单位办理人民币流动资金贷款 74.25 亿元、美元贷款 9855 万美元，疫情期间还为 2 个成员单位增加授信额度 3 亿元。信贷总量保持在合理水平，结构更趋平衡，为集团复工复产和新旧动能转换提供了有力支撑。另外，公司采取多种措施支持集团及成员单位降低整体财务成本，积极推行 LPR 市场化利率改革，上线核心系统保证金定额计息模块，加大让利成员单位力度，贷款、贴现综合利率较上年同期降幅约为 96 个基点。

【资金归集】多渠道提高资金归集率，加强银企直连和财企接口建设，扩大公司银企直连覆盖范围，有 167 个账户开通了银企直连，实现自动归集功能。疫情期间公司正常归集成员单位资金，确保运转顺畅，2020 年完成资金归集 2766 笔，金额 1163.94 亿元，可归集口径日均资金归集率达 92.74%。

【票据业务】2020 年，公司加大电票推广力度，成员单位利用财务公司电票系统累计出票 171 笔，金额约 11 亿元。公司累计为成员单位办理电子商业承兑汇票 116 笔，金额 13.28 亿元。利用成员单位办理的贴现票据争取人民银行再贴现资金支持，将普惠金融政策传导至实体，降低了集团融资成本。

【业务拓展】一是推进即期结售汇业务开展。集团公司两大产业年进出口贸易总额较大，公司积极为企业开办结售汇业务，2020年为成员单位办理售汇业务1.04亿美元、结汇217万美元，降低了集团汇兑成本，与同期银行牌价相比，累计节约汇兑手续费155万元人民币。二是投资业务助力债券发行。公司利用除股票投资以外类的有价证券投资资格，在银行间市场助力集团发债，2020年累计助力成员单位完成债券发行15亿元。三是申请获批关税保函业务资质。2020年12月，经向济南海关申请，公司获得关税保函业务资格，成为济南第4家受海关认可、以自身为担保主体、为集团成员单位开立关税保函的财务公司。

【风险管理和内部控制】一是开展专项治理活动。组织开展“行业规范建设深化年”活动，推进乱象整治“回头看”、股权及关联交易专项整治“回头看”工作，做好公司治理情况自评、履职回避排查、内控制度评估、业务流程梳理、异常行为排查、案防知识测试、“金融放贷”领域自查等专项活动，提高规范化建设。二是加强风险管理。按照监管要求，组织员工参加合规知识测试，提高合规操作意识，坚守风险底线。对信贷业务及同业业务的评级、授信和支用等环节进行严格审核审查，在印章管理、同业交易对手审查、反洗钱等方面开展重点检查。三是加强内部审计。注重提升内部审计管理水平，组织对公司各项管理制度、业务制度和操作流程进行梳理整合，采用各部门逐项自查与审计稽核部全面排查相结合的方式，对5个部门9个业务种类和管理环节进行检查，跟踪整改落实情况，以审促改，确保合规经营。

【企业文化建设】公司党支部高度重视发展新党员、加强党员队伍建设工作，现有员工总数46人，其中党员15人、预备党员2人，党员占员工总数的37%。在日常工作中，抓好党员学习教育。组织全体党员参加“灯塔—党建在线”“学习强国”等网上学习教育活动，参与率达100%，其中93.3%的党员“灯塔—党建在线”年度学时不低于50学时，“学习强国”每日平均学分不低于20分。通过学习，强化全体党员理论武装，指导业务实践，在资金归集、信贷服务和风险审计等工作中发挥了积极作用。另外，创新开展党建活动。公司党支部坚持党建带群建，每年拿出4万余元专项费用用于党建活动开展，先后组织全体党员和骨干员工参观济南战役纪念馆、台儿庄战役纪念馆、孟良崮战役纪念馆、孔繁森纪念馆等党建活动，团结凝聚了思想，激发了员工的工作热情。

新疆金风科技集团财务有限公司

【集团概况】新疆金风科技股份有限公司（以下简称“集团”）是全球清洁能源和节能环保领域的领跑企业，致力于推动能源变革，让人人可负担、可靠、可持续的能源惠及全球，构建“可持续、更美好”的未来。集团深度聚焦风电、能源互联网、环保三大领域，以强大科研创新和最佳业务实践，将可再生能源的利用效率提升至新高度。集团已实现全球风电累计装机容量超过73GW，在运维服务量超过47GW，逾40000台运行风电机组遍布世界，集团在全球的风电机组每年帮助人类社会节约4553万吨标准煤，减少14944万吨二氧化碳排放，再造森林8166万立方米。2020年，集团实现营业收入562.65亿元，净利润29.64亿元；截至2020年末，集团总资产1091.38亿元，净资产超过341.68亿元。

【经营概况】新疆金风科技集团财务有限公司（以下简称“公司”）于2018年9月19日正

式成立。截至2020年末，公司账面资产总额128.30亿元，负债总额97.02亿元，所有者权益31.27亿元，净利润9111.37万元。截至2020年末，在公司开户成员单位389个，占成员单位总数的89.2%。

【信贷业务】2020年，公司自营贷款放款122笔，放款金额77.05亿元，年末贷款余额81.69亿元。

【资金集中】2020年，公司吸收存款85.19亿元，占负债总额的99.5%；集中办理结算业务16.65万笔，交易金额5375.47亿元，通过公司完成的结算业务占集团结算业务总量的91%。

【票据业务】2020年初，公司通过电票系统正式签发首张电子银行承兑汇票，实现承兑业务零的突破。2020年，累计签发电子汇票394张，累计金额15.70亿元，年末余额9.94亿元，为集团成员单位贸易结算提供有力支持；办理转贴现业务10.75亿元，年末余额4.81亿元。

【保函业务】2020年，公司办理保函83笔，业务发生额22.55亿元，年末余额16.37亿元。

【风险管理和内部控制】2020年公司克服疫情影响，全面落实公司2020年风控工作计划，继续夯实风险管理基础，建立完善内控体系，加强制度建设，梳理业务流程，完善信息系统，推进合规管理、内部控制工作，进一步健全全面风险管理体系。

【人力资源管理】2020年，公司建立人力资源管理程序，旨在通过建立人员管理机制、员工考勤机制、薪酬管理体系、绩效考核体系以及培训管理机制对人力资源规划以及人员引进、开发、使用和退出进行指导和规范；保证建立合理的薪酬体系，对薪酬计算及发放和薪酬变更进行有效监控；确保绩效考核目标及考核指标切合企业的实际，有效反映员工工作能力与态度，考核体系运作能够有效提高员工效率与积极性；确保合理配置人力资源、调动全体员工的积极性，发挥员工的潜能和创造性，为企业创造价值，确保企业战略目标的实现。

【信息化建设】2020年，公司搭建完整的信息安全体系，按照制度规划，制定并发布信息科技管理相关新制度，为加强信息科技管理、确保公司安全运行提供制度保障。按照公司2020年科技工作计划，加快公司核心系统的项目建设，截至2020年12月末，已完成承兑、超级网银、转再贴、现金管理平台、系统升级及数据分析平台项目建设工作。开展资金预算、RPA机器人和人民银行金融基础数据等项目开发工作。

【企业文化建设】2020年，公司以集团“为人类奉献碧水蓝天，给未来留下更多资源”为愿景，积极培育公司的“以融促产、以产定融，服务主业”的企业文化，引导和规范员工行为，形成整体团队向心力，促进公司长远发展。公司内部积极进行企业文化理念的宣贯及培训，保障员工文化修养及内在素质得到全面提升。同时，通过外部渠道向社会公众宣扬公司文化精神，提高社会公众对企业的认知度。

新希望财务有限公司

【集团概况】新希望集团有限公司（以下简称“集团”）始立于1982年，是中国农业产业化国家级重点龙头企业。截至2020年末，集团资产规模超过3000亿元，年销售收入超过2100亿元，连续18年列中国企业500强前茅。集团董事长刘永好荣获“2020中国十大品牌年度人物”“2020中国经济新闻人物”“全国抗击新冠肺炎疫情民营经济先进个人”，集团荣获

“2020年度企业扶贫典范奖”。

【经营概况】新希望财务有限公司（以下简称“公司”）成立于2011年1月11日，由5家集团成员企业出资组建。2020年公司坚持服务集团资金集中管理定位，坚持服务集团实体产业市场导向，坚持合规稳健经营底线原则，围绕“夯基础、强管理、拓业务、增融资、提效益”工作方针，2020年末公司资产总额173.25亿元，增长8.9%。全年实现净利润1.76亿元，增长24.36%，创历史新高。

【服务实体】2020年，公司重点支持农牧产业板块发展，包括饲料、养猪、养鸡、养鸭、食品等产业。全年服务成员单位超过1000家，全年日均成员单位存款超过100亿元，全年结算量超过200万笔，结算资金流水超过3万亿元。

【信贷业务】2020年，公司积极克服新冠肺炎疫情带来的不利影响，通过构筑抗疫企业信贷“绿色通道”、精准投放复工复产信贷资金、有针对性地开展降息让利三套“信贷业务保障组合拳”，全力支持成员单位防疫抗疫；综合运用票据承兑、票据贴现、流动资金贷款、项目贷款、“一头在外”贴现等信贷品种，全年向成员企业投放信贷资金超过100亿元，向产业链上下游小微企业投放信贷资金近10亿元，各项信贷平均利率同比下降近50个基点，有力支持集团实体企业战胜疫情，恢复生产，拓展市场。

【产业链金融】公司充分利用延伸产业链金融业务资质，2020年办理延伸产业链金融业务近10亿元，并充分让利产业链小微企业，平均融资成本低于1年期LPR水平。

【资金业务】2020年，公司牵头全集团资金管理系统建设和推广，整合账户管理、结算管理、资金信息管理、资金计划管理等，打造一体化、数据化的资金管理体系。2020年，牵头管理全集团的银行授信额度，牵头管理全集团金融资源，牵头完成集团在银行间市场8期合计85亿元债券发行，平均融资利率低于同期AAA级民营企业发行价格。

【票据业务】2020年，公司深入推进票据业务在集团成员企业中的应用力度，搭建线上票据业务辅助系统，提升票据业务办理效率，并重点针对农牧产业链小微企业进行业务推广，为农牧产业链上游小微企业提供快速、低成本的融资支持，全年公司贴现票据超过3000张，贴现金额近100亿元。

【资金集中】公司借助资金管理系统对银行账户进行分类管理，推进合作银行账户的全直连工作；加强非合作银行账户资金监管，符合归集条件的账户资金通过手工转账方式划转至合作银行归集账户；拓展合作银行范围，截至2020年末，公司已经与12家银行建立直连合作关系，覆盖全集团79.39%境内银行账户。2020年末，公司吸收成员单位存款105.83亿元，资金集中度达70.94%。

【业务创新】2020年9月17日“中信银行新希望财务2020年度第一期标准化票据”成功发行，公司携手中信银行，成功创设全国首单以民营企业财务公司承兑汇票为基础资产的标准化票据，发行规模1.05亿元，期限322天，发行利率为3.25%。标准化票据是公司创新票据工具盘活资产，引入低成本资金服务集团农牧主业和实体产业高质量发展的又一重要举措。

【风险管理和内部控制】2020年，公司通过立制度、立标准、立流程，全面筑牢制度安全防护网，规范统一风险审查标准，优化业务流程中的风险控制点；通过合规查、监管查、监测查，不断巩固夯实合规安全成效；通过合规培训警示、风险案例警示、日常沟通警示，培育良好的风险管理文化。全年完善内控制度25项。全年零违规、零风险、零事件。

【人力资源管理】2020年，公司加强与集团及事业板块人力间的交流沟通，共为公司补充4名员工，成功引进公司第一位集团全球管培生。做好保障工作，解决员工后顾之忧，完成人才奖励申请、个税申报、社保公积金缴纳等工作。完善绩效考核方案，按季对员工进行考核并表彰，提升员工工作主动性。配合集团协同作战，成功上线人力资源管理系统。

【信息化建设】2020年，公司持续推进数字化转型工作。对主备数据中心资源进行评估优化，有效夯实了基础设施。在信息系统建设方面完成13个项目，包含资金管理系统优化、线上票据系统一二期、民生银行直连、核心系统优化等。对已开展业务全面实现业务财务一体化、线上化处理，极大提升了公司服务成员单位和产业链客户的效率以及公司自身运营效率，实现了科技赋能业务实体，向智慧运营迈出了坚实一步。

【企业文化建设】2020年，公司践行落实集团“新十条”企业文化，全年组织开展“大咖眼中的新文化”、金融家分享会、线上知识竞赛、职场训练营、读书沙龙等文化活动30余次，团队活力与凝聚力不断增强。

徐工集团财务有限公司

【集团概况】2020年，徐工集团工程机械股份有限公司（以下简称“集团”）继续保持良好的发展态势，主要经营指标表现良好。截至2020年12月末，实现营业收入757.80亿元。

【经营概况】2020年末，徐工集团财务有限公司（以下简称“公司”）资产总额246.62亿元，增幅为25.68%；负债总额220.43亿元，增幅为29.04%。2020年，公司累计办理各项贷款业务203.82亿元，同比增加48.55亿元；实现净利润1.78亿元，增幅为16.78%；全年为集团创造价值7.4亿元。2020年，公司各项监管监测指标符合监管规定。

【信贷业务】2020年，公司累计办理表内外各类信贷业务357.6亿元，其中，自营贷款116.91亿元，委托贷款6.79亿元，商业汇票贴现81.04亿元，商业汇票承兑82.36亿元，代开银承54.58亿元，保函1.62亿元，代开信用证8.43亿元。通过创新金融产品、扩大授信覆盖面、提高信贷投放精准性等方式有效促进了集团传统优势板块及战略新兴板块的全面发展。

【产业链金融】2020年，公司累计办理产业链金融业务1593笔，合计97.65亿元，同比增加41.62亿元，业务余额突破70.5亿元。截至2020年末，公司产业链金融业务累计投放超过257亿元，其中，为供应商提供融资106.17亿元，为经销商及终端客户提供融资151.15亿元，对集团超过500亿元的产品供销提供信贷支持。在全国30个省、自治区及直辖市为超过550家企业客户和近300位个体工商户提供融资服务，有效促进了集团产业的高质量快速发展。

【资金业务】公司一是再贴现规模稳步扩大。2020年，累计办理再贴现42亿元，为服务主业持续输入大量低成本优质资金。二是大力拓展同业拆借渠道。2020年办理同业拆借253亿元，比上年增加一倍，既有效保障了资金链有序畅通，又显著提高了间歇资金效益。2020年，公司全年实现金融机构往来收入首次突破2亿元。

【投资业务】2020年，公司严格按照监管规定的经营范围适度开展相关投资业务，增强流动性管理水平，做好资金安全性、流动性和收益性的平衡。公司严格控制投资业务风险，筛选安全性高的短期投资品种，跟踪市场波动及市场中的突发事件，保障本金安全及投资收益安全到账。截至2020年末，年内发生的投资业务均已正常结清。

【外汇业务】2020年，公司一是发布《关于进一步完善汇率风险管理体系的通知》，为各分子公司管控汇率风险提供制度指引；二是对集团外汇资金进行大对冲管理，降低整体汇兑成本，提高外汇资金使用效率，办理多币种结售汇6.6亿美元；三是积极推进外汇资金集中管理，实现外币资金池主办银行外汇资金实时归集，开展境内外外币资金调剂1.10亿美元；

四是创新办理出口订单融资业务，为徐工产品“一带一路”出口提供金融支持；五是协助完成徐工巴西银行外汇登记备案以及资本金跨境汇出，助力徐工巴西银行于2020年7月1日顺利开业。

【资金集中】2020年，公司一是对各成员单位银行账户资金确保应归尽归，不存在体外循环；二是对新增成员单位和外地成员单位及时实现资金归集；三是在境内实现外币资金日终归集的基础上，首次跨境归集境外本外币资金。2020年末，公司全口径资金归集率为83.06%。

【风险管理与内部控制】公司一是健全优化业务流程，降低信贷风险，2020年对流动资金贷款、商业汇票承兑、买方信贷、贴现等业务流程进行优化；二是完善制度体系，2020年共计开展148项重点制度的梳理和修订，新制定《集团客户授信管理办法》《关联交易管理办法》等五项制度；三是进一步加强合规文化建设，开展“双随机”合规测试、内部合规意见征集和大讨论活动，累计组织内外部培训14次；四是落实风险管理责任担当，全力协助主业出清风险；五是依托内外部审计相结合的审计方式开展审计工作，2020年开展24项审计工作并出具专项报告。

【人力资源管理】2020年，公司一是进行见习部长助理（第二批）选聘，培养后备人才，并对一年见习期满的见习部长助理（第一批）进行考评，形成常态化机制；二是按照集团全员本质健康工程规划和“培训培养再出发”的培训要求，强化多元化培训载体管理；三是加强社会招聘和校园招聘，2020年人才引进工作圆满完成，招聘数量和质量实现新突破。

【信息化建设】2020年，公司一是完成核心系统的优化升级，提高业务办理效率和服务客户质量；二是ECDS电票系统在2020年9月上线投产，全面实现电子商业票据的签发、承兑、转让、贴现、质押等线上化处理；三是“徐工财易签”电子合同系统2020年6月正式上线，通过该电子签约服务平台实现高效率无纸化签约，加快公司数字化转型；四是对公司所有电脑逐一安装加密系统并对人员进行操作培训，实现内部文件加密和解密分级审批管理功能，有效遏制内部重要文件对外泄露。

【企业文化建设】2020年，公司以党建为引领，加强企业文化建设，凝心聚力。先后组织“学习党的十九届四中全会精神”征文、“本质健康”系列健身比赛、“本质安全”征文、慈善公益捐助、英语演讲和趣配音比赛、“学习贯彻习近平总书记系列重要讲话精神”每周打卡等活动，发起“新形势、新征程、新思路”战略转型全员大讨论，党建引领高质量发展的良性机制充分彰显。

兖矿集团财务有限公司

【集团概况】兖矿集团（以下简称“集团”）以矿业开采、高端化工、现代物流及工程技术服务为主导产业，是中国唯一一家拥有境内外四地上市平台的煤炭企业，已形成山东本部、陕蒙、大洋洲、上海、新疆、南美“六大核心基地”发展格局。2020年7月，原山东能源集团、原兖矿集团进行联合重组，已完成联合重组法律程序，实现“一张报表”，其他合并事项正在进行中。

【经营概况】兖矿集团财务有限公司（以下简称“公司”）在山东省省属企业中首家明确提出搭建企业司库，优化资源配置、提高资金使用效率，防范资金风险和金融风险。2020年11月资产规模首次突破300亿元，2020年实现资金价值创效7亿元。截至2020年12月31日，公司资产总额255.13亿元，同比增加8.19亿元；负债总额221.60亿元，同比增加6.14亿元；净利润2.04亿元，同比增加0.32亿元。

【信贷业务】公司开辟信贷供给绿色通道，简化审批流程，通过网络传送、邮寄等方式传送信贷申请资料，实现“无接触”办理业务；向成员单位提供信贷支持，发放低息贷款、提供低息贴现利率，2020年累计发放贷款178.94亿元，贷款综合利率为3.60%。2020年末贷款余额140.26亿元，同比增加30.20亿元，实现利息收入4.23亿元。

【产业链金融】围绕核心主业企业，公司开展“一头在外”票据贴现业务，服务范围延伸至上游供应商，推动产业链深度融合。2020年累计办理延伸产业链金融业务22笔，金额3690万元，综合利率为3.5%。

【资金业务】根据中、短期资金计划与金融机构利率，优化资金配置，提高与金融机构议价能力，通过开展活期稳存、同业约期、定期存款等业务提升存量资金在金融机构存款资金收益；成立流动性管理小组，优化流动性管理措施，动态预测资金头寸与流动性监管指标，在严控风险的前提下，建立资金拆借工作长效机制，提高资金在货币市场的收益。2020年实现同业资金收益1.90亿元。

【投资业务】开展固定收益类有价证券投资业务，2020年投资公募货币市场基金1.33亿元，实现投资收益35.50万元；筹备银行间债券市场业务，完成全国银行间债券市场准入备案及银行间债券市场机构联网申请。

【票据业务】加大推进电票业务，降低成员单位交易成本，提升票据结算比例，2020年累计承兑52亿元，同比增幅达100%，减少保证金占用11亿元，节约财务费用2400万元。

【外汇业务】2020年本外币跨境双向资金池成员增至25家，合作银行增至16家，入池币种新增港元。2020年累计入池7.97亿美元、2.60亿港元，较2019年增加3.2亿美元、2.60亿港元。

【资金集中】通过账户清理、加大资金集中考核力度等措施，提升成员单位存款主动性；通过开展代开承兑汇票、代签信用证等业务，减少成员单位外部融资支出，避免保证金沉淀至外部金融机构。2020年日均存款余额181.02亿元，比2019年日均余额增加28.42亿元。截至2020年12月31日，全口径资金集中度为52.24%。

【业务创新】首开银团贷款业务，与北京银行组建银团，发放21亿元银团贷款，贷款利率为3.6%，撬动外部金融资源。首开电子商承再贴现业务，融入低成本资金3.47亿元。首开转贴现转入业务，累计金额贴入3000万元，实现票据转出、转入双向模式，打通票据融入融出渠道。首开代开国内信用证业务，累计金额4.1亿元，节约财务费用430万元。首开见索即付保函，减少保证金占用500万元。首开买方付息票据贴现业务，满足成员单位个性化金融需求。

【风险管理和内部控制】开展监管数据质量专项治理，提高监管统计数据质量。梳理风险管理制度，修订《案件防范管理办法》，新增《防范外部欺诈管理办法》，做好信贷业务审查、法律合规审查、信息科技风险检查等业务检查，有效防范各类业务风险，对重点业务、重点环节、重要岗位存在的风险隐患及时进行风险提示，确保整改合规，保证公司稳健运营。

【信息化建设】自主研发RPA项目通过验收并上线运行，完成账户监控、票据兑付、贷前审查三大类13个机器人流程开发，成为全国首家自主研发上线RPA应用平台的财务公司，每年可代替人工作业5000个小时，节省人工及其他各类费用130万元。

【企业文化建设】开展廉政警示教育、学习金融风险案例、观看警示教育片，强化员工的廉洁意识、风险意识，推动廉洁从业理念内化于心、外化于行。发挥榜样示范作用促前行，1人被评为山东省金融高端人才，1人获选齐鲁金融之星；学习援鄂医疗队员抗击新冠肺炎疫情英勇事迹，以榜样的力量激发员工勇于担当、甘于奉献、主动作为。

阳泉煤业集团财务有限责任公司

Y

【集团概况】华阳新材料科技集团有限公司（以下简称“集团”）成立于1950年1月7日，是由世界500强企业——阳泉煤业（集团）有限责任公司整体更名而来的“火箭”级高科技新材料产业集团。建企70余年来，为保障国家能源供给和新中国工业基础体系建设作出了卓越贡献。集团拥有强大的研发创新优势，集团将传承“同心做人、合力做事”核心理念，创建“核心竞争力、核心生产力、核心盈利模式”，以“合作、合资、合伙”为体制革命，构建集科研、产业、资本为一体的协同创新生态系统，推动新材料产业向高端、绿色、节能、环保发展，形成以碳基新材料为主业的战略格局，打造世界一流的新材料产业集群。

【经营概况】2020年，阳泉煤业集团财务有限责任公司（以下简称“公司”）实现营业收入5.97亿元，利润总额3.85亿元，资产总额197.11亿元，资本充足率为21.14%，资本利润率为7.79%，资产利润率为1.59%。无不良贷款，各项风险控制指标符合监管要求。

【信贷业务】2020年底，公司信贷资产余额217.42亿元，较年初增加41.89亿元，全年累计投放信贷资金296亿元。一是向集团7家“新基建、新技术、新材料、新装备、新产品、新业态”六新企业提供金融支持18.22亿元；二是面对疫情，公司全力支持成员单位复工复产，特别为13家企业提供纾困信贷支持26.27亿元，应急周转资金支持9亿元，有效缓解各生产单位流动性压力；三是积极落实信贷资金服务实体经济，通过减费让利解决下属各企业融资贵的问题，全年贷款平均利率降低60个基点，累计为各企业让利1.5亿元。

【投资业务】2020年市场波动较大，为防范风险，公司秉承谨慎经营、稳健投资的理念，根据市场行情适时控制投资规模，牢守风险底线，确保投资业务安全高质量发展。一是全年共办理24笔投资业务，投资收益1595万元，日均投资675341万元，收益率为2.35%。二是于2020年11月成功办理首笔银行间市场债券质押式回购，期限1个月，丰富了同业业务品种，打通了银行间市场债券回购业务的新渠道。

【票据业务】公司票据类各项业务在规模、产品上均有较大提升，一是电票规模创新高，全年累计签发电票21.75亿元，较上年增加8.65亿元；二是办理代签类业务17.37亿元（代签银承0.37亿元，代签信用证17亿元），较上年增加4.47亿元；三是积极落实各项政策降低成员单位相应电票保证金比例，减免电票及代签手续费，有效缓解各企业经营压力；四是发挥金融牌照作用，盘活存量票据，积极与人民银行沟通，利用再贴现政策盘活票据8.2亿元；五是积极探索公司票据类新业务，首次与建设银行合作开展0.5亿元质押式回购业务。

【资金集中】公司一是对集团及所属企业账户进行全周期管理，资金结算线上化管控，以账户强归集，以结算促管控，可归集口径资金归集率稳定在95%左右，全口径归集率稳定在40%左右。二是班子成员责任包保，按照“巩固一个板块，解决一类问题，补齐一个短板”的原则，设定账户瘦身目标，整改账户91个。三是配合集团公司纪委、财务部联合对成员企业银行账户管理、使用情况进行监督检查，约谈责任领导，通报批评成员企业，查堵了一批违规账户，强化了制度的严肃性。同时针对成员企业涉诉数量增多，账户冻结扣划次数频繁的问题，积极与法律事务部联动，对法律风险进行提前化解。

【风险管理和内部控制】公司坚持以合规管理为根本，夯实内控基础。一是对百项制度进行制度“瘦身”，同时制定岗位职责梳理标准，规范各部门岗位职责、工作内容和系统操作权限。二是坚持以防控风险为第一要务，全年开展日常稽核161项，发现问题并及时整改。三是拓展风险防控覆盖面，针对电票风险事件、中行原油宝事件、新旧信息系统切换、网络舆情风险下发风险提示7次。四是跟踪审计评级结果整改，延伸成果运用。2019年监管评级为2A级，人民银行金融机构评级为5级。对标其他财务公司，查找差距，制定评级指标任务分解表，提升定量指标，提质定性指标。

【信息化建设】公司在信息化建设上作出重大变革。一是针对性开发新一代核心系统。该系统极大提升集团资金监管和统一调配能力，实现一站式便捷清算。二是在集团BI商务智能系统的基础上，因地制宜开发建设了财务公司BI商务智能系统，为集团提供真实完整、及时准确的资金信息。三是为促进银保监会1104监管数据统计标准化、现代化建设，公司建设开发1104非现场监管报送系统。公司以新核心系统为基础，对接集团ERP系统、公司BI商务智能系统、公司1104系统，实现系统互联，数据共享，打造了公司智慧型资金一体化云平台。

【企业文化建设】公司坚持党建引领，凝聚共识，持续做强、做实、做细党建工作。一是党支部将党建责任纳入契约化管理，班子成员全部签订《党风廉政责任书》，形成制度明责、清单定责、督责追责的完整闭合链条。二是疫情期间，党支部牢牢将疫情防控工作抓在手上。加强人员流动管理，做好环境卫生整治，严格落实防控要求。三是党支部全面开展党建工作对标，找差距、夯基础。全面梳理公司的党建工作，从整章建制、规范流程入手，对党组织生活的一系列动作进行了规范。四是党支部始终将日常学习培训作为创建学习型党组织的重要抓手。每月进行一次中心组学习、每月组织一次全体党员学习、每周组织一次后备干部上讲台、每季度组织一次专题党课。同时，将“学习强国”“三晋先锋”作为党员干部重要的学习平台，并纳入考核。

一汽财务有限公司

【集团概况】中国第一汽车集团有限公司（以下简称“集团”）前身为第一汽车制造厂，产业布局覆盖东北、华北、华东、西南、华南，业务覆盖红旗、解放、奔腾、合资合作（大众、奥迪、丰田、马自达品牌）、新兴业务、海外业务和生态业务七大板块。2020年，集团全面贯彻习近平总书记视察一汽重要讲话精神，统筹推进疫情防控和生产经营活动，全年销售整车370万辆，增速优于行业9.5个百分点，营业收入6950亿元，同比增长12.5%，企业经营质量和效益明显提升。

【经营概况】2020年，一汽财务有限公司（以下简称“公司”）积极调整业务结构，做强做优做大成员单位信贷及汽车金融业务，在疫情形势下，对集团整车销售和移动出行事业发展提供有力支撑。2020年末，公司资产总额1203.23亿元，各项存款余额978.42亿元，资金集中度为81.03%；信贷余额463.81亿元，较年初增幅为21.19%；全年累计实现利润总额27.57亿元，不良贷款额及不良贷款率实现双降。

【服务实体】公司积极服务集团产业链上下游，助力集团自主品牌产品销售。全年商用车汽车金融业务信贷投放506.57亿元，促销“解放”车辆15.91万台。从2020年7月起操作乘用车汽车金融业务，下半年投放67.04亿元，促销非大众奥迪品牌乘用车 1.64 万台。公司秉持服务集团降本增效的原则，全年累计让利成员单位 5.04 亿元。

【成员单位信贷业务】公司针对重点客户制定专属风险识别与信贷支持方案，全年累计发放成员单位贷款 150.74 亿元，票据贴现 11.33 亿元。持续对集团移动出行战略事业提供专业支撑，以准投行化视角开展研究和监测，确保公司资金安全。

【产业链金融（下游）】在疫情形势下，商用车汽车金融业务创新开发疫情 24 + 1 产品、休眠 1/2 期产品、灵活缓冲产品等，并积极支持“解放”品牌 183 家经销商采购融资，2020 年库存融资业务放款 107.98 亿元，促进商用车采购 3.48 万辆，助力终端客户及经销商复工复产。乘用车汽车金融业务办理以来，服务红旗、奔腾、丰田等品牌经销商 135 家，下半年库存融资放款 53.04 亿元，支持乘用车采购 2.68 万辆。

【票据业务】公司围绕一汽产业链客群，开展面向集团成员单位、经销商以及金融同业的票据业务，在产品创新、营销推广、同业协同等方面多措并举，打造全链条票据业务产品线。2020 年集团成员单位通过公司票据平台完成票据交易 52.63 万笔，交易金额 7972 亿元。其中，票据承兑 160.69 亿元、票据转贴现 1.18 亿元、票据再贴现 4.61 亿元。

【外汇业务】2020 年，公司累计办理售汇业务 180 笔，业务规模 29.20 亿元，为成员单位节省购汇成本 640 余万元。同时，公司助力集团搭建并全面畅通了跨境“本外币”双池，便利集团成员企业跨境资金运用，成为吉林省内首家跨境“本外币”双池业务落地企业。

【业务创新】2020 年，公司为集团成员单位研发智能收款台、静态码、车机支付等 C 端聚合收款产品，支持成员单位高效灵活收取第三方支付款项，全年聚合累计收款 27.16 万笔，合计金额 18.10 亿元。考虑监管要求及市场环境，公司重构商用车业务模式，2020 年上线轻卡免担保、中重卡轻担保模式，自建风控模型，快速识别终端客户资质，开启产融结合新篇章。

【风险管理和内部控制】2020 年，公司持续完善全面风险管理体系，开展大商用车数字化风控集群项目，依托“AI + 大数据”技术，全面迭代升级大商用车全生命周期风险管控；迭代优化风险预警监测体系，实现风险的量化、日常化和可视化管理；系统性建立数据治理管理体系，夯实数据资源基础，深挖数据应用价值；创新专属化商用车经销商综合评价体系，发挥评价结果渠道赋能作用；培育操作风险及内控文化，加强操作风险检查力度及关键环节风险治理。

【人力资源管理】2020 年，公司深化“四能”改革，通过“绩效审核 + 目标承接 + 能力评价”进行岗位匹配，开展全体经理人员及员工任期聘任工作，实现目标压力层层穿透，更大力度激发全体员工活力，推动公司经营持续跃迁发展。

【信息化建设】2020 年，公司完成乘用车零售业务系统、乘用车批发业务系统上线运营；完成 B 端支付系统重构，对系统架构进行全面升级，实现支付通道智能路由设置；推出线上开户、征信在线授权、还款卡号自助变更等多款移动金融服务产品及功能；持续拓宽移动办公场景，实现集团客户信贷业务及经销商批发业务移动端在线受理。

【企业文化建设】公司党总支围绕习近平总书记视察一汽重要讲话精神逐层开展学习贯彻活动，党支部扎实推进“三提升一整治”及“攻坚克难、党员带头、全员建功”主题实践活动。围绕公司使命愿景，提出“五领战略”及 Degree A 企业文化。2020 年更新发布公司产品手册、乘用车零售业务渠道白皮书等，完成“1 网 +3 微”新媒体营销矩阵打造，创新开展在线直播及故事互动活动，新媒体运营日臻成熟。积极参与行业研究、协会活动，行业知名度进一步提升。

一重集团财务有限公司

【集团概况】中国一重集团有限公司（以下简称“集团”）前身为第一重型机器厂，始建于1954年，是我国“一五”期间由前苏联援建的156项重点工程之一。集团是中央管理的涉及国家安全和国民经济命脉的国有重要骨干企业之一，由国务院国有资产监督委员会代表国务院履行出资人职责。作为国家创新型试点企业，集团拥有国家级企业技术中心、重型技术装备国家工程研究中心、国家能源重大装备材料研发中心。集团总部位于黑龙江省齐齐哈尔市，建设有富拉尔基、大连、天津三个制造基地。经过多年发展，集团已形成三大产业板块（高端装备、“一带一路”、地企融合）、六大业务（装备制造与服务、新材料、军民融合、“一带一路”、地企融合和产融结合）。

【经营概况】一重集团财务有限公司（以下简称“公司”）于2019年5月筹建，2020年7月6日经中国银行保险监督管理委员会批复同意筹建，2020年12月23日经中国银行保险监督管理委员会黑龙江监管局批准开业，取得金融许可证，同日申请注册，领取营业执照。公司注册资本5亿元人民币，是集团直属二级子公司。业务范围包括对成员单位办理财务和融资顾问、信用鉴证及相关的咨询、代理业务；协助成员单位实现交易款项的收付；经批准的保险代理业务；对成员单位提供担保；办理成员单位之间的委托贷款；对成员单位办理票据承兑与贴现；办理成员单位之间的内部转账结算及相应的结算、清算方案设计；吸收成员单位的存款；对成员单位办理贷款及融资租赁；从事同业拆借；中国银行保险监督管理委员会批准的其他业务。2020年，公司完成了批筹和开业前准备工作，实现开业运营，实现收入46.99万元，利润总额34.44万元。

伊利财务有限公司

【集团概况】内蒙古伊利实业集团股份有限公司（以下简称“集团”）位居全球乳业五强，连续7年蝉联亚洲乳业第一，也是中国规模最大、产品品类最全的乳制品企业。从2008年北京奥运会到2019年武汉军运会、2022年北京冬奥会，从2010年上海世博会到2016年杭州二十国集团峰会，伊利作为唯一一家提供服务的乳制品企业频频亮相。

【经营概况】伊利财务有限公司（以下简称“公司”）围绕“立足集团、服务集团，打造一流财务公司”的发展目标，充分发挥公司的金融特性，助力集团主业发展。截至2020年末，公司资产总额32.62亿元，负债总额19.74亿元，所有者权益12.88亿元；全年实现总收入0.93亿元，利息净收入0.95亿元。

【服务实体】为切实解决集团成员单位与产业链客户的融资需求，公司从产品设计、成本节约、效率提升等方面着力，带动集团整体产业链客户共同发展，有效支持实体经济发展。全年共计为集团内的78家成员单位办理结算业务212.13万笔。2020年持续开展集中收付全集团境内外汇资金，向成员单位提供外汇业务"一站式"服务，合计办理即期结售汇业务1107笔，涉及金额折合人民币98.38亿元，在提高境外资金管理效率的基础上为集团节约换汇成本。

【信贷及票据业务】2020年，公司持续优化信贷及票据业务管理制度与审批流程，提高业务办理效率，满足客户个性化融资业务需求。全年投放信贷业务金额近53亿元，办理成员单位贴现业务30.95亿元。2020年全年签发承兑汇票金额约32.98亿元，在为集团与成员单位提供更优质更高效金融服务的同时，大大节省了融资费用。

【资金集中】2020年，在保证资金安全性、流动性的前提下，公司积极研究资金市场价格走势，合理利用沉淀资金，把握有利时机，提升资金收益。2020年末全口径资金归集率为15.6%，可归集口径资金归集率为49.7%。

【业务创新】2020年，公司新开办了成员单位关税保函业务，成为第二家可在全国范围内对所有成员单位进行关税担保的财务公司。截至2020年12月31日，关税保函累计办理5亿元，有效提升了集团进出口业务效率和资金使用效率。

【风险管理和内部控制】2020年，风险合规部组织开展公司合规检查工作，保障公司稳健经营；开展规制优化项目，全面提升各项制度的合理性与合规性；对资本充足率、流动性比率等指标进行定期监测，并按季度开展指标监测分析工作。2020年审计部共开展13个审计项目，针对发现的问题提出审计建议，并及时督促、追踪整改，实现业务办理合规、高效，风险可控。

【人力资源管理】2020年，公司主要从人员考评、培养、选拔、激励等方面为公司业务发展提供战略支持。实施部门绩效评估机制，完善内控机制，加强外部培训管理，开展课程内化与课程结果及时落地，确保员工培训达到预期目标。

【信息化建设】2020年，公司开展运营系统优化项目，在现有系统功能的基础上进行优化提升，包括但不限于报表查询功能、法透补平监控提醒、外币自动开关机增加短信提醒等。通过系统新增或优化功能，加强系统互联互通，提升系统运行效率及稳定性，同时优化了用户体验。

【企业文化建设】2020年，公司组织全体党员深入学习贯彻习近平总书记关于新冠肺炎疫情防控工作的重要指示精神，学习2020年"两会"相关内容、《习近平谈治国理政（第三卷）》内容、十九届五中全会公报、中央经济工作会议内容等。组织全体党员开展专题组织生活会，做好批评与自我批评、民主评议等工作。

有色矿业集团财务有限公司

【集团概况】中国有色矿业集团有限公司（以下简称"集团"）成立于1983年，是国务院国资委管理的大型中央企业，主营业务包括有色金属矿产资源开发、建筑工程、相关贸易及服务三大板块，业务遍布80多个国家，涉及40多个有色金属品种。2020年，集团制定"错峰"发展举措，统筹推进疫情防控和生产经营工作，实现营业收入1365.45亿元，利润总额30.60亿元，全面超额完成国务院国资委各项考核指标。

【经营概况】2020年，有色矿业集团财务有限公司（以下简称"公司"）坚持疫情防控和生产经营两手抓，各项工作取得突破性进展，实现重组后的圆满开局。截至2020年末，公司资产总额 91.57 亿元，负债总额 60.17 亿元，实现营业收入 2.73 亿元，利润总额 1.08 亿元，其中，拨备前利润 2.34 亿元；不良贷款率为零，各项监管指标均在合规范围内，未出现风险事件。

【疫情防控及实体经济】2020 年，公司全力支持防疫抗疫，助力成员单位复工复产。在营业地武汉封城期间，坚持结算服务“不打烊”，通过 VPN 远程办公为成员单位全天候办理结算业务；主动调整信贷投放计划，及时了解驰援疫情防控专项资金需求，以疫情暴发地为中心，实现信贷资产对集团主业板块的全面覆盖，加大中长期贷款和外贸企业贷款投放力度，全面推行以 LPR 为基准的贷款利率定价，执行 LPR 利率减点贷款占比近 50%，有效降低成员单位融资成本；积极履行社会责任，购买抗疫国债 1 亿元。

【资金集中】2020 年，公司立足功能定位，通过贴身金融服务、创新金融产品、保障支付结算等一系列措施，稳步推进资金集中管理。一是通过一企一策推进资金集中管理，制定个性化金融服务方案；二是强化上市公司金融合作，实现上市公司资金集中和外币资金集中；三是制定《金融业务价格管理办法》，按照市场化原则，制定存贷款价格吸引成员单位进行资金集中管理；四是通过增加银企直连接口和财务共享中心接口，实名制代理支付、付款批量导入等系统功能优化，提升支付结算效率，满足成员单位的需求。截至 2020 年末，境内企业可归集资金集中率为 92.15%，监管全口径资金集中度为 34.18%。

【信贷业务】2020 年，公司累计发放贷款 78.5 亿元，办理银行承兑汇票贴现业务 1.64 亿元，出具非融资性保函 1.37 亿元。推出循环额度贷款产品，2020 年累计审批循环额度 19 亿元，为重点成员单位累计发放循环额度贷款 14.8 亿元；丰富非融资性保函品种，为成员单位开具海关税收保函 1.3 亿元，有效降低了成员单位税费保证金占用成本。

【同业业务】公司同业拆借额度经人民银行批准由 5 亿元上调至 30 亿元，2020 年累计获得同业授信 100 亿元，大幅提升公司流动性补充能力。成为银行间市场外币拆借市场会员、债券市场会员以及银行间市场交易商协会会员，丰富了同业业务开展渠道。2020 年，公司累计开展国债逆回购业务 27.8 亿元，累计投资货币市场基金 16.52 亿元，实现投资收益 571 万元。

【票据业务】2020 年，公司成功上线电票业务系统，全直连接入上海票交所电子商业汇票系统（ECDS），实现票据业务线上清算功能，全面建成连通上海票交所核心基础设施的全功能、现代化票据处理平台，为后续开展集团票据集中运营和票据系统平台外部融合创造了必要和有利条件。2020 年，公司成功办理银行承兑汇票贴现业务 1.64 亿元，办理票据再贴现业务 1.64 亿元。

【外汇业务】2020 年，公司以帮助集团成员单位锁定经营成本、防范外汇市场风险为目标，成功上线外汇业务系统，以市场化手段深入开展即期结售汇业务和外汇市场研究分析工作，满足成员单位外汇业务需求。2020 年，公司累计开展代客结售汇业务 7373 万美元。

【业务创新】2020 年 11 月，公司成功取得跨境资金集中运营业务资质，获批外债和境外放款额度分别为 140.82 亿美元、18.39 亿美元，为境内外 133 家成员企业提供便捷的跨境本外币资金融通渠道。该资质的获批，标志着集团本外币、境内外的双向投融资渠道顺利打通，为实现集团全球现金管理奠定坚实的基础。

【风险管理和内部控制】2020 年，公司对标一流同业，引入国务院国资委企业绩效评价标准、外部行业数据以及金融同业量化工具，重建覆盖集团主业的内部信用评级模型，信用评级体系不断完善；制定《全面风险管理体系建设规划》《全面风险管理体系建设 2020 年实施方案》，开展内控制度、标准操作流程和风险点的分析梳理工作，完成《制度汇编（2.0）版》《内控及风险管理体系手册》，进一步完善了公司内控及风险管理体系。

【人力资源管理】2020 年，公司不断加强人才队伍建设，通过社会招聘引进的金融专业背景人员13人，占比为42%；从“加强班子建设、建立好基因、树立好文化、打造好治理、实施好管理”五个方面有针对性地开展团队建设，全年共计开展培训6次，参训人数186人次，重点加强集团核心价值观融入、经营班子领导力建设、全员职业素养和绩效考核管理工作，努力打造一支高水准的专业化金融人才队伍。

【信息化建设】2020年，公司成立信息化建设领导小组，组织信息化“十四五”规划编制、核心业务系统全量业务梳理、信息化建设推广实施等工作。疫情期间通过启用钉钉系统、VPN远程访问等手段解决相关技术问题，保障核心业务系统正常稳定运行，有效支撑公司各类业务的正常开展；扎实推进信息化建设与推广实施，完成电票、外汇、银企直连接口、财务共享中心接口、实名制代理支付、监管数舱、国资委大额数据采集系统等重点信息化项目的建设。

粤海集团财务有限公司

【集团概况】广东粤海控股集团有限公司（以下简称“集团”）于2000年1月登记设立，为省属国有独资的投资控股公司，集团下属粤海控股集团有限公司是广东省在境外规模最大的综合性企业集团。2020年，集团总资产约1500亿元，营业收入约320亿元，员工总数14000余人，全资及控股子公司超过280家，涉及公用事业及基础设施、制造业、房地产、酒店及酒店管理、零售批发、金融等行业。

【经营概况】2020年，粤海集团财务有限公司（以下简称“公司”）生产经营和疫情防控两手抓、两不误，本着“依托集团、服务集团”的原则，坚持合规运营，改善企业经营管理，风险管理水平稳步提升，各项业务指标完成情况良好。2020年实现营业收入13033万元，利润总额9004万元。

【信贷业务】2020年，公司自营贷款投放继续增加，实现日均贷款36.87亿元，同比增长33%，全年新增贷款投放创历史新高。同时为受疫情影响较大的客户主动降低利率，支持中小企业渡过疫情困难期。信贷业务产品进一步丰富，票据、保函等中间业务办理量均实现正增长。与上市公司的信贷业务合作范围进一步拓宽，支持集团内企业置换高成本贷款，在保持贷款、保函、委托贷款服务的基础上，票据业务和上市公司贷款归集取得重大突破。

【资金集中】公司定期跟踪分析成员单位资金归集情况，积极争取与资金量较大的重大客户、重大项目、新设立成员单位合作，通过调整存款利率上浮水平，进一步让利成员单位，不断提高资金归集度。2020年末，吸收存款时点余额124.28亿元；全年日均存款71.47亿元，2020年末资金集中度为41.61%。此外，通过为上市公司附属公司提供结算支付服务带来配套日均存款沉淀5827万元，年末存款余额2.44亿元。

【票据业务】公司于2020年6月正式获得上海票交所会员资质核准，同时通过招商银行代理接入模式间接接入ECDS系统，为成员单位办理贴现前全量电子商业汇票业务。2020年公司累计办理电票承兑154张，金额合计39030万元；累计办理电票贴现1张，金额10万元。公司通过开立财务公司承兑电票，优化成员单位结算支付模式，成功实现现金价值创造和集团信用输出，进一步为集团动态节约现金，提高资金使用效益，降低集团整体外部融资成本。

【资金业务】2020年，公司精细化管理资金，强化“三个工具、两个办法”的头寸管理模式，优先支持信贷投放需求，满足集团及成员单位各项结算的头寸需求，同时紧盯市场，加大同业拆入力度，不断提升闲置资金的收益率，实现安全性、流动性、盈利性“三性统一”的良性发展。

【投资业务】2020年，公司稳步推进投资业务制度建设、系统开发、投资决策、风险管控、产品准入等各项准备工作，顺利开办固定收益类有价证券投资业务，全年累计投资金额5亿元，在确保流动性的前提下实现了资金增值。

【风险管理和内部控制】公司按照建设全面风险管理体系的严格标准，不断完善公司治理结构、制度流程体系、风险限额政策和风险专项考核机制。全年新增内控制度18项，修订制度29项，进一步完善信贷审查委员会和资产负债及利率管理委员会议事规则。先后开展信贷业务、法律风险、印章管理等专项排查。2020年，公司各项风险监管指标符合监管部门规定，实现安全运营，反洗钱年度考核结果提升至B级。

【人力资源管理】公司坚持事业为上、以事择人、人岗相适、“干得好就激励，干不好就调整”的用人导向。2020年，公司完成薪酬、绩效管理体系优化并正式落地实施，让能者上、优者奖、庸者下、劣者汰，进一步提升员工工作效率和积极性。此外，完成了公司领导班子成员职业经理人改革，明确聘期、职责、权利、义务等内容，实施任期管理和目标考核，增强契约刚性约束。

【信息化建设】2020年，公司有序推进信息化建设，逐步加强信息科技对各项业务的支撑作用，重点按照公安部安全等级保护最新法规要求，对生产核心业务运营管理系统开展整改、测评，预防可能发生的信息安全风险事件。通过有序推进投资业务信息系统开发项目、非现场监管报送系统开发项目、财务公司对接集团资金管理系统开发项目、异地灾备系统建设项目，有效支撑公司业务发展。

【企业文化建设】2020年，公司明确了党支部对公司的统一领导机制，制定了党建工作考核方案，并围绕新业务开展“大学习、大调研”和员工讲堂等活动，促进党建经营融合，以党建为引领，深化巩固了“不忘初心、牢记使命”主题教育成果。

云南建投集团财务有限公司

【集团概况】云南省建设投资控股集团有限公司（以下简称“集团”）是云南省建筑施工行业龙头，是重要的省属国有资本投资运营主体，是云南省“走出去”企业的排头兵。集团全面打造基础设施投资、城乡建设投资、房地产开发投资、海外投资和新兴产业投资“五大投融资平台”。2020年实现营业收入1508亿元，实现利润40亿元，2020年末资产总额达5941亿元，净资产2120亿元。

【经营概况】云南建投集团财务有限公司（以下简称“公司”）以“立足集团、服务集团、合规经营、创新发展”为宗旨，实现了“业务指标再创新高，风险管理持续提升，经济效益稳中向好、人才队伍充满活力”的良好局面。2020年，公司资产总额130.65亿元，资本总额18.86亿元；实现营业收入4.94亿元，利润总额3.73亿元；资本充足率为16.99%，流动性比例为49.59%，贷款拨备率为2.5%。

【服务实体】公司对27家受疫情影响成员单位进行授信延期，保证不断贷、不抽贷、不压贷，助力企业复工复产。向疫情防控重点企业开辟绿色通道，通过对超授权业务进行临时授权等手段，确保资金及时足额到位，累计提供信贷18.68亿元。公司深入脱贫攻坚一线，对重点项目参建单位提出“流动资金贷款+商业汇票+贴现”综合金融解决方案，定价上给予优惠，精准支持项目建设。累计向云南省“四个一百”重点项目投放贷款3.1亿元，有效支持重点项目建设。

【信贷业务】2020年，公司累计服务成员单位47家，截至2020年12月末，表内资产余额73.66亿元，其中，贷款资产余额56.42亿元，贴现余额（含转贴现）17.24亿元。累计实现贷款投放94.40亿元，累计回收贷款84.04亿元，2020年较上年末新增贷款10.35亿元，同比增长16.36%。表内信贷资产加权收益率较上年明显下降。

【资金业务】2020年，公司优化同业客户分层分类，积极采取提高询价频次、结合金融机构偏好等措施，持续加大资运作力度，提高资金运作效率，同时持续发展债券借贷业务。在流动性较紧时，通过央行再贴现、银行间市场回购和拆入资金，2020年累计融入123.05亿元，在流动性宽裕时，通过票据转贴、逆回购、存放同业、拆出资金、购买存单等业务，累计投放6370.86亿元。

【投资业务】2020年，公司从一级市场购买4亿元债券，支持实体企业债券发行；在二级市场抢抓市场利率高点，适时投资3.1亿元债券，全年实现投资收益0.34亿元。同时统筹投资价值和流动性风险防控，合理安排期限结构和债券质押融资，控制资产流动性风险。

【票据业务】2020年，公司累计为43家成员单位开出各类商业汇票66.74亿元，其中，电子商业汇票38.75亿元，年末余额19.46亿元；电子银行承兑汇票27.99亿元，年末余额13.54亿元。再贴现业务发生21.94亿元。转贴现业务发生10.84亿元。公司持续加强保贴金融机构合作力度，截至2020年末，与7家银行开展合作，授信额度19.70亿元。公司与同业不断丰富商票业务合作模式，通过外部保贴和转贴现等方式总计融通资金38.80亿元。

【资金集中】2020年2月2日，在全国金融市场开市的前一天，公司做好支付结算系统开机前各项准备工作。在做好自身疫情防控工作的同时，坚守岗位，确保系统安全稳定运行、支付渠道畅通，助力集团成员单位疫情防控与复工复产两手抓、两不误，服务实体经济成效显著。加强与集团财务部协同，动态掌握资金分布，配合成员单位对项目资金逐一分析，为集团决策提供数据支撑，推进项目资金加快使用和归集，成员单位主动归集意识进一步提升。

【业务创新】为支持集团铝模板“四新技术”的推广运用，2020年公司推出融资租赁业务。集团旗下企业A是铝合金模板生产企业，铝合金模板作为先进生产资料，是集团提高市场竞争力的主要抓手之一，企业A受制于成立晚、规模小等局限，自身不具备迅速扩充产能、满足集团发展需要的条件，公司采用“售后回租+委托运营”方式有效盘活资产，实现存货快速周转变现，加速企业产能扩张。企业A迅速从小企业跃升为区域行业龙头企业。

【风险管理和内部控制】2020年公司重点推进风险管理和业务工作深度融合：改进授信管理模式，优化审批流程，提高风险审查质效；新增、修订制度37个，前置风险管理职能，风控人员参与重点项目贷前调查；开展信息系统、数据治理等7次重点领域风险评估；开展员工行为、履职回避等4次专项人员管理活动；明确流动性压力测试程序，按季度开展流动性风险压力测试。实现监管指标“零违规”，业务“零违约”，资产“零损失”，人员“零案件”的管理目标。

【人力资源管理】2020年，公司着力优化人才配置，不断加强人才队伍建设，为公司高质量发展注入动能。一是吸纳高素质人才，通过线上线下相结合的招聘方式择优录取复旦大学、西南财经大学等重点高校毕业生5名。二是加强教育培训管理，全年参加培训30次，累计参培78人次，持续提升员工专业素养。三是鼓励员工参加从业资格考试，截至2020年末，公司拥有职称人员占员工总数的48.65%，其中，具有中高级职称人员占总人数的45.95%，3人取得注册会计师资格证。四是提升人力资源信息化水平，应用集团人力资源新系统，动态管理职工信息。

【信息化建设】2020年，公司一是对信息系统开展内部风险评估，对评估出的机房环境、软硬件设备、外包管理等风险点进行逐一落实整改；二是多次邀请软件公司项目团队到现场，共同探讨系统中存在的问题、业务功能需求及改进措施，确保信息系统有效支持业务发展。

【企业文化建设】公司党总支以习近平新时代中国特色社会主义思想为指导，扎实推进党建引领公司高质量发展工作实践。多角度、多层次开展领导干部、党员教育培训，扎实推进警示教育和家风教育“三个一”系列活动、廉洁从业法规教育活动，升格党总支，健全党组织机构，不断加强党的建设质量和科学化水平。致力于营造平等、多元、和谐的工作环境，积极开展“书香三八”征文、职工运动会、迎新登山、金融知识竞赛等活动，持续提升队伍凝聚力和战斗力。

云南昆钢集团财务有限公司

【集团概况】昆明钢铁控股有限公司（以下简称“集团”）始建于1939年，前身是中国电力制钢厂和云南钢铁厂。经过81年的发展，集团已从单一钢铁制造企业逐步发展为传统产业和新兴产业相结合的现代企业集团，列中国企业500强第305位，列中国制造企业500强第137位，荣获“2020年中国卓越钢铁企业品牌”“2020年中国钢材市场优秀品牌（线螺类）”称号，首次入围前50名钢铁企业榜单。

【经营概况】云南昆钢集团财务有限公司（以下简称“公司”）立足自身功能定位，以服务集团供给侧结构性改革为主线，推进精细化管理，加大创新力度，拓展服务职能，提升创效水平，经营管理取得较好成效，2020年荣获集团“管理创新二等奖”。截至2020年末，公司资产总额59.53亿元，负债总额48亿元，所有者权益11.53亿元，实现收入1.53亿元，利润1.06亿元，无不良贷款，各项指标符合监管要求。

【服务实体】2020年，公司贷款、贴现利率双降，存款利率上浮10%～40%，减免结算、开票、委贷等费用，引入同业资金，参照集团综合融资成本和银行收费标准，累计节约成本费用2.12亿元。

【信贷业务】公司围绕集团战略部署，按照“有扶有控、有保有压”的原则配置集团资源，将资金精准投放于集团重点发展领域、新兴产业、具有竞争力的优质企业，2020年累计投放信贷资金71.18亿元，日均投放信贷资金44.16亿元，较上年增长7.13%。

【资金业务】公司以资金的安全性、流动性和效益性为核心，全方位融入集团月度预算管理和债务融资安排工作，精准安排信贷投放计划和资金支付，合理调整资产负债及期限结构，有效保障集团资金安全；首次认购集团发行的中期票据2.70亿元、超短融1亿元，助力集团成功发行债券；抓住低成本融资机会，适时适度融入同业资金，加强同业议价，上调存放同业利率，提高资金使用效率和运作效益。

【资金集中】公司2020年结算货币16.12万笔，金额4554.89亿元；日均吸收存款44.47亿元，同比增加11.37亿元，增幅34%；年末全口径资金集中度为39.68%，可归集口径资金集中度为90.89%。

【业务创新】公司2020年开展首单对外债券投资业务0.5亿元和首笔债券借贷业务1.1亿元，以中期票据置换流动性较好的国债，盘活存量信用债券；使用公司授信协助成员单位融资 2.8 亿元。

【风险管理和内部控制】公司不断强化以“三会一层”为主体的法人治理结构，完善基本治理制度，定期召开三会审议决策“三重一大”事项，各治理主体、各部门各司其职、各负其责，互相监督、互相制约；坚持“内控优先，制度优先”，全面梳理、修编管理制度和操作流程 169 个。

【人力资源管理】2020 年，公司根据员工个人政治素质及品行、知识结构、业务素质、从业经历，选育 2 名优秀年轻后备干部；根据从业人员的知识层次和个人潜力，有针对性地对现有人员进行再教育和培训，2020 年累计为员工提供内部培训 38 次、外部培训 28 次。

【信息化建设】2020 年，公司实现与集团共享中心资金接口的“互联互通”及事前、事中、事后风险控制，实现共享中心资金支付“便捷”及收款确认“及时”；全面优化核心业务系统 8 次，提升用户体验和系统安全性。

【企业文化建设】集团 2020 年 8 月批准公司设立党支部，公司党建工作起步良好，发挥党建引领作用，围绕中心服务大局。支部书记带头讲党课程，开展“谋划好金融工作　为共建美好新昆钢保驾护航”主题教育，开展家访、廉政教育、案件警示教育等活动；建立党员活动室和党建书屋，组织西山徒步活动，瞻仰人民音乐家聂耳之墓，开展参观纪念馆、敬献鲜花、重温入党誓词等活动，学习聂耳爱国主义精神；与合作银行开展“以球会友”联谊活动，组织义务植树等，凝心聚力，营造团结协作、积极向上的氛围。

云南云天化集团财务有限公司

【集团概况】云天化集团有限责任公司（以下简称“集团”）是以肥料及现代农业、玻璃纤维及复合材料、精细化工及新材料为主业的国有综合性产业集团。集团旗下拥有一家主板上市公司、3 家新三板挂牌企业。2020 年，化肥、玻纤产量同比分别增长 10%、6.8%，销量创四年来最好业绩，玻纤风电板块抓住抢装机遇，销售产品 30 万吨，同比增长 50%。集团全年实现总资产 965 亿元，实现营业收入 728 亿元，利润总额 3.6 亿元，进出口总额 19.3 亿美元。

【经营概况】云南云天化集团财务有限公司（以下简称“公司”）紧紧围绕集团“控疫情、保生产”的总体部署，以“目标导向、过程控制、分级负责”为运营机制，较好完成年初确定的各项经济指标。2020 年末，公司实现资产总额 43.21 亿元，负债总额 31.65 亿元，净资产 11.55 亿元，实现营业净收入 11773.93 万元，全年实现利润总额 8393.80 万元。资金安全零事故，无重大风险隐患，无潜在不良损失。

【服务实体】2020 年，公司积极响应国家号召，向受疫情影响的成员单位提供优惠利率的疫情专项贷款，为新冠肺炎疫情防控物资重点保供企业专项授信 300 万元，累计发放贷款 44.60 亿元。同时通过下浮贷款利率、降低贴现利率、免收手续费等方式为整个集团节约成本费用。稳妥办理委托贷款业务、引导成员单位盈余资金有价调剂。

【信贷业务】2020 年，公司紧紧围绕集团主业、助力集团和成员单位抗击疫情复工复产方面开展各类信贷业务，集中全集团资金资源，优化资金配置，优化信贷资产期限结构。2020 年累计发放自营贷款约 57 亿元、委托贷款约 15 亿元。

【资金业务】2020 年，公司积极助力集团主业发展，配合集团降低存量货币资金规模、降负债成本，积极盘活集团票据资源，从而提高资金使用效率及票据资源使用效率，降低公司外部融资成本。公司内部资金业务日均23.95亿元，外部资金业务呈下降趋势，实现日均31.23亿元。超额备付金日均8.99亿元，同业拆入日均1.97亿元，卖出回购日均8.11亿元。

【票据业务】公司于2020年6月上线上海票据交易所成员单位票据线上清算功能，通过线上清算为成员单位办理票据收款近6亿元，提高成员单位票据收款的效率。持续通过集团票据池盘活集团票据资产，提高集团票据使用效率，全年通过集团票据池为成员单位累计融资约22亿元。继续公司的集团票据池业务系统与建设银行直连接口对接开发。

【资金集中】2020年，公司实现成员单位通过财务公司直连系统在13家银行的直接支付查询功能，极大提高了成员单位对其银行账户的管理效率。实现5万元以下的小额支付自动化。2020年，公司为成员单位代理支付3.5万余笔，代理支付金额达700亿元，与上年同比增长10%。

【风险管理和内部控制】2020年，公司提升流动性风险管理水平，建立以日监测、月预测、季预测结合公司头寸情况的动态流动性压力测试模型。公司加强贷后检查工作，通过现场及非现场方式对经营状况持续无法改善、股权有变化的成员单位及时进行风险预警，向公司经营层及集团提交风险处理建议。根据公司领导分工调整、部门职责新划分及业务流程调整，全年修订管理制度66个，并通过OA信息平台发布。公司组织风险管理、《民法典》培训，召开票据业务风险专题研讨会等，增强风险合规意识，提升风险管理水平。

【人力资源管理】以价值创造为导向，建立“岗位定基础，能力有体现，绩效占主导”的薪酬分配机制，层层分解目标，落实到具体部门和岗位，作为绩效薪酬发放的依据，并做好绩效辅导。本年度招聘3名硕士研究生，有效补充和优化了公司人员专业及年龄结构。结合公司组织架构调整，对岗位职责说明书进行修订完善，进一步明晰各岗位职责，规划各岗位上升通道。

【信息化建设】公司持续加强信息系统建设，保障现有的17家银行接口、2套票据接口和SAP接口渠道畅通。继续推广集团票据池系统在成员单位的使用，积极推进银行票据接口的测试上线。2020年6月，公司票据交易线上清算功能正式上线。承建上市公司云天化股份于2020年12月1日上线的业财一体化项目财务共享与资金集中管控系统部分建设。完成自建电子认证服务（CA证书）的部署上线工作，减少证书采购成本，规范证书管理。

【企业文化建设】2020年，公司党支部为抓好党风廉政建设，以“理流程、抓节点、估风险、定措施、成体系、抓落实”为总体思路，编制《廉洁风险防控体系》并发放给每位员工。以支部书记、领导班子成员、表现突出的党员干部和“身边榜样”为党课主讲人，结合党的创新理论、云南高质量跨越式发展、革命传统、学习身边榜样、实际工作、企业改革发展、抓党建促生产经营讲党课。

招商局集团财务有限公司

【集团概况】招商局集团有限公司（以下简称“集团”）是中央直接管理的国有重要骨干企业，是世界企业500强之一。业务集中于综合交通、特色金融、城市与园区综合开发运营三大核心产业。截至2020年末，集团实现营业收入8148亿元，利润总额1754亿元，净利润1373亿元，期末总资产10.4万亿元，资产总额和净利润蝉联央企第一。

【经营概况】招商局集团财务有限公司（以下简称“公司”）2020年累计实现营业收入17.6亿元，利润总额6.8亿元，期末资产规模为685.9亿元。

【服务实体】2020年，公司推出防疫抗疫特色金融服务方案，保障金融服务渠道畅通，助力成员单位防疫复工，保障疫情期间结算业务，为成员单位调降利率费率、调整还款计划，累计因疫情增加信贷投放28.35亿元。全力支持实体经济转型发展，累计发放贷款470.8亿元，同比增长47%，全部投向实体经济，服务成员单位践行“一带一路”、粤港澳大湾区建设等。

【信贷业务】2020年，公司紧跟集团战略导向和成员单位需求，深化产融结合，丰富信贷产品，拓展服务范围，新增信贷客户30家，日均贷款规模364.65亿元，较上年增长29.17%，年末贷款余额452.90亿元，同比增长117.86亿元。以低息贷款支持成员单位创新发展，共涉及大健康产业、高端制造业、智慧港口、智能码头及供应链平台建设五个创新项目。

【产业链金融】2020年，公司成功获批成员单位产品买方信贷及融资租赁业务资质，并从制度建设、需求调研等方面开展筹备工作，后续将根据成员单位需求推进业务落地。同时，公司积极申请供应链金融业务资质，通过票据业务加大对成员单位采购付款的服务力度。

【资金业务】2020年，公司积极拓展同业合作渠道，与多家银行合作，根据公司资金特点定制资金管理产品。扩大同业授信额度，在十余家银行取得450多亿元同业授信。充分利用同业资源积极开展线上资金交易业务，累计交易量接近3500亿元，在确保流动性充足的同时进一步提升资金使用效率。

【投资业务】2020年，公司继续按照优先支持成员单位融资、保障公司流动性合理充裕的业务思路，以货币基金和成员单位发行债券为主开展投资业务，全年共计开展14亿元投资业务，在进一步提升公司整体收益的同时有效支持成员单位债券发行。

【票据业务】2020年，公司从丰富业务品类、提高流转效用、推进系统建设、扩展合作银行等多方面加强票据业务拓展力度，“招财票”市场认可度和流动性进一步提高，累计开立26.04亿元，同比增长118%；2020年末票据承兑余额18.34亿元，同比增长198.66%；票据贴现规模合计0.65亿元。

【外汇业务】2020年，公司结售汇及跨境资金池下外债、境外放款、经常项下集中收付汇业务均有序开展，监管报表、报告合规报送。加强与监管、合作银行沟通，加大外汇业务宣介，积极了解成员单位需求，提供跨境资金调剂通道及经常项下收付汇服务，共办理结售汇业务339笔，跨境资金池完成两批，共新增9家成员单位备案。

【资金集中】2020年，公司继续夯实结算业务基础，推动业务及技术创新，提供免费人民币结算服务和优惠外汇结算服务，提升客户黏性，促进资金沉淀。持续推进“一司一策”资金归集举措，逐户分析成员单位吸存空间，通过拓展客户覆盖范围、争取合资公司存款、配合客户加强资金管理等举措促进资金归集。

【业务创新】2020年，公司首次以牵头行身份提供银团贷款服务，持续拓展海关关税保函受理范围，并重点推动票据业务创新，以票据交易系统上线为契机开展票据管理服务、研究推出“招财票+买方付息”产品方案，与合作银行联合为成员单位办理买方付息贴现“招财票”规模为3.8亿元。

【风险管理和内部控制】2020年，公司加强风险偏好指标体系建设和流动性预警管理；夯实合规管理“四大支柱”建设，深化制度建设，新增制度20项、修订制度81项；巩固内控体系建设，定期开展风险识别与评估及内控评价；强化风控预警机制，发布风险周报50期、合规提示函1期、风险提示函2期、监管政策动态2期。通过开展季度常规稽核、招标采购管理专项内审、年度内部控制评价，及时发现问题、提示风险，保障公司稳健合规运营。

【人力资源管理】2020 年，公司在圆满完成日常人力资源工作的同时，创新举措，高效完成公司第二次战略重组工作。通过内部公开竞聘、集团内部选聘、外部公开招聘等多种方式，择优选聘组建分公司人才队伍，为一流财务公司建设提供人才保障。

【信息化建设】2020 年，在业务系统功能开发的基础上，公司电票系统加速推进，线上直连及线上清算上线。完成业务系统自定义开发建设及信息资源整合，有力支持两家分公司开业。实施资金系统智能客服，支持常见问题智能回答、用户留言人工答复及公告发送定制化功能；RPA 智能机器人推进全面提速，在结算信贷等多领域推广。

【企业文化建设】2020 年，公司党委全面贯彻落实党的十九大和十九届历次全会精神，深入学习贯彻习近平新时代中国特色社会主义思想，认真落实“中央企业党建巩固深化年”各项要求，深化“不忘初心、牢记使命”主题教育成果，融入中心、守正创新，以高质量党建引领公司高质量发展。

浙江海港集团财务有限公司

【集团概况】浙江省海港投资运营集团有限公司、宁波舟山港集团有限公司（以下简称“集团”）是浙江省省属港口运营集团，实行“两块牌子、一套机构”运作，是全省海洋港口资源开发建设投融资的主平台。2020 年，集团主要经营的港口之一——宁波舟山港完成货物吞吐量 11.72 亿吨，同比增长 4.7%，连续第 12 年保持全球第一；完成集装箱吞吐量 2872.2 万标箱，同比增长 4.3%，继续位列全球第三。

【经营概况】浙江海港集团财务有限公司（以下简称“公司”）2020 年取得了营业收入 5.73 亿元，利润总额 3.68 亿元，净资产收益率为 12%；资产规模 174 亿元。各项监管指标良好，资本充足率为 17.30%，流动性比例为 32.25%，不良贷款率为零，各项指标符合监管要求。

【信贷业务】2020 年，公司坚决秉承服务初心，通过信贷业务助力受疫情影响企业生产。紧密关注辖内重点领域、重点行业、重点企业的金融服务情况，加大对符合国家重大战略和保障集团发展项目的支持力度，运用多种手段打出“组合拳”，如无还本续贷助力义乌港复工复产、低息贷款保障穿山码头项目建设、持续为外钓油品项目提供绿色信贷等。截至 2020 年末，信贷规模 108.54 亿元，创历史新高，同比增长 7.22%；实现贷款利息收入 3.57 亿元，同比增长 7.53%。全年通过利率优惠方式为成员单位节约利息成本超亿元。

【资金业务】2020 年，公司在确保资金安全的前提下，采用多种手段提高收益水平。一是拓宽资金融通渠道，扩大同业合作范围，全年新增 22 家交易对手，新增收益 1700 万元。二是在金融市场精准出击：首次开展交易所国债逆回购、国债认购，债券二级市场现券交易、债基等新业务，实现收益 782 万元。全年完成同业与投资交易量 980 亿元，实现收益 2.18 亿元。

【资金集中】一直以来，公司着力推进资金集中管理工作，在集团高度重视和支持下，公司不断加强资金归集，做到“应归尽归”。海港集团与宁波舟山港集团全面整合后，存款规模突破 200 亿元，较整合前翻番。非全口径资金集中度达 97% 以上，除外币、定向增发、保证金等专户资金外，基本实现全归集。

【风险管理】2020 年，公司前中后台“协同作战”，强化各类风控举措。前台完善风险管理体系；中台持续加强业务审查和风险管控，有效开展各类风险信号在业务流程中的识别与评估；后台发挥内部审计作用，同时不断推进合规管理工作、进一步健全反洗钱管理体系建设，有效落实案件防控工作，努力做好关键领域的风险排查和防控。

【信息化建设】2020 年 7 月，公司金融信息辅助管理系统顺利上线，功能包括制度管理、采购管理、1104 报表、人民银行报表等，有效提升各业务部门日常管理的信息化水平。公司以集团“数字强港”为契机，认真贯彻集团“智慧财务”精神，2019 年 9 月正式上线成员单位手机 APP 项目。截至 2020 年末，手机 APP 系统推广单位数已达 51 家，安装用户数超 70 名，提高了成员单位相关工作人员的审批效率，实现业务信息提醒、查询、办理的“移动化”，拓展了公司服务新渠道。

【企业文化建设】2020 年，公司继续强化基础建设，通过星级党支部创建、“双促”专项行动等活动，促进党建工作与中心工作共同提升；重视清廉守纪，积极推进党风廉政建设，强化廉洁教育。全年动态更新廉政风险点、廉洁档案，首次创新性地将信贷业务纳入廉洁协议书范围；突出工团合力。工会出台《“职工小家”创建管理办法》等制度，民主管理更规范；策划推出“智享学堂”培训品牌；组织开展“文化月”“品牌月”“健身月”系列活动，团支部也在不断发挥生力军作用。

2020 年是公司成立十周年，公司以此为契机开展系列活动，推出卡通吉祥物和文化墙，对外展示财务公司的文化形象，对内提升员工对企业文化的认知和认同；抓好党组织品牌建设，各支部凝聚集体智慧，提炼了一批主题鲜明、形象生动、朗朗上口，富有公司金融特色和党支部特色的支部党建品牌与口号，逐步丰富公司企业文化的内涵。

浙江省交通投资集团财务有限责任公司

【集团概况】浙江省交通投资集团有限公司（以下简称“集团”）于 2001 年成立，历经原浙江省铁路集团、浙江省商业集团两次改革重组，统筹承担全省高速公路、铁路、重要的跨区域轨道交通和综合交通枢纽等交通基础设施的投融资、建设、运营及管理职责，并积极参与市县主导的综合交通基础设施项目。2020 年，集团实现营业收入 1939 亿元、利润总额 118 亿元，年末资产总额 5951 亿元、净资产 1891 亿元，拥有各级成员企业 322 家，控股上市公司 4 家，员工总数 4 万余人；列中国企业 500 强第 139 位。

【经营概况】浙江省交通投资集团财务有限责任公司（以下简称“公司”），围绕“服务好集团、发展好自己”的宗旨，按照战略指引、服务创效、管理支撑和持续发展四大方向切实推进“一流财务公司”建设。2020 年实现营业收入 18.69 亿元、利润总额 8.28 亿元、净利润 6.33 亿元。2020 年末公司资产总额 557.23 亿元，净资产 68.13 亿元，吸收存款余额 484.8 亿元，自营贷款余额 435.1 亿元。

【服务实体】面对疫情带来的负面影响，公司抓住政策机遇，把握宽松环境，全力降低融资成本，保障资金需求。积极协助成员企业争取疫情防疫贷款 119.2 亿元，相应获得贷款利息减免 1117.37 万元。年内协助集团共完成 13 期总额 140 亿元债券发行，部分债券发行利率创省内新低。抓住 LPR 转换机会，协助成员企业完成 347 亿元项目贷款 LPR 降息转换，预计每年可节约财务成本约 1.7 亿元。

【信贷业务】2020 年，公司累计新增信贷规模 98.09 亿元，年末自营贷款达 435.10 亿元，规模创历史新高。在自营贷款投向上，公司始终围绕集团总体战略发展要求，坚持向核心主业倾斜，全部贷款超过 82% 投向公路铁路核心主业，未发生不良贷款和其他不良资产。此外，公司依据集团上市公司经营发展需要开展统一授信，以不高于同期同档次的利率提供贷款服务，进一步增强融资协调能力。

【产业链金融】公司在巩固传统业务基本盘的同时，积极拓展延伸产业链金融业务。全年累计完成延伸产业链金融业务 5.05 亿元，其中“一头在外”应收账款保理业务 3000 万元，实现了产业链金融品种上新的突破。

【投资业务】随着 2020 年公司成功增资，公司整体投资规模由年初的 28.9 亿元增加至 2020 年末的 44.58 亿元。2020 年实现有价证券投资收益 14364.38 万元，同比增长 153.13%，投资能力明显增强。同时，公司在新股申购业务上亮点突出、成效明显，2020 年成功获配沪深两市 212 只新股，累计获得投资收益 4976.91 万元。

【票据业务】2020 年，公司共办理票据贴现 44 笔，金额 9.21 亿元；开具电子银行承兑汇票 139 笔，金额 17.57 亿元。开展首笔金额 200 万元的票据再贴现业务，为盘活票据资源进行了有益尝试。

【资金业务】公司在借鉴国内外先进司库经验的基础上，创新性地搭建了以资金三集中为特色的司库管理体系，致力于提升资金管理能力。年内积极推进境内外国际化资金池建立，完成跨境双向人民币资金池首单业务。积极推动集团流动性压力测试工作，采取定期和不定期相结合的方式评估集团流动性状况。

【业务创新】公司持续强化金融研究形式。在《交投金融直播间》月刊的基础上，《交投金融快报》日刊、周刊相继推出。积极开展利率预测模型竞赛活动，培养公司专业建模能手，初步建立了公司利率数理分析架构，团队研究能力有效提升。

【风险管理和内部控制】2020 年，公司引进毕马威专业团队开展核心系统升级后评估和信息科技全面审计，通过内外部合力，发现并促进 50 多项具有重要意义的升级改进。经过对审计系统的详细梳理，成功编制内部审计工作手册，规范稽核审计工作流程和要求，加强对稽核审计工作的质量控制。

【人力资源管理】公司着力强化人才交流及培养模式，拓展与浙江财经大学等国内知名院校的交流共建，探索产教融合的人才培养新模式；并以“财资讲堂”为平台，开展专业论文等竞赛活动，促进人才队伍专业能力和综合素养进一步提升。其中《浅析企业集团流动性风险管理》一文入选中国公路学会“2020 中国交通投融资年度优秀论文”。

【信息化建设】公司稳步搭建新一代集团型司库信息系统管理平台，推进公司“数字化”转型。2020 年成功上线公司数据治理项目报表 64 张，初步实现部分监管报表及内部管理报表的自动生成。搭建集团“超级网银”，通过银企直连及财企直连，平台在线结算量超过万亿元。

【企业文化建设】公司坚持“党建强、企业强”理念，以高质量党建引领高质量发展。2020 年开展理论中心组学习 10 次，参与率达 100%，“书记带头学”被集团点名表扬；“金融惠企助企暖心牌”党建品牌入围集团优秀基层党建品牌；获得集团党务知识竞赛三等奖。积极建设“三同”家文化，企业文化故事片《同心向未来》获得集团优胜奖；获得集团健身排舞比赛三等奖、集团企业文化故事片优胜奖、集团团委创新创效大赛优胜奖、全国职工健步走网络公开赛二等奖等多种奖项。

浙江省能源集团财务有限责任公司

【集团概况】浙江省能源集团有限公司（以下简称“集团”）成立于2001年，总部位于浙江杭州，主要从事电源建设、电力热力生产、石油煤炭天然气开发贸易流通、能源服务和能源金融等业务，是浙江省委、省政府能源产业发展的主抓手、能源合作的主平台、能源供应的主渠道、能源安全保障的主力军和环境保护的主战场。截至2020年末，集团合并资产总额2751亿元，所有者权益1334亿元。全年实现营业收入1089亿元，实现利润总额112亿元，圆满收官“十三五”。

【经营概况】2020年，面对突如其来的新冠肺炎疫情冲击和复杂严峻的经营形势，浙江省能源集团财务有限责任公司（以下简称“公司”）发挥专业特色优势，立足集团，服务集团，为集团复工复产提供有力的金融服务保障。截至2020年末，公司资产总额355.72亿元。全年实现营业收入8.02亿元，利润总额6.24亿元，净利润4.82亿元。

【资金集中】2020年，公司持续加强集团资金集中管理工作。2020年末，成员单位在公司开立的结算账户数417个，较上年末增加11个，基本覆盖集团所有二、三级成员单位。年末吸收存款322.95亿元，银保监口径资金归集率为91.40%。

【信贷业务】2020年，公司紧跟集团战略布局，精准发力，同频共振，为主业发展提供全方位、高质量、多品种信贷服务。公司全年向成员单位发放自营贷款142.92亿元。2020年末存量自营贷款164.96亿元，比年初新增19.58亿元，增幅为13.47%，有效保障了集团项目建设和资金链安全。2020年7月全面完成存量自营贷款的LPR定价转换；落实疫情优惠政策，对8家符合条件的成员单位实行利息减免30万元。

【服务实体】2020年，公司协助集团加强与商业银行“总对总”融资谈判，提高议价能力，助力成员单位累计提取各类银行贷款197.29亿元；协助集团开展直接融资230亿元，其中，超短融150亿元，中票80亿元；协助集团完成商业贷款LPR定价转换，转换后存量商业贷款利率下降31个基点，每年可为集团节约财务费用约1.32亿元；协助成员单位向某银行提取疫情专项贷款2500万元、疫情稳投资应急流动资金贷款3.8亿元。积极参与集团财务共享服务中心建设，加强财资协同，累计实现上线单位275家，使用人数超过2.6万人，集团财务规范化、标准化和专业化程度持续提高。

【资金业务】2020年，公司加强富余资金运作，提高资金收益水平，全年累计开展同业协议存款业务25笔，日均存量规模38.33亿元；累计购买同业存单4笔，日均存量规模5.13亿元；累计开展银行间市场债券质押式逆回购业务20笔，日均存量规模3.48亿元，实现了资金流动性、安全性和收益性的有效统一。

【票据业务】公司为成员单位提供承兑、贴现等票据业务，降低成员单位综合融资成本。2020年，公司累计开展电子商业汇票承兑业务38笔，累计金额12.44亿元。累计开展电子商业汇票贴现业务23笔，累计金额11.19亿元，其中，“一头在外”票据贴现（延伸产业链金融业务）19笔，累计金额10.06亿元；电子商业汇票转贴现业务3笔，累计金额3.50亿元。

【业务创新】2020年，公司协助成员单位完成集团首笔外币竞争性存放，1个月定期存款利率较谈判前高145个基点；首次协助成员单位累计结售汇2580万美元，汇兑收益41万元；

开发上线财银直连转付、职工薪酬发放等新功能，进一步满足成员单位多样化支付需求。

【风险管理和内部控制】公司不断完善“三会一层”治理架构，加强全面风险管理和内部控制。2020 年，公司召开股东会、董事会、监事会会议各 3 次，顺利完成董事会、监事会、高管以及各类专门委员会成员调整，累计审议各类议案 35 项。公司各类合同实现法律审查全覆盖，无违法违规案件发生，安全生产零事故，流动性比率保持在合理区间，不良贷款率为零，各项经营指标持续符合监管部门要求。

【人力资源管理】2020 年，公司加强员工考核机制改革，引入关键业绩指标（KPI）、关键重点任务（GS）、关键行为指标（KBI）、综合类指标、约束类指标、控制类指标六大类指标，代替以往简单笼统的 360°打分法，对各级员工进行绩效考核。加强青年人才培养，实施“金才计划”，29 名青年职工通过竞争遴选进入人才库。

【信息化建设】2020 年，公司持续加强信息科技赋能，提升管理运营效率。2020 年 12 月 24 日，公司核心业务系统升级项目、信息科技风险监测平台开发项目顺利完成验收，进一步提升了用户体验和运营效率，为各项业务创新发展和风险防控需求提供技术支撑。加强知识产权保护意识，申请获得国家计算机软件著作权 3 项。

【企业文化建设】2020 年，公司深入实施企业文化建设，凝聚企业文化正能量。深入开展“党员思想武装年”工作，进一步推进“不忘初心、牢记使命”主题教育常态化；首次实施 7S 管理活动，公司规范运行程度提升；向浙江省慈善联合总会捐资 200 万元，用于抗击新冠肺炎疫情；积极参与东西部扶贫协作，助力打赢脱贫攻坚战，年内向四川仪陇县石骡村捐资 60 万元（累计捐资 120 万元）。

振华集团财务有限责任公司

【集团概况】中国振华电子集团有限公司（以下简称“集团”）是由始建于 20 世纪 60 年代中期国家“三线”建设的军工电子基地——083 基地不断发展而来的。集团是 55 家首批国家试点大型企业集团之一，计划在国家单列，拥有国家级技术中心、博士后工作站和国家 863 成果转化基地。50 年来，集团为国家重点工程和国防建设作出了重要贡献：参加集成电路、“331 工程”等大会战，先后为“东方红一号”、“两弹一星”、探月工程、东风系列等绝大多数重点工程提供保障，填补了 7 项国内技术空白，创造了 8 项全国第一。2020 年，实现营业收入 60.16 亿元，利润 6.9 亿元，总资产 170.79 亿元。

【经营概况】2020 年，振华集团财务有限责任公司（以下简称“公司”）扎实推进各项经营管理工作，基本完成了各项经营目标。2020 年，公司实现营业收入 4992.17 万元，较上年增加 378.48 万元，增幅为 8.11%；实现利润总额 2107.6 万元，较上年减少 102.61 万元，降幅为 4.64%；2020 年实现所得税 537.18 万元，较上年减少 31.26 万元，降幅为 5.50%；实现增值税和税金及附加 189 万元，较上年增加 53 万元，增幅为 38.97%。

【信贷业务】2020 年，公司累计发放贷款 46 笔，发生额 62920 万元，贷款余额为 63662 万元；累计办理承兑汇票贴现 361 笔，发生额 58799.95 万元，其中，办理银行承兑贴现 264 笔，金额 56875.17 万元，电子商业承兑汇票贴现 309 笔，金额 24734.75 万元，贴现余额 39324.39 万元；2020 年办理委托贷款业务 58 笔，发生额 10.71 亿元，委托贷款余额 15.70

亿元。期末各项贷款余额为25.66亿元（含委托贷款），较上年增加29517.17万元，增幅为13%。

【票据业务】 2020年集团成员企业在公司质押银行承兑汇票2笔，金额200万元；公司为成员企业票据池质押及保证金担保开具银行承兑汇票18笔，金额580.44万元；2020年5月，开展与人民银行贵阳中心支行再贴现业务，2020年累计发生31009万元。

【资金集中】 2020年末，公司吸收存款余额14.21亿元，较上年减少53559万元，降幅为27.37%。2020年12月31日，公司全口径资金集中度为84.03%。2020年累计办理结算52715笔，累计结算金额398亿元。

【业务创新】 2020年5月，公司对拟开展的再贴现业务相关制度及流程进行审核，并将《再贴现业务实施细则》提请法审，并出具了法律意见书。截至2020年末，开展再贴现业务31009万元。

【风险管理和内部控制】 2020年，公司董事会下设的风险管理委员会召开会议6次，对公司治理、内部控制、风险管理等工作进行了安排部署。2020年，总经理分别与员工签订案防安保责任书17份，明确落实案件防控、安全保卫主体责任，切实防范“贪污、挪用、诈骗、盗窃、赌博、涉毒”等案件以及重大违规违纪事件发生，防范治安、灾害等安全责任事故发生，促进公司稳健发展。

2020年，针对CEC及中国振华HW行动工作要求，对公司所有电脑进行安全检查，组织全体员工进行信息安全专题教育，在财务公司资金平台针对成员企业发布密码安全提示公告，购置相应安全设备软硬件。HW行动期间共封禁IP地址1万余个，各类攻击均成功阻断，HW行动期间无被攻破受限主机及其他硬件。目前安全设备均正常运行，在日常工作中，入口流量监测作为常态化工作开展，以此确保信息网络安全。2020年共新增制度11个，修订制度19个，并经法审出具法律意见书，进一步完善公司内控体系，确保公司合规经营。

【人力资源管理】 2020年，公司加强员工培训，鼓励员工参加学历、职称及资格考试等各种有助于提高自身素质的学习考试。职工参加的业务培训涉及基础业务、税务政策、税收新规、法律合规、内控制度、风险管理、反洗钱工作、人事管理等。2020年完成培训人员409人次，共计2754学时。

正泰集团财务有限公司

【集团概况】 正泰集团（以下简称“集团”）始创于1984年，是全球知名的智慧能源解决方案提供商。集团以“一云两网”为发展战略，积极布局智能电气、绿色能源、工控与自动化、智能家居以及孵化器等“4+1”产业板块，形成了集“发电、储电、输电、变电、配电、售电、用电”为一体的全产业链优势，业务遍及140多个国家和地区，全球员工超3万名，连续18年上榜中国企业500强。

【经营概况】 2020年，面对新冠肺炎疫情，正泰集团财务有限公司（以下简称“公司”）秉承“立足集团、服务集团”的经营理念，紧密围绕集团需求，在抓好疫情防控工作的同时，坚决履行集团资金集中管理与金融服务职能，圆满完成全年各项目标任务。截至2020年末，公司总资产55.59亿元，净资产11.03亿元，存款余额44.31亿元，贷款余额25.16亿元，服务成员单位479家。

【服务实体】 公司推出“联系人制度”，对成员单位推行“一对一”专属客户服务，快速响应成员单位科学合理的融资需求。公司发挥金融服务平台优势，通过贷款、贴现业务，为成员单位及时补充流动资金；通过减免手续费，降低贷款利率，助力成员单位降低财务成本。2020 年 4 月成功代理集团发行 3 年期中票 3 亿元，创下当期全国同品种、同期限、同评级的民营企业票息最低。

【信贷业务】2020 年，公司向 42 户客户办理评级授信，同比增长 20%，其中 10 户为新增，共向 17 家成员单位发放贷款 55 笔，累计发放贷款金额 39.84 亿元，2020 年末贷款余额 25.16 亿元，同比增长 32.42%，贷款投放基本覆盖集团主要产业。

【资金业务】2020 年，公司通过加强资金管控，科学控制资金头寸，在满足成员单位资金需求的同时，通过存放同业业务、同业拆借业务，合理安排不同期限的现金流，有效防范资金流动性风险，优化资产结构，提高资金融通能力和资金效益。

【票据业务】2020 年，公司实现与上海票据交易所全直连，从开票到贴现可通过财务公司系统线上办理。同时，公司积极拓展票据业务，满足企业多元化金融服务需求，全年为成员单位开立电票 115 笔，累计金额 3.85 亿元。

【外汇业务】2020 年，公司成功办理首个外币账户开立，吸收首笔外币存款，2020 年末共归集境内外外币资金折合人民币 1.97 亿元，进一步提升资金集中度。

【资金集中】2020 年，公司强化人民币资金集中，开展外币资金归集业务，年末归集金额 44.42 亿元，全口径资金集中度为 56.23%。

【业务创新】2020 年，公司通过全国银行间同业拆借中心交易系统分别成功办理人民币同业拆出和拆入业务，丰富了公司投融资渠道。公司通过跨境资金池开展首笔吸收境外成员单位本外币存款业务，服务从境内扩展到境外。

【风险管理和内部控制】公司始终坚持“业务发展、制度先行”的管理理念，2020 年制（修）订《风险防范控制管理》等 39 项制度；组织开展廉洁从业宣誓活动，扎实推进“清廉正泰”建设；推动数据治理和监管统计工作，成立数据治理工作小组，发布《数据治理管理》制度，规范数据全流程管理。公司各项管控措施有效，各项监管指标合规。

【人力资源管理】2020 年，公司多渠道引进专业人才，不断推进人才梯队建设、优化人才结构；发布《绩效管理》，体现绩效管理的牵引和导向作用；发布《金融专业序列任职资格管理》，健全完善业务类员工职业发展通道，促进员工发展；创新性推出“财司微讲堂”系列专业课程和中国财务公司协会线上培训课程，以内外结合的形式促进人员培养，全年开展培训 47 期，参训人员 801 人次，共计 198 课时。

【信息化建设】2020 年，公司强化信息科技风险防控能力，提升数据安全保障能力。公司完成上海、杭州两大产业板块集团账户管理模块的上线应用，实现对 310 余家成员单位 1200 多个账户的可视化管理；同时完成与集团财务共享平台对接，实现集团费用管控与资金支付全流程线上处理。

【企业文化建设】公司重视以人为本的企业文化建设，规划并实施《关于 2020 年财务公司企业文化提升方案》，策划并开展《廉洁从业宣誓》《追寻红色足迹，传承革命精神》等系列活动，建设性地推出“乐跑团”“员工集体生日会”等项目，营造“开心工作、快乐生活”的工作氛围。

2020 年，公司党支部认真贯彻集团党委指示精神，坚持以党的十九大、十九届四中全会精神、十九届五中全会精神和习近平总书记系列重要讲话精神为指引，上下统一思想，紧紧围绕公司发展，以开展党员先进性教育为载体，全面加强和创新党建各项工作，发挥党员先锋模范作用，团结带领全体员工齐心协力，积极进取，突出了党组织的凝聚力、创造力和战斗力，为确保公司战胜疫情和复工复产两场战役提供了坚强有力的政治保证。

Z

郑州宇通集团财务有限公司

【集团概况】 郑州宇通集团有限公司（以下简称“集团”）是以客车为核心业务，卡车、环卫装备及工程机械为主业的企业集团，总部位于河南省郑州市。2020 年，集团继续保持良好的发展势头，核心成员企业郑州宇通客车股份有限公司是全球规模最大的新能源客车企业。截至 2020 年 12 月末，集团累计出口客车超 7 万辆，累计销售新能源客车 14 万辆，大中型客车连续多年畅销全球。

【经营概况】 2020 年，郑州宇通集团财务有限公司（以下简称“公司”）各项业务均保持稳健的发展势头。截至 2020 年 12 月末，公司资产规模 49.71 亿元，贷款余额 38.29 亿元，实现营业收入 2.18 亿元，净利润 1.86 亿元，净资产收益率为 14.52%。公司各项监管指标符合监管要求，整体风险水平低，资产质量优。

【服务实体】 2020 年，公司通过降低贷款中间环节成本、推广商业承兑汇票、保函等举措，切实降低实体企业财务成本，提高对集团主业的支持力度，累计为成员单位办理循环贷款 45.04 亿元，开具质量保函、履约保函等共计 58 笔，金额 1.49 亿元，大幅减少了成员单位资金占用。

【信贷业务】 公司建立成员单位定期走访机制，深入了解并满足各单位信贷业务需求，促进集团主业健康发展。2020 年，公司累计发放自营贷款 35 笔，贷款金额 50.36 亿元，累计发放委托贷款 4 笔，贷款金额 0.29 亿元。

【产业链金融】 公司协助成员单位优化付款方式、降低采购成本，并盘活上游供应商的应收账款，积极为上游中小微供应商办理延伸产业链金融业务，以较低成本满足其资金需求。2020 年，公司累计为 176 家客户办理延伸产业链金融业务 1432 笔，金额 13.14 亿元，其中，中小微客户 151 家，占比达 85.79%。

【票据业务】 公司持续提高集团整体资金周转效率，为持有成员单位签发商业承兑汇票的供应商办理贴现，并适当降低贴现利率，有效推广了商业承兑汇票，低成本、持续地解决了供应商资金需求。2020 年，公司累计为成员单位供应商办理贴现 1312 笔，贴现金额 10.96 亿元。

【资金集中】 2020 年，公司通过信息化和科学化管理体系的构建，持续完善资金头寸精细化管理，优化资金日计划的编制、监督及评价机制，保持合理的资金头寸。公司配套搭建了集团统一的资金管理信息化平台，实现账户和资金的统一管理，进一步提高资金结算效率和资金集中度。此外，公司自主开发了资金大屏、账户大屏等系统，实时显示成员单位账户、资金及其余额变动，实现对成员单位账户、资金的信息化、可视化、实时化管理。

【风险管理和内部控制】 2020 年，公司不断完善风险管理体系建设，强化内控制度落地执行。建立 10 大类业务活动的内控标准，识别出潜在风险点，实现分层分类管理。开展风险排查、“举一反三”等工作，识别潜在风险点并整改纠偏，不断完善业务流程及管理机制。通过开展各类审计稽核项目、加强内部考核与问责，使各部门风险合规意识逐步增强。

【信息化建设】 2020 年公司上线新一代核心系统，以及网银、结算、内部信贷和数据仓库等系统，实现主要业务线上闭环管理。内部信贷系统实现自营贷款线上化管理，数据仓库系统初步实现 1104 报表等主要监管报表自动生成，实现自动计算及动态监控主要监管指标。

【企业文化建设】 公司坚持以德立企，秉持

"崇德、协同、鼎新"的企业核心价值观，坚持"以员工为中心"和"以客户为中心"的经营管理理念，以此为标准树正刹歪，营造风清气正的氛围。公司专设合规岗持续开展合规专项培训，并将干部晋升、专业评定、业绩激励等与合规挂钩，强调以合规为先，不断强化员工的合规意识。同时，倡导专业担当，鼓励人人作为，帮助人人成长，共同增光添彩。

中车财务有限公司

【集团概况】中国中车集团有限公司（以下简称"集团"）是世界轨道交通装备龙头企业，拥有全球最大的电力机车、高速动车组、大功率内燃机车、铁路客车、铁路货车、城轨地铁车辆研发制造基地。公司历史悠久，最早的企业成立于1881年。"十三五"期间，公司在经营品质、改革成效、科技能力、产业布局、品牌价值、党建成果六个领域实现全面跃升。在"最受赞赏的中国公司"榜单中连续位列前茅。列世界企业500强第361位，品牌价值超千亿元。

【经营概况】2020年，中车财务有限公司（以下简称"公司"）努力化解疫情带来的冲击，出台多项举措强化金融对集团成员企业的业务支持，进一步突出了服务、经营的发展理念，充分发挥专业化金融服务、集团化金融管理和产业链化金融支持功能，实现向"一个中心、四个平台"司库职能的关键转变。2020年实现净利润2.55亿元；2020年末公司资产总额362亿元。

【服务实体】2020年疫情期间，公司积极行动，发布《关于抗疫期间中车财务有限公司开展金融服务的通知》，推出"战役贷"产品，提供总额50亿元的优惠利率贷款，简化流程、特事特办，满足紧急业务需求办理，给予企业延期付息政策。以精准金融服务全力支持成员企业和供应链民营中小微企业共渡难关。

【信贷业务】2020年，公司深挖传统信贷业务优势，确保核心收益。全年累计发放贷款及办理贴现1431亿元，2020年末自营信贷余额210.43亿元（其中，贷款余额159.77亿元，票据贴现余额50.66亿元），同比增加37.85亿元；全年信贷日均余额189.7亿元，同比增加37亿元；主动降低收益率70个基点，降幅达18%，最大限度地让利于成员企业。

【产业链金融】2020年，公司面对疫情迎难而上，全面开展产业链金融业务并取得开门红。与工商银行湖南省分行签署合作协议，开展贴现通业务合作，丰富同业获客渠道，年底前完成了首笔"一头在外"应收账款保理业务，全年新拓展供应商客户145户，累计办理产业链金融业务18.50亿元，实现供应链金融业务的双擎驱动。

【资金业务】2020年，公司充分运用集团关联交易限额，有效连通银行融资与同业两个市场，实现资金配置安全性、流动性、效益性"三性"平衡，备付率降低，配置率提升。2020年扣除拆入资金的净备付率为6.33%，同比降幅达41.87%，通过压缩备付增利2290万元。2020年，通过对集团总部发放自营贷款75亿元，置换集团外部银行贷款，在全年整体投放未降低的情况下，外部融资压缩22亿元，外部融资率降低13%，获取增量收益超过1亿元。2020年，公司日均拆入资金16.9亿元，同比增长32.42%。

【投资业务】2020年，公司开展多元化投资，在货币基金投资、同业存单、债券投资的基础上不断丰富货币投资品种，投资于可转让大额存单、欧元远期掉期产品。货币基金投放平均规模为28.83亿元，平均利率为3.4%，实

Z

现收益 7371 万元；同业存单平均规模 2.19 亿元，利率为 2.68%，收益 587 万元；债券投资业务日均规模为 2796 万元，利率为 3.99%，收益 112 万元，这些投资品种成为公司利润目标完成的有效支撑。

【票据业务】2020 年公司扎实推进票据池建设，累计办理票据承兑 63.4 亿元，同比增加 17 亿元；办理票据贴现 97.36 亿元，同比增加 39.76 亿元；办理票据转贴现 5 亿元，同比增加 9700 万元；办理票据再贴现 26.11 亿元，同比增加 15.49 亿元，票据业务规模持续增长，盘活票据资产成为稳定的低成本融资渠道。

【外汇业务】2020 年，公司开展外汇拆入业务，以低成本融入外汇资金。扎实推进外汇资金归集体系建设。利用跨境资金池通道支持成员企业跨境资金调剂。全年办理结汇业务 48 亿元，同比增加 24 亿元，增幅为 100%。截至 2020 年末有 98 家境内外子企业加入跨境资金池，境内成员单位累计向境外子公司办理通道业务 1.04 亿美元，累计办理跨境资金池集中付汇业务 53 笔。

【资金集中】2020 年，公司新增成员企业直连账户 138 户，人民币年日均吸收存款规模 202 亿元（含同业），较上年同期 175 亿元增长 27 亿元，同比增长 15.43%；人民币吸收存款余额 303.92 亿元，2020 年 12 月末全口径归集度为 60.81%。公司实现 ECDS 线上清算功能，完成多项财企直连服务对接，实现代理收款业务快速增长。全年累计代理收款 13549 笔，合计金额 1700 亿元，较上年分别增长 596%、700%。2020 年，公司扩展大额资金监控功能，协助集团进行风险管控，实现成员企业对黑名单客户支付的预警提醒。

【业务创新】2020 年，公司在融资顾问、债券发行顾问等中间业务拓展方面不断进行新尝试，深度参与总部金融项目，参与集团债券发行和资金引入工作，创新尝试全市场首单四大审计应收出表 ABCP 项目，探讨论证并表 ABN 业务和虚拟现金池业务，充分体现公司“司库”基本定位。

【风险管理和内部控制】2020 年，公司持续构建“一个基础、三道防线”的风险管理框架，落实防范化解重大风险措施，加强操作风险及舆情风险管控。全面完成内控体系更新和各层次培训。扎实做好日常风险监测、监控工作，无未达标风险监管指标，实现了“双零”目标（零不良资产、零不良贷款），各项贷款迁徙率指标均为零。

【人力资源管理】2020 年，公司完善人才发展通道，队伍建设持续深化。实施公司组织架构调整，由原 11 个部门调整为 9 个部门，启动中层干部竞争上岗工作，激发团队活力；开展专业技能系列 L5、L6 等级评聘工作，建设专家人才队伍，拓宽人才成长通道。

【信息化建设】2020 年，公司不断提升信息化系统保障水平。有序推进年度重点信息科技项目建设，取得上海票交所交易直连验收批复并成功上线，完成 4 家财企直连项目建设，优化改造核心业务系统功能。开展金融科技战略规划咨询，提出金融科技资源建设方案和实施推进路径。2020 年，公司搭建金融监管统计数据信息化管理平台（金电系统），实现了金融监管口径下的金融数据提取的标准化、自动化。

【企业文化建设】2020 年，公司通过微信公众号、“金管家”APP 等平台积极宣传抗疫政策和抗疫动向，复工复产后，党政工团积极开展劳动竞赛、节日慰问和丰富多彩的线上活动，聚人心、促发展。公司党委和领导班子多方寻求资源，进行调查研究，分批分次帮助解决了职工关心的公租房申请与补贴、法定节假日加班补贴，高温等特殊天气外出公差用车、人才双通道评定等群众最关心、最直接、最现实的利益问题。2020 年，公司上缴扶贫款 49.39 万元。

2020 年，公司落实“三会一课”等基本制度；以“项目攻关”等工作形式突出财务公司特点，强化党性锻炼；编制下发《中车财务有限公司基层各党支部党建工作与生产经营深度融合实施项目清单》，并将党建工作、经营工作同步纳入考核体系，不断夯实公司党建基础。

中储粮集团财务有限公司

【集团概况】中国储备粮管理集团有限公司（以下简称“集团”）是经国务院批准组建的涉及国家安全和国民经济命脉的国有大型重要骨干企业。集团为国务院国资委100%控股，负责中央储备粮棉油的经营管理，同时接受国家委托执行粮油购销调存等调控任务，在国家宏观调控和监督管理下，自主经营、自负盈亏。截至2020年12月末，集团资产总额12760.52亿元，负债总额11679.49亿元，资产负债率为43.76%。2020年累计实现销售收入3052.08亿元，全年实现利润总额48.42亿元，净利润40.97亿元。

【经营概况】中储粮集团财务有限公司（以下简称“公司”）2020年12月14日获颁金融许可证，并于2020年12月15日取得营业执照，公司注册资本金35亿元人民币。集团为公司的单一股东，公司设董事会、监事会、经营管理层，实行董事会领导下的总经理负责制，按照有关规定成立党组织。董事会下设风险管理委员会、薪酬与考核委员会、审计委员会和提名委员会。经营管理层设总经理、副总经理、总经理助理及其他高级管理人员，经营管理层下设信贷审查委员会。公司设立办公室、计划财务部、信贷管理部、结算业务部、资金管理部、法务与风险管理部、信息管理部、审计稽核部、党群人事部、纪检监察部十个部门。截至2020年12月末，公司正式职工39人，所属集团有成员单位521家。

【资金业务】截至2020年12月31日，公司还未对成员单位开立财务公司结算账户，未对成员单位开展资金归集，也无集团外非成员单位在公司开户。公司购买银行保本理财产品30亿元。

【风险管理和内部控制】在制度方面，公司制定了涵盖运营管理的基本制度和具体规章114项，包括法人治理制度9项、综合管理制度8项、人事管理制度8项、党群管理制度4项、纪检监察制度2项、信息管理制度12项、计划财务制度12项、结算业务制度10项、信贷管理及中间业务制度17项、资金管理制度13项、风险管理制度15项、审计稽核制度4项，并建立定期复核、修订制度的机制，满足公司经营需要。

中船财务有限责任公司

【集团概况】中船财务有限责任公司（以下简称“公司”）母公司为中国船舶工业集团有限公司（以下简称“集团”），集团是我国船舶工业发展的国家队、主力军，坚持走自力更生、自主创新的发展道路，培育了超大型智能原油轮、液化天然气运输船、超大型集装箱船等集研发、制造、配套为一体的世界级海洋装备先进产业集群，不断向全球产业链和价值链高端延伸，引领我国由世界第一造船大国走向造船强国，为我国经济社会发展和全球海事业发展作出了重要贡献。2020年末，集团资产总额3389亿元，同比增长8.4%。2020年全年实现营业收入1096亿元，实现利润总额68亿元，同比增长42.1%。

Z

【经营概况】2020 年，公司坚持以习近平新时代中国特色社会主义思想为指导，坚守功能定位，克服宏观经济下行压力和新冠肺炎疫情持续冲击，迎难而上，主动作为，充分发挥党委“把方向、管大局、保落实”作用，以服务主业、让利主业、支持主业为根本出发点，全面推进整合融合，为集团实施资金集约管理和服务实体经济发挥了积极作用。2020 年 12 月末，公司资产总额 843.46 亿元，同比增长 8.5%；负债总额 768.99 亿元，同比增长 9.3%。2020 年，实现综合贡献 40.91 亿元，同比增长 5%，再创历史新高，各项指标符合监管要求。

【资金管理】公司完善账户管理系统，优化线上审批流程，实现了全级次成员单位账户、资金分布可视，提升了银行账户管理效能。建设集团资金管理平台，实现对大额资金、票据等资金支出、收入、流转的监控，逐步建立全面动态预警等监控体系，实现对资金风险进行事前、事中、事后全过程管控。

【信贷业务】扩大信贷投放规模，2020 年 1—12 月，公司平均贷款规模同比增长 50.6%。加大信贷优惠力度，公司贷款平均收益率同比降低 22%，为成员单位减少利息支出 2.2 亿元。持续降低集团有息负债，主动压降贷款资金成本，置换成员单位高成本外部贷款，充分发挥对集团内部资金的配置作用，全年为集团节省财务费用约 2.1 亿元。

【产业链金融】2020 年，公司“一头在外”贴现发生额同比增加 26 倍，有效服务造船产业链各类供应商合计 60 家，其中 59 家为中小型企业。2020 年，公司“一头在外”平均贴现融资成本较一年期 LPR 下浮近 20%，切实降低了产业链中小企业的融资成本。

【外汇业务】降低集团外汇风险敞口，引导并协助成员单位在较高价位锁定远期汇率，抓住 2020 年市场结汇有利时机，有力保障了全集团汇率风险敞口锁定比例超过 70%，规避了 2020 年下半年以来人民币汇率大幅升值带来的损失。全年累计办理远期结汇业务同比增长 35%，平均锁汇价格为 7.1543，远高于订单成本。

【业务创新】落地首笔代开国内信用证，创新设立代开类信贷产品，协调合作银行在免收保证金且不占成员单位综合授信的情况下为成员单位开立信用证，代开类创新产品不仅为公司综合金融服务提供了新思路和新工具，而且拓宽了成员单位的融资渠道。

【风险合规】完善全面风险管理体系，建设事前、事中、事后和前台、中台、后台全覆盖多层级的全面风险管理体系。充分发挥“第三道防线”的监督作用，构建全方位、分层次的违规经营投资责任追究体系和经济责任审计体系，并将新业务及高风险业务作为审计重点，实现主营业务审计全覆盖。提升依法治企能力，建立定期学法机制，在把法治学习纳入党委年度学习计划的同时，将法治教育纳入各级领导干部年度学习培训必修课程。健全法律审查机制，以制度形式确立了合同全面法律审核制度，2020 年，公司规章制度、重要决策、经济合同“三大事项”法律审核率均达 100%。

【公司治理】把党组织建设内嵌至公司治理体系中，充分发挥党组织的领导作用，优化“三会一层”决策机制和制度体系，制定党委会、股东会、董事会、总经理办公会决策事项清单，确保董事会决策流程科学有效、监事会监督机制执行严格、管理层专业化管理能力有效增强。完善“三会一层”信息沟通机制，严格执行信息报告制度，及时为董事、监事充分履行职责提供支持，强化董事、监事履职评价体系建设，发挥各专门委员会的作用，为公司“三会一层”高效运转提供有力支撑。

【企业文化建设】构建企业核心价值观，在公司开展企业核心价值观大讨论、凝聚共识，形成“舰船报国、诚信合规、创新有为、共同成长”的企业文化核心价值观。建设多层次文化体系，推进建立涵盖制度层、行为层、社会层的多层次企业文化体系，将企业文化核心价值观与公司经营管理深度融合，充分发挥企业文化的导向作用。

落实全面从严治党主体责任，强化党委决策把关，坚持把党的领导贯穿公司高质量发展的全过程，制定党委筹备领导小组议事清单，研究讨论“三重一大”事项200余项，确保前置程序有效落实。强化党建与中心工作融合，强化党建引领，努力破解中心工作中的短板和瓶颈，把党的政治优势、组织优势转化为发展优势。集聚众智谋发展，通过召开专题研讨会、支部会、联系点座谈会等形式凝聚共识、群策群力谋划公司“十四五”蓝图，全面调动员工开展大学习、大研讨，高质量完成“十四五”规划编制。

中船重工财务有限责任公司

【集团概况】中国船舶重工集团有限公司成立于1999年7月1日，是由原中国船舶工业总公司部分企事业单位重组成立的特大型国有企业，是国家授权投资机构和资产经营主体，主要从事海洋装备产业、动力与机电装备产业、战略新兴产业和生产性现代服务业的研发生产。2019年10月14日，根据党中央决策、经国务院批准，中国船舶工业集团有限公司与中国船舶重工集团有限公司联合重组成立中国船舶集团有限公司（以下简称“集团”），拥有科研院所、企业单位和上市公司113家，资产总额8400亿元，员工34.7万人。

【经营概况】2020年，中船重工财务有限责任公司（以下简称“公司”）紧紧围绕集团战略规划和建设一流财务公司的总体目标，不断加强业务创新、优化资源配置、降低资金成本、提高资金效率，为集团成员单位提供结算、存款、贷款、承兑、贴现、担保等多样化的金融服务，最大限度地满足集团成员单位的资金需求。

【信贷业务】公司持续提升服务集团战略、助力成员单位发展的能力，切实降低集团成员单位融资成本。截至2020年末，公司信贷规模530.27亿元，同比增长27%；全年为集团成员单位开具电子银行承兑汇票184.24亿元。公司通过及时、精准、高效的信贷服务，多措并举精准施策，助力成员单位复工复产，增加信贷投放，运用降低融资利率、减免手续费、提供专项优惠贷款等组合措施，全年累计为集团节省财务费用支出16.16亿元。

【产业链金融】公司凭借最优的投标总报价及投标利率成功中标派瑞特种气体公司管束式集装箱设备融资租赁项目，成功开启首笔融资租赁业务。该项目融资金额9950万元，可为该单位节省财务费用近500万元。

【资金业务】公司积极应对资金存量持续走低、资金市场利率低于预期的不利形势，以安全流动为前提加强精细化管理，采取多种手段灵活创新资金运作，确保满足集团和成员单位资金需求，努力实现资金收益最大化。日均存放同业规模达到316.7亿元，2020年全年利息收入11.34亿元。打通转贴现买卖渠道，完成转贴现交易21.65亿，存量票据盘活比例最高时达98.5%，在提高公司票据流转率和认可度的同时，灵活腾挪信贷空间。克服疫情困难完成远程见证开户，锁定第二、三季度最高活期利率，增利1500万元。

【投资业务】2020年，公司以金融服务平台的战略定位为导向，紧紧围绕集团公司高质量发展战略纲要的总体要求，严守信用资质，防控金融风险，密切跟踪市场，扎实做好投研，择机兑现收益，取得了较好的投资业绩，全年实现投资收益约6.5亿元。同时，公司充分发挥身处金融市场前沿的优势，在集团融资工具发行、受托投资等方面为集团及成员单位提供专业的金融服务，并且密切跟踪分析国内外宏微观经济形势、最新监管动态和市场利率等情况，出具多份信息简报，为集团军民融合、实现高质量发展提供了信息及研究支持。

【票据业务】公司持续提高票据服务质量，拓宽成员单位的结算和融资渠道，2020 年累计为成员单位办理票据承兑和票据贴现业务共计 209.76 亿元。积极拓展电子商票业务，进一步提升公司票据服务能力；2020 年 12 月，公司抓紧制定商票业务方案和操作规程，优化完善系统相关流程和功能，拟订准入客户名单，于 2020 年 12 月 28 日成功为重庆海装签发首批 3.36 亿元电子商业承兑汇票。

【资金集中】公司在保持业务零差错的基础上，紧紧围绕“资金归集、资金结算、资金监控”三个平台职责使命，持续发挥司库职能，健全集团资金管理体系。上线银行账户管理系统，协助集团账户管理；加强资金集中管理分析，做好银行账户授权；搭建集团资金监控平台，防范资金支付风险。2020 年末，公司吸收存款余额达到 1083.28 亿元，全口径资金集中度达 58.63%，资金结算金额 12840.86 亿元，结算量 42.94 万笔。

【业务创新】公司推出了“军工科研项目提前启动专项贷款”和“军工保障条件建设提前启动专项贷款”作为专项低息融资产品，期限灵活、提款效率高、价格优惠，为集团研究院所、总装及配套企业提前启动武器装备研制和军工保障条件建设提供低成本资金支持。

【风险管理和内部控制】公司秉承审慎稳健的经营理念，建立了机制健全、制度完善、措施有力、控制有效的内部控制与风险防控体系。2020 年，公司在原“两会一层”结构的基础上，将公司“法治与风控领导小组”调整为“法治建设委员会（合规委员会）”，同时增补子公司——中船保险经纪有限责任公司相关人员为成员，使公司风险管理组织架构体系趋于完善。为强化风险管控，公司结合集团规章制度出台和实际管理需要，积极推进制度体系建设，将 2020 年 11 月作为 2020 年度“制度修订月”，全年共制定、修订制度 68 项，及时推进制度的“立、改、废”。探索推进以风险管控为导向、以内部控制为手段、以合规管理为理念、以制度建设为基础的“四位一体”运营管理体系建设，2020 年顺利完成第一阶段项目建设工作，形成总体实施方案和两项试点成果。

公司以风险防范为导向扎实推进审计工作，实现审计监督主要业务全覆盖，日常稽核和专项审计工作齐头并进，加大监督检查，从管理类、业务类和项目类专项审计、下属子公司和日常常规类检查等方面积极推动内部审计监督全覆盖；全方位覆盖公司重要业务领域如投资、信贷、财务、结算等业务部门的稽核审计；积极开展公司工程造价审核、财务决算审计；夯实内控评价工作，优化内控评价内容；建立健全内部审计制度，完善审计监督体系；并大力协同推进公司审计业务整合融合，各项工作有序推进。全年以内外审相结合的方式共出具稽核审计报告 22 份，发现审计问题或差异 40 项、提出管理建议 30 条，积极发挥了审计作为公司“第三道防线”的重要功能。

【信息化建设】公司全面推进信息科技建设，积极寻找金融科技落地场景，不断利用金融科技提升公司业务办理效率，提升用户体验。2020 年 8 月公司新一代核心及网银系统正式上线，11 月上海票交所线上清算上线，全新业务系统的不断上线及优化为公司数字化转型打下坚实基础；利用 RPA 机器人实现信贷票据等贸易背景审核、发票验真等功能；数据治理方面，数据标准不断推进落地，完成 200 余数据项在核心系统等系统中落标，理清数据源流，为数据利用夯实基础；根据数据标准梳理完成的数据主题组织数据集市建设，初步完成数据仓库搭建，并在仓库之上为集团建设集团资金监控平台，基于历史数据提炼提示规则，对相关支付交易进行智能提示，实现对全集团资金监控和风险防控。

中广核财务有限责任公司

【集团概况】中国广核集团（以下简称“集团”）是国家特大型企业集团，业务覆盖核电、核燃料、新能源、金融服务、核技术、生物天然气、环保等，拥有5家上市公司。截至2020年末，集团资产总额约7885亿元，员工4.2万人，控股在运清洁电力装机超过6500万千瓦，继续保持国内第一、全球第三核电企业地位；营业收入1107亿元，同比增长0.8%；利润总额220.6亿元，同比增长18.5%；主要经营业绩连续8年实现两位数增长，连续7年获得国务院国资委A级评价。

【经营概况】2020年，中广核财务有限责任公司（以下简称“公司”）实现营业收入10.67亿元，利润总额7.52亿元，净利润5.59亿元，净资产收益率为12.08%；截至2020年末，公司实现经济增加值（EVA）2.81亿元，公司资产总额383.11亿元。

【信贷业务】2020年，公司紧跟国家信贷政策，发挥集团资金一体化管理运作优势，圆满完成集团境内外核电、新能源等重大项目融资工作，及时有效保障项目用款需求和资金安全，集团整体融资成本得到有效控制。疫情期间，公司全力协助集团内抗疫企业及受疫情影响较大的成员企业寻求资金支持，同时积极与国家相关部委及各合作金融机构总部对接落实扶持事项，为防疫物资辐照消杀业务及供电民生业务提供了有效资金保障。

【资金业务】2020年，公司持续完善资金集中管理体系，不断优化资产负债动态统筹管理模式，有效提升资金运作水平，资金利用效率明显提高。在疫情初期疫情较为严重的阶段，公司勇做资金战线的“逆行者”，积极协调银行搭建绿色渠道，保障集团对鄂援助捐赠、集团成员单位防疫物资采购等应急款项在第一时间结算；为支持成员公司复工复产，公司在合法合规的前提下简化业务流程，主动延长营业时间，为阻击新冠肺炎疫情、支持复工复产作出了应有的贡献。

【投融资业务】2020年，公司积极应对市场震荡，深入开展市场研究，做好前瞻研判，实现了良好投资收益。直接融资方面，公司助力集团成功发行5笔合计110亿元次级永续产品，其中2020年第一期次级永续中票实现全市场永续类历史最低利率，为集团实现负债率管控目标提供了重要支持。

【票据业务】2020年，公司以集团内部票据结算量较大的核电板块为业务重点，通过票据交易处理平台提供电子商业汇票服务，全年累计开展票据承兑业务金额约26.22亿元。公司不断加强与各商业银行的票据业务合作，进一步扩大票据贴现及转贴现业务范围，实现产业链金融业务闭环，更好地整合产业链资源，带动产业链健康发展。

【外汇业务】2020年，在集团境外资产规模大幅增加的情况下，公司成功将集团汇兑损益稳定控制在集团利润总额约1%的较低水平，显著降低支付现金流和会计报表双重波动，为集团走出去提供有力保障。

【资金集中】2020年，公司充分发挥集团资金管理平台职能，不断深化资金集中体系建设，并创新海外资金集中管理模式，在银行账户、资金归集、资金计划管理方面取得实效，推动集团境内外资金集中管理迈上新台阶。集团超过2900个账户实现在线监控，集团整体账户直连监控率达84%，持续保持较高管理水平，集团全口径资金集中度达87.41%，创历年新高。

【风险管理和内部控制】2020年，公司全面风险管理体系有效运行，合规风险有效监控，未发生重大风险事件，未发现重大风险控制缺陷。一是夯实制度体系基础，开展内控管理自评，强化应急处置能力。二是保障合规内控机制稳健运行，开展合规政策解读、培训以及相关制度程序审查和合规内控检查、整改。三是开展重大风险专项管理，持续动态监控、预警和整改。

【人力资源管理】 2020年，公司大力推动人力资源精细化管理，不断优化人才发展机制。一是深入开展政策研究，推动优化公司工资总额核算机制，进一步完善激励政策。二是积极落实集团改革人才发展机制要求，持续开展年轻干部培养选拔，年内在集团范围内组织管理干部竞聘，进一步实现了干部年轻化，激发队伍活力。三是严格技术岗位聘任管理与任期管理，建立能上能下机制，积极传导竞争压力，有效发挥岗位价值。

【信息化建设】 2020年，公司克服疫情影响，实现核心业务系统如期上线。新系统大幅提升业务与账务处理能力，前瞻性满足未来业务场景，嵌套预警、拦截和提醒等多重风控手段，促进信息化水平持续提升。同时，公司积极探索RPA智能机器人技术，有效解决银企对账、监管报表等业务痛点，高效提升业务效能。此外，公司持续改进完善集团资金管理系统，进一步促进集团资金管理系统、统一数据中心、可视化平台联动，提升系统友好性和稳定性。

【企业文化建设】 2020年，公司牢记“创造绿色金融价值，助推清洁能源发展”的使命，着重从基础构建、精神理念、行为规范、形象传导、文化战略等层面开展相关企业文化推进工作，通过一系列企业文化建设专项活动的开展，切实起到“凝聚企业精神，打造过硬队伍，树立公司形象，提升品牌价值”的目的，企业文化与品牌建设工作进一步加强。

2020年，公司党支部以政治建设为统领，严格履行党建责任，全面加强党的政治、思想、组织和纪律建设。党支部紧密围绕中心工作，发挥党员带头作用攻坚克难，圆满完成“十四五”规划课题研究和“年度监管最优评级”两个党员攻坚项目。此外，党支部贯彻落实意识形态工作要求，营造风清气正的工作环境，通过持续加强纪律教育，开展自查自纠，增强了全体党员群众对党风廉政建设和反腐败工作的认识，进一步筑牢了反腐倡廉的道德防线。

中国大唐集团财务有限公司

【集团概况】 中国大唐集团有限公司（以下简称“集团”）成立于2002年12月29日，是中央直接管理的国有特大型能源企业，注册资本370亿元。主要业务覆盖电力、煤炭、金融、海外、煤化工、能源服务六大板块。所属企业包括5家上市公司、43家区域公司和专业公司，员工总数9.5万人。截至2020年末，资产总额7995亿元，装机规模15860万千瓦，其中，清洁能源占38.20%；超低排放机组占煤电机组的98.80%，达到行业先进水平。

【经营概况】 2020年，中国大唐集团财务有限公司（以下简称“公司”）坚持“依靠集团、服务集团、创造价值、防控风险”的经营发展理念，积极开展提质增效和对标一流管理提升工作，全年实现营业总收入16.11亿元，利润总额11.08亿元，净利润8.66亿元，2020年末资产总额511.57亿元，净资产84.48亿元，净资产收益率为10.58%。

【服务实体】 公司坚持金融服务实体经济，服务抗疫保电、提质增效。2020年为40个新能源项目新增授信70亿元，投放36亿元。贷款利率较上年同比下降0.27个百分点，为成员单位节约财务费用8545万元。下调委贷、承兑及保函手续费率。2020年2—6月，为60家成员单位抗疫保电新增授信150亿元，投放各项贷款203笔，贴现158笔，信贷投放总金额251亿元。全年开展票据贴现、承兑、转贴、再贴、保函1712笔、金额66.88亿元，为成员单位降低融资成本3000余万元。

【信贷业务】服务集团战略和新能源产业布局，深入挖掘金融需求，为各成员单位提供高效优质的信贷融资业务。2020年，公司召开贷审会20次，审批123个项目，累计授信金额338.93亿元，全年发放贷款757.80亿元，日均贷款316.48亿元，较上年增长57亿元，存贷比为91.08%。

【产业链金融】继续推进“一头在外”票据贴现等延伸产业链金融业务，支持集团上游中小企业融资，全年为3家上游企业办理票据贴现融资2228.61万元。

【资金业务】积极加强同业沟通合作，不断提高资金运用效率和效益。全年新增同业授信168亿元，开展逆回购业务309亿元，购买货币基金2.7亿元。

【投资业务】稳中求进，压降规模，回归主业，提升资产整体收益水平。有价证券投资日均规模17.80亿元，同比下降5.78亿元，年末投资余额14.38亿元，同比下降7.32亿元；新增债券型基金品种，建立债券型基金筛选模型和基金池，平均持有收益率达5.73%。

【票据业务】积极服务成员单位，办理票据承兑14.67亿元，贴现36.82亿元，转贴现8.23亿元，再贴现6.74亿元，签发商票16.08亿元，票据业务总规模达82.54亿元。

【外汇业务】落实各项外汇管理政策，支持集团国际贸易开展，成功为自贸区内成员单位办理首笔售汇业务。密切关注市场，为成员单位提供最优惠的价格，保障成员单位利益。

【资金集中】2020年日均存款364.91亿元，2020年末存款余额369.76亿元，全口径资金集中度为88.61%，同比增加2.07个百分点，可归集资金集中度保持在99%以上。

【业务创新】在集团大力支持下，开展发债财务顾问服务，与13家成员单位签署协议，提供发债财务顾问56次，服务融资总额644亿元。

【风险管理和内部控制】坚持合同、制度两手抓，持续强化合规管理体系。2020年1月10日，上线使用集团法务系统，全年累计审查合同156份。印发制度48项，废止制度8项，合并制度12项，现行有效制度194项。首次编制并印发合规手册和专项指引，涉及金融业务领域法律法规213项、内部制度207项、合规风险库82个、案例13个、20个重点业务领域的合规管理要求。累计开展各项法治宣传培训764人次。强化日常指标监测，发出风险提示35份。

【人力资源管理】不断完善业绩考核与薪酬激励体系，修订绩效考核和职级管理办法，拟定对标考核方案，规范职工职级晋升通道，拓宽职业发展路径，不断优化激励约束机制。坚持工资分配向一线和骨干倾斜，职工干事创业的积极性持续提升。优化人才评价中心设置，规范职称评审工作，调整发布职工教育培训管理办法，围绕一流财务公司建设和履职能力提升有序开展内外部培训42次、培训370人次，职工队伍素质和业务能力持续提高。

【信息化建设】面对突发疫情，快速通过VPN部署远程办公系统，保障业务持续。完成银企平台全面升级，系统对公支付效率全面提升2~3倍，2020年办理结算52.48万笔，金额3万亿元。优化拓展对私支付业务，办理结算153.37万笔，金额55.73亿元。26家二级共享中心上线，支付能力提高到每日50万笔。积极探索数字化创新，开展推进RPA机器人项目，提升工作效率及提高业务操作准确度。搭建线上数字化项目平台，高效推进完成信息化建设项目24个。

【企业文化建设】开展“幸福大唐”建设，制定并实施年度推进计划，凝聚奋进力量。突出“职工创新工作室”，取得《绿色信贷在我国电力行业的应用》《财务公司财务转型研究与运用》等多项研究成果，充分发挥职工智慧和创新创效主体作用。开展“职工恳谈”，加强职工关爱，落实职工提案，改善办公环境，更换办公椅和办公电脑，为5名职工办理工作居住证。加强疫情防控，保障防疫物资供应。开展西山国家森林公园爱国主义教育、奥体森林公园廉洁从业主题党日活动以及参观服贸会展览等。立足金融领域讲好大唐故事、传播大唐品牌，累计获得各级各类集体和个人荣誉项15项。

中国电建集团财务有限责任公司

【集团概况】中国电建集团财务有限责任公司（以下简称“公司”）隶属于中国电力建设集团有限公司（以下简称“集团”），2020年集团列世界企业500强第157位，列中国企业500强第41位，在ENR全球工程设计公司150强中跃居至第1位，在全球工程承包商250强中排名上升至第5位。集团业务遍及全球130多个国家和地区，为世界各国、全球客户交付了一系列代表行业领先水平、令世人瞩目的精品工程。

【经营概况】截至2020年末，公司资产总额595.5亿元，实现营业收入14.47亿元、利润6.01亿元；吸收存款535亿元、全年日均存款436.4亿元、贷款余额320.3亿元、日均贷款319.3亿元，同比均实现较大增长。2020年累计让利成员企业超过5亿元，为集团创造综合贡献超过12亿元。公司全年33项成果、40余人次获得集团或行业表彰，创公司成立以来最高。不良贷款率和不良资产率持续保持为零。

【服务实体】2020年疫情期间，公司充分发挥金融平台功能，在贷款业务、资金结算、票据业务、保函业务等方面开辟绿色通道，给予集团成员企业最大支持，缓解了受疫情影响企业燃眉之急。公司持续提升金融价值创造能力，支持服务集团重点专项任务。2020年公司日均贷款规模同比增长13%，有效替换了集团外部带息负债，全年降低成员企业受限保证金超过17亿元，助力集团压降带息负债规模，为集团顺利完成国务院国资委下达的资产负债率降至75%的目标任务夯实了基础。

【信贷业务】2020年，公司发放自营贷款161笔，累计金额694.58亿元；2020年12月末余额320.34亿元，同比增长18.64%；全年日均余额319.26亿元，同比增长12.56%；贷款规模最高时点突破370亿元，资金使用效率大幅攀升。公司信贷客户经理服务机制成效显现，首次在公司开展保函、贷款、承兑等信贷业务客户增加33家，成员企业优先在公司办理业务的意愿不断增强。

【资金业务】2020年，公司构建资金运用测算模型，争取合作银行高息政策，提升同业资金收益，全年同业运作资金平均利率提升0.57%，创收近2800万元。2020年办理同业拆借609.5亿元，同比增长3.1倍，最低利率仅为1.2%，以最优价格拆入资金，提高了整体资金使用效率，综合创收7500万元。

【投资业务】2020年，公司开展首笔固定收益类有价证券投资，申购2000万元货币市场基金，实现了集团资金的安全性、流动性和收益性的有效均衡。

【票据业务】打造“电建票据”品牌，借助集团资源禀赋，推动建立集团票据业务生态圈。高度重视票据业务风险管理，执行发票原件签注、真伪核查等风险控制措施，核实票据承兑业务资金来源，确保票据到期兑付。公司承兑汇票的认可度逐步提高，规模稳步增长。2020年累计办理承兑汇票4276张，金额49.07

亿元，同比增长46.74%。承兑汇票未到期余额41.86亿元，同比增长124.93%。

【外汇业务】根据国家外汇管理局最新政策，完成新增合作银行的变更备案，成功实现多家境内外成员企业外汇业务落地，成功实现多笔境外放款业务落地，推动集团跨境资金集中运营管理业务向纵深发展。狠抓即期结售汇新业务资质申请，取得阶段性成果。

【资金集中】2020年，公司持续完善资金集中管理体系建设，有效收拢集团支付结算通道于公司。2020年末公司内部账户数量同比增长66.33%；银企直连账户数量同比增长116.44%。全年累计开展结算业务23.97万笔，金额4.35万亿元，分别是上年的1.4倍和1.8倍，公司向成为集团结算业务主通道的目标进一步迈进。以部分成员企业为试点，将资金集中度考核时点由月末变更为月中，提高存款低谷区间值和日均存款规模，着力熨平集团建筑行业资金波动大、"两头高、中间低"等资金归集问题。公司全年日均存款436.4亿元，同比增长8.23%。

【业务创新】2020年，公司开展首笔联合保理业务，综合成本为3.9%，解决成员企业资金快速回笼的实际诉求。开展首笔598.5万元的票据贴现业务，有效解决成员企业短期资金周转问题，构建"承兑为主、贴现为辅"的全新格局。开展首笔融资租赁业务，以较低资金成本为抓手，充分利用电建租赁公司固定资产管理能力和水平，发挥直租的融资费用增值税抵税效用，满足成员企业不同层次、不同形式的金融需求。

【风险管理和内部控制】2020年，公司树立"全员主动合规、合规创造价值"理念，认真落实监管意见，完成五大类问题整改。全年监测、分析、报告风险监管指标12次；系统研究分析公司风险运行情况，编写《风险管理报告》2份。实施风险审查意见限时审批制度，办理效率得到极大提升。认真把握成员企业真实财务状况和业务实际需求，优化完善"基于主营业务收入"和"自由现金流"的授信限额定量测算模型，风险计量基本实现了量化管理。建立流动性缺口压力测试模型，进行了3次9个时间点的流动性风险压力测试。组织完成案件风险排查、市场乱象整治"回头看"等专项检查十余次。

【人力资源管理】人才队伍不断壮大优化。2020年公司完成社会和应届毕业生招聘，补充投资、法律、结算等专业人才6名。公司现有研究生及以上学历28人，占比为48%；高级及以上职称23人，占比为40%；注册会计师5人，整体呈现学历高、年纪轻、专业性强的特点，逐步形成以财资人员为基础的，懂产业运营、熟金融业务的复合型专业人才队伍。人才考核激励机制不断完善。结合管理需要，修订完善公司《绩效考核管理办法》，对岗位绩效考核的内容、考核维度与评价方式进行优化完善，促进职工与公司绩效共同提升。人才培训方式不断创新。公司始终致力于打造学习型团队，通过全员大讲堂、主题实践活动和对标调研等形式，加强全员学习、全面学习，培育了良好的企业文化。

【信息化建设】2020年，公司正式上线运行智能化业务机器人二期系统，有效提升了公司业务处理能力，自动化程度达到历史最高水平。高度重视、加快推进核心业务系统升级换代工作，经过反复论证、需求调研，系统进入全面建设阶段。充分利用远程和移动办公、视频会议等信息化手段，保障疫情期间公司业务正常有序开展。强化网络与信息安全管理，开展网络安全隐患自查、风险评估及整改加固工作，多手段筑牢公司网络与信息安全，为公司信息化发展保驾护航。

【企业文化建设】公司党委认真践行新时代党的建设总要求和新时代党的组织路线，加快推动党建工作提质升级，全面推进党建与经营深度融合，为公司和谐稳定发展提供坚强保障。大力抓好思想建设，以集中学、线上学等多渠道多形式宣扬伟大抗疫精神，宣贯十九届五中全会精神，推动主旋律和正能量入脑入心。严肃有序完成"两委"换届选举和支委增补工作，为构建风清气正的发展环境奠定良好基础。深入贯彻《中国共产党国有企业基层组织工作条例（试行）》，启动党支部标准化建设三年行动方案，完成年度党支部验收工作。相继与建设银行、工商银行、中信银行开展党建共建暨廉洁风险联防联控建设，并首次将共建拓展至集团内部成员企业。举办公司成立5周年纪念活动，组织开展“电建金融骑划跑户外运动团建”活动、连续3年参与京善行者徒步走等活动，提升员工凝聚力和集体归属感。

中国电力财务有限公司

【集团概况】 2020年，国家电网有限公司（以下简称“集团”）以习近平新时代中国特色社会主义思想为指导，坚决落实党中央、国务院决策部署，克服困难、勇挑重担，助力疫情防控和复工复产取得重大战略成果，严格执行国家阶段性降电价政策，全年降低社会用能成本886亿元；促脱贫助小康成效显著，定点帮扶的“四县一区”和集团系统2029个帮扶点全部脱贫摘帽；积极服务污染防治，新能源利用率提升至97.1%，全年消纳新能源5872亿千瓦时，相当于减排二氧化碳4.5亿吨；持续优化电力营商环境，为小微企业客户节省投资超过200亿元，释放供应商保证金165亿元。集团连续16年获得国务院国资委业绩考核A级，连续8年获得三大评级机构国家主权级信用评级A+，连续5年获得中国500最具价值品牌第一名，连续10年专利申请量和累计拥有量位居央企第一。

【经营概况】 2020年，中国电力财务有限公司（以下简称“公司”）深入贯彻集团党组战略部署，坚持一手抓疫情防控，一手抓优质服务，积极应对集团电费收入下降等不利因素，主要经营指标屡创新高，利润总额68.6亿元，同比增长17%；着力稳定存款来源，实现存款日均余额2769亿元；贷款日均余额2181.88亿元，同比增加92.21亿元，增幅为4.41%；2020年末资产规模3549亿元，同比增长27%；客户服务满意率达100%。公司荣获集团年度业绩考核A+评级，第九次荣获“中国金融机构金牌榜·金龙奖——年度最佳财务公司”称号。公司领导班子荣获集团提质增效特殊贡献表彰。

【服务实体】 2020年，公司坚持把服务实体经济作为金融工作的出发点和落脚点，全力支撑集团“1233”新型资金管理体系深化建设，圆满完成新一代资金结算系统在集团总部、27家省公司及35家直属单位的推广应用，资金结算服务能力显著提升；强化资金安全管控，切实发挥16条资金支付事中监控规则作用，全年累计拦截预警指令4万余笔、金额4951亿元，有效保障集团资金安全；大力支持疫情地区联防联控，加大湖北等重点区域信贷投放力度，确保防疫资金需求；全力落实“六稳”“六保”要求，支持复工复产，加强“新基建”融资保障，全年累计投放“新基建”项目贷款176.92亿元，为实体经济稳健发展提供服务。

【信贷业务】 2020年，公司严格执行人民银行、银保监会的信贷监管要求，精准落实集团融资管理政策，高效满足集团成员单位融资需求，持续提升服务质效，大力提升运营效率，切实加强风险防控，积极服务电网重点工程建设，累计发放各类贷款2381.31亿元，最高时点余额2441.50亿元，创历史最高水平，全力支持电网建设等融资需求。

【产业链金融】 2020年，公司规范稳健开展产业链金融业务，以“一头在外”票据贴现为主要产品，稳妥推进延伸产业链金融业务，为电力产业链企业提供有力的融资支持，累计办理“一头在外”产业链金融业务71.53亿元，为产业链生态健康发展提供有力支撑。研发推出“票融通”“商票通”产品，累计办理业务规模26.8亿元，为客户提供票据融资新渠道。

【资金业务】2020年，公司加强资金精益化管理，同业拆借额度提升至280亿元，同业授信规模大幅提高，融入保障能力切实增强。优化资金交易策略，稳健开展同业运作，适时配置同业存单，在保障备付安全的前提下，取得了较好的资金运作收益。

【投资业务】2020年，公司坚持合规、低风险投资策略，主要通过混合型、债券型、货币型等公募基金开展投资业务，取得较好资金运作效益。未开展银行理财、信托产品、二级市场股票投资等业务，未出现风险事件。配合完成置信电气的重组工作。

【票据业务】2020年，公司加强票据业务运营管理，切实提升票据业务服务质效，累计办理承兑业务755.22亿元，同比增长54.16%；累计办理贴现业务77.07亿元；累计办理再贴现16.75亿元，同比增长3.88倍，其中，小微、民营企业再贴现6.39亿元，绿色再贴现0.44亿元，彰显了公司的社会责任感。开展“标准化票据”创新，扩大融资服务新路径。

【外汇业务】2020年，公司积极关注外汇政策，及时跟踪外汇市场变化，适时开展跨境资金通道及结售汇业务，依托跨境资金通道，引入人民币外债10亿元；成功办理首笔外汇通道境外放款业务，金额9000万美元。办理结售汇业务26笔，合计金额1306.70万美元。

【资金集中】2020年，公司进一步提升资产负债管理精益化，强化监管指标日常管理，加强资产负债规模、期限等多维度配置，提高资金集中运作效率，日均存贷比达78.79%。优化国家电网公司级集团账户体系，持续提高成员单位资金归集效率，有效协助集团进一步压降不可动用资金，2020年末，全口径资金集中度达89.03%。

【风险管理和内部控制】2020年，公司主动适应新形势，严格落实监管部门和集团公司安全风险管理工作要求。加强公司风险偏好、政策、策略等风险管理顶层架构建设，进一步完善风险管理体系，风险管理有效性持续提高。梳理和完善应急预案，形成管理条线更清晰、管理职责更明确、应急处置更高效的应急预案管理体系，公司应急管理能力有效提升。

【人力资源管理】2020年，公司倡导正确选人用人导向，建立年轻领导人员储备库，加大年轻干部选拔培养使用力度，加强干部交流锻炼，畅通人才引进渠道，引导员工提升专业技能，激励各级干部担当作为，人才队伍建设进一步加强。持续完善“目标自选、分档激励”的业绩考核方式，优化考核指标设置，推动提升公司业绩考核工作的科学性，使业绩考核能更好地促进公司经营管理工作；严格实施业绩考核方案，深化绩效考核结果应用，优化绩效工资分配，合理拉开薪酬差距。

【金融科技】2020年，公司大力推进金融科技创新，研究编制“十四五”数字化规划，加快数字化转型步伐；建成投运新一代电票系统，票据管理和服务能力大幅提升；成功上线公司级大数据平台，业务数据初步汇聚“一个池”；成功直连接入人民银行清算总中心全国综合业务服务平台，结算效率有效提升；圆满完成集团安全攻防演习及重大节日保障任务，公司信息系统连续7年保持安全运行“零事故”。

【企业文化建设】2020年，公司推动“基层党建巩固提升年”各项工作，开展党建工作综合督导，全面提升基层党组织建设水平。全面推进“党建+”工程，组织开展62个“党建+”工程项目，全面推动党的建设与中心工作深度融合，形成党委抓统筹、专业部门抓融合、基层党支部抓落实的良好工作格局。

2020年公司以成立20周年为契机，加强企业文化建设，制作公司20周年发展成绩展、宣传片、宣传册，以“我与电财共成长”为主题举办两期职工文化讲堂，组织“我的电财我的家”职工征文、书画、摄影作品征集活动。举办“筑梦扬帆·再谱华章”公司20年发展成果文化展示活动，展现公司精神风貌，提升文化软实力。优化宣传工作机制，深入挖掘先进典型，营造良好舆论环境，刊发新闻宣传报道数量创出新高，全方位、多角度、宽领域发出电财好声音，展示电财好形象。

【社会责任】认真落实国务院《保障农民工工资支付条例》，及时研发推出工程款支付保函，成功办理业务254万元；开立农民工工资代发专户31户，代发工资17.8万笔，金额9.7亿元，切实履行央企财务公司社会责任。

中国电信集团财务有限公司

【集团概况】中国电信集团有限公司（以下简称“集团”）是按照国家电信体制改革方案组建的特大型国有通信企业，为国务院国有资产监督管理委员会直接管理的中央企业。公司顺应信息通信业智能化发展趋势，着力推进网络智能化、业务生态化、运营智慧化，实施网络、业务、运营、管理四大智能化重构，致力于做领先的综合智能信息服务运营商。

【经营概况】2020年，中国电信集团财务有限公司（以下简称“公司”）坚持党建统领，统筹疫情防控和企业发展，加强整体工作的谋划和推进，顺利完成成立第二年的阶段性目标，实现突破性发展。截至2020年末，公司资产总额372.47亿元，同比增长112%；发放贷款余额246.67亿元，同比增长105%；吸收存款余额320.81亿元，同比增长156%。2020年，实现营业收入5.38亿元，同比增长140%；拨备前利润总额（剔除政府补助）2.33亿元，同比增长41.5%。

【服务实体】公司坚持本源、专注主业，遵循“依托集团、服务实体、稳健运营、创新发展”的经营方针，深入成员企业沟通调研，优化业务办理流程，着力提升服务实体质效，强化服务实体工作在绩效考核体系中的比重。2020年累计代理成员企业免费办理结算业务727万笔，结算金额1.2万亿元，节约结算手续费4000万元；信贷资金投放紧密契合产业政策、关注科技型企业，支持抗疫突出贡献的成员企业，全年累计发放贷款267.03亿元。

【信贷业务】2020年，公司秉承合规经营、稳健发展的理念，坚持立足集团发展，服务成员单位金融需求，落实集团“两深入两服务”工作，切实降低实体经济融资成本，推动金融业把服务实体经济落到实处。公司严格遵循“先评级、后授信、再用信”的基本原则，加强贷前调查、贷中审查、贷后检查三道风险防线建设，实现审贷分离。截至2020年末，公司人民币贷款余额246.67亿元。

【资金业务】2020年末，公司存放央行款项12.42亿元，存放同业款项116.10亿元（其中含4.2亿美元，折合人民币27.4亿元）。公司按照监管规定，合规经营同业业务，对同业交易对手进行授信及与商业银行总部签订同业定期协议。主要合作银行为工商银行、建设银行、中国银行、交通银行、农业银行、中信银行、民生银行、浦发银行等国有及股份制银行，交易对手信用风险可控。

【资金集中】公司不断提升结算运营能力，充分发挥集团“资金归集平台”的作用，强化资金归集，2020年公司进一步推进资金集中，拓展吸收成员单位境内美元业务，截至2020年12月31日，吸收成员单位存款320.81亿元（其中含4.2亿美元，折合人民币27.4亿元）。

【风险管理和内部控制】公司一直秉持“合规无小事”的风险管理理念。2020年，公司开展“内控建设年”专项工作，取得显著成效。一是通过年度例行制度修订与实时制度修订，完善制度89项。二是搭建首版内部控制手册和内部控制评价手册，明确风险要点，加强风险点管理。三是开展内控知识测试活动，以考促学。在2019年审计全覆盖的基础上，公司内部审计进一步筑牢监督网格，强化专项领域审计监督，首次开展了全面风险管理审计等专项项目，并引入外部咨询团队开展信息科技专项咨询。2020年，公司在监管机构和董事会的指导下，从公司制度、风险管理机制、重点合规领域管理、信用风险管控、监管指标监测能力五大方面开展合规管理工作。

【人力资源管理】2020年，公司聚合中国电信网上大学、中国财务公司协会培训平台等多方优质资源，利用视频直播、在线互动、线下交流等多种方式，组织多层次专业知识学习，鼓励全员不断提升自身业务能力与知识水平。根据发展战略和岗位需求，组织多次社会和校园招聘，共引进6名新员工，为公司注入新鲜血液。开展“导师制”传帮带工作，助力新职工快速提升工作视野。健全规范人力资源制度，优化部门及岗位职责，促进公司员工工作规范化。

【信息化建设】2020年，公司强化信息系统建设，深度打造结算能力，整合提升资金监控能力，全力拓展金融平台能力，稳定支撑了集团全量结算业务上线，提供电票产品、LPR浮动利率、双向资金池等金融产品，优化网银端快捷支付等便利功能，助力打造公司核心竞争力。夯实信息系统基础能力，从外包管理、业务连续性、网络信息安全能力、运维能力等方面重点提升。

【企业文化建设】2020年公司党支部坚持以习近平新时代中国特色社会主义思想为指导，深入贯彻学习党的十九大和十九届二中、三中、四中、五中全会和中央经济工作会议精神及习近平总书记重要讲话、指示批示精神，以《中国共产党支部工作条例》为抓手，严格落实“三会一课”制度，对标一流，不断增强“四个意识”，坚定“四个自信”，做到“两个维护”。在公司党支部的领导下，全体党员积极应对新冠肺炎疫情带来的挑战，深入开展疫情防控和复工复产、持续开展“两深入两服务”工作，保证了全年经营任务的完成，以高质量党建推动企业高质量发展。

中国电子财务有限责任公司

【集团概况】中国电子财务有限责任公司（以下简称“公司”）隶属于中国电子信息产业集团有限公司（以下简称“集团”）。集团成立于1989年5月，是中央管理的国有重要骨干企业和国务院认定的以网信产业为核心主业的中央企业，近年来通过锐意改革，创新发展，战略体系日臻完善，产业升级布局高端，形成网络安全、数字服务、集成电路、高新电子、智能制造、生态建设协同发展的产业格局。截至2020年末，集团资产总额3392.76亿元，实现营业收入2456.27亿元，利润总额40.30亿元。

【经营概况】截至2020年末，公司资产总额484.65亿元，所有者权益33.48亿元。实现营业总收入10.67亿元，与上年基本持平；利润总额4.67亿元，同比增长28.60%；金融服务日均规模324.26亿元，同比增长21.46%；对集团收益贡献11.84亿元；全口径资金集中度为60.94%，含委托贷款、委托投资的资金集中度为73%。

【服务实体】公司积极发挥集团内金融机构的作用，推出了五项金融服务措施助力成员企业复工复产；根据小微企业提出的需求及企业的实际经营情况，实施差异化的授信方案，提供结算、贷款、贴现、保函等金融业务，对19

家小微企业提供综合授信额度 9.85 亿元。截至 2020 年末，向小微企业发放贷款余额 2.38 亿元，贴现余额 0.36 亿元，承兑余额 1.62 亿元，极大满足了集团小微企业的金融需求，有力支持集团小微企业的发展。

【信贷业务】2020 年，公司制定了“克时艰、调结构、拓范围、增规模”的信贷指引和“保预算、扩规模”专项计划。公司推出“优快活深”服务体系，启动实施“要客计划”，重点分析了 8 家二级企业，逐企施策，提供个性化、专业化金融服务方案。2020 年完成 141 家企业综合授信工作，日均贷款规模 140 亿元，同比增长 23%。在原有金融服务品种的基础上，增加了服务的广度和深度。

【资金业务】2020 年公司加强同业合作，增加银行授信品种和额度，取得同业授信共计 221.2 亿元。与农业银行、中国银行和北京银行等银行深入对接，在满足流动性需求的前提下，沉淀资金安排灵活多样，兼顾资金的安全性、流动性和收益性。

【票据业务】为进一步扩大票据业务辐射范围和业务规模，公司加大与银行合作力度，与招商银行、工商银行、建设银行、北京银行等 12 家银行达成保贴服务合作。与财务公司同业联手办理票据互认、票据保贴业务，盘活商业承兑汇票，降低了双方集团票据风险。2020 年票据业务规模 48.46 亿元。

【外汇业务】公司运用跨境双向人民币资金池和外汇集中运营管理渠道，为成员单位提供本外币国际结算和跨境资金运营管理服务。2020 年完成本外币资金池备案变更，跨境双向人民币资金池入池企业增至 51 家，外汇资金池入池企业增至 35 家。2020 年完成结售汇 348 笔，规模 22.34 亿元，为企业返利 519.29 万元，完成集中收付汇 237 笔，总规模 5850 万美元。

【资金集中】2020 年，公司通过提供灵活的存款产品、审批快速便捷、免收结算手续费等，与企业开展全面合作，稳定存款规模。近三年日均存款规模逐年增加，2020 年日均存款规模达 284 亿元，同比增加 20 亿元，全口径资金集中度为 60.94%。

【风险管理和内部控制】2020 年，公司通过不断完善内控制度建设，规范业务操作流程，有效防范风险，共修订制度流程 78 项。公司各部门及时了解、交流、沟通、总结、研究合规管控工作及问题，初步形成齐抓共管的合力，深化合规风险管控工作。全面系统地开展行为规范和业务流程培训。邀请律师事务所对全体员工进行合规管理专项培训，培养从业人员诚实守信的职业操守，增加遵章守纪和合规操作意识。

【人力资源管理】2020 年，公司启动校园招聘，择优聘用国内外一流大学研究生。对新员工进行岗前培训，制定多部门轮岗方案，加强对新员工的培养使用。针对部门和员工建立了关键指标（KPI）和重点工作（GS）相结合的多维度考核体系，按季度、年度对部门和员工进行考核。全员考核体系的建立，使对不同岗位员工的贡献评价更加科学规范，调动了广大员工的积极性和创造性。

【信息化建设】2020 年，公司以重构基于 PKS 体系支撑的核心业务系统为契机，全面梳理公司业务短期和长期需求，借助文思金信在金融行业先进的开发理念和技术手段，共同设计符合整个财务公司行业发展要求的数字化转型之路，打造数字化资金归集平台、资金结算平台、资金监控平台、金融服务平台。投入 400 余万元用于升级核心业务系统、建设投资系统、加强网络安全防护等，自研反洗钱系统、综合查询系统等多项功能模块，信息化基础水平进一步提高。

【企业文化建设】2020 年，公司党委指导各基层党支部践行集团“组织起来”工作方法，坚持“一切工作到支部”的鲜明导向，围绕党建与经营工作相融合的要求，全面夯实党建基础工作。2020 年 6 月经公司党委验收，基层党组织全部实现 100% 按期达标，各支部在党委指导下制定了创建特色党支部工作方案，基层党组织凝聚群众、推动改革发展的堡垒作用初步显现。在疫情防控的艰难时期，公司党委发出倡议书，组建“青年抗疫志愿服务队”，组织党员承诺践行，发挥冲锋在前、勇挑重担作用。

中国电子科技财务有限公司

【集团概况】中国电子科技集团有限公司（以下简称“集团”）是中央直接管理的军工企业集团之一，是国内覆盖电子信息全部领域的大型科技集团。2020年利润同比增长8.7%，核心业务收入同比增长11.2%，连续15年保持中央企业经营业绩考核A级，连续获得5个任期经营业绩优秀企业、3次“业绩优秀企业”和“科技创新优秀企业”称号。

【经营概况】中国电子科技财务有限公司（以下简称“公司”）坚持党的全面领导，聚焦主责主业，严守风险底线，圆满完成了2020年度任务目标。一是主动让利，助力疫情防控和复工复产彰显新作为；二是精准服务集团战略，为集团提供稳定可靠的资金保障，金融服务实现新提升；三是创新性建成了中国电科司库体系框架，集团金融资源统筹配置能力、资金使用效率效益取得新突破；四是全面深化改革，抓好管理提升，提质增效迈上新台阶；五是守住不发生重大风险的底线，风险抵御能力取得新成效；六是自身实现了稳步发展，资产规模905亿元，收入同比增长28%，利润同比增长21%。

【服务实体】疫情发生后，公司迅速落实集团的疫情期间金融信贷政策。一是特殊时期实行兜底保障。全年提供812元亿授信规模，同比增长31%。做到不抽贷、不断贷、不压贷。二是发放234亿元优惠贷款，支持企业渡过难关。三是开通支付结算绿色通道，提供7×24小时不间断结算服务，全年累计结算137万笔，金额2.23万亿元。简化流程，所有业务实现线上办理。

【信贷业务】截至2020年末，公司服务覆盖面超过90%。日均贷款283亿元，同比增长57亿元。只要是筹资预算内贷款，做到100%保障。精准支持重大战略。深入落实科技创新自立自强战略，设立50亿元科技创新专项低息贷款，已发放22.16亿元。保障强军兴军战略，全年为军工主业发放信贷118亿元，保障国防军工任务建设完成。把资金用在刀刃上，全力保障民品重点产业和集团党组关注的重大项目，重点支持涞水产业园、软信新一代基础设施项目、信创项目等。

【产业链金融】2020年，公司累计对119家核心企业、1306家供应商进行上门推介或线上推广。联合核心企业推进“集采+金融”合作模式，并总结双方合作经验，获评第二十七届全国企业管理现代化创新成果二等奖、2020年度国防企协管理创新二等奖。积极推动财企对接，已实现公司核心业务系统与57家成员单位系统对接。

【资金业务】公司深入总结集团资金规律，充分运用多种资金配置方式，灵活配置资金资源。根据集团资金特点，准确把握资金市场形势，提前布局充分配置，获得较好收益。2020年实现同业收入9.09亿元，同比增长40%。

【投资业务】公司加强有价证券投资。以稳健盈利、保证收益为目标，规避疫情冲击导致波动加大的市场阶段，确保投资收益。2020年投资收入1.48亿元。

【票据业务】加强集团票据管理，搭建票据池系统服务集团集中管理票据，集团下发票据集中管理办法，规范票据使用。公司紧跟票据市场发展，丰富票据业务品种，发行标准化票据，并与其他央企开展首笔转贴现业务，与招商银行开展行内首笔商票贴现通业务。

【外汇业务】全面开展外汇业务，试点外币资金归集，实现外汇存款零的突破。借鉴人民币归集经验，集团首次归集6家单位的808.6万美元，并开展即期结售汇业务。

【资金集中】公司推进全级次单位的资金集中，实现集团内部资金供需对接，显著增强了内部资金融通力度。截至2020年末，集团资金池规模达到795亿元。日均存款514亿元，同比增长121亿元，为提质增效奠定了坚实的基础。

【风险管理和内部控制】公司始终把防控风险摆在突出位置，不断提高资金风险防控能力。一是全面管理银行账户，夯实资金监控的基础。二是加强资金支出风险预警，提升流动性管理水平，防控资金风险。三是加强筹资预算管理，防控成员单位整体债务风险。四是加强票据风险和金融机构关系管理。五是建立资金监控日报、月报机制，加强对重点单位的资金监控。

【人力资源管理】公司坚持新时期好干部标准，制定《中层管理人员管理办法》《中层管理人员选拔任用工作纪实办法》，完善选人用人制度体系。健全干部担当作为的激励机制。加大优秀年轻干部选拔任用力度。通过组织选拔、内部竞聘的方式，提拔使用中层正职1人，中层副职5人。加大培训，实现内部培训全覆盖，进一步提升人才队伍素质。

【信息化建设】公司推动深入整合全级次单位的资金数据，打造了功能强大、一体化的核心业务系统。该系统与15家银行、2个监管部门、4个交易所、57家公司的ERP系统建立直连，供550家成员单位、1300多家产业链单位使用，服务效率显著提升。

【企业文化建设】公司围绕中心工作，大力宣贯电科文化理念，统筹推进企业文化建设“五大工程”落地深植，积极践行社会主义核心价值观，深耕厚植集团企业文化。组织开展“千里之行·万步有约”健步走等活动，持续营造和谐环境。

中国航发集团财务有限公司

【集团概况】中国航空发动机集团有限公司（以下简称“集团”）肩负着实施国家“两机”专项、加快实现航空发动机及燃气轮机自主研发和制造生产、建设航空强国的重大责任，下辖28家直属企事业单位，注册资本500亿元，2020年实现营业收入547亿元。在国务院国资委2019年度中央企业负责人经营业绩考核中，集团首次参评被评定为A级。集团坚持“国家利益至上”的价值观，秉承“动力强军、科技报国”的使命，制定“12345”战略框架体系。坚持加强党的领导，“铸心”工程成为集团党建品牌。

【经营情况】2020年，中国航发集团财务有限公司（以下简称“公司”）积极配合集团党组第三巡视组对公司开展常规巡视，紧扣集团“四个平台”功能定位，扎实做好“六稳”“六保”工作，积极推进“1234”发展战略，聚焦服务集团主业，聚焦防范金融风险，统筹抓好疫情防控与复工复商工作，圆满完成集团下达的各项经营考核目标任务。2020年末，公司资产总额267.84亿元，吸收成员企业存款余额249.19亿元，自营贷款余额49.56亿元，实现净利润1.29亿元，各项监管指标运行良好，未发生风险事件。

【服务实体】公司服务集团主业降本增效，执行存款利率上浮、贷款利率下浮、结算业务“零收费”的政策，全年为成员企业减费让利6383万元。

【公司治理】公司深入贯彻党的十九届五中全会精神，聚焦集团“十四五”战略发展目标，确立“1234”发展战略，编制公司“十四五”发展规划。实现注册资本由10亿元增至15亿元，有效提升风险抵御能力。

【结算业务】公司积极协助集团加强资金集中管理，日均吸收存款146.85亿元，2020年末全口径资金集中度达90.57%，可归集口径资金集中度达98.97%。积极融入集团AEOS供应链管理体系建设，实现集团29家招标代理机构保证金集中管理。全年累计办理结算业务147215笔，同比增长28.48%；全口径结算金额6034亿元，同比增长11.34%，保持结算业务“零差错、零违规”。优化支付结算三级审批流程，新增5家财企直连推广应用单位，网上金融服务系统功能应用和使用体验持续提升。

【信贷业务】公司坚持金融让利实体经济，推出“一揽子”结构化融资方案，2020年日均贷款44.83亿元。全力支持复工复产，第一时间推出“疫情期间融资优惠方案”，全年发放政策性贷款32.63亿元，发放疫情专项贷款29.20亿元，发放优惠利率项目贷款3.22亿元，有效协助集团压降带息负债规模至90.4亿元。

【票据业务】公司实现上海票据交易所中国票据交易系统直连和ECDS线上清算功能上线，开业2年即建成全面连通上海票交所的现代化电子票据业务系统。大力推广票据开立、承兑、贴现、托收等各个环节的服务，票据业务推广覆盖16家成员单位，实现票据品种“全覆盖”、票据生命周期管理“全覆盖”。贯彻落实保产业链供应链安全稳定的要求，加强与商业银行合作，成功探索出银票保贴+转贴现的融资服务新途径，全年为集团核心企业的外部供应商间接提供融资5467万元。充分利用人民银行针对疫情期间出台的票据再贴现优惠政策，争取再贴现额度2.6亿元，为集团高新技术企业办理优惠利率票据贴现1.59亿元。

【资金业务】公司发挥集团内部专业金融机构优势，持续关注宏观经济形势，跟踪研判同业存款利率走势，加强流动性风险管理，积极应对金融市场环境变化挑战，精细化管理资金头寸，做好同业资产配置，加权平均收益率达2.65%，有效实现沉淀资金的保值增值。

【风险管理和内部控制】公司坚持风险管理融入业务，开展事中审查380项，做到关口前移。坚持审慎经营，构建压力测试模型，定期监测56项风险指标，切实筑牢合规底线。坚持审计稽核“全覆盖”，全年开展常规业务、重点事项等序时和专项审计项目15个。践行全面依法治企要求，建立涵盖176项金融类法律规定的监管法规库。全年做到报表报送“零差错、零延误”，被中国人民银行评为“2019年会计报表质量优秀单位”。

【人力资源管理】公司坚持“请进来”解疑惑，面对面聆听成员单位经营发展等情况；坚持“抓三基”提素养，营造“乐学”氛围，通过“月度读书会”“网络云课堂”、研讨交流会等形式，建设“勤于学习、敏于求知”的学习型组织，努力培养一支懂产业、精专业的高素质人才队伍。

【信息化建设】公司强化信息科技顶层设计，编制信息科技“十四五”专项规划和集团资金管理中心建设实施方案。坚持以业务驱动为主线，不断优化完善核心业务系统，完成招投标保证金管理系统、人民银行ACS综合前置子系统等信息化项目建设，为各项业务高效运转提供科技赋能支撑。组织开展风险评估、代码审查、公安部等级保护三级测评，有效提升网络安全防护水平，保障信息系统安全、稳定、可靠运行。

【企业文化建设】公司坚持国家利益至上，实现员工赴成员单位走访学习“全覆盖”，培养员工队伍对航空发动机事业的热爱和忠诚。深入开展“一次把事情做对”管理提升活动，培养“严慎细实、精益求精”的工作作风。

公司深入贯彻新时代党的建设总要求，做到“三个聚焦、三个强化”：一是聚焦国之大者，强化政治意识。坚持把学习贯彻习近平新时代中国特色社会主义思想作为首要政治任务，广泛开展“学创新理论、解发展难题”活动。

Z

二是聚焦党建“铸心”，强化“两个作用”。严格落实“三会一课”、主题党日等制度，深入开展“三个践行”主题实践活动，广泛开展“三比三微”活动，高标准通过集团总部党委达标党支部验收。组建供应链金融业务“铸心”新长征党员突击队，向着维护集团供应链稳定目标定向突击攻坚。三是聚焦从严治党，强化“两个责任”。从严加强作风建设，深入开展廉政教育，倡导清廉金融文化，切实筑牢严守底线、不越红线的思想自觉。

中国航空集团财务有限责任公司

【集团概况】中国航空集团有限公司（以下简称“集团”）于2002年10月11日正式成立，是以中国国际航空股份有限公司为主体的大型国有航空运输集团，注册资本155亿元人民币。集团主业中国国际航空股份有限公司在香港、伦敦和上海上市。集团经营业务涵盖航空客运、航空货运及物流两大核心产业，涉及飞机维修、航空配餐、航空货站、地面服务、机场服务、航空传媒等高相关产业，以及金融服务、航空旅游、工程建设、信息网络等延伸服务产业。经营范围主要包括经营集团公司及其投资企业中由国家投资形成的全部国有资产和国有股权、飞机租赁、航空器材及设备的维修。

【经营概况】2020年，中国航空集团财务有限责任公司（以下简称“公司”）紧紧围绕集团工作大局，坚持防疫和经营两手抓，克服困难，积极落实各项资金保障措施和优惠政策，全力护航集团资金流动性安全，助力成员单位渡过难关。截至2020年末，公司资产总额133.2亿元，净资产18.3亿元，同比增长2%。全年实现利润总额8518万元，资本充足率为26.4%，流动性比率为73.1%，不良贷款率为零。

【服务实体】2020年，公司秉承“服务实体经济”的原则，始终树立一盘棋思想，全面了解集团成员单位经营状况和融资需求，在疫情突发且长期持续导致客户经营面临较大困难的情况下，公司积极调整工作思路，为企业保障生产、复工复产提供切实支持。

【信贷业务】协助客户制定贷款方案，在合规的基础上，不断优化业务品种及结构，积极拓展新客户，优化办理流程。公司全年贷款发放量同比增长17%。全年委托贷款发放量同比增长141%。

【投资业务】公司延续以往低风险稳健投资风格，投资标的以固定收益类资产为主。通过控制信用债券投资比例、保持利率类债券配置等措施，严控信用风险，审慎参与利率类债券市场波段操作。

【资金业务】2020年初疫情暴发后，民航业受冲击较大，公司加强与主业沟通，优化存款结构，提高资金沉淀的稳定性，实施资金计划精细化管理，加强关键时点流动性把控，保证备付资金充足。

【资金集中】公司不断加强自身能力建设，配合集团资金集中管理要求，完善系统功能、优化系统架构，为提高资金集中度奠定良好的技术支持基础。结合各企业的实际情况实施有针对性的吸存方案，存款规模稳中有升。

【风险管理和内部控制】公司坚持依法合规、审慎经营的理念，坚持风控优先、制度完善的管理原则，积极梳理和健全各项管理制度，全年新增制度9项，修订制度28项。夯实风险管理职责，对所有信贷类业务的贷前报告和综合授信风险评价报告进行风险复核，2020年出具各类调查评价报告53份。内控方面，公司积极结合制度立改废和业务变化情况，组织内控流程的动态更新，对重要的风险内控节点进行研判并制定具体应对措施，不断提高制度流程化比率。

【人力资源管理】2020 年，面对新冠肺炎疫情对公司经营带来的困难和挑战，公司人力资源工作围绕公司发展目标，加强夯实基础工作，注重制度、队伍建设，提升工作水平。一是持续强化干部人才制度体系建设，修订项目经理选拔任用制度和高级管理人员经营业绩考核管理办法等，提高选人用人工作科学化、制度化水平，加强高级管理人员的管理与监督；二是完成新任项目经理选拔、实施项目经理考评，加强选人用人及干部管理工作；三是强化绩效管理，落实各级管理责任，推动组织绩效与员工绩效有机结合；四是全面实施退休人员社会化管理工作，基本完成了存量退休人员的社会化移交工作。

【信息化建设】新核心系统升级项目是公司2020 年的一项重点工作，公司集所有部门专业人才，精心计划筹备，克服疫情对项目进度的影响，与各成员单位、银行、供应商等通力合作，为系统顺利上线提供有力保障。拟定系统上线切换详细方案并进行演练，经向监管部门备案，于 2020 年 11 月 7 日实施新旧系统切换，新核心系统成功上线，为集团资金统一结算和搭建资金监控平台打下良好基础。

【企业文化建设】2020 年，公司组织丰富多彩的文娱活动，针对疫情防控，开展“与健康同行”网上摄影展示活动；举行秋季健步走活动；组织模拟炒股操作技能竞赛；组织员工参加技能提升培训；不定期举办员工健康心理咨询活动。这些活动增强了团队的凝聚力，也锻炼了员工的身体素质。为了丰富员工的业余生活，公司的阅读馆购置一批新书，鼓励员工多读书，读好书，在阅读中收获知识和快乐。

中国航油集团财务有限公司

【集团概况】中国航空油料集团有限公司（以下简称“集团”）是国内最大的集航空油品采购、运输、储存、检测、销售、加注为一体的航空运输服务保障企业，主营业务分为航油、油品贸易、物流和国际业务四大板块，构建了遍布全国的航油、成品油销售网络和完备的油品物流配送体系。2020 年，连续 10 年跻身世界企业 500 强，连续 4 年获得经营业绩考核 A 级。

【经营概况】2020 年，中国航油集团财务有限公司（以下简称“公司”）实现营业收入（含投资收益）2.14 亿元，实现利润总额 9391 万元，净利润 7427 万元，经营情况稳步提升。

【服务实体】2020 年，公司圆满完成全部存量浮动利率贷款定价基准转换，为成员单位降低融资成本、压降财务费用奠定了坚实的基础。同时，公司依据监管部门金融让利实体经济的政策要求，坚定推行 LPR 在贷款定价中的使用，持续推进业务手续费减免。

【信贷业务】2020 年，公司信贷资金余额 30.61 亿元（含融资租赁），日均贷款余额 23.50 亿元，较上年同期增加 1.18 亿元，同比增长 5.29%。信贷资金投放日均余额创公司历史新高。累计发放委贷及展期 2.69 亿元，为成员单位节约委贷手续费用约 2.5 万元。免费高效出具贷款意向书、贷款承诺函 21.14 亿元，为成员单位节约财务费用 36.18 万元。

【产业链金融】2020 年，公司成功获批银保监会延伸产业链金融业务资质，并获批上海票据交易所系统接入申请，完成延伸产业链金融业务的同业调研、人员培训、流程梳理、系统搭建、制度制定、合同准备、可行性研究报告编制、案例分析、风险研判等前期工作，为

2021年延伸产业链金融业务落地奠定了坚实的基础。

【资金业务】2020年，公司结算金额1.13万亿元，继续保持破万亿元大关，为集团节省结算业务手续费750.34万元，助力集团降本增效。同时，公司持续加强与同业沟通，协商提升存放同业活期利率，精细化头寸管理，择机择优开立同业定期存款，日终精准安排头寸调拨，每日日终将资金存放于活期利率最高的同业银行。2020年全年人民币存放同业利息收入较上年增收2678万元。

【投资业务】2020年，公司秉承稳扎稳打稳收益原则，选择高流动性高信用投资品种，确保资金紧张时能够灵活申赎、质押，保障流动性安全。同时审慎选择交易对手，严格做好投资“前投研、中跟踪、后管理”的工作，利用投融资业务联动有力支撑，大幅提升投资业务收益，2020年内实现投资收益较2019年增长近1倍。

【外汇业务】2020年，公司为进一步提升服务集团成员单位金融服务水平，新增工商银行为跨境外汇资金集中运营主办银行，充分提升自身金融综合服务能力。结售汇业务方面，公司综合考虑各方面因素，适时结汇，增加汇兑收益65.4万元人民币，补充人民币的流动性，强化资金管理能力；同时抓住时机，代理成员单位结汇，在为成员企业节约财务费用8.2万元的同时，公司增收1.6万元。

【资金集中】2020年，公司充分发挥资金归集和资金监控职能，对集团882个账户进行新一轮账户梳理工作，督促成员单位进行账户授权，确保账户可视可监控，以便盘活集团内部沉淀资金，调剂集团内资金余缺。2020年国内可归集口径资金集中度均值为90.33%。

【业务创新】2020年，公司成功实现首笔保函业务落地，通过保函增信的方式为成员单位提供信用支持，切实帮助成员单位降本减费增效，发挥对实体经济的信用支持作用。截至2020年12月31日，累计开具保函329.38万元，为成员单位节约财务费用约6.23万元，节约资金成本约12.68万元。

【风险管理和内部控制】2020年，公司始终坚持以风险管理为导向、合规管理监督为重点，持续做好内部控制体系建设与监督工作。通过不断优化公司合规、内控管理组织体系，扎实推进法治央企建设，定期开展重大风险评估、监测及管控，深入推进公司规章制度清理优化，全面梳理重要业务领域和关键环节流程，不断完善违规追责制度体系建设，大力发挥外部监管及内部稽核的联动作用，为实现“经营规范、业绩优良、善于创新、风险可控的国内一流财务公司”目标提供了有力的支撑和保障。

【人力资源管理】2020年，公司党委严格按照“德、能、勤、绩、廉”的标准，围绕促进公司发展选干部，对工作实绩突出、成效明显、群众公认的干部，大胆提拔和重用，着力培养选拔一批“想发展、会管理，有激情、敢担当，讲认真、重落实，顾大局、讲团结”的干部，全年完成2名中层干部调整及提拔考核工作。

【信息化建设】2020年，公司信息科技工作取得新进展，一是顺利完成信息系统设备改造项目建设、核心系统LPR优化改造（一期）项目、二代征信报送系统项目、核心系统人民币分账户计息功能优化等信息化项目，加强了公司基础设施建设，使公司业务信息化水平得到提升；二是完成130项运维工作，确保系统运行平稳可靠；三是加强科技投入，完成RPA机器人流程自动处理系统一期项目，实现了人民银行日报、存款余额汇总表自动生成和自动银企对账，充分提升运营效率。

【企业文化建设】2020年，公司党委始终坚持以习近平新时代中国特色社会主义思想为指导，不断提高党的政治领导力、思想引领力、组织凝聚力、制度规范力，高质量党建引领企业高质量发展的作用更加凸显，重点体现在以下三个方面：一是突出政治建设引领，全年先后组织中心组专题学习和支部主题党日2次、党委中心组学习12次。二是突出党支部规范化标准化体系建设，完善党支部示范建设标准，严格支部建设相关制度。三是突出制度建设贯穿始终，党委统筹党、纪、工、团各类组织，修订下发相关制度21项。公司党建制度短板初步补齐，制度体系初步建立，管党治党能力得到加强，党建工作质量明显提升。

中国华电集团财务有限公司

【集团概况】中国华电集团有限公司（以下简称“集团”）是2002年底国家电力体制改革组建的国有独资发电企业，属于国务院国资委监管的特大型中央企业，主营业务为电力生产、热力生产和供应，与电力相关的煤炭等一次能源开发以及相关专业技术服务。2020年集团克服疫情带来的不利影响，全面超额完成国务院国资委绩效考核指标，效益增长位列央企前茅，2020年列世界企业500强第370位。

【经营概况】中国华电集团财务有限公司（以下简称“公司”）坚持服务集团、服务主业，主动适应经济发展新常态，充分发挥金融优势和平台作用。截至2020年末，公司实现利润11.3亿元，净资产收益率为11.11%，各项监管指标全面达标，成功蝉联集团“先进企业”。

【服务实体】公司紧跟集团绿色能源发展，持续扩大授信覆盖面，有侧重点地增加授信支持，2020年增加授信企业51家，风光电企业授信达67家，风光电客户的贷款余额同比提高137%，占贷款投放总额的11.46%。信贷助力脱贫攻坚，精准对接“三区三州”成员单位，提供最优利率，公司通过短期贷款、票据等产品提供超过14亿元信贷支持，有力支持成员单位在深度贫困区域经营发展。为成员单位提供免保证金、低收费、文本灵活的优质保函服务，类型涵盖售电保函、质量保函、履约保函等，得到成员单位好评。

【信贷业务】公司持续巩固传统信贷业务优势，2020年累计为集团28个区域提供贷款超过380亿元，较年初大幅增长。以防控风险、保证资金安全为前提，将成员单位实际需求作为根本导向，完成存量贷款LPR利率转换，主动将贷款价格调整到市场同期最优利率水平，有力支持成员单位经营发展。

【产业链金融】公司立足金融服务本位，发挥“链上”服务优势，借助票据“线上清算”功能，为成员单位提供票据承兑支持，配套产业链贴现、转贴现买入等交易手段，加快票据流转，2020年共办理延伸产业链贴现12笔，累计为中小微企业提供融资4.22亿元。

【资金业务】公司持续加强资金精细化管理，通过积极拓展融资渠道，扩大外部资金来源，优化投融资结构和流动性储备资产规模，降低期限错配风险，实现融资分散化和多样化，提高资产流动性和负债稳定性。截至2020年末已取得同业授信736亿元，涵盖同业拆借、商业汇票贴现等融资业务，获得外部资金能力持续增强。

【投资业务】公司坚持稳健投资原则，紧跟监管导向，密切关注疫情对资本市场的影响，优化投资组合、调节投资结构，转向低风险产品的投资倾斜，有效化解存量资产风险，2020年短期资金收益2.69亿元。

【票据业务】深化票据服务能力，凭借着超低费率、免保证金等优惠条件，2020年累计办理票据业务规模82.73亿元，同比增长5.3%；承兑规模19.86亿元，为降低成员单位融资成本作出积极贡献；利用票据融通便利功能，累计办理贴现33.81亿元，有效缓解部分成员单位的短期资金需求；加大票据流转力度，累计完成转贴现、再贴现等票据交易23.63亿元，盘活存量票据资产。

【外汇业务】 2020年公司跨境服务稳步提升，完成即期结售汇会员资质申请、外汇交易系统专线审批，编制结售汇业务手册，推动即期结售汇业务落地试点。持续深化跨境资金服务，推动集团公司跨境资金融通常态化规模化，全年累计跨境资金进出3300万美元、154亿元人民币，有效提高集团公司境内外资金的流动性和使用效率。

【资金集中】 资金集中管理持续加强。公司以“六率”管理（账户入网率、资金归集率、集中结算率、预算准确率、余额填报率、大额资金审核通过率）为抓手，统筹推进账户管理、资金归集、大额及重要资金监控，加强归集模式创新，开拓银行直连范围，加大系统建设支撑力度。2020年末全口径资金归集率达92.73%，账户入网率为90.78%，集中结算率为92.18%，均创历史新高。

【业务创新】 公司充分发挥金融平台作用，以信贷服务为抓手，加强主动融资管理，抓住金融机构专项低成本资金投放机会，通过直接引资、银团贷款、票据转（再）贴现等方式突破自身资金规模的局限性，2020年公司首次开展票据质押式回购业务，全年累计办理3.13亿元，成功打通拆借之外新的短期融资渠道；首次开展转贴现买入业务，借助同业互认为华电财票的支付流通提供有效支撑；积极牵头沟通外部机构，签订集团首单以海上风电为标的的银团贷款。

【风险管理和内部控制】 研究形成风险、内控、合规一体化管理体系建设方案，多维度构建一体化风险防范化解机制；深化制度体系建设，建立层次清晰、管理规范的“三横三纵”制度体系。深化风险监测与应对，首次组织开展全面应急综合演练，涵盖信息安全、流动性危机、经济事故、操作风险、自然灾害和公共安全六大科目的突发事件；深化风险评估机制，完善定性与定量相结合的风险评估标准。持续推进依法治企运行机制，强化法律审核“三个100%”，梳理编制《银行业最新典型案例解析》，加强新政新规宣传学习，积极培育风险管理文化。发挥审计监督作用，探索构建内部审计体系，完善风险责任追究体系，扎实开展专项审计工作。

【人力资源管理】 完善公司薪酬绩效考核机制，突出岗位价值的鲜明导向，调整薪酬结构和分配方式，完成公司绩效管理系统搭建落地；优化专业岗位序列通道，重新明确岗位序列和岗位层级的划分依据标准、专业岗位序列晋升的条件和程序，进一步拓宽干部员工的职业发展通道；修订公司《部门职能》《岗位职责》，全面梳理部门职责交叉，厘清服务职能边界；编制岗位说明书，对现有工作岗位和岗位职责进行优化调整，细化明确岗位分工。

【信息化建设】 强化信息安全保障，配合集团财务共享中心建设需求落地，开展现金管理系统搭建和配套功能改造。开展信贷系统迭代升级，建成具备独立核算功能的信贷系统；完成债务融资信息系统改造，加强对集团债务融资管理的信息化支撑，提升客户满意度。强化战略引领，2020年公司贯彻落实集团“数字华电”战略要求，制定公司“十四五”信息化建设子规划。

【企业文化建设】 以实操手册为抓手，落实党建工作责任。以党章为根本遵循，以《中国共产党廉洁自律准则》《中国共产党纪律处分条例》等党内法规为主干，依据集团党建制度框架，融合公司党建工作制度，以党建工作岗位职责为经、以年度党建工作计划为纬，编制落实《党建工作实操手册》，引导公司每个党务工作者、每名党员认真落实集团党组的决议决定，更好认清定位、做到工作到位，提高党建工作制度化规范化标准化水平。

中国华能财务有限责任公司

【集团概况】中国华能集团有限公司（以下简称“集团”）是经国务院批准成立的中央骨干企业，所有制为有限责任公司（国有独资），逐步形成了“电为核心、多能协同、创新引领、金融支持、全球布局，加快建设‘三色三强三优’世界一流现代化清洁能源企业”的发展战略。2020 年，集团全面落实“六个新提升”“两大突破”战略任务，完成发电量（国内）7077 亿千瓦时，同比增长 0.64%；实现营业收入 3103 亿元，同比增长 1.3%。

【经营概况】中国华能财务有限责任公司（以下简称“公司”）坚决贯彻集团党组关于疫情防控、复工复产的部署，深化资金集中管理，强化风险管控职能，加大信贷精准投放，2020 年实现经营利润 13.28 亿元，全面超额完成年度目标任务，连续 6 年荣获集团绩效考核 A 级，连续 5 年荣获集团“先进企业”荣誉称号和监管机构监管评级 1B 级。

【疫情防控和复工复产】公司严格落实疫情防控的有关要求，实行“关键岗轮值 + 辅助岗线上办公”模式，保证全业务、全流程畅通运行，准确及时完成了集团保捐赠、付煤款、续融资等紧急任务，加大向湖北区域企业、新能源建设项目的信贷投放，助力集团企业复工复产。

【信贷业务】2020 年，公司进一步强化资金优先保障信贷投放机制，持续加大信贷投放力度，日均贷款同比增加 29.52 亿元，平均存贷比同比提高 5.25 个百分点。加大新能源行业信贷投入，有力支持集团绿色发展，2020 年末清洁能源贷款余额占比同比提高 8.34 个百分点。持续深入实施利率优惠，2020 年新发放贷款加权平均利率同比减少 20.23 个基点，对列入国务院国资委和集团扭亏减亏目录的困难企业再予适当优惠，实现“精准服务、定向帮扶”。

【资金业务】公司按照“保资金安全、保信贷投放、促效益提升”的资金管理原则，加强与商业银行和行业内有关财务公司的紧密合作，夯实融资资金来源。2020 年开展外源性融资 837.6 亿元，日均规模 13.09 亿元，同比增长 5.94%。

【投资业务】公司有效盘活存量资产，合理配置增量资产，努力获取超额投资收益。2020 年累计开展债券、基金等投资 116.9 亿元，实现投资收益 3.25 亿元，同比增长 28.01%。扣除出售存量资产获利后，全年投资收益率达 7.23%。

【业务创新】公司“票据池”建设运营取得实质突破，搭建完成集团票据信息管理系统，截至 2020 年末，采集试点企业票据信息 1542 张，累计金额 37.36 亿元；首次开展票据质押回购和以占用同业授信方式进行票据贴现业务，进一步拓宽票据服务范畴和应用方式。积极探索开展供应链金融业务，初步建立了通过上海电商平台“能信”载体拓展集团成员单位供应商融资的服务模式。

【外汇业务】公司获批开展集团公司跨境资金集中运营业务主办单位资质，集团境内外 45 家成员企业获准参与北京市跨国公司跨境资金运营业务，集中外债额度和放款额度分别为 105.20 亿美元和 15.78 亿美元，助力集团企业打通境内外资金双向流动渠道。

【资金集中】公司落实集团资金管控要求，建立“日推送、月汇报、季总结”信息报送机制，深入分析未归集资金情况，辅助资金管理能力有效提升。健全与成员单位沟通的信息平台，银企沟通力度明显加大。截至 2020 年末，资金集中度同比提高5.35个百分点，日均存款同比增加13.13亿元。

【风险管理和内部控制】公司深入落实集团防范金融风险的各项部署和监管机构的有关要求，重点加强结算操作风险、信息技术风险、流动性风险管控，提升合规风险控制能力，巩固防范化解风险措施。全年未发生资金结算、资金管理等一般以上安全事故。10项监管指标、5项监测指标均符合监管机构要求。诉讼工作取得突破性进展，避免经济损失2.1亿元，为集团打赢诉讼攻坚战作出积极贡献。

【人力资源管理】2020年，公司修订薪酬管理办法，增设突出贡献奖，建立季度考核机制，发挥薪酬激励作用。完善考核评价体系，优化部门年度综合考核和评优选先方式。加强业务培训，提升业务素质，组织开展内部培训7次、中层干部网络线上培训4次。

【信息化建设】增强信息系统对公司经营业务的支持能力，保障资金集中管控的及时与准确、资金支付的安全与快捷。通过对核心系统和数据分析平台的优化升级，持续提高信息平台业务处理效率，推动数据信息共建共享。创新采用自动化监测技术手段，圆满完成"HZ2020"信息安全专项保障工作，提升公司信息系统安全防护能力。

【企业文化建设】开展"抓党建促发展"专项活动，促进党建与中心工作的融合。组织开展知识竞赛、道德讲堂、春季植树、户外健步走、摄影比赛等活动，丰富职工生活，加强职工交流；开展职工思想动态分析，收集意见建议，研究完善工作机制；组织召开青年员工与入党积极分子座谈会，开展"学习寄语精神·展现青春担当"主题教育实践。

中国化工财务有限公司

【集团概况】中国化工集团有限公司（以下简称"集团"）为国有独资公司，营业范围包括危险化学品生产，化工原料、化工产品、化学矿、化肥、农药经营（化学危险物品除外）、塑料、轮胎、橡胶制品、膜设备、化工装备的生产与销售，机械产品、电子产品、仪器仪表、建材、纺织品、轻工产品、林产品、林化产品的生产与销售，化工装备、化学清洗、防腐、石油化工、水处理技术的研究、开发、设计和施工，技术咨询、信息服务、设备租赁等。截至2020年末，集团资产总额8624.70亿元，负债总额6793.60亿元，全年实现营业收入4168.70亿元。

【经营概况】2020年，中国化工财务有限公司（以下简称"公司"）全年实现营业收入（金融口径）1.59亿元，利润总额0.73亿元，日均存款102.77亿元，日均贷款71.57亿元。为成员企业节约财务费用0.86亿元。各项监管指标均符合监管要求。

【服务实体】新冠肺炎疫情暴发后，公司快速反应，主动联系防疫物资生产企业，紧急特批2亿元半年期综合授信额度，零利率，放款快，累计为20家企业发放4600万元免息专项贷款。支持企业复工复产，发放专项贷款5500万元。疫情期间，采用远程和现场办公相结合的方式，及时满足企业正常用款需求，并积极拓展银团贷款，帮助困难企业解决融资难问题。

【让利企业】公司坚持集团利益最大化，主动让利成员企业。统筹考虑资金集中度和存款贡献度，兼顾监管政策要求，实行差异化定价政策。对集中度高、存款规模大且稳定的客户，执行最高存款利率。综合考虑日均存款规模、资金集中度、最低商业银行贷款利率等因素，建立并完善贷款定价评价体系。紧盯市场利率，按月调整贷款利率水平。减免委贷手续费、保函手续费、银团安排费等。

【信贷业务】公司2020年保持较高自营贷款规模。全年共完成授信报告33份，同比增长32%；自营贷款放款160笔，金额合计331.27亿元，同比增长21%；委贷放款78笔，金额合计188.88亿元，同比增长106%。

【资金业务】公司加强与同业银行沟通，配置流动性强、收益率高的约期存款，提高资金收益；关注市场利率变化，抓住上半年市场机会，卖出二级市场债券，取得较高收益。

【资金集中】公司多措并举促资金集中，资金集中度再创历史新高。通过加强客户走访，深入了解客户需求，提供相应融资服务，助推资金集中。跟踪重点企业大额用款计划，及时掌握企业资金拟划出时点，确保公司存款稳定。奖励资金集中优秀企业，密切与优秀企业联系沟通，优惠存款利率，降低贷款利率。督促未达标企业提升资金集中度。通过奖励稳定达标、通报未达标、集团会议提示、领导协调等方式促进资金集中。

【海外资金管理】公司扩充跨境资金集中运营企业备案，截至2020年末共为集团内35家境内企业与15家境外企业进行申请、登记。利用跨境资金通道为成员企业提供便捷的资金服务。强化海外企业账户资金管理，对海外资金监控（除受有关国家上市公司法规限制的企业外）全年稳定在90%左右。利用海外SPV闲置资金在海外SPV和海外企业间进行短期借款，扩大海外现金池业务规模。开展海外企业财资体系分析，书面调研海外企业财资管理情况，通过数据追踪分析海外企业经营状况和资金管理水平。

【风险管理和内部控制】公司加强全面风险管理，保障经营安全无事故。采取加强资金计划管理、稳定吸收存款、争取同业拆借额度等多种措施严防流动性风险。通过开展内控体系建设项目、完善授权管理、优化公司制度体系持续推进内控体系建设。大力开展法律合规管理，并抓好内部审计，提升内控管理。

【信息化建设】公司发挥信息化优势，支持员工远程办公，满足抗疫需要和确保成员企业融资需求。完成固定资产贷款产品、工商银行收付汇功能、人民银行ACS系统、金融基础数据统计上报系统上线，并实现多产品到期预警功能改造。自主研发数据平台功能，满足多角度多维度月度数据统计提取需求和经营数据测算。完成专线交换机更新换代、数据库服务器和存储优化。

【企业文化建设】公司利用内网专栏、《信息早报》等载体，积极宣传服务成员企业新动向、新成果；响应集团“以消费代捐助”倡议，组织采购扶贫产品，助力集团扶贫攻坚；开展节假日送温暖活动，并精心组织员工户外团建活动，鼓舞员工士气。公司坚持党建工作与业务工作同谋划、同部署、同推进、同考核。建立党建工作责任考核办法，持续规范基层党组织设置。强化“两学一做”学习教育，组织十九届五中全会宣讲，以支部为单位开展形式多样的主题党日活动。开展党支部与兄弟单位共建互促提升活动2次，党员领导干部参加专业培训55人次。建立公司党风廉政建设和反腐败工作协调小组。全年有42项“三重一大”事项履行党委会前置审议程序。

中国黄金集团财务有限公司

【集团概况】中国黄金集团有限公司（以下简称“集团”）是我国黄金行业唯一一家中央企业，是中国黄金协会会长单位，是世界黄金协会在中国的首家董事会成员单位，是首批

"上海金"参考价成员单位，同时还是中国国内唯一获得国际黄金行业最高信用评级（BBB级）的黄金企业。集团主业为：贵金属及伴生金属资源开发、冶炼、加工、贸易；辐照加工业；拥有完整的黄金上下游产业链。集团下设中金黄金、中金国际、中金珠宝、中金建设、中金资源、中金辐照、中金贸易七大业务板块，其中上市公司4家（境内A股上市公司中金黄金、中国黄金、中金辐照以及加拿大和香港两地上市的中金国际）。在我国重要成矿区带和"一带一路"沿线规划和建设了25个黄金及有色金属生产基地。

【经营概况】2020年，中国黄金集团财务有限公司（以下简称"公司"）坚持"依托集团、服务主业"的经营宗旨，在疫情肆虐期间，紧紧围绕"六稳"工作和"六保"任务，推进复工复产。充分发挥财务公司平台作用，助力成员企业抗击疫情。截至2020年末，公司资产总额88.52亿元，负债总额77.14亿元，所有者权益11.39亿元；实现收入1.38亿元、利润1.23亿元，各项指标均达到监管要求。

【资金集中】2020年，公司提供免费结算服务，累计结算业务21.06万笔，结算业务金额4879.32亿元；日均处理业务839笔，日均结算金额19.44亿元，单日业务量最高达4439多笔，2020年末资金集中日均规模达60.87亿元，全口径资金集中度为46.59%。

【信贷业务】公司充分利用人民银行给予的贷款规模，努力营销、将规模用足，在保头寸和保流动性的前提下最大限度提升集中资金效益，赴企业实地考察调研，满足成员企业贷款需求。受疫情及金价影响2020年累计发放贷款40.09亿元，日均规模34.73亿元，评级授信客户达到125户。

【票据业务】2020年，公司全年开票85张，金额14304.27万元。为成员企业贴现127张银行承兑汇票，总金额达1亿元，帮助成员企业压降"两金"，及时回笼资金。

【外汇业务】结售汇业务于2020年5月取得外汇局批复，并于2020年8月完成向银保监局备案。在2020年12月11日协助成员企业完成了首笔购汇、付汇一体化处理跨境业务，成员企业购汇成本降低近120个基点，为集团内部开展跨境资金调剂和运用提供了新的渠道，为财务公司平台实现境内和境外资金融通及一体化管理奠定了良好的基础。

【投资业务】公司先后购买政策性金融债和公司债券，2020年日均投资额5230.9万元，实现收益177.16万元，年化投资收益率达3.39%。在目前投资范围较窄、市场利率整体下行的大环境下，既保证了投资的安全性，又为公司增加了收益。

【资金业务】通过不断与同业机构沟通协调，努力拓展公司外部同业授信，2020年争取同业授信81亿元，拆入资金2亿元，有效缓解了公司的头寸压力，提高了公司的流动比率。

【风险管理和内部控制】2020年，公司主要围绕实现良好的监管评级、深化信用风险管控、及早预判流动性风险、加大合规风险培训、持续发布风险动态、加大各类风险排查和检查、推动非现场监管数据信息化等方面圆满完成了年度各项工作任务，不良贷款为零。

【信息化建设】2020年，公司通过VSAN技术进行前置区私有云平台搭建，理论计算代替了传统的30台物理服务器容量，较传统物理服务器耗电下降80%，机柜空间节约90%，彻底打破了原有"竖井式"架构管理模式，实现了"一站式"统一监控管理的高效运维绿色冗余管控新模式。

【企业文化建设】公司根据集团要求，结合公司实际，编制"十四五"规划。制定公司对标世界一流管理提升实施方案，为贯彻落实集团决策部署，制定改革三年行动实施方案，更好发挥规划的战略导向和引领作用，让规划成为统领企业发展的行动纲领。

中国建材集团有限公司

【集团概况】中国建材集团有限公司（以下简称“集团”）2020年实现利润总额310亿元，同比增长32%，营业收入3933亿元，超额完成国务院国资委下达的经营目标，创造了历史最好业绩；疫情防控坚决有力，实现“两手硬”“两手赢”的新局面；“三精”管理稳扎稳打，发展质量不断提升；改革试点不断深化，活力动能持续激发；创新转型同向发力，新旧动能加速转换；党的建设持续加强，政治优势不断发挥。“十三五”期间，集团发展成为全球最大建材制造商、世界领先的新材料开发商和综合服务商；列世界企业500强第187位，跃居全球建材企业榜首。

【经营概况】中国建材集团财务有限公司（以下简称“公司”）2020年资产规模达200亿元；资金归集度同比增长19%，创2018年以来新高；日均存款同比增长56.65%，日均贷款同比增长104.31%，均创历史新高；降低集团资产负债率约0.46%；各项业务有序开展，新业务逐步推进，“1+N”资金共享服务平台结算中心项目陆续上线，经营指标均达到监管机构的监管要求。

【服务实体】2020年，公司通过“一企一策”“小秤砣砸大盘”“四最”等经营理念为成员单位定制服务方案，提供精准服务，进一步延伸服务链条，提升公司市场化服务能力，取得良好的服务效果，为成员单位实体经济提供了有力的支持和保障；紧跟国家重大战略决策的实施和进展，支持科技创新中心建设，不断加大对绿色经济、低碳经济、循环经济的支持，为相关企业办理各类信贷业务。

【信贷业务】2020年，公司积极发挥内部资金融通作用，借助金融科技，降低集团整体负债规模，为成员单位提供自营贷款、委托贷款、银团贷款、外币贷款、开立保函、办理银行承兑汇票及贴现和外币结售汇等多元化服务，通过给予优惠贷款利率为成员单位优化负债结构，降低融资成本，节约财务费用。

【资金业务】2020年，公司采取日末资金归集制度，最大限度提高资金收益；每日资金头寸统计结果共享报告机制；增加同业存单、债券质押回购业务。2020年共办理同业拆借96笔，累计拆借金额291.4亿元，4笔债券质押回购业务，打通了银行间债券市场资金融通新渠道。截至2020年末共获得13家银行授信。

【投资业务】2020年，公司完善投资业务流程，打通债券投资渠道，跟踪市场行情，深入调研，参与集团及上市公司发行企业债券，为债券投资业务开展打下坚实的基础；与银行开展票据的质押回购业务。

【票据业务】2020年，公司已完成直连接入电子商业汇票系统、票据交易系统，以及ECDS线上清算功能的上线，实现票据全生命周期的直通式处理，提高自身票据业务处理效率、优化清算结算流程，进一步助力集团产融结合。

【外汇业务】2020年，公司凭借自身的优惠汇率和价格优势，为成员单位的结售汇需求提供更有力的支持，充分发挥公司的金融牌照优势，更多惠及成员单位。

【资金集中】2020年，公司通过免手续费、免建设费、免升级费、免运维费，提高资金收益率，与成员单位展开关于资金集中方面多维度合作，加强与主要单位资金服务系统对接来扩大资金池范围。资金池规模进一步扩大，金融牌照优势进一步发挥，提高了集团整体资金使用效率和效益。

【业务创新】2020年，公司建设符合成员单位多场景资金应用的“1+N”资金共享平台，针对成员单位的集采业务系统制定系统解决方案，完成上海票交所（ECDS）直连系统建设，与银行票据保贴业务合作实现新突破。通过与银行合作，进一步扩大银团贷款等业务品种，为成员单位提供更多的多元化创新服务产品。

【风险管理和内部控制】2020 年，公司已建立较为完善的法人治理结构和制度体系，目前公司规章制度 155 项，业务流程 96 项，覆盖现有业务活动和日常管理活动。结合监管要求开展各类专项风险排查，切实巩固风险管理工作防线。开展风险、合规、法律培训，开展合规管理、资金管控、领导干部履职待遇、存款利率调整执行情况的专项审计及检查，构建协同配合、全方位覆盖的“大监督”工作格局，形成配合联动、齐抓共管的部门协同体系，为公司业务开展保驾护航。

【人力资源管理】2020 年，公司聚焦人才队伍建设，提升专业化能力与完善激励机制深入融合，以提高员工实际岗位技能和工作绩效为重点组织各类学习培训。设立“金融服务创新奖”，鼓励各部门、关键岗位围绕管理提升、降本节费、效率效益优先等方面主动谋划、协同合作、创新创效。结合实际探索实践中长期激励的有效方式，建立健全按业绩贡献决定薪酬的分配机制，在内部分配上更多向科技人才、关键岗位等核心人才倾斜，激励员工创造价值、干事成事。

【信息化建设】2020 年，公司持续开展系统平台优化改造工作，提供移动 APP 端办公，方便进行业务处理和资金信息统计分析；为集团搭建资金监控系统和大额资金报送系统，实现集团债券、授信、非债券融资统计、数据管理、大额数据报送等功能；上线风险监控系统，涵盖 16 项风险监管指标、MPA 宏观审慎资本充足率、流动性监控及预测、监管评级测算、流动性风险压力测试等功能，实现风险指标的自动化监测，增加风险防控手段；定期开展业务系统专项自查、应急演练和评估，有效保证业务连续性和系统信息安全。

【企业文化建设】2020 年，公司紧密结合公司经营业务开展党建活动，在“两学一做”、主题党日活动中加强党建与业务融合；围绕重点工作成立党员突击队，有力发挥支部战斗堡垒作用。坚持以服务员工为宗旨，强化群众凝聚力，承办“善建奔跑、共享健康，奉献爱心、助力脱贫攻坚”活动，开展“巾帼战疫、别样三八、相约春天、共筑芳华”视频比赛、“五四精神　传承有我”等主题活动，团结带领职工在推动公司高质量发展中发挥积极作用。

中国南航集团财务有限公司

【集团概况】中国南方航空集团有限公司（以下简称“集团”）成立于 2002 年 10 月，是中央管理的三大骨干航空集团之一。集团主营航空运输业务，兼营飞机发动机维修、进出口贸易、金融理财、传媒广告、地产等相关产业。集团主业公司中国南方航空股份有限公司在上海、香港和纽约三地上市，现有 16 家分公司、22 个国内营业部和 69 个国外办事处。集团是中国运输飞机最多、航线网络最发达、年客运量最大的航空公司，机队规模和旅客运输量均居亚洲第一、世界第三。

【经营概况】2020 年，中国南航集团财务有限公司（以下简称“公司”）稳定提升资金集中管理水平，提高客户服务水平，强化服务集团主业职能。协助集团完成司库一期项目建设，建成集团资金监控中心实体，提升内控风险能力，行业监管评级达到一级，实现高质量发展。2020 年公司实现利润总额 1.55 亿元。

【服务实体】2020年，公司以“保本微利”为原则，累计发放贷款262.92亿元，充分保障航空主业资金需求。贷款利率最多较发放当期LPR下浮85个基点，累计向集团成员企业让利3465.13万元。开发信贷业务线上审批功能，进一步提高公司服务实体经济效率。

【产业链融资】2020年12月，公司完成延伸产业链金融资质备案。业务资质获批后，公司成功开展首笔“一头在外”的票据贴现业务，向深圳承远航空油料有限公司发放5808.13万元贴现款，有效缓解南航产业链供应商融资难题，助力南航生态圈建设。

【投资业务】2020年，公司以固定收益投资为主，充分利用可转债市场机会提高投资组合收益率，在年初市场高点时刻及时出清可转债持仓兑现收益，降低市场风险影响，全年获取投资收益0.44亿元。

【票据业务】2020年，公司实现司库系统与电子商业汇票系统（ECDS）直连，拓宽了成员单位的支付融资渠道，丰富了公司金融服务手段。在集团范围内推广电子商业汇票业务，全年承兑商业汇票31张，金额共计11.17亿元。

【外汇业务】2020年，公司搭建了跨境资金池主体框架，实现境外成员企业资金归集零的突破。累计归集境外资金折合人民币3.76亿元，有效填补境内外汇支付缺口。上线跨境集中收付汇、点对点调拨等外汇结算产品，提升外汇资金结算效率，实现跨境资金调拨成本费用清零。

【资金集中】2020年，公司拓宽资金归集渠道，实现15家合作银行全部可归集，基本实现对成员单位各类银行账户集中管控的全覆盖。提高资金集中度，完成48个客户共112个账户资金归集，归集资金64亿元，集团日均资金集中度达94.10%（国务院国资委口径）。

【结算业务】2020年，公司建成集团统一支付系统，实现公司作为集团资金支付结算主通道的建设目标。全年核心业务系统处理结算业务68万笔，同比增长46%，结算金额合计2.55万亿元，同比增长27%，结算收支比为8倍，超过银保监会的5倍要求，统一结算率达94%。

【业务创新】2020年，公司联合中国南航集团进出口贸易有限公司开展供应商融资财务顾问服务，工商银行开辟专项融资窗口，于2020年11月5日向南航供应商发放首笔低息贷款。公司根据供应商资金需求，协助提供订单确认及回款账户快捷变更等服务，帮助南航供应商走出融资困境，保障南航产业链供应链稳定。

【风险管理和内部控制】2020年，公司积极应对疫情冲击，强化业务事前风险审查，加强对集团和融资对象生产经营和流动性状况的关注，做实资产风险分类和检查，全年未发生重大风险事件。持续优化内控制度与流程，全年修订制度173项、流程53项。监管评级顺利提升，规范化管理水平得到监管部门认可。

【信息化建设】2020年5月，公司上线财务公司电票子系统、司库电票功能模块和财务公司统一支付平台，丰富了结算手段，强化了公司作为集团资金结算平台的作用。2020年8月，完成南航资金监控中心建设，实时监控集团账户、资金，实时告警流动性、合规性等指标，标志着集团司库建设进一步完善。

【人力资源管理】2020年，公司持续优化绩效考核和薪酬结构，推进考核纵向到底，将年度考核指标分解到季度、落实到具体岗位，推动薪酬结构合理化。推行线上与线下结合的培训模式，开展面授课程培训18场，参与328人次；以项目形式开展网络培训，人员参与率达100%，培训满意度达98.90%。

【企业文化建设】2020年，公司不断夯实党建基础，将学习贯彻习近平新时代中国特色社会主义思想作为第一议题和政治要件，强化党建对业务的引领，就“四个平台”建设和“三场硬仗”成立17支党员突击队，发挥党员先锋模范作用。有效发挥群团组织作用，开展“五小”创新成果评比、走访成员企业、趣味运动会等活动，不断丰富群团活动内容，增强公司发展凝聚力、向心力。

Z

中国能源建设集团财务有限公司

【集团概况】中国能源建设集团有限公司（以下简称“集团”）成立于2011年9月，是国务院国资委直接管理的特大型能源建设集团。集团肩负着“世界能源、中国能建”的使命，秉承“行业领先、世界一流”的战略愿景，是全球范围内集工程项目规划咨询、勘测设计、工程建设、装备制造、投资运营为一体的综合服务商，是中国乃至全球电力行业最大的综合解决方案提供商之一。2020年集团列世界企业500强第353位，列国际承包商250强第15位。

【经营概况】2020年，中国能源建设集团财务有限公司（以下简称“公司”）注册地正式迁至北京市，并设立武汉分公司，全面超额完成年度经营目标，主要经营指标创下历史新高。截至2020年末，公司资产总额576.82亿元，同比增长11.95%；实现利润总额4.39亿元，同比增长21.94%；吸收存款531.24亿元，贷款余额239.91亿元，同比分别增长12.91%、17.94%，各项监管指标正常。

【服务实体】2020年，公司积极响应金融服务实体经济号召，加大服务实体经济力度，在疫情期间快速启动“特事特办、急事急办”工作机制，开通金融服务“绿色通道”，保持疫情期间金融服务不间断、办理效率不降低。创新完善金融支持企业复工复产方式，加大对疫情防控和受疫情影响较大企业的信贷、结算等支持力度，推出专项优惠贷款政策，全年累计发放复工达产专项贷款24亿元。公司秉持集团整体利益最大化原则，通过降低贷款利率、提高存款利率、免收汇款手续费、超低费率中间业务手续费等优惠措施，累计为集团及成员企业节约财务费用3.32亿元。

【信贷业务】2020年，公司加大信贷、保函服务支持，优化业务办理流程，助力集团转型升级发展。一是配合集团开展“优化融资结构、压降融资成本”专项工作，帮助成员企业置换外部高成本贷款、协助完成贷款LPR转换，不断发挥内源性融资作用。2020年累计发放自营贷款超过350亿元，较上年度增长25.05%，全年通过内源性融资为集团降低财务费用5.31亿元，为集团降低资产负债率1.45个百分点。二是大力推广财务公司保函业务，扩大保函替换保证金范围，实现保函开立标准化、高效化、便捷化，全年累计办理保函82亿元，同比增长135.32%，保函业务量获得突破性增长。

【资金业务】2020年，公司积极克服疫情影响，狠抓资金流动性、安全性和收益性，努力克服市场利率下行压力，提高资金收益水平。一是密切关注同业市场利率行情，坚持价格优先原则，科学合理摆放头寸资金，成功锁定上年末同业存款收益，取得高于市场平均水平的资金收益。二是抢抓市场窗口机会，不断开拓银行间市场资金融通渠道，不断丰富流动性管理工具，配置同业存单一级申购及现券交易、债券质押式逆回购、货币基金等产品，在确保资金安全、流动性的前提下提高了资金收益。三是疫情期间通过北京、武汉两地联动，采取多项应急措施，持续加强流动性管理，切实保障了客户资金需求和应急资金拨付到位。

【投资业务】2020年，公司审慎开展投资业务，加强投资业务研究，促进投资收益进一步提高。一是认真研判宏观经济与金融市场形势变化，抓住市场窗口机会，首次开展国债投资和质押式正回购业务，适时调整债券基金仓位及品种，成功避免了下半年因利率上行及信用债违约事件造成的债市大跌风险，为公司锁定了稳定收益。二是密切跟进市场热点，对可转换债券打新、中短债基金、公募 REITs 等新投资品种进行研究，为公司投资业务发展提供了智力支持。三是发挥投研优势，参与集团“十四五”规划金融发展专题研究及部分投资业务研究，协助集团制定金融衍生业务管理办法，为集团金融业务发展提供咨询服务。

【外汇业务】随着外汇资金归集工作的开展，公司深入拓展外汇业务，为公司外汇业务全面开展夯实了基础。一是发挥金融支持“一带一路”建设的重要作用，向成员企业提供外汇贷款2500万美元，助力集团成员企业国际业务发展，进一步提高了归集外汇资金的使用效率。二是在充分调研的基础上，推出成员企业境外账户可视化功能，首批实现部分集团成员企业境外账户可视，为进一步探索集团境外账户资金集中管理奠定了基础。

【资金集中】2020 年，公司继续深耕资金集中管理工作，通过不断巩固提升资金集中管理措施，推动资金集中水平再上新台阶。一是深入挖掘资金集中潜力，积极与各集团成员企业沟通协调，做好客户资金归集授权和银企协调工作，不断夯实资金集中配套服务，推动资金集中范围有效扩大。二是严格落实执行集团资金集中考核制度及方案，逐日监测、分析集团成员企业资金集中度，按月统计集团资金集中度，将资金集中度纳入集团对各成员企业的经营考核，有力督促成员企业主动开展资金归集。三是大力优化升级结算系统，不断推出委托收款等个性化服务品种，以优质的支付结算服务带动更多的存量资金归集。

【风险管理和内部控制】2020 年，公司坚守合规经营底线，以监管评级提升为抓手，促进风险管理和内控水平显著提升。一是围绕各项监管评级整改提升目标，吃透评级标准，找准差距短板，主攻重点弱项，促进银保监会评级水平、人民银行评级水平、反洗钱评级水平大幅提升，公司成功迈入一级财务公司行列。二是全面组织梳理完善公司治理架构、制度体系、业务流程、部门及岗位职责，公司制度体系、职责边界更加清晰，内部控制体系更加完善。全年梳理制度 225 项，制度法律审核率100%全覆盖。三是加快推进年度审计项目，首次开展信息科技全面风险管理审计，严格问题销号把关，审计监督促管理提升的作用进一步发挥。

【人力资源管理】2020 年，公司不断强化人力资源管理，提高人力资本效率，为公司高质量发展提供人力支撑。一是根据公司管理模式变化，修订完善人力资源管理制度 19 项，使公司人力资源管理有章可循、有据可依。二是加大人才引进力度，克服疫情影响灵活采取线上方式完成校园招聘后续工作，根据岗位员工缺口以社会招聘和校园招聘相结合的方式招聘引入优秀人才，进一步壮大公司人才队伍。三是加强干部队伍建设，坚持正确的选人用人导向，不断规范干部选拔任用工作，推动干部选拔任用工作科学化、制度化、规范化水平有效提高。四是加强与地方政府沟通，建立无缝对接工作机制，做好政策宣讲和解释工作，年内顺利完成退休人员社会化移交工作。

【信息化建设】2020 年，公司积极贯彻落实信息化总体规划，加强信息科技应用，助力公司信息化水平再上新台阶。一是正式建成并启用北京数据中心，同步无缝对接完成系统数据迁移工作，系统的安全性和连续性均得到有力保障。公司数据中心通过公安部三级安全等保认证，是集团内首家获得三级等保资质的金融企业。二是在原武汉机房的基础上建成异地灾备中心，对核心业务数据以实时数据同步方式进行持续保护，核心信息系统抵抗各种安全风险的容灾能力进一步提高。三是摒弃传统堆叠式搭建方式，创新引入云原生安全技术，建成金融云平台，该项目荣获集团 2020 年优秀案例及 2020 年电力企业信息安全创新优秀成果三等奖。

【企业文化建设】2020 年，公司以习近平新时代中国特色社会主义思想为指导，全面加强党的建设和党风廉政建设，切实发挥党建引领高质量发展作用。一是扎实开展党建基础工作，建立党委会“第一议题”机制，积极组织

Z

开展党建对标，促进党建工作责任落实落地，推动党建工作融入经营管理更有实效。二是建立党风廉政建设“一岗双责”清单，组织开展党风廉政建设宣传教育月活动、重要节假日廉洁自查自纠和例行约谈，积极发挥“大监督”作用，持续巩固落实中央八项规定精神成果，持续深入推进作风建设。三是创新方式开展宣传工作，推出公司微信公众号，及时开展疫情防控先进集体和个人评选表彰等工作，凝聚推动公司发展的强大正能量。

中国平煤神马集团财务有限责任公司

【集团概况】 中国平煤神马能源化工集团有限责任公司（以下简称“集团”）由原平煤集团和神马集团两家中国企业500强重组而成。集团坚持走特色转型发展道路，构建了以煤焦、尼龙化工、新能源新材料为核心产业，多元支撑、协同发展的产业新体系，打通了煤基尼龙、炭素和光伏三条全国能源化工行业独具特色的产业链条。集团是我国品种最全的炼焦煤、动力煤生产基地和亚洲最大的尼龙化工产品生产基地。煤炭产能4500万吨，工业丝、帘子布、糖精钠产能居世界第一位，尼龙66盐、工程塑料产能居亚洲第一位，焦炭、硅烷气、超高功率石墨电极、高效单晶硅电池片产能居全国第一位。旗下拥有平煤股份、神马股份和易成新能3家上市公司和7家新三板挂牌企业，营业收入、资产总额双双超过1500亿元。

【经营概况】 截至2020年末，中国平煤神马集团财务有限责任公司（以下简称“公司”）资产总额111.34亿元，其中贷款余额72.95亿元；负债总额78.41亿元，其中吸收存款78.09元；所有者权益32.93亿元。全年营业收入4.51亿元，利润2.91亿元，较好地完成了集团下达的指标，各项监管指标持续优于监管要求。

【业务创新】 根据当前集团各单位货款回收中票据占比远高于现款、票据沉淀较大的现状，公司对资产池产品进行探索研究，向持有票据的单位开展质押融资等低风险业务，盘活流动性较差的资产。同时，公司积极探索适合集团产业特点的金融产品，适时开展融资租赁业务。采取售后回租的方式，购买成员单位固定资产，租赁给成员单位使用，成员单位定期还本付息，还款方式和期限可灵活协商。业务上线以来，已办理资产池业务6530万元，融资租赁业务2000万元，仅两项业务即为成员单位节约融资成本约196万元。不仅实现了信贷业务品种的多元化，而且满足了成员单位不同期限的资金需求，降低了资金成本，给各单位生产经营提供资金支持。

【信贷业务】 2020年在疫情形势叠加经济下行的内外部环境下，公司积极落实国家出台的支持企业复工复产的各项金融政策以及集团有关管理要求，深入实施差异化信贷政策和利率政策，在符合监管要求的前提下实行网络受理和审批，业务手续电子化处理，简化业务审批流程，全力支持成员单位经营发展和降本增效，促进集团转型发展再升级。2020年全年完成信贷投放85.26亿元，其中贷款69.70亿元、贴现15.36亿元、融资租赁2000万元。另外，为成员单位签发银行承兑汇票17.3亿元，办理委托贷款1000万元。围绕集团资产结构优化目标，在实施低利率的基础上再度让利成员单位，平均贷款利率较上年同期下降63个基点，降幅达11%。2020年累计为成员单位节约利息费用5459万元，有力支持了成员单位降本增效。

【资金集中】 资金集中取得突破性进展。2020年2月与易成新能签订《金融服务框架协议》并开始归集资金，上市公司资金归集取得突破性进展。进一步提高归集额和结算水平。

2020 年 12 月末公司开户单位 331 家，开立账户 452 个。全年办理结算 46.71 万笔，结算金额 18675.53 亿元，结算量、结算金额创历史同期新高。

【稽核审计】根据《中国平煤神马集团财务有限责任公司 2020 年内部审计计划》安排，每季度对资金结算部、计划财务部上一季度业务开展合规审查，对重点岗位、重要环节、重要业务进行常规检查；不定时对代管票据突击抽查盘点，严防前台操作性风险。同时，重点开展公司绩效考核、反洗钱、公司治理有效性、对账业务、信息科技管理、综合授信等专项审计。通过以上审计，共查出各类问题 32 项，并根据所查问题针对性地提出整改建议 27 项，有力促进了各项工作的规范开展。

【风险管理和内部控制】一是对风险管理委员会成员进行调整。二是进一步完善制度建设。2020 年以来，公司各条线共梳理内部规章制度 160 项，修订制度 99 项，新增制度 9 项，作废制度 3 项。三是认真开展市场乱象整治“回头看”工作，对以前发现问题的整改情况进行“回头看”。四是向人民银行申请，成功获批中国反洗钱交互系统会员资格，实现反洗钱信息在线报送。

【信息科技】一是持续完善扩展资金管理系统。对核心系统进行功能扩展，完成信贷资产转让、电票线上清算、人民银行金融基础数据报送、LPR 利率管理等四项功能，提高了监管报送数据的准确度、及时性。二是推动资金系统与人力资源系统接口开发，实现集团各单位工资薪酬线上发放，完成集团薪酬管理的一项创举。三是推动集团财资管理系统上线实施，统一集团资金管控平台。四是开发资金管理系统与集团财务系统接口平台。五是推动国资委大额资金监控系统上线。集团作为试点单位开展大额资金监控工作，2020 年 6 月 22 日开始向河南省国资委报送大额资金数据，完成了省国资委交办的一项重要任务。六是推行资金管理移动应用。目前已完成资金系统移动查询功能，并可集成到企业微信中。

【人力资源管理】积极参加由人民银行、银保监局、中国财务公司协会等部门组织的各类业务培训和学习交流活动。定期组织公司全体员工学习，提升政治站位，提高业务技能。

【企业文化建设】切实强化党员干部政治学习意识。认真开展“三会一课”活动，开展好支部书记为党员讲党课活动，带领全体党员认真学习。认真落实“三重一大”决策制度，对涉及党建工作和公司发展的重大问题进行讨论决定。狠抓阵地建设和标准化建设的重点工作内容，为公司每一位党员过“政治生日”，进一步发挥服务型示范窗口的引领作用。强化党员责任意识，凝聚党员人心，以党建活动推动业务工作蓬勃开展。

中国石化财务有限责任公司

【集团概况】中国石油化工集团有限公司（以下简称“集团”）的前身是成立于 1983 年 7 月的中国石油化工总公司。1998 年 7 月，在原中国石油化工总公司基础上重组成立中国石油化工集团公司，2018 年 8 月，经公司制改制为中国石油化工集团有限公司。集团是特大型石油石化企业集团，注册资本 3265 亿元人民币，董事长为法定代表人，总部设在北京。集团是中国最大的成品油和石化产品供应商、第二大油气生产商，是世界第一大炼油公司、第三大化工公司，加油站总数位居世界第二，列世界企业 500 强第 2 位。

【经营概况】2020 年，中国石化财务有限责任公司（以下简称“公司”）全年实现营业收入 47.42 亿元，实现利润总额 26.75 亿元，2020 年末资产总额 2281.47 亿元，所有者权益 297.61 亿元。

【服务实体】2020 年，公司全力保障疫情期间成员企业生产经营及政策性资金需求，主动对接疫情防控物资生产相关企业及受疫情影响较大地区企业，以优惠利率为湖北企业办理票据贴现业务 21.27 亿元，为疫情期间保民生保原油储备提供专项贷款支持，助力成员企业和产业链客户抗击疫情、复工复产。通过免费结算、票据服务、结售汇、存贷款利率优惠、保函和高效办理资金归集等方式，为集团主业协同创效超过 17 亿元。

【资金集中管理】2020 年，保持集团“资金池”、“票据池”、电商支付等资金管理系统稳定运行，各系统功能持续提升，累计完成资金结算 2747.74 万笔、金额 40.52 万亿元，提供票据服务 8.6 万笔、金额 1138 亿元，电商支付在线结算量达 72.09 万笔、金额 4827.5 亿元，保持“录入零差错、收付零损失、服务零投诉”。办理首笔“票付通”业务。

【资金业务】2020 年，公司上下协同发力，多措并举应对存款规模下降的不利影响，积极争取集团和股份公司支持，日均吸存规模 927 亿元；发挥同业融资优势，紧盯货币市场走势，坚持多市场联动，优化筹融资结构，全力满足成员企业资金支付需求；完善交易模型，提高议价能力，资金运作水平进一步提升。

【信贷业务】2020 年，公司传统信贷业务增量创效，贷款规模保持高位运行，日均规模达 716 亿元，中长期贷款规模比重首次突破银行业 30% 平均水平。保函业务快速发展，累计开展业务 85 亿元，帮助企业降本减费 6400 万元。委存委贷业务高效开展，累计办理业务 1096 亿元。

【外汇业务】2020 年，公司坚持汇价优惠，累计办理结售汇业务 569 亿美元，为成员企业节约购汇成本超过 5.7 亿元。深挖成员企业外汇需求，精准研判汇率走势，及时调整交易策略，外汇交易点差创历史新高。获得普通类衍生产品交易业务资格批复，成为银行间外汇市场衍生品会员，为外汇业务提质增效打下坚实基础。

【投资业务】2020 年，公司证券投资转型升级稳步推进，初步建立“一体化、系统化、专业化”资管体系，构建“固收 + 权益”组合策略，自主研发 TIPP 量化模型和公募基金产品优选量化模型，优化大类资产配置，灵活调整债券策略，投资收益率跑赢市场基准水平，投资绩效显著提升。

【产业链金融】2020 年，公司产业链金融业务再创新高，发挥集团上下游一体化优势，深化结算平台数据分析，加大精准获客力度，累计办理产业链业务 241 亿元，在增收创效的同时，增强集团成员企业对产业链的影响力和黏性。

【“三基”工作】2020 年，公司完成董事会换届，修订公司章程，制定董事长办公会制度，认真履行党委会决策前置程序以及“三重一大”集体决策制度，坚持召开公司月度例会、班子每周碰头会以及业务部室日间晨会，跟踪推进各项重点工作有效落实。对标管理深入开展，全面实施对标世界一流管理提升行动，聚焦六大重点领域 10 项重点任务，明确 27 个提升目标、37 项行动措施；完善精益管理评价标准，坚持问题导向，按月、季开展对标，建标、对标、追标、创标工作持续推进。

【风险管控】2020 年，公司内控合规一体化建设取得突破，系统修订内控手册，对 94 条业务流程进行风险控制矩阵转换；编制合规管理清单，创新式实现合规事项按业务流程、按岗位看板管理。信用风险管控能力进一步增强，制定成品油零售行业信贷风险评估指引，启用流动资金贷款标准化信贷调查模板。制定“两高一重”落实方案，实施重大项目全流程管控，开展疫情期间经营风险变化情况、资金风险以及交易对手信用风险等 7 次专项排查。迎接审计署经济责任延伸审计、集团信息化管理专项审计、法制央企建设检查等 5 项检查，公司风险防范工作得到肯定。全年未出现任何风险上报事件。

【信息化建设】2020年，公司积极稳妥地开展信息系统的新建和改造提升工作，持续建设新网银系统，新建电子发票系统，持续完善核心业务系统功能，建设反洗钱系统、二代征信查询系统等，信息系统支持服务水平进一步提升。强化信息安全管理，开展网络攻防演习工作。制定信息系统数据管理办法，规范信息数据管理。

【人力资源管理】2020年，公司干部梯队建设取得新成效，选拔任用4名中层干部、11名基层干部，引进2名中层干部，实施“苗圃工程”，建立并动态调整两级优秀年轻干部库。强化干部系统培养，6名青年干部参加“三百三千”干部实践锻炼，组织179名青年骨干进行综合能力提升培训。完成退休人员社会化管理工作。

【企业文化建设】2020年，公司全面贯彻党的十九大和十九届二中、三中、四中、五中全会精神，严格落实“第一议题”制度。召开公司党建工作推进会，制定党支部工作规范，修订党建考核、支部分类定级、支部书记述职等基层党建制度，加强“石化党建”平台推广应用，党建工作考核全覆盖。巩固深化中央巡视反馈问题和党组巡视反馈意见整改工作成果，一体推进“三不”机制建设，完善大监督格局和廉洁风险防控机制；成立巡察工作领导小组和巡察组，制定党委巡察工作办法，确定2021年党委巡察工作计划；强化正风肃纪工作力度，全力营造风清气正、干事创业的良好生态。

2020年，公司开展参观燕山石化公众开放日、学习大庆精神等传承石油精神、弘扬石化传统系列活动，举办多样化劳动竞赛，配备健身器材，建立“职工图书角”。举办“青年大学习”、纪念五四运动101周年等活动，开展助力社区疫情防控、“冬奥洁净加油团”等志愿服务，为青年员工搭建彰显个性、展示才华、提升能力的舞台。

中国铁建财务有限公司

【集团概况】前身是铁道兵的中国铁建股份有限公司，由中国铁道建筑集团有限公司（以下简称“集团”）独家发起设立，于2007年11月5日在北京成立，为国务院国有资产监督管理委员会管理的特大型建筑企业。2008年3月10日、13日分别在上海和香港上市，注册资本135.8亿元。业务涵盖工程承包、勘察设计咨询、房地产、投资、装备制造、物资物流、金融及其他新兴产业，经营范围遍及全国32个省、自治区、直辖市以及130多个国家和地区。

【经营概况】2020年，中国铁建财务有限公司（以下简称“公司”）资金集中、发放贷款、营业收入、净利润等主要经济指标再创历史新高。截至2020年末，本外币吸收存款余额1474.96亿元，本外币日均吸收存款折合人民币941.75亿元；发放各类贷款970.61亿元，信贷投放余额749.82亿元，日均投放额654.53亿元；累计结算业务940.25万笔，累计结算金额6.65万亿元；实现营业收入32.45亿元，净利润11.88亿元，资产总额1600.77亿元，继续稳居行业前茅。

【服务实体】公司充分发挥资本信贷的杠杆作用和导向作用，大力支持成员单位在京津冀协同发展、长江经济带发展方面的项目；聚焦客户特性需求精准施策，建立推出“F+”系列金融服务方案，其中“新兴贷”和“新兴票”产品专门用于支持铁建新兴产业创新经营和新兴产业项目建设；设立“战疫债”专项投资额度，积极投资成员单位在疫情期间发行的信用债券，降低整体融资成本；倾力打造品质财务顾问，为成员单位投融资管理提供咨询服务。公司为服务实体经济和集团高质量发展贡献力量。

【信贷业务】2020 年，公司聚焦集团战略导向，为新兴贷和专优贷核定框架性额度上限70 亿元，专优票规模上限 50 亿元，全力支持物流板块和新兴产业；开辟绿色通道，快速调增成员单位保函授信，支持股份公司军民融合项目保函需求；节后复工第一时间推出 30 亿元“战疫贷”专项产品，切实加强防疫复产金融供给；推出 200 亿元“超短贷”产品，大力支持短期资金周转需求；推出“降债宝”产品，积极配合集团降债工作。

【产业链金融】2020 年，公司办理产业链金融票据贴现 992 笔，金额 19.05 亿元，余额11.2 亿元。疫情期间，公司建立线上申请和快速审批通道，最大限度满足供应商的资金需求。

【资金业务】2020 年，公司高度注重资金管理工作，通过规范成员单位头寸报备机制，引导成员单位及时准确预测收支，为公司资金头寸管理提供依据；立足流动性均衡管理的总原则，根据市场形势和实际资金状况灵活开展货币基金申赎、国债及信用债买卖、国债逆回购等业务，以有限资金创造更多价值，获取金融市场超额收益。

【投资业务】2020 年，公司严格按照监管要求和上级单位批复的投资范围稳健开展有价证券投资业务。全年有价证券投资日均规模35.83 亿元，创造综合投资收益 1.07 亿元；通过积极投资成员单位债券累计为铁建成员企业节省发债融资成本超过 2100 万元，抵销集团整体债务约 14 亿元，发挥了较好的降成本减负债效果。

【票据业务】2020 年，公司累计办理票据承兑 1.72 万笔，金额 182.15 亿元；累计办理票据贴现 1113 笔，金额 37.98 亿元。公司获得人民银行再贴现货币政策工具支持，围绕集团主业上下游挖掘业务空间，首次签订了同业战略合作协议，办理了首单央企财务公司转贴现；公司首获中诚信 AAA 级主体信用评级，成功发行“招行铁建财务 2020 年第一期标准化票据”，成为全国首批创设标准化票据业务的财务公司。

【外汇业务】2020 年，公司充分利用集团外汇资金集中运营管理主办企业资质，代理成员单位开展经常项目下集中收付汇业务、境内外外汇资金集中管理、外债和对外放款额度集中调配，并积极推动外汇业务线上化。同时，公司利用即期结售汇和银行间外汇市场交易会员资格，在外汇交易市场内交易，开展代客即期结售汇业务，全年共办理外汇业务 104 笔，金额累计 2.19 亿美元；代客即期结售汇业务 18笔，金额 1878.29 万美元。公司连接的 SWIFT系统已正式启用生产用银行代码（代码：CRF-PCNBJ），与主办行连接可接受与发送 MT940、MT101 的报文接口已正式上线，全球账户可视化集中管理正在稳步推进。

【资金集中】2020 年，公司以营销服务纵深发展为手段，以资金集中持续提升为目标，以提升质量为抓手，以合作共赢为目标，有序推进各项工作。通过以流量带存量促进资金集中、业务推介会加大营销和推介力度、尝试代监管有效化解监管难题、挖掘成员单位资金潜力等措施大力推进资金集中工作。

【业务创新】2020 年，公司加强金融研究，积极灵活运用货币基金、国债、同业拆借、质押回购、国债逆回购、票据转贴现、再贴现、标准化票据等投融资工具，构建投融研一体化平台和流动性管理工具箱；提升金融工具交易频率和规模管理的饱和度，进一步盘活公司存量债券和票据资产，补充公司流动性资金；创新推出 32 期铁建财务 FICC 金融周刊、金融政策时评、宏观经济与货币政策等内部研究期刊，致力于打造智库型财务公司。

【风险管理和内部控制】2020 年，公司坚持合规经营、依法办事，严格遵守国家法律法规和各项监管规定，全面落实风险管理和内部控制责任，各项管控措施积极有效，各项监管、监测指标持续合规，风险管控体系不断完善。定期对公司层面的内部控制设计及运行情况进行全面测试与评价，全面系统评价公司风险内控体系设计与运行的有效性，客观、真实、准确揭示公司经营管理中的内控缺陷、风险和合规问题。

【人力资源管理】2020 年，公司积极、稳妥推进组织架构调整和人力资源制度体系建设，对各部门职责进行调整和明确，确定各部门编制定员及领导职数，调整班子成员分工，完成前、中、后台分离工作；建立健全干部选拔、培养、管理、评价体系，完善领导干部、员工晋级、职称评聘、薪酬福利、绩效考核等制度方案；进一步推进后备干部队伍建设，储备培养优秀年轻干部；鼓励员工参加继续教育、专业培训，员工专业素养不断提高。

【信息化建设】2020 年，公司持续优化信息科技组织架构，提升信息科技组织管理能力；发布《数据中心安全运维管理办法》，明确操作人员在运维管理中的角色和职责；核心系统建设顺利按期投产上线，为公司转型发展提供了坚实的基础保障；重点开展了人民银行二代征信、上海票交所票据直连及线上清算、银保监局 1104 报表等系统项目建设，加强外围系统建设与整合；开展应急灾备演练，强化数据验证和恢复机制，做好基础资源的动态调整，提升服务保障能力；积极参加公安部及集团组织的“网络安全演练”活动，并取得较好的防护效果。

【企业文化建设】2020 年，公司通过各种载体平台等大力深化“铁建金钥匙”特色文化建设，致力于培育具有铁建金融特色的文化品牌。开展企业文化建设问卷调查，了解评估企业文化建设成效；举办“铁建金钥匙”文化讲堂 5 期，努力将其打造成为推进特色文化落地的重要平台；以三八节、司庆等重要节日节点为契机，组织举办各类主题文化活动，培育厚植员工创新、担当精神，推动企业文化理念内化于心、外化于行、落地生根；修订宣传册、制作品牌业务宣传折页等，进一步丰富文化宣传载体。

中国铁路财务有限责任公司

【集团概况】2020 年，中国国家铁路集团有限公司（以下简称“集团”）完成铁路固定资产投资 7819 亿元，完成旅客发送量 21.6 亿人，完成货物发送量 35.8 亿吨，完成经营总收入 11344 亿元。贯彻中央部署要求，提出铁路疫情防控三大目标任务，累计向湖北、武汉等地区运送防疫物资 2.6 万批、99.2 万吨，输送援鄂医护人员 458 批、1.39 万人次，为全国疫情防控取得重大战略成果作出了贡献。截至 2020 年末，全国铁路营业里程达到 14.63 万公里，其中高铁 3.79 万公里。

【经营概况】中国铁路财务有限责任公司（以下简称“公司”）注册资本 100 亿元，由中国国家铁路集团有限公司及其子公司中国铁道科学研究院共同出资设立，出资比例分别为 95% 和 5%。截至 2020 年末，公司总资产 570.16 亿元，净资产 127.68 亿元，资本充足率为 61.14%，2020 年全年实现营业收入 9.59 亿元，利润总额 7.45 亿元。

【服务实体】公司加强对成员单位的服务工作，优化结算流程，规范办理结算业务，全面提高结算服务质量和水平。公司先后与工商银行、建设银行、农业银行、中国银行等银行签署了银企直连、现金服务管理合作协议，完成了银行和公司系统直连对接。在利息计付方面让利于成员单位，所有种类存款利率在央行基准利率基础上上浮 30% 或 40%。同时免收凭证工本费、手续费等结算类费用。

【信贷业务】2020 年，公司累计发放贷款 105.77 亿元，2020 年末贷款余额 224.77 亿元，特别是为小型企业发放贷款 11.79 亿元，为实体经济发展提供了金融支持。截至 2020 年末，公司委托贷款余额 22.97 亿元。

【资金业务】公司立足调节流动性缺口、调整资产负债表的基本功能，有效发挥同业业务对于资产负债的配置作用，合理安排同业资产负债结构，科学编制资金预算，全力配合集团实行资金统一调度和管理，相关融资安排渠道通畅。动态调整同业合作机构，与 10 家合作金融机构签署同业存款协议，规范开展同业业务，为公司创效和降低集团财务成本发挥了积极作用。2020 年累计开展存放同业业务 8377 亿元，取得同业利息收入 7.24 亿元。

【投资业务】2020 年公司取得固定收益类有价证券投资业务资格，在完成备案登记、专机专线配备与制度建设的基础上，开展债券承销以及投资业务。2020 年 11 月公司作为承销团成员承销集团发行的 5 年期铁路建设债券 20 亿元，同时完成 2020 年第八期铁路建设债券投资，金额 20 亿元，利率为 3.47%，提升了资金使用效益。

【票据业务】2020 年，公司完成 ECDS 线上清算功能测试及上线，进一步完善票据服务功能，保障电票系统运行稳定及票据结算安全。截至 2020 年末，共有 23 家成员单位接入财务公司票据系统，通过电票平台收票 28.46 亿元，开立商业承兑汇票 24.67 亿元。公司票据承兑余额 55.06 亿元，为成员单位节约财务费用 2.09 亿元。

【资金集中】公司持续推进资金归集工作。结合集团账户清理等专项工作，全面梳理铁路单位开立账户情况，对未按要求开立和归集账户的铁路单位进行协调、督促，不断扩展铁路单位在公司开立账户规模。通过加大对资金归集业务的宣传，持续提高资金归集比例，实现财务公司与成员单位合作双赢、共同发展。截至 2020 年末，公司资金集中度为 26.41%，成员单位在公司开立账户 186 个，归集银行账户 83 个，吸收成员单位存款 440.52 亿元。

【风险管理和内部控制】公司董事会明确风险偏好、风险目标、风险限额和风险缓释措施，前、中、后台三道防线严格落实风险管理策略，没有发生风险事件。公司将监管部门要求的 16 项监管指标全部纳入实时监管体系，各项监管指标均符合监管要求，截至 2020 年末，资本充足率为 61.14%，流动性比例为 74.74%，无不良贷款。全年共对 92 项信贷业务进行风险审查，制定和修订内控制度 23 项，对公司签订的 100 份合同进行合规性审查，按照监管部门要求开展反洗钱、扫黑除恶和案防工作。

【人力资源管理】2020 年，公司组织完成副高级会计师专业技术资格评审、“百千万人才”工程、专业技术带头人考核，制定中层及以下管理人员选拔任用实施办法，修订部门职责、员工轮岗、强制休假等管理办法；组织多场业务交流，聘请人员讲解新会计准则，开展会计持证人员继续教育，提升职工业务素质；积极利用疫情期间社保优惠政策申请失业保险返还，减轻企业负担；积极推进董事高管资格核准工作，按要求进行高管分工，满足工作需要和监管要求。

【信息化建设】公司建设并应用财务公司财企服务平台，支持成员单位信息系统通过财企服务平台调用财务公司银企直连功能，有效提升成员单位付款效率，降低支付环节人力投入，提升公司服务能力。完善票据系统，实现线上清算功能，使票据解付与上海票交所全面直连，降低了通过线下付款的风险，大大提高了工作效率。支持公司新业务开展，完成投资功能投产应用，接入中债综合业务平台。结合机房搬迁，建设完成财务公司异地灾备系统，进一步保障系统安全。

【企业文化建设】2020 年，公司组织召开党员大会，选举新一届党委和纪委委员会。支持湖北地区抗击疫情，组织党员主动捐款，开展“厉行勤俭节约、反对餐饮浪费”活动，组织党员参加网络培训、政治机关意识教育和公司业务常识在线答题活动。积极倡导“合规文化”建设，教育和引导广大职工坚守职业操守，加强“八小时之外”自律和组织管理监督，塑造了风清气正、廉洁自律的良好形象。公司荣获“全国铁路文明单位”称号和“直属机关第一届文明单位”称号。

中国一拖集团财务有限责任公司

【集团概况】 中国一拖集团有限公司（以下简称“集团”）经过60余年的发展，已经形成以农业机械制造为核心，同时经营动力机械、零部件等多原产品的大型装备制造企业集团。农业机械业务具有国内最完整的拖拉机产品系列，拥有国际先进、国内领先的、具有自主知识产权的产品技术，具有每年为全球用户提供10万台以上25～400马力拖拉机的生产能力。新中国第一台拖拉机、第一辆军用越野载重汽车在这里诞生。建厂以来，企业已累计向社会提供356万台拖拉机和299万台动力机械，为我国的“三农”事业作出积极贡献。

【经营概况】 2020年，中国一拖集团财务有限责任公司（以下简称“公司”）面对国内突发的新型冠状病毒肺炎疫情始终秉承“依托集团，服务成员，合规经营，稳健发展”的经营宗旨，为促进集团的生产建设、降低成员单位财务费用发挥了银行不可替代的积极作用。2020年末，公司资产总额52.22亿元，同比增长24.36%；负债总额43.84亿元，同比增长29.93；所有者权益8.37亿元，同比增长1.33；全年实现利润总额4788.87万元，同比增长12.48%。

【资金结算业务】 2020年，公司坚持资金集中管理基本功能定位，不断加强资金结算平台、资金管理平台和资金监控平台建设，实现账户统一管理、资金集中管理，通过资金集中管理、全面预算管理、信息化系统建设相结合，优化资源配置，提升资金使用效率。2020年，为集团成员单位累计办理结算金额1287.17亿元，同比增长9.29%；办理结算笔数12.65万笔，同比增长16.16%；公司平均资金集中度为90.81%，同比增加4个百分点，在全国财务公司中继续保持较高水平。

【信贷及票据承兑业务】 2020年，公司向集团及成员单位累计发放贷款18.95亿元，同比减少25.88%；年末贷款余额20.25亿元，同比减少5.74%，不良贷款率为零。2020年，公司累计办理票据贴现8901.95万元，同比减少59.82%；2020年末贴现余额4444.29万元，同比增长385.69%，集团及成员单位贴现业务集中度为100%。

2020年，公司为集团及成员单位累计办理票据承兑34.16亿元，同比增长31.28%；其中，办理电票承兑24.15亿元，农机电票买方信贷10.01亿元；2020年末票据余额18.99亿元，同比增长79.26%。

【产品金融业务】 2020年，公司在依法合规、风险可控的前提下，对产业链下游经销商和终端用户开展产品的融资租赁和买方信贷业务，通过精准定向新能源渣土车、环保车和植保无人机等项目配合集团成员企业大单产品销售，全力促进企业产品销售。2020年累计提供各类融资1.97亿元，同比增长36.96%；拉动销售收入3.48亿元，同比增长35.73%；销售各类农机及专用汽车产品2585台，同比增长33.94%。公司融资租赁、买方信贷及农机电票业务稳步开展，促进了集团下游产业的良性发展。

【金融同业及投资业务】 公司开展的金融同业业务一方面是利用自身金融机构优势与外部金融机构广泛合作，不断拓展金融融资渠道，获取外部资金资源；另一方面是通过资金集中管理、全面预算管理、信息化系统建设相结合，优化资源配置，发挥规模效益，实现集团利益最大化。2020 年，公司累计开展交易所回购 240.02 亿元，同比增长 177.64%；实现利息收入 2764.64 万元，同比增长 119.54%。同时，公司在满足集团成员单位资金需求的基础上，利用暂时闲置资金，坚持“有则做，无则不做，风险防控第一”的稳健投资策略开展投资业务。2020 年，公司累计实现投资收益 63.70 万元。

【风险管理和内部控制】公司始终坚持把内控机制寓于经营管理活动之中，根据公司治理要求，建立健全股东会、董事会、监事会合理分权制衡的公司经营管理机制。同时，公司遵循“主动合规、制度先行”的原则，将内部控制措施嵌入各项规章制度和每个岗位操作环节之中，2020 年组织对规章制度进行梳理和修订，新增和修订制度 17 项，对公司内部控制的目标、原则、要素、组织体系、要求、监督及内部控制制度体系建设均作出明确规定，形成有效识别风险、主动避免违规的内控机制。

【人力资源管理】2020 年，公司在集团的支持下按照金融行业的特点设计并实施有效人才培养计划，目前银行业从业资格持证率保持在 90% 左右；按照年度培训计划并根据非银行金融机构业务及风险防范的特殊性，组织从业人员专业培训，全年组织业务、法律、内控、反洗钱、信息化等内、外部培训 27 次，参加员工 427 人次；公司根据各部门职能、岗位职责层层分解重点工作和经营指标，在内部形成“多劳多得、多得光荣”的工作氛围，激励全体员工努力工作、创先争优。

【信息化建设】公司通过加强信息科技风险管理，不断提高信息科技风险管理水平，以满足业务的发展与监管要求。公司新核心系统于 2020 年 7 月正式上线，主要涉及定价管理、产品工厂、客户管理、账户管理、结算管理、托收承付、存款管理、信贷管理、融资租赁、买方信贷、同业管理、票据管理、财务会计、工资管理、固定资产、工商银行和建设银行的银企互联、企业内部网银等功能模块，涵盖公司主要核心业务，逐步增强信息科技在各项业务发展中的保障作用。

【企业文化建设】公司积极参加集团活动、社会活动及公益活动，以实际行动来回报集团、回报社会。公司 2020 年号召全体员工及党员加入爱心帮扶活动中，再次向“国机爱心基金”捐款 5145 元；19 名党员和 9 名青年员工分别为防疫一线医护人员捐款 1243.23 元、370 元，通过爱心捐助活动的不断开展，将爱心传递下去，关心更多需要帮助的人。

中国移动通信集团财务有限公司

【集团概况】中国移动通信集团有限公司（以下简称“集团”）是按照国家电信体制改革的总体部署，于 2000 年组建成立的中央企业。集团主要经营移动语音、数据、宽带、IP 电话和多媒体业务，并具有计算机互联网国际联网单位经营权和国际出入口经营权，目前是全球网络规模最大、客户数量最多、品牌价值领先、市值排名前列的电信运营企业。集团连续 20 年入选世界企业 500 强，2020 年列第 65 位；连续 16 年中央企业经营业绩考核为 A 级。

【经营概况】2020 年，中国移动通信集团财务有限公司（以下简称“公司”）牢记“金融服务实体经济”使命，严守“资金安全增值底线”，围绕“优集中、创价值、促协同”工作主线稳步推进各项重点工作，为稳定集团业绩、支撑服务成员单位作出积极贡献。2020 年末，公司资产总额 2144.19 亿元，所有者权益 251.81 亿元，全年实现营业净收入 20.95 亿元，实现利润总额19.46亿元。公司严格把控风险，资本充足率、流动性比率等各项监控指标均符合监管要求，不良资产率及案件发生率均为零。

【资金集中】2020年，公司资金集中体系平稳高效运营，资金主通道的作用进一步显现，2020年末资金集中体系成员单位数量达88家，全年结算业务量86116.25亿元，公司按集团要求分批推进资金支付主通道实施，电渠营收资金的范围不断扩大，频次由月结提高到日结，加强营收资金的集中管理，目前已实现对上线单位全量账户的集中管理和监控。

【资金业务】2020年，公司积极发挥专业化运营优势，持续运作同业存款、同业存单、同业拆借、质押式逆回购、交易所国债逆回购等业务，合理划定合作对象范围，资金管理手段不断丰富，头寸管理能力持续加强，不同期限层次资金头寸利用效率不断提高。2020年公司累计操作同业定期存款70亿元、同业存单200亿元、同业拆借和逆回购660亿元。

【投资业务】2020年，公司全面梳理分析全市场资金增值产品，形成金融资产增值图谱。在严控风险的前提下，公司持续丰富投资产品、优化业务流程，先后拓展摊余成本法债券基金、中长期限金融债等产品，稳健运作标准化债权类产品，不断完善投资业务全生命周期风险管控。截至2020年末，公司有价证券投资余额约165亿元。

【贷款业务】2020年，公司向16家成员单位发放贷款合计480亿元，贷款规模稳中有增，累计实现集团内贷款资金投放超2000亿元，有效缓解成员单位资金压力，高效支撑主业生态发展目标。此外，公司通过优化信贷资源配置等措施，重点加大科技研发资金支持力度，发放科技研发专项优惠贷款6亿元，助力集团“5G+”计划实施，促进高品质智慧家庭、移动云、DICT等产品能力构建，支持集团转型升级和创新发展。

【产业链金融】2020年，公司充分发挥金融专业和资质优势，丰富“金融+业务”内涵，整合各类金融资源，将金融服务延伸至集团生态的上下游优质企业，全年共为华为、中兴、烽火、大唐4家战略供应商、2家运维供应商和1家积分商城供应商提供融资支持，规模达78.23亿元，涵盖25家成员单位，为集团内各单位和产业链合作伙伴提供了有力支持，助力产业链稳定健康发展。

【业务创新】2020年，公司正式开展票据业务，为成员单位提供票据承兑、票据托收等服务，建立从报账系统到资金管理平台再到票据系统的“一站式”业务模式，实现商票实时出票、银票1~2天出票，并免收保证金手续费，全年累计为16家成员单位办理票据业务，已成为成员单位主要开票渠道。2020年，公司推出跨境人民币集中收付业务，通过规范集团内经常项下跨境人民币业务结算渠道，协助解决跨境历史欠款，简化各单位跨境人民币结算手续，实现跨境人民币业务统一管理，全年累计开展跨境结算11笔，金额30亿元。

【风险管理和内部控制】2020年，公司持续完善风险偏好策略，定期重检、修订内控手册和矩阵，不断夯实全面风险管理体系。完善成员单位信贷业务分级分类管理模式，持续监控成员单位资金管理及信贷资金使用情况；持续强化金融产品全生命周期风险管控，确保资金资产安全稳健运作；制定完善产业链金融风险管控举措，防范业务潜在风险；深化业法融合，实现业务、制度、合同法律审核全覆盖，制定发布重点业务合规指南，强化风险管理宣贯教育，保障依法合规经营。

【信息化建设】2020年，公司资金管理系统上线“分级虚拟账户体系”功能，支持各单位地市分公司账户纳入财务公司账户体系进行集中支付；成功上线票据业务系统并直连接入上海票据交易所，实现票据业务全流程在线办理；整合数据，形成投资、存款、结算、贷款四大数据模型，基于模型建成结算业务数据大屏等应用；基于集团IT云和移动云构建混合云基础设施，成功实现全部自建信息系统云化。

【人力资源管理】2020年，公司突出政治

Z

标准选人用人，积极推进干部队伍年轻化，完善干部梯次配备，强化干部监督管理；优化人才考核激励，启动绩效管理优化项目，健全完善中长期激励机制；强化队伍能力建设，克服疫情不利影响，充分发挥线上学习优势，稳妥推进多层次、差异化、融合式培训，全年累计开展全员培训 10 期，组织参加各类培训 1178 人次。

【企业文化建设】2020 年，公司依托“党建融金”品牌建设和“向党 · 爱国 · 精 CAI · 同心”系列活动安排，不断丰富企业文化内涵，增强公司凝聚力。一是创建“先锋文化”，表彰优秀先进、讲好身边故事，发挥宣传舆论的正向引导和积极作用；二是推动“服务文化”，推出《金融服务白皮书》，全力解决成员单位在实际业务办理中遇到的疑难问题，提升服务成员单位和主业发展质效；三是营造“关怀文化”，探索开展“EAP + 党建”，将“幸福 1 + 1”工会活动与公司党员教育活动互为补充，塑造全方位文化感知。

中国重汽财务有限公司

【集团概况】中国重型汽车集团有限公司（以下简称“集团”）是我国目前最大的重型汽车生产基地，是我国重卡行业驱动形式和功率覆盖最全的重卡企业，拥有黄河、汕德卡、豪沃等全系列商用汽车品牌。2020 年销售整车 46. 32 万辆，同比增长 64. 62%，整车出口 3. 10 万辆，连续 16 年位居行业出口首位。资产总额达到 1190. 08 亿元，实现收入 1006. 37 亿元，同比增长 52. 96%；实现利润总额 100. 05 亿元，同比增长 143. 57%，列中国企业 500 强第 183 位，列中国制造业企业 500 强第 76 位。

【经营概况】中国重汽财务有限公司（以下简称“公司”）不断加强风险管控，深化产融结合，强化科技赋能，稳健开展各项业务。截至 2020 年末，公司资产总额 540. 43 亿元，较年初增长 43. 33%；2020 年实现收入 14. 56 亿元，同比增长 14. 29%；实现利润总额 5. 81 亿元，同比增长 8. 40%，经营效益稳中有升，主要经营指标居山东省辖内财务公司首位。

【信贷业务】截至 2020 年末，成员单位贷款 209 亿元，首次突破 200 亿元大关，占集团贷款总量的 90%，集团融资主渠道和金融中枢职能效果显著。同时，开辟成员单位贷款绿色通道，通过简化审批手续、执行差异化利率等方式，提高审批效率，有效降低融资成本，有力支持集团经营发展。

【产业链金融】2020 年，公司加强对重点领域、重点行业的供应商支持力度，全年累计办理供应商保理业务 211 笔，金额 23. 70 亿元。建立应收账款控制体系，通过信息化手段逐步搭建以集团为核心、以财务公司为载体、以产业链为传导的全链条金融服务平台。

【资金业务】2020 年，公司全年实现资金业务收入 6. 24 亿元，同比增长 47. 17%，实现资金业务零风险的目标；完成银行间市场购买与转让的多场景测试，搭建多渠道、多维度金融合作网络与资金管理体系，打造全方位资金管理平台。

【票据业务】2020 年，公司签发银行承兑汇票 6. 01 万张，同比增长 40. 42%，金额 506. 51 亿元；解付票据 5. 26 万张，同比增长 7. 35%，金额 326. 81 亿元；贴现票据 0. 82 万张，同比增长 14. 90%，金额 64. 2 亿元。公司积极推广电子合同管理平台项目，电子合同管理平台经销客户达到 1093 户，实现经销商 80% 的覆盖率。

【外汇业务】2020 年，公司运用本外币、境内外资金池、结售汇工具，创建了多币种、全方位、广覆盖的全球资金管理体系。全年累计办理代客结售汇3.44亿美元，较2019年提高2倍，为成员单位节约汇兑成本400余万元。外币结算量25.2亿美元，跨境人民币结算量24.65亿元，跨境双向人民币资金池发放跨境贷款3亿元。

【资金集中】2020年，公司利用银财直连、财务共享中心将资金纳入公司统一结算平台，实时监控、实时支付，提高了集团资金使用效率。截至2020年末，各项存款481.39亿元，较年初增长48.78%；全口径资金集中度为83.62%，较年初增加2.79个百分点；全年资金结算3493.80万笔，金额14299.11亿元，创历史最高水平，美元资金结算1.03万笔，金额25.20亿美元。

【业务创新】2020年，公司拓展海关保函业务，成为济南市首批获海关总署批复的财务公司，为成员单位开出首笔2亿元汇总征税保函。自开立汇总征税保函以来，集团累计使用保函项下缴纳税款4983.60万元，大幅减少成员单位通关手续，节约通关时间，提高通关效率，减少资金占用，助力集团国际化发展。

【风险管理和内部控制】2020年，公司结合“行业规范建设深化年”活动，不断优化完善制度流程，全年修订制度51项，完成制度测试15项；完善风险监测预警体系，针对关键环节风险点进行风险提示39项；强化内部审计监督及整改，完成内部审计31项，建立审计问题库，整改问题116个，问题整改率为97.06%，公司二、三道防线作用有效发挥；加强全面风险管理建设，提升专业委员会履职能力。

【人力资源管理】2020年，公司实行差异化考核激励机制，激发全体员工积极性；不断优化员工结构，促进员工队伍年轻化、专业化发展，公司员工平均年龄下降至31岁，本科及以上学历占比达97%；全年组织培训21次，人均培训50学时，首次开展全员脱产培训。引进培养高端专业人才。截至2020年末，公司拥有省金融高端人才1人，齐鲁金融之星2人，济南市会计领军人才2人，高级职称4人。

【信息化建设】2020年，公司重点在核心业务系统优化提升、网络安全加固、应用系统发展与机房管理等方面开展工作。全年完成核心业务40项系统优化提升；开展核心业务系统网络安全等级保护测评，加强核心业务系统防护；制定公司“十四五”信息化规划。

【企业文化建设】2020年，公司积极开展企业文化建设，提高员工归属感，增强团队凝聚力。对内组织“品味经典　分享感悟”、金融英语知识竞赛等10场特色文化活动，对外树立先进典型、宣传金融文化品牌，2人获评“集团企业文化之星”称号。积极向中国财务公司协会和山东省银行业协会投稿并获录用30余篇，“财务公司本外币资金池运营模式探讨”等三个项目被列入山东省银行业协会2020年度重点研究课题目录。

中海石油财务有限责任公司

【集团概况】中国海洋石油集团有限公司（以下简称“集团”）是国务院国有资产监督管理委员会直属的特大型国有企业，是中国最大的海上油气生产商。集团成立于1982年，总部设在北京。经过30多年的改革与发展，集团已经发展成主业突出、产业链完整、业务遍及40多个国家和地区的国际能源公司。集团形成了油气勘探开发、专业技术服务、炼化与销售、天然气及发电、金融服务五大业务板块，可持续发展能力显著提升。2020年，中国海油列世界企业500强第64位；在《石油情报周刊》杂志“世界最大50家石油公司”中列第30位。

【经营概况】 截至2020年末，中海石油财务有限责任公司（以下简称“公司”）资产总额为人民币1423亿元（不包含委托贷款），全年累计实现拨备后利润总额人民币17.4亿元。

【服务实体】 截至2020年末，公司服务客户461家，账户达756个，客户遍布27个省（直辖市）。公司全年累计完成人民币结算业务超过100万笔，人民币结算金额6.7万亿元。

【信贷业务】 公司依托集团主业，针对成员单位抗击疫情复工复产、抵御低油价冲击的实际需求，发挥内部金融平台的产融结合作用，通过精心设计产品、提高服务品质、主动让利客户。全年自营信贷累计为成员单位提供融资约1600亿元。

【资金业务】 公司积极研究市场运行规律与银行资金需求变化，持续优化同业存款业务期限结构，提高同业资金配置水平。

【投资业务】 公司克服疫情的不利影响，抓住市场机遇推进业务创新，构建投资系统提升管理创新，积极开拓新投资品种，重启国债二级市场交易，深耕存量资产释放收益，在合规经营、严控风险的前提下，超额完成年度投资目标。

【票据业务】 2020年全年支持成员单位开展较低利率商业承兑汇票贴现，金额合计100亿元左右，围绕产业链的票据结算与融资功能显著增强。

【外汇业务】 公司跨境资金池业务取得实质性突破，成功开展跨境人民币集中收付业务、美元境外放款业务，并重启资本项下购付汇业务，有力支持成员单位资金需求。年内上线外汇网银系统收结汇功能，有效提升外汇业务电子化水平。全年共办理结售汇业务37亿美元。

【资金集中】 2020年末，公司按照银保监会全口径统计的资金集中率为62.86%，保持稳定水平，为发挥集团资金的聚集效益奠定了坚实基础。

【业务创新】 2020年，公司分别在深圳、海口、北京、珠海等海关实现了关税保函业务突破，为服务成员单位进出口环节关税担保打开多方通道，在帮助成员单位加速清关的同时为集团有效节约了财务成本。公司已将关税保函打造成金融服务新品牌。

【风险管理和内部控制】 公司遵守各项法律法规，始终坚持严格的风险管控，不断完善自身公司治理结构、制度流程体系、法人授权与分级授权体系、合规风控体系、审计稽核体系与纪检监察体系。基于卓有成效的风险管控，始终保持不良资产、不良贷款零纪录；并在国内同行中最先获得标准普尔、穆迪两大国际权威信用评级。目前公司标准普尔评级为A+（稳定），穆迪评级为A1（稳定），为国内商业金融机构最高水准。

【人力资源管理】 公司深入学习领会习近平总书记关于干部人才工作的重要论述，坚持党管干部、党管人才原则，扎实推进公司人力资源各项工作任务。全面贯彻落实新时代党的组织路线，坚决树好选人用人“风向标”；大力推进干部选拔任用工作，切实建强改革发展“主力军”；持续完善人才培养发展体系，促进干部练就担当作为“铁肩膀”；严格落实干部监督工作要求，精准用好监督管理“组合拳”。坚持以干部人才引领厚植创新发展动能，多措并举推动“选育管用”工作质量持续提升。

【信息化建设】 公司积极探索运用信息科技为疫情期间实现高效的工作沟通搭建桥梁，通过完善视频会议、创造远程办公条件、实现OA线上审批等手段助力防疫；多措并举，持续对公司核心业务系统24小时全监测，保障业务操作高效运转，确保特殊时期公司服务质量不减、服务标准不降。大力推进各项系统建设项目，按计划实现业务系统全覆盖，顺利完成年度信息化工作目标及各项网络安全专项保障工作，系统的安全性、可靠性、易用性和自动化程度大幅提高，公司信息化水平进一步提升。

【企业文化建设】 公司秉承“人本、服务、合规、稳健、创新”理念，不断加强培育以人为本的管理文化，构建人本型企业；培育融合多元的服务文化，构建服务型企业；培育开放诚信的合规文化，构建合规型企业；培育系统科学的风险文化，构建稳健型企业；培育开拓进取的创新文化，构建创新型企业等方面企业文化建设，并潜移默化地融入生产经营的各个方面，用共同的价值理念和温馨和谐的文化氛围把全体员工团结在一起，最大限度地激发和调动员工的学习积极性与创造性，鼓舞员工士气，提高员工素质，凝聚企业精神，提升企业竞争力。

中航工业集团财务有限责任公司

【集团概况】2020 年，中国航空工业集团公司（以下简称“集团”）系统规划“十四五”发展，提升装备保障能力，提高经济运行质量，深化国资国企改革，提升科技创新实效，做强“三同三高”产业，夯实一体化管理基础，有力管控质量和风险，深化干部、人才和激励体系，坚持加强党的领导。2020 年，集团全年实现净利润 156 亿元，EVA78 亿元，营业总收入 4685 亿元，利润总额 215 亿元，全面完成国务院国资委经营业绩考核指标，圆满完成年度计划任务，确保“十三五”期间装备任务、深化改革任务圆满收官，“双线作战”取得重大成果，脱贫攻坚取得全面胜利。

【经营概况】2020 年，中航工业集团财务有限责任公司（以下简称“公司”）紧紧围绕集团年度工作会议精神，统筹推进疫情防控和改革发展“双线作战”，持续提升金融服务能力，主要经济指标全面超额完成。公司全年实现营业收入 17.74 亿元，利润总额 5.69 亿元，EVA2.27 亿元。

【信贷业务】截至 2020 年末，公司日均自营贷款规模 340.7 亿元，较上年增长 10.08%，各类自营贷款、贴现及保理业务余额 376.02 亿元，较上年同期增长 15.39%。一是疫情期间提高金融服务响应速度，为湖北等地区成员单位开辟绿色通道，简化流程，最快 3 小时完成贷款发放。二是加大支持复工复产力度，为 34 家客户发放新增贷款近 40 亿元；通过优惠利率，进一步减费让利 1200 余万元，全年平均贷款利率较上年同期下降 22 个基点。三是持续聚焦航空主业，在公司信贷资产业务中，军用航空主业占比达 85%，民用航空主业占比为 5%。四是提升航空产业链资金流通，助力集团公司两金压控。发放压两金促清欠专项贷款 101.69 亿元；开展应收账款保理 116.42 亿元。五是不断丰富信贷业务产品，开展全程线上办理“航速贷”，累计授信 42.9 亿元，为 10 余家客户发放贷款超过 10 亿元，完成融资租赁业务开展的各项准备工作。探索知识产权质押融资及标准化票据业务。

【票据业务】为提高客户满意度，提升服务质量，搭建集团票据池提供良好基础，公司开展新一代电票系统建设工作；重点成员单位商票保贴取得新突破，产业链电子票据清算额 235 亿元，较上年增长 94%，进一步提升成员单位应收票据对应收账款的替代，提高产业链结算效率；对接上海票交所，为 22 家成员单位提供票据主动管理；统筹商业银行推动商票通业务落地，有效促进客户商票的流通能力，为公司积累供应链金融客户资源；提升票据客户服务水平，开展“票据业务线上知识科普竞赛”，宣传公司业务，增进客户关系，获得欢迎与好评。2020 年末贴现余额 10.21 亿元，较上年增长 45.44%。

【资金集中】2020 年末，公司本外币存款 1267.72 亿元，创历年新高。本外币日均存款 693.45 亿元，全口径资金集中度为 68.07%，可归集口径资金集中度为 89.48%。一是成功实现国家开发银行和广发银行银企直连；二是继续推进存款差异化定价，对全口径资金集中率

50%以上的客户提供优惠利率，促进资金集中；三是配合集团开展“两应账户”清理回头看，持续夯实银行账户授权联网基础；四是开展资金集中管理调查研究，通过纵向对比、同业对标，找差距、补短板，促进资金集中管理持续提升。

【外汇业务】公司跨境本外币一体化资金池取得实质性进展，获准成为集团开展“跨境本外币一体化资金池”主办企业，成为全国5家试点财务公司之一。同时，公司获取海关税收担保业务资质，成为北京5家试点财务公司之一，开立首笔保函，实现“先通关、后缴税”，大幅缩短通关时间。

【保险代理业务】公司协助完成波音737MAX事件对我国航空制造业产品责任风险管理启示的课题研究。围绕航空主业，增加保险保障型号，为AG100飞机首飞项目、福建野马B610C飞机科研项目提供综合保险服务，服务集团内8家通航客户，保障通航运营飞机90余架，协助集团三个民机型号取得国家首台（套）保险补贴。持续做好保险统筹管理，截至2020年12月31日，集团公司参保资产约2910亿元，较上年增长7.2%，航空类保险业务占比达70%，主要险种费率继续下降，节约保费2040万元。研究推广董监高责任保险，搭建董监高责任险产品池，协助某上市公司完成保险方案的设计和询价，实现董监高责任保险在财务公司零的突破。

【投资和资金业务】公司提升资产配置能力，提高资金运用效率。以同业业务、货币基金等低风险交易品种为基础，落地债券基金交易品种，获取自营债券业务资质，推进同业存单账户开立。努力拓展融资渠道，提升流动性管理能力。积极开展同业授信，获取16家金融机构272.3亿元授信。完善拆出资金管理流程，夯实债券回购业务，研究再转贴现业务，初步构建资金运营业务模式。积极开展财务顾问服务，以财务顾问身份服务集团中票发行，梳理发行价格曲线，提供决策依据。搭建衔接公募基金市场桥梁，保障成员单位永续债顺利发行。协助开展集团内企业债券发行监测和分析。

【风险管理】针对内外部检查中的风险防范和合规管理意见建议，公司积极进行整改。完善法人治理结构，规范资本补充机制，增强抵御风险的能力。完善制度体系，确保重点领域、重大风险的管理合规、安全、高效。拟定增资方案，妥善处理股权问题。恪守风险合规底线，处理好助力成员单位恢复经营和防范风险之间的关系，保障各项业务平稳运行。

【信息化建设】启动核心业务系统建设，稳步推进电票系统开发，推进内外网分离，加强网络安全防护，完成网络安全攻防演练防守任务，信息系统未发生安全风险事故。

【企业文化建设】公司一是强化政治引领，组织12次理论中心组学习，举办1期读书班，建立党委“第一议题”制度。“党课开讲啦”荣获集团“优秀党课”。严格落实“三会一课”制度，开展53次主题教育活动。二是加强党的领导，完成党委换届及党建进章程。制定《决策结构清单》《审批事项清单》，明确决策主体职责，建立内部授权管理体系。完成重大事项请示报告6项。三是推进党建强企，开展基层党建“一贯双改”，推动问题整改落实63项。创建“党员示范岗”和“党员突击队”。四是狠抓人才兴企，新选拔任用年轻干部6人，促进干部队伍梯队建设。促进人力资源管理体系优化升级。五是深化党风廉政建设，贯彻中央八项规定精神，严格落实履职待遇业务支出标准，落实集团修身正己八项纪律。开展廉政谈话提醒10余次。召开党风廉政警示教育大会。

中核财务有限责任公司

【集团概况】中国核工业集团有限公司（以下简称“集团”）是经国务院批准组建、中央直接管理的国有重要骨干企业，是国家核科技工业的主体、核能发展与核电建设的中坚、核技术应用的骨干，拥有先进核能利用、天然铀、核燃料、核技术应用、工程建设、核环保、装备制造、金融投资等核心产业以及核产业服务、新能源、贸易、健康医疗等市场化新兴产业，拥有完整的核工业体系，肩负着国防建设和国民经济与社会发展的双重历史使命。

【经营概况】2020 年，中核财务有限责任公司（以下简称“公司”）圆满完成“两核”财务公司重组工作，立足行业属性和“四个平台”功能定位，在落实国务院金融让利实体政策的同时，主动求新求变，深度挖掘资金集中潜力，大力创新产品服务，提升科学管理水平，服务集团产业发展。截至 2020 年末，公司资产规模 848 亿元，全年实现营业总收入 24.92 亿元，利润总额 16.67 亿元，全年通过压降贷款利率、提高存款利率以及减免手续费率等方式直接让利约 2.14 亿元。各项合规性指标符合监管要求。

【服务实体】截至 2020 年末，公司共发放自营贷款 487.53 亿元，其中，向核电、制造业、采矿业、建筑业、水电、光伏发电、风电等企业发放贷款合计 457.80 亿元，占总贷款金额的 93.90%。公司先后为 19 家小微企业提供授信，向 3 家疫情期间受困企业提供资金支持及存量贷款续作，给予 11 家小微企业首贷，首贷金额累计达到 6.88 亿元，并向以民生保障为核心的企业提供期限灵活、价格优惠的贷款，贷款条件优厚，覆盖范围持续扩大，小微企业贷款综合成本得到压降。

【信贷业务】2020 年公司累计新发放自营贷款 287.42 亿元，截至 2020 年末，公司自营贷款余额 487.53 亿元，日均贷款 473.81 亿元。2020 年度针对集团成员单位不同需求累计发放“战疫贷”0.95 亿元，支持企业开展防疫物资采购，持续推进对受疫情影响严重的服务企业的支持力度；完成“军工贷”提款约 3.80 亿元；持续推进“超短贷”方案落地，累计提款 27.8 亿元。2020 年公司发放集团成员单位委托贷款 356.10 亿元，2020 年末公司委托贷款余额 601.87 亿元。进一步为企业减负，降低融资成本，公司主动压降委托贷款和担保业务手续费。

【产业链金融】2020 年公司虽然未开展消费信贷、买方信贷和融资租赁业务，而且由于资质问题也无法开展延伸产业链相关业务，但是公司研究分析集团内产业链金融业务模式，并与供应链公司沟通交流，了解客户需求，推介卖方信贷、票据、保理及保函等业务，为 2021 年申请“一头在外”资质做准备。

【资金业务】2020 年，公司精益筹划同业布局，在做好流动性管理的同时，主动创新求变，通过加强谈判、增加同业合作银行、引进约期存款及大额活期存款产品，提高业务操作频率等手段，实现了公司资产负债的期限合理匹配，切实达成盈利性与流动性管理的平衡；敏锐抓住拆借市场机会，开展同业拆入拆出业务，进一步加强与交易对手的良好关系，扩大公司的市场影响力。全年实现同业收入 5.32 亿元，收益率达 2.42%，比同期日均 7 天 Shibor 高出 31 个基点。

【投资业务】公司在深入分析市场走势的基础上，精心筛选投资品种，积极审慎开展各项投资业务，并紧跟市场行情变动，及时调整和优化资产配置结构。2020 年共开展各类投资业务操作 68 笔，全年平均投资规模约 62.8 亿元，累计实现投资收益 3.40 亿元左右，综合收益率为 5.41%，明显高于全市场 2813 只债券基金 4.09% 的平均收益水平；全年投资业务各项监控指标均符合监管和内控要求，投资资产质量均为正常类。

【票据业务】2020 年公司开展电子商业汇票承兑 22 笔，金额合计 3310.04 万元，目前公司处于试点开展业务、整体规模较小阶段。同时，积极推进票据系统立项工作，为满足公司电子票据业务发展战略要求奠定了基础。

【外汇业务】2020 年，公司共办理国际结算业务 214 笔，折合美元 7.84 亿美元，金额较上年同期增长 94.20%，累计为成员单位节省结售汇费用 1207.32 万元，较上年同期增长 106.90%。公司为境内外成员单位按需调剂境内外资金提供便捷渠道，成功办理外债 2 笔、境外放款 5 笔，合计折合 9893 万美元。为落实集团汇率风险管理职责，定期发布 12 期《外汇市场研究报告》等资讯，为培养成员单位外汇风险管理中性意识提供服务。公司协助集团筹建境外财资中心，于 2020 年 7 月 29 日在中国香港注册成立，打造集团境外融资管理、资金风险管理和服务平台。

【资金集中】2020 年末公司全口径资金集中度为 64.78%，可归集口径资金集中度为 97.66%。较年初分别上升 6.1 个百分点、8.92 个百分点。资金集中度提升主要得益于公司辅助集团加强账户资金管控。管理层面，实现从“扁平管理”到“分层管理、各级协同”管理模式的转换，压实专业化公司和直属单位的责任；组织开展专项集团银行账户年检工作，以账户集中促进资金集中的纵深发展。技术层面，拓宽资金集中渠道，新增上线招商银行、中信银行银企直连系统。客户服务层面，加强沟通交流，多次现场走访重点客户，丰富结算产品，启动“超级网银”“财商通”系统建设，优化升级“财企通”产品功能。

【管理模式创新】2020 年，公司探索科学管理决策新模式，建立业务盈亏平衡及利润缺口动态分析模型、集团集成资金预测模型、流动性压力测试模型、集团资产负债压降模型等工具，初步实现业务决策的科学化、可视化，吸存规模预测偏离度降低至 1% 以下，集团资产负债率压降目标圆满完成。建立财务公司行业适用的高质量发展对标指标体系，明确公司高质量发展实施路径，为公司管理效能提升注入新动能。

【风险管理和内部控制】2020 年，公司自上而下充分发挥各级风险管理组织职能，严格执行风险管理流程，动态开展重大风险评估与监测，保证风险管理信息及时、准确、充分传递，公司加强信用、市场及流动性等重点领域风险管控，修订完善信贷业务合规指引，定期开展流动性压力测试，完善优化投资风险管理方案，完成应急体系初步建设工作，着力开展应急管理文化宣贯，同时公司积极探索优化风险内控合规法律“四合一”管理体系整合，优化风险管理 2.0 的升级改造。在内控方面，公司开展合规与内控体系机制相结合、优化简化工作流程的工作，在提升整合管理体系管理水平的同时，降低管理成本，提升管理效能。

【人力资源】坚持党管干部、党管人才原则，结合干部人才队伍建设总体要求，立足当前，着眼未来，编制人才发展规划，着力突破人才成长“天花板”和人才流动不畅的客观限制；选优配强干部队伍，有序开展中层干部的平级任职、选拔任职工作；优化激励约束机制，出台荣誉体系管理办法、干部综合考核评价办法；强化干部素质能力培养，开展领导力培训、管理反思和管理培训成果分享交流会，进一步调动广大干部积极性、创造性，激励广大干部勇担当、善作为。

【信息化建设】信息化是支撑业务和提升工作效率的重要手段。2020 年公司充分发挥“内部银行”职能，推广财企通、新增银企合作行、开通超级网银，完善支付场景。推动资金管理主控室、财商通建设，探索供应链金融，优化系统流程，为数字化转型奠定坚实的基础；建设智能化音视频系统，创新机房搬迁新模式，统筹规划网络地址，全力打造“一地两中心”运营模式，从网络高可用、高安全、高稳定性要求出发大力推进公司机房建设，提升基础设施和信息化服务保障能力。

【企业文化建设】深入贯彻落实新中核文化理念，抓住公司重组文化融合和落地关键期，按照集团“执行力提升年”有关决策部署，以企业文化建设为抓手，推动文化融合和执行力提升。制定公司2020年度企业文化落地实施方案、“执行力提升年”专项工作措施，并与各部门重点任务深度契合，得到有效落实。建立企业文化内训师队伍，编制企业文化践行优秀案例集，发布公司员工行为准则，积极选树典型，弘扬身边正能量。

中化工程集团财务有限公司

【集团概况】中国化学工程集团有限公司（以下简称“集团”）是国务院国资委直接监管的大型工程建设企业集团，是我国工业工程领域资质最为齐全、功能最为完备、业务链最为完整、知识技术密集的工程公司。2020年，集团紧紧围绕建筑工程、环境治理、实业、现代服务业四大板块开拓业务，实现新签合同额累计超过3000亿元。

【经营概况】2020年，中化工程集团财务有限公司（以下简称“公司”）紧紧围绕全年工作目标，全面推动各项工作取得成效，有效发挥为集团发展提供金融服务职能。2020年公司实现营业收入7.05亿元，利润总额2.72亿元；2020年末银保监会全口径集中度达64.77%，信贷投放余额86.35亿元，充分发挥内部资金余缺调剂功能，提升集团整体资金使用效率。

【服务实体】2020年，公司一是充分发挥内部资源杠杆效应，作为联合牵头行与外部银行合作为集团公司重大项目组建银团贷款，争取到优质的融资条件；二是推进集团保险集中管理，完善境外人员保险方案，为多个项目提供保险方案设计与咨询服务；三是公司发挥产融结合优势为集团提供多领域外汇顾问服务近10项，为集团高质量发展增添金融助力。

【信贷业务】2020年，公司克服疫情带来的不利影响，立足集团主业，积极拓展信贷业务范围，坚持做好疫情期间的信贷业务服务保障工作、持续加大信贷业务开发力度，支持混改企业发展，不断拓宽信贷服务范围。2020年公司实现贷款余额超过80亿元，中间业务发生额超过25亿元。

【产业链金融】2020年，公司在取得资质备案的基础上，积极构建“一头在外”延伸产业链金融业务制度流程及内部管理体系，努力做好顶层设计；在依法合规的前提下积极开拓“一头在外”延伸产业链金融业务，合规稳健开展“一头在外”贴现和产业链保理业务，为集团公司产业链上游客户提供金融服务。

【资金业务】2020年，公司进一步加强资金计划管理，力争做到将每日资金配置到最佳状态，有力促进公司整体经营盈利水平持续提升。强化境外资金监控方面，公司充分利用SWIFT系统平台，实现对集团130余个境外账户的线上监控，助力集团境外资金监控率超过60%。

【投资业务】2020年，一方面，公司继续秉持“合规稳健”的原则，根据公司投资计划、策略标准及相关制度规定，依法合规开展有价证券投资业务，实现投资收益超3000万元，并针对债券市场出现的风险事件进行详细跟踪与调研，提出应对措施；同时，公司建立持仓债券市场行情跟踪机制，每日跟踪持仓债券的基本情况，确保不发生重大投资风险。另一方面，公司根据需要开展同业拆入、债券质押式回购等再融资业务，拓宽公司融资渠道。

【票据业务】2020 年，公司业务部积极走访各成员企业，大力宣传票据及产业链贴现业务，截至 2020 年 12 月 31 日，公司以“零保证金、零手续费”的方式累计为成员企业办理票据承兑业务近 20 亿元；为支持成员企业全面复工复产，补充日常经营现金流，公司为部分企业提供较为优惠的贴现利率，2020 年全年贴现余额净增超过 12 亿元，办理产业链票据贴现超过 3 亿元，最大限度服务集团主业发展，为集团降低整体财务费用作出较大贡献。

【外汇业务】2020 年，公司持续维护跨境资金池稳健运营，合计为成员单位办理 4 笔对外放款业务，4 笔外债业务。同时充分与合作银行探讨集中收付业务模式，调研企业业务需求，积极推进业务落地，进一步拓展跨境资金池业务功能和服务能力。

【资金集中】2020 年，公司积极开展代理收款和对私代理付款业务，进一步拓宽成员单位资金结算应用场景。2020 年 12 月末公司全口径资金集中度超过 60%，为公司高质量发展提供了坚实的基础。

【业务创新】2020 年，公司积极探索产业链金融服务产品，研究上下游产业链商业模式、经营情况及融资需求，建立产业链金融业务服务体系，正式开展产业链金融业务。

【风险管理和内部控制】2020 年，公司始终坚持风险管理创造价值的理念，大力加强风险管控，持续夯实管理基础，聘请专业咨询机构对内控管理情况进行全面梳理；开展“管理制度提升年”专项活动，对内控制度体系补充完善；根据集团的发展新形势，对客户信用评级模型指标体系进行重新梳理构建；加强依法治企工作力度，完成常法和专项法律顾问的选聘工作；培育风险和合规管理文化，开展全员法治合规培训；持续推进风险管理信息系统更新换代和升级改造，聘请专业服务机构开展内控体系建设工作。

【人力资源管理】2020 年，公司始终坚持党管干部、党管人才原则，在人力资源管理过程中坚持“凡提四必”，发挥组织导向作用，通过多种途径为公司高质量发展提供人才保障。对所有拟聘人员实现查档全覆盖，切实落实党对人才的政治把关要求；突出“上岗靠竞争，收入比贡献”鲜明导向，激发全体员工干事创业的热情。

【信息化建设】公司新核心业务系统于 2020 年 7 月正式切换上线，可为集团所有成员单位提供更好的金融服务。新系统通过了信息安全等级保护测评的检验，取得等保三级资质，使公司信息安全水平达到一个新的高度。2020 年，公司根据要求完成 ACS 综合前置系统建设，实现人民银行准备金业务的线上处理；完成机房动态环境监控系统建设，实现对机房环境的自动监控。

【企业文化建设】2020 年，公司持续完善党的领导，修订完善公司章程、“三重一大”事项管理规定等制度流程，落实党组织前置研究讨论程序。不断加强党的建设，采用视觉系统展示与日常宣传引导相结合的方式，加强企业文化建设，开展征文、诗歌创作、观影等活动。对党员活动室和公司文化走廊进行设计，突出党建引领业务发展元素，营造浓厚的党建引领业务发展的企业文化氛围，增强公司职工企业认同感，突出中国化学品牌，凝心聚力助力公司高质量发展。

中化集团财务有限责任公司

【集团概况】中国中化集团有限公司（以下简称“集团”）为国务院国资委监管的国有重要骨干企业。集团设立能源、化工、农业、地产和金融五大事业部，对境内外300多家经营机构进行专业化运营，拥有员工约6万人。集团30次入选世界企业500强，2020年列第109位，并连续两年被《财富》评为“全球最受赞赏公司”。

【经营概况】2020年，中化集团财务有限责任公司（以下简称“公司”）圆满完成经营业绩目标，扎实推进各项战略议题，全年实现利润总额9亿元。公司积极配合集团推进账户集中、资金集中、结算集中等相关事宜，参与集团新司库系统建设，保障集团资金安全。同时，不断深化产业金融服务，拓展创新产品种类，“一头在外”业务与创新业务规模达历史新高。

【服务实体】在经营政策方面，将集团重点企业纳入战略客户管理；在运营机制方面，建立以全面风险管理为主导的管理保障机制并配备专业人员；在业务拓展方面，通过不断创新业务模式、拓展融资渠道、提供多元化资金支持等手段，多效并举，提升支持及服务产业链的能力。

【信贷业务】公司提供优质、便捷的自营贷款、委托贷款、电子票据等综合金融服务，扶持实体经济，支持成员单位战略发展。信贷资产投放日均规模连续3年增长。2020年，累计为近700家内外部客户发放贷款8500余笔。

【产业链金融】2020年，公司“一头在外”产业链金融业务保持增长态势；快速落地融资租赁业务。强化服务，覆盖集团各事业部产业链客户，全面提升业务服务深度与广度；深入挖掘成员单位上下游融资需求，深化上市公司金融服务方案与模式；积极推动智慧供应链金融系统线上平台建设，简化线下操作降低经营成本。

【资金业务】在同业业务方面，公司不断加强机构合作，积极参与货币市场业务，2020年落地多项公司首笔业务，建立多元化融资渠道，做好协同保障工作。同时，公司注重机构与信用风险管理，对交易对手准入及授信管理进行审慎评估，确保资金安全。

【投资业务】对集团内外部产品加大研究和投资力度，适当扩大公募产品投资规模，积极研究金融机构融资工具，形成以固定收益类产品为主的投资结构，投资范围包括公募基金、金融债、公司债、资产管理计划等。通过开展投资银行和委托投资业务，进一步加强证券投资和金融服务的协同作用。

【票据业务】公司一方面围绕集团核心企业开展票据业务推广，成员单位商业承兑汇票开立规模持续增长，其中，“一头在外”票据贴现业务缓释了成员企业流动性压力；另一方面克服疫情不利影响，响应中国人民银行“复工复产、春耕备耕”政策，积极开展票据再贴现业务，与商业银行合作，开展转贴现业务，扩大财票市场认可度。

【外汇业务】公司坚决践行央企责任，严格遵守各项外汇政策，秉持“科学至上”理念，在此基础上，向集团及成员客户提供结售汇、跨境资金运营、外币存贷款、国际结算代理等服务。结售汇业务规模持续位于行业前列，为集团降低汇兑成本。公司持续加强汇率市场分析与研究，为成员单位提供各类汇率资讯与咨询服务。

【资金集中】公司以打造“集团全球一体化资金集中平台”的战略目标为指引，强化上市公司资金集中政策研究与资金归集力度，不断提升上市公司金融服务框架协议存款上限。紧跟集团“十四五”战略，积极配合集团资金信息化管理政策，通过科技赋能，提升资金集中度。承接集团司库一期建设，以数字化呈现集团整体及各成员单位存贷款分布情况，直观展示每日资金流量流向。

【业务创新】公司积极开展“创新竞赛季”活动，鼓励全员创新、全面创新，涉及产业金融服务、融资服务、同业业务、外汇与跨境服务、管理能力提升等多个方面。同时，公司持续丰富产品种类，创新开展“能源保”“随时保”融资租赁等新产品。

【风险管理和内部控制】研究信用评级等量化工具，利用多样化风险管控手段，为“一链”业务开展提供风险分析与工具支持；设计以业务品种、金额、客户种类、控制力度、担保等为要素的多维度分级授权方案；协同业务创新，落实融资租赁、买方信贷等新业务模式；针对不同客户、不同业务设计差异化贷后管理及风险资产分析方案。

【人力资源管理】人才培养方面，开展人才盘点，梳理高潜人才，制定并实施“金财骏”专项培养计划；考核激励方面，丰富激励方式，组织“奋斗之星”“创新季”评选；专业序列建设方面，优化原有职级体系，拓宽职业生涯通道；劳动关系方面，实施劳务派遣，丰富用工手段，推进内部轮岗及人员退出。

【信息化建设】在系统建设方面，持续推进新一代核心业务系统建设，完成供应链金融平台全面投产上线，实现产业链保理业务全线上、无纸化办理，完成 RPA 应用及人民银行 ACS 综合前置系统上线，提高业务办理效率；在安全保障方面，现有核心业务系统通过等保 2.0 安全标准测评，新核心业务系统完成同城灾备建设，提升安全防护水平。

【企业文化建设】公司围绕监管、客户、同业，以“党建搭台、业务唱戏”的方式完成共建活动；推出“初心”系列学习栏目，努力实现学习形式、保障、成效到位。公司传承历史，超越创新，实现企业文化系统的全新升级，围绕“懂客户、通产业、能创新、肯奋斗”的核心价值观搭建公司宣传体系，推出公司品牌形象“化小胖”。

中集集团财务有限公司

【集团概况】中集集团（以下简称“集团”）1980 年 1 月创立于深圳，1994 年在深圳证券交易所上市，2012 年 12 月在香港联交所上市，主要股东为深圳市资本运营集团、招商局集团等。集团是世界领先的物流装备和能源装备供应商，致力于在集装箱、道路运输车辆、能源化工及食品装备、海洋工程、物流服务、空港设备、金融服务等主要业务领域提供高品质与可信赖的装备和服务。作为一家为全球市场服务的多元化跨国产业集团，集团在亚洲、北美洲、欧洲、大洋洲等地区拥有 300 余家成员企业及 4 家上市公司，客户和销售网络分布在全球 100 多个国家和地区。

【经营概况】2020 年，中集集团财务有限公司（以下简称“公司”）多措并举，强化金融对产业的服务、支持力度，有效满足企业资金需求，不断优化风险管控模式，确保公司资产安全。公司全年实现营业收入超过人民币 3 亿元，与上年基本持平；实现净利润人民币 1.25 亿元；截至 2020 年末，公司总资产折合人民币约 85.88 亿元。

【资金集中】公司 2019 年经国家外汇管理局批准作为主办企业开展跨境资金集中运营管理业务，2020 年公司实现该项业务成功落地，助力集团跨境资金管理再上一个新台阶。2020年，公司为集团下属业务板块设计搭建二级资金池系统上线运行，更好满足板块资金管理需求、提升板块资金使用效率和效益的二级资金池业务试点成功启动，助推板块资金管理迈入新阶段。同时，按照集团特殊时期加强资金集中管理要求，不断优化各项资金集中工作，积极协调多方归集资金限额，提升资金集中运营管理水平。2020 年全口径资金集中度约为 45%。

【信贷业务】2020 年，公司加大对集团产业金融支持力度，深入挖掘企业需求，满足板块差异化需求，持续推出多项灵活金融支持服务方案，包括对成员企业贷款展期、续贷、调整报价等，改善板块经营性现金流。全年新增信贷投放总量超过人民币 154 亿元，与 2019 年基本持平。

【产业链金融】2020 年，公司产业链金融业务保持良好发展态势，客户数量持续增加，业务基础不断夯实。全年买方信贷业务投放金额累计超过人民币 7 亿元，与 2019 年基本持平，截至 2020 年末，产业链客户数量超过 800 户，同比增加超过 300 户，客群规模进一步扩大。

【资金和投资业务】2020 年受新冠肺炎疫情冲击市场利率下行，因特殊时期集团管控政策限制资金和投资业务交易额度，公司根据市场情况采取不同策略及工具，灵活抓住市场波动机遇，使资金业务保持在稳定水平。公司积极拓展衍生品业务同业交易对手，并根据业务需求提前作战略布局。

【票据业务】公司针对业务板块和成员单位不同特点和需求，借助新核心系统建设契机，持续优化和完善票据管理系统，进一步推动集团票据信息集中；建立和拓展票据业务运作渠道，为成员企业提供全面的票据业务服务；通过盘活应收票据等资产，协助集团实现资产负债的有效管理。

【业务创新】2020 年 4 月，公司获得中国银保监会和国家外汇管理局批准外汇金融衍生品业务资质，获得中国外汇交易中心即期及远期外币对市场会员资格，在此基础上，公司组建跨部门项目团队，针对复杂的衍生品交易场景，通力合作，完善各项制度、流程、表单、风控措施、核算办法的制定，经反复沟通、测试、调试优化，实现远期结售汇业务成功落地，公司金融服务能力进一步提升，成为全国为数不多可以开办该项业务的财务公司之一。

【风险管理和内部控制】公司风险管控能力和风险管理规范化水平持续提升，进一步深化公司“三道防线”风控体系。建立以部门长为主要责任人的风险管理机制，各部门制定《部门风险管理手册》，落实第一道防线责任。结合公司的发展情况，修订并发布《公司风险红黄线管控手册》。同时，公司不断加强风险文化建设，通过线上举办第四届风险知识竞赛活动，提升员工风险意识。2020 年虽受疫情影响延期开工，但公司各项监管报表没有出现延期漏报的情况，各项监管指标全部达标。

【信息化建设】2020 年，为了落实集团“制造 + 服务 + 金融”发展战略，改善客户体验，实现业务全覆盖，支持业务创新，促进业务发展，强化风险管控，支撑管理决策，提质增效，支撑公司转型升级，公司经研究决定更换核心营运系统 TMS，依托第三方金融云建设基础平台，将信息技术与金融服务深度融合，全面提升技术平台承载能力和业务系统应用水平。

【人力资源管理】2020 年面对新冠肺炎疫情，公司高度重视疫情防控，迅速采取多种措施，全面落实政府和集团疫情防控要求，克服多重困难联系多方渠道紧急采购防疫物资，确保公司员工健康安全，并通过全方位防控措施把疫情风险降到最低，确保公司不受疫情影响顺利复工复产，为公司恢复正常平稳经营提供有力保障。与此同时，面对疫情造成的重大冲击，公司及时调整各种人力资源政策，持续优化业绩管理及激励机制，组织员工参加各类专业培训，进一步提升员工能力。同时，继续加强企业文化建设，开展团队活动，提升组织凝聚力。

中建财务有限公司

【集团概况】2020 年中国建筑集团有限公司（以下简称“集团”）以高质量发展为主题，扎实开展常态化疫情防控，全力推动复工复产，深化改革创新，狠抓生产经营。2020 年新签合同额 3.2 万亿元，同比增长 12%，营业收入、净利润在中央企业中分别列第 4 位、第 3 位。第 15 次获得国务院国资委年度考核 A 级，列世界企业 500 强第 18 位，稳居全球最大投资建设集团地位。连续 5 年稳居 ENR 全球承包商 250 强第 1 位，继续保持行业内全球最高信用评级。

【经营概况】2020 年，中建财务有限公司（以下简称“公司”）营业收入 26 亿元，利润总额 8.04 亿元，净利润 6.03 亿元。公司一是全力保障特殊时点资金渠道畅通，及时拨付 5 亿元抗疫建设资金至中建三局；跨境双向人民币资金池成员单位增至 90 家；获批跨国公司跨境资金集中运营业务资质，服务境内外成员单位达 84 家；二是开展各类信贷业务规模超过 1200 亿元。积极推广优化供应链服务平台，着力解决内部清欠。发挥票据业务作用，缓解成员单位资金压力，票据业务开展量增长 46%，有力支持上游中小微企业发展。

【服务实体】2020 年，公司将信贷投放与集团业务板块发展、落实国家战略有机结合，为节能、环保等项目提供绿色贷款 8.8 亿元，为长三角区域建设提供贷款 20 亿元，为重大基础设施项目提供贷款 30.4 亿元；助力成员单位抗疫项目建设，发放抗疫专项贷款 18.5 亿元；为成员单位增收节支，降低财务费用 12 亿元，助力集团降低资产负债率 0.6 个百分点。

【信贷业务】2020 年末，公司各项贷款余额 693 亿元，同比增幅为 39%，为集团合并报表抵销负债超过 700 亿元。创新金融服务手段，积极拓展保函业务：年内为成员单位开立保函 428 笔，同比增幅为 199%；余额 242 亿元，同比增幅为 118%；涉及项目合同额 2734 亿元，节约手续费约 1.07 亿元。

【贸易融资业务】2020 年，公司累计完成贸易融资业务 13614 笔，同比增长 46.4%，包括 674 笔票据贴现、11661 笔票据承兑、1209 笔保理、66 笔再贴现业务、4 笔融资租赁业务。升级优化供应链服务平台，全年开展线上供应链业务 584 笔，金额 31.7 亿元。

【投资业务】2020 年，公司在一级、二级市场购入成员单位发行的债券 6.1 亿元，并成功引入金融资源，引导发行利率下行，促进成员单位近 50 亿元债券成功发行。

【资金集中】截至 2020 年末，公司归集资金余额 990 亿元，日均归集资金 780 亿元，资金集中覆盖范围扩大至 484 家子企业，资金结算总流量超过 7.4 万亿元，首次实现农民工工资支付专户资金集中管理。

【业务创新】2020 年，公司开展首笔直租融资租赁业务；积极开展再贴现业务，增加公司资金头寸管理手段。电票服务平台累计开展各类交易 5.99 万笔，涉及票据金额 257.5 亿元，及时为成员单位开通票据账户主动管理服务，登记票据主办账户及普通账户 60 余个。

【风险管理和内部控制】2020 年，公司持续完善内部环境，强化员工合规意识，优化风险管理工作机制。加强法律、合规工作宣贯，增强全员依法合规意识；持续推进风险管理信息化应用，利用信息技术提升风险管理水平；优化业务评审工作体系，提高业务评审质量与效率；根据监管政策并结合集团主业，继续优化公司制度规范。

【人力资源管理】2020 年，公司完善岗位编制管理制度建设，明确部门职责分工和编制数；启动“制度宣贯年”活动，编制并印发《制度标准化手册》，建立超过100课时视频库；不断完善培训体系，规范内部讲师、导师带徒、培训课程开发相关制度，组织各类培训25场、626人次网络及视频培训；采取多方位、分层次激励措施，建立健全薪酬福利体系。

【信息化建设】 2020年，公司完成与集团一体化平台财企直连；完成人民银行ACS综合前置系统接入，实现存款准备金业务线上化；圆满完成公安部网络攻防演练及等级保护测评工作；完成新OA系统电脑端和手机移动端同步升级上线，梳理业务流程近50个，极大提升办公效率。

【企业文化建设】 2020年，公司加强形势政策教育，强化意识形态引领，编制政研刊物《魅力文摘》8期，理论学习中心组、党工委会学习材料19期，向全员印发《学习践行形势任务教育读本》。提炼公司企业文化内涵，树立文化强企理念。不断提升新闻宣传力度，对外投稿89篇，被外部媒体刊载10余次，《金融时报》《国资报告》、集团《建证战疫》专刊对公司抗疫措施进行报道。

【企业文化建设】 2020年，公司建立健全“四级贯通”党建责任制体系，累计开展“三会一课”和各类活动200余次。以“三创三树”为切入点，全面开展“建证力量·红色基石”“建证匠心·红色先锋”党建品牌活动。发挥群团作用，开展“两山”医院建设精神宣讲会、“庆国庆、观升旗、看展览”活动、“守小家、为大家，巾帼之美”作品展等活动。

中交财务有限公司

【集团概况】 中国交通建设集团有限公司（以下简称“集团”），是全球领先的特大型基础设施综合服务商，主要从事交通基础设施的投资建设运营、装备制造、房地产及城市综合开发等，为客户提供投资融资、咨询规划、设计建造、管理运营一揽子解决方案和一体化服务。2020年，集团在国务院国资委年度经营业绩考核实现“15连A”，连续14年荣膺ENR全球最大国际承包商中企首位，国务院国资委党建责任制考核连续实现“3连A”，列世界企业500强第78位。

【经营概况】 2020年，中交财务有限公司（以下简称“公司”）坚持“依托集团、服务集团、业财融合、价值创造”的经营宗旨，坚持稳中求进工作总基调，扎实有序推进各项工作。截至2020年末，公司资产总额505.50亿元，实现营业收入6.21亿元，利润总额7.31亿元，净利润5.90亿元。

【服务实体】 2020年新冠肺炎疫情期间，公司推出30.20亿元疫情防控专项优惠贷款、开通信贷业务绿色通道、免收武汉地区成员单位业务手续费、为集团476个工程项目免费顺延保险期限等八项优惠措施，以精准金融服务助力集团疫情防控和复工复产，有效缓解成员单位暂时性经营和资金压力，满足集团工程项目保险管理的迫切需要。

【信贷业务】 公司聚焦集团重点项目、重要区域、重大市场，2020年累计向集团及成员单位提供信贷支持833.44亿元，同比增长20.29%。将一年期贷款利率降至3.70%，每年向成员单位让利超过3700万元。

【资金业务】 树立“大资金池”管理理念，持续加强资金统筹管理和银行账户管理价格精细化。2020年公司人民币可用资金存贷比达到71.30%，同业账户平均资金收益率为2.22%。

【投资业务】 发挥公司信用优势，积极投资成员单位发行的债券和其他固定收益类产品，协助中交一航局、中交三航局顺利发行1亿元超短期融资券，有效降低成员单位融资成本。

【票据业务】2020年公司持续完善票据业务制度，加强对票据申请人贸易背景及相关佐证材料的审查，确保业务合法合规开展。全年累计为成员单位办理承兑汇票50.47亿元，办理票据贴现2700万元。

【资金集中】坚持"以结算促集中、以流量带存量"，多措并举促进资金归集。积极走访客户推动账户开立，实现集团境内二级单位全覆盖。推动直连账户添加和云平台服务，新增直连账户1384户。确保资金结算安全高效，单日峰值结算规模达4185笔，体量超705亿元，再创历史新高。截至2020年末，公司吸收存款443.68亿元，日均存款388.32亿元。

【统保业务】统保规模优势持续凸显，2020年完成统保项目2007个，同比增长14.95%；签单保费13.11亿元，同比增长23.49%，为集团节约保费支出3.28亿元。

【业务创新】公司积极与成员单位、会计师事务所和合作银行探讨联合保理业务，制定《联合保理业务操作规程》，进一步协助集团层面"双降"任务。配合集团和成员单位境外资金管理工作，积极推进人民银行人民币双向资金池、外汇局本外币资金池和结售汇业务。

【风险管理和内部控制】公司扎实推进风险防控体系建设，推动法治建设第一责任人职责有效落实。注重法业融合，防范法律风险；制定风险管理政策，全面风险管理更加精细；施行统一授信管理，信用风险管理更加有效；完善反洗钱制度，切实履行反洗钱工作职责；着力培育法治文化，普法宣传形式更加多样。2020年新制定各项制度11项，修订规章制度13项。

【人力资源管理】制定《业绩专项考核奖励实施方案》，以实干和业绩论英雄，激发干部拼搏进取精神。践行"以奋斗者为本"理念，优化干部队伍结构，加强人才梯队建设。推动"财务公司大讲堂"培训内容多元化，建立持续培养锻炼机制，系统提升教育培训工作质效。制定《应届毕业生基层交流锻炼工作实施细则》，开展"导师带徒"活动，帮助新员工尽快完成角色转换，迈好走向社会的第一步。

【信息化建设】全面推进新系统建设，完成主体架构搭建并进行两轮测试。针对新系统配套项目，完成数据中心硬件扩容，部署电子签章系统，通过人民银行ACS综合前置系统验收，推进二代征信系统、人民银行基础数据报送系统、网上报销系统建设。

【企业文化建设】公司坚持以习近平新时代中国特色社会主义思想为指导，大力开展党史、国史、改革开放史和社会主义发展史学习教育，弘扬社会主义核心价值观。聚焦公司主要业务，成立"疫情防控和复工复产党员突击队"和创建党员示范岗，让党旗在疫情防控和生产经营第一线高高飘扬。开展职工自主创新成果评选、"文明部室"创建和"书香中交，开卷有益"全员阅读活动，深入推动新时代精神文明建设。

中节能财务有限公司

【集团概况】中国节能环保集团有限公司（以下简称"集团"）是以节能环保为主业的中央企业，以生态文明建设为己任，长期致力于让天更蓝、山更绿、水更清，让生活更美好。经过多年发展，中国节能已构建起以节能、环保、清洁能源、健康和节能环保综合服务为主业的"4+1"产业格局，成为我国节能环保和健康领域规模大、实力强、专业覆盖面广、产业链完整的旗舰企业。目前，集团拥有700余家下属企业，其中二级公司25家，上市公司7

家，业务分布在国内各省市及境外约110个国家和地区。

【经营概况】2020年，中节能财务有限公司（以下简称“公司”）全面服务集团公司重大战略实施和改革发展，助力中国节能长江经济带污染治理主体平台建设，为集团绿色低碳主业高质量发展提供有力保障。公司坚持守正创新，合规经营，打造行业内首家“绿色财务公司”；在2018—2019年度中国财务公司行业社会责任优秀案例评选活动中，荣获“最佳履行环保责任奖”。

【服务实体】2020年，公司认真落实国务院国资委“降杠杆　减负债”工作要求，持续保障集团各成员单位抗疫复产和主业发展，有效服务实体经济。通过最大限度开展资金调剂，主动降低贷款利率，让利集团各级企业，疫情期间新签合同贷款的平均融资成本较疫情前降低20~40个基点。全年通过信贷投放为集团节约财务费用约5亿元，通过贷款降息等方式累计让利成员单位4522万元，有力支持了集团抗疫期间复工复产、长江大保护战略等重点工作开展，为集团公司提质增效、落实国务院国资委“降杠杆　减负债”等夯实基础。

【信贷业务】2020年，公司贷款投放总金额约209.36亿元；给予集团长江大保护重点企业专项授信额度合计45亿元，并累计为集团长江大保护项目发放贷款32.88亿元。公司授信业务涵盖集团主要二级公司及重点三级公司的流贷、汇票、保函、担保、项目贷款等融资需求，有力保障集团“4+1”主业板块和长江大保护等重点项目的健康发展，为平衡集团资金需求及整体资产负债率提供了重要支撑。

【票据业务】2020年，公司依托电票直连系统，逐步开展财务公司电子承兑汇票业务，全年累计办理电子银行承兑汇票25笔。公司主动探索延伸产业链金融业务，2020年成功落地“一头在外”产业链票据贴现业务4笔。公司协助成员单位成功加入“央企联盟企票通”系统，成为白名单企业，进一步加强集团整体票据集中管控力度。

【资金集中】公司坚持“一企一策”设计金融服务方案、优化上市公司合作协议、定制市场化存款产品，解决资金集中的难点问题，稳步推进资金集中度提升。截至2020年末，集团公司合并口径资金集中度超过70%，较公司成立之初的21.3%已增长超过50个百分点；集团公司境内资金集中度为81.24%，归集资金规模较“十三五”期初时大幅提升。

【业务创新】构建跨境本外币资金池，助推集团全球资金集中管理。为服务集团建立跨国资金管理体系，增强集团跨境资金调配能力，公司于2020年完成国家外汇管理局要求的各项备案手续，助力集团公司成功获批跨国公司跨境资金集中运营业务资质。公司向外汇局申请办理包括集中外债和境外放款额度、经常项目资金集中收付和轧差净额结算业务在内的跨境资金集中运营业务资质，集团本部、成员单位等入池企业可在外汇局批准的美元外债额度及美元境外放款额度内开展跨境借贷业务。实现集团境内外资金池双向连通，有效提高集团境外资金集中管理，拓宽融资渠道，减少整体对外融资成本，规避汇率风险，助力集团主业实现跨越式发展。

【风险管理和内部控制】公司深化全面风险管理体系建设，打造行业内先进的流动性风险指标实时监控系统，优化各项风险管控机制。坚持制度建设、标准化建设，树牢内控管理体系；加强监管沟通，压实监管数据报送质量，严控各项风险指标；构建稽核审计“第三道防线”，开展中央八项规定精神执行等11项专项稽核、重空凭证管理等12项日常稽核，提升稽核监督质效，实现金融稽核与纪检工作有机统一；推动法制工作建设，促进风控水平提升。2020年，公司未发生一起影响业务发展和公司信誉的不良风险事件，不良资产率为零，资产损失准备充足率达到100%。

【人力资源管理】“坚持人才强企，打造学习型企业”，公司高度重视绿色金融专业人才队伍建设，合理制定人力资源中长期配置计划和年度计划；以员工能力开发为重点，科学、有针对性地制定各类人才培养目标；细化、明确任职资格和评价标准，完善员工绩效考核及薪酬激励机制。2020年，公司发挥绿色金融学院的学习平台优势，以企业所需人才专业开发为重点，举办五期“绿金大讲堂”专题讲座，帮助青年职工加深对集团战略及主业发展情况的认识；完善制定《中节能财务有限公司内训师管理办法》，强化内部横向交流，逐步完善内训师培训体系，夯实人才队伍建设基础。

【信息化建设】 公司依托丰富的资金集中管理经验和信息化技术基础，逐步建成核心业务平台、电票管理平台、统一监管报表平台，以及涵盖20多个子系统的统一协同平台，并密切配合集团做好集团财务共享中心、集团集采运营系统和集团资金系统等重大项目的开发建设工作。2020年，公司建立完成统一监管报表平台，完善优化1104报表系统，提高监管数据报送质量；正式启动EAST（现场检查分析）系统项目建设；公司核心业务系统顺利通过公安部信息安全三级等级保护年检及复测，为集团“十四五”数字化转型夯实基础。

【企业文化建设】 2020年，公司党支部严格按照“中央企业党建巩固深化年”专项行动工作要求，深入学习贯彻习近平总书记系列重要讲话和国资委党委、集团党委有关会议精神，巩固深化“不忘初心、牢记使命”主题教育成果，切实履行全面从严治党主体责任。紧扣集团高质量发展和公司核心业务，以党的政治建设为纲领，以党员责任区和党员示范岗为着力点，坚持党建带团建，大力发挥支部战斗堡垒作用，创新工作载体，提升专业金融服务水平，实现企业党建与业务发展的互促共进。2020年，公司党支部被集团党委评为“第一批基层示范党支部”，团支部荣获集团“五四红旗团支部”“疫情防控阻击战先进青年集体”等荣誉。

中开财务有限公司

【集团概况】 中国南山开发（集团）股份有限公司（以下简称“集团”）成立于1982年，是我国第一家中外合资的股份制企业。经过30多年的努力，集团已成为以深圳赤湾为总部，综合物流、产城综合开发、资产管理与金融服务等核心产业，辐射全国的综合性企业集团。

【经营概况】 中开财务有限公司（以下简称“公司”）自2013年7月成立以来，公司经营业绩稳步提升，业务品种更加丰富，风险管理和内部控制持续完善，服务质量不断提高，企业文化和人才培养日益成熟。在坚持依法合规、防范风险的前提下，实现业务全面、快速增长。截至2020年12月31日，公司资产总额58.19亿元，存款余额49.12亿元，贷款余额35.60亿元；实现净利润1.10亿元；各项风险指标均符合监管要求。

【服务实体】 集团成员单位中物流业、仓储业、制造业等基础性行业公司受疫情突发影响较为严重。公司继续加大力度支持集团总部及成员单位项目建设，以更优质的信贷服务为成员单位节约融资成本与时间，从集团整体资金使用效率和降低集团整体资金成本的角度着眼，在监管政策许可范围内，公司将继续让利成员单位，2020年全年在票据、委贷、保函手续费方面为成员单位节约费用206.16万元。

【信贷业务】 公司加大对成员单位的信贷支持力度，截至2020年12月31日，公司累计发放贷款88笔，总额29.71亿元，日均贷款余额33.33亿元；开立银行承兑汇票1.72亿元，商业承兑汇票0.84亿元，背书转让3.70亿元，保函0.55亿元；实现信贷业务收入1.59亿元，同比下降 2.45%。

【资金业务】公司在负债方面探索资金融入业务，拆入成本较低的资金补充头寸，为集团解决资金成本。资产方面，公司积极与外部银行交流，在市场利率下行的情况下，挖掘银行的结构性资金需求，在资金紧缺的时点签订活期类存款产品协议，获取较高活期利息。截至 2020 年 12 月 31 日，公司共开展同业拆借 4 笔，加权融资成本约为 1.14%，活期同业存放加权利率约为 2.20%。

【投资业务】公司选取流动性较强、安全性较高兼顾收益性的公募货币基金、同业存单等投资标的，在保证资金安全的前提下最大限度确保投资收益。同时，开展债券市场研究，做好队伍练兵、产品储备，以期政策、市场形势扭转后，第一时间进入市场抢占先机。截至 2020 年 12 月 31 日，公司累计开展投资业务 42 笔，日均规模 2.40 亿元，实现收入 666.39 万元；同业存单业务 5 笔，日均规模 3552 万元，实现收入 86.60 万元。

【资金集中】公司积极拓宽资金归集渠道，新增中信银行为第九家直连银行，新纳入直连账户 11 户，覆盖集团总部、南控总部、地产总部、东方物流等集团业务平台，显著提升了资金集中管理水平。截至 2020 年 12 月 31 日，公司吸收存款余额 48.10 亿元，同比增长 1%；日均存款余额 40.7 亿元，同比增长 1%；新开立单位结算账户 35 户，办理银企直连账户 60 户；办理各类结算业务 26 万笔，累计结算资金达 4000 亿元，同比分别增长 21% 和 20%。

【业务创新】公司与中国银行成功开展 2 笔固贷银团贷款，银团产品的再创新，不仅丰富了银团的贷款形式、满足了客户需求，而且为集团成员单位融资再添新品种。

【风险管理和内部控制】公司采用风险防控和内审稽核相结合的方式，全面推进风险管理和内部控制工作。公司以风险审查为基础，严格落实“审贷分离、分级审批”制度；以监管要求为重点，动态监测各项指标，及时准确上报监管报表、报告；以评级工作为抓手，完成监管评级和央行金融机构评级工作，并分别荣获 2A 级和 4 级评级结果；以审计工作为着力点，实施专项审计和常规审计，并组织开展业务自查自纠工作。

【人力资源管理】人才培养方面，公司积极推动人力资源管理工作专业化建设，有效落实任职资格工作，推动完成审计风控、综合管理等四大序列认定评审工作，引导员工自我提升，畅通人才发展渠道。重视调动现有员工的积极性，激发员工内在的工作激情，将员工的个人进步融入公司的长远规划之中，让公司的发展为员工提供更大的空间和舞台，同时在公平、合理的激励机制下建立薪酬体系、晋升制度，留住关键人才，在现有人员结构的基础上，确保公司业务安全、平稳运行。

【信息化建设】公司信息系统建设成果丰硕。在基础业务方面，上线指标查询系统，满足各项管理要求，实现实时掌握公司资金运转情况及监控各项指标，达到资金合理化利用分配；在外部监管方面，实施并落地管理报表、CA 自建证书以及业务数据移动端系统等项目，满足监管和公司管理需求，提升工作效率。

【企业文化建设】公司不断加强企业文化建设，一是将“中开金融”作为企业宣传的载体和员工展示的平台，成为企业文化宣传的一件利器。二是积极组织和开展各项文体活动提高团队凝聚力，通过组织和参加集团“逐梦杯”羽毛球比赛、演讲比赛等一系列活动有效增强团队凝聚力和向心力，提高了公司的核心竞争力。2020 年，在集团党委的领导下，公司扎实开展党建工作。一是学习贯彻习近平总书记特区建立 40 周年重要讲话精神，将精神转化为奋进的强大动力；二是充分发挥基层党组织的战斗堡垒作用，扎实开展支部书记讲党课、“两学一做”等一系列工作；三是丰富党建活动形式，通过与中国银行、中信银行开展联学联建、与赤晓党支部进行内部交流、读书观影、现场教学等活动，提升全体党员的思想觉悟。

Z

中联重科集团财务有限公司

【集团概况】 中联重科集团（以下简称“集团”）创立于1992年，主要从事工程机械、农业机械等高新技术装备的研发制造，是业内首家A+H股上市公司，主导产品覆盖10大类别、55个产品系列，共460多个品种。集团注册资本78.75亿元，2020年底末资产1352.95亿元。集团拥有覆盖全球的销售网络和服务体系。在国内拥有长沙、常德、益阳、渭南、上海、芜湖、开封等十五大工业园区；在海外拥有意大利CIFA、德国M-TEC、德国Wilbert、印度、巴西、白俄罗斯等9个工业园，在北美设有研发中心，拥有20余个贸易平台、10个备件中心库，销售与服务网点超过120家，为100多个国家的客户创造价值。

【经营概况】 中联重科集团财务有限公司（以下简称“公司”）一方面认真做好集团资金代理管理工作，另一方面积极开展各项自营业务，为集团及其成员单位筹集、融通资金，较好地履行产融结合、服务实体经济的企业责任。截至2020年末，公司资产总额123.77亿元，负债总额103.20亿元，所有者权益20.57亿元，全年累计实现利润总额19596.31万元，净利润15041.72万元。

【信贷业务】 2020年，公司累计发放贷款163.20亿元，实现贷款业务收入9629.29万元，贷款业务平均收益率为3.76%。2020年为简化高信用评级成员单位借贷手续，提高效率，助力集团发展，给予成员单位循环贷21.2亿元授信额度，累计使用21.2亿元；为成员单位累计办理贴现放款21.67亿元，实现贴现业务利息收入4313.75万元，贴现业务平均收益率为3.99%。

【资金业务】 2020年，公司日均同业存款（含美元）16.37亿元，资金平均收益率为2.58%，实现利息收入3663万元。同时开展同业拆借，2020年累计拆入资金366.75亿元，累计拆出资金为零。

【票据业务】 2020年，公司开通上海票据交易所电子商业票据系统，实现ECDS和电子商业票据系统双系统对接，为票据业务实现全直连、实现线上清算奠定了基础，累计开立财务公司票据36.50亿元，其中年末未解付票据余额16.21亿元；取得手续费收入234.89万元，为集团节省开票保证金占用约737.23万元。

【风险管理和内部控制】 公司风险组织架构较为完整，前、中、后台职能部门依据权责，能够承担相应的风险防控责任。随着监管制度的更新及公司业务的发展，公司每年均对业务制度进行梳理，由公司风险管理部组织召开有关制度专题讨论会，经有关部门讨论并修订后报送总经理办公会审议，需要报送公司董事会或者公司股东会审议通过的，在总经理办公室审议后报公司权力机构审议通过。涉及公司的制度由风险管理部牵头组织起草、修订，涉及业务管理和操作的制度由相关业务与管理部门起草、修订。审计稽核部可就内部审计稽核和内部控制评价中发现的制度建设问题反馈并提出制度修订意见。

【综合服务管理】 2020年，公司一是建立督办工作制度。对各部门年度工作规划、总经理办公会议定事项或公司领导交办的工作及时进行分解，与季度绩效考核挂钩，推进工作效率提升。二是加强信息宣传管理，不断提升微信推广频次和质量。三是积极响应各部门需求，在办公设备的采购、配置以及后勤保障上，在控制成本的基础上有效满足运营需求；建立公司接待规范，明确接待流程和标准。四是加强档案、印章、保密管理。对公司成立以来的电子、纸质文书进行清理、归档，规范档案管理。五是提高信息科技服务水平。建立问题清单制度，对信息系统问题进行梳理分析，逐条升级解决；加快推进全直连电票系统、云信付款系统、中小银行直连接口改造优化以及信贷合同管理系统、投资业务管理系统等系统的协助上线。开展信息系统及网络设备的应急演练，加强财资系统账号管理，实现财资系统账号操作及审批权限分离，防控信息科技风险。

【人力资源管理】2020 年，公司完善绩效考核，改进部门绩效考评指标设置，落实绩效薪酬延期支付有关规定。加强人力资源基础管理。对部门岗位进行梳理，合理安排人员，确保人人有事做，事事有人做；科学统筹员工请休假，落实轮岗及强制休假。对符合轮岗要求的，合理安排轮岗，同时对关键岗位、重要岗位人员等执行强制休假制度。加强培训管理，不断提高人员素质。推进团队建设，提高员工的凝聚力和团队意识。

【信息化建设】2020 年，公司逐步完善信息系统，建立覆盖所有业务和全部流程的管理信息系统和业务操作系统，及时、准确记录经营管理信息，确保信息完整、连续、准确和可追溯；将相关内控要求嵌入信息系统，改进风险管理的技术手段，提高风险监测水平；适应监管数据报送工作要求，实现流程控制的程序化，不断提高监管数据加工的自动化程度，提升数据报送质量和数据分析能力。

【企业文化建设】公司重视以“依法合规、稳健经营”为理念的企业文化建设，将企业核心价值观、内部控制原则、风险控制、风险防范理念及措施等作为对员工的重点教育内容。建立微信公众号，并加强其运营推广，内容覆盖公司动态、产品宣传、金融知识、团队活动等方面，分享知识信息，交流心得，提高公司内外知名度。丰富员工业余生活，定期组织丰富多彩、形式多样的团队活动，培养团结协作、积极向上的团队精神。

中粮财务有限责任公司

【集团概况】中粮集团有限公司（以下简称“集团”）是立足中国的国际一流粮食企业，是全球布局、全产业链、拥有最大市场和发展潜力的农业及粮油食品企业，集贸易、加工、销售、研发于一体的投资控股公司。集团 2020 年集中力量抓好抗疫保供，勇于变革、持续创新，创造了集团历史最好业绩，各项建设取得新进步新成果，全年营业收入超过 5000 亿元，利润总额超过 200 亿元。

【经营概况】中粮财务有限责任公司（以下简称“公司”）致力于提高集团整体资金使用效率，降低融资成本，同时为成员单位打造个性化资金管控体系，提供专业金融服务。截至 2020 年末，公司资产总额 238.66 亿元，同比增幅为 12.23%，负债总额 197.57 亿元，所有者权益 41.09 亿元，全年净利润 1.88 亿元。公司整体运行良好，各项监管指标符合行业监管要求。

【服务实体】2020 年，公司一手抓疫情防控，一手抓复工复产，春节期间结算服务“不打烊”，为集团防疫物资采购和涉及民生保障成员企业的购销业务提供有力支持。针对受疫情影响的成员企业，公司简化手续，减费让利实体企业，第一时间提供防疫信贷资金，并下调贷款利率，全年累计发放贷款 247 亿元。

【信贷业务】截至 2020 年末，公司各项贷款余额 180.61 亿元，较上年同期增长 14.19%；日均贷款余额 146.68 亿元，较上年同期增长

11.53%。公司通过丰富信贷服务品种，满足成员单位多元化融资需求，置换各专业化公司外部融资，帮助集团将整体负债率降低 1.25 个百分点。

【资金业务】截至 2020 年末，公司吸收成员单位存款余额 196.47 亿元人民币，同比增长 14.07%。日均存款余额 208.55 亿元人民币。公司努力拓展人民币代理支付结算业务，提高成员单位结算效率，2020 年全年结算金额超过 3 万亿元，日均结算量超过 5000 笔。在支付准确性 100% 的前提下，累计为成员单位节省结算业务手续费 1037.90 万元。

【投资业务】截至 2020 年末，公司长期股权投资余额 9201.15 万元，全年投资收益 0.27 亿元。2020 年继续秉持安全稳健的投资理念，同时注重资金流动性管理需求，主要持仓信誉较好、规模较大、收益率较稳定的有价证券产品。

【票据业务】公司持续推进电票承兑、电票贴现等票据类业务，积极开展“一头在外”票据贴现等创新业务。截至 2020 年末，累计为成员单位开立电子银行承兑汇票 79 笔，金额 1.32 亿元，覆盖中粮粮谷、中粮肉食、中粮生化、中粮糖业四家专业化公司；完成到期付款 206 笔，金额 2.23 亿元；累计完成票据贴现 7 笔，金额 0.73 亿元，其中“一头在外”票据贴现 458.29 万元，有效降低成员单位资金使用成本，提供更丰富的融资渠道。

【外汇业务】公司以银行间市场的成本价格为成员单位提供结售汇服务。2020 年，公司共办理成员单位即期结售汇 1121 笔，金额 11.10 亿美元，同比增长 7%，累计节省汇兑成本 1332 万元；办理成员单位经常项目集中付汇 805 笔，金额 6.90 亿美元，2020 年第一季度受疫情影响，同比降低 7%，节省汇款手续费约 80 万元；办理跨境资金调拨 16.65 亿美元。2020 年 9 月，公司启用线上集中付汇系统，解决了疫情期间材料传递问题，便利结算手续和流程，极大地提高了外汇结算效率。

【资金集中】公司持续完善资金管理子平台建设，提高资金管理子平台使用效率，截至 2020 年末，共为 12 个专业化公司建立 17 个资金管理子平台，889 家成员单位纳入子平台管理。公司协助专业化公司及其上市公司强化内部资金管理，突破关联交易限制，先后完成提高成员单位上市公司资金归集上限、推动上市公司关联交易事项获得专业化公司董事会批准、与多家成员单位签订或续签财务服务协议等工作。截至 2020 年末，公司可归集资金集中度超过 98%。

【风险管理和内部控制】2020 年，公司对各项制度进行了全面修订，保证现有制度详细、明确，具有可操作性。持续关注委托贷款的风险管控情况，风险管理部及信贷部重点梳理和优化委托贷款业务管理制度，严格执行各项业务程序，加强落实对开展委托贷款业务客户的贷前、贷中、贷后检查工作，加大对委托贷款信用风险、合规风险、操作风险的识别、计量和防控力度，合理控制委托贷款业务规模，防范各类金融风险。

【人力资源管理】公司根据各类业务规模和特点，对人员配置方式进行调整，特别加强中后台人员配置，包括新设资金计划部等中台部门，并从青年员工中选拔业务能力出色的人员充实管理层队伍，同时通过内外部多种招聘方式积极吸纳优秀人才，为公司注入专业能力较强的从业人员。公司对员工绩效评价体系进行优化设计，调整考核主体所占权重，使之更加匹配公司治理的整体特点，充分发挥绩效管理的导向和激励作用。

【信息化建设】2020 年，公司在银企直连改造方面启动了重大项目，通过改造技术架构，满足公司目前与银行进行高效海量数据交互的需求，同时增加财企直连系统接口品种，满足公司以及集团成员单位在财企直连系统中对于电子回单、实时余额、回账收款等业务的需求。同年，公司参加集团与公安部护网行动，通过信息安全全方位排查，修补了相关的安全漏洞，强化了资金安全管理，大幅提升了公司信息安全整体水平，护网行动整体过程平稳有序，顺利通过。

中铝财务有限责任公司

【集团概况】 中国铝业集团有限公司（以下简称“集团”）成立于2001年2月23日，于2017年12月16日由中国铝业公司改制更名为现名，是中央直接管理的国有重要骨干企业，主要从事矿产资源开发、有色金属冶炼加工、相关贸易及工程技术服务等，是目前全球第一大氧化铝供应商、第一大电解铝供应商，铜业综合实力位居全国第一，是经国家相关部门备案的大型稀土企业集团之一，是亚洲规模最大的铅锌企业。集团现有骨干企业68家，业务遍布全球20多个国家和地区，资产总额6400亿元，2008年以来连续跻身世界企业500强行列。

【经营概况】 2020年，面对疫情防控、监管从严、利差收窄、去杠杆深化的大环境，中铝财务有限责任公司（以下简称“公司”）以全要素对标和提质增效为抓手，站准产业金融定位，服务好集团主业主责，切实发挥金融功能支撑、效益贡献和风险防控作用。高效实施云冶财务公司清算整合，获监管机构批复同意筹建云南分公司。保障整体工作大局和员工健康安全，疫情防控和金融服务保障落实到位。2020年实现营业收入9.5亿元，同比增长5.72%。

【信贷业务】 公司加大对成员企业资金支持力度，日均信贷规模达到167亿元，同比增长20%，信贷收入同比增长10%，再创新高。在贷款利率同比下降30个基点的情况下，实现了营业收入6.38亿元，同比增长12%。强化疫情期间信贷服务保障，为湖北疫区企业及时办理延期还本付息业务，向集团各企业投放低息“疫情贷”53亿元。

【资金业务】 公司资金运营效益不断提升，精细化资金管理，优先保障公司流动性安全，兼顾资金成本效益，资金业务收入、利润同比稳步增长。充分利用拆入、正回购等融资工具，提高外部融资能力，2020年总交易量进入财务公司行业前六名，入围“银行间本币市场交易300强”，获“最佳进步奖”。

【投资业务】 公司综合运用骑乘策略、波段操作、交易套利等多种投资策略，着力提升市场分析和波段获利的投资能力，投资收益同比增长19.26%，市场化收入占比稳步提升。

【票据业务】 公司积极开展内部商票业务，2020年为成员企业开立商票349张，金额合计11.37亿元，有效缓解了成员企业内部交易的资金压力。全年办理票据承兑27.99亿元，票据贴现10.38亿元，全年日均再贴现规模3.41亿元，同比翻番，为成员企业提供了低成本融资渠道。

【外汇业务】 强化国际业务能力，服务好成员企业外汇业务需求，开展代客结售汇业务1.77亿美元，代理集团成员企业办理跨境结算3235万美元。扩大跨境资金池融资，实现外汇局跨境资金池项下融资发生额4507万美元，同比增长12.7%。扩充了跨境资金池范围，将原云冶集团所属境内外企业新增纳入跨境资金池管理框架，取得了外汇局核准，实现了集团各战略单元和重点企业跨境资金池全覆盖。

【资金集中】 公司资金集中管理水平不断提升，日均全口径资金集中度提高至43%；人民币、本外币日均存款达203亿元、256亿元，创历史新高。扩大资金归集平台容量，上市公司存款限额提高到198亿元。完善结算平台功能，上线现金池二期和资金计划模块，企业资金支付计划准确率提高到90%。

【业务创新】 公司创新信贷业务产品，开立首笔农民工工资支付保函，有效减少集团成员企业资金占用和资金成本，取得了良好的社会

Z

效益；提高结算业务服务能力，打通境外、非直连、外币账户监控通道，首次实现集团成员企业境内外、本外币账户实时监控。

【风险管理和内部控制】风险管控体系持续建强，继续实现全年无不良、无重大风险事件。加强业务风险管理，重大业务风险审查、法律审核覆盖率达100%。积极落实监管要求，解读监管政策，定期编制《合规动态》《新规速递》。增强合规体系建设，公司监管评级得到提升。强化操作风险和合规风险管控，加强日常稽核，发布日常稽核报告12份。持续增强内控体系建设，组织内控评价，梳理内控缺陷，有序推进整改；开展了征信业务、资金管理等专项审计，进一步完善了内控流程。

【人力资源管理】公司强化核心人才管理，建立长期培养、动态管理机制，完成首批优秀年轻干部重点培养对象选拔入库；整合内外培训资源，提升干部员工能力素质，组织培训千余人次；持续优化考核评价与薪酬激励机制，强化人工成本管理，不断推动人力资源机制优化和管理提升。

【信息化建设】2020年，公司推进系统建设，开发升级软硬件13项，公司业务系统进一步完善优化，为金融服务提供了更加坚实的信息科技支撑。夯实基础设施建设，升级生产系统，系统处理能力大幅提升；完成开业以来首次大规模机房搬迁，业务系统稳健运转。抓牢信息安全和硬件运维，开展网络安全专项活动，保障了业务平稳开展。

【企业文化建设】公司加强文化宣贯，提升品牌影响力。持续深化理念优、价格优、产品优、效率优的“四优”特色金融服务文化；开展企业文化对标，不断优化企业文化与品牌建设管理机制。把握重大工作节点，充分利用各类新闻宣传载体，有力展示公司发展特色、亮点。首次入选集团年度降碳案例和中国财务公司协会社会责任案例，社会责任工作迈上新台阶。切实发挥党建统领作用，持续抓好习近平新时代中国特色社会主义思想学思践悟，创新推动党建业务双向融合。

中煤财务有限责任公司

【集团概况】中国中煤能源集团有限公司（以下简称“集团”）是国务院国资委管理的国有重点骨干企业，是以煤炭生产为主的大型能源企业，是国内唯一具有煤矿设计、煤矿建设、煤矿装备制造、煤炭开采及煤炭洗选加工、煤化工、煤矿坑口发电、煤炭及化工产品贸易等全产业链的企业。集团承担着央企煤炭资源整合的历史使命，2020年资产规模4100亿元，实现营业收入1850亿元，经营利润总额突破140亿元。

【经营概况】2020年，中煤财务有限责任公司（以下简称“公司”）主要指标再创历史新高，资产规模403亿元，利润总额8.5亿元，管理创效4.6亿元，全口径资金集中度为73.5%，日均贷款规模132亿元，业务发展再上新台阶。

【服务实体】公司支持集团打造煤电化一体化发展的新业态，精心设计包括各种金融产品和服务在内的整体解决方案。疫情期间，通过增加企业贷款发放额度、实施优惠利率的抗疫专项贷款等措施，助力成员单位纾难解困。为推动集团服务商板块协同发展，向相关煤矿建设企业新增贷款3亿元，并提供钢材集中采购专项贷款；大力支持集团供给侧结构性改革，统筹内外部金融资源，稳妥解决兼并重组过程中的资金需求和债权债务处置问题。

【信贷业务】公司落实中国人民银行利率市场化改革要求，不断推进贷款市场报价利率

（LPR）转换，提前完成所有存量浮动利率LPR转换工作。在疫情防控取得明显成效后，深入山西朔州、内蒙古鄂尔多斯、陕西、黑龙江、河北秦皇岛等地区，对10余家企业进行了业务调研和贷后检查。精准聚焦集团融资重要单位、重点项目和重大事项，以需定供、因企施策，除日常流动资金贷款、项目贷款、委托贷款外，还不断丰富并购贷款、绿色贷款、银团贷款和贸易业务循环额度贷款、集中采购专项贷款、抗疫专项贷款等多元化信贷产品线，充分满足企业个性化、差异化的资金需求，2020年日均贷款规模132亿元，同比大幅增长。

【资金业务】公司2020年取得15家合作银行超过250亿元的同业授信额度，充分利用同业拆借工具，及时满足集团资金流转中的临时性流动性需求。通过深入精益化管理，以较低资金备付率确保集团资金安全流转，确保存量资金收益最大化，面对全年同业存放利率大幅下跌等不利形势，实现存放综合利率比市场报价高30个基点以上。

【票据业务】公司加快推进票据基础设施建设，加强与上海票据交易所对接沟通，成功上线电票系统线上清算功能。积极探索富有中煤特色的票据管理模式，初步形成了票据承兑、票据贴现、转贴现、质押式回购、再贴现等全票据业务链优势。全面推广“中煤财票”用于对外支付结算，全年开出财务公司承兑汇票5400余万元，提升了在票据市场上的影响力。根据票据市场形势科学管理票据资产，把握市场有利窗口，通过贴现—多种票据交易方式盘活存量票据43亿元，拓宽集团低成本融资渠道，增加集团经营性现金流。

【资金集中】公司坚守财务公司功能定位，不断精耕细作资金归集，降低各层级资金低效沉淀，为内部资金融通提供资金保障，2020年末全口径资金集中度达73.5%，创开业以来新高，助力集团公司实现全口径资金集中度84.4%，完成国务院国资委考核指标。

【业务创新】公司成功开展首笔票据质押式回购业务，又向中国人民银行营业管理部成功申请办理了首笔票据再贴现业务，通过两种回购方式较低成本融入资金2亿元，标志着公司全面打通全票据业务链。公司主动作为，引领外部信贷资源进行优化配置，与工商银行联合为华昱公司发放9亿元银团贷款，为公司首笔流动资金银团贷款；又与邮储银行联合为华利公司发放6.25亿元银团贷款，为公司首笔作为牵头行的银团贷款，具有显著的“去担保、降成本、调结构”的示范效应。

【风险管理和内部控制】公司坚守依托集团、服务主业的定位和不做外部业务、不做风险业务、不做违规业务的原则，实现了风险可控、运营合规。一是公司治理结构进一步完善，董监事履职有效性进一步加强。二是覆盖全部业务品种、全业务流程的80余项业务内控及风险防范制度持续更新，确保内部控制的有效性。三是加强业务风险审查和合规管理工作，保障业务健康发展。四是重视洗钱风险管理，认真履行反洗钱义务。五是高质量完成各项监管报送工作，推动数据治理工作。

【人力资源管理】2020年，公司紧密结合集团公司总体战略目标，进一步挖掘、盘活现有人力资源，高度关注员工成长和发展，努力搭建和提供平台，使员工通过实践快速成长，支持公司及集团发展，实现员工自我价值，不断提升金融服务能力。

【信息化建设】2020年，公司信息科技工作以坚持数字金融平台安全稳定运行为核心，以金融科技创新支撑业务高质量发展，进一步提升决策支持智能化水平和风险防控能力。一是积极应对疫情带来的影响，创新工作思路，按期启动数字金融平台二期项目建设。二是认真落实监管政策要求，推进LPR利率改造和电票系统线上清算功能升级。三是以业财结合为契机，实现与建设集团财务共享服务中心、煤化品销售电商平台系统集成，发挥财务公司在产业链中的专业作用。四是实现核心数据库全量数据异地容灾备份，进一步提升平台数据保障和容灾能力。

Z

【企业文化建设】公司以习近平新时代中国特色社会主义思想为引领，强化政治保障，贯彻落实习近平总书记和中央最新指示、会议和文件精神，打造坚决贯彻中央大政方针和国务院国资委、银保监会以及集团决策部署的金融专业队伍。

公司结合疫情防控要求，有效推进《进一步严肃工作纪律若干规定》，建立以工作例会、工作日志为基础的日计划、以每周重点工作推进为基础的周计划的全面工作落实体系，切实营造履职尽责、务实重干、纪律严明的工作氛围，提升工作效益。定期组织开展影片赏析、好书品读活动，组织参观香山革命纪念馆，坚定理想信念。

中铁财务有限责任公司

【集团概况】中铁财务有限责任公司（以下简称“公司”）于2014年3月16日正式开业运营。2018年注册资本金增至90亿元，其中，中国铁路工程集团有限公司出资4.5亿元，占比5%；中国中铁股份有限公司（以下简称“集团”）出资85.5亿元，占比95%。

【经营概况】截至2020年12月31日，公司资产总额849.80亿元，较上年增长7.69%，全年实现营业收入16.56亿元，较上年增长16.52%；利润总额8.83亿元，较上年降低18.85%；净利润6.78亿元，较上年降低17.96%。

【服务实体】2020年，公司的产品和服务在降低成员企业财务成本，拓展低成本融资途径，助力集团降杠杆、控负债，有效保障集团全局资金链安全等方面发挥了重要作用。公司已获批代管（铁工）香港财资管理有限公司，为打造更加契合集团需求的境外资金管理运营模式提供了新的平台。

【信贷业务】2020年，公司为40家成员企业办理综合授信1320亿元，自营信贷业务规模峰值达325.34亿元，较上年的268.64亿元增长21.11%。2020年开展各项自营信贷业务128笔，金额322.43亿元，截至2020年12月31日，自营信贷业务余额303.45亿元，保持零不良贷款率，未发生信用风险事件。2020年共开展61笔委托贷款，年末余额为85.67亿元，为成员单位间的资金融通提供平台服务。办理各类保函231笔，合计金额49.08亿元，其中外部保函140笔36.63亿元，占保函金额的74.63%。

【产业链金融】2020年，公司推进融资租赁业务，主动对接成员企业，根据项目实际情况和客户需求，为多家成员企业设计融资租赁方案；协调供货商与申请人进行三方沟通，签署融资租赁合同、三方协议各1份，放款4笔，金额合计1.30亿元。截至2020年末，融资租赁余额3.15亿元。

【资金业务】2020年，公司流动性总体维持在较高水平，相较往年资金面整体宽松。在头寸管理方面，公司首先采用规模与比例管理，建立合理的资产负债结构，进一步完善资产配置，在利率下行的背景下努力提升资金收益；其次不断加强流动性管理，注重监管指标日常监测，对每日头寸变化进行密切跟踪，通过流动性压力测试、大额用款台账等措施严控流动性风险，保证日常对外支付结算资金。

【投资业务】2020年公司有价证券投资业务严格按照年度投资配置方案中关于投资范围、投资预算、投资品种比例及止盈止损原则的要求，在优先保证成员单位结算需求以及公司流动性管理的前提下，适时分散投资、择时配置，做到投前沟通调研、投中审慎合规、投后定期管理。截至2020年12月31日，公司开展货币市场基金投资共获得投资收益6175万元，年化收益率为2.16%，税前收益率为2.88%。

【票据业务】 票据业务取得新突破，累计办理1061份电子银承合同，累计出票2281张，金额31.05亿元，累计收取承兑手续费155.27万元，累计收取保证金1.95亿元。2020年，累计办理电子银承贴现28张，金额共计7202.5万元。

【外汇业务】 2020年，公司外汇年末吸存规模3.3亿美元，较上年同期增长33.40%，交易总量36亿美元、受理业务851笔。按照国家外汇管理局相关规定，新增备案成员企业12家，共计48家境内外成员企业（境内32家，境外16家）参与备案，集中外债额度362亿美元、对外放款额度54亿美元。铁工（香港）财资管理有限公司2020年末境外外汇吸存规模1.84亿美元，全年交易总量4.12亿美元、受理业务169笔，分别较上年增长200%和307%，完成渣打银行和中银香港多币种主子账户资金池的搭建工作，可在境外为成员单位开展资金归集、实名收付汇业务。财务公司与香港财资中心作为中国中铁全球资金管理体系的“一体双翼”，互联互通，开展跨境资金调剂业务，其中，境外放款1.09亿美元，外债引入0.16亿美元，实现了境内境外资金池的双向流通。

【资金集中】 坚持以G6存贷业务转移为手段拓展客户，2020年新拓展客户3764个，占开业以来客户总数11895个的31.64%，较上年末增长46.29%，累计开立各类账户27564个，为提升资金集中规模打下坚实基础。客户数量的持续提升促进了资金集中规模及结算业务规模的扩大，日均吸存441.9亿元（本外币，下同），较上年增长62.38%；时点吸存730.41亿元，较上年增长8.47%；年度累计结算指令430万笔，较上年增长62.45%；年度结算交易金额8.02万亿元，较上年增长25.12%。

【业务创新】 2020年公司积极部署研究基础设施公募REITs等存量资产盘活模式，以及ABO、TOD等创新投融资方式，深化产融结合，加大金融创新，形成解决成员企业项目融资痛点的“拳头产品”和创新融资方案。公司与8家区域总部签订战略合作协议，对接金融服务需求，关注重点投资项目，以低成本撬动外部金融机构共同出资，对各成员单位的应收账款、工程尾款等资产进行有效盘活，切实降低成员单位资产负债率和融资成本，发挥公司服务主业发展的金融职能。

【风险管理和内部控制】 公司遵循“全面、审慎、有效、独立”的原则，坚持问题导向，严格落实全面风险管理和内部控制要求，持续提升风险管理的能力和水平。夯实制度体系建设，定期开展制度梳理，对公司制度管理情况进行评估和通报。制定《业务连续性管理办法》，提升公司业务连续性管理能力。积极开展新业务风险政策研究，确保公司新业务开展风险可控。完善风险管理员机制，开展首次风险（合规）管理员考核评价，进一步发挥风险（合规）管理员效能。

【人力资源管理】 2020年，公司以制度建设为抓手，制定、修订《领导人员管理办法》《干部人事档案管理办法》等制度，持续完善干部管理体系。以能力建设为核心，突出政治素质，举办专兼职党群干部培训班，依托国务院国资委培训平台，组织全体员工开展网上专题培训，共组织开展各类内外部培训300余人次。以强化管理为重点，组织开展新入职员工试用期考核，对特定范围和关键岗位人员因私出国（境）证件进行统一管理，努力打造“讲规矩、守纪律、有激情、在状态”的干部人才队伍。

【信息化建设】 2020年，公司核心业务系统新增存放同业、同业授信、自营保理等功能，全面实现业务线上化运营，资金管理、支付和监控能力显著增强。移动应用及银行账户领导收支提醒、统一监管报送等系统上线运行，有力保障了股份公司资金安全和公司监管数据报送工作开展。完成业务系统性能优化、凭证自动打印、小助手升级等研发工作，提升了成员单位用户工作效率。完成数据库和存储系统升级，业务处理和故障恢复能力进一步提升，年末业务高峰单日支付指令突破14.5万笔，信息系统等级保护测评及加固工作取得良好效果，核心业务系统完成复测和加固，协同办公系统通过信息系统等级保护二级测评。

【企业文化建设】2020 年，公司党委认真贯彻落实新时代党的建设新要求，坚持党的全面领导，坚持“一切工作到支部”的鲜明导向，以“党建 +”新模式推进全面从严治党和经营管理深度融合，促进公司高质量发展。讲政治，强理论武装；重引航，强全面领导；带队伍，聚人才优势；夯基础，强三基建设；强作风，抓从严治党；重宣传，创品牌实力；聚人心，促企业和谐；强保障，打赢双线战。

中信财务有限公司

【集团概况】中国中信集团有限公司（原中国国际信托投资公司）（以下简称“集团”）是在邓小平同志的支持下，由荣毅仁同志于 1979 年创办的一家国有大型综合性跨国企业集团。集团母公司由三层架构组成。其中，集团为国有独资公司，由财政部行使唯一出资人职责。2014 年 8 月，中信集团以其主体业务在香港整体上市，即中国中信股份有限公司（以下简称“中信股份”）。中信股份直接持有境内平台中国中信有限公司（以下简称“中信有限”）100% 股权。中信集团、中信股份和中信有限三层架构统一视同母公司层级，中信财务有限公司（以下简称“公司”）作为一级子公司纳入管理。

【经营概况】作为集团整体改制后成立的第一家一级子公司，公司是集团司库体系的“双主体”“双平台”之一，也是集团综合金融板块的重要成员。注册资本 47.51 亿元，股东构成为中信有限和 11 家成员单位。下设公司业务部、国际业务部、资产负债管理部、结算业务部、风险合规部、金融科技部、财务管理部、稽核审计部、行政人事部/党群工作部 9 个部门。公司当选为中国财务公司协会监事长单位，公司董事长当选为监事长。

2020 年，公司统筹疫情防控和经营发展，推进资金集中管理 2.0 版改革方案落地，实现“十三五”收官并编制“十四五”发展规划，业务规模持续增长。截至 2020 年末，公司总资产 779 亿元，较年初增长 15%；贷款余额 350 亿元，较年初增长 3%；存款余额 619 亿元，较年初增长 14%；净资产余额 77 亿元，较年初下降 2%；管理表外资产 169 亿元。公司连续 8 年盈利，不良率持续为零。全年实现营业总收入 7.45 亿元，同比下降 29%；实现净利润 4.16 亿元，同比下降 39%。全年计提拨备 1.67 亿元，2020 年末贷款拨备余额 7.61 亿元，拨备率为 2.17%，较年初提高 0.33 个百分点。

【服务实体】2020 年，公司大幅让利成员单位助力复工复产。主动向武汉的成员单位和项目提供信贷支持，保证受疫情冲击较大的成员单位的信贷供应；主动对接集团实业板块，以金融创新带动服务能力提升，助力集团突出主业、做精本业。

【信贷业务】2020 年，公司为集团各实业板块提供融资合计占公司全部信贷余额的 91%。截至 2020 年末，公司贷款余额 350 亿元，占集团非金融子公司有息负债余额近 31%，成为集团实业板块最为重要的融资来源。全年日均贷款余额 330 亿元，全年压降集团杠杆率 1.0 倍，助力集团降杠杆功能逐年提升。

【资金集中】2020 年，公司会同集团库务部研究推出集团深化资金集中管理改革 2.0 版方案，分“三步走”将资金集中度提升至 80%，新方案从 2020 年第四季度开始实施。2020 年，公司全面完成集团深化资金集中管理改革 1.0 版方案和 2.0 版方案第一步改革目标，公司全口径资金集中度为25.69%，可归集口径资金集中度为76.33%。

【资金业务】 2020年，公司深化与集团内部金融机构的融融合作，积极拓展同业存单、交易所质押式回购等资金运用途径。建立同业交易对手授信白名单制度，持续提升交易对手信用风险管理水平。

【投资业务】 2020年，公司严格贯彻监管导向要求，继续围绕固定收益类产品开展投资业务，投资收益超越市场平均水平。

【票据业务】 2020年，公司票据贴现年末余额57.29亿元，同比增长43%；全年办理转贴现业务577.65亿元，同比增长207%；全年办理承兑业务27.24亿元，同比增长35%。

【外汇业务】 2020年，公司为成员单位提供即期结售汇、贸易融资、外币自营贷款等种类丰富的外汇业务，业务规模再创新高，其中，即期结售汇总量达23.60亿美元，代理国际结算业务量约56亿美元。

【业务创新】 2020年，公司平稳完成贷款定价LPR转换；票据业务规模突破700亿元；落地首笔代开保函业务，并拓展至5家成员单位；与21家成员单位开展保险代理业务，新增代理工程一切险业务；首次以外币贷款手续费方式增收中间业务收入；结售汇首次采用挂单成交模式；积极推进中信银行SWIFT－AMH方案；推行专属结算经理制，通过“录音电话+系统验印”保证客户资金安全；借助融融协同加强反洗钱及国际结算能力。

【风险管理和内部控制】 2020年，公司主动梳理公司信贷资产风险隐患，帮助受疫情影响较大的成员单位前瞻性做好风险化解预案；建立风险排查和专题报告常态化机制；以风险分类为基础开展差异化同业授信评审；编制《公司规章制度汇编（2020年版）》。注重审计独立性，稽核审计部由董事长直接分管，同时理顺与监事会、董事会审计委员会之间的工作衔接机制；建立健全审计制度。

【人力资源管理】 2020年，公司坚持党管干部的原则，进一步增强选人用人公信力。推行导师制，充分发挥“传帮带”作用，统筹安排挂职、借调、锻炼等交流学习，鼓励参加各类职称和职业资格考试，不断提升员工专业技能和综合素质。坚持差异化考核，严格执行刚性的淘汰或降职机制。进一步改进、强化人力资源管理制度化体系，搭建并上线人力资源管理数字化平台。

【信息化建设】 2020年，公司持续优化核心业务系统，与深圳长亮共有知识产权的“小核心+大外围”创新型业务系统运行平稳，有效支持了集团深化资金集中管理改革2.0版方案的账户和结算集中工作。加快管理类系统建设，上线人力资源管理系统、人民银行ACS系统、SSLVPN系统等管理类系统，持续推进财务信息化建设，扩大集团云资源使用范围，发挥云计算优势，加强信息安全管理。

【企业文化建设】 2020年，公司与中信出版集团协同合作，建立“中信财务党建学习书屋暨职工之家”。组织开展“学知识、强素质、促成才”读书活动。公司工会、团支部先后组织迎司庆登山、羽毛球、瑜伽、健步走等多样化文体活动，与集团库务部联合组队参加集团五人制足球赛。积极开展消费扶贫，并向武汉成员单位捐赠40余箱防疫物资。

2020年，公司党支部支部的“育人”工作法入选《中央和国家机关党建创新案例选——支部工作法100例》，是中信系统唯一入选案例。与库务部党支部联合开展“青春筑梦新时代，我为中信建新功”演讲比赛，开展“不忘初心，弘扬优良家风”主题党日活动，活动信息被新华网转载。组织参加中央和国家机关工委举办的“强素质·作表率”重温马克思主义经典读书活动，跟读学习《列宁论新经济政策》并参加现场录制。

Z

中兴通讯集团财务有限公司

【集团概况】中兴通讯股份有限公司（以下简称“集团”）成立于1985年，是在香港和深圳两地上市的大型通信设备公司。2020年，面对复杂的国际政治经济环境和汹涌的新冠肺炎疫情双重挑战，集团一手抓抗疫一手抓发展。一方面，集团携手合作伙伴，充分利用5G等先进技术，全方位助力科技抗疫，积极践行企业社会责任；另一方面，集团继续秉承积极稳健的经营策略，聚焦主流市场和主流产品，持续加强5G研发投入、人才储备、技术创新和市场突破，紧抓5G新基建发展机遇，实现经营业绩有质量增长，达成战略发展期既定目标。

【经营概况】2020年，中兴通讯集团财务有限公司（以下简称“公司”）紧密围绕集团战略发展方向和年度经营管理目标，为集团产业发展提供有力的支撑。截至2020年末，公司资产总额157.27亿元，所有者权益总额23.26亿元；2020年实现营业收入1.72亿元，净利润1.08亿元。公司无不良资产和不良贷款，公司运营及业务开展规范有序。

【服务实体】2020年，公司紧贴集团的战略发展方向，配合集团的聚焦战略，发挥金融机构功能作用，协同集团对其子公司的融资行为实施管控，有效降低了集团的融资费用；公司取得开办延伸产业链金融业务试点资质，解决了集团中小供应商融资难、融资贵问题，维护了集团产业链的稳定。

【信贷业务】2020年，公司继续将信贷资源向集团核心业务板块倾斜，帮助集团聚焦主营业务，协助集团和成员单位稳健发展。2020年发放贷款质量良好，公司2020年末信贷资产分类全部为正常类资产。

【产业链金融】2020年，公司积极开展产业链金融试点业务，服务产业链上游供应商，共计办理票据贴现25.52亿元，充分降低了产业链上游供应商的融资成本，极大地支撑了中小企业和实体经济的发展。

【资金业务】2020年，公司全面落实资金计划申报对接机制，明确成员单位资金计划申报原则及内容，在确保流动性的同时，提高资金使用效率。此外，公司根据资金业务开展情况，全面梳理业务相关制度，完善制度内容，规范及优化业务流程，防范业务风险。

【票据业务】2020年，公司基本实现了所有票据业务的电子化开立和线上流转；2020年，公司持续优化票据业务流程、加强票据系统建设，按照上海票据交易所的指引，顺利完成全直连接口3.0版本的升级。

【资金集中】2020年，公司完成集团全球账户管理系统、电子银行回单系统、银企智能对账系统、现金流量表系统、集团授信融资等系统的建设和完善，同时通过SWIFT直连实施，进一步加大海外子公司银企直连力度，为集团资金管理和财务管理决策提供信息支撑。

【业务创新】2020年，公司充分运用人民银行“商票通”再贴现政策优势，在“一头在外”票据贴现业务范畴下推广“兴惠通”产品应用，为产业链上游的小微企业提供更精准、更实惠的金融服务，将低成本资金实实在在地投放至产业链上游的小微企业中。

【风险管理和内部控制】公司坚持依法合规、审慎经营的理念，坚持内控优先、制度先行的管理原则，积极梳理和健全各项管理制度；夯实风险管理委员会和贷款审查委员会的风险决策作用，保持授信审查的专业性和独立性；认真贯彻落实监管要求的各项风险排查及合规检查；加强与监管机构、行业组织、同业机构联系沟通与交流，做好内部管理政策的调整；

着重分析当前可能面临的操作风险，对照内部规范要求，加强对操作风险的控制，提升操作风险的管理能力和水平；加强风险合规文化建设，有效提高对各类风险的统筹管理水平。

【人力资源管理】2020 年，公司大力推动内控合规治理和业务流程数字化建设。通过干部/员工内部轮岗、员工工作状态盘点、过程绩效细化管理、员工职业通道拓展和赋能提升等一系列管理动作的系统推进，精准识别组织管理空间，帮助员工自我成长。公司致力于打造多元化沟通渠道，通过公司“管理空间”面向全员透明、及时、全面地发布各项管理规则、工作指引、评优标准；通过《兴通告》的内容发布使员工清晰价值导向、了解新闻动态；通过总经理面对面、总经理信箱建立管理者与员工的平等对话空间；通过直接管理干部绩效辅导、工作教练使员工时刻矫正工作方法与绩效输出。多途径、广泛倾听，通过开放的沟通平台，促进组织与员工间的相互信任与共同发展。

【信息化建设】2020 年，公司主要通过对信息科技三个领域的项目实施，有效保障票据交易业务、资金结算业务和征信查询业务合规有序开展并提高业务效率。一是圆满完成票据交易系统全直连接口 3.0 版本的升级切换工作；二是为保障业务连续性和资金结算安全，完成了公司现有 10 家银行银企直连接口全面升级上线和验收工作；三是加强征信合规和信息安全管理，建设并完成二代征信查询前置系统的投产上线，并积极开展二代征信报送系统建设准备工作。

【企业文化建设】2020 年，公司继续秉持集团新文化精神所倡导的文化价值理念，在公司业务流程建设、风险合规管控、内部治理推进和人力资源管理等各方面切实践行“团结、担当、专业、务实”的行为导向和工作作风。公司通过组织新文化精神和行为导向优秀案例展播、集团成立 35 周年纪念系列活动、员工户外拓展活动等一系列凝聚力活动让员工“理解、看见、走近、体验”公司文化建设的核心，增强员工对公司的认同感和自豪感。

中冶集团财务有限公司

【集团概况】中国冶金科工集团有限公司（以下简称“集团”）是中国特大型企业集团，是全球最大最强的冶金建设承包商和冶金企业运营服务商；是国家确定的重点资源类企业之一；是国内产能最大的钢结构生产企业；是国务院国资委首批确定的以房地产开发为主业的 16 家中央企业之一。

【经营概况】2020 年，中冶集团财务有限公司（以下简称“公司”）全面超计划完成各项经营目标，2020 年末资产规模达到 286.63 亿元，实现营业收入 7.52 亿元，完成年度预算的 155.41%；实现利润总额 3.32 亿元，完成年度预算的 118.72%，为集团让利 1.78 亿元，完成创利 5.1 亿元。

【服务实体】2020 年突发新冠肺炎疫情，公司迅速出台了《调整利率全力支持集团抗疫复产专项方案》纾困惠企，开启线上应急预案和快速审批通道，持续扩大资金供应，全力支持抗疫复产，信贷规模大幅提升。

【信贷业务】2020 年，公司为集团子公司提供资金支持，日均信贷规模达到 164.41 亿元。全力支持抗疫复产，发放短期及疫情专项贷款 15.8 亿元；全力支持置换存量高息贷款，发放专项低息贷款近 20 亿元，利率下调 15 ~ 80 个基点；全力支持新兴产业，为集团优质环保项目提供低成本长期融资，发放环保类项目贷款 4.78 亿元。

【产业链金融】2020 年，公司助力集团降采购成本超过11.8亿元，拓展合作银行至20家，积极协调推动中冶置业供应链ABN发行，协调开展内部协调业务专项供应链融资支持与服务约25.8亿元。

【投资业务】2020年，公司促进投资业务稳健发展，在保障流动性安全的同时提高资金使用效率及收益，通过加强实时调度、与银行积极议价、精细化搭配长短期同业存款产品，稳健开展投资业务，不断提升短期资金收益。

【票据业务】2020年，公司推进多级次“票据池”管理及运营统筹。在票据电子化趋势下，与建设银行签署票据池协议，第一批24家子公司签约入池，实现152亿元票据流量可视目标；拓展财票保贴额度，统筹运用财务公司资源置换外部高保证金票据承兑、高利率贴现业务，全年贴现、票据承兑大幅增长，为成员单位减少票据保证金占用2.96亿元。

【外汇业务】2020年，公司一是加强外汇资金统筹，平衡归集、结汇与委贷业务进程，加强外汇资金集中，归集资金近2亿元美元，境内外汇归集度约为90%，完成委贷1亿美元；二是持续推进代客结售汇业务，全年结售汇业务量2.02亿美元，节约财务费用近300万元人民币。

【资金集中】2020年，公司积极发挥资金归集平台作用、聚焦攻克资金集中难题：一是以资金管理系统建设促进资金集中管理，日均资金集中监测系统全面上线，资金集中测算实现由时点向日均转变，由人工测算向系统自动监控转变；二是协助集团开展账户集中管理，扩大直连银行范围，直连银行已达到15家，直连银行账户比例提升至82.2%；提高账户授权率至97.5%；三是多举措盘活压降受限资金，制定“一企一策”受限资金盘活方案，2020年人民币日均存款240亿元，创历史新高。

【业务创新】2020年，公司借鉴波士顿矩阵理念，选取综合反映企业的经营、财务状况的绩效指标和存款贡献度作为核心指标建立模型，分析处在不同象限的子公司特点，制定相应的信贷管理措施方案，优化资源配置，提高信贷资产质量，助力公司实现精细化管理的运营目标。

【风险管理和内部控制】2020年，公司始终坚持“内控优先、稳健经营”策略，一是组织开展风险内控自查、内控审计，重点关注公司新开展的业情况与疫情非常时期的业务操作流程，促进公司持续提升管理水平；二是全年共组织修订内控制度15项，进一步完善公司治理及内控制度体系建设；三是建设风险管理信息化系统，风控手段和能力显著提升。

【人力资源管理】2020年，公司调整优化薪酬体系，拓展员工的职业发展通道和发展路径；完善人才绩效考核体系，多维度能力素质指标考评与360度个人测评工作相结合；完成人力资源管理系统四大模块上线，提高人力管理工作效率；加强干部员工教育培训体系建设，制定中长期教育培训规划。

【信息化建设】2020年，公司以“互联网+”为建设思路、以大数据为建设目标，开展信息系统建设工作，系统逐步实现全覆盖，对集团资金管理和运作发挥了重要作用。启动了人民银行报表系统、共享中心系统、1104报表系统和征信等系统建设，实现了报表数据自动化生成、自动化校验。

【企业文化建设】2020年，面对疫情防控和高质量发展双重任务，公司党总支贯彻落实习近平总书记指示精神和上级党组织部署安排，坚持大局意识和责任意识，及时组织开展“战‘疫’必胜，财务公司在行动”系列宣传活动，宣传了公司“一手抓疫情防控、一手抓金融服务”的先进事迹，鼓舞人心，凝聚士气。宣传稿件在集团网站、微信公众号、中国财务公司协会专刊等平台上发布，有效提升了公司宣传思想工作水平，通过高质量党建助推企业实现高质量发展。

中油财务有限责任公司

【集团情况】 2020 年，中国石油天然气集团有限公司（以下简称“集团”）国内油气产量当量历史上首次突破 2 亿吨，其中，天然气产量当量首次突破 1 亿吨，首次超过国内原油产量。全年原油加工能力达到 2.04 亿吨/年；乙烯装置全年负荷 97.32%，创历史最高水平。加油站超过 2.2 万座，日进站客户量接近 1100 万人次；天然气销售终端用户超过 1200 万户。集团全年海外油气权益当量达 1.0009 亿吨，实现稳产。集团全年完成贸易量 4.9 亿吨。

2020 年，集团参与完成的成果获国家科技进步奖一等奖 1 项，科技进步奖二等奖 2 项，技术发明二等奖 1 项；牵头制定发布 1 项国际标准。2020 年，集团制定实施《集团公司改革三年行动实施方案》等，从六个方面提出 86 条改革措施；全年 79 户僵尸特困企业全部达到“处僵治困”完成标准，特困企业亏损面缩减 80%。2020 年，集团全面完成管道业务重组移交，保障了国家油气体制改革成果落实落地。同时，集团被联合国全球契约组织授予“2020 实现可持续发展目标企业最佳实践”的荣誉，第五次获评亚洲“最受尊敬企业”。

【经营情况】 截至 2020 年末，中油财务有限责任公司（以下简称“公司”）总资产余额 5670 亿元，表内资产余额 4911 亿元，同比增加 6 亿元。在集团现金流趋紧、资本性支出大幅压缩 33.8% 的不利情形下，公司存贷款业务逆势增长，存款平均规模达到 2831 亿元，贷款平均规模达到 2356 亿元。公司入选“银行间本币市场交易 300 强”，获得“结算 100 强——优秀自营商奖”。

【服务实体】 公司始终坚持服务优先，继续执行各种费率优惠政策，特别是 2020 年 7 月以来调降贷款利率 30 个基点以上，为企业减少利息支出 2.8 亿元，全年通过各种费率优惠帮助企业降本增效 43 亿元。此外，充分利用境外税收优惠政策为集团减少各类税费支出 5.1 亿元，通过封闭结算为集团节约流动资金 123 亿元。

【信贷业务】 通过开通绿色通道、调降贷款利率、延期支付利息、发放低息贷款等方式，携手湖北等疫区企业渡过难关，助力大连西太抗疫物资生产，全力支持企业抗疫保供；积极稳定和巩固内部市场，践行国家和集团发展战略，发放“一带一路”贷款 48.5 亿美元、“京津冀协同发展”贷款 2263 亿元、绿色贷款 1213 亿元。全年累计发放本外币贷款 3603 亿元，其中自营贷款 2450 亿元。

【票据业务】 公司积极利用企业和同业两种资源，打通内部和外部两个市场，基本实现业务品种全覆盖。2020 年为 70 余家企业油品互供等业务办理财票承兑 108 亿元，同比增加 87.6 亿元，为炼化销售等企业办理贴现融资 66.4 亿元，有效缓解企业资金压力；新增 7 家央企财务公司财票互认，与财务公司、商业银行形成“直转闭环”双通道并落地运行，为企业提供供应链融资保障，全年办理转贴现 98.5 亿元，同比增长 48.3 倍；创新开展票据正回购 99.3 亿元，平均成本分别较吸存成本低 49 个基点，获批人民银行再贴现 20.2 亿元，有效拓展低成本融资渠道。

【资金管理】 2020 年公司累计办理司库账户搭建、变更及撤销业务 893 笔，截至 2020 年 12 月末，完成司库账户搭建 5823 户，总分联动账户累计业务量 4090 万笔，结算金额 3 万亿元。配合集团机构调整，完成大庆石油管理局

Z

矿区等210家企业账户迁移工作；积极推动昆仑能源公司第三批407家单位司库2.0上线推广工作，为其开立账户212个，办理资金管理贷款208笔。

【投资业务】公司扎实推进资产结构调整、挖掘市场潜力，加大债券基金投资力度，积极布局偏债混合型基金，全年开展债券基金投资172亿元，积极布局偏债混合基金103亿元，高效开展逆回购超过2万亿元。

【外汇业务】公司积极应对海外疫情和市场波动，各项业务稳步推进。一是创新税务筹划置换贷款、参股企业贷款、应收账款保理等模式，助力企业渡过难关；二是通过同业业务、境外市场投资、衍生工具挖潜增效，实现资金高效益；三是境内外协同联动，确保特殊时期结算不间断，持续推进外汇资金集中，吸存规模创历史新高；四是全力保障集团贸易购汇需求，积极应对汇市波动，捕捉交易最优时机；五是充分发挥跨境资金池功能，为集团打通境内外资金通道。首次规模化开展同业存单正回购1591亿元，灵活运用正回购、拆借、商票等工具全年融入本外币资金3.7万亿元，人民币综合融资成本低于吸存成本58个基点，有效补充了公司流动性。

【业务创新】公司向勘探开发等企业跨境调剂资金10亿美元，创新开展首笔跨境人民币委托贷款3亿元，跨境资金池建设取得重要突破。与财务公司、商业银行形成“直转闭环”双通道并落地运行，创新开展票据正回购99.3亿元。高效开展城商行股份行约期产品平均规模148亿元，首次开发本外币同业拆出业务，分别向5家金融企业拆出人民币70亿元，向2家金融企业拆出0.7亿美元。首次规模化开展同业存单正回购1591亿元。

【风险管理和内部控制】公司强化风险法律合规制度和风险偏好体系建设，制定、修订资本管理办法等制度87项，发布风险偏好陈述书，风险法律合规管理体系持续健全；完善授信审查机制，建立操作风险处置机制，规范风险合规报告机制，体系运行不断优化；上线反洗钱和合同管理系统，完成授信系统主功能开发，风险合规信息化建设逐步铺开；开展制度执行月、合规培训、政策宣贯和法律考试等活动，依法合规意识不断增强。

【人力资源管理】立足公司发展、坚持问题导向，公司研究制定“十四五”人力资源专项规划，坚持正确的选人用人导向，落实集团加强干部培养选拔工作要求，制定落实选人用人专项检查整改方案，完成机构设置和职能优化调整，新增客户部、票据部，设立资金运营项目组。实施薪酬对标，优化内部分配结构，探索前中后台人员分配关系，研究建立以岗位价值为基础、以绩效考核为依据、适度体现差异化的薪酬分配体系。

【信息化建设】公司扎实制定信息化规划落地方案，完成“两地三中心”可行性研究、私有云扩容等重点项目，信息化建设方向更加明确；加强网络安全管理，开展七个系统的等保测评，保障能力显著提升；完成产业链保理、恒生投资、反洗钱、合同管理等系统建设；完成行政办公移动端上线及功能优化，实现总部及分支机构全覆盖；授信、征信等风控系统取得重要进展；通过“重保行动”和“关基实战”检验，实现核心系统全年“零中断”，应用系统功能及稳定性显著增强。

【企业文化建设】2020年是公司成立25周年。这一年，面对新冠肺炎疫情与低油价的叠加影响，公司党委以习近平新时代中国特色社会主义思想为指导，团结带领干部员工攻坚克难，研究修订公司章程、党委工作规则、股东会议事规则、董事会议事规则，丰富完善“十四五”发展规划和三个专项规划，细化制定率先创建世界一流示范企业框架方案、改革三年行动实施方案和对标世界一流管理提升行动计划，深入开展“战严冬、转观念、勇担当、上台阶”主题教育活动，构建完善防疫领导、联动、宣传、保障、关怀五个方面工作机制，坚守住公司员工及家属“零感染”、境内外办公场所和经营场所“零疫情”的底线目标，干部员工思想政治建设达到新高度、党建基础工作迎来新提升、选优树先展现新作为、全面从严治党再上新台阶，以高质量党建引领和推动高质量发展。

中远海运集团财务有限责任公司

【集团概况】中国远洋海运集团有限公司（以下简称“集团”）是中央直属特大型国企，具备航运、码头、物流、航运金融、修造船等完善的产业结构体系。截至 2020 年 9 月 30 日，船队综合运力 10933 万载重吨/1371 艘，排名世界第一；全球投资码头 59 个，其中集装箱码头年吞吐能力 12675 万 TEU，居世界第一；全球船舶燃料销量超过 2770 万吨，居世界第一；海洋工程装备制造接单规模及船舶代理业务稳居世界前列。2020 年列世界企业 500 强第 264 位。

【经营概况】中远海运集团财务有限责任公司（以下简称“公司”）总部设在上海，在北京设有分公司。截至 2020 年 12 月 31 日，公司总资产 826.41 亿元，总负债 738.89 亿元，所有者权益 87.52 亿元。全年营业总收入 19.08 亿元，实现利润总额累计 6.51 亿元，净利润 5.08 亿元。

【服务实体】2020 年，公司全力支持集团实体经济发展，服务集团境内客户 1220 家，提供结算总笔数 324 万笔，结算量折人民币 2.55 万亿元，在存款定价方面给予成员企业最优报价。疫情期间支持成员企业复工复产，公司投放 100 亿元低利率专项贷款，为其降低资金成本 5000 余万元。

【信贷业务】截至 2020 年 12 月 31 日，公司贷款余额折合人民币 352.48 亿元，贷款规模净增 53 亿元，持续为集团“降杠杆、去负债”提供支持。年平均信贷规模 268 亿元，平均利率为 3.3%，较上年同期降低 0.6 个百分点，让利集团成员企业。

【资金业务】在确保流动性的前提下，公司合理安排资金业务结构，积极开展同业存单、交易所债券回购等业务，努力提高资金使用效率。2020 年，公司存放同业日均规模 256 亿元，平均收益率为 2.76%；同业存单日均规模 57.58 亿元，平均收益率为 2.93%。

【投资业务】公司投资业务严控风险，组合品种结构向货币及债券类资产倾斜，对存量资产做好收益兑现操作，大幅降低风险敞口。2020 年，投资业务日均资金占用额 26.64 亿元，非货币基金资产规模同比下降了 68%，年化收益率为 6.98%。

【票据业务】公司在做好日常开票、贴现业务的基础上，针对成员企业票据统筹和盘活票据资产管理需求，借鉴商业银行管理模式，开发推出公司票据池产品。截至 2020 年末，公司累计开票 1411 笔，金额合计 31.07 亿元；贴现 102 笔，金额 6.83 亿元。

【外汇业务】公司拥有经常项目外汇资金内部结算及境内外汇资金二次归集资质。2020 年，公司办理即期结售汇业务 2506 笔，合计金额 472695 万美元，远期结汇业务 20 笔，合计金额 26020 万美元。新增代开信用证业务，代开总笔数 16 笔，合计金额 751.77 万美元，释放成员企业在外保证金近 5000 万元人民币。作为集团跨境资金集中运营业务主办企业，通过跨境通道借入外债 24.25 亿美元，境外放款 30.62 亿美元。

【资金集中】2020 年集团成员企业账户集中度为 80.03%，全口径资金集中度为 50.48%，可归集口径资金集中度为 87.59%。

【业务创新】2020 年，公司实体资金池、票据池建设和代开信用证创新项目落地，为成员企业解决存贷双高问题，释放外部保证金，盘活成员企业资金，充分体现金融创新促进集团产业发展的作用。公司重视创新基础研究和员工创新能力培养，开展《自贸区内全球资金集中管理》等五项课题研究，举办业务讲坛29次。

【风险管理和内部控制】针对疫情，公司对信贷、票据、投资等业务的交易对手，产品信用及市场风险等进行对照排查，加强合同履行情况的跟踪监测。根据监管要求，开展监管数据自查自评，对公司监管数据治理的制度建设，系统保障和数据的报送、存储和共享应用及数据质量控制等进行评估，梳理和整改存在的问题。把风控合规放在首位，开展全面风险自查，强化风险维度审计，并严抓整改落实，在健全机制、完善制度等方面取得阶段性成效。

【人力资源管理】公司贯彻集团深化国企改革工作要求，制定《关于深化三项制度改革的实施方案》，细化落实措施，加快构建市场化选人用人和激励约束机制，有效激发员工爱岗敬业的内生动力，不断焕发改革发展的生机活力。

【信息化建设】2020年，公司对核心系统进行版本升级；完成电票系统验收，并定级为等保二级，保障电票业务顺利开展；启动财企直连项目，提高集团整体数据协同、增强资金管理能力；根据监管要求进行综合报送平台制度包升级，启动征信二代调研、开发、测试；引入RPA机器人，实现结算凭证电子化，高效管理在外账户。

【企业文化建设】公司党委以习近平新时代中国特色社会主义思想和党的十九大、十九届历次全会、中央经济工作会议和集团2020年工作会议、党建工作会精神为指导，把党的政治建设放首位，牢牢把握习近平总书记对国有企业改革重要指示和集团要求，围绕中心、服务大局，夯实基础、压实责任，为公司高质高效迈入行业一流财务公司提供坚强政治保证。同时，公司切实加强对意识形态工作的领导，强化思想宣传、舆情监测和分析研判，维护意识形态安全，强化企业宣传，坚定抗疫信心，鼓舞员工士气，推广公司形象。

忠旺集团财务有限公司

【集团概况】辽宁忠旺集团有限公司（以下简称“集团”）始建于1993年，注册资本23.13亿美元，是全球领先的专注于工业铝挤压材产品研发、生产的制造商。整体设计产能超过100万吨，并在合金熔铸、模具设计、研发创新等方面具备领先优势，是亚洲唯一获得公路铁路运输、船舶制造、航空航天权威认证的铝型材制造商。截至2020年12月末，公司总资产733.76亿元，净资产298.37亿元，实现销售收入162.69亿元。

【经营概况】2020年，忠旺集团财务有限公司（以下简称“公司”）认真贯彻落实各项监管政策，始终坚持“依托集团、服务集团”的经营宗旨，以助力集团产业发展为首要任务。截至2020年末，公司资产总额384.02亿元，负债总额324.53亿元，所有者权益59.49亿元。

【信贷业务】2020年，公司为集团成员单位发放自营贷款130笔，金额合计478.53亿元，正常收回贷款140笔，金额合计497.73亿元；年末贷款余额325.88亿元，较年初下降17.6亿元，降幅为5.4%；办理电票贴现业务38笔，贴现金额合计76.4亿元，年末贴现余额60.4亿元，较年初增加23.40亿元；办理电票承兑业务226笔，金额合计227.46亿元，年末电票承兑余额264.25亿元，电票承兑余额较年初减少36.95亿元，降幅为13.98%；续作综合授信客户24户，续作综合授信金额521亿元，新增综合授信客户5户，金额12.5亿元。

【资金业务】截至2020年末，公司共取得金融机构同业授信额度280.50亿元；开展的同业资金业务主要为存放同业及同业拆借。2020年末，公司同业拆入日均余额40.47亿元；2020年末，同业拆入余额50亿元。公司积极维护拓展同业客户，大力开展同业业务合作，助推资产负债结构优化，不断提高资金业务管理及风险控制水平。

【投资业务】公司投资业务投向均为国股行发行的活期理财产品，在充分保障资金安全性和流动性的前提下，实现合理收益水平。截至2020年末，公司开展投资业务1笔，累计发生额5000万元。

【票据业务】同业票据合作主要为直贴卖断及票据回购。截至2020年末，公司直贴卖断票据余额为零，票据回购余额56.40亿元。公司积极响应上海票交所各项工作要求，依托上海票交所平台，稳健开展各项票据业务。

【资金集中】2020年末，公司全口径资金归集度为72.43%，可归集资金口径资金归集度为84.2%，账户集中比例达84.83%。公司克服疫情反复、国内外经济形势的影响等不利因素，在做好成员单位资金集中管理工作的同时，进一步提高服务意识，为成员单位提供统一、便捷的结算服务，提高成员单位资金利用效率，充分发挥公司作为集团资金结算平台的服务功能，助推集团实业发展。

【风险管理和内部控制】截至2020年末，公司各类信贷及同业资产质量良好，不良资产、不良贷款为零，信用风险可控；持续做好整章建制，不断完善公司规章制度；按照覆盖面和规定频次开展内部审计工作，及时揭示业务操作中的不足，督促被检查单位开展整改，查漏补缺，切实防范操作风险；结合“七五”普法规划，开展法治培训，培训的重点内容是与公司业务相关的国家法规、监管要求，提升员工法治素养，引导员工尤其是各级领导干部牢固树立依法合规经营的意识。在开展法治培训的同时，持续开展各类业务培训，提升员工的合规意识及业务技能，在公司内部培育风险为本、合规优先的文化，切实做到“合规经营，人人有责”。

【人力资源管理】公司始终坚持“以专业人才队伍支撑专业化发展”的人力资源管理理念，通过建立完善的薪酬体系、合理的绩效考评等，激发员工的能动性，提高工作效率。截至2020年末，公司正式员工39人，其中有金融行业从业背景的人员超过三分之二，半数以上人员行业工作经验超过五年；年龄在30岁以下、30~40岁、40岁以上的人员占比分别为12.8%、53.9%和33.3%；本科以上学历占比超过92.3%，研究生以上学历占比为30.8%，人员专业化程度不断提升为公司业务发展提供了坚实的人才保障。

【金融工具会计准则的转换与执行】财政部2017年发布一系列新修订的金融工具会计准则，并于2018年发布了新修订的金融企业财务报表。按照相关规定及金融监管要求，公司经过充分研究与论证，于2020年4月制定了《新金融工具准则实施方案》《新准则实施工作时间安排表》，协调相关部门按序推进各项工作，包括召开启动会、内部学习培训、调整会计科目体系、系统改造与测试、调整业务流程等多个环节，最终于2021年1月1日顺利完成了新金融工具会计准则的转换与执行。

Z

珠海格力集团财务有限责任公司

【集团概况】珠海格力电器股份有限公司（以下简称“集团”）产业覆盖空调、生活电器、高端装备、通信设备等领域，是一家多元化、科技型的全球性工业集团，产品远销160多个国家和地区。集团坚持创新驱动、质量为先，入选2020年“国家技术创新示范企业名单”、“中国装备制造业100强”榜单、工信部工业产品绿色设计示范企业名单等。2020年，集团加快推动营销转型，董事长带头冲锋，推出“董明珠直播间”，多次直播销量创新高。

【经营概况】2020年，珠海格力集团财务有限责任公司（以下简称“公司”）围绕集团发展战略，创新与拓宽金融服务渠道，充分发挥财务公司金融服务功能，为成员单位、产业链企业，特别是产业链中小企业提供优质金融服务；加强内控风险管理，加强信息系统功能搭建，年度经营目标达标，各项监管监测指标合规。2020年公司实现全口径营业收入23.94亿元，利润总额9.04亿元，资产总额528.10亿元。

【服务实体】2020年，公司围绕集团战略布局，创新拓展金融服务渠道，多举措保障基础金融服务，减费让利强化金融支持，精准扶持产业链协同恢复，提升供应链韧性，全力支持集团成员单位及产业链企业发展。全年累计发放各项贷款235.03亿元，其中，向成员单位投放70.57亿元，向集团产业链企业投放164.46亿元，年末信贷规模144.69亿元，无不良贷款，信贷资产质量良好。

【信贷业务】2020年，公司持续关注集团发展战略，为各战略性项目的发展设计金融服务方案及提供融资支持，累计为14家成员单位提供金融服务，全年累计发放70.57亿元，贷款余额90.34亿元，为集团先进装备制造业注入发展动力。

【产业链金融】2020年，公司通过股权质押、新型权利质押、房地产抵押、第三方担保等方式扩大买方信贷业务的深度和广度，服务全国200多家产业链下游企业。截至2020年末，累计发放贷款72.39亿元，买方信贷余额38.58亿元，携手企业共抗疫情，为36家经销商办理贷款展期21.80亿元；全年服务上游企业32家，累计投放5.28亿元，截至2020年末，保理余额3.25亿元，“一头在外”票据贴现余额0.26亿元。

【资金业务】2020年，公司持续完善资金预算机制，及时调整资金计划安排，完善流动性长效管理机制，不断深层次挖掘资金运营潜力。一方面，拓展融资渠道，通过银行间正回购和拆借业务、票据卖断业务，全年累计融入资金826.83亿元，解决流动性短缺，保障各项业务顺利运行；另一方面，回归本源，发挥好集团财务公司资金集约功能，提高资金效益，通过票据买断、同业存款、投资等业务累计投放1410.77亿元。

【票据业务】截至2020年末，公司受理票据贴现、承兑及转贴现总额432.60亿元，全流程集中管理和运营产业链票据资源，推进公司票据业务发展。2020年累计为上游企业贴现票据1.17亿元，发挥普惠金融力量解决中小企业小票融资难、融资贵问题，运用央行再贴现政策对中小企业大幅下调贴现价格，全年办理再贴现6649.00万元，有效压降企业融资成本；为下游企业开具财务公司电子承兑汇票480张，金额86.79亿元，有力支持集团成员单位产品销售。

【风险管理和内部控制】2020年，公司贯彻落实集团零风险要求，建立健全以风险管理为核心的事前、事中、事后内部风险控制系统，完善责任追究与处罚机制；落实银保监会风险防范指导意见，开展各项风险排查，制定符合实际、可行性和针对性强的实施方案，做实规定动作，风险防控常态化；加大审计力度，开展业务与管理全覆盖常规审计及重点领域专项审计，重视整改成效，推进公司法人治理、合规内控和风险管理持续改善，促进公司稳健经营发展。

【人力资源管理】2020 年，新冠肺炎疫情蔓延，公司迅速启动应急预案，做好人防物防工作，启动弹性排班制度，切实保障全员安全有序复工；结合公司培训工作实况，调研策划公司培训方案，探索搭建包含意志培训、认识培训、职业素养培训及专业知识培训四大模块的培训体系，组建公司内训师队伍；完善公司绩效考核体系，结合目标导向的绝对评价和横向对标的相对评价进行绩效考评，促进考核工作质效提升。

【信息化建设】2020 年，公司进一步强化科技支撑，加强网络管理。一是加强核心系统及网络安全建设，顺利通过等保三级测评并向公安机关备案，保障公司核心业务系统安全；二是按照监管统计口径全面整合信贷数据资源，搭建信贷基础数据库，建立灵活的筛选、采集、统计数据核算模型，创新建立“监管机构报表数据采集报送优化系统”，数据处理效率提升三倍；三是进一步完善资金管理智能化分析系统，实现集团资金数据共享及分析智能化，达到整体资源配置的最优化。

【企业文化建设】2020 年，公司持续推进基层组织建设，加强党的领导，创新党建活动形式及载体，完善阵地建设，强化监督管理，畅通投诉建议通道，开展创优争先评比，做好干部储备工作；落实“三会一课”制度，加强党员教育；学党纪党规，强化党风廉政建设，开展纪律教育学习月活动，组织参观红色教育基地、观看廉政教育片、开展廉洁考试等。2020 年，完成党支部换届选举工作。

珠海华发集团财务有限公司

【集团概况】珠海华发集团有限公司（以下简称“集团”）组建于 1980 年，与珠海经济特区同龄，是珠海最大的综合型国有企业集团和全国知名的领先企业。2020 年，集团一方面全力支援全国疫情防控和复工复产大局，另一方面积极深耕原有“4 + 2”业务，在推进粤港澳大湾区建设与实体经济建设的进程中全面推动“科技 + 城市 + 金融 + 实业”（1 + 3）发展模式。截至 2020 年 12 月 31 日，集团资产总额超过 4800 亿元，实现营业收入超过 1000 亿元，实现净利润超过 56 亿元。

【经营概况】2020 年，珠海华发集团财务有限公司（以下简称“公司”）迎难而上、准确识变，认真贯彻执行行业监管要求，以强化司库职能为基础，开拓创新、稳健经营，实现了公司业务的新发展、新突破，为集团进一步转型升级发挥了重要的作用。截至 2020 年 12 月 31 日，公司资产总额 498.85 亿元，实现营业收入 13.55 亿元，实现净利润 6.67 亿元。

【信贷业务】2020 年，公司持续加大信贷业务投放力度，开拓创新、稳健有序地推进业务开展，着力于房地产开发贷款的投入以及补充成员单位的流动资金，取得良好效果。通过丰富金融服务产品，提升服务水平，全力支持集团供给侧结构性改革，促进集团降本增效、转型升级。截至 2020 年 12 月 31 日，公司各项贷款余额 294.52 亿元。

【资金业务】2020 年，公司通过加强资金统一计划、统一备付和统一调度，完善集团流动性管理协同机制，拓宽融资渠道，完善利率管理职能，优化内外资金配置，实现集团资金安全性、流动性、效益性的均衡。截至2020年12月31日，公司共发生拆借业务391笔，总成交金额959.05亿元，共发生回购交易869笔，总成交金额3725.26亿元。

【资金集中】截至2020年12月31日，公司日均吸收存款477.47亿元，较上年同期增加131.47亿元，增幅为38%；共办理各类业务63047笔，较上年同期增长30%；结算金额达81405亿元，较上年同期增长61%；为551家成员单位开立了一般结算账户，较年初增加102户，开户率持续保持在较高水平。公司共与12家银行实现了银企直连，加入银企直连的成员单位账户共2224户，较上年增加702户，增幅为46%，拓展了结算平台的深度和广度，有效提高了资金归集效率。

【业务创新】疫情期间，为落实监管机构加大再贷款、再贴现支持力度促进有序复工复产的要求，引导资金投向集团内重点成员单位，2020年4月24日，公司向中国人民银行珠海市中心支行申请办理了一笔500万元人民币的再贴现业务，为公司开业以来的首笔再贴现业务，运用再贴现工具低成本资金支持成员单位，缓解其资金周转压力，满足成员单位生产抗疫物资用品和有序复工复产的融资需求。

【风险管理和内部控制】2020年，公司始终把控制风险、合规发展放在第一位，坚持业务发展与合规管理并重，自觉践行依法合规经营理念。坚持乱象整治与合规建设并重，重点关注风险管理薄弱环节和屡查屡犯领域，坚持即查即纠、立查立改。建立监管信息共享交流平台，加强风险管理，把握监管政策走向，保持政策敏感性。同时通过新增和修订公司管理制度，加强风险管控。

【人力资源管理】2020年，公司提供以团队能力提升、以核心业务能力提升、以全员基本职业素质提升为重点的培训课程，以提高员工的工作效率，同时积极参加外部培训。

【信息化建设】2020年，公司规划建设会计引擎平台。该平台基于标准业务数据接口和财务系统接口，连接公司内部各业务系统与财务核算系统，通过可视化配置的会计核算规则驱动，实现交易业务与核算业务的解耦，各自独立发展演进，化解了业务变化快和财务核算稳定的矛盾。

【企业文化建设】2020年，公司以党风廉政建设责任制为着力点，以加强廉政教育、完善制度体系、强化监督检查为抓手，努力践行纪检介入业务风控体系的工作要求，全面推进公司反腐倡廉各项工作。通过开展党支部书记讲专题廉政课及反腐倡廉宣传教育等活动，引导党员干部筑牢拒腐防变的思想道德防线。开展专题党课，贯彻落实“守初心、担使命，找差距、抓落实”的总要求，坚持思想建党、理论强党。

2020年，公司以实际行动践行社会责任担当，在做好自身防控的同时，为珠海市疫情防控工作作出贡献，同心协力打赢疫情防控阻击战。另外，公司运用“党建＋扶贫”模式，强化党组织在精准扶贫中的核心作用，促进党建工作与精准扶贫工作深度融合。开展助学帮扶、就业帮扶、爱心帮扶等一系列帮扶活动。

紫金矿业集团财务有限公司

【集团概况】紫金矿业集团股份有限公司（以下简称“集团”）是一家以金、铜等金属矿产资源勘查和开发为主的大型跨国矿业集团。公司资产规模、营业收入和累计利税均超过

1300 亿元，是中国矿业行业效益最好、控制金属矿产资源最多、最具竞争力的大型矿业公司之一。公司先后在 H 股和 A 股整体上市。公司列全球上市公司 2000 强第 778 位，是上榜的全球黄金企业第 3 位、全球有色金属企业第 9 位、中国黄金企业第 1 位、中国有色金属企业第 1 位，列中国企业 500 强第 77 位。截至 2020 年 9 月末，集团实现矿产金 29.46 吨、矿产铜 34.53 万吨、矿产锌 24.40 万吨。资产总额 1709 亿元，同比增长 38.02%，资产负债率为 59.54%；1～9 月营业收入 1304 亿元，同比增长 28.34%，利润总额 73.96 亿元。

【经营概况】 2020 年，紫金矿业集团财务有限公司（以下简称“公司”）坚持“立足紫金、服务集团、规范经营、稳健发展”的经营理念，积极实施一个目标二个区域三种模式的战略规划，通过专业、创新、特色经营，打造“小而美”的财务公司。截至 2020 年末，公司本外币资产总额 87.4 亿元，实现总收入 2.89 亿元，利润总额 1.56 亿元；公司年末资本充足率为 18.68%，流动性比例为 50.19%，无不良资产，各项风险管控指标符合监管规定。

【公司信贷业务】 2020 年，公司坚持信贷支持集团实体主业发展，结合 LPR 利率机制和公司实际，为成员单位提供多渠道融资选择，优化信贷结构，主动服务成员单位降本增效。全年向成员单位累计发放贷款 175.10 亿元，2020 年末贷款余额 59.97 亿元，比年初增长 17.35%，其中 77.68% 投向矿山和冶炼企业。

【票据业务】 2020 年，公司办理票据业务 1220 笔，累计金额 18.01 亿元，2020 年末票据池持有票据余额 8.74 亿元，票据业务量和融资服务能力不断提升，全年办理贴现业务 24.17 亿元，转贴现（贴出）4700 万元；充分发挥专业优势，协助集团开展票据集中管控，防范票据风险，全年累计上收电票 2657 笔，金额 26.51 亿元，拒收 79 张风险票据，金额 2739 万元。

【国际业务】 2020 年，公司办理即期结售汇业务 5.77 亿美元，办理集中收付 74 笔，金额 2.37 亿美元，开立信用证 1.13 亿美元，基本覆盖境内成员单位需求；集中境外放款额度由 6.19 亿美元增加至 24.25 亿美元，外债额度由 5 亿美元大幅增加至 161.70 亿美元。通过跨境资金池开办境外贷款业务，外汇衍生品业务资质获批；协助集团统一保险服务持续发力，成功协助实现哥伦比亚、圭亚那项目保险方案落地。

【资金集中】 配合集团加强成员单位银行账户和余额监控，常态化开展“三项”清理工作，同时加强动态分析、日终归集、共享支付等措施，坚持执行时点存款和期间存款并重。全年累计归集资金 4382 亿元，月均可归集资金归集率为 81.42%，年末吸收存款余额 69.68 亿元。

【业务创新】 通过跨境资金池通道开通境外贷款业务，有效支持集团境外项目的生产运营。聚焦权属企业应收票据和应收账款，为成员单位设计商票融资方案，盘活商业汇票资金；2020 年获批开办外汇衍生品业务资质。可为成员单位开展代客远期结售汇、人民币外汇掉期业务等新业务，在报价上获得银行间外汇市场更直接的信息资源，提升总对总的同业战略合作水平，进一步服务集团和各成员企业的外汇风险管控需求。

【风险管理和内部控制】 2020 年，公司坚持将“监审联动”、案件防控、市场乱象治理“回头看”、“双主体监测”、“三项清理”等专项活动贯穿全年的各项业务检查中，进一步细化内控体系建设。全年开展各类检查 27 次，持续营造浓厚的责任意识和风控氛围。同时组织各部门学习新修订的制度，并开发合规和风险管控培训题库，强化合规意识和风险管控能力考核，不断提升制度的指引性和约束力。

【人力资源管理】 公司建立每月全员培训机制，通过案例分析、业务政策学习、技能测试、组织银行从业资格考试等方式提升全员风险管控意识和能力，全年共组织内部培训 16 场，共计 310 人次。向人民银行提交政策研讨文章 3 篇，参与银保监部门财务公司监管课题研究 1

次。积极利用公司公众号、中国财务公司协会网站、出版年度专刊等加强宣传，有效提高了公司的外部关注度。

【信息化建设】2020 年，结合公司业务实际完善信息系统规划，充分利用集团数据和公司业务数据，推进系统数据管控的集中化、自动化、智能化建设。完成 LPR 利率机制系统改造项目、1104 报表系统与反洗钱系统等上线工作，有效提高业务部门工作效率；实现数据库自主还原与备份，确保留痕管理，助力内控体系建设。

【企业文化建设】2020 年 5 月成立公司党支部，坚持党建工作与生产经营深度融合，在公司重大经营决策方面加强党的领导，全年累计召开 5 次党政联席会议。继公司《十周年》专刊之后，2020 年公司持续编制《十一周年》宣传册，公司合规文化和外部宣传力度大幅提升。

2020 年 12 月 22 日，中国财务公司协会第二十三次会员大会在北京召开

2020 年 12 月 21 日，中国财务公司协会第十届六次理事会议在北京召开

2020 年 12 月 21 日，中国财务公司协会第十届三次监事会议在北京召开

2020 年 12 月 22 日，中国银保监会非银部副主任聂俊出席第二十三次会员大会

2020 年 10 月 21 日，中国银保监会非银部主任刘宏宇带队莅临中信财务有限公司调研指导

2020 年 12 月 19 日，江苏省委常委、南京市委书记张敬华来到江苏交通控股集团财务有限公司调研江苏交控金融产业发展情况

2020年7月2日，广东银保监局党委书记、局长裴光一行到南航集团调研

2020年5月15日，福建省银保监局党委委员、二级巡视员王建魁一行调研紫金矿业集团财务有限公司

2020年4月9日，陕西银保监局副局长井正萌一行赴西电集团财务有限责任公司对疫情防控和金融政策落实情况开展专项督导调研

2020年8月5日，北京市朝阳区政协副主席杨树旗一行莅临京能集团财务有限公司调研指导

2020 年 5 月 19 日，青海银保监局非银处处长王秀玲走访西部矿业集团财务有限公司

2020 年 6 月 29 日，青岛银保监局政策法规处处长史峰一行赴青岛港财务有限责任公司进行党建调研，并考察自动化码头

2020 年 10 月 29 日，北京银保监局财务公司处副处长王缅一行到中国能源建设集团财务有限公司北京营业场所开展异地迁址开业现场验收检查

2020 年 12 月 1 日，湖北银保监局财务公司处副处长韩芹一行对河北宜化集团财务有限责任公司进行工作指导

2020 年疫情期间，新凤祥财务有限公司对集团提供金融支持，集团实现了满负荷生产，于 2020 年 2 月 27 日央视《新闻联播》报道播出

2020 年 4 月 20 日，福建省交运集团财务有限公司为罗屿港口融资租赁项目做贷前调查

2020 年 5 月 13 日，天津港财务有限公司赴成员单位——天津港航桩业有限公司了解金融服务需求，支持企业复工复产

2020 年 8 月 10 日，日照港集团财务有限公司前往京博管道建设工地进行贷前调查

2020 年 8 月 27 日，连云港港口集团财务有限公司组织召开金融支持自贸试验区建设工作调研座谈会

2020 年 8 月，中国铁路财务有限责任公司赴柳州机车车辆有限公司进行现场贷前调研与业务交流推广

2020 年 9 月 6 日，中化集团财务有限责任公司总经理夏宇带队赴荃银高科进行业务交流。双方在资金结算、产业链金融等方面开展深入合作，达成全天候金融战略合作伙伴关系

2020 年 9 月 8 日，中国大唐集团财务有限公司组织职工参观 2020 年中国国际服务贸易交易会

2020 年 9 月，国机财务有限责任公司以履约保函方式支持成员企业迪拜 700MW 光热和 250MW 光伏太阳能电站熔盐储罐项目安装制作

2020 年 10 月 14 日，申能集团财务有限公司接待中国清洁发展机制基金管理中心开展“节能环保企业在国内国际双循环格局中面临的挑战与应对措施”专题调研活动

2020 年 11 月 6 日，重庆化医控股集团财务有限公司召开业务座谈会，服务实体经济

2020 年 11 月 20 日，粤海集团财务有限公司董事长童伟演、总经理伍兴龙陪同广东银保监局工作人员前往广东粤海珠三角供水有限公司调研

2020 年 12 月 25 日，中交财务有限公司首单银团贷款投放项目——泉厦漳城市联盟路泉州段举行通车仪式

2020 年 1 月 19 日，内蒙古电力集团财务有限责任公司召开年度工作会

2020 年 1 月 21 日，河南能源化工集团财务有限公司召开 2019 年度职代会，传达集团公司“三会”精神

2020 年 2 月 20 日，北京汽车集团党委副书记韩永贵一行到北京汽车集团财务有限公司实地检查疫情防控、生产经营相关工作

2020 年 3 月 31 日，安徽省皖北煤电集团公司外部董事到安徽省皖北煤电集团财务有限公司调研经营运行情况

2020 年 4 月 15 日，中国节能环保集团党委书记、董事长宋鑫到中节能财务有限公司调研，并慰问公司抗疫一线员工，中国节能环保集团党委常委、中节能财务有限公司董事长杜乐陪同调研

2020 年 4 月 29 日，忠旺集团财务有限公司召开忠旺财务公司执行新金融工具会计准则启动大会暨全体员工会议

2020 年 5 月 20 日，浙江省能源集团财务有限责任公司召开“总经理与青年面对面”座谈会

2020 年 5 月 27 日，航天科技财务有限责任公司总经理刘永主持召开管理业务双提升阶段性总结专题办公会

2020 年 6 月 18 日，江西铜业集团财务有限公司召开 2020 年第二次董事会、股东会暨第一次监事会

2020 年 6 月 29 日，大同煤矿集团财务有限责任公司召开三届五次董事会暨 2019 年度股东会

2020 年 6 月 30 日，开滦集团财务有限责任公司召开年度董事会、监事会、股东会会议

2020 年 7 月 13—14 日，中煤财务有限责任公司联合工商银行北京分行调研中煤集团在晋所属企业

2020 年 7 月 24 日，中核财务有限责任公司赴交通银行开展案防工作调研交流

2020 年 8 月 20 日，中国石化财务有限责任公司召开党建工作推进会

2020 年 9 月 10 日，北京控股集团财务有限公司到集团成员单位武汉博瑞环保能源发展有限公司调研

2020 年 9 月 11 日，国药集团财务有限公司组织召开国药集团西南地区资金管理专题交流会

2020 年 9 月 19 日，淮北矿业集团财务有限公司召开增资后第一次股东会，公司治理架构完善为“三会一层”

2020 年 9 月 24 日，中国诚通集团调研诚通财务有限责任公司“十四五”规划

2020 年 9 月 25 日，中国华电集团财务有限公司首次开展突发事件应急综合演练

2020 年 9 月，中建财务有限公司联合中建八局举办第二届金融业务交流研讨会

2020 年 10—12 月，中车财务有限公司落实公司“两制一契”管理要求，开展全体中层管理人员公开竞争上岗工作

2020 年 11 月 23 日，济南双汇集团财务有限公司邀请漯河市中级人民法院专家讲授“公司治理深度解析”

2020 年 5 月 15 日，中国重汽财务有限公司开出济南海关首笔、金额最大的由财务公司开立的关税保函

2020 年 7 月 9 日，物产中大集团财务有限公司与浙江省能源集团财务有限责任公司开展同业交流

2020 年 8 月 12 日，中国铁建财务有限公司和中油财务有限责任公司签署战略合作协议

2020 年 8 月 17 日，TCL 集团财务有限公司专业助力 TCL 实现在半导体及半导体光伏领域的重要布局

2020 年 8 月 18 日，中国移动通信集团财务有限公司与“党建和创”单位中国银行联合开展“新冠疫情下的国内外经济金融形势”主题讲座活动

2020 年 9 月 23 日，中国电子财务有限责任公司与中国电子系统技术有限公司签署战略合作协议

2020 年 10 月 21 日，美的集团财务有限公司与上海票据交易所进行业务交流

2020 年 11 月 6 日，联通集团财务有限公司赴珠海格力集团财务有限责任公司调研供应链金融业务，并进行经验交流

2020 年 11 月 9 日，中国电建集团财务有限责任公司与中国建设银行开展共建暨业务交流活动

2020年11月10日，苏州创元集团财务有限公司与亨通财务有限公司签订战略合作协议

2020年11月11日，江苏交通控股集团财务有限公司到广东省交通集团财务有限公司开展行业交流

2020年11月11日，上海电气集团财务有限责任公司开展“财司双十一百万大让利”金融产品促销活动，通过直播带货的模式向成员企业大力推广特色金融

2020年11月17日，中国化工财务有限公司拜访广西大华公司，推进银团贷款合作

2020 年 11 月 17 日，由山东重工集团财务有限公司主办的山东重工集团与渣打银行（中国）外汇业务发展联席会议顺利召开

2020 年 11 月 28 日，鞍钢集团财务有限责任公司新一代财资管理系统上线仪式

2020 年 12 月 4 日，东方国际集团财务有限公司召开以即期结售汇业务推介及汇率走势分析为主题的财企合作交流会

2020 年 12 月 30 日，广州汽车集团财务有限公司首笔融资租赁业务放款成功

行业发展

2020 年 7 月 28 日，浙江海港集团开展十周年图片展活动

2020 年 7 月 28 日，中远海运集团财务有限责任公司北京分公司举行乔迁仪式

2020 年 8 月 28 日，湖北交投集团财务有限公司举行新办公楼乔迁仪式

2020 年 9 月 15 日，哈尔滨电器集团财务有限责任公司举办公司成立十周年纪念系列活动

2020 年 10 月 19 日，兵器装备集团财务有限责任公司举办十五周年庆

2020 年 10 月 20 日，广州港集团财务有限公司举办开业仪式

2020 年 10 月 26 日，国家能源集团财务有限公司举行揭牌仪式

2020 年 10 月 27 日，江苏凤凰出版传媒集团财务有限公司开展四周年庆活动

2020 年 11 月 20 日，东风汽车财务有限公司在新办公地举办搬迁仪式

2020 年 12 月 10 日，中储粮集团财务有限公司创立大会后的第一张“全家福”

2020 年 12 月 25 日，上海城投集团财务有限公司召开一周年座谈会

社会公益

2020 年 2 月 20 日，光明食品集团财务有限公司开展抗疫物资捐献活动

2020 年 2 月 28 日，上海上实集团财务有限公司开展“爱心一日捐”活动

2020 年 3 月 2 日，振华财务公司组织全体员工开展向抗疫一线医务人员捐赠活动

2020 年 3 月 28 日，马钢集团财务有限公司开展“学雷锋战疫情”活动，组织员工志愿者清扫社区

2020 年 4 月 16 日，国投财务有限公司践行央企责任，开展以捐代购活动，为打赢脱贫攻坚战作贡献

2020 年 5 月 29 日，中航工业集团财务有限责任公司赴贵州省安顺市紫云县猴场镇打哈小学举行“爱伴成长 健康同行”公益活动

2020 年 5 月 29 日，贵州盘江集团财务有限公司进矿区开展防范洗钱、抵制非法集资宣传活动

2020 年 6 月 1 日，新希望财务有限公司到新龙县参加六一扶贫助学活动

2020 年 6 月 11 日，河钢集团财务有限公司参加河北省“征信助企　燕赵暖行”征信宣传活动，深入社区开展宣传

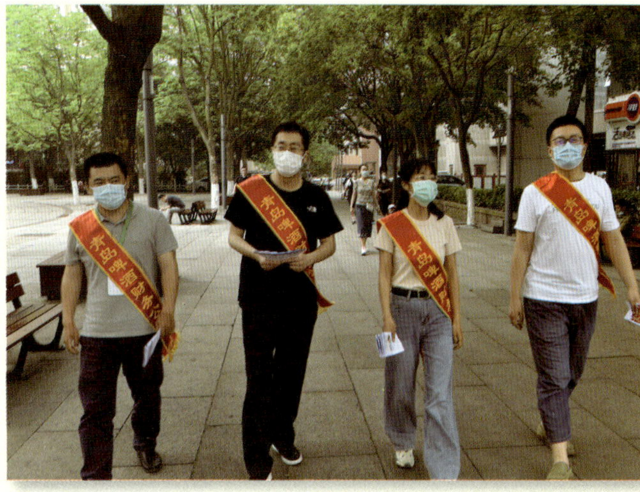

2020 年 6 月 15 日，青岛啤酒财务有限责任公司开展抵制非法集资宣传活动

2020 年 6 月 24 日，包钢集团财务有限责任公司深入包钢矿业开展远离非法集资主题宣讲会活动

2020 年 6 月 28 日，兖矿集团财务有限公司开展“守住钱袋子　护好幸福家”活动

2020 年 8 月 5 日，广东省广晟财务有限公司副总经理周涛赴梅州市五华县棉洋镇荣华村慰问贫困户

2020 年 8 月 13 日，国新集团财务有限责任公司组织员工开展图书捐赠活动，为湖北利川中小学捐赠图书

2020 年 8 月 14 日，上海华谊集团财务有限责任公司组织开展“阳光益行　助学圆梦”爱心助学捐助活动

2020 年 8 月，北京首都旅游集团财务有限公司组织开展扶贫活动

2020 年 9 月 8 日，五矿集团财务有限责任公司深入贵州省铜仁市沿河县实地调研公司定点帮扶工作，并考察当地产业发展

2020 年 9 月 17 日，陕西投资集团财务有限责任公司开展“心系空巢老人，爱撒浓情中秋”慰问社区孤寡老人活动

2020 年 9 月 28 日，三峡财务有限责任公司前往云南巧家二中与结对帮扶贫困移民高中生座谈并进行捐助

2020 年 10 月 23 日，上海外高桥集团财务有限公司赴上海市浦东新区光辉村开展重阳节爱老敬老慰问活动

行业风采

2020 年 1 月 21 日，厦门翔业集团财务有限公司召开年度总结表彰会

2020 年 1 月 21 日，重庆市能源投资集团财务有限公司开展迎新春趣味活动

2020 年 4 月 12 日，晋煤集团财务有限公司参加援鄂医疗队凯旋欢迎仪式

2020 年 4 月 30 日，云南昆钢集团财务有限公司开展植树活动

2020 年 5 月 9 日，中国航油集团财务有限公司举办抗疫主题英语演讲比赛

2020 年 5 月，上海汽车集团财务有限责任公司荣获“2019 年度上海市质量金奖”

2020 年 7 月 11 日，特变电工集团财务有限公司开展“同向同心共奋进　同力同调铸辉煌”主题户外拓展活动

2020 年 8 月 21 日，上海浦东发展集团财务有限责任公司组织开展上海工会职工书屋系列活动之“品读信仰的力量”主题分享会暨十九届四中全会精神宣讲会

2020 年 9 月 8 日，兵工财务有限责任公司组织参观 2020 年中国国际服务贸易交易会金融服务专题展活动

2020 年 9 月 12 日，华泰集团财务有限公司开展到集团非公党建学院参观学习活动

2020 年 10 月 7 日，山东招金集团财务有限公司开展“挖掘潜能、融炼团队、携手同行、再创辉煌”主题户外拓展训练活动

2020 年 10 月 10 日，中国电力财务有限公司开展“筑梦扬帆　再谱华章”二十年发展成果文化展示活动

2020 年 10 月 23 日，首都机场集团财务有限公司全体员工健步走

2020 年 10 月 24 日，红豆集团财务有限公司开展团队拓展活动

2020 年 10 月 24 日，北京首农食品集团财务有限公司组织团建活动

2020 年 10 月 24 日，中广核财务有限责任公司开展拓展活动

2020 年 10 月 25 日，中船重工财务有限责任公司举行团建拓展活动

2020 年 11 月 7 日，山西焦煤集团财务有限公司开展“职业素质提升竞赛”活动

2020 年 11 月 20 日，四川长虹集团财务有限公司参加运动会

2020 年 11 月 27 日，江铃汽车集团财务有限公司举办消保知识竞赛，进一步规范员工行为，提升员工消保意识和服务技能

2020 年 11 月，首钢集团财务有限公司被评为“2020 钢铁产融优秀企业”

2020 年 11 月，中国建材集团财务有限公司承办“浙江大学——中国建材数字金融专题培训班”

2020 年 12 月 5 日，正泰集团财务有限公司开展“凝心聚力　携手共荣”拓展活动

2020 年 12 月 6 日，中联重科集团财务有限公司开展团建活动

2020 年 12 月 12 日，淮南矿业集团财务有限公司举行迎元旦徒步走活动

2020 年 12 月 17 日，在中国金融年度品牌案例大赛中，宝武集团财务有限责任公司荣获“企业文化年度案例奖”

2020 年 12 月 17 日，一汽财务有限公司总经理袁楚云出席第三届中国商用车大会，并发表“金融视角洞察商用车行业发展趋势”演讲

2020 年 12 月 19 日，中兴通讯集团财务有限公司参加集团财务体系举办的“正青春　心飞 Young 趣味运动会

2020 年 12 月 25 日，海南农垦集团财务有限公司开展徒步活动

2020 年 12 月 25 日，云南建投集团财务有限公司举办第三届职工运动会

2020 年 12 月 28 日，国家电投集团财务有限公司举办第四届“和文化”艺术节开幕式

2020 年 12 月，百联集团财务有限责任公司营业部获得中共上海市委、上海市人民政府颁发的“上海市模范集体”称号

2020 年 4 月 28 日，福建省能源集团财务有限公司党支部走访成员单位开展主题活动

2020 年 5 月 8 日，国联财务有限责任公司党支部组织全体党员干部到国企廉政教育基地参观学习，接受廉政教育

2020 年 5 月 20 日，中国航发集团财务有限公司成立供应链金融业务“铸心”新长征党员突击队，集团直属党委副书记、总部党委书记王亚军为突击队授旗

2020 年 5 月 29 日，江西高速集团财务有限公司与集团财务管理部开展主题党日活动

2020 年 6 月 6 日，广西交通投资集团财务有限责任公司与优秀金融同业举行党建联建活动

2020 年 6 月 11 日，广东省农垦集团财务有限公司党支部集体参观中共三大会址纪念馆

2020年7月9日，南方电网财务有限公司赴海南联网二回项目管理有限公司澄迈500kV林诗岛终端站开展主题党日活动

2020年7月17日，上海银行张家港支行党支部与沙钢金融党支部党建共建签约仪式

2020年7月18日，太钢集团财务有限公司在太原东山战役纪念馆开展主题党日活动

2020年7月18日，珠海华发集团财务有限公司党支部组织党员、入党积极分子前往中共党史教育基地——桂山岛，开展“不忘初心　牢记使命”主题党日活动

2020 年 7 月，江苏省国信集团与成员企业联合开展“七一”主题党日活动

2020 年 7 月，山东省商业集团财务有限公司开展“庆祝建党 99 周年”系列活动

2020 年 8 月 7 日，清华控股集团财务有限公司成立“儿童之家”，助力复工复产

2020 年 8 月 13 日，潞安集团财务有限公司召开学用习近平新时代中国特色社会主义思想经验交流会

2020 年 8 月 28 日，中冶集团财务有限公司第二党支部组织参观抗疫主题美术作品展

2020 年 9 月 17 日，中国华能财务有限责任公司召开习近平新时代中国特色社会主义思想学习成果交流会

2020 年 9 月 18 日，物美商业财务有限责任公司开展爱国教育观影活动

2020 年 9 月 22 日，航天科工财务有限责任公司本部三个党支部组织党员及入党积极分子赴香山革命纪念馆开展以“重温红色初心”为主题的革命传统教育活动

2020 年 9 月 23 日，海亮集团与中国建设银行杭州分行、中国诚通国贸开展党建共建活动

2020 年 9 月 26 日，保利财务有限公司党支部组织全体党员赴鱼子山抗日战争纪念馆开展主题党日活动

2020 年 9 月，厦门海翼集团财务有限公司与厦门银保监局非银处、厦门翔业集团财务有限公司举行“强化产业链金融服务　助力金融支持复工复产”联合党建活动

2020 年 10 月 14 日，商飞集团财务有限责任公司组织全体党员、发展对象和入党积极分子寻访静安“红色印记”，开展“四史”教育

2020 年 10 月 16 日，北京金隅财务有限公司与中国工商银行北京西客站支行开展党员共建活动

2020 年 10 月 16 日，云南云天化集团财务有限公司开展“传承红色记忆　践行宗旨意识”主题党日活动

2020 年 10 月 22 日，苏州创元集团财务有限公司党支部组织党员干部及相关业务人员赴中国农业银行苏州分行参加党建交流活动

2020 年 10 月 28 日，天津物产集团财务有限公司全体党员参观“人民至上——天津市抗击新冠肺炎疫情纪实展”

2020 年 10 月 28 日，有色矿业集团财务有限公司组织全员开展“弘扬抗疫精神　坚守初心使命　打响 2020 年经营目标攻坚战”主题党日活动，前往武汉客厅展览中心参观“抗击新冠肺炎疫情专题展览”

2020 年 10 月 28 日，中化工程集团财务有限公司组织开展纪念中国人民志愿军抗美援朝出国作战 70 周年主题活动

2020 年 11 月 1 日，湖南出版投资控股集团财务有限公司赴农耕文化园开展节俭文化主题党日活动

2020 年 11 月 14 日，浙江省交通投资集团财务有限责任公司与浙江财经大学会计学院开展党建结对共建活动

2020年11月18日，江苏悦达集团财务有限公司党支部与盐城银保监分局第六党支部开展党建共建活动

2020年12月4日，上海文化广播影视集团财务有限公司党支部与中国工商银行静安支行公司业务党支部开展主题党日支部共建活动

2020年12月11日，供销集团财务有限公司开展党建活动参观军博

2020年12月，传化集团财务有限公司与中国农业银行萧山分行签订党建共建协议

统计资料

经营状况综合统计

财务公司资产、负债、权益统计表

（2020 年）　　　　单位：万元

机构	资产			负债		所有者权益	
	总额	其中:贷款	其中:投资	总额	其中:存款	总额	其中:资本金
TCL 科技集团财务有限公司	1392421	389524	12189	1202996	1136148	189425	150000
安徽省能源集团财务有限公司	421929	236983	25365	307643	303468	114286	100000
安徽省皖北煤电集团财务有限公司	493737	296700	10000	373144	371863	120593	100000
鞍钢集团财务有限责任公司	2780695	1620593	160294	2068450	2051226	712245	400000
百联集团财务有限责任公司	2424380	380002	92194	2295881	2273162	128499	80000
包钢集团财务有限责任公司	971663	556528	0	772563	726549	199099	130000
宝塔石化集团财务有限公司	819963	1533875	2551	1391991	14102	-572028	200000
宝武集团财务有限责任公司	3640158	765395	264072	3221136	3023878	419021	260000
保利财务有限公司	7192899	1412854	116000	6784202	6657193	408696	200000
北大方正集团财务有限公司	857516	765132	0	290282	282209	567235	500000
北京金融街集团财务有限公司	829752	155486	0	736438	734857	93314	80000
北京金隅财务有限公司	3197003	1099304	235942	2808189	2802589	388814	300000
北京控股集团财务有限公司	1944360	903133	153208	1677690	1657185	266669	200898
北京汽车集团财务有限公司	4129803	2504926	166511	3527245	3111398	602558	500000
北京首都旅游集团财务有限公司	1296756	665606	165309	1049257	1042870	247498	200000
北京首农食品集团财务有限公司	1851831	1072873	5038	1629921	1627088	221910	200000
本钢集团财务有限公司	1801326	1398600	0	1476219	1119443	325107	300000
兵工财务有限责任公司	11653758	3873586	168928	10282121	10185810	1371637	634000
兵器装备集团财务有限责任公司	6638113	3158683	297825	5824333	4367419	813781	303300
渤海钢铁集团财务有限公司	203304	0	201620	63	6	203242	200000
诚通财务有限责任公司	2501091	571050	310000	1847982	1809763	653108	500000
重庆化医控股集团财务有限公司	326183	172393	0	200046	191679	126137	50000
重庆机电控股集团财务有限公司	333012	187479	1022	244094	238496	88918	60000
重庆力帆财务有限公司	424989	445207	0	118796	4595	306192	300000
重庆市能源投资集团财务有限公司	559923	422598	800	420766	321263	139157	100000
传化集团财务有限公司	421845	167600	0	371038	369557	50807	50000
创维集团财务有限公司	923028	483632	0	755283	539147	167744	122345
大唐电信集团财务有限公司	378345	177600	25231	252820	250772	125525	100000
大同煤矿集团财务有限责任公司	2779097	2392500	221876	2177106	2037298	601991	426460
东方电气集团财务有限公司	4231621	356075	204785	3896034	3802983	335587	209500
东方国际集团财务有限公司	1154357	226748	0	1047439	1045113	106918	100000
东方集团财务有限责任公司	809074	656894	0	497566	346316	311509	300000
东风汽车财务有限公司	12009699	9227546	4513	10468455	8587976	1541245	900000
东航集团财务有限责任公司	5548312	1196477	100014	5300373	5273972	247939	200000
东旭集团财务有限公司	3036973	3075380	0	2521257	1092188	515716	500000
鄂尔多斯财务有限公司	1047221	635100	0	774715	538606	272506	200000

续表

机　　构	资产			负债		所有者权益	
	总额	其中:贷款	其中:投资	总额	其中:存款	总额	其中:资本金
福建七匹狼集团财务有限公司	272589	130778	22038	218936	182732	53653	50000
福建省交运集团财务有限公司	276003	155426	0	223783	221920	52220	50000
福建省能源集团财务有限公司	1158078	528444	83064	950959	922087	207120	100000
甘肃电投集团财务有限公司	327738	85700	0	266048	264559	61689	50000
港中旅财务有限公司	1696862	612639	126037	1442314	1439209	254548	200000
供销集团财务有限公司	475149	187700	0	419608	413570	55541	50000
光明食品集团财务有限公司	2774573	1303843	224415	2448496	2431747	326077	200000
广东能源集团财务有限公司	2016756	1559897	44550	1618605	1596672	398151	300000
广东省广晟财务有限公司	849068	502903	0	727751	725337	121316	100000
广东省交通集团财务有限公司	2570361	777684	149293	2312927	2307807	257434	200000
广东省农垦集团财务有限公司	197173	86100	0	146501	146078	50671	50000
广东温氏集团财务有限公司	236762	134635	0	134194	133633	102568	100000
广西交通投资集团财务有限责任公司	1784303	854892	158039	1402874	1157020	381429	250000
广州发展集团财务有限公司	589303	361053	49639	470182	466577	119121	100000
广州港集团财务有限公司	341800	150570	0	293849	293724	47951	50000
广州汽车集团财务有限公司	2881499	800130	109721	2714479	2623726	167020	100000
贵州茅台集团财务有限公司	12941575	302876	2000	12255397	12103001	686178	250000
贵州盘江集团财务有限公司	211621	129000	0	154911	154223	56710	50000
国电财务有限公司	750924	0	94366	732	4	750192	505000
国机财务有限责任公司	3833410	1180422	188335	3525178	3500438	308233	150000
国家电投集团财务有限公司	5208863	3490913	457091	4084088	4073701	1124774	600000
国家能源集团财务有限公司	10561034	7626433	1039158	8317755	8286724	2243279	1250000
国联财务有限责任公司	485132	312334	11019	411561	403549	73572	50000
国投财务有限公司	3183060	2085886	374443	2437856	2411761	745204	500000
国新集团财务有限责任公司	1173727	261486	130000	963810	959110	209917	200000
国药集团财务有限公司	2711877	331013	30234	2516723	2508984	195154	110000
哈尔滨电气集团财务有限责任公司	1553343	230913	70000	1334082	1315461	219261	150000
海尔集团财务有限责任公司	7565733	3769225	1102997	6011867	4037683	1553866	700000
海航集团财务有限公司	3925120	2794657	265386	2923097	1698532	1002023	800000
海亮集团财务有限责任公司	1254207	1112831	0	1001848	917067	252359	150000
海马财务有限公司	181743	56565	37245	60265	56047	121478	95000
海南农垦集团财务有限公司	807954	359268	42000	737108	730469	70846	50000
海信集团财务有限公司	2901359	803890	132797	2522900	2107621	378459	130000
杭州锦江集团财务有限责任公司	239383	165700	0	108444	104920	130939	120000
航天科工财务有限责任公司	9987521	1490286	90826	9322073	9285809	665448	438489
航天科技财务有限责任公司	14691885	2884198	945619	13454622	13379840	1237264	650000
河北港口集团财务有限公司	595899	328787	45288	424940	422687	170958	150000

续表

机　构	资产			负债		所有者权益	
	总额	其中:贷款	其中:投资	总额	其中:存款	总额	其中:资本金
河北建投集团财务有限公司	1159963	556430	56757	922513	916281	237450	200000
河钢集团财务有限公司	3955456	2882250	42864	3311963	3070743	643492	606000
河南能源化工集团财务有限公司	1454713	1231777	1359	982377	957005	472336	300000
河南双汇集团财务有限公司	752551	271640	9926	650537	565184	102014	80000
亨通财务有限公司	528608	459607	5012	395002	340440	133606	100000
红豆集团财务有限公司	366464	252449	14130	196128	144236	170336	100000
红星美凯龙家居集团财务有限责任公司	329266	220956	0	254735	253169	74531	60000
湖北交投集团财务有限公司	3004258	924627	45004	2799475	2773203	204783	150000
湖北宜化集团财务有限责任公司	218948	200800	0	155079	152529	63869	50000
湖南出版投资控股集团财务有限公司	1372106	30100	128530	1153411	1146288	218695	100000
湖南高速集团财务有限公司	631006	60000	78000	520906	520070	110100	100000
湖南华菱钢铁集团财务有限公司	1345807	442700	142670	1004564	666917	341243	260000
华联财务有限责任公司	1193621	1090515	42631	851066	722492	342555	250000
华泰集团财务有限公司	325882	208262	0	225512	224892	100370	100000
淮北矿业集团财务有限公司	806618	383305	141477	603705	467674	202914	163300
淮南矿业集团财务有限公司	1090589	643962	138810	796464	787791	294125	200000
吉林森林工业集团财务有限责任公司	24127	0	0	4620	3	19507	50000
冀中能源集团财务有限责任公司	2425493	2343900	3751	2134537	1747531	290956	200000
江铃汽车集团财务有限公司	1120693	823850	19782	992434	935426	128258	50001
江苏凤凰出版传媒集团财务有限公司	1055632	48731	96000	915558	914915	140074	100000
江苏国泰财务有限公司	548361	0	0	391032	390016	157330	150000
江苏华西集团财务有限公司	181265	149400	0	93851	80458	87414	50000
江苏交通控股集团财务有限公司	2248068	741741	0	1990337	1964453	257731	200000
江苏省国信集团财务有限公司	2492169	982104	100	2290393	2268562	201776	150000
江苏悦达集团财务有限公司	469756	282400	2000	361643	359412	108113	80000
江西高速集团财务有限公司	1312926	532137	0	780499	776485	532427	510000
江西铜业集团财务有限公司	2076663	758390	152219	1708983	1670782	367680	260000
金川集团财务有限公司	846541	529100	0	688666	679416	157875	100000
锦江国际集团财务有限责任公司	1028399	600308	4922	874605	869122	153793	100000
晋煤集团财务有限公司	1524468	580378	85076	1351258	1252546	173210	100000
京能集团财务有限公司	2989298	1753295	370575	2317142	2309033	672156	500000
酒钢集团财务有限公司	1182571	939755	53315	831173	776914	351397	300000
巨化集团财务有限责任公司	459733	300791	26536	339353	326643	120380	80000
开滦集团财务有限责任公司	1127538	834173	102017	886480	857055	241058	200000
浪潮集团财务有限公司	1099882	411000	0	999264	967233	100618	100000
连云港港口集团财务有限公司	335382	205212	0	220632	218152	114750	100000
联通集团财务有限公司	6799960	1601514	192793	6303906	6275380	496054	300000

续表

机　　构	资产			负债		所有者权益	
	总额	其中:贷款	其中:投资	总额	其中:存款	总额	其中:资本金
潞安集团财务有限公司	2473048	879766	207427	2134731	2121156	338318	235000
马钢集团财务有限公司	1728527	488899	201732	1393716	1366302	334811	200000
美的集团财务有限公司	3838598	153166	80770	3228992	2917785	609606	350000
南方电网财务有限公司	6941617	4734559	159121	5852900	5817906	1088716	700000
南山集团财务有限公司	1365863	908954	63515	1169051	1017304	196813	80000
内蒙古电力集团财务有限责任公司	995711	146125	0	760259	758413	235452	100000
内蒙古伊泰财务有限公司	1039605	520000	0	900875	898614	138730	100000
青岛港财务有限责任公司	1877990	804113	163772	1636747	1623082	241243	100000
青岛啤酒财务有限责任公司	1810279	44634	188886	1527090	1471870	283189	100000
青建集团财务有限责任公司	367636	231155	500	276900	177255	90736	80000
清华控股集团财务有限公司	819255	261055	0	447640	440909	371615	300000
日立（中国）财务有限公司	512902	223364	0	460864	454263	52037	30000
日照港集团财务有限公司	418749	330844	0	282596	260671	136153	100000
三房巷财务有限公司	230998	108000	0	171796	153157	59203	50000
三环集团财务有限公司	228517	184468	0	120681	92132	107837	100000
三峡财务有限责任公司	6323575	4213381	656169	5205734	5179237	1117842	500000
沙钢财务有限公司	1079408	279089	82557	885597	865197	193811	100000
山东晨鸣集团财务有限公司	815469	485807	56024	255587	162160	559881	500000
山东钢铁集团财务有限公司	1560168	728800	181016	1177443	1064729	382726	300000
山东黄金集团财务有限公司	707717	513228	0	366395	359674	341322	300000
山东能源集团财务有限公司	1958380	1096300	1021	1502501	1462783	455879	300000
山东省商业集团财务有限公司	719449	544663	53844	481608	445203	237841	200000
山东招金集团财务有限公司	537382	222110	62608	373164	306414	164218	150000
山东重工集团财务有限公司	3704039	1843961	219150	3409481	3210951	294558	160000
山西焦煤集团财务有限责任公司	3133746	1504800	367519	2589361	2527510	544386	355000
陕西煤业化工集团财务有限公司	3363806	2030950	240469	2948831	2828670	414976	300000
陕西投资集团财务有限责任公司	808659	410310	1003	703587	701241	105072	100000
陕西延长石油财务有限公司	2204224	964647	267454	1692732	1674985	511492	350000
商飞集团财务有限责任公司	1423637	54151	0	1249738	1247003	173899	160000
上海城投集团财务有限公司	1729074	107647	0	1627955	1626138	101119	100000
上海电气集团财务有限责任公司	7738369	2322194	553476	7017328	6911805	721041	220000
上海复星高科技集团财务有限公司	1335412	461021	130825	1132816	1118945	202596	150000
上海华谊集团财务有限责任公司	1634486	722780	110742	1479394	1458116	155092	100000
上海浦东发展集团财务有限责任公司	2468673	627530	181740	2209554	2190446	259119	100000
上海汽车集团财务有限责任公司	21047057	8886026	2691182	17375160	15462130	3671897	1538000
上海上实集团财务有限公司	894273	248944	91025	763497	757265	130776	100000
上海外高桥集团财务有限公司	787759	155315	35693	729960	727722	57799	50000

续表

机　　构	资产			负债		所有者权益	
	总额	其中:贷款	其中:投资	总额	其中:存款	总额	其中:资本金
上海文化广播影视集团财务有限公司	595506	165294	0	488216	479584	107290	100000
申能集团财务有限公司	2824594	1412952	234466	2501565	2359260	323028	200000
深圳华强集团财务有限公司	378624	214147	0	246827	244581	131797	100000
深圳能源财务有限公司	1512182	1141154	58054	1275193	1265968	236989	150000
深圳市有色金属财务有限公司	51734	40200	0	9055	0	42678	30000
首都机场集团财务有限公司	1672414	249310	0	1499866	1485698	172549	50000
首钢集团财务有限公司	4547796	2666861	0	3438166	3200389	1109630	1000000
顺丰控股集团财务有限公司	1953780	890220	0	1796882	1780192	156898	100000
四川省宜宾五粮液集团财务有限公司	3811230	1569632	284969	3362022	3196436	449208	308562
四川长虹集团财务有限公司	1664165	763389	35029	1318667	635028	345498	269394
松下电器（中国）财务有限公司	1517730	65036	0	1399920	1390033	117810	70000
苏州创元集团财务有限公司	236772	130328	20433	168242	166644	68530	60000
太钢集团财务有限公司	1375250	341492	241077	1034637	952854	340613	200000
特变电工集团财务有限公司	508628	234500	0	394972	389729	113657	100000
天津渤海集团财务有限责任公司	338632	262366	0	200726	163158	137906	100000
天津港财务有限公司	987374	602378	63974	733744	730617	253630	115000
天津能源集团财务有限公司	741389	191356	0	627162	625819	114228	100000
天津天保财务有限公司	957796	546347	112970	570380	485670	387417	300000
天津物产集团财务有限公司	2162972	2094445	0	1592086	609951	570887	500000
天津医药集团财务有限公司	219219	108186	5963	162683	154219	56536	50000
天瑞集团财务有限责任公司	342308	271000	0	232440	133766	109868	100000
通用技术集团财务有限责任公司	3250545	1690231	0	2982324	2945824	268221	229600
铜陵有色金属集团财务有限公司	907184	399495	80295	778942	672328	128242	80000
万向财务有限公司	1791009	1640705	10731	1535468	1480647	255542	120000
五矿集团财务有限责任公司	2433372	757600	196575	1935067	1875889	498305	350000
物产中大集团财务有限公司	1297202	691200	16267	1163892	1153683	133310	100000
物美商业财务有限责任公司	113561	50000	0	62116	61819	51445	50000
西部矿业集团财务有限公司	1233889	577050	118220	909122	702840	324768	203339
西电集团财务有限责任公司	934834	323427	135312	733546	713509	201288	150000
西王集团财务有限公司	615682	513528	0	382317	243325	233365	200000
厦门海翼集团财务有限公司	341944	123837	1000	237608	140012	104336	80000
厦门翔业集团财务有限公司	805775	198791	86413	663135	648029	142640	100000
新奥财务有限责任公司	1022415	704845	0	757328	720853	265086	200000
新凤祥财务有限公司	1046753	731693	90782	720260	279275	326493	300000
新华联控股集团财务有限责任公司	625087	533265	0	309895	68306	315192	300000
新疆金风科技集团财务有限公司	1282962	829314	0	970219	967021	312743	300000
新希望财务有限公司	1732489	250662	3000	1559553	1058334	172936	103200

续表

机构	资产			负债		所有者权益	
	总额	其中:贷款	其中:投资	总额	其中:存款	总额	其中:资本金
徐工集团财务有限公司	2466199	731932	500	2204343	1533704	261855	200000
兖矿集团财务有限公司	2551309	1323205	5036	2215954	2087954	335356	250000
阳泉煤业集团财务有限责任公司	1971133	1188635	37149	1597132	1475314	374001	177948
一汽财务有限公司	12032325	4598865	500932	10350598	9472789	1681727	260000
伊利财务有限公司	326250	250000	0	197431	196162	128819	100000
亿利集团财务有限公司	1756811	1716850	0	1212755	784588	544056	500000
有色矿业集团财务有限公司	915675	605000	39947	601706	577953	313969	300000
粤海集团财务有限公司	1358625	344228	50089	1246622	1242837	112003	100000
云南建投集团财务有限公司	1306537	550620	57027	1130705	984133	175832	100000
云南昆钢集团财务有限公司	595299	281030	42000	479968	290903	115331	100000
云南云天化集团财务有限公司	432058	217450	47787	316550	193869	115508	100000
招商局集团财务有限公司	6858731	4522593	50572	6207106	6148111	651625	500000
浙江海港集团财务有限公司	1744294	1084994	102988	1520700	1514682	223594	150000
浙江省交通投资集团财务有限责任公司	5572293	4289343	442677	4891008	4847954	681285	523000
浙江省能源集团财务有限责任公司	3557247	1649600	60597	3251212	3229476	306034	97074
振华集团财务有限责任公司	190797	63662	0	168117	142113	22680	15000
正泰集团财务有限公司	555949	251600	0	445648	443087	110301	100000
郑州宇通集团财务有限公司	497064	374070	0	358905	338618	138159	100000
中车财务有限公司	3620573	1547963	0	3212246	3158682	408327	220000
中储粮集团财务有限公司	350283	0	0	0	0	350283	350000
中船财务有限责任公司	8434620	1976344	559744	7689926	7567618	744694	300000
中船重工财务有限责任公司	11990086	5230164	694339	10907198	10832825	1082888	571900
中广核财务有限责任公司	3831876	2440807	230205	3359835	3337339	472041	300000
中国大唐集团财务有限公司	5118731	3329325	487882	4270894	3690719	847838	486987
中国电建集团财务有限责任公司	5955000	3152345	2002	5400917	5349387	554082	500000
中国电力财务有限公司	35487315	22286657	1228983	31348245	30367760	4139071	2800000
中国电信集团财务有限公司	3722845	2466670	0	3216972	3208125	505873	500000
中国电子财务有限责任公司	4846524	1705712	55715	4511688	4442393	334836	175094
中国电子科技财务有限公司	9046189	2930934	747857	7992003	7928830	1054186	580000
中国航发集团财务有限公司	2678418	495588	0	2505665	2491936	172752	150000
中国航空集团财务有限责任公司	1332021	503000	132207	1149087	1139556	182933	112796
中国航油集团财务有限公司	653086	306085	0	501120	444885	151966	120000
中国华电集团财务有限公司	5037324	3736687	658593	4202105	3964159	835218	500000
中国华能财务有限责任公司	4741825	3807321	276942	4044728	3882926	697097	500000
中国化工财务有限公司	1361826	705290	15058	1220878	1211084	140947	84123
中国黄金集团财务有限公司	885510	386800	5174	771608	768498	113902	100000
中国建材集团财务有限公司	1991756	857579	79000	1870183	1864378	121574	100000

续表

机构	资产			负债		所有者权益	
	总额	其中:贷款	其中:投资	总额	其中:存款	总额	其中:资本金
中国南航集团财务有限公司	1658919	366173	169446	1422877	1416264	236042	137773
中国能源建设集团财务有限公司	5768260	2399061	313161	5328838	5312434	439422	300000
中国平煤神马集团财务有限责任公司	1113402	615150	1001	784094	763145	329308	300000
中国石化财务有限责任公司	15217835	8396411	2155309	12241737	11172487	2976099	1800000
中国铁建财务有限公司	16008889	7204818	305697	14831823	14747801	1177066	900000
中国铁路财务有限责任公司	5701581	2245230	200000	4424754	4405202	1276827	1000000
中国一拖集团财务有限责任公司	522121	224736	0	438516	289728	83606	50000
中国移动通信集团财务有限公司	21439949	1858000	1649070	18919177	18887214	2520772	1162778
中国重汽财务有限公司	5404281	1562254	227721	4866185	635877	538096	305000
中海石油财务有限责任公司	14230092	3160458	865893	13040561	12899744	1189531	400000
中航工业集团财务有限责任公司	13437372	2656162	482845	12726145	12675026	711226	250000
中核财务有限责任公司	8480454	4875332	871429	7397028	7350815	1083425	438582
中化工程集团财务有限公司	3820152	707530	99925	3646658	3638642	173494	100000
中化集团财务有限责任公司	3826445	2292696	678557	2875935	2020658	950509	600000
中集集团财务有限公司	858762	300896	10	689988	665000	168775	92000
中建财务有限公司	11175685	5941757	80868	9934145	9713321	1241541	1000000
中交财务有限公司	5055036	2398268	100000	4459206	4436850	595830	350000
中节能财务有限公司	3038334	1733096	119552	2638350	2625804	399984	300000
中开财务有限公司	581906	354235	21034	493492	491224	88414	50000
中联重科集团财务有限公司	1237910	269200	106419	1032017	969894	205893	150000
中粮财务有限责任公司	2386606	1799605	19083	1975669	1964715	410937	100000
中铝财务有限责任公司	3182309	1480332	335363	2631367	2338854	550942	400000
中煤财务有限责任公司	4031585	1305349	0	3599423	3583307	432161	300000
中铁财务有限责任公司	8497956	2963634	237730	7317738	7287776	1180218	900000
中信财务有限公司	7789975	2657082	571505	7013334	6191346	776641	475135
中兴通讯集团财务有限公司	1572651	66450	0	1340019	1320692	232632	100000
中冶集团财务有限公司	2866288	1610929	225000	2523719	2510638	342569	180000
中油财务有限责任公司	49108505	20610939	5407655	41681780	33455656	7426725	1639527
中远海运集团财务有限责任公司	8264050	3524894	277039	7388903	7284121	875147	600000
忠旺集团财务有限公司	3840199	3258800	0	3245311	238056	594887	500000
珠海格力集团财务有限责任公司	5280979	1289200	50220	4686631	4556284	594348	300000
珠海华发集团财务有限公司	4988463	2842180	74087	4479182	4337746	509281	200000
紫金矿业集团财务有限公司	874110	477245	1330	751622	696768	122488	66860
总计	779618626	343186738	42029859	669968588	621149542	109650039	67902964

注：①此表资产不含委托项。

②贷款包括短期贷款、中期贷款、长期贷款和融资租赁。

③投资包括债券、股票、长期股权及其他投资。

④此表为254家财务公司数据，不含西门子财务服务有限责任公司、上海华信国际集团财务有限责任公司、一重集团财务有限公司。

财务公司收入、利润状况统计表

（2020 年） 单位：万元

机　　构	利润总额	营业收入		
		总额	其中：利息收入	其中：中间业务收入
TCL 科技集团财务有限公司	9135	24739	23307	279
安徽省能源集团财务有限公司	8444	14113	12573	11
安徽省皖北煤电集团财务有限公司	6052	13230	12274	29
鞍钢集团财务有限责任公司	63937	95943	93890	722
百联集团财务有限责任公司	11795	42397	42102	102
包钢集团财务有限责任公司	15984	24129	23225	904
宝塔石化集团财务有限公司	-20217	2033	2372	0
宝武集团财务有限责任公司	32069	77136	72105	1164
保利财务有限公司	81529	188218	184429	169
北大方正集团财务有限公司	-1559	9691	9691	0
北京金融街集团财务有限公司	5388	20613	20609	0
北京金隅财务有限公司	49260	86433	82044	90
北京控股集团财务有限公司	19495	54556	52829	130
北京汽车集团财务有限公司	39450	138171	137135	651
北京首都旅游集团财务有限公司	11934	31089	28525	0
北京首农食品集团财务有限公司	13747	36675	36497	0
本钢集团财务有限公司	6694	51016	51493	0
兵工财务有限责任公司	86653	237520	197771	3931
兵器装备集团财务有限责任公司	74963	149438	129919	1987
渤海钢铁集团财务有限公司	166	144	144	0
诚通财务有限责任公司	44579	65038	65031	73
重庆化医控股集团财务有限公司	7156	10514	10490	22
重庆机电控股集团财务有限公司	6398	10937	10876	50
重庆力帆财务有限公司	-3186	98	98	0
重庆市能源投资集团财务有限公司	10624	22577	22526	31
传化集团财务有限公司	1049	6100	5090	0
创维集团财务有限公司	23552	33748	33330	263
大唐电信集团财务有限公司	5227	8983	8811	16
大同煤矿集团财务有限责任公司	37194	89367	77266	2335
东方电气集团财务有限公司	43032	118481	106419	173
东方国际集团财务有限公司	6214	16990	16645	85
东方集团财务有限责任公司	5746	24632	24569	63
东风汽车财务有限公司	256877	691983	684126	3777
东航集团财务有限责任公司	7817	46244	36084	1724
东旭集团财务有限公司	868	94930	94930	0
鄂尔多斯财务有限公司	18164	34524	34443	81

续表

机构	利润总额	营业收入		
		总额	其中：利息收入	其中：中间业务收入
福建七匹狼集团财务有限公司	2324	7962	7520	16
福建省交运集团财务有限公司	2440	8295	8281	14
福建省能源集团财务有限公司	22462	45095	40857	98
甘肃电投集团财务有限公司	6748	11680	11614	55
港中旅财务有限公司	8860	33917	28055	21
供销集团财务有限公司	4393	13256	13201	55
光明食品集团财务有限公司	29591	71189	65164	6
广东能源集团财务有限公司	45451	77169	68660	582
广东省广晟财务有限公司	3120	16072	15995	64
广东省交通集团财务有限公司	22894	66044	56955	120
广东省农垦集团财务有限公司	326	2128	2128	0
广东温氏集团财务有限公司	2377	5442	5441	0
广西交通投资集团财务有限责任公司	47563	65378	60175	1702
广州发展集团财务有限公司	7369	18874	18034	2
广州港集团财务有限公司	-2732	1749	1749	0
广州汽车集团财务有限公司	12398	60729	58722	8
贵州茅台集团财务有限公司	114781	307787	307786	0
贵州盘江集团财务有限公司	5097	7665	7665	0
国电财务有限公司	70876	112551	96989	176
国机财务有限责任公司	39528	95021	87829	1291
国家电投集团财务有限公司	111393	173693	156455	11881
国家能源集团财务有限公司	131805	354459	352145	2314
国联财务有限责任公司	9680	18624	18373	140
国投财务有限公司	61040	102761	82504	1631
国新集团财务有限责任公司	9565	33701	33092	0
国药集团财务有限公司	16055	45554	45243	78
哈尔滨电气集团财务有限责任公司	25961	34205	32187	659
海尔集团财务有限责任公司	207072	286597	250081	18572
海航集团财务有限公司	-72183	1166	1297	0
海亮集团财务有限责任公司	29015	46378	46363	22
海马财务有限公司	8035	10090	9278	7
海南农垦集团财务有限公司	12684	23902	21991	81
海信集团财务有限公司	38786	80012	62231	1799
杭州锦江集团财务有限责任公司	6792	10050	10028	22
航天科工财务有限责任公司	121107	229720	212814	688
航天科技财务有限责任公司	241636	397336	266843	4709
河北港口集团财务有限公司	8002	17929	15315	27

续表

机　构	利润总额	营业收入		
		总额	其中：利息收入	其中：中间业务收入
河北建投集团财务有限公司	17063	33090	30854	81
河钢集团财务有限公司	42981	144232	137618	66
河南能源化工集团财务有限公司	27192	51488	51112	254
河南双汇集团财务有限公司	15795	24015	23772	242
亨通财务有限公司	9732	21556	21087	445
红豆集团财务有限公司	15502	20148	18737	409
红星美凯龙家居集团财务有限责任公司	6623	9629	9581	12
湖北交投集团财务有限公司	24774	48408	45959	617
湖北宜化集团财务有限责任公司	1223	6632	6614	13
湖南出版投资控股集团财务有限公司	22295	42678	39090	0
湖南高速集团财务有限公司	-29696	14802	12631	0
湖南华菱钢铁集团财务有限公司	15983	34116	32687	287
华联财务有限责任公司	15919	30771	30674	74
华泰集团财务有限公司	496	5668	5950	0
淮北矿业集团财务有限公司	14078	27564	25576	9
淮南矿业集团财务有限公司	42487	50176	44900	558
吉林森林工业集团财务有限责任公司	-47950	7358	7358	0
冀中能源集团财务有限责任公司	14548	60938	60308	578
江铃汽车集团财务有限公司	16987	66825	54002	37
江苏凤凰出版传媒集团财务有限公司	10686	19663	19642	20
江苏国泰财务有限公司	4691	6368	6368	1
江苏华西集团财务有限公司	7048	8107	8083	23
江苏交通控股集团财务有限公司	19330	38206	37003	1
江苏省国信集团财务有限公司	21150	57363	56512	64
江苏悦达集团财务有限公司	9725	16721	16695	31
江西高速集团财务有限公司	13960	26064	25873	191
江西铜业集团财务有限公司	39011	83159	46054	254
金川集团财务有限公司	17118	30417	28368	3
锦江国际集团财务有限责任公司	1359	21849	21381	563
晋煤集团财务有限公司	33314	50837	45131	1260
京能集团财务有限公司	61682	83768	72911	2446
酒钢集团财务有限公司	23106	34038	30838	0
巨化集团财务有限责任公司	9025	13956	12688	23
开滦集团财务有限责任公司	18218	36070	34421	398
浪潮集团财务有限公司	816	14882	15079	26
连云港港口集团财务有限公司	11024	13438	11971	1464
联通集团财务有限公司	87265	178953	175945	1142

续表

机　　构	利润总额	营业收入		
		总额	其中：利息收入	其中：中间业务收入
潞安集团财务有限公司	35384	75252	68922	1877
马钢集团财务有限公司	36814	62620	52446	512
美的集团财务有限公司	39945	57070	48187	3063
南方电网财务有限公司	201584	298678	283671	2311
南山集团财务有限公司	30704	55289	51286	921
内蒙古电力集团财务有限责任公司	25130	31802	31800	0
内蒙古伊泰财务有限公司	26864	32593	32591	0
青岛港财务有限责任公司	33657	56426	48505	71
青岛啤酒财务有限责任公司	25097	40498	34479	129
青建集团财务有限责任公司	11115	14910	14055	854
清华控股集团财务有限公司	28049	38199	33192	4943
日立（中国）财务有限公司	1871	10582	10339	475
日照港集团财务有限公司	15138	17387	17217	169
三房巷财务有限公司	5808	9810	9807	3
三环集团财务有限公司	4538	7958	7958	0
三峡财务有限责任公司	159035	238368	208297	16926
沙钢财务有限公司	14760	20624	15605	347
山东晨鸣集团财务有限公司	28316	40015	35461	372
山东钢铁集团财务有限公司	37162	58572	51640	410
山东黄金集团财务有限公司	4691	27238	25918	305
山东能源集团财务有限公司	40315	69397	69266	131
山东省商业集团财务有限公司	19577	30647	30482	162
山东招金集团财务有限公司	6019	19195	18691	20
山东重工集团财务有限公司	42616	107926	106995	479
山西焦煤集团财务有限责任公司	68288	100352	92023	3031
陕西煤业化工集团财务有限公司	48801	94228	77179	806
陕西投资集团财务有限责任公司	5805	19676	19446	0
陕西延长石油财务有限公司	74073	96095	83575	236
商飞集团财务有限责任公司	8015	27275	27268	0
上海城投集团财务有限公司	1334	9849	9849	0
上海电气集团财务有限责任公司	81477	183377	151536	3095
上海复星高科技集团财务有限公司	22743	36594	34423	692
上海华谊集团财务有限责任公司	15513	43121	40201	9
上海浦东发展集团财务有限责任公司	32815	54785	49420	1845
上海汽车集团财务有限责任公司	546765	1004533	786575	29358
上海上实集团财务有限公司	8789	23448	21449	140
上海外高桥集团财务有限公司	6308	13103	12377	114

续表

机　　构	利润总额	营业收入		
		总额	其中：利息收入	其中：中间业务收入
上海文化广播影视集团财务有限公司	1859	11842	11835	0
申能集团财务有限公司	64165	109934	71493	1053
深圳华强集团财务有限公司	8759	13173	13079	94
深圳能源财务有限公司	19573	50540	51006	12
深圳市有色金属财务有限公司	3781	6034	5572	39
首都机场集团财务有限公司	13109	45217	43231	3
首钢集团财务有限公司	55601	123213	120540	86
顺丰控股集团财务有限公司	21896	46195	45833	293
四川省宜宾五粮液集团财务有限公司	32680	143627	135208	248
四川长虹集团财务有限公司	10021	61752	59515	321
松下电器（中国）财务有限公司	7482	20854	20264	520
苏州创元集团财务有限公司	2762	6103	5731	23
太钢集团财务有限公司	41019	60928	46690	168
特变电工集团财务有限公司	11286	16760	16689	71
天津渤海集团财务有限责任公司	9548	13595	11388	2134
天津港财务有限公司	22969	39363	36003	841
天津能源集团财务有限公司	7014	17576	17567	0
天津天保财务有限公司	24940	35793	32900	71
天津物产集团财务有限公司	－5378	1135	－1397	2
天津医药集团财务有限公司	2796	6517	6377	93
天瑞集团财务有限责任公司	3616	9705	9643	63
通用技术集团财务有限责任公司	15712	63487	61831	348
铜陵有色金属集团财务有限公司	14576	30742	28117	2092
万向财务有限公司	26171	71224	58543	388
五矿集团财务有限责任公司	45495	73114	60338	287
物产中大集团财务有限公司	11680	29335	28271	242
物美商业财务有限责任公司	2183	4499	4499	0
西部矿业集团财务有限公司	28438	44745	35053	195
西电集团财务有限责任公司	19161	31484	25754	589
西王集团财务有限公司	458	10761	11006	18
厦门海翼集团财务有限公司	5795	13513	12036	230
厦门翔业集团财务有限公司	13281	22479	19709	0
新奥财务有限责任公司	25050	35510	34937	480
新凤祥财务有限公司	8541	34574	30330	1
新华联控股集团财务有限责任公司	40	1757	1752	4
新疆金风科技集团财务有限公司	11094	25908	25668	240
新希望财务有限公司	23615	56423	55347	2

续表

机　　构	利润总额	营业收入		
		总额	其中：利息收入	其中：中间业务收入
徐工集团财务有限公司	23836	56067	60961	918
兖矿集团财务有限公司	27290	59279	59001	483
阳泉煤业集团财务有限责任公司	38542	61284	58179	1503
一汽财务有限公司	275688	543117	476230	23
伊利财务有限公司	8057	14871	14771	0
亿利集团财务有限公司	4127	53342	53156	187
有色矿业集团财务有限公司	10820	27889	27288	3
粤海集团财务有限公司	9004	27225	27079	57
云南建投集团财务有限公司	37328	49383	44429	1408
云南昆钢集团财务有限公司	10565	15280	15225	55
云南云天化集团财务有限公司	8394	18897	18942	199
招商局集团财务有限公司	66692	177843	175483	311
浙江海港集团财务有限公司	36830	58056	56797	502
浙江省交通投资集团财务有限责任公司	82846	201213	190349	499
浙江省能源集团财务有限责任公司	62352	111056	102638	1266
振华集团财务有限责任公司	2108	4992	4940	22
正泰集团财务有限公司	4808	11493	11492	1
郑州宇通集团财务有限公司	23533	28831	25919	177
中车财务有限公司	31673	82881	74958	567
中储粮集团财务有限公司	283	283	283	0
中船财务有限责任公司	83980	218882	150769	18687
中船重工财务有限责任公司	158750	307257	262937	161
中广核财务有限责任公司	75337	132594	106291	880
中国大唐集团财务有限公司	110775	174913	156349	3934
中国电建集团财务有限责任公司	60061	144422	144037	654
中国电力财务有限公司	686099	1306380	1158072	4175
中国电信集团财务有限公司	4458	53916	53759	6
中国电子财务有限责任公司	46857	112510	107066	980
中国电子科技财务有限公司	148068	226057	204466	364
中国航发集团财务有限公司	17224	45620	43947	13
中国航空集团财务有限责任公司	8518	29510	29514	105
中国航油集团财务有限公司	9402	21350	19779	91
中国华电集团财务有限公司	113013	187691	151751	4134
中国华能财务有限责任公司	123220	191869	160209	2242
中国化工财务有限公司	7197	35863	35615	234
中国黄金集团财务有限公司	12309	22694	22684	10
中国建材集团财务有限公司	3701	32469	31599	28

续表

机　　构	利润总额	营业收入		
		总额	其中：利息收入	其中：中间业务收入
中国南航集团财务有限公司	15531	33106	31500	123
中国能源建设集团财务有限公司	43987	113580	105716	323
中国平煤神马集团财务有限责任公司	29090	45254	45172	82
中国石化财务有限责任公司	267538	557098	459736	56853
中国铁建财务有限公司	156220	331201	324905	866
中国铁路财务有限责任公司	74460	169241	168891	349
中国一拖集团财务有限责任公司	4789	15163	14390	290
中国移动通信集团财务有限公司	197956	391215	346031	866
中国重汽财务有限公司	58139	145319	122144	87
中海石油财务有限责任公司	173928	375111	328301	5050
中航工业集团财务有限责任公司	75738	225967	174052	3365
中核财务有限责任公司	166664	283229	263681	1710
中化工程集团财务有限公司	27192	73458	73042	673
中化集团财务有限责任公司	89217	163527	93796	1609
中集集团财务有限公司	16713	31195	31141	1235
中建财务有限公司	80385	266341	261159	5009
中交财务有限公司	73126	122877	107441	8296
中节能财务有限公司	27374	64915	58720	469
中开财务有限公司	14576	21349	19078	1602
中联重科集团财务有限公司	19419	21127	17829	316
中粮财务有限责任公司	24075	64839	61706	839
中铝财务有限责任公司	55009	107957	94303	703
中煤财务有限责任公司	84929	124189	123749	440
中铁财务有限责任公司	88448	165542	158330	1032
中信财务有限公司	50469	171289	171428	3051
中兴通讯集团财务有限公司	14375	30883	30072	85
中冶集团财务有限公司	33526	80011	75254	180
中油财务有限责任公司	961038	1486281	1341519	50840
中远海运集团财务有限责任公司	65113	188835	173138	1694
忠旺集团财务有限公司	9590	144148	143924	215
珠海格力集团财务有限责任公司	90371	239369	238913	336
珠海华发集团财务有限公司	87549	212091	213166	47
紫金矿业集团财务有限公司	15625	28937	27618	1802
总计	11044706	22759384	20547500	357665

注：①此表营业收入包括利息收入、手续费及佣金收入、投资收益、公允价值变动收益、汇兑收益及其他收入。

②利息收入包括存放中央银行利息收入、同业往来利息收入、贷款利息收入、投资利息收入和其他利息收入。

③此表为254家财务公司数据，不含西门子财务服务有限责任公司、上海华信国际集团财务有限责任公司、一重集团财务有限公司。

财务公司地域分布状况统计表

（2020年）

省　　市	机构		资产总额		净资产		利润总额	
	数量（家）	比例（%）	金额（亿元）	比例（%）	金额（亿元）	比例（%）	金额（亿元）	比例（%）
北京市	74	28.79	44438.33	56.84	5876.72	53.44	603.83	54.55
天津市	7	2.72	561.07	0.72	172.38	1.57	6.21	0.56
河北省	7	2.72	1332.37	1.70	236.47	2.15	12.67	1.14
山西省	6	2.33	1325.67	1.70	237.25	2.16	25.37	2.29
内蒙古自治区	5	1.95	438.04	0.56	97.46	0.89	9.42	0.85
辽宁省	2	0.78	458.20	0.59	103.74	0.94	7.06	0.64
吉林省	2	0.78	1205.65	1.54	170.12	1.55	22.77	2.06
黑龙江省	3	1.17	236.24	0.30	53.08	0.48	3.17	0.29
上海市	23	8.95	7810.76	9.99	915.01	8.32	104.37	9.43
江苏省	14	5.45	1272.42	1.63	202.81	1.84	16.57	1.50
浙江省	9	3.50	1514.89	1.94	204.10	1.86	23.37	2.11
安徽省	6	2.33	544.86	0.70	119.50	1.09	12.25	1.11
福建省	4	1.56	258.08	0.33	43.55	0.40	4.28	0.39
江西省	3	1.17	451.03	0.58	102.84	0.94	7.00	0.63
山东省	15	5.84	2283.10	2.92	440.37	4.00	32.03	2.89
河南省	6	2.33	468.22	0.60	123.53	1.12	10.40	0.94
湖北省	5	1.95	1637.71	2.09	223.17	2.03	29.82	2.69
湖南省	4	1.56	458.68	0.59	87.59	0.80	2.80	0.25
广东省	15	5.84	3514.23	4.50	460.37	4.19	54.43	4.92
广西壮族自治区	1	0.39	178.43	0.23	38.14	0.35	4.76	0.43
海南省	2	0.78	98.97	0.13	19.23	0.17	2.07	0.19
重庆市	4	1.56	164.41	0.21	66.04	0.60	2.10	0.19
四川省	4	1.56	1143.95	1.46	130.32	1.19	10.93	0.99
贵州省	3	1.17	1334.40	1.71	76.56	0.70	12.20	1.10
云南省	3	1.17	233.39	0.30	40.67	0.37	5.63	0.51
陕西省	4	1.56	731.15	0.94	123.28	1.12	14.78	1.34
甘肃省	3	1.17	235.68	0.30	57.10	0.52	4.70	0.42
青海省	1	0.39	123.39	0.16	32.48	0.30	2.84	0.26
宁夏回族自治区	1	0.39	82.00	0.10	-57.20	-0.52	-2.02	-0.18
新疆维吾尔自治区	2	0.78	179.16	0.23	42.64	0.39	2.24	0.20
深圳市	10	3.89	1336.14	1.71	195.25	1.78	20.74	1.87
青岛市	5	1.95	1452.30	1.86	254.75	2.32	31.57	2.85
厦门市	2	0.78	114.77	0.15	24.70	0.22	1.91	0.17
大连市	1	0.39	384.02	0.49	59.49	0.54	0.96	0.09
宁波市	1	0.39	174.43	0.22	22.36	0.20	3.68	0.33
总计	257		78176.14		10995.86		1106.93	

财务公司行业分布状况统计表

（2020 年）

行　业	机构		资产		净资产		利润总额	
	数量（家）	比例（%）	金额（亿元）	比例（%）	金额（亿元）	比例（%）	金额（亿元）	比例（%）
电力	19	7.39	8963.76	11.47	1363.99	12.40	195.77	17.69
石油化工	18	7.00	9170.41	11.73	1366.07	12.42	162.27	14.66
电子电器	17	6.61	3884.96	4.97	579.26	5.27	53.68	4.85
煤炭	21	8.17	4582.89	5.86	840.66	7.65	76.26	6.89
建筑建材	13	5.06	6635.25	8.49	659.10	5.99	66.80	6.03
钢铁	14	5.45	2676.74	3.42	567.18	5.16	39.68	3.59
机械制造	20	7.78	3909.33	5.00	497.16	4.52	40.00	3.61
交通运输	25	9.73	6004.95	7.68	854.18	7.77	51.59	4.66
军工	10	3.89	9703.84	12.41	893.73	8.13	117.48	10.61
有色金属	17	6.61	1940.74	2.48	415.43	3.78	33.11	2.99
汽车	11	4.28	6132.37	7.84	895.38	8.14	126.86	11.46
酒店旅游	3	1.17	402.20	0.51	65.58	0.60	2.22	0.20
商贸	9	3.50	1442.20	1.84	208.52	1.90	9.22	0.83
投资控股	22	8.56	4600.80	5.89	659.25	6.00	55.70	5.03
民生消费	12	4.67	2368.07	3.03	315.94	2.87	25.73	2.32
农林牧渔	15	5.84	1509.73	1.93	310.10	2.82	9.73	0.88
其他	11	4.28	4247.90	5.43	504.31	4.59	40.84	3.69
总计	257		78176.14		10995.86		1106.93	

附：2020 年财务公司行业分类表。

财务公司行业分类表

（2020 年）

行业	公司	公司
电力	中国华能财务有限责任公司	三峡财务有限责任公司
	中广核财务有限责任公司	中国电力财务有限公司
	中国华电集团财务有限公司	中国大唐集团财务有限公司
	南方电网财务有限公司	国家电投集团财务有限公司
	国电财务有限公司	京能集团财务有限公司
	浙江省能源集团财务有限责任公司	广东能源集团财务有限公司
	申能集团财务有限公司	深圳能源财务有限公司
	安徽省能源集团财务有限公司	内蒙古电力集团财务有限责任公司
	甘肃电投集团财务有限公司	陕西投资集团财务有限责任公司
	天津能源集团财务有限公司	
石油化工	中国石化财务有限责任公司	天津渤海集团财务有限责任公司
	中油财务有限责任公司	中海石油财务有限责任公司
	中化集团财务有限责任公司	中国化工财务有限公司
	重庆化医控股集团财务有限公司	湖北宜化集团财务有限责任公司

续表

石油化工	中国航油集团财务有限公司	上海华谊集团财务有限责任公司
	云南云天化集团财务有限公司	陕西延长石油财务有限公司
	巨化集团财务有限责任公司	三房巷财务有限公司
	宝塔石化集团财务有限公司	天津医药集团财务公司
	上海华信国际集团财务有限责任公司	传化集团财务有限公司
电子电器	振华集团财务有限责任公司	西门子财务服务有限责任公司
	中国电子财务有限责任公司	海尔集团财务有限责任公司
	珠海格力集团财务有限责任公司	TCL 科技集团财务有限公司
	松下电器（中国）财务有限公司	日立（中国）财务有限公司
	海信集团财务有限公司	美的集团财务有限公司
	中兴通讯集团财务有限公司	大唐电信集团财务有限公司
	四川长虹集团财务有限公司	创维集团财务有限公司
	亨通财务有限公司	东旭集团财务有限公司
	正泰集团财务有限公司	
煤炭	国家能源集团财务有限公司	潞安集团财务有限公司
	淮南矿业集团财务有限公司	河南能源化工集团财务有限公司
	冀中能源集团财务有限责任公司	山西焦煤集团财务有限责任公司
	阳泉煤业集团财务有限责任公司	晋煤集团财务有限公司
	兖矿集团财务有限公司	福建省能源集团财务有限公司
	开滦集团财务有限责任公司	陕西煤业化工集团财务有限公司
	大同煤矿集团财务有限责任公司	贵州盘江集团财务有限公司
	中国平煤神马集团财务有限责任公司	山东能源集团财务有限公司
	中煤财务有限责任公司	安徽省皖北煤电集团财务有限公司
	淮北矿业集团财务有限公司	重庆市能源投资集团财务有限公司
	内蒙古伊泰财务有限公司	
建筑建材	中国能源建设集团财务有限公司	中冶集团财务有限公司
	中建财务有限公司	中国铁建财务有限公司
	中化工程集团财务有限公司	中国建材集团财务有限公司
	中交财务有限公司	北京金隅财务有限公司
	中铁财务有限责任公司	天瑞集团财务有限责任公司
	中国电建集团财务有限责任公司	云南建投集团财务有限公司
	青建集团财务有限责任公司	
钢铁	宝武集团财务有限责任公司	鞍钢集团财务有限责任公司
	湖南华菱钢铁集团财务有限公司	沙钢财务有限公司
	酒钢集团财务有限公司	包钢集团财务有限责任公司
	马钢集团财务有限公司	山东钢铁集团财务有限公司
	河钢集团财务有限公司	太钢集团财务有限公司
	本钢集团财务有限公司	首钢集团财务有限公司
	云南昆钢集团财务有限公司	渤海钢铁集团财务有限公司

续表

机械制造	西电集团财务有限责任公司	东方电气集团财务有限公司
	中国一拖集团财务有限责任公司	上海电气集团财务有限责任公司
	苏州创元集团财务有限公司	国机财务有限责任公司
	中集集团财务有限公司	哈尔滨电气集团财务有限责任公司
	山东重工集团财务有限公司	厦门海翼集团财务有限公司
	中车财务有限公司	重庆机电控股集团财务有限公司
	徐工集团财务有限公司	重庆力帆财务有限公司
	中联重科集团财务有限公司	商飞集团财务有限责任公司
	新疆金风科技集团财务有限公司	特变电工集团财务有限公司
	一重集团财务有限公司	
交通运输	中国航空集团财务有限责任公司	中国南航集团财务有限公司
	东航集团财务有限责任公司	海航集团财务有限公司
	天津港财务有限公司	首都机场集团财务有限公司
	中远海运集团财务有限责任公司	浙江海港集团财务有限公司
	招商局集团财务有限公司	湖南高速集团财务有限公司
	江苏交通控股集团财务有限公司	浙江省交通投资集团财务有限责任公司
	广西交通投资集团财务有限责任公司	中开财务有限公司
	河北港口集团财务有限公司	青岛港财务有限责任公司
	广东省交通集团财务有限公司	湖北交投集团财务有限公司
	中国铁路财务有限责任公司	厦门翔业集团财务有限公司
	日照港集团财务有限公司	江西高速集团财务有限公司
	连云港港口集团财务有限公司	福建省交运集团财务有限公司
	广州港集团财务有限公司	
军工	兵工财务有限责任公司	中船财务有限责任公司
	中核财务有限责任公司	航天科技财务有限责任公司
	航天科工财务有限责任公司	中船重工财务有限责任公司
	兵器装备集团财务有限责任公司	中航工业集团财务有限责任公司
	中国电子科技财务有限公司	中国航发集团财务有限公司
有色金属	五矿集团财务有限责任公司	深圳市有色金属财务有限公司
	江西铜业集团财务有限公司	南山集团财务有限公司
	紫金矿业集团财务有限公司	铜陵有色金属集团财务有限公司
	金川集团财务有限公司	中铝财务有限责任公司
	西部矿业集团财务有限公司	海亮集团财务有限责任公司
	山东黄金集团财务有限公司	有色矿业集团财务有限公司
	忠旺集团财务有限公司	中国黄金集团财务有限公司
	广东省广晟财务有限公司	新凤祥财务有限公司
	山东招金集团财务有限公司	杭州锦江集团财务有限责任公司
汽车	东风汽车财务有限公司	中国重汽财务有限公司
	一汽财务有限公司	江铃汽车集团财务有限公司
	上海汽车集团财务有限责任公司	万向财务有限公司
	海马财务有限公司	北京汽车集团财务有限公司
	郑州宇通集团财务有限公司	广州汽车集团财务有限公司
	三环集团财务有限公司	

续表

酒店旅游	锦江国际集团财务有限责任公司	港中旅财务有限公司
	北京首都旅游集团财务有限公司	
商贸	华联财务有限责任公司	通用技术集团财务有限责任公司
	国药集团财务有限公司	山东省商业集团财务有限公司
	百联集团财务有限责任公司	江苏国泰财务有限公司
	天津物产集团财务有限公司	物美商业财务有限责任公司
	物产中大集团财务有限公司	
投资控股	上海浦东发展集团财务有限责任公司	保利财务有限公司
	国联财务有限责任公司	国投财务有限公司
	北大方正集团财务有限公司	江苏省国信集团财务有限公司
	上海复星高科技集团财务有限公司	诚通财务有限责任公司
	天津天保财务有限公司	中信财务有限公司
	河北建投集团财务有限公司	珠海华发集团财务有限公司
	北京控股集团财务有限公司	上海上实集团财务有限公司
	清华控股集团财务有限公司	北京金融街集团财务有限公司
	上海外高桥集团财务有限公司	粤海集团财务有限公司
	江苏悦达集团财务有限公司	广州发展集团财务有限公司
	国新集团财务有限责任公司	上海城投集团财务有限公司
民生消费	红豆集团财务有限公司	江苏华西集团财务有限公司
	青岛啤酒财务有限责任公司	贵州茅台集团财务有限公司
	鄂尔多斯财务有限公司	四川省宜宾五粮液集团财务有限公司
	山东晨鸣集团财务有限公司	福建七匹狼集团财务有限公司
	新华联控股集团财务有限责任公司	红星美凯龙家居集团财务有限责任公司
	东方国际集团财务有限公司	华泰集团财务有限公司
农林牧渔	东方集团财务有限责任公司	吉林森林工业集团财务有限责任公司
	中粮财务有限责任公司	新希望财务有限公司
	海南农垦集团财务有限公司	亿利集团财务有限公司
	伊利财务有限公司	供销集团财务有限公司
	光明食品集团财务有限公司	西王集团财务有限公司
	北京首农食品集团财务有限公司	河南双汇集团财务有限公司
	广东温氏集团财务有限公司	广东省农垦集团财务有限公司
	中储粮集团财务有限公司	
其他	新奥财务有限责任公司	中国移动通信集团财务有限公司
	深圳华强集团财务有限公司	湖南出版投资控股集团财务有限公司
	中节能财务有限公司	联通集团财务有限公司
	江苏凤凰出版传媒集团财务有限公司	顺丰控股集团财务有限公司
	上海文化广播影视集团财务有限公司	中国电信集团财务有限公司
	浪潮集团财务有限公司	

注：每个行业分类中，各财务公司依照其成立时间从左至右从上至下进行排序。

财务公司所有制分布状况统计表

（2020 年）

所有制	机构		资产		净资产		利润总额	
	数量（家）	比例（%）	金额（亿元）	比例（%）	金额（亿元）	比例（%）	金额（亿元）	比例（%）
中央国有企业	76	29.57	48973.79	62.65	6211.83	56.49	700.08	63.25
地方国有企业	129	50.19	23154.29	29.62	3603.82	32.77	336.90	30.44
集体民营企业	49	19.07	5630.72	7.20	1132.37	10.30	66.55	6.01
外资企业	3	1.17	417.34	0.53	47.84	0.44	3.39	0.31
总计	257		78176.14		10995.86		1106.93	

财务公司行业资产质量状况统计表

（2020 年）

项目	金额（万元）	占资产总额（%）
不良资产总计	3738687	0.48
次级资产	158516	0.02
可疑资产	3234597	0.41
损失资产	345574	0.04
不良贷款	1838499	0.24
次级贷款	142506	0.02
可疑贷款	1562427	0.20
损失贷款	133566	0.02

注：此表统计 255 家财务公司，其中 238 家财务公司无不良贷款。

财务公司行业存款、贷款结构统计表

（2020 年）

项目	金额（万元）	占比（%）	项目	金额（万元）	占比（%）
各项贷款	362041687		各项存款	639154039	
1. 短期贷款	193980174	53.58	1. 活期存款	280752323	43.93
2. 中长期贷款	135532608	37.44	2. 定期存款	358401717	56.07
3. 贴现及买断式转贴现	20609479	5.69	各项存款	639154039	
4. 贸易融资	4377613	1.21	1. 集团母公司存款	120158808	18.80
5. 融资租赁	7284832	2.01	2. 上市公司存款	180740026	28.28
6. 各项垫款	273650	0.08	3. 其他成员企业存款	329598183	51.57
7. 其他贷款	-16669	0.00	4. 其他	8657021	1.35
各项贷款	368437329				
1. 信用贷款	294539046	79.94			
2. 担保贷款	73898283	20.06			
各项贷款	368437329				
1. 集团母公司贷款	57103603	15.50			
2. 上市公司贷款	65903619	17.89			
3. 其他成员企业贷款	211779174	57.48			
4. 其他	33650934	9.13			

注：第一个各项贷款小于第二、三个各项贷款值原因是：第一个各项贷款为境内口径数据，第二、三个各项贷款为合并口径数据。

从业人员统计

财务公司从业人员年龄、文化、职称结构统计表

（2020 年）　　单位：人

机构	人员合计	年龄结构				性别结构		文化结构				职称结构			
		30岁以下	30岁至40岁	40岁至50岁	50岁以上	男	女	博士	硕士	本科	专科及以下	高级	中级	初级	其他
TCL 科技集团财务有限公司	56	27	20	9	0	24	32	0	15	40	1	10	4	15	27
安徽省能源集团财务有限公司	33	10	14	6	3	14	19	0	16	15	2	2	13	3	15
安徽省皖北煤电集团财务有限公司	32	5	10	12	5	16	16	0	1	27	4	8	14	10	0
鞍钢集团财务有限责任公司	83	7	24	23	29	32	51	0	22	51	10	27	39	13	4
百联集团财务有限责任公司	34	7	14	11	2	12	22	0	10	21	3	2	3	6	23
包钢集团财务有限责任公司	42	8	17	13	4	14	28	0	9	30	3	7	16	1	18
宝武集团财务有限责任公司	101	6	36	41	18	61	40	0	40	57	4	21	41	10	29
保利财务有限公司	44	22	13	7	2	23	21	0	25	14	5	1	11	0	32
北大方正集团财务有限公司	52	15	33	4	0	21	31	0	29	22	1	0	5	0	47
北京金融街集团财务有限公司	27	8	14	4	1	9	18	0	17	10	0	1	9	1	16
北京金隅财务有限公司	36	7	21	5	3	19	17	1	12	23	0	6	12	1	17
北京控股集团财务有限公司	42	8	20	10	4	24	18	1	22	18	1	9	15	3	15
北京汽车集团财务有限公司	222	58	138	25	1	109	113	1	80	132	9	12	22	14	174
北京首都旅游集团财务有限公司	29	5	13	9	2	11	18	0	11	17	1	6	7	4	12
北京首农食品集团财务有限公司	48	19	24	4	1	16	32	0	24	23	1	6	11	1	30
本钢集团财务有限公司	28	3	17	5	3	18	10	0	4	22	2	6	12	8	2
兵工财务有限责任公司	106	12	45	33	16	49	57	0	48	51	7	16	35	16	39
兵器装备集团财务有限责任公司	57	11	26	13	7	28	29	3	38	16	0	17	9	6	25
渤海钢铁集团财务有限公司	6	1	2	3	0	4	2	0	0	5	1	0	2	2	2
诚通财务有限责任公司	49	15	21	7	6	29	20	1	29	16	3	6	13	2	28
重庆化医控股集团财务有限公司	30	5	16	7	2	17	13	0	5	19	6	3	6	4	17
重庆机电控股集团财务有限公司	29	9	15	4	1	12	17	0	6	23	0	4	12	0	13
重庆力帆财务有限公司	51	15	15	17	4	27	24	0	4	43	4	2	17	4	28
重庆市能源投资集团财务有限公司	34	6	15	8	5	12	22	0	5	28	1	11	14	8	1
传化集团财务有限公司	26	7	16	3	0	17	9	0	7	19	0	2	7	3	14
创维集团财务有限公司	36	24	9	3	0	13	23	0	3	27	6	3	3	7	23

续表

机构	人员合计	年龄结构				性别结构		文化结构				职称结构			
		30岁以下	30岁至40岁	40岁至50岁	50岁以上	男	女	博士	硕士	本科	专科及以下	高级	中级	初级	其他
大唐电信集团财务有限公司	27	7	15	3	2	10	17	1	14	10	2	3	10	0	14
大同煤矿集团财务有限责任公司	84	30	38	12	4	34	50	0	16	63	5	15	31	14	24
东方电气集团财务有限公司	52	11	25	10	6	25	27	0	29	22	1	9	21	4	18
东方国际集团财务有限公司	26	2	16	5	3	17	9	0	7	18	1	3	8	4	11
东方集团财务有限责任公司	31	7	14	8	2	16	15	0	5	23	3	0	9	5	17
东风汽车财务有限公司	435	210	181	34	10	316	119	0	92	333	10	14	4	72	345
东航集团财务有限责任公司	63	17	24	18	4	32	31	0	26	33	4	2	10	1	50
东旭集团财务有限公司	22	7	11	3	1	12	10	0	7	14	1	2	1	9	10
鄂尔多斯财务有限公司	29	5	14	8	2	11	18	0	2	18	9	0	7	1	21
福建七匹狼集团财务有限公司	25	7	12	4	2	10	15	0	3	19	3	1	4	11	9
福建省交运集团财务有限公司	21	6	9	4	2	14	7	0	4	17	0	2	12	2	5
福建省能源集团财务有限公司	37	10	13	11	3	16	21	0	12	21	4	4	20	4	9
甘肃电投集团财务有限公司	30	15	8	5	2	16	14	0	2	28	0	2	13	2	13
港中旅财务有限公司	27	5	17	3	2	11	16	0	7	20	0	2	7	2	16
供销集团财务有限公司	69	17	35	15	2	29	40	1	23	39	6	2	11	12	44
光明食品集团财务有限公司	50	13	23	10	4	24	26	0	21	29	0	1	17	2	30
广东能源集团财务有限公司	41	9	18	12	2	23	18	1	24	16	0	9	18	2	12
广东省广晟财务有限公司	31	10	13	6	2	11	20	0	15	16	0	1	10	3	17
广东省交通集团财务有限公司	33	5	10	12	6	17	16	2	12	18	1	13	12	2	6
广东省农垦集团财务有限公司	27	6	16	4	1	13	14	0	16	11	0	2	11	2	12
广东温氏集团财务有限公司	21	6	13	2	0	13	8	0	2	18	1	0	6	13	2
广西交通投资集团财务有限责任公司	34	9	14	8	3	17	17	1	7	24	2	6	11	3	14
广州发展集团财务有限公司	34	9	15	7	3	12	22	0	5	28	1	0	14	3	17
广州港集团财务有限公司	18	5	2	9	2	10	8	0	8	10	0	2	9	3	4
广州汽车集团财务有限公司	85	29	43	12	1	46	39	0	39	45	1	3	16	7	59
贵州茅台集团财务有限公司	34	4	24	5	1	19	15	0	10	23	1	1	18	0	15
贵州盘江集团财务有限公司	18	4	7	5	2	9	9	0	2	11	5	2	8	3	5
国电财务有限公司	70	14	30	17	9	25	45	2	37	27	4	12	16	1	41
国机财务有限责任公司	56	15	27	6	8	22	34	0	18	33	5	13	19	2	22

续表

机构	人员合计	年龄结构				性别结构		文化结构				职称结构			
		30岁以下	30岁至40岁	40岁至50岁	50岁以上	男	女	博士	硕士	本科	专科及以下	高级	中级	初级	其他
国家电投集团财务有限公司	77	20	35	18	4	36	41	0	39	37	1	16	17	7	37
国家能源集团财务有限公司	95	13	40	31	11	41	54	4	60	28	3	14	38	2	41
国联财务有限责任公司	33	9	16	6	2	14	19	0	12	20	1	3	12	0	18
国投财务有限公司	61	10	40	10	1	37	24	1	43	17	0	8	40	2	11
国新集团财务有限责任公司	30	6	19	4	1	16	14	1	19	10	0	1	7	0	22
国药集团财务有限公司	34	9	15	8	2	10	24	0	18	15	1	5	10	2	17
哈尔滨电气集团财务有限责任公司	33	4	17	11	1	16	17	0	10	22	1	8	15	7	3
海尔集团财务有限责任公司	150	32	92	24	2	64	86	0	32	103	15	1	22	13	114
海航集团财务有限公司	49	12	24	11	2	32	17	0	16	31	2	0	6	0	43
海亮集团财务有限责任公司	28	6	16	4	2	11	17	0	5	13	10	0	5	6	17
海马财务有限公司	87	30	43	10	4	45	42	0	4	68	15	1	5	6	75
海南农垦集团财务有限公司	23	7	10	4	2	10	13	0	5	18	0	1	6	3	13
海信集团财务有限公司	76	26	45	3	2	27	49	1	40	32	3	0	18	3	55
杭州锦江集团财务有限责任公司	18	3	9	5	1	5	13	0	4	12	2	0	7	5	6
航天科工财务有限责任公司	79	13	34	25	7	39	40	1	42	33	3	12	32	8	27
航天科技财务有限责任公司	96	14	45	28	9	41	55	3	72	20	1	23	29	3	41
河北港口集团财务有限公司	33	7	10	14	2	10	23	0	10	21	2	15	10	6	2
河北建投集团财务有限公司	30	5	18	5	2	18	12	0	21	8	1	8	14	2	6
河钢集团财务有限公司	37	13	15	4	5	21	16	0	9	27	1	7	10	14	6
河南能源化工集团财务有限公司	43	10	8	15	10	25	18	0	9	20	14	3	21	6	13
河南双汇集团财务有限公司	31	6	18	6	1	12	19	0	2	22	7	0	12	7	12
亨通财务有限公司	25	10	13	2	0	11	14	0	5	20	0	2	4	2	17
红豆集团财务有限公司	34	8	17	8	1	11	23	0	6	23	5	1	6	0	27
红星美凯龙家居集团财务有限责任公司	25	7	11	5	2	13	12	0	5	19	1	2	5	3	15
湖北交投集团财务有限公司	41	12	17	6	6	15	26	0	14	26	1	2	9	0	30
湖北宜化集团财务有限责任公司	20	2	7	9	2	9	11	0	1	17	2	5	8	6	1
湖南出版投资控股集团财务有限公司	30	5	14	7	4	12	18	0	8	20	2	4	13	3	10
湖南高速集团财务有限公司	26	3	12	7	4	15	11	0	9	16	1	5	10	8	3
湖南华菱钢铁集团财务有限公司	33	5	13	6	9	19	14	0	7	21	5	4	12	5	12

续表

机构	人员合计	年龄结构				性别结构		文化结构				职称结构			
		30岁以下	30岁至40岁	40岁至50岁	50岁以上	男	女	博士	硕士	本科	专科及以下	高级	中级	初级	其他
华联财务有限责任公司	27	5	11	4	7	9	18	0	2	21	4	2	6	4	15
华泰集团财务有限公司	26	4	12	9	1	17	9	0	2	21	3	7	6	7	6
淮北矿业集团财务有限公司	32	1	3	20	8	16	16	0	1	22	9	14	16	2	0
淮南矿业集团财务有限公司	45	6	18	15	6	24	21	0	12	22	11	2	39	2	2
吉林森林工业集团财务有限责任公司	51	6	30	12	3	20	31	0	9	38	4	9	13	13	16
冀中能源集团财务有限责任公司	42	6	15	17	4	15	27	0	5	27	10	8	11	8	15
江铃汽车集团财务有限公司	136	68	39	17	12	59	77	0	28	91	17	4	28	24	80
江苏凤凰出版传媒集团财务有限公司	26	10	10	5	1	13	13	0	17	8	1	7	8	2	9
江苏国泰财务有限公司	24	5	10	8	1	7	17	0	3	19	2	2	14	4	4
江苏华西集团财务有限公司	24	3	11	4	6	9	15	0	2	16	6	2	8	4	10
江苏交通控股集团财务有限公司	44	19	16	8	1	21	23	0	19	25	0	1	18	1	24
江苏省国信集团财务有限公司	42	6	21	12	3	18	24	0	12	27	3	6	17	7	12
江苏悦达集团财务有限公司	29	4	22	1	2	17	12	0	6	23	0	4	15	0	10
江西高速集团财务有限公司	32	10	14	5	3	16	16	1	23	8	0	2	11	1	18
江西铜业集团财务有限公司	33	12	11	9	1	15	18	0	13	20	0	9	15	1	8
金川集团财务有限公司	27	7	10	8	2	11	16	0	5	22	0	1	10	2	14
锦江国际集团财务有限责任公司	31	7	12	9	3	22	9	0	3	24	4	1	2	28	0
晋煤集团财务有限公司	47	12	25	9	1	22	25	0	23	21	3	4	17	4	22
京能集团财务有限公司	56	14	30	11	1	28	28	0	28	28	0	18	20	0	18
酒钢集团财务有限公司	36	10	17	6	3	21	15	0	2	34	0	1	20	10	5
巨化集团财务有限责任公司	30	2	12	12	4	8	22	0	0	26	4	4	12	13	1
开滦集团财务有限责任公司	39	12	12	10	5	19	20	1	8	28	2	17	6	6	10
浪潮集团财务有限公司	23	8	12	3	0	7	16	0	8	15	0	3	6	4	10
连云港港口集团财务有限公司	25	4	16	4	1	18	7	0	3	20	2	1	11	3	10
联通集团财务有限公司	78	21	37	16	4	39	39	1	30	47	0	15	20	37	6
潞安集团财务有限公司	53	3	36	9	5	28	25	0	18	33	2	10	22	14	7
马钢集团财务有限公司	31	6	12	7	6	11	20	0	7	21	3	5	16	4	6
美的集团财务有限公司	56	19	27	10	0	21	35	0	25	31	0	5	8	43	0
南方电网财务有限公司	170	54	67	37	12	95	75	2	53	108	7	35	50	12	73

续表

机构	人员合计	年龄结构				性别结构		文化结构				职称结构			
		30岁以下	30岁至40岁	40岁至50岁	50岁以上	男	女	博士	硕士	本科	专科及以下	高级	中级	初级	其他
南山集团财务有限公司	40	17	17	4	2	20	20	0	4	33	3	1	18	13	8
内蒙古电力集团财务有限责任公司	44	23	17	3	1	17	27	0	33	11	0	4	22	8	10
内蒙古伊泰财务有限公司	24	5	16	3	0	12	12	0	4	20	0	1	7	2	14
青岛港财务有限责任公司	30	15	13	2	0	12	18	0	17	13	0	2	11	0	17
青岛啤酒财务有限责任公司	37	7	17	11	2	18	19	0	5	31	1	4	14	16	3
青建集团财务有限责任公司	21	5	13	1	2	9	12	0	7	13	1	2	3	7	9
清华控股集团财务有限公司	29	4	19	4	2	10	19	1	14	12	2	0	8	0	21
日立（中国）财务有限公司	14	1	7	5	1	6	8	0	3	9	2	0	4	0	10
日照港集团财务有限公司	32	8	16	4	4	17	15	0	5	27	0	10	16	5	1
三房巷财务有限公司	24	10	9	2	3	13	11	0	2	20	2	1	3	6	14
三环集团财务有限公司	19	4	10	4	1	10	9	0	2	15	2	2	4	2	11
三峡财务有限责任公司	121	19	42	41	19	66	55	1	41	71	8	37	40	7	37
沙钢财务有限公司	34	9	16	7	2	12	22	0	2	30	2	0	4	25	5
山东晨鸣集团财务有限公司	32	10	16	5	1	16	16	0	4	26	2	2	3	1	26
山东钢铁集团财务有限公司	49	12	19	14	4	27	22	0	22	26	1	18	13	6	12
山东黄金集团财务有限公司	42	5	19	16	2	22	20	1	17	23	1	14	11	2	15
山东能源集团财务有限公司	37	7	21	7	2	15	22	0	15	20	2	9	17	0	11
山东省商业集团财务有限公司	49	8	33	6	2	25	24	0	14	34	1	4	17	1	27
山东招金集团财务有限公司	32	8	12	7	5	14	18	0	3	28	1	3	11	0	18
山东重工集团财务有限公司	56	13	34	5	4	29	27	0	15	40	1	4	17	11	24
山西焦煤集团财务有限责任公司	53	4	27	15	7	24	29	0	12	37	4	10	23	13	7
陕西煤业化工集团财务有限公司	95	42	40	11	2	28	67	1	34	59	1	7	25	17	46
陕西投资集团财务有限责任公司	44	22	12	7	3	17	27	0	14	26	4	2	9	12	21
陕西延长石油财务有限公司	52	10	22	14	6	27	25	1	33	18	0	9	18	0	25
商飞集团财务有限责任公司	40	6	24	8	2	17	23	2	25	13	0	8	12	4	16
上海城投集团财务有限公司	24	2	9	9	4	12	12	1	15	7	1	4	11	1	8
上海电气集团财务有限责任公司	88	10	60	14	4	47	41	0	35	52	1	2	15	4	67
上海复星高科技集团财务有限公司	70	24	37	9	0	29	41	0	29	40	1	0	13	5	52

续表

机构	人员合计	年龄结构				性别结构		文化结构				职称结构			
		30岁以下	30岁至40岁	40岁至50岁	50岁以上	男	女	博士	硕士	本科	专科及以下	高级	中级	初级	其他
上海华谊集团财务有限责任公司	33	3	23	6	1	13	20	1	10	20	2	2	15	8	8
上海浦东发展集团财务有限责任公司	55	16	23	13	3	27	28	1	20	30	4	0	20	6	29
上海汽车集团财务有限责任公司	638	251	323	58	6	450	188	0	164	455	19	4	61	12	561
上海上实集团财务有限公司	29	8	13	8	0	13	16	0	13	13	3	0	7	2	20
上海外高桥集团财务有限公司	27	8	13	5	1	11	16	0	5	20	2	1	9	2	15
上海文化广播影视集团财务有限公司	23	2	10	7	4	11	12	0	3	19	1	2	10	11	0
申能集团财务有限公司	44	6	23	12	3	24	20	0	13	30	1	0	21	4	19
深圳华强集团财务有限公司	24	9	9	4	2	8	16	0	5	18	1	0	3	2	19
深圳能源财务有限公司	49	20	9	16	4	24	25	0	10	33	6	4	9	13	23
首都机场集团财务有限公司	55	12	20	14	9	26	29	0	18	32	5	8	19	5	23
首钢集团财务有限公司	52	15	24	9	4	22	30	0	27	23	2	4	26	2	20
顺丰控股集团财务有限公司	50	17	29	4	0	19	31	0	10	39	1	27	19	4	0
四川省宜宾五粮液集团财务有限公司	47	17	15	13	2	22	25	0	11	32	4	1	14	3	29
四川长虹集团财务有限公司	40	23	10	6	1	19	21	0	2	33	5	2	3	11	24
松下电器（中国）财务有限公司	14	6	7	0	1	1	13	0	3	11	0	0	3	0	11
苏州创元集团财务有限公司	22	2	11	4	5	8	14	1	2	15	4	3	3	8	8
太钢集团财务有限公司	37	15	7	11	4	20	17	0	15	22	0	4	12	2	19
特变电工集团财务有限公司	25	7	13	4	1	16	9	0	5	19	1	1	9	1	14
天津渤海集团财务有限责任公司	31	10	12	5	4	15	16	0	5	23	3	3	8	16	4
天津港财务有限公司	46	4	21	20	1	17	29	0	23	17	6	4	29	10	3
天津能源集团财务有限公司	25	6	12	6	1	12	13	0	9	16	0	3	9	6	7
天津天保财务有限公司	23	3	13	6	1	8	15	0	8	15	0	1	7	4	11
天津物产集团财务有限公司	47	3	37	5	2	17	30	0	14	33	0	5	13	24	5
天津医药集团财务有限公司	23	2	17	4	0	11	12	0	10	13	0	4	9	1	9
天瑞集团财务有限责任公司	17	4	8	3	2	9	8	0	2	12	3	2	4	3	8
通用技术集团财务有限责任公司	57	13	29	12	3	29	28	1	27	26	3	5	17	5	30

续表

机构	人员合计	年龄结构				性别结构		文化结构				职称结构			
		30岁以下	30岁至40岁	40岁至50岁	50岁以上	男	女	博士	硕士	本科	专科及以下	高级	中级	初级	其他
铜陵有色金属集团财务有限公司	28	3	5	16	4	13	15	0	7	20	1	14	11	2	1
万向财务有限公司	60	18	23	19	0	29	31	0	15	38	7	0	19	9	32
五矿集团财务有限责任公司	54	19	16	15	4	22	32	0	34	19	1	3	20	11	20
物产中大集团财务有限公司	38	9	17	10	2	17	21	0	13	25	0	6	10	2	20
物美商业财务有限责任公司	19	7	7	4	1	7	12	0	5	9	5	0	2	1	16
西部矿业集团财务有限公司	36	10	15	8	3	17	19	0	9	25	2	3	17	3	13
西电集团财务有限责任公司	38	6	23	6	3	18	20	0	17	21	0	5	19	4	10
西王集团财务有限公司	28	12	15	0	1	15	13	0	5	23	0	1	5	4	18
厦门海翼集团财务有限公司	24	1	15	6	2	9	15	0	2	21	1	0	11	1	12
厦门翔业集团财务有限公司	27	6	15	6	0	17	10	0	14	13	0	1	3	0	23
新奥财务有限责任公司	59	13	35	8	3	33	26	0	14	38	7	0	23	0	36
新凤祥财务有限公司	46	16	19	8	3	22	24	0	10	29	7	0	11	9	26
新华联控股集团财务有限责任公司	24	6	13	4	1	10	14	1	6	17	0	2	6	1	15
新疆金风科技集团财务有限公司	35	11	17	6	1	15	20	0	14	21	0	0	2	20	13
新希望财务有限公司	44	13	22	8	1	24	20	0	14	26	4	0	10	5	29
徐工集团财务有限公司	52	24	24	3	1	27	25	0	20	31	1	2	8	12	30
兖矿集团财务有限公司	35	3	19	13	0	17	18	0	1	34	0	12	15	8	0
阳泉煤业集团财务有限责任公司	53	14	26	6	7	35	18	1	6	39	7	3	24	1	25
一汽财务有限公司	223	70	134	14	5	87	136	0	97	119	7	11	16	72	124
伊利财务有限公司	43	16	22	4	1	17	26	0	7	34	2	0	5	18	20
有色矿业集团财务有限公司	31	4	18	4	5	18	13	1	14	16	0	2	18	0	11
粤海集团财务有限公司	37	12	16	6	3	19	18	0	15	20	2	5	6	5	21
云南建投集团财务有限公司	37	18	15	1	3	16	21	0	9	27	1	4	13	1	19
云南昆钢集团财务有限公司	24	4	8	10	2	6	18	0	1	16	7	1	9	10	4
云南云天化集团财务有限公司	29	6	10	10	3	16	13	0	6	22	1	4	7	4	14
招商局集团财务有限公司	87	14	45	21	7	38	49	2	40	43	2	9	26	17	35
浙江海港集团财务有限公司	41	22	13	2	4	18	23	0	13	28	0	5	14	10	12
浙江省交通投资集团财务有限责任公司	81	26	40	13	2	35	46	0	42	38	1	13	18	5	45

续表

机构	人员合计	年龄结构				性别结构		文化结构				职称结构			
		30岁以下	30岁至40岁	40岁至50岁	50岁以上	男	女	博士	硕士	本科	专科及以下	高级	中级	初级	其他
浙江省能源集团财务有限责任公司	138	93	28	14	3	60	78	0	47	91	0	11	34	17	76
振华集团财务有限责任公司	18	4	7	6	1	8	10	0	4	14	0	3	5	0	10
正泰集团财务有限公司	42	4	23	12	3	19	23	0	6	32	4	3	12	8	19
郑州宇通集团财务有限公司	30	12	14	3	1	19	11	0	2	24	4	2	3	20	5
中车财务有限公司	48	5	35	6	2	22	26	1	18	29	0	15	18	8	7
中储粮集团财务有限公司	38	14	14	8	2	22	16	1	27	10	0	7	9	5	17
中船财务有限责任公司	63	21	25	13	4	29	34	2	41	19	1	15	14	24	10
中船重工财务有限责任公司	77	27	30	14	6	32	45	1	33	41	2	19	24	4	30
中广核财务有限责任公司	79	14	33	23	9	51	28	1	39	35	4	18	26	5	30
中国大唐集团财务有限公司	45	6	23	14	2	17	28	2	35	7	1	17	16	12	0
中国电建集团财务有限责任公司	60	9	32	13	6	32	28	1	29	30	0	23	21	2	14
中国电力财务有限公司	743	94	196	305	148	342	401	8	266	439	30	260	244	44	195
中国电信集团财务有限公司	40	12	18	7	3	21	19	1	24	15	0	7	7	2	24
中国电子财务有限责任公司	54	7	28	12	7	21	33	1	17	33	3	10	18	8	18
中国电子科技财务有限公司	54	21	24	7	2	29	25	1	38	15	0	4	13	7	30
中国航发集团财务有限公司	22	2	12	8	0	11	11	0	14	8	0	6	8	2	6
中国航空集团财务有限责任公司	66	12	23	17	14	27	39	0	18	36	12	4	29	7	26
中国航油集团财务有限公司	43	26	8	5	4	16	27	0	30	12	1	3	11	2	27
中国华电集团财务有限公司	70	8	41	13	8	37	33	0	39	31	0	9	26	0	35
中国华能财务有限责任公司	73	19	14	17	23	30	43	1	44	23	5	23	35	3	12
中国化工财务有限公司	39	10	10	16	3	13	26	1	19	18	1	8	11	6	14
中国黄金集团财务有限公司	32	10	14	6	2	10	22	0	18	14	0	6	9	4	13
中国建材集团财务有限公司	35	11	14	9	1	16	19	1	13	20	1	11	4	7	13
中国南航集团财务有限公司	64	8	18	36	2	36	28	1	18	30	15	5	21	4	34
中国能源建设集团财务有限公司	64	6	20	22	16	34	30	0	21	33	10	26	21	3	14
中国平煤神马集团财务有限责任公司	35	6	16	9	4	23	12	0	3	30	2	7	19	4	5
中国石化财务有限责任公司	376	64	163	99	50	154	222	2	134	219	21	112	145	50	69
中国铁建财务有限公司	81	23	42	14	2	44	37	1	41	39	0	26	28	21	6
中国铁路财务有限责任公司	76	13	30	25	8	31	45	1	27	47	1	47	20	8	1

续表

机构	人员合计	年龄结构				性别结构		文化结构				职称结构			
		30岁以下	30岁至40岁	40岁至50岁	50岁以上	男	女	博士	硕士	本科	专科及以下	高级	中级	初级	其他
中国一拖集团财务有限责任公司	38	11	13	13	1	11	27	0	4	27	7	1	20	2	15
中国移动通信集团财务有限公司	81	42	22	13	4	51	30	0	68	12	1	9	27	3	42
中国重汽财务有限公司	60	31	21	8	0	25	35	0	12	46	2	4	20	19	17
中海石油财务有限责任公司	133	41	49	34	9	57	76	1	62	68	2	13	55	9	56
中航工业集团财务有限责任公司	114	33	42	27	12	46	68	1	79	29	5	23	17	74	0
中核财务有限责任公司	74	22	27	19	6	30	44	1	49	23	1	23	31	5	15
中化工程集团财务有限公司	45	12	22	9	2	20	25	1	27	15	2	6	10	3	26
中化集团财务有限责任公司	90	30	40	15	5	36	54	2	42	41	5	4	21	3	62
中集集团财务有限公司	60	10	36	11	3	24	36	0	16	39	5	0	6	3	51
中建财务有限公司	55	14	24	11	6	32	23	1	32	20	2	17	16	4	18
中交财务有限公司	61	22	20	16	3	37	24	2	42	15	2	23	14	21	3
中节能财务有限公司	50	15	26	9	0	22	28	0	25	25	0	3	16	3	28
中开财务有限公司	26	11	10	2	3	13	13	0	10	15	1	1	7	3	15
中联重科集团财务有限公司	37	5	25	4	3	21	16	0	10	27	0	12	8	10	7
中粮财务有限责任公司	33	4	22	6	1	14	19	0	16	17	0	1	0	0	32
中铝财务有限责任公司	45	18	21	4	2	24	21	0	26	19	0	7	11	2	25
中煤财务有限责任公司	17	1	11	3	2	7	10	1	6	10	0	3	11	0	3
中铁财务有限责任公司	72	18	44	5	5	39	33	0	32	40	0	25	14	31	2
中信财务有限公司	56	22	22	10	2	26	30	4	35	14	3	9	15	1	31
中兴通讯集团财务有限公司	76	33	22	21	0	18	58	0	9	42	25	13	34	13	16
中冶集团财务有限公司	36	11	16	7	2	14	22	0	22	14	0	8	4	0	24
中油财务有限责任公司	188	42	64	53	29	103	85	9	89	78	12	49	84	32	23
中远海运集团财务有限责任公司	134	16	44	45	29	65	69	0	30	87	17	17	58	18	41
忠旺集团财务有限公司	42	8	21	10	3	22	20	1	11	25	5	2	9	2	29
珠海格力集团财务有限责任公司	50	11	23	8	8	24	26	0	4	43	3	2	21	6	21
珠海华发集团财务有限公司	45	5	21	15	4	15	30	0	12	31	2	0	20	5	20
紫金矿业集团财务有限公司	22	1	15	5	1	13	9	0	2	19	1	2	15	3	2

注：此表为251家财务公司数据，不含西门子财务服务有限责任公司、上海华信国际集团财务有限责任公司、一重集团财务有限公司、深圳市有色金属财务有限公司、亿利集团财务有限公司、宝塔石化集团财务有限公司。

大事记

中国企业集团财务公司2020年行业大事记

1月

2020年1月2日，经江苏银保监局批复，同意江苏交通控股集团财务有限公司注册资本由16亿元增加至20亿元。

2020年1月16日，国药集团财务有限公司注册资本从5亿元增资至11亿元并调整股权结构。

2020年1月19日，中国核工业建设集团财务有限公司解散事项获中国银保监会批准，与中核财务有限责任公司重组取得实质性进展。3月25日，经北京银保监局批复，中国核工业建设股份有限公司成为公司新增股东。公司注册资本从40.19亿元增资至43.86亿元。6月10日，公司完成营业执照工商变更，“两核”财务公司完成重组。12月7日，经北京银保监局批复，中核财务有限责任公司营业场所变更至北京市海淀区玲珑路9号院琨御府东区10号楼。

3月

2020年3月13日，中国大唐集团有限公司任〔2020〕6号、党任〔2020〕6号任命刘全成同志就任中国大唐集团财务有限公司董事长、党委书记；2020年10月16日，北京银保监局京银保监复〔2020〕688号核准刘全成同志任中国大唐集团财务有限公司董事长。

2020年3月25日，华泰集团财务有限公司成立。

4月

2020年4月1日，深圳能源财务有限公司注册资本由原来的100000万元更改为150000万元。

2020年4月10日，京能集团财务有限公司收到北京银保监局关于变更注册资本及调整股权结构的批复，注册资本金增加至50亿元。

2020年4月16日，浙江省交通投资集团财务有限责任公司完成增资扩股，注册资本增加至52.3亿元。

5月

2020年5月9日，广州发展集团财务有限公司董事长变更为乔武康。

2020年5月13日，紫金矿业集团财务有限公司于紫金总部大楼首次协助承办福建银保监局辖内财务公司行业工作交流会。

2020年5月14日、15日，中国财务公司协会党委委员、专职副会长陶东平一行先后赴中信财务有限公司、中国电子科技集团财务有限责任公司调研。

6月

2020年6月18日，中远海运集团财务有限责任公司完成人民币32亿元的增资，增资后注册资本达到人民币60亿元。

7月

2020年7月9日，苏州创元集团财务有限公司完成股权变更，公司注册资本由3亿元变更为6亿元，股东变更为苏州创元投资发展（集团）有限公司、创元科技股份有限公司、苏州创元产业投资有限公司。公司于2020年7月17

日完成验资报告变更，2020 年 7 月 30 日完成工商登记变更。

2020 年 7 月 23 日，四川长虹集团财务有限公司完成股权变更，由 18.88 亿变更为 26.94 亿元。

8 月

2020 年 8 月 5 日，四川省宜宾五粮液集团财务有限公司完成首次增加注册资本金。增资后，公司注册资本变更为 30.86 亿元。

2020 年 8 月 6 日，中国电力财务有限公司获北京银保监局批复，注册资本由 180 亿元增加到 280 亿元；8 月 20 日，领取新营业执照，完成增资所有法定手续，发展实力进一步增强。

2020 年 8 月 6 日，北京银保监局核准陈勇诚通财务有限责任公司董事长的任职资格。

2020 年 8 月 19 日，珠海格力集团财务有限责任公司变更注册资本及调整股权结构获广东银保监局核准。9 月 10 日，完成变更注册资本商事登记工作，并换领新的营业执照。变更后注册资本金从 15 亿元增加至 30 亿元。

2020 年 8 月 28 日，经北京银保监局核准，神华财务有限公司注册资本金增加至 125 亿元。

2020 年 8 月 31 日，广州港集团财务有限公司完成工商注册，10 月 20 日正式挂牌营业。

9 月

2020 年 9 月 17 日，传化集团财务有限公司股东杭州传化日用品有限公司将持有的 5% 股权转让给传化集团有限公司。

2020 年 9 月 17 日，经北京银保监局批复，同意中油财务有限责任公司注册资本从 83.31 亿元人民币增加至 163.95 亿元。注册资本变更后，中国石油天然气集团有限公司出资额为 65.58 亿元，占注册资本的 40%；中国石油天然气股份有限公司出资额为 52.46 亿元，占注册资本的 32%；中国石油集团资本有限责任公司出资额为 45.91 亿元，占注册资本的 28%。

2020 年 9 月 17 日，申能集团财务有限公司注册资本及股权结构变更。注册资本由 15 亿元增加至 20 亿元。股东单位名称、出资额、出资比例为：申能（集团）有限公司出资 12 亿元，出资比例为 60%；申能股份有限公司出资 6 亿元，出资比例为 30%；上海燃气（集团）有限公司出资 2 亿元，出资比例为 10%。

2020 年 9 月 21 日，河北建投集团财务有限公司注册资本金增至 20 亿元。

2020 年 9 月 24 日，淮北矿业集团财务有限公司完成增加注册资本及调整股权结构，引入上市公司控股，注册资本由 8 亿元增加至 16.33 亿元。

10 月

2020 年 10 月 14 日，中国财务公司协会组织召开《中国财务公司》2020 年度编委会。中国财务公司协会党委书记、常务副会长、编委会主任张永军参会并讲话，党委委员、专职副会长、编委会副主任陶东平主持会议，副秘书长、编委会副主任李清军以及来自财务公司的 9 位编委参加会议。

2020 年 10 月 14—16 日，中国财务公司协会第十届监事会监事和授权监事单位代表一行在监事长张云亭的带领下，赴物产中大、浙江能源、万向、海亮、杭州锦江和浙江交投 6 家财务公司检查自律工作开展情况。中国财务公司协会纪委书记、第十届监事会监事曹春彦参加本次检查。

2020 年 10 月 20 日，大同煤矿集团财务有限责任公司注册资本由 30 亿元增加至 42.65 亿元获大同银保监分局（同银保监复〔2020〕89 号）批复。

2020 年 10 月 21 日，中国银保监会非银部主任刘宏宇履新后首选中信财务有限公司作为调研第一站，高度评价“双主体”“双平台”中信司库管理模式，并就修订《企业集团财务公司管理办法》现场征求意见。

2020 年 10 月 29 日，中国财务公司协会在北京召开企业集团境外资金管理研讨会。中国财务公司协会党委委员、专职副会长陶东平及13家财务公司代表参加此次会议。

11月

2020年11月4日，中铝财务有限责任公司获北京银保监局批复，同意筹建云南分公司。

2020年11月6—7日，中广核财务有限责任公司组织召开2020年度部分电力央企财务公司对标交流会，来自南方电网、华能、大唐、华电、国家电投、三峡、国投以及中广核财务公司的60余名代表参会。通过开展深入对标交流，进一步增进电力央企财务公司之间的沟通和互动，为电力央企财务公司更好更快发展奠定了重要基础。

2020年11月11日，中国财务公司协会在北京组织召开投资控股行业财务公司交流会，中国财务公司协会党委委员、专职副会长陶东平及12家财务公司代表参加此次会议。

2020年11月12日，中国财务公司协会在北京组织召开建筑建材行业财务公司交流会，中国财务公司协会党委书记、常务副会长张永军及12家财务公司代表参加此次会议。

2020年11月18日，中国航空发动机集团有限公司向中国航发集团财务有限公司增资5亿元。中国航发集团财务有限公司顺利完成集团批复、监管机构审批、注资验资和章程修订等工作，实现注册资本由10亿元增加至15亿元，有效提升风险抵御能力。

2020年11月19日，湖南高速集团财务有限公司办公场地变更获得湖南银保监局批准，公司法定地址变更为长沙市开福区三一大道500号金色比华利大厦25楼。

2020年11月24日，兵工财务有限责任公司增资扩股及股权变更事项获北京银保监局京银保监复〔2020〕837号文件批复，并于2020年12月7日完成工商登记手续。变更后，公司注册资本金为634000万元。

2020年11月25日，中联重科集团财务有限公司股权变更为中联重科股份有限公司持股100%。

2020年11月25日，中化集团财务有限责任公司获取《北京银保监局关于中化集团财务有限责任公司变更注册资本的批复》，注册资本由30亿元增至60亿元。

2020年11月27日，安徽银保监局其他非银行金融机构监管处处长黄永中、宿州银保监分局副局长陈旭华一行到安徽省皖北煤电集团财务有限公司调研指导。

12月

2020年12月4日，东方国际集团财务有限公司主办以即期结售汇业务推介及汇率走势分析为主题的财企合作交流会，会议就进一步防范汇率风险、深化产融结合、加强资金管理、降低集团企业汇兑成本进行探讨和交流。

2020年12月11日，港中旅财务有限公司股权变更，具体核准变更事项如下。变更前股权信息：中国旅游集团有限公司出资比例为87.5%，港中旅（中国）投资有限公司出资比例为10%，中国港中旅资产经营有限公司出资比例为2.5%。变更后股权信息：中国旅游集团有限公司出资比例为60%，中国旅游集团中免股份有限公司出资比例为20%，港中旅（中国）投资有限公司出资比例为10%，中国旅游集团酒店控股有限公司出资比例为5%，中国旅游集团投资和资产管理有限公司出资比例为2.5%，中国国际旅行社总社有限公司出资比例为2.5%。

2020年12月14日，中储粮集团财务有限公司取得金融许可证，2020年12月15日，中储粮集团财务有限公司取得营业执照。

2020年12月15日，安徽省皖北煤电集团财务有限公司增资方案获宿州银保监分局批准，注册资本由5亿元增至10亿元，股权结构不变。12月16日，完成工商登记变更，并换发了营业执照。

2020年12月15日，云南建投集团财务有限公司取得云南银保监局关于李兆坤董事长任职资格批复。

2020 年 12 月 18 日，中国能源建设集团财务有限公司注册地址由武汉市迁至北京市，在北京开业运营。

2020 年 12 月 18 日，中建财务有限公司增加注册资本至 100 亿元。

2020 年 12 月 20 日，经山东银保监局批复，同意海尔集团财务有限责任公司将所持公司 8% 股权转让给南山集团有限公司。

2020 年 12 月 22 日，中国财务公司协会第 23 次会员大会在北京举行。中国银保监会、国务院国资委、人民银行等监管机构的有关部门负责同志、全国财务公司的代表等 300 多人出席会议。

2020 年 12 月 23 日，一重集团财务有限公司经黑龙江银保监局批准开业，取得金融许可证，同日申请注册，领取营业执照。

2020 年 12 月 25 日，招商局集团财务有限公司大连分公司取得大连银保监局颁发的金融许可证，并于 12 月 28 日取得营业执照后正式开业。

附　　录

文件与规章名录

一、国务院

《保障中小企业款项支付条例》（中华人民共和国国务院令第728号）

二、财政部

《财政部、银保监会关于进一步规范银行函证及回函工作的通知》（财会〔2020〕12号）

三、中国人民银行

《标准化票据管理办法》（中国人民银行公告〔2020〕第6号）

《中国人民银行关于发布金融行业标准做好个人金融信息保护技术管理工作的通知》（银发〔2020〕45号）

《中国人民银行关于规范代收业务的通知》（银发〔2020〕248号）

四、中国银行保险监督管理委员会

《中国银保监会非银行金融机构行政许可事项实施办法》（中国银行保险监督管理委员会令2020年第6号）

《中国银保监会行政许可实施程序规定》（中国银行保险监督管理委员会令2020年第7号）

《中国银保监会行政处罚办法》（中国银行保险监督管理委员会令2020年第8号）

《银行保险机构应对突发事件金融服务管理办法》（中国银行保险监督管理委员会令2020年第10号）

《银行保险机构涉刑案件管理办法（试行）》（银保监发〔2020〕20号）

《中国银保监会办公厅关于优化银行业金融机构分支机构变更营业场所事项的通知》（银保监办发〔2020〕25号）

《中国银保监会关于开展银行业保险业市场乱象整治“回头看”工作的通知》（银保监发〔2020〕27号）

《中国银保监会、发展改革委、中国人民银行、中国证监会关于印发金融机构债权人委员会工作规程的通知》（银保监发〔2020〕57号）

《中国银保监会办公厅关于印发银保监会现场检查立项和实施程序规定（试行）的通知》（银保监办发〔2020〕84号）

《中国银保监会办公厅关于加强小额贷款公司监督管理的通知》（银保监办发〔2020〕86号）

2020 年度财务公司行业受表彰情况

TCL 科技集团财务有限公司

2020 年 12 月 29 日，TCL 科技集团财务有限公司被惠州银保监分局评为“2020 年度宣传信息工作先进单位”。

2020 年 12 月 29 日，TCL 科技集团财务有限公司在惠州市银行保险业先进集体评选中获得金融业务创新先进集体奖和落实稳外贸政策先进集体奖。

安徽省皖北煤电集团财务有限公司

2020 年 7 月，安徽省皖北煤电集团财务有限公司荣获中国人民银行征信中心“企业征信系统数据质量工作优秀机构”及“优秀个人”称号。

2020 年 8 月，淮北市总工会授予安徽省皖北煤电集团财务有限公司结算业务部“淮北市五一巾帼标兵岗”荣誉称号。

2020 年 12 月，安徽省皖北煤电集团财务有限公司在安徽省财政厅 2019 年度省属金融企业财务报表考评中荣获“省属金融企业先进单位”荣誉称号。

百联集团财务有限责任公司

2020 年 12 月，百联集团财务有限责任公司营业部获得上海市委、上海市人民政府颁发的“上海市模范集体”荣誉称号。

2020 年 12 月 9 日，百联集团财务有限责任公司获得金融时报社主办的“2020 中国金融机构金牌榜·金龙奖——年度最佳服务财务公司”奖项。

宝武集团财务有限责任公司

2020 年 12 月，宝武集团财务有限公司荣获上海市浦东新区颁发的“2019 年度浦东新区经济突出贡献奖”。

2020 年 12 月，宝武集团财务有限公司荣获中国人民银行上海总部颁发的“2020 年度上海市支付清算研究课题优秀文章二等奖”。

2020 年 12 月 17 日，宝武集团财务有限公司在中国金融出版社主办的第三届中国金融年度品牌案例大赛中荣获“企业文化年度案例奖”。

北京汽车集团财务有限公司

2020 年 4 月 26 日，北京汽车集团财务有限公司荣获“金融企业绩效 A 级（优秀）评价”。

2020 年 10 月 19 日，北京汽车集团财务有限公司荣获中国人民银行营业管理部“2020 年反洗钱宣传工作优秀组织单位奖”。

2020 年 12 月 17 日，在中国金融出版社主办的第三届中国金融年度品牌案例大赛中，北京汽车集团财务有限公司《责无旁贷多措并举打赢疫情攻坚战》案例荣获“中融普惠”年度案例特别奖。

兵工财务有限责任公司

2020 年 6 月，兵工财务有限责任公司获得首都精神文明建设委员会颁发的“2018—2020 年度首都文明单位”称号。

2020 年 10 月 20 日，兵工财务有限责任公司获得北京市东城区政府颁发的“东城区百强企业”称号。

2020 年 11 月，兵工财务有限责任公司获得中央精神文明建设指导委员会颁发的第六届“全国文明单位”称号。

兵器装备集团财务有限责任公司

2020 年 11 月，兵器装备集团财务有限责任公司获得“首都文明单位”称号。

诚通财务有限责任公司

2020年12月25日，诚通财务有限责任公司工会获得中华全国总工会颁发的“全国模范职工小家”称号。

重庆化医控股集团财务有限公司

2021年2月2日，重庆化医控股集团财务有限公司获得重庆银保监局颁发的“2020年度重庆银行业保险业监管统计优秀单位”称号。

2020年7月17日，重庆化医控股集团财务有限公司获得中国人民银行征信中心颁发的“2019年度企业征信系统数据质量工作优秀机构”称号。

重庆市能源投资集团财务有限公司

2021年1月5日，重庆市能源投资集团财务有限公司获得中国人民银行“2020年金融统计分析工作三等奖”。

大同煤矿集团财务有限责任公司

2020年11月6日，大同煤矿集团财务有限责任公司获得山西省企业联合会、山西省企业家协会颁发的“2019年度山西省优秀企业”称号。

2020年12月25日，大同煤矿集团财务有限责任公司获得共青团山西省委颁发的“省级青年文明号”称号。

2020年12月25日，大同煤矿集团财务有限责任公司获得大同市委、大同市人民政府颁发的“大同市模范单位”称号。

东方集团财务有限责任公司

2020年7月，东方集团财务有限责任公司获得中国人民银行哈尔滨中心支行颁发的“黑龙江省金融机构征信系统数据质量工作优秀奖”。

2020年12月，东方集团财务有限责任公司员工获得中国人民银行哈尔滨中心支行颁发的金融统计“先进个人”荣誉称号。

东风汽车财务有限公司

2020年6月，东风汽车财务有限公司获得中国资产证券化论坛颁发的“年度创新机构奖”“年度十佳交易奖”。

2020年11月，东风汽车财务有限公司被中国金融工会湖北工作委员会评为湖北辖内银行保险业2020年网络安全攻防演练优秀团队（团队二等奖）。

2020年7月17日，东风汽车财务有限公司获得中国人民银行征信中心颁发的“个人征信系统数据质量工作优秀机构”称号。

福建省能源集团财务有限公司

2021年1月22日，福建省能源集团财务有限公司领导班子被福建省能源集团有限责任公司党委评为2020年度“四好领导班子”。

光明食品集团财务有限公司

2020年1月10日，光明食品集团财务有限公司获得中国人民银行上海分行“2019年度上海中资法人金融机构统计工作考核评比三等奖”。

2020年12月18日，光明食品集团财务有限公司获得西湖财资金融科技研究院/财资中国联合颁发的“2020中国财资奖——卓越司库奖项”。

广东省广晟财务有限公司

2020年，广东省广晟财务有限公司荣获“2020年度广东省广晟资产经营有限公司党建工作先进单位”称号。

广西交通投资集团财务有限责任公司

2020年6月18日，广西交通投资集团财务有限责任公司被南宁市税务局评为2017—2019年度纳税信用“3连A”企业。

2020年12月，广西交通投资集团财务有限责任公司获得自治区财政厅2018年度优秀（AAA）绩效评价，并被评为全区地方金融企业财务报表编报工作先进单位。

2020年12月31日，广西交通投资集团财务有限责任公司《品质党建品质金服》被自治区国资委评为直属企业2020年度党支部党建品牌交流案例。

国家能源集团财务有限公司

2020年3月，国家能源集团财务有限公司获得国家能源集团“2019年信息化工作及智慧企业建设先进单位”称号。

2020年4月，国家能源集团财务有限公司获得国家能源集团“2019年度先进单位”称号。

2020年8月，国家能源集团财务有限公司获得国家能源集团“2020年度QC小组成果发表赛三等奖”。

国联财务有限责任公司

2020年2月24日，国联财务有限责任公司获得无锡银保监分局颁发的“监管统计工作综合考评优秀奖”。

国投财务有限公司

2020年5月5日，国投财务有限公司被国家税务总局北京市西城区税务局评为“2019年度纳税信用A级企业”。

2020年11月12日，国投财务有限公司获得北京市西城区统计局颁发的“2019年西城区诚信统计单位”称号。

国新集团财务有限责任公司

2020年10月26日，国新集团财务有限责任公司、国新金服联合党支部被中国国新控股有限责任公司党委评为“攻坚克难示范党支部”。

海尔集团财务有限责任公司

2020年12月9日，海尔集团财务有限责任公司获得金融时报社主办的“2020中国金融机构金牌榜·金龙奖——年度最佳财务公司”奖项。

海信集团财务有限公司

2020年11月9日，海信集团财务有限公司获得青岛市人力资源和社会保障局颁发的“2018—2019年度青岛市劳动保障守法诚信示范用人单位”称号。

2020年11月18日，海信集团财务有限公司获得山东省财贸金融工会委员会、中国人民银行青岛市中心支行、青岛市总工会、中国银行保险监督管理委员会青岛监管局、中国证券监督管理委员会青岛监管局、青岛市地方金融监督管理局、青岛金家岭金融聚集区管理委员会联合颁发的2020年青岛市“财富管理创先争优”劳动竞赛优秀组织奖。

河北建投集团财务有限公司

2020年2月，河北建投集团财务有限公司被河北省国资委评为“2016—2018年度省国资委系统文明单位”。

河钢集团财务有限公司

2020年5月，河钢集团财务有限公司信贷业务部获得河北省金融市场协会颁发的“金融创新先进集体优秀奖”。

2020年6月30日，河钢集团财务有限公司党支部获得河钢集团党委颁发的“十佳基层党组织”称号。

亨通财务有限公司

2020年3月16日，亨通财务有限公司荣获吴江经济开发区“服务业先进企业”称号。

2020年3月，亨通财务有限公司荣获“苏州市吴江区百强企业”称号。

红豆集团财务有限公司

2020年3月20日，红豆集团财务有限公司获得中国人民银行无锡市中心支行颁发的“无锡市金融统计工作先进集体三等奖”。

2020年8月24日，红豆集团财务有限公司获得中国人民银行征信中心颁发的“2019 年度企业征信系统数据质量工作优秀机构”称号。

湖北交投集团财务有限公司

2020 年 12 月 18 日，湖北交投集团财务有限公司获得湖北省财政厅金融企业绩效评价 2A 级优秀评级。

湖南出版投资控股集团财务有限公司

2020 年 12 月 22 日，湖南出版投资控股集团财务有限公司被中国财务公司协会评为年度行业数据统计优秀单位。

湖南华菱钢铁集团财务有限公司

2020 年 8 月 21 日，湖南华菱钢铁集团财务有限公司员工被湖南省金融工会评为湖南金融优秀工会干部。

淮北矿业集团财务有限公司

2020 年 12 月 17 日，淮北矿业集团财务公司报送的《集团票据管理体系创新与应用》案例在中国金融出版社主办的第三届中国金融年度品牌案例大赛中荣获“年度人气品牌案例奖”。

淮南矿业集团财务有限公司

2020 年 5 月 6 日，淮南矿业集团财务有限公司获得安徽省精神文明建设指导委员会颁发的“第十二届安徽省文明单位”称号。

2020 年 8 月 28 日，淮南矿业集团财务有限公司获得淮南市精神文明建设指导委员会办公室颁发的“淮南市第十九届文明单位”称号。

江铃汽车集团财务有限公司

2020 年 3 月 16 日，江铃汽车集团财务有限公司获得中国人民银行南昌中心支行颁发的 2019 年度南昌辖内金融机构会计核算业务竞赛账务核对优胜奖。

2020 年 4 月 10 日，江铃汽车集团财务有限公司被江西省财政厅评为 2018 年度江西省其他地方金融企业绩效评估优秀（AA）单位。

2020 年 4 月 16 日，江铃汽车集团财务有限公司被国家税务总局江西省税务局评为“2019 年度纳税信用 A 级企业”。

江苏省国信集团财务有限公司

2020 年，江苏省国信集团财务有限公司荣获江苏省妇联授予的 2019 年度“江苏省三八红旗集体”荣誉称号。

2020 年，江苏省国信集团财务有限公司征信工作在中国人民银行举办的企业征信系统 2019 年度金融机构数据质量工作考核中荣获 A 级评级。

2020 年，江苏省国信集团财务有限公司被江苏省财政厅评为“2019 年全省金融企业绩效评价优秀（A）单位”。

江苏悦达集团财务有限公司

2020 年 12 月 10 日，江苏悦达集团财务有限公司获得盐城市金融学会金融理论研究论文一等奖。

江西高速集团财务有限公司

2020 年 12 月，江西高速集团财务有限公司被中国人民银行南昌中心支行评为金融机构金融统计工作优胜单位。

京能集团财务有限公司

2020 年 4 月 30 日，京能集团财务有限公司被评为“2019 年度纳税信用 A 级企业”。

2020 年 12 月 9 日，京能集团财务有限公司荣获北京市金融企业绩效评价 AAA 级。

2021 年 2 月 7 日，京能集团财务有限公司领导班子获得京能集团颁发的“2020 年度突出贡献集体奖”。

连云港港口集团财务有限公司

2020 年 11 月 20 日，连云港港口集团财务有限公司“职工书屋”被命名为连云港市工会“职工书屋”建设示范点。

2020年12月28日，连云港港口集团财务有限公司2020年度档案工作通过省三星级规范测评验收。

马钢集团财务有限公司

2020年6月1日，马钢集团财务有限公司被安徽省精神文明建设指导委员会评为“第十二届安徽省文明单位”。

南方电网财务有限公司

2020年，南方电网财务有限公司《五四青年说》视频入选中央金融团工委优秀作品。

2020年9月，南方电网财务有限公司票据服务中心在广州市地方金融监督管理局指导、广州金融业协会主办的第四届“广州金融服务之星”评选活动中荣获“最佳金融服务窗口”荣誉称号。

2020年10月，南方电网财务有限公司工会荣获全国电力行业“最美职工之家”称号。

内蒙古电力集团财务有限责任公司

2020年12月，内蒙古电力集团财务有限责任公司《电力集团财务公司以提高风险防控能力为目标的内控管理》获得第二十七届全国企业管理现代化创新成果二等奖。

2020年，内蒙古电力集团财务有限责任公司《企业集团财务公司标准化风险管控体系建设实践》获得“2020年度电力企业管理创新论文大赛”三等奖。

青岛港财务有限责任公司

2020年11月26日，青岛港财务有限责任公司获得青岛市财政局2019年度青岛市金融企业绩效评价AA优秀评级。

2020年12月15日，青岛港财务有限责任公司获得青岛银保监局“弘扬清廉文化，建设廉洁金融”主题演讲比赛三等奖。

2020年12月21日，青岛港财务有限责任公司“线上一体化金融服务平台”获得青岛银保监局双提升活动“金点子”奖。

青岛啤酒财务有限责任公司

2020年，青岛啤酒财务有限责任公司被评为2020年度青岛市市南区统计工作先进单位。

日照港集团财务有限公司

2020年4月，日照港集团财务有限公司获得日照市石臼街道“经济发展贡献奖”“计生工作先进单位”等荣誉称号。

山东招金集团财务有限公司

2020年9月10日，山东招金集团财务有限公司被评为烟台市芝罘区“星级党支部”。

山东重工集团财务有限公司

2020年5月9日，山东重工集团财务有限公司获得共青团山东省委、山东省国资委等全省24家厅局和行业系统联合颁发的“山东省青年文明号”荣誉称号。

2020年11月4日，山东重工集团财务有限公司获得山东省财政厅金融企业绩效考核AA级评价。

2020年12月9日，山东重工集团财务有限公司获得金融时报社主办的“2020中国金融机构金牌榜·金龙奖——年度最佳财务公司”奖项。

陕西投资集团财务有限责任公司

2020年1月6日，陕西投资集团财务有限责任公司被陕西银保监局评为2020年度信息报送工作优秀单位。

2020年4月7日，陕西投资集团财务有限责任公司课题被陕西银保监局评为2019年度陕西银行业机构优秀调研课题。

2020年12月14日，陕西投资集团财务有限责任公司获得陕西省国有资产监督管理委员会颁发的“国资委财务管理工作先进集体”称号。

陕西延长石油财务有限公司

2020年11月，陕西延长石油财务有限公司获得中国石油和化学工业联合会、中国化工企业管理协会颁发的第十三届全国石油和化工企业管理创新成果一等奖。

商飞集团财务有限责任公司

2020年，商飞集团财务有限责任公司1人入选上海青年金才开发计划，为2020年上海财务公司唯一入选人员。

上海电气集团财务有限责任公司

2020年12月，上海电气集团财务有限责任公司在中国金融出版社主办的第三届中国金融年度品牌案例大赛中荣获“企业文化年度案例奖”。

上海复星高科技集团财务有限公司

2020年，上海复星高科技集团财务有限公司获得上海市普陀区2019年度区域发展贡献一等奖。

2020年，上海复星高科技集团财务有限公司获得中国人民银行上海分行2019年度上海中资金融机构金融统计工作三等奖。

上海华谊集团财务有限责任公司

2020年1月9日，上海华谊集团财务有限责任公司获得中国人民银行上海分行2019年度上海中资金融机构金融统计工作二等奖。

2020年4月1日，上海华谊集团财务有限责任公司被评为中国人民银行2019年度利率监测报备工作优秀机构。

上海浦东发展集团财务有限责任公司

2020年3月，上海浦东发展集团财务有限责任公司金融部获得上海市巾帼建功活动领导小组和上海市妇女联合会共同颁发的“上海市巾帼文明岗”荣誉称号。

2020年5月，上海浦东发展集团财务有限责任公司团支部获得共青团上海市浦东新区委员会授予的浦东新区“五四特色团支部”称号。

2020年12月，上海浦东发展集团财务有限责任公司在上海市浦东新区财政局2019年度企业年报评比中获二等奖。

上海汽车集团财务有限责任公司

2020年5月6日，上海市人民政府发布《关于表彰2019年度上海市政府质量奖获奖组织和个人的决定》，上海汽车集团财务有限责任公司荣获2019年度上海市质量金奖。

上海上实集团财务有限公司

2021年1月，上海上实集团财务有限公司金融服务突击队被授予“2020年度上海市国资委系统青年突击队”称号。

2021年1月7日，上海上实集团财务有限公司获得中国人民银行上海分行2020年度中资法人金融机构金融统计工作二等奖。

上海外高桥集团财务有限公司

2020年7月，上海外高桥集团财务有限公司通过“上海市和谐劳动关系达标企业”复评。

2020年12月，上海外高桥集团财务有限公司通过“浦东新区企业社会责任达标企业”复评。

申能集团财务有限公司

2020年1月9日，申能集团财务有限公司获得中国人民银行上海分行2019年度金融统计工作中资法人金融机构一等奖。

2020年1月17日，申能集团财务有限公司获得共青团上海市国有资产监督管理委员会工作委员会“2019年度市国资委系统青年文明号”称号。

2020年4月，申能集团财务有限公司（《企业集团财务公司的金融科技之路探索》）获得中国人民银行上海总部金融服务一部2019年度上海支付清算优秀文章三等奖。

深圳华强集团财务有限公司

2020年，深圳华强集团财务有限公司被评为深圳市银行业机构金融统计工作考核评比一等奖、优秀个人和人民银行征信数据质量与合规管理考核评比数据质量工作优秀机构、优秀个人。

深圳能源财务有限公司

2020 年 12 月 23 日，深圳能源财务有限公司获得深圳市福田区委和福田区人民政府颁发的综合贡献奖励。

首钢集团财务有限公司

2020 年 11 月 26 日，首钢集团财务有限公司获得冶金工业经济发展研究中心颁发的“2020 钢铁产融优秀企业”荣誉称号。

四川长虹集团财务有限公司

2020 年，四川长虹集团财务有限公司获得中国人民银行绵阳市中心支行 2019 年金融统计及调查工作三等奖。

苏州创元集团财务有限公司

2020 年 10 月 28 日，苏州创元集团财务有限公司获得苏州银保监分局、苏州市司法局颁发的“2020 年度防范化解金融风险抖音话题挑战赛参赛作品优秀奖”。

太钢集团财务有限公司

2020 年 4 月 24 日，太钢集团财务有限公司获得中国人民银行太原中心支行 2019 年度金融统计工作考核评比二等奖。

通用技术集团财务有限责任公司

2020 年 7 月 9 日，通用技术集团财务有限责任公司被中国人民银行营业管理部征信管理处评为“征信合规安全考核 A 级”。

物产中大集团财务有限公司

2020 年 4 月 15 日，物产中大集团财务有限公司《复工复产女战士抗疫一线尽巾帼》荣获浙江省总工会“抗疫中的故事”征文活动二等奖。

西部矿业集团财务有限公司

2020 年 8 月，西部矿业集团财务有限公司被青海省人民政府评为 2019 年度金融服务地方经济发展 AA 级机构。

厦门海翼集团财务有限公司

2020 年，厦门海翼集团财务有限公司获得厦门市思明区人民政府颁发的“超 1000 万元纳税特大户”称号。

新凤祥财务有限公司

2020 年 12 月 25 日，新凤祥财务有限公司被中国人民银行济南分行营业管理部办公室评为“2020 年度济南市金融统计工作先进集体”，公司员工被评为“2020 年度济南市金融统计工作先进个人”。

徐工集团财务有限公司

2020 年 4 月，由徐工集团财务有限公司承办的《装备制造企业集团面向国际化经营的金融风险管控》项目荣获江苏省企业管理现代化创新成果一等奖。

兖矿集团财务有限公司

2020 年 1 月 22 日，兖矿集团财务有限公司员工获得山东省人民政府颁发的“2020 年金融高端人才”称号；兖矿集团财务有限公司员工获得山东省人民政府颁发的“齐鲁金融之星”称号。

2020 年 8 月 29 日，兖矿集团财务有限公司获得中国人民银行济宁市中心支行 2020 年济宁市金融统计业务竞赛团体三等奖。

2021 年 1 月 14 日，兖矿集团财务公司获得中国人民银行济宁市中心支行颁发的济宁市 2020 年金融统计工作先进单位三等奖。

阳泉煤业集团财务有限责任公司

2020 年 5 月，阳泉煤业集团财务有限责任公司获得中国人民银行阳泉市中心支行 2019 年度调查统计工作地方法人机构组考核第一名。

一汽财务有限公司

2020 年 5 月 15 日，一汽财务有限公司在 2020 年全国商用车金融知识大赛中获得团体组第二名。

2020 年 10 月 29 日，一汽财务有限公司在中国汽车流通协会主办的全国二手商用车知识大赛中获得个人赛冠军、团体赛三等奖。

2020 年 12 月 11 日，一汽财务有限公司获得第五届中国汽车金融行业峰会“中国汽车金融金尊奖——最佳财务公司”奖项。

云南建投集团财务有限公司

2020 年 5 月 26 日，云南建投集团财务有限公司被集团评为“五讲五比”活动最佳进步企业。

浙江海港集团财务有限公司

2020 年，浙江海港集团财务有限公司获得宁波市“五一劳动奖状”和宁波市级“青年文明号”称号。

浙江省交通投资集团财务有限责任公司

2020 年 12 月，浙江省交通投资集团财务有限责任公司获得杭州四季青街道 2020 年度突出贡献集体奖。

2020 年 12 月，浙江省交通投资集团财务有限责任公司获得金融时报社主办的“2020 中国金融机构金牌榜 · 金龙奖——年度最佳资金管理财务公司”奖项。

中船财务有限责任公司

2020 年 12 月，中船财务有限责任公司被上海市浦东新区政府评为 2019 年度浦东新区经济突出贡献企业。

中船重工财务有限责任公司

2020 年 4 月 29 日，中船重工财务有限责任公司团支部被集团团委评为五四红旗团支部。

2020 年 6 月 22 日，中船重工财务有限责任公司被国家税务总局北京市西城区税务局评为“2019 年度纳税信用 A 级企业”。

2020 年 7 月，中船重工财务有限责任公司被中国人民银行营业管理部评为 2019 年度调查统计工作 A 类单位。

中广核财务有限责任公司

2020 年 4 月 1 日，中广核财务有限责任公司获得中国人民银行深圳市中心支行 2019 年深圳市金融统计工作二等奖。

2020 年 7 月，中广核财务有限责任公司获得深圳市福田区统计局“金融业统计工作先进企业”称号。

2020 年 11 月 3 日，在第十四届深圳金博会期间，《2019—2020 深圳银行业社会责任优秀案例集》正式向社会发布。中广核财务有限责任公司报送的《顺应国家环保政策导向，化解集团产业融资难题》入选“绿色金融”优秀案例，《创新外汇风险管理体系，助力中广核防范金融风险》入选“风险防控”优秀案例，中广核财务有限责任公司成为深圳地区唯一一家案例入选的财务公司。

中国大唐集团财务有限公司

2020 年 3 月 19 日，中国大唐集团财务有限公司被中国人民银行营业管理部评为 2019 年会计报表报送工作优秀单位。

2020 年 4 月 15 日，中国大唐集团财务有限公司被北京市西城区税务局评为“2019 年度纳税信用 A 级企业”。

2020 年 6 月 18 日，中国大唐集团财务有限公司获得中国人民银行营业管理部 2019 年调查统计考核 A 级评价。

中国电建集团财务有限责任公司

2020 年 9 月 25 日，中国电建集团财务有限公司《以党建共建引领打造优质高效金融服务》荣获《企业管理》杂志社与华北电力大学共同主办的“2020 年度电力企业管理创新论文大赛”一等奖。

2020 年 11 月 17 日，中国电建集团财务有限公司荣获金融时报社主办的“2020 中国金融机构金牌榜·金龙奖——年度最佳风险管理财务公司”奖项。

2020 年 12 月 19 日，中国电建集团财务有限公司《“3 + 5 + X”多维协同党建工作创新体系》获得中国企业管理研究会和国企管理编辑部“2020 全国国企管理创新二等成果”奖项。

中国电力财务有限公司

2020 年，中国电力财务有限公司荣获 2020 年度“全国文明单位”称号。

2020 年，中国电力财务有限公司华中分公司直属营业部获得 2020 年度“国家电网有限公司工人先锋号”称号。

2020 年 10 月，中国电力财务有限公司工会委员会荣获中国电力企业联合会颁发的 2020 年度全国电力行业“最美职工之家”称号。

中国航发集团财务有限公司

2021 年 3 月 30 日，中国航发集团财务有限公司获得中国人民银行营业管理部颁发的 2020 年度会计报表报送工作优秀单位称号。

中国航油集团财务有限公司

2020 年 3 月 19 日，中国航油集团财务有限公司被中国人民银行营业管理部评为“2019 年会计报表报送工作优秀单位”。

2020 年 7 月 21 日，中国航油集团财务有限公司被国家税务总局北京市朝阳区税务局评为“2019 年度纳税信用 A 级企业”。

2020 年 8 月 14 日，中国航油集团财务有限公司被中国人民银行征信中心评为“企业征信系统数据质量工作优秀机构”。

中国华电集团财务有限公司

2020 年 12 月 9 日，中国华电集团财务有限公司获得金融时报主办的“2020 中国金融机构金牌榜·金龙奖——年度最佳风险管理财务公司”奖项。

中国建材集团财务有限公司

2020 年 3 月 19 日，中国建材集团财务有限公司被中国人民银行营业管理部评为“2019 年会计报表报送工作优秀单位”。

2020 年 6 月 18 日，中国建材集团财务有限公司在中国人民银行营业管理部组织的 2019 年调查统计考核中，排名第 15 位，考核等级为 A 级。

2020 年 10 月 20 日，中国建材集团财务有限公司入选中国建筑材料企业管理协会“2020 中国建材服务业 100 强”。

中国南航集团财务有限公司

2020 年 5 月，中国南航集团财务有限公司被国家税务总局广州市税务局评为“2019 年度纳税信用 A 级企业”。

中国能源建设集团财务有限公司

2020 年 7 月 16 日，中国能源建设集团财务有限公司被评为“2019 年度湖北省金融业反洗钱工作先进集体”。

中国石化财务有限责任公司

2020 年 7 月 17 日，中国石化财务有限责任公司被中国人民银行征信中心评为“2019 年度企业征信系统数据质量工作优秀机构”。

2020 年 12 月，中国石化财务有限责任公司获得中国财务公司协会“2020 年度课题研究突出贡献单位”称号。

2020 年 12 月 17 日，中国石化财务有限责任公司在中国金融出版社主办的第三届中国金融年度品牌案例大赛中荣获“整合营销年度案例奖”。

中国移动通信集团财务有限公司

2020 年 1 月，中国移动通信集团财务有限公司获得中国移动通信集团有限公司颁发的“优秀财务工作奖”二等奖。

2020年3月，中国移动通信集团财务有限公司被中国人民银行营业管理部评为“2019年度会计财务报表报送工作优秀单位”。

2020年4月，中国移动通信集团财务有限公司荣获北京市西城区人民政府颁发的“2019年度重点企业经济社会发展综合贡献奖励”。

中国重汽财务有限公司

2020年6月30日，中国重汽财务有限公司获得济南市总工会“匠心绘蓝图，竞赛促发展”劳动竞赛二等奖。

2020年9月3日，中国重汽财务有限公司被市人力资源和社会保障济南局评为“济南市劳动关系和谐企业”。

2020年12月31日，中国重汽财务有限公司信贷投行部经理荣获山东省“2020年齐鲁金融之星”荣誉称号。

中航工业集团财务有限责任公司

2020年11月，中航工业集团财务有限责任公司计算机机房获得“绿色智能建筑（数据中心）”称号，机房建设项目获评“智能建筑优质工程（数据中心）”。

2020年11月20日，中航工业集团财务有限责任公司西安分公司被评为西安市浐灞生态区“2019年产业引领先进单位”。

2020年12月15日，中航工业集团财务有限责任公司党课获得集团“党课开讲啦”活动优秀党课称号。

中核财务有限责任公司

2020年，中核财务有限责任公司获得中核集团颁发的执行主题文化实践优秀案例一等奖、中国核工业政研会优秀课题二等奖、资金管理工作先进集体、集团信息化水平评价A级、2019年度财务决算及2020年度预算管理先进单位、2020年度全面风险管理报告编报工作优秀单位、2019年度内部控制评价报告编报工作优秀单位等荣誉。

2020年，中核财务有限责任公司被国家税务总局北京市西城区税务局评为“2019年度纳税信用A级企业”。

中化工程集团财务有限公司

2020年12月，中化工程集团财务有限公司获得中国财务公司协会颁发的提供的案例被《中国企业集团财务公司行业社会责任报告(2018—2019)》采用荣誉证书。

中联重科集团财务有限公司

2020年12月28日，中联重科集团财务有限公司获得中国人民银行长沙中心支行“2020年湖南省反洗钱业务知识竞赛组织奖”。

中铝财务有限责任公司

2020年6月，中铝财务有限责任公司党支部被中铝集团（直属党委）评为“先进基层党组织”。

2020年12月，中铝财务有限责任公司党支部《中铝金融大厦微信小程序访客系统》获评中铝集团2019—2020年度“银点子”合理化建议。

中铁财务有限责任公司

2020年11月12日，中铁财务有限责任公司报送的四篇财税论文在2020年全国建筑业财税管理优秀论文和典型案例征集评选活中荣获1个特等奖、3个一等奖。

中兴通讯集团财务有限公司

2020年4月7日，中兴通讯集团财务有限公司获得中国人民银行深圳市中心支行“2019年度深圳市银行业机构金融统计工作考评二等奖”。

中油财务有限责任公司

2020年11月12日，中油财务有限责任公司获得由人民日报全国党媒信息公共平台、中国银行业协会等在第三届“中国普惠金融创新发展峰会”颁发的“中国普惠金融助力抗击疫情典型案例”荣誉。

2020 年 12 月 17 日，中油财务有限责任公司在中国金融出版社主办的第三届中国金融年度品牌案例大赛中获得“社会责任年度案例奖”。

2020 年 12 月 19 日，中油财务有限责任公司获得金融时报社主办的“2020 中国金融机构金牌榜·金龙奖——年度最佳财务公司”奖项。

中远海运集团财务有限责任公司

2021 年 1 月，中远海运集团财务有限责任公司获得上海市浦东新区统计局颁发的 2020 年度浦东新区金融业年定报统计工作先进单位称号。

2021 年 2 月 19 日，中远海运集团财务有限责任公司获得中国人民银行上海市分行通报表扬，被评选为 2020 年度利率监测报备工作优秀机构。

珠海格力集团财务有限责任公司

2020 年 1 月 8 日，珠海格力集团财务有限责任公司被中国人民银行珠海市中心支行评为“2019 年度企业征信系统数据质量管理优秀单位”。

2020 年 8 月 11 日，珠海格力集团财务有限责任公司被珠海银保监分局评为“金融助力特区成长 40 周年”服务实体经济先进单位。

紫金矿业集团财务有限公司

2020 年 3 月 10 日，紫金矿业集团财务有限公司被上杭县政府评为高质量发展落实赶超任务突出贡献先进企业。

2020 年度财务公司机构名录

序号	公司名称	通讯地址	高管人员	控股股东	控股比例	成立时间	批准文号
1	东风汽车财务有限公司	湖北省武汉市武汉经济技术开发区东风二路东合中心南区办公楼H栋15-18层	冯长军	东风汽车集团股份有限公司	100.00%	1987年5月7日	银复〔1987〕162号
2	中国重汽财务有限公司	山东省济南市高新区华奥路777号重汽科技大厦一、二层	万春玲	中国重汽（香港）有限公司	51.33%	1987年9月5日	银复〔1987〕295号
3	中国华能财务有限责任公司	北京市西城区复兴门南大街丙2号天银大厦C段西区7~8层	曹世光	中国华能集团有限公司	52.00%	1987年10月27日	银复〔1987〕333号
4	锦江国际集团财务有限责任公司	上海市黄浦区延安东路100号3楼	马名驹	上海锦江资本股份有限公司	85.50%	1987年11月14日	银复〔1987〕354号
5	一汽财务有限公司	吉林省长春市净月开发区生态大街3688号	全华强	中国第一汽车股份有限公司	51.57%	1988年3月2日	银复〔1987〕397号
6	西电集团财务有限责任公司	陕西省西安市高新区唐兴路7号C座6~7层	程刚	中国西电电气股份有限公司	86.80%	1988年2月12日	银复〔1988〕47号
7	中国石化财务有限责任公司	北京市朝阳区朝阳门北大街22号中国石化大厦	蒋永富	中国石油化工集团有限公司	51.00%	1988年7月8日	银复〔1988〕265号
8	东方电气集团财务有限公司	四川省成都市高新西区西芯大道18号中国东方电气集团有限公司3号楼4层	白勇	东方电气集团股份有限公司	95.00%	1988年8月24日	银复〔1988〕291号
9	宝武集团财务有限责任公司	上海市浦东新区世博大道1859号宝武大厦9楼	王明东	宝山钢铁股份有限责任公司	56.91%	1992年6月30日	银复〔1992〕240号
10	中国一拖集团财务有限责任公司	河南省洛阳市涧西区建设路154号	赵俊芬	第一拖拉机股份有限公司	94.60%	1992年12月28日	银复〔1992〕299号
11	五矿集团财务有限责任公司	北京市海淀区三里河路5号五矿集团办公楼A座北翼三层	张树强	中国五矿股份有限公司	92.50%	1992年12月29日	银复〔1992〕591号
12	江铃汽车集团财务有限公司	江西省南昌市苏圃路111号江铃财务大楼10楼	衷俊华	江铃汽车集团有限公司	88.13%	1993年10月27日	银复〔1993〕251号

续表

序号	公司名称	通信地址	高管人员	控股股东	控股比例	成立时间	批准文号
13	中国航空集团财务有限责任公司	北京市朝阳区霄云路36号国航大厦26层	肖烽	中国国际航空股份有限公司	51.00%	1993年10月27日	银复〔1993〕263号
14	天津渤海集团财务有限责任公司	天津市和平区大理道30号	卢志毅	天津渤海化工集团有限责任公司	39.34%	1994年1月27日	银复〔1994〕41号
15	中国南航集团财务有限公司	广东省广州市白云区齐心路68号中国南方航空大厦13A层	肖立新	中国南方航空集团有限公司	51.42%	1994年1月27日	银复〔1994〕52号
16	振华集团财务有限责任公司	贵阳市观山湖区中天会展城金融101大厦A座17楼	倪敏	中国振华电子集团有限公司	65.00%	1994年2月22日	银复〔1994〕69号
17	上海汽车集团财务有限责任公司	上海市康定路1199号	王晓秋	上海汽车集团股份有限公司	99.00%	1994年5月1日	沪银金管〔94〕5052号
18	东方集团财务有限责任公司	黑龙江省哈尔滨市南岗区花园街235号	姜建平	东方集团有限公司	53.33%	1994年3月23日	银复〔1994〕91号
19	东航集团财务有限责任公司	上海市闵行区吴中路686弄3号15楼	徐春	中国东方航空集团有限公司	53.75%	1995年12月6日	银复〔1995〕177号
20	中油财务有限责任公司	北京市东城区东直门北大街9号A座8~12层	刘德	中国石油天然气集团有限公司	40.00%	1995年11月14日	银复〔1995〕389号
21	上海电气集团财务有限责任公司	上海市静安区江宁路212号8楼	秦怿	上海电气集团股份有限公司	74.63%	1995年12月12日	银复〔1995〕391号
22	中国能源建设集团财务有限公司	北京市朝阳区西大望路甲26号院1号楼8层	陈关中	中国能源建设股份有限公司	50.43%	1996年1月3日	银复〔1996〕5号
23	兵工财务有限责任公司	北京市东城区青年湖南街19号	邱江	中国兵器工业集团有限公司	35.00%	1997年5月13日	银复〔1997〕198号
24	西门子财务服务有限责任公司	北京市朝阳区望京中环南路7号17幢2层133、145室	约翰娜斯·施密特(Johannes Schmidt)	西门子（中国）有限公司	99.88%	1997年12月23日	银复〔1997〕313号
25	三峡财务有限责任公司	北京市海淀区玉渊潭南路1号B座3层	程志明	中国长江三峡集团有限公司	53.01%	1997年11月18日	银复〔1997〕437号
26	中广核财务有限责任公司	广东省深圳市福田区深南大道2002号中广核大厦北楼22层	梁开卷	中国广核集团有限公司	66.66%	1997年7月22日	银复〔1997〕244号
27	中船财务有限责任公司	北京市海淀区首体南路9号主语国际1号楼22层	徐舍	中国船舶工业集团有限公司	85.00%	1997年7月8日	银复〔1997〕247号

续表

序号	公司名称	通信地址	高管人员	控股股东	控股比例	成立时间	批准文号
28	中核财务有限责任公司	北京市海淀区玲珑路9号院琨御府东区10号楼7~8层	梁荣	中国核工业集团有限公司	49.02%	1997年6月23日	银复〔1997〕249号
29	上海浦东发展集团财务有限责任公司	上海市浦东新区浦东南路256号34、35楼	王鸿	上海浦东发展（集团）有限公司	56.80%	1998年2月23日	银复〔1998〕57号
30	鞍钢集团财务有限责任公司	辽宁省鞍山市铁东区胜利南路31号甲	于万源	鞍钢集团有限公司	70.00%	1998年3月17日	银复〔1998〕88号
31	中国电力财务有限公司	北京市东城区建国门内大街乙18号院1号楼	辛绪武	国家电网有限公司	51.00%	2000年1月12日	银复〔2000〕8号
32	国家能源集团财务有限公司	北京市西城区西直门外大街18号金贸大厦D座2层	刘春峰	国家能源投资集团有限责任公司	60.00%	2000年10月4日	银复〔2000〕210号
33	中国电子财务有限责任公司	北京市海淀区中关村东路66号世纪科贸大厦A座25层	郑波	中国电子信息产业集团有限公司	61.38%	1988年4月21日	银复〔1988〕106号①
34	航天科技财务有限责任公司	北京市西城区平安里西大街31号航天金融大厦7层	刘永	中国航天科技集团有限公司	30.20%	2001年3月12日	银复〔2001〕37号
35	航天科工财务有限责任公司	北京市海淀区紫竹院路116号嘉豪国际中心B座12层	王厚勇	中国航天科工集团有限公司	40.40%	2001年10月10日	银复〔2001〕38号
36	中船重工财务有限责任公司	北京市海淀区首体南路9号主语国际1号楼船舶大厦	徐舍	中国船舶集团有限公司	96.35%	2001年12月24日	银复〔2001〕240号
37	中海石油财务有限责任公司	北京市东城区朝阳门北大街25号中国海油大厦7楼	陈浩鸣	中国海洋石油集团有限公司	62.90%	2002年5月13日	银复〔2002〕132号
38	海尔集团财务有限责任公司	山东省青岛市崂山区海尔路178－2号裕龙国际中心1号楼	秦琰	青岛海尔电子有限公司	53.00%	2002年6月10日	银复〔2002〕157号
39	吉林森林工业集团财务有限责任公司	吉林省长春市延安大街1399号	张纪军	吉林森林工业集团	48.00%	2002年6月17日	银复〔2002〕166号
40	万向财务有限公司	浙江省杭州市上城区庆春路225号西湖时代广场7楼	傅志芳	万向集团公司	66.08%	2002年8月8日	杭银发〔2002〕207号

① 1988年，经批准成立中国信息信托投资公司，2002年11月改组为中国电子财务公司。

续表

序号	公司名称	通信地址	高管人员	控股股东	控股比例	成立时间	批准文号
41	中粮财务有限责任公司	北京市朝阳区朝阳门南大街8号中粮福临门大厦1905室	骆家駹	中粮集团有限公司	83.74%	2002年8月15日	银复〔2002〕224号
42	苏州创元集团财务有限公司	江苏省苏州市工业园区苏桐路37号创元大楼6层	周成明	苏州创元投资发展（集团）有限公司	80.00%	1993年10月27日	苏银〔2002〕423号①
43	珠海格力集团财务有限责任公司	广东省珠海市前山金鸡路901号	董明珠	珠海格力电器股份有限公司	94.16%	2003年2月19日	广州银复〔2003〕83号
44	国机财务有限责任公司	北京市海淀区丹棱街3号A座8层	刘祖晴	中国机械工业集团有限公司	20.40%	2003年7月25日	银监复〔2003〕23号
45	海航集团财务有限公司	北京市朝阳区霄云路甲26号海航大厦22层	杜亮	海航集团有限公司	33.25%	1994年1月10日	银复〔1993〕246号②
46	中国华电集团财务有限公司	北京市西城区宣武门内大街2号中国华电大厦B座10层	郝彬	中国华电集团有限公司	36.15%	2004年1月8日	银监复〔2004〕7号
47	南方电网财务有限公司	广东省广州市天河区珠江新城华穗路6号17、18、19层	罗体承	中国南方电网有限责任公司	34.00%	2004年12月29日	粤银监复〔2004〕580号
48	中国大唐集团财务有限公司	北京市西城区菜市口大街1号院1号楼13、14层	刘全成	中国大唐集团有限公司	73.51%	2005年5月10日	银监复〔2005〕95号③
49	国家电投集团财务有限公司	北京市西城区西直门外大街18号金贸大厦C1座21层	徐立红	国家电力投资集团有限公司	42.50%	2005年2月1日	银监复〔2005〕42号文
50	国电财务有限公司	北京市西城区西直门外大街18号金贸大厦D座四层	陈斌	国电资本控股有限公司	28.98%	2004年9月27日	湘银监复〔2004〕206号
51	华联财务有限责任公司	北京市西城区金融大街33号通泰大厦B座428	马作群	北京华联集团投资控股有限公司	34.00%	1994年3月10日	银复〔1993〕440号④
52	兵器装备集团财务有限责任公司	北京市海淀区车道沟10号院中国兵器装备集团大楼5层	崔云江	中国兵器装备集团有限公司	22.90%	2005年10月29日	银监复〔2005〕254号
53	京能集团财务有限公司	北京市朝阳区永安东里16号CBD国际大厦23层	刘嘉凯	北京能源集团有限责任公司	60.00%	2006年5月19日	辽银监复〔2006〕30号⑤

① 2002年股权重组，批复文号为苏银〔2002〕71号。

② 2003年12月，重组原中新集团财务有限公司后成立。

③ 2004年12月31日，深圳银监局深银监复〔2004〕250号文批准中国大唐集团公司重组深圳特区发展财务公司。

④ 2005年9月，经中国银监会银监复〔2005〕235号文批准收购重组中纺机财务公司。

⑤ 2006年2月，辽宁银监局批准京能集团重组成立于1992年的东北制药集团财务公司。经银监复〔2006〕111号文批准从沈阳迁至北京。

续表

序号	公司名称	通信地址	高管人员	控股股东	控股比例	成立时间	批准文号
54	浙江省能源集团财务有限责任公司	浙江省杭州市环城北路华浙广场一号楼9楼	施云峰	浙江省能源集团有限公司	91.00%	2006年8月25日	银监复〔2006〕250号
55	广东能源集团财务有限公司	广东省广州市天河区天河东路8号、10号11、13、14层	周志坚	广东省能源集团有限公司	60.00%	2006年6月22日	粤银监复〔2006〕317号
56	TCL科技集团财务有限公司	广东省惠州市仲恺高新区惠风三路TCL科技大厦21楼	黎健	TCL科技集团股份有限公司	82.00%	2006年10月17日	银监复〔2006〕284号
57	湖南华菱钢铁集团财务有限公司	湖南省长沙市天心区湘府西路222号华菱园写字楼5~6层	肖骥	湖南华菱钢铁集团有限责任公司	30.00%	2006年11月10日	银监复〔2006〕316号
58	江西铜业集团财务有限公司	江西省南昌市二七北路527号	余彤	江西铜业股份有限公司	98.33%	2006年12月18日	银监复〔2006〕388号
59	天津港财务有限公司	天津市滨海新区津港路99号701室	余加	天津港（集团）有限公司	52.00%	2006年11月27日	银监复〔2006〕390号
60	松下电器（中国）财务有限公司	上海市虹口区吴淞路575号吉汇大厦9楼906室	田中卓志	松下电器（中国）有限公司	100.00%	2007年3月9日	银监函〔2007〕55号
61	中航工业集团财务有限责任公司	北京市朝阳区东三环中路乙10号艾维克大厦18层	董元	中国航空工业集团有限公司	47.12%	2007年5月14日	银监复〔2007〕143号
62	中冶集团财务有限公司	北京市朝阳区曙光西里28号中冶大厦	邹宏英	中国冶金科工股份有限公司	86.12%	2007年5月16日	银监复〔2007〕181号
63	申能集团财务有限公司	中国（上海）自由贸易试验区陆家嘴环路958号3楼	杜心红	申能（集团）有限公司	60.00%	2007年6月20日	银监复〔2007〕249号
64	潞安集团财务有限公司	山西省长治市潞州区府后西街388号颐龙湾综合楼E1东侧裙楼1~4层	张爱斌	山西潞安矿业（集团）有限责任公司	66.67%	2007年8月8日	银监复〔2007〕312号
65	淮南矿业集团财务有限公司	安徽省淮南市田家庵区洞山东路上东锦城商业街21栋18号	王小波	淮南矿业（集团）有限责任公司	91.50%	2007年9月5日	银监复〔2007〕353号
66	日立（中国）财务有限公司	上海市茂名南路205号瑞金大厦1908室	陈庆锴	日立（中国）有限公司	100.00%	2007年11月5日	银监函〔2007〕452号
67	保利财务有限公司	北京市东城区朝阳门北大街1号新保利大厦8C	傅俊元	中国保利集团有限公司	40.00%	2008年3月28日	银监复〔2007〕573号

续表

序号	公司名称	通信地址	高管人员	控股股东	控股比例	成立时间	批准文号
68	深圳能源财务有限公司	广东省深圳市福田区深南中路 2068 号华能大厦东区 32 楼	周群	深圳能源集团股份有限公司	70.00%	2007 年 8 月 9 日	深银监复〔2007〕231 号
69	中化集团财务有限责任公司	北京市复兴门内大街28号凯晨世贸中心中座306	杨林	中国中化股份有限公司	72.00%	2008 年 5 月 28 日	银监复〔2008〕204 号
70	海信集团财务有限公司	山东省青岛市市南区东海西路 17 号	周厚健	青岛海信通信有限公司	39.45%	2008 年 6 月 1 日	银监复〔2008〕207 号
71	国联财务有限责任公司	江苏省无锡市滨湖区金融一街 8 号 18 楼	刘清欣	无锡市国联发展（集团）有限公司	50.00%	2008 年 9 月 19 日	银监复〔2008〕364 号
72	首都机场集团财务有限公司	北京市顺义区首都机场四纬路 9 号 B 区三层 66 室	沈兰成	首都机场集团公司	90.00%	2008 年 9 月 27 日	银监复〔2008〕388 号
73	红豆集团财务有限公司	江苏省无锡市锡山区东港镇锡港东路 2 号	周海燕	红豆集团	45.70%	2008 年 11 月 10 日	银监复〔2008〕460 号
74	海马财务有限公司	海南省海口市金盘工业区金牛路 2 号	赵树华	海马汽车股份有限公司	47.37%	2008 年 11 月 11 日	银监复〔2008〕461 号
75	南山集团财务有限公司	山东省龙口市南山工业园南山南路 4 号金融中心	隋政	南山集团有限公司	63.00%	2008 年 11 月 11 日	银监复〔2008〕462 号
76	国投财务有限公司	北京市西城区阜成门北大街 2 号楼 18 层	李旭荣	国家开发投资集团有限公司	35.60%	2008 年 12 月 26 日	银监复〔2008〕557 号
77	河南能源化工集团财务有限公司	河南省郑州市郑东新区 CBD 商务外环路 6 号国龙大厦 17 层	闫长宽	河南能源化工集团有限公司	63.70%	2009 年 12 月 5 日	豫银监复〔2009〕500 号
78	中国化工财务有限公司	北京市海淀区北四环西路 62 号	施洁	中国化工集团有限公司	49.41%	2009 年 7 月 2 日	银监复〔2009〕207 号
79	紫金矿业集团财务有限公司	福建省上杭县紫金大道 1 号 14 层	林红英	紫金矿业集团股份有限公司	95.00%	2009 年 9 月 14 日	银监复〔2009〕343 号
80	江苏华西集团财务有限公司	江苏省无锡市江阴市华西村民族路 199 号南苑宾馆 2 号别墅	包丽君	江苏华西集团有限公司	90.00%	2009 年 9 月 10 日	银监复〔2009〕316 号
81	冀中能源集团财务有限责任公司	河北省石家庄市新华区石清路 9 号航空大厦 12 层	陈立军	冀中能源集团有限责任公司	45.00%	1994 年 7 月 1 日	银复〔1993〕245 号①

① 由于 2009 年冀中能源集团重组华药集团，2009 年 11 月 12 日，河北银监局银监冀局复〔2009〕283 号批准华北制药集团财务有限责任公司变更为冀中能源集团财务有限责任公司。

续表

序号	公司名称	通信地址	高管人员	控股股东	控股比例	成立时间	批准文号
82	山西焦煤集团财务有限责任公司	山西省太原市万柏林区晋祠路一段8号中海国际	刘广智	山西焦煤集团有限责任公司	80.00%	2009年12月8日	银监复〔2009〕490号
83	阳泉煤业集团财务有限责任公司	山西省阳泉市北大西街29号	王玉明	华阳新材料科技集团有限公司	65.51%	2009年12月17日	银监复〔2009〕491号
84	晋煤集团财务有限公司	山西省晋城市城区北石店（晋煤集团大门旁）	郑绍祖	山西无烟煤矿业集团有限责任公司	92.00%	2009年11月6日	银监复〔2009〕428号
85	中远海运集团财务有限责任公司	中国（上海）自由贸易试验区滨江大道5299号8层	孙云飞	中国远洋海运集团有限公司	31.21%	2009年12月30日	银监复〔2009〕530号
86	中集集团财务有限公司	广东省深圳市南山区蛇口望海路1166号招商局广场11层	张力	中国国际海运集装箱（集团）股份有限公司	54.35%	2010年2月9日	银监复〔2010〕72号
87	沙钢财务有限公司	江苏省张家港市锦丰镇永新路西6号楼	沈彬	江苏沙钢集团有限公司	60.00%	2010年3月11日	银监复〔2010〕109号
88	美的集团财务有限公司	广东省佛山市顺德区北滘镇美的大道6号美的总部大楼B区6楼	钟铮	美的集团股份有限公司	95.00%	2010年6月18日	银监复〔2010〕273号
89	浙江海港集团财务有限公司	浙江省宁波市鄞州区宁东路269号环球航运广场26楼	朱玮明	宁波舟山港股份有限公司	75.00%	2010年6月24日	银监复〔2010〕283号
90	兖矿集团财务有限公司	山东省邹城市凫山南路329号	张宝才	兖州煤业股份有限公司	95.00%	2010年8月25日	银监复〔2010〕400号
91	哈尔滨电气集团财务有限责任公司	黑龙江省哈尔滨市香坊区三大动力路7号	许瑛	哈尔滨电气股份有限公司	55.00%	2010年9月2日	银监复〔2010〕419号
92	北大方正集团财务有限公司	北京市海淀区成府路298号方正大厦9层	孙敏	北大方正集团有限公司	50.00%	2010年9月6日	银监复〔2010〕427号
93	通用技术集团财务有限责任公司	北京市丰台区西三环中路90号通用技术大厦607室	王文兵	中国通用技术（集团）控股有限责任公司	95.00%	2010年9月30日	银监复〔2010〕439号
94	铜陵有色金属集团财务有限公司	安徽省铜陵市长江西路171号	汪农生	铜陵有色金属集团控股有限公司	70.00%	2010年11月8日	银监复〔2010〕478号
95	中建财务有限公司	北京市朝阳区安定路5号院3号楼30层	鄢良军	中国建筑股份有限公司	80.00%	2010年11月27日	银监复〔2010〕567号
96	江苏省国信集团财务有限公司	江苏省南京市玄武区长江路88号国信大厦24楼	周俊淑	江苏省国信集团有限公司	73.33%	2010年12月8日	银监复〔2010〕582号

续表

序号	公司名称	通信地址	高管人员	控股股东	控股比例	成立时间	批准文号
97	重庆化医控股集团财务有限公司	重庆市两江新区高新园星光大道70号天王星A1座二楼	王平	重庆化医控股（集团）公司	53.00%	2010年12月29日	银监复〔2010〕589号
98	金川集团财务有限公司	甘肃省兰州市天水南路525号	杜志环	金川集团股份有限公司	92.30%	2010年12月22日	银监复〔2010〕617号
99	新希望财务有限公司	四川省成都市高新南区天府三街19号新希望国际大厦A座26层	吴俊峰	新希望集团有限公司	42.54%	2010年12月24日	银监复〔2010〕626号
100	酒钢集团财务有限公司	甘肃省兰州市城关区团结路中广宜景湾	杨金山	酒泉钢铁（集团）有限责任公司	63.00%	2011年1月28日	银监复〔2011〕31号
101	包钢集团财务有限责任公司	内蒙古自治区包头市白云路39号二层	孙国龙	包头钢铁（集团）有限责任公司	60.00%	2011年1月28日	银监复〔2011〕32号
102	新奥财务有限责任公司	河北省廊坊市经济技术开发区鸿润道25号	蒋承宏	新奥（中国）燃气投资有限公司	79.50%	2011年4月6日	银监复〔2011〕101号
103	招商局集团财务有限公司	北京市朝阳区安定路5号院10号楼B栋1501号	周松	招商局集团有限公司	51.00%	2011年4月19日	银监复〔2011〕118号
104	青岛啤酒财务有限责任公司	山东省青岛市东海西路35号4栋青啤大厦9楼	黄克兴	青岛啤酒股份有限公司	100.00%	2011年5月24日	银监复〔2011〕155号
105	上海复星高科技集团财务有限公司	上海市普陀区江宁路1158号1902室	张厚林	上海复星高科技（集团）有限公司	51.00%	2011年6月20日	银监复〔2011〕191号
106	中铝财务有限责任公司	北京市西城区文兴街1号院1号楼中铝金融大厦	葛小雷	中国铝业集团有限公司	85.00%	2011年6月22日	银监复〔2011〕199号
107	中兴通讯集团财务有限公司	广东省深圳市南山区科技南路55号中兴通讯大厦A座2楼	李莹	中兴通讯股份有限公司	100.00%	2011年7月8日	银监复〔2011〕236号
108	福建省能源集团财务有限公司	福建省福州市鼓楼区五四路75号外贸大厦28楼	罗振文	福建省能源集团有限责任公司	90.00%	2011年8月1日	银监复〔2011〕295号
109	湖南高速集团财务有限公司	湖南省长沙市开福区三一大道500号金色比华利大厦25楼	肖华	湖南省高速公路集团有限公司	60.00%	2011年8月2日	银监复〔2011〕298号
110	马钢集团财务有限公司	安徽省马鞍山市雨山区九华西路8号	丁毅	马鞍山钢铁股份有限公司	91.00%	2011年9月30日	银监复〔2011〕406号
111	湖北宜化集团财务有限责任公司	湖北省宜昌市沿江大道52号	柴国志	湖北宜化集团有限责任公司	80.00%	2011年9月30日	银监复〔2011〕407号

续表

序号	公司名称	通信地址	高管人员	控股股东	控股比例	成立时间	批准文号
112	北京汽车集团财务有限公司	北京市丰台区汽车博物馆东路6号院4号楼G座17～19层	张建勇	北京汽车集团有限公司	56.00%	2011年11月9日	银监复〔2011〕461号
113	大唐电信集团财务有限公司	北京市海淀区学院路40号一区	夏存海	中国信息通信科技集团有限公司	100.00%	2011年11月22日	银监复〔2011〕497号
114	开滦集团财务有限责任公司	河北省唐山市新华东道70号	董养利	开滦（集团）有限责任公司	51.00%	2011年12月12日	银监复〔2011〕541号
115	中国航油集团财务有限公司	北京市朝阳区安定路5号院3号楼21层	赵青春	中国航空油料集团有限公司	90.00%	2011年12月2日	银监复〔2011〕542号
116	海南农垦集团财务有限公司	海南省海口市滨海大道115号海垦国际金融中心26楼	邓文杰	海南省农垦投资控股集团有限公司	80.00%	2011年12月8日	银监复〔2011〕551号
117	西部矿业集团财务有限公司	青海省西宁市城西区微波巷1号	李兴财	西部矿业股份有限公司	60.00%	2011年12月8日	银监复〔2011〕552号
118	江苏交通控股集团财务有限公司	江苏省南京市建邺区江东中路399号紫金金融中心A2楼33层	陈凤艳	江苏交通控股有限公司	68.75%	2011年12月23日	银监复〔2011〕594号
119	中国移动通信集团财务有限公司	北京市西城区月坛南街1号院3号楼第19、20层	朱毅	中国移动通信有限公司	52.44%	2012年1月16日	银监复〔2012〕27号
120	山东钢铁集团财务有限公司	山东省济南市高新区舜华路2000号舜泰广场4号楼	刘德华	山东钢铁集团有限公司	62.31%	2012年2月1日	银监复〔2012〕53号
121	国药集团财务有限公司	北京市海淀区知春路20号中国医药大厦7层	杨珊华	中国医药集团有限公司	58.18%	2012年2月10日	银监复〔2012〕66号
122	郑州宇通集团财务有限公司	中国（河南）自由贸易试验区郑州片区（郑东）商务外环路8号世博大厦11楼04、05、06室	曹建伟	郑州宇通集团有限公司	85.00%	2012年2月10日	银监复〔2012〕69号
123	中国铁建财务有限公司	北京市海淀区复兴路40号中国铁建大厦10层东	周仲华	中国铁建股份有限公司	94.00%	2012年3月21日	银监复〔2012〕137号
124	山东省商业集团财务有限公司	山东省济南市历下区经十路9777号鲁商国奥城2号楼308室	张志强	山东省商业集团有限公司	100.00%	2012年3月21日	银监复〔2012〕138号
125	深圳华强集团财务有限公司	广东省深圳市前海深港合作区南山街道桂湾五路128号基金小镇创投基金中心304、305、306室	李曙成	深圳华强集团有限公司	50.00%	2012年5月21日	银监复〔2012〕232号

续表

序号	公司名称	通信地址	高管人员	控股股东	控股比例	成立时间	批准文号
126	诚通财务有限责任公司	北京市西城区复兴门内大街158号远洋大厦12层西侧1201室至1228室	陈勇	中国诚通控股集团有限公司	85.00%	2012年5月25日	银监复〔2012〕126号
127	山东重工集团财务有限公司	山东省济南市历下区燕子山西路40-1号	吴汝江	山东重工集团有限公司	40.00%	2012年6月5日	银监复〔2012〕269号
128	中旅集团财务有限公司	广东省深圳市福田区深南大道4011号中国旅游集团大厦19楼	马王军	中国旅游集团有限公司	60.00%	2012年6月20日	银监复〔2012〕312号
129	陕西煤业化工集团财务有限公司	陕西省西安市高新区锦业一路2号陕煤大楼4层	杨璇	陕西煤业化工集团有限责任公司	55.60%	2012年6月28日	银监复〔2012〕332号
130	上海华谊集团财务有限责任公司	上海市浦东新区浦东南路1271号华融大厦15楼	常达光	上海华谊集团股份有限公司	64.00%	2012年6月28日	银监复〔2012〕333号
131	河钢集团财务有限公司	河北省石家庄市体育南大街385号10层	胡志刚	河钢集团有限公司	51.00%	2012年8月20日	冀银监复〔2012〕428号
132	安徽省能源集团财务有限公司	安徽省合肥市马鞍山路76号能源大厦7层	盛胜利	安徽省能源集团有限公司	51.00%	2012年8月28日	银监复〔2012〕450号
133	中化工程集团财务有限公司	北京市东城区东直门内大街2号13层	卢涛	中国化学工程股份有限公司	90.00%	2012年9月12日	银监复〔2012〕451号
134	天津天保财务有限公司	天津空港经济区西五道35号汇津广场4号楼801、802、803、804室	沈钢	天津保税区投资控股集团有限公司	100.00%	2012年9月21日	银监复〔2012〕540号
135	厦门海翼集团财务有限公司	福建省厦门市思明区厦禾路668号海翼大厦B座26楼	谷涛	厦门海翼集团有限公司	55.00%	2012年10月18日	银监复〔2012〕576号
136	中信财务有限公司	北京市朝阳区新源南路6号京城大厦B座2层	张云亭	中国中信有限公司	42.94%	2012年10月11日	银监复〔2012〕602号
137	浙江省交通投资集团财务有限责任公司	浙江省杭州市江干区五星路199号明珠国际商务中心	钱文海	浙江省交通投资集团有限公司	79.92%	2012年10月18日	银监复〔2012〕612号
138	中车财务有限公司	北京市丰台区芳城园一区15号楼附楼1~5层	董绪章	中国中车股份有限公司	91.36%	2012年11月29日	银监复〔2012〕708号
139	中国电子科技财务有限公司	北京市海淀区复兴路17号国海广场A座16层	董学思	中国电子科技集团有限公司	32.62%	2012年12月12日	银监复〔2012〕742号
140	重庆机电控股集团财务有限公司	重庆市两江新区黄山大道中段60号	王玉祥	重庆机电股份有限公司	70.00%	2013年1月9日	银监复〔2013〕19号

续表

序号	公司名称	通信地址	高管人员	控股股东	控股比例	成立时间	批准文号
141	河北建投集团财务有限公司	河北省石家庄市裕华西路9号裕园广场A座	袁雁鸣	河北建设投资集团有限责任公司	60.00%	2013年1月9日	银监复〔2013〕20号
142	太钢集团财务有限公司	山西省太原市尖草坪区解放北路83号花园2号专家楼	张晓东	太原钢铁（集团）有限公司	51.00%	2013年1月18日	银监复〔2013〕44号
143	大同煤矿集团财务有限责任公司	山西省大同市云冈区平德路鹏程广场6~8号	王伟	大同煤矿集团有限责任公司	80.00%	2013年1月30日	银监复〔2013〕68号
144	贵州茅台集团财务有限公司	贵州省遵义市仁怀市中枢镇三转盘仁怀市农村信用合作联社新大楼11层	吴志军	贵州茅台酒股份有限公司	51.00%	2013年3月6日	银监复〔2013〕69号
145	海亮集团财务有限责任公司	浙江省杭州市滨江区滨盛路1508号海亮大厦2517~2526室	穆绿燕	海亮集团有限公司	60.00%	2013年2月1日	银监复〔2013〕70号
146	中国建材集团财务有限公司	北京市海淀区复兴路17号国海广场2号楼B座9层	詹艳景	中国建材集团有限公司	70.00%	2013年4月18日	银监复〔2013〕189号
147	贵州盘江集团财务有限公司	贵州省贵阳市观山湖区林城西路95号	龙治安	贵州盘江投资控股（集团）有限公司	55.00%	2013年5月3日	银监复〔2013〕194号
148	北京首都旅游集团财务有限公司	北京市朝阳区广渠路38号9层	郭永昊	北京首都旅游集团有限责任公司	56.64%	2013年4月28日	银监复〔2013〕195号
149	广西交通投资集团财务有限责任公司	广西南宁市良庆区凯旋路5号交投大厦B座8层	覃虹	广西交通投资集团有限公司	100.00%	2013年5月13日	银监复〔2013〕226号
150	徐工集团财务有限公司	江苏省徐州经济技术开发区驮蓝山路26号	吴江龙	徐工集团工程机械股份有限公司	100.00%	2013年6月4日	银监复〔2013〕258号
151	百联集团财务有限责任公司	上海市黄浦区中山南路315号8楼	杨阿国	百联集团有限公司	75.00%	2013年5月28日	银监复〔2013〕259号
152	中交财务有限公司	北京市西城区德胜门外大街83号德胜国际中心B座16层	朱宏标	中国交通建设股份有限公司	95.00%	2013年7月1日	银监复〔2013〕301号
153	山东黄金集团财务有限公司	山东省济南市高新区舜华路2000号舜泰广场3号楼	吴晨	山东黄金集团有限公司	70.00%	2013年7月17日	银监复〔2013〕336号
154	中开财务有限公司	广东省深圳市南山区招商街道招商六路8号赤湾总部大厦29楼	张建国	中国南山开发（集团）股份有限公司	60.00%	2013年7月18日	银监复〔2013〕360号
155	中国平煤神马集团财务有限责任公司	河南省平顶山市矿工中路21号	陈文杰	中国平煤神马能源化工集团有限责任公司	51.00%	2013年7月11日	银监复〔2013〕344号

续表

序号	公司名称	通信地址	高管人员	控股股东	控股比例	成立时间	批准文号
156	四川长虹集团财务有限公司	四川省绵阳市绵兴东路35号	胡嘉	四川长虹电子控股集团有限公司	50.00%	2013年8月23日	银监复〔2013〕423号
157	创维集团财务有限公司	广东省深圳市南山区高新南四道18号创维半导体设计中心东座21F	鄢红波	创维集团有限公司	81.73%	2013年8月30日	银监复〔2013〕446号
158	江苏国泰财务有限公司	江苏省苏州市张家港市人民中路国泰大厦29楼	谭秋斌	江苏国泰国际集团股份有限公司	80.00%	2013年9月3日	银监复〔2013〕457号
159	亨通财务有限公司	江苏省苏州市吴江区中山北路2288号	江桦	亨通集团有限公司	52.00%	2013年9月3日	银监复〔2013〕458号
160	珠海华发集团财务有限公司	广东省珠海市横琴金融产业服务基地18号楼A区	许继莉	珠海华发集团有限公司	40.00%	2013年9月4日	银监复〔2013〕459号
161	北京金隅财务有限公司	北京市东城区北三环东路36号1号楼B2101~2107室	黄文阁	北京金隅集团股份有限公司	100.00%	2013年9月26日	银监复〔2013〕492号
162	云南云天化集团财务有限公司	云南省昆明市滇池路1417号2号楼3楼	卢应双	云天化集团有限责任公司	44.00%	2013年9月30日	银监复〔2013〕516号
163	北京控股集团财务有限公司	北京市朝阳区化工路59号院2号楼3层及5层	王立华	北京控股集团有限公司	35.14%	2013年10月23日	银监复〔2013〕546号
164	陕西延长石油财务有限公司	陕西省西安市高新区唐延路61号延长石油科研中心28、29层及裙楼5层23室	沙春枝	陕西延长石油（集团）有限责任公司	82.09%	2013年12月9日	陕银监复〔2013〕633号
165	山东能源集团财务有限公司	山东省济南市经十路10777号山东能源大厦10层	徐立波	山东能源集团有限公司	66.67%	2013年12月24日	银监复〔2013〕664号
166	鄂尔多斯财务有限公司	内蒙古呼和浩特市金桥开发区世纪六路宇泰广场A座9层	王臻	内蒙古鄂尔多斯羊绒集团有限责任公司	55.00%	2014年1月3日	银监复〔2014〕4号
167	伊利财务有限公司	内蒙古呼和浩特市金山开发区金山大道8号伊利集团财务共享楼一楼	张占强	内蒙古伊利实业集团股份有限公司	100.00%	2014年1月3日	银监复〔2014〕5号
168	有色矿业集团财务有限公司	湖北省武汉市武昌区徐家棚街徐东大街6号汇通天地A塔栋/单元14层	谭耀宇	中国有色矿业集团有限公司	95.00%	2014年3月21日	鄂银监复〔2014〕18号
169	巨化集团财务有限责任公司	浙江省衢州市柯城区巨化中央大道230号巨化集团公司机关综合楼一、二楼	汪利民	巨化集团有限公司	54.00%	2014年2月12日	浙银监复〔2014〕79号

续表

序号	公司名称	通信地址	高管人员	控股股东	控股比例	成立时间	批准文号
170	供销集团财务有限公司	北京市西城区宣武门外大街甲1号环球财讯中心C座7层	庄学能	中国供销集团有限公司	100.00%	2014年2月20日	京银监复〔2014〕84号
171	中铁财务有限责任公司	北京市海淀区复兴路69号中国中铁广场C座5层	王国明	中国中铁股份有限公司	95.00%	2014年2月27日	京银监复〔2014〕98号
172	中煤财务有限责任公司	北京市朝阳区黄寺大街1号中煤大厦6层	赵荣哲	中国中煤能源股份有限公司	91.00%	2014年3月5日	京银监复〔2014〕103号
173	安徽省皖北煤电集团财务有限公司	安徽省宿州市埇桥区西昌路157号	牛家安	安徽省皖北煤电集团有限公司	60.00%	2014年4月16日	皖银监复〔2014〕67号
174	淮北矿业集团财务有限公司	安徽省淮北市人民中路276号淮北矿业集团办公中心东座12层	殷召峰	淮北矿业控股股份有限公司	51.01%	2014年4月21日	皖银监复〔2014〕68号
175	湖南出版投资控股集团财务有限公司	湖南省长沙市开福区营盘东路38号3楼	王丽波	中南出版传媒集团股份有限公司	70.00%	2014年4月21日	湘银监复〔2014〕102号
176	四川省宜宾五粮液集团财务有限公司	四川省宜宾市翠屏区古塔路28号	罗伟	四川省宜宾五粮液集团	42.25%	2014年4月29日	川银监复〔2014〕125号
177	山东晨鸣集团财务有限公司	山东省济南市经十路7000号汉峪金谷A7-2号楼15层	李栋	山东晨鸣纸业集团股份有限公司	80.00%	2014年6月30日	鲁银监准〔2014〕233号
178	河北港口集团财务有限公司	河北省秦皇岛市海港区文化路60号10~11层	温建国	河北港口集团有限公司	60.00%	2014年7月1日	冀银监复〔2014〕175号
179	中节能财务有限公司	北京市西城区平安里西大街26号楼新时代大厦5层、8层、16层	杜乐	中国节能环保集团有限公司	100.00%	2014年7月10日	银监复〔2014〕466号
180	青岛港财务有限责任公司	山东省青岛市市北区港华路7号	张江南	青岛港国际股份有限公司	70.00%	2014年7月17日	青银监复〔2014〕161号
181	上海上实集团财务有限公司	上海市黄浦区淮海中路98号30楼	徐波	上海上实（集团）有限公司	40.00%	2014年8月26日	沪银监复〔2014〕561号
182	重庆市能源投资集团财务有限公司	重庆市两江新区西湖支路2号精信中心写字楼B塔20层	刘德忠	重庆市能源投资集团有限公司	85.00%	2014年11月19日	渝银监复〔2014〕169号
183	广东省交通集团财务有限公司	广东省广州市天河区珠江东路32号利通广场43楼	陈砥砺	广东省交通集团有限公司	100.00%	2014年12月9日	粤银监复〔2014〕695号

续表

序号	公司名称	通信地址	高管人员	控股股东	控股比例	成立时间	批准文号
184	光明食品集团财务有限公司	上海市静安区南京西路1539号静安嘉里中心办公楼二座33层	王伟	光明食品（集团）有限公司	51.00%	2014年12月29日	沪银监复〔2014〕876号
185	忠旺集团财务有限公司	辽宁省大连市中山区长江东路90号	刘东毅	辽宁忠旺集团有限公司	35.00%	2014年12月25日	大银监复〔2014〕490号
186	本钢集团财务有限公司	辽宁省本溪市平山区东明路10号	曹爱民	本钢集团有限公司	90.00%	2014年12月25日	辽银监复〔2014〕511号
187	天津物产集团财务有限公司	天津市和平区营口道4号	张洪涛	天津物产集团有限公司	75.00%	2015年2月28日	津银监复〔2015〕83号
188	福建七匹狼集团财务有限公司	福建省泉州市晋江市青阳曾井小区崇德路中国银行大厦19层	蒋斌	福建七匹狼集团有限公司	65.00%	2015年3月26日	闽银监复〔2015〕83号
189	清华控股集团财务有限公司	北京市海淀区清华科技园科技大厦A座10层	张文娟	清华控股有限公司	100.00%	2015年4月9日	京银监复〔2015〕185号
190	中国黄金集团财务有限公司	北京市东城区安定门外大街9号一层	刘冰	中国黄金集团有限公司	51.00%	2015年5月12日	京银监复〔2015〕270号
191	物美商业财务有限责任公司	北京市海淀区西四环北路158号慧科大厦12层	许少川	北京物美商业集团股份有限公司	70.00%	2015年5月26日	京银监复〔2015〕277号
192	三房巷财务有限公司	江苏省江阴市周庄镇三房巷路1号	卞方荣	三房巷集团有限公司	60.00%	2015年5月21日	苏银监复〔2015〕141号
193	中联重科集团财务有限公司	湖南省长沙市岳麓区麓谷大道677号办公楼3076号	詹纯新	中联重科股份有限公司	100.00%	2015年5月26日	湘银监复〔2015〕146号
194	广东省广晟财务有限公司	广东省广州市天河区珠江西路17号广晟国际大厦52楼	刘伯仁	广东省广晟资产经营有限公司	100.00%	2015年6月10日	粤银监复〔2015〕270号
195	湖北交投集团财务有限公司	湖北省武汉市汉阳区四新大道湖北国展中心广场东塔7楼	谢继明	湖北省交通投资集团有限公司	92.00%	2015年6月24日	鄂银监复〔2015〕243号
196	新凤祥财务有限公司	山东省济南市高新区汉峪金融商务中心A3区5号楼3701室	刘志光	新凤祥控股集团有限责任公司	52.50%	2015年6月24日	鲁银监准〔2015〕235号
197	山东招金集团财务有限公司	山东省烟台市芝罘区胜利路139号万达金融中心A座22楼	李宜三	招金矿业股份有限公司	51.00%	2015年6月29日	鲁银监准〔2015〕247号
198	北京金融街集团财务有限公司	北京市西城区真武庙路四条8号院2号楼、4号楼、10号楼2层2号楼商业202室	吴彬	北京金融街投资（集团）有限公司	100.00%	2015年6月30日	京银监复〔2015〕406号

续表

序号	公司名称	通信地址	高管人员	控股股东	控股比例	成立时间	批准文号
199	首钢集团财务有限公司	北京市石景山区古城大街36号院1号楼	邹立宾	首钢集团有限公司	80.00%	2015年6月29日	京银监复〔2015〕407号
200	内蒙古伊泰财务有限公司	内蒙古鄂尔多斯市东胜区天骄北路万博广场A座	张立峰	内蒙古伊泰集团有限公司	60.00%	2015年7月1日	内银监复〔2015〕88号
201	内蒙古电力集团财务有限责任公司	内蒙古呼和浩特市锡林南路218号	王有德	内蒙古电力（集团）有限责任公司	100.00%	2015年7月1日	内银监复〔2015〕89号
202	上海外高桥集团财务有限公司	中国（上海）自由贸易试验区杨高北路2001号管理楼1层B部位及2层B、C部位	张舒娜	上海外高桥集团股份有限公司	70.00%	2015年7月15日	沪银监复〔2015〕402号
203	中国铁路财务有限责任公司	北京市海淀区北蜂窝路5号院1－1号楼	孙新军	中国国家铁路集团有限公司	95.00%	2015年7月10日	银监复〔2015〕446号
204	天瑞集团财务有限责任公司	河南省郑州市郑东新区商务外环路20号海联大厦	李凤娈	天瑞集团股份有限公司	46.25%	2015年7月14日	豫银监复〔2015〕190号
205	云南昆钢集团财务有限公司	云南省昆明市西山区环城南路777号昆钢大厦	杜陆军	昆明钢铁控股有限公司	80.00%	2015年10月28日	云银监复〔2015〕321号
206	渤海钢铁集团财务有限公司	天津自贸区（空港经济区）西四道168号融和广场2－2 301、401、501	肖树强	渤海钢铁集团有限公司	64.00%	2015年12月30日	津银监复〔2015〕500号
207	粤海集团财务有限公司	广东省广州市天河区天河路208号粤海天河城大厦35楼	童伟演	广东粤海控股集团有限公司	71.00%	2015年11月18日	粤银监复〔2015〕510号
208	江苏悦达集团财务有限公司	江苏省盐城市城南新区世纪大道东路2号悦达集团总部大楼	郭如东	江苏悦达集团有限公司	51.00%	2015年12月15日	苏银监复〔2015〕358号
209	中国电建集团财务有限责任公司	北京市海淀区西直门外大街168号腾达大厦8层	陈波	中国电力建设股份有限公司	94.00%	2015年12月10日	京银监复〔2015〕806号
210	西王集团财务有限公司	山东省济南市历下区银丰财富广场B座3楼及19楼	裴建光	西王集团有限公司	82.50%	2015年12月15日	鲁银监准〔2015〕555号
211	物产中大集团财务有限公司	浙江省杭州市下城区中大广场1号7楼	蔡才河	物产中大集团股份有限公司	60.00%	2015年12月18日	浙银监复〔2015〕648号
212	云南建投集团财务有限公司	云南省昆明经济技术开发区林溪路188号	李兆坤	云南省建设投资控股集团有限公司	100.00%	2015年12月28日	云银监复〔2015〕428号

续表

序号	公司名称	通信地址	高管人员	控股股东	控股比例	成立时间	批准文号
213	甘肃电投集团财务有限公司	甘肃省兰州市城关区北滨河东路69号甘肃投资大厦25层	李浩	甘肃省电力投资集团有限责任公司	60.00%	2016年3月24日	甘银监复〔2016〕29号
214	北京首农食品集团财务有限公司	北京市西城区广安门内大街316号1号楼5层	张存亮	北京首农食品集团有限公司	100.00%	2016年5月10日	京银监复〔2016〕210号
215	日照港集团财务有限公司	山东省日照市东港区上海路东首日照港国际商贸中心E座14、15层	高振强	日照港集团有限公司	60.00%	2016年5月18日	鲁银监准〔2016〕169号
216	联通集团财务有限公司	北京市西城区金融大街21号中国联通大厦	秦伟	中国联合网络通信有限公司	91.00%	2016年6月13日	京银监复〔2016〕290号
217	河南双汇集团财务有限公司	河南省漯河市召陵区双汇路1号双汇大厦	刘松涛	河南双汇投资发展股份有限公司	100.00%	2016年6月13日	豫银监复〔2016〕128号
218	厦门翔业集团财务有限公司	福建省厦门市思明区仙岳路396号翔业大厦1302、1303、1307单元	郑进	厦门翔业集团有限公司	100.00%	2016年7月12日	厦银监复〔2016〕43号
219	新华联控股集团财务有限责任公司	北京市通州区台湖镇政府大街新华联集团总部大厦4层	李国强	新华联控股有限公司	100.00%	2016年8月15日	京银监复〔2016〕457号
220	广州发展集团财务有限公司	广东省广州市天河区临江大道3号2101房自编A	乔武康	广州发展集团股份有限公司	70.00%	2016年8月18日	粤银监复〔2016〕252号
221	江苏凤凰出版传媒集团财务有限公司	江苏省南京市湖南路1号	单翔	江苏凤凰出版传媒集团有限公司	51.00%	2016年8月22日	苏银监复〔2016〕202号
222	顺丰控股集团财务有限公司	广东省深圳市南山区科苑南路3176号彩讯科技大厦25楼	黄美智	深圳顺丰泰森控股（集团）有限公司	100.00%	2016年9月1日	深银监复〔2016〕193号
223	天津医药集团财务有限公司	天津市空港经济区西四道168号融和广场3－2－501/502	赵炜	天津市医药集团有限公司	50.00%	2016年9月14日	津银监复〔2016〕236号
224	青建集团财务有限责任公司	山东省青岛市崂山区香港东路195号上实中心5号楼中泰证券大厦4层	王从远	青建集团股份公司	100.00%	2016年10月20日	青监银复〔2016〕147号
225	上海文化广播影视集团财务有限公司	中国（上海）自由贸易试验区世纪大道1号东方明珠塔3号门1层	钟璟	上海文化广播影视集团有限公司	60.00%	2016年12月22日	沪银监复〔2016〕560号
226	广州汽车集团财务有限公司	广州市天河区广州大道中988号圣丰广场37楼	王丹	广州汽车集团股份有限公司	90.00%	2018年1月20日	粤银监复〔2017〕21号

续表

序号	公司名称	通信地址	高管人员	控股股东	控股比例	成立时间	批准文号
227	东旭集团财务有限公司	河北省石家庄长安区中山东路39号勒泰中心（A座）写字楼28层2814～2816单元	郭轩	东旭集团有限公司	60.00%	2017年1月20日	冀银监复〔2017〕10号
228	连云港港口集团财务有限公司	江苏省连云港市连云区中华西路18号港口大厦20楼	李春宏	江苏连云港港口股份有限公司	51.00%	2017年3月14日	苏银监复〔2017〕48号
229	陕西投资集团财务有限责任公司	陕西省西安市经济技术开发区凤城八路西北国金中心E栋12层	郑波	陕西投资集团有限公司	76.80%	2017年6月22日	陕银监复〔2017〕30号
230	三环集团财务有限公司	中国（湖北）自由贸易试验区武汉片区佳园路33号	宋斌	三环集团有限公司	100.00%	2017年6月28日	鄂银监复〔2017〕117号
231	红星美凯龙家居集团财务有限责任公司	上海市浦东新区沪南路2218号东楼1001～1015室	席世昌	红星美凯龙家居集团股份有限公司	95.00%	2017年8月1日	沪银监复〔2017〕338号
232	天津能源集团财务有限公司	天津市和平区重庆道70号	于丽珍	天津能源投资集团有限公司	82.00%	2017年9月6日	津银监复〔2017〕215号
233	杭州锦江集团财务有限责任公司	浙江省杭州市拱墅区湖墅南路111号锦江大厦12楼	张建阳	杭州锦江集团有限公司	60.00%	2017年12月8日	浙银监复〔2017〕392号
234	正泰集团财务有限公司	浙江省温州市鹿城区市府路525号同人恒玖大厦305室	徐志武	正泰集团股份有限公司	51.00%	2017年12月13日	浙银监复〔2017〕396号
235	东方国际集团财务有限公司	上海市长宁区虹桥路1488号3号楼	王国铭	东方国际（集团）有限公司	51.00%	2017年12月12日	沪银监复〔2017〕575号
236	国新集团财务有限责任公司	北京市海淀区复兴路戊12号恩菲科技大厦B座一层西侧	房小兵	中国国新控股有限责任公司	100.00%	2018年5月8日	京银监复〔2018〕192号
237	商飞集团财务有限责任公司	中国（上海）自由贸易试验区世博大道1919号B座二层	周启民	中国商用飞机有限责任公司	100.00%	2018年4月28日	沪银监复〔2018〕222号
238	新疆金风科技集团财务有限公司	新疆维吾尔自治区乌鲁木齐市上海路107号	高金山	新疆金风科技股份有限公司	80.00%	2018年9月19日	新银监复〔2018〕122号
239	特变电工集团财务有限公司	新疆维吾尔自治区昌吉市北京南路189号特变电工总部研发大楼4层	白云罡	特变电工股份有限公司	80.00%	2018年11月28日	新银监复〔2018〕169号
240	中国航发集团财务有限公司	北京市海淀区西三环北路甲2号院7号楼7层	宁福顺	中国航空发动机集团有限公司	100.00%	2018年12月7日	京银保监筹〔2018〕232号

续表

序号	公司名称	通信地址	高管人员	控股股东	控股比例	成立时间	批准文号
241	广东温氏集团财务有限公司	广东省云浮市新兴县新城镇东堤北路9号广东温氏集团总部第6层	李炜钊	温氏食品集团股份有限公司	90.00%	2018年12月12日	粤银保监（筹）复〔2018〕165号
242	江西高速集团财务有限公司	江西省南昌市红谷滩新区红谷中大道1669号华尔街广场47层	陶毅	江西省交通投资集团有限责任公司	98.43%	2018年12月25日	赣银保监复〔2018〕32号
243	中国电信集团财务有限公司	北京市西城区西直门内大街118号冠华大厦8层	朱敏	中国电信股份有限公司	70.00%	2019年1月8日	京银保监复〔2019〕17号
244	福建省交运集团财务有限公司	福建省福州市台江区江滨中大道356号福建交通物流信息大厦17层	李兴湖	福建省交通运输集团有限责任公司	80.00%	2019年4月25日	闽银保监复〔2019〕205号
245	广东省农垦集团财务有限公司	广东省广州市天河区粤垦路607号19楼	蔡亦农	广东省农垦集团公司	70.00%	2019年10月28日	粤银保监复〔2020〕862号
246	上海城投集团财务有限公司	上海市浦东新区浦东南路500号39楼	叶华成	上海城投（集团）有限公司	60.00%	2019年12月20日	沪银保监复〔2019〕1054号
247	传化集团财务有限公司	浙江省杭州市萧山区宁围街道939号浙江商会大厦2幢5层	杨柏樟	传化集团有限公司	75.00%	2019年12月24日	浙银保监复〔2019〕1307号
248	浪潮集团财务有限公司	中国（山东）自由贸易试验区济南片区经十路7000号汉峪金谷A4－5号楼17层	马丽	浪潮集团有限公司	60.00%	2019年12月26日	鲁银保监准〔2019〕997号
249	华泰集团财务有限公司	山东省济南市历下区奥体西路1号银丰财富广场C座23楼	李晓亮	华泰集团有限公司	60.00%	2020年3月25日	鲁银保监准〔2020〕115号
250	广州港集团财务有限公司	广东省广州市越秀区沿江东路408、410号201部分	李军武	广州港集团有限公司	51.00%	2020年8月24日	粤银保监复〔2020〕570号
251	中储粮集团财务有限公司	北京市西城区西直门外大街甲143号凯旋大厦A座5层	张海	中国储备粮管理集团有限公司	100.00%	2020年12月11日	京银保监复〔2020〕899号